4차 산업혁명 시대의
미디어
리터러시 교육

일러두기

- 이 책은 국립국어원 표기법을 준수했습니다.
- 외국 인명이나 지명, 작품명은 될 수 있는 한 국립국어원의 외래어 표기법을 따르되, 굳어진 용례는 관행을 따라 표기했습니다.
- 출판 지침은 <언론 관련 학술지 논문 작성 지침>(2014)을 준수했습니다.

이 책은 2018년 한국언론진흥재단의 지원을 받아 출판되었습니다.

4차 산업혁명 시대의
미디어 리터러시 교육

한국언론학회 엮음

원용진 | 허경 | 박한철 | 김양은 | 권장원 | 금준경
최용수 | 김지연 | 박종구 | 강진숙 | 김아미 | 최숙

4차 산업혁명 시대의 미디어 리터러시 교육

엮은이 한국언론학회
지은이 원용진 · 허 경 · 박한철 · 김양은 · 권장원 · 금준경
         최용수 · 김지연 · 박종구 · 강진숙 · 김아미 · 최 숙
펴낸이 김지연

초판 1쇄 펴낸 날 2018년 12월 31일
   3쇄 펴낸 날 2021년 8월 6일

(주)도서출판 지금
출판 등록 제319-2011-41호
06924 서울특별시 동작구 장승배기로 128, 305호(노량진동, 동창빌딩)
전화 (02)814-0022 FAX (02)872-1656
www.papergold.net
ISBN 979-11-6018-139-5

본서는 (주)도서출판 지금이 저작권자와 계약하여 발행했습니다.
본사의 서면 허락 없이 이 책의 내용의 일부 또는 전부를 무단 인용 · 전재 · 복제하면
저작권 침해로서 5년 이하의 징역 또는 5천만원 이하의 벌금에 처하거나 이를 병과할
수 있습니다.

ⓒ 한국언론학회, 2018

이 도서의 국립중앙도서관 출판예정도서목록(CIP)은 서지정보유통지원시스템 홈페이지
(http://seoji.nl.go.kr)와 국가자료종합목록시스템(http://www.nl.go.kr/kolisnet)에서
이용하실 수 있습니다. (CIP제어번호 : CIP2018038835)

• 책값은 책표지에 표시되어 있습니다.

/
발
간
사
/

2018년, 한국 사회 각 분야에 걸쳐 기존과는 다른 방식으로 언론의 사회적 영향력이 나타나고 있습니다. '필터버블'로 무장한 확증적 편향이 있는 대중을 상대로 소셜미디어와 같은 첨단 기술을 사용하여 의도적인 '가짜 뉴스' 등의 폐해가 가시화되면서 미디어 리터러시 교육의 필요성에 대한 관심이 더욱 커지고 있습니다.

한국언론학회에서는 미디어교육연구회를 중심으로 미디어 리터러시 교육에 대한 다양한 학술적 지원 사업을 지속적으로 진행해 왔습니다. 미디어 리터러시 교육의 제도화를 위한 공론화 과정에 참여하는 등 오랜 시간 동안 적지 않은 노력을 기울여 왔습니다. 4차 산업혁명에 기반을 둔 지능형 사회 변화가 본격화되고 있는 현시점에서 지금까지 언론학회의 이 같은 노력을 일차적으로 정리하는 차원에서 본 출판을 기획하게 되었습니다.

과거부터 미디어 리터러시 교육에 대한 학술적 논의는 미디어 관련 학회와 전공 학자들을 중심으로 영역별·미디어별 국내외 사례와 함께 다각도로 이루어져 왔습니다. 또한, 학교와 시민사회단체에서도 이미 오래전부터 미디어 리터러시 교육을 시행해 온 것이 사실입니다. 하지만 학술적 논의는 물론 미디어 리터러시 교육 행위와 성과들 또한 학문 분야에 따라, 그리고 미디어 리터러시 교육을 진행해 왔던 정부 유관 기관이나 시민사회단체의 지향점에 따라 각기 상호 단절된 채 이루어져 왔습니다. 그 결과 체계적이고 유기적인 학술적이면서 동시에 실천적인 성과 축적이 제대로 이루어지지 못하고 있다는 지적이 많았습니다.

언론영역은 표현의 자유와 밀접한 관련이 있다는 점에서 민주주의 실현을 위한 기본권적 권리이자 4차 산업혁명 시대에서 요구하는 인적 역량을 배양하는 데 필요한 소비자의 교육과 학습 권리로서의 의미를 동시에 가지고 있습니다. 갈수록 복잡해지는 미디어 환경에서 정부 정책만으로는 미디어의 사회적 폐해는 물론 미디어 활용을 위한 각종 지원 등에 대한 해법 찾기가 쉽지 않다는 점에 본 출판의 기획 의도가 담겨 있습니다.

본 출판물에서는 지금까지 걸어온 미디어 리터러시 교육의 다차원적인 논의와 실제 성과에 대한 변화 흐름 및 그 지향점에 따른 논쟁점들을 새롭게 재검토하는 기회를 제공하고자 합니다. 제44대 한국언론학회 집행부 및 향후 한국언론학회를 이끌어갈 분들께도, 학계뿐만 아니라 현장에서 묵묵히 미디어 리터러시 교육을 수행하고 있는 분들의 다양한 목소리를 담아내기 위해 큰 노력을 기울일 것으로 믿어 의심하지 않습니다.

본 저술을 통해 현재 미디어와 미디어 리터러시 교육을 하고 있는 분들과 이 분야에 많은 관심을 가지고 있는 분들께도 변화하는 미디어 생태계에 부합되는 미디어 리터러시 교육의 제도화와 4차 산업혁명에 부합되는 교육 방향에 대하여 상호 활발하게 소통할 기회를 제공할 수 있을 것으로 생각합니다.

마지막으로, 이 책의 발간을 위해 수고를 아끼지 않은 제44대 한국언론학회 권장원 미디어교육연구회 연구기획위원장을 비롯하여 미디어 리터러시 교육에 많은 관심을 가지고 좋은 글을 기고해 주신 각 분야 전문가 선생님들께 진심으로 감사의 인사를 드리며, 모쪼록 이 책이 급변하는 한국 사회에서 미디어 리터러시 교육과 연구의 학문적·실용적 지평을 힘차게 여는 초석이 될 수 있기를 기대합니다.

감사합니다.

이 민 규
(제44대 한국언론학회장, 중앙대학교 교수)

필진 구성(목차순)

원용진
허 경
박한철
김양은
권장원
금준경
최용수
김지연
박종구
강진숙
김아미
최 숙

CONTENTS

발간사

Part 1 서 론

Chapter 01 미디어 생태학적 관점에서 본 미디어 리터러시 교육
14 / 원용진

Part 2 교육 현장에서 본 4차 산업혁명 시대의 미디어 리터러시 교육

Chapter 02 미디어교육 정책 활성화를 위한 호조건:
민주적 거버넌스 체계의 설계
50 / 허경

Chapter 03 4차 산업혁명 시대의 학교 미디어 리터러시 교육
71 / 박한철

Chapter 04 시민사회 미디어 리터러시 교육의 과거와 현재, 그리고 미래
122 / 김양은

Part 3 미디어 현장에서 본 4차 산업혁명 시대의 미디어 리터러시 교육

Chapter 05 미디어 테크놀로지와 자본의 관점에서 본
미디어 리터러시 교육

156 / 권장원

Chapter 06 4차 산업혁명 시대의 뉴스 리터러시 교육

211 / 금준경

Chapter 07 4차 산업혁명 시대 공영방송 사용설명서

251 / 최용수

Chapter 08 4차 산업혁명 시대의 스마트 미디어 리터러시 교육,
현황과 전망

299 / 김지연

Chapter 09 데이터경제 시대 스마트광고 리터러시:
데이터 보호와 활용의 균형
'데이터를 가장 안전하게 잘 쓰는 나라'를 향하여

357 / 박종구

Part 4 4차 산업혁명 시대의 미디어 리터러시 교육, 세계는 어떻게 움직이고 있는가?

Chapter 10 유럽의 미디어교육법과 미디어 리터러시 교육 사례:
독일, 프랑스, 핀란드를 중심으로

408 / 강진숙

Chapter 11 미국 미디어 리터러시 교육의 과거와 현재, 그리고 미래

440 / 김아미

Chapter 12 세계시민성과 미디어 리터러시 교육

472 / 최숙

Part 5 에필로그   510

Part 1
서 론

Chapter 01

미디어 생태학적 관점에서 본 미디어 리터러시 교육

원용진 (서강대학교 커뮤니케이션학부 교수)

1. 한국 미디어교육[1]의 활성화

한국의 미디어 교육은 근 40여 년의 역사를 갖고 있다. 그 과정에서 다른 사회에서 찾아보기 힘든 한국적 미디어 교육이라는 특성을 형성해냈다. 미디어 교육은 시작부터 현재에 이르기까지 사회 운동과 한데 어울려왔다. 민주화 운동과 함께하면서 언론 운동, 언론 개혁 운동과 미디어 교육은 연을 맺었다(김기태, 2007, 140쪽). 그런 이유로 학교 내 제도로 정착하는 데 들이는 노력은 늦추어졌다. 학교 내 미디어 교육은 산발적이거나 학교, 교

---

1) 이 글에서는 주로 '미디어 리터러시 교육'을 '미디어 교육'이라는 용어보다 더 포괄적이라고 파악하여 그를 더 선호해 사용할 예정이다. 그러나 그 이유를 밝히기 전까지는 '미디어 교육' 용어를 사용하고 있다.

사의 의지에 맡겨져 왔다. 여전히 시민사회에서 운동의 차원에서 미디어교육 교사 양성, 학교 내 제도화 등에 노력을 기울여 왔고 그 경향은 지속되고 있다. 한국의 시민사회 운동이 정권의 변화에 따라 그 부침이 있었던 것처럼 미디어 교육도 정치권의 변화에 따라 그 꼴을 달리한다.

1987년 민주화 운동 이후로 언론 개혁은 사회 운동에서 중요한 과제였다. 과제 해결을 위한 구체적 정책이 제시되면서 1992년 이후 언론 개혁을 감안한 미디어 교육이 대선 공약에 오르기까지 했다. 이후 미디어 교육은 다양한 형태로 정부 기관으로부터 지원을 받았고 사회적 호응도 이끌어냈다. 하지만 이명박, 박근혜 정부에 이르러 미디어 지형에 변화가 생겼고 미디어 교육에서도 큰 변화가 왔다. 미디어 환경을 국정 관리에 유리한 쪽으로 조성해내고, 시민사회의 입은 틀어막는 일을 벌였다. 정치적 억압 등으로 시민사회 운동은 침체에 빠지면서 언론 운동과 함께 미디어 교육도 부진해졌다. 그러다 2017년 새 정부가 들어서면서 언론 운동, 미디어교육 활성화를 요구하는 목소리가 커졌다. 그 목소리는 대체로 미디어 교육의 제도화에 맞춰지고 있었다. 관련 법규를 만들어 교육을 지원하고, 학교 안에 정규 과목으로 만들자는 제도화 주장이 늘고 있다.

2018년 5월 3일 '디지털 민주주의를 위한 미디어교육지원법 추진위원회'에서 주최한 '미디어교육 활성화에 관한 법률 제정을 위한 세미나'가 열렸다. 이 법률안에 미디어 교육의 목표가 명시되어 있다. 그 목표는 '모든 국민이 미디어를 비판적으로 이해하고, 창조적·능동적으로 활용하며 미디어를 통해 민주적 의사결정에 참여할 수 있는 역량을 갖추는 것'으로 잡고 있었다. '가짜 뉴스'를 교육 활성화의 주요 이유로, 법제화를 활성화의 계기로 삼고 있었다. 이날 토론회는 법안의 필요성 설명과 통과를 위한 여론 조성을 꾀하는 자리였다.

답보 상태에 놓인 미디어 교육을 활성화시키기 위한 지원을 법제화하는 일은 의미가 없지 않다. 운동이 법제화로 이어지고 그 법제정을 통해 제도화되며 미디어 교육이 학교 내외에서 활성화 된다면 긴 세월의 노력은 결실을 맺는 것이라고 할 수도 있다. 하지만 미디어 교육이 사회 운동의 성격을 띠고 있었고, 타 운동과 강한 연대를 유지해온 전통을 고려한다면 미디어 교육의 활성화는 사회적인 것과 관련을 맺어야 한다. 뿐만 아니라 지금의 미디어 상황을 주요 맥락으로 고려해야 한다. 우선, 사회적인 것과 관련을 맺어야 함은 미디어 중심의 사고를 뛰어넘어야 한다는 말이다. 그래서 사회가 가장 절실해 하는 사안에 미디어 교육이 기여할 수 있는 부분을 찾아 나서야 한다. 둘째, 상황적이어야 함은 미디어 상황을 감안한 움직임이어야 한다는 말이다. 즉, 현행의 미디어 환경에 맞춘 모습이어야 함을 의미한다.

이 글은 미디어 교육의 활성화가 제도화 이상의 것이어야 하며, 사회적이고 상황적이어야 함을 미디어 생태학을 기반으로 정리해내고자 한다. 정리를 통해 디지털 기술 기반의 미디어 시대에 맞는 미디어 교육을 제안할 것이며, 미디어 교육이 사회에 기여할 바가 무엇인지를 묻고 답하고자 한다.

2. 미디어 생태학과 미디어 교육

1) 미디어 생태학(media ecology)

한국언론진흥재단의 〈2017 언론수용자 의식조사〉는 모바일이 명실상부한 주도적 미디어임을 확인시켜 준다(한국언론진흥재단 조사분석팀, 2017).

모바일 인터넷 이용률은 2011년 36.7%에서 2017년 82.3%로 상승했다. 반면 종이신문 이용률은 2011년 44.6%에서 16.7%로 하락하였다. 텔레비전도 2011년 95.3%에서 2017년 85.5%로 그 이용률이 감소하였다. 20·30대 세대의 모바일 인터넷 이용률은 99.2%에 달하였다. 전 세대에 걸쳐 모바일 인터넷 이용률은 가파른 상승세를 보였다. 구독률의 하락만큼 신문 산업의 매출도 줄어 신문 산업의 절체절명의 위기를 운위할 정도이다. 전통적 정보 매체인 종이신문과 지상파 방송 보도를 떠난 시민들은 대체 미디어를 활용한다. 모바일 기기로 인터넷, SNS를 이용하며 적극적 미디어 행위를 하고 있다. 팟캐스트(podcast) 이용도도 높아져 지상파 라디오를 위협하고 있다.

위 통계가 말하듯 디지털 기술이 일상으로 깊숙이 들어오는 등의 변화를 두고 미디어 생태계(media ecosystem)란 용어를 도입해 설명하려는 노력이 있다. 미디어 판에 전혀 새로운 획기적인 변화가 생겼음을 크게 말하고 싶은 욕망의 발로처럼 보인다. 낯선 용어를 빌려 크게 말하고픈 욕망. 그런데 그 용어를 사용하는 미디어 연구자의 노력은 자신의 욕망에 못 미치고 있다. 미디어 생태계를 정확하게 정의하지 않거나 '미디어 변화'라는 용어와 질적으로 어떻게 다른지 꼼꼼하게 정리하지 않았다. 생태계를 다룬다며 〈미디어 생태학(Media ecology) 사상〉(Lum, 2006/2008)이란 책을 출판했지만 기대엔 미치지 못했다.

책에 담긴 미디어 생태계 그리고 그를 다룬다는 생태학의 대강을 살펴보자. 닐 포스트먼(Neil Postman)은 '미디어 기술이 미디어에 미치는 영향, 그리고 미디어가 인간에게 미치는 영향을 살펴보는 일'을 생태학의 임무라고 정의한다. 물론 이때 미디어라 함은 미디어가 메시지라는 마셜 맥루언(Herbert Marshall McLuhan)의 경구에 충실한 의미이다. 생태학은 미디어 환경, 미디어 환경이 인간에게 미치는 영향에 대한 연구임을 밝히고 있다. 물론 새로운 미디어가 등장해 과거의 경험을 바꾸어 내는 것에 대한 관심이기는 했지만 특별히 새로운 매체에만 초점을 맞추진 않았다. 미디어가 인간 개개인, 공동체, 그리고 사회에 어떤 영향을 미치는가에 대한 관심이 더 컸다.

닐 포스트먼의 생각을 모아 정리한 집단에서도 유사한 정의를 제출하고 있다. 〈미디어 생태학 모색(Explorations in media ecology)〉의 편집인인 코리 안톤(Corey Anton)은 이렇게 말한다: '커뮤니케이션 테크놀로지에 얽인 인간사를 다루는 일이 미디어 생태학이다'.2) 이는 맥루언이 오랫동안 지녀왔던 연구 테제이기도 한데, 그가 지녔던 인간 지각, 살림살이에 미디어 형식, 기술이 미치는 영향에 대한 관심을 미디어 생태학 전통에서는 지켜왔던 셈이다. 그러면서도 미디어, 미디어 기술에 대한 인문학적 접근(a humanistic approach)을 한다는 자신의 존재성을 크게 부각한다.

긴 시간에 걸쳐 많은 동료 연구자들이 모여 학파를 이루어 왔지만 나는 이 같은 미국 내 미디어 생태학파에 대해서는 몇 가지 의문을 표하고자 한다. 우선 그들은 '맥루언 논의의 진전'이라는 슬로건을 내걸고 있지만 과연 그런가 하고 되묻고 싶다. 맥루언 논의의 진전이 아니라 그 근처에 맴돌고 있다는 느낌이다. 학파의 소개 화면에 해롤드 이니스(Harold Innis), 월터 옹(Walter J. Ong)의 사진을 걸고, 자신의 관심이 읽고 쓰기와 새로운 매체(특히 영상매체)와의 관계에 있음을 밝힌다. 그들이 영문학 전통 혹은 더 나아가 인문학적 전통에 기반해 있기에 만든 한계 설정으로 보인다. 미디어

---

2) 미디어 생태학회의 학술지인 〈Explorations in Media Ecology〉를 미디어와 미디어 환경에 대한 이해를 넓히기 위한 국제저널로 소개하고 있다("journal dedicated to extending our understanding of media and media environments").

생태학에서 미디어 영향을 살피는 방식은 물론 독특하긴 하다. 미디어 메시지의 효과에 천착했던 전통적 미국식 커뮤니케이션학과는 다른 관점에서 살피고 있긴 하지만 한계는 명확하다. 그를 사회적인 영역으로까지 확장하진 않는다. 미디어가 이미 환경이 되고 있는바 새로운 환경으로 바뀌었으니 사람들에겐 어떤 영향을 미칠까 라는 인문학(때로는 인류학)적 질문을 하는 데 머문다(예를 들어, 닐 포스트먼의 〈죽도록 즐기기(Amusing ourselves to death)〉와 같은 저술은 영상이 독서와 비교해 우리 감각에 미치는 영향을 적고 있다). 이들은 '미디어 생태계'를 '미디어 환경'이라는 말과 동등하게 사용하는 경향이 있다. 새로운 미디어 기술이 등장해 새로운 미디어 생태계를 꾸린다고 말하는데 그는 곧 새로운 미디어 환경을 만들고, 그 환경 변화가 궁극적으로 인간 변화로까지 이어진다는 언급이다. 이 같은 입장은 미디어 환경주의(media environmentalism)에 가까워 보인다.

미디어 생태, 미디어 생태학을 다른 방식으로 말하는 이들도 있다. 그들을 미디어 환경주의자와 구별짓기 위해 미디어 생태활동가(media ecologists)라고 부르고자 한다. 환경주의가 환경의 변화에 대한 관찰에 힘을 집중하는 데 비해 이 집단은 환경 개입에 더 관심을 갖는다. 환경주의가 갖는 지속가능성(sustainability)이나 환경균형(equilibrium)에 대한 관심은 보수성으로 이어질 것이라고 경고한다. 변화에 대한 부정적 태도 탓에 보수성이 발생한다고 파악한다. 오랫동안 '비판 커뮤니케이션 연구'가 '구조기능주의 커뮤니케이션 연구'에 보냈던 혐의의 눈초리와 유사하다. 미디어 활동가인 매튜 풀러(matthew fuller) 등은 정태적 미디어 생태학을 비판하며 생태활동가적 개입과 실천을 제안한다(2007). 생태계를 복수 개념으로 파악하며(media ecologies) 미디어 생태계 내부에도 다양한 생태계가 존재하고 있음을 전제한다. 생태계 간의 긴장과 경쟁을 상정하고 그 안의 역학에 따라 전체 미디어 생태계는 모습을 달리한다고 주장한다. 생태계의 정태성이 아닌 동학에 주목하려 한 셈이다.

미디어 생태학을 구체적으로 소개하기 위해 풀러는 펠릭스 가타리(Felix Guattari)의 운동궤적을 예로 든다. 해적 방송을 이야기하는 부분이나 자유라디오운동을 언급한 부분에서이다. 가타리는 이탈리아의 '알리체 라디오(Alice Radio)'를 운영한 바 있다. 그는 이탈리아 자유라디오운동이 68년운동을 계승한다고 보았다. 1970년대 말부터 1980년대 초까지 가타리는 프랑스에서 직접 자율무선운동에 참여했고, 이를 통해 국가의 무선국 통제에 대항하는 운동을 전개했다. '라디오 파리 80'이란 자유라디오에 직접 개입했고, 자신의 아파트에서 운영하는 자유라디오 지지연합회를 결성했다. 전파를 둘러싸고 게릴라전을 펴며 청취자와 방송 팀 사이의 피드백 체계를 구축하였다. 전화를 통해 스튜디오를 직접 개방하고 청취자들이 만든 카세트를 이용해 인터뷰를 전하기도 했다. 그가 늘 논의해오던 이른바 분자운동의 일환이었다. 그가 평소 주장했던 "혁명이란 분명한 정치적 수준에서뿐만 아니라 욕망의 변화, 과학기술이나 예술 등의 변화라는 훨씬 더 분자적인 차원에서 일어나야 한다"는 취지의 실천이었다.

가타리는 종래의 생태계운동이 환경문제에 한정되어 있다는 것에 의문과 불만을 느꼈다. 그것만으로 현대세계의 전면적 위기에 대처할 수 없다고 보았다. 그는 환경생태학에 덧붙여 사회생태학과 정신생태학의 삼위일체적인 이론전개를 제창했다(Guattari, 1989/2003). 이 세 가지 생태학을 윤리-정치적으로 접합하는 고리를 찾고자 했으며 그를 생태철학(ecosophy)으로 칭했다. 환경생태학에서는 환경과 자연을, 사회생태학에서는 사회관계를, 정신생태학에서는 인간의 주체성을 다룬다. 사회생태학(social ecology)은 '커플 사이에 가족, 도시생활, 노동 등에서 존재방식을 수정하고 재발명하는 데로 나아가는 특정한 실천을 발전시키는 일'을 행한다. 집합적 존재양식 전체를 재구축하는 것에 대한 관심이다. 사회적 관계 변화를 통해서 생태변화를 꾀하자는 주장이다. 정신생태학(mental ecology)은 '신체, 환상, 지나간 시간, 생과 사의 신비에 대한 주체의 관계를 재발명하는 일'을 다룬다. 그것은 대중매체나 정보통신의 획일화로부터, 행동양식의 순응태도로부터, 광고와 각종 여론조사로부터 벗어날 수 있는 해독제를 찾는 일이다. 환경, 사회, 정신생태학을 접합하여 사고하는 일, 즉 생태철학은 늘 '주체성 생산의 문제(subjectivation)'로 귀결된다. 그 주체가 분자혁명을 일으킬 중심이기 때문이다.

가타리가 늘 구조주의 정신분석학이나 기호학에 불만을 표출했음에 착안한다면 그의 주체성 생산의 방향성은 뚜렷해진다. 자본주의적 주체로부터 벗어난 변이적 주체의 생산을 꾀한다. 새로운 감각(sensibility)이나 지능(intelligence)이 발현될 수 있는 가능성을 늘리고, 그를 통해 새로운 주체성이 형성되게 한다. 그는 일찍부터 자유라디오운동 등으로 그 가능성을 찾았지만 지금의 새로운 미디어 환경인 디지털 시대에서는 당시보다 새로운 가능성이 더 열리게 되었다. 나는 그 같은 방식의 미디어 생태활동가적 입장을 지지하지만 미국의 미디어 생태학적 관점을 완전히 무시하거나 버리진 않을 것이다. 여전히 인문학적 접근은 유용하고, 미디어 환경의 변화를 추적하는 일도 의의가 있다. 다만 가타리가 지녔던 '개입'이라는 점, 새로운 사회 구성을 목표로 한다는 점, 그리고 미디어는 새로운 주체를 만들어내기 위해 활용될 수 있다는 점 등과 함께 접합될 필요가 있다. 그 같은 접합을 전제로 한 언급을 미디어 생태학이라 부르고, 그를 미디어 교육의 목표, 실천에 연결하려 한다.

2) 미디어 교육에서 미디어 리터러시 교육으로의 전환

　사회 내 특정 영역과 관련된 교육을 펴자고 주장함은, 그쪽이 문제가 있으니 바른 방향으로 이끌어야 한다는 합의를 전제한다. 그러니까 문제를 지적하고, 그 문제를 넘어서는 주체를 만들자는 것이다. 첫 번째를 분석적 작업이라고 한다면, 두 번째는 생산적인 작업이다. 예를 들어 환경문제를 교육한다면 먼저 환경이 왜 중요한가, 그런데 중요성에 비해 그를 챙기는 제도가 잘 되어 있지 않으니 우리가 나서서 잘 챙겨야 하는데 그러기 위해선 그럴 주체를 만들어야 한다는 도식을 갖게 된다. 그런 식으로 교육해야 할 문제들은 도처에 깔려 있다: 환경문제, 질병문제, 통일문제, 젠더문제, 노령화문제, 지역문제, 출산문제, 일자리문제 등등.

　지니고 있는 사회적 중요성에도 불구하고 모든 영역이 다 교육으로 제도화되진 않는다. 사회적 중요도란 게 존재하기 때문일 것이다. 물론 이때 중요도는 절대적인 기준이 있는 것이 아니라 사회적 동의의 문제일 가능성이 크다. 그러니까 사회마다 각 사회 문제의 비중을 다르게 인식하고 다루고 있는 셈이다.

　한국 사회에서 미디어 문제는 얼마나 소중한 것일까. '기레기'라는 말이 있고, 가짜 뉴스에 대한 사회적 경종이 있고, 언론탄압이라는 말이 있고, 대중의 눈을 가린다는 말이 있고, 댓글을 둘러싼 중요 정치 사건이 있었던 점으로 보아 한국 사회에서 그 비중은 만만치 않다. 그래서 사회 여러 곳에서 나서서 그것을 문제로 삼고, 해결하려 하고, 교육시키려 하는 일이 이루어져 왔다. 학교 안에서 정식 교과목이 되는 데까지 이르지는 않았음에도 다양한 방식으로 이미 교육하고 있으며, 시민사회 곳곳에서도 비슷한 노력을 기울여 왔다. 그리고 이를 제도화시키려는 움직임도 오래 전부터 있어

왔다. 최상위 수준까지는 아니지만, 비교적 비중 있게 다루었던 것으로 보인다.

그 같은 움직임에 미디어 교육과 미디어 리터러시 교육이라는 이름을 부여해왔다. 전자를 먼저 사용하다 점차 후자로 옮겨가는 경향이 있다. 미디어 교육은 미디어 관련 문제를 도출해 그를 분석하고 비판적으로 대할 것을 강조했던 것으로 이해 가능하다. 그에 비하면 후자는 전자를 포괄하되 미디어 생산을 하는 능력도 강조한다. 특히 디지털 기술 시대를 맞이하면서 미디어 내용의 생산이 기존 미디어에만 국한되지 않고 누구든 그런 작업을 해낼 수 있음에 착안해 개입적 생산에 더 방점을 찍는다. 그런 점에서 미디어 리터러시 교육이라는 개념이 미디어 교육보다 더 포괄적이고 개입적이며 활동성을 담고 있다 하겠다.

앞서 밝힌 바와 같이 한국의 미디어 교육은 각종 사회 운동과 연대한 역사가 길다. 아직도 그 같은 특성은 강하게 남아 있다. 언론 운동 혹은 미디어 운동과 미디어 교육은 한몸인 것처럼 이해되기도 했다. 오래 전 미디어 운동에 대해 쓴 글에서 나는 언론 혹은 미디어 운동의 진화를 세대로 표기 정리한 적이 있다(원용진, 2001). 그 같은 분류를 미디어 교육에 적용하면 재미있는 서사를 발견하게 된다.

제1세대 미디어 운동은 미디어가 직접 변화하며 사회의 요청에 맞추어 움직여 주기 바라는 운동이었다. 대표적인 예가 보편적 서비스(common service)권에 대한 요청이었다. 이 요청은 원래 통신 영역으로 향한 주문이었지만 방송 등의 주요 미디어에도 적용될 만한 것이었다. 방송법에도 자세히 언급되어 있듯이 방송의 보편적 서비스권은 누구든 방송으로부터 차별적 대우를 받지 않을 권리를 의미한다. 언론의 공정성, 객관성, 정확성, 윤리 등을 강조할 수 있었던 근거가 여기에 있다고 보아도 된다. 언론 모니터링, 그에 대한 비평, 비판 담론의 형성, 여론에 기댄 언론 평가, 미디어 수용자(간혹 소비자라고 표현하려는 곳도 있긴 하다)로서의 항의 등의 운동이 여기에 포함된다. 또 한편으로 그 같은 외부로부터의 비판에 맞춘 반성적 움직임, 비판 이전에 자신의 프로페셔널리즘(professionalism)을 충분히 발휘하려는 언론인들의 운동도 이에 포함된다. 기존 언론 내부에서 프로페셔널리즘을 펴기에 한계가 있다고 인정하고 새롭게 그를 펴나갈 대안을 마련해간 대안언론 운동 또한 광의의 보편적 서비스권 요청 운동에 포괄할 수 있다. 미디어 교육은 이 같은 테제를 오랫동안 주요 의제로 삼아 왔다. 이때의 미디어 교육은 미디어 운동과 거의 구분이 안 될 정도로 한몸을 하고 있었다.

제2세대 미디어 운동은 미디어에 대해 수용자의 활동 공간을 요청하는 좀 더 적극적인 모습을 띤다. 흔히 퍼블릭 액세스(public access)권 요청을 대표적 2세대 운동의 예로 꼽는다. 미디어 안에 수용자가 발언할 수 있는 공간 혹은 시간을 제공받고, 그 안에서 미디어 생산자와 대화하는 기회를 갖자는 요청이다. 이 운동은 법제화를 통해 이루어지기도 했고(예를 들어 시청자 참여 프로그램) 옴부즈맨(Ombudsman)이라는 이름으로 언론이 자발적으로 협조하며 성사되기도 했다. 시민이 직접 제작에 참여하기도 했던 시민 저널리즘(civic journalism) 혹은 공공 저널리즘(public journalism)도 그 일종으로 보아도 무리는 아닐 듯하다. 국내에서도 방송법 안에 시청자 평가 프로그램, 시청자 참여 프로그램, 케이블 방송에서의 지역 공동체 채널 등의 규정을 두어 제2세대 권리 요청에 대응하고 있다. 제2세대 미디어 운동과 미디어 교육은 상호작용의 자장 안에 놓인다. 미디어 운동의 성과로 얻은 퍼블릭 액세스권에 부응하기 위한 미디어 교육이 이루어졌고, 미디어 교육은 퍼블릭 액세스권이 당연한 인권의 문제라고 사회에 설파했다. 현행 법제 안에 명기된 퍼블릭 액세스권은 미디어 교육의 중요 성과라 해도 과언이 아니다.

제1, 2세대의 권리 요청 운동이 이미 미디어 산업권 내로 진입한 언론을 향한 것이었다면, 제3세대 미디어 운동, 권리는 새로운 미디어 영역의 창조, 그를 통한 전혀 새로운 내용의 제작을 추구한다. 미디어 기술의 진전으로 인해 플랫폼을 소유, 사용하는 일이 전에 비해 훨씬 용이해졌다. 큰 자본과 많은 인원의 투입 없이도 미디어의 운용이 가능해졌다. 그에 기댄 미디어 운동의 대표적인 예가 공동체 라디오이다. 인터넷 시대가 되면서 인터넷 신문은 물론이고, 온라인 텔레비전, 라디오, VOD 등 각종 운동 미디어가 등장했다. 그러한 수용자 중심의 운동을 지원하는 미디어센터 운동도 활발하게 이루어졌다. 미디어센터, 영상미디어센터 등의 이름으로 활약 중인 이 영역의 운동은 커뮤니케이션할 권리를 강화시켜 주는 역할을 한다. 제3세대 운동을 커뮤니케이션권 요청 운동이라 부르는 이유가 바로 여기에 있다. 기존 미디어 내에서 더 많은 소통을 함을 넘어서 새로운 미디어를 소유 운용하며 그를 통해 자신들의 소통 공간을 만들어내겠다는 의지로 볼 수 있다. 모바일이 대중적 플랫폼이 되면서 제3세대 미디어 운동, 커뮤니케이션권 운동은 더욱 활발해지고 있다. 커뮤니케이션권은 미디어 교육이 미디어 리터러시 교육으로 옮겨가게 한 결정적 이유이기도 하다. 기존 미디어가 자신을 대의하는 것을 넘어서 스스로 표현하는 방식을 택하였고, 미디어 리터러시 교육은 표현하고자 하는 욕망과 역능을 갖춘 주체 만들기에 주력하게 된다.

표 1. 미디어 운동의 진화

구 분	제1세대 미디어 운동	제2세대 미디어 운동	제3세대 미디어 운동
요청 인권	보편적 서비스권	퍼블릭 액세스권	커뮤니케이션권
주요 운동	언론의 공정성, 객관성, 정확성 요청 운동, 언론인 운동, 감시운동, 모니터링, 언론 비평, 대안미디어 운동	미디어 민주주의, 옴부즈맨 제도, 액세스 법제 운동, civic / public 저널리즘 운동	반(反) 디지털 상업주의, 디지털 주권, 커뮤니티 라디오 운동, 온라인 시민미디어 운동, 미디어센터 운동, 미디어아트 운동

세대를 엮어 지금까지 한국에서 벌여온 미디어 운동을 살펴보자면 각 운동은 각개 약진해오기도 했고, 때로는 연대하기도 했다. 미디어 교육은 1, 2, 3세대에 걸쳐 미디어 운동과 연대해왔다. 이를 진화에 빗대어 설명한 데는 이유가 있다. 기존 산업 내 미디어에 대한 요청에서 점차 수용자, 시민의 미디어로 옮겨가는 경향을 띠고 있기 때문이다. 요청하는 수용자의 모습에서 스스로 제작자가 되는 모습, 즉 생산과 유통의 플랫폼을 소유하고 개입하는 모습으로 전환되고 있다. 그리고 앞 세대의 운동을 새롭게 접합(articulation)해 나가기도 한다. 1, 2세대 운동과 함께했던 미디어 교육도 포함하면서 제3세대 운동과 더 많은 연관을 맺도록 운동성을 부여할 수 있는 개념이 미디어 리터러시 교육이다. 앞서 미디어 생태학에서 강조하고자 했던 현실 개입의 폭을 넓히고, 새로운 주체 생산의 가능성을 높일 수 있는 기획이다.

이 같은 진화, 전환을 민주주의 심화라든가, 참여 민주주의로의 열망이라든가, 시민사회의 활성화 등과 같은 정치적 사건과 연관 지을 필요가 있다. 하지만 대체로 이 같은 미디어 운동의 변화는 언론이나 미디어 자체에 머물러 왔다는 지적을 받고 있다. 사회의 특정 국면을 설정해내고 그에 맞추어 운동을 전환하거나 새롭게 운동을 꾀한 것이 아니라는 비판을 받는다. 새로운 세대로의 운동 전환이 미디어 기술의 진전에 힘입었거나 운동 진영 내부의 지혜의 결과일 수는 있지만 사회 변동 국면을 반영하는 진지함에까지 이르지는 못했다. 보편적 시간 속의 운동이 되어버렸다는 지적을 피하기 어렵다. 한국 미디어가 오랫동안 정치적·경제적 자율성을 누리지 못하거나 프로페셔널리즘을 제대로 발휘하지 못하는 언론 환경에 처해 있었다는 시간적 균질성이라는 조건을 감안하더라도 미디어 운동은 비역사성을 노정한다는 비판을 만날 개연성이 크다. 미디어 운동과 궤를 같이했던 미디어 교육, 미디어 리터러시 교육도 비슷한 비판을 직면할 운명에 놓여 있다.

3. 미디어 리터러시 교육의 새로운 조건

1) 4차 산업혁명과 미디어 리터러시 교육

2016년 1월 다보스 포럼(Davos Forum)을 통해 구체화되고, 글로벌 담론으로 자리를 잡은 4차 산업혁명은 글로벌 무대의 강자, 관료의 담론이기도 하다. 제조업에 새롭게 자신감을 가진 미국과, 과학자 출신이자 유럽의 대표적 정치가인 메르켈(Angela Merkel)을 가진 독일이 강조하는 정치적 슬로건으로 볼 수도 있다. 하지만 그렇게 쉽게 부정적 언설로만 대응할 수 없는 세계사적 사건으로 해석될 여지도 있다. 3차 산업혁명은 자동화, 금융과 물류 시스템 혁신 등에 집중해 이루어졌다. 그리고 그것이 이루어진 무대는 개별 기업이거나 개별 산업, 개별 국가였다. 그에 비하면 4차 산업혁명이 집중하는 영역은 로봇 기술, 인공지능, 감지기술, 무제한적인 빅데이터, 사물인터넷, 인터페이싱과 인터넷 네트워크 간의 커뮤니케이션 등이다. 그리고 각 영역들은 통합을 형성한다. 이른바 ICT를 중심기술로 하여 높은 수준의 연결을 꾀하게 된다(초연결사회). 이로써 감각을 지니지 않았던 사물이 감각 체계 안으로 들어오고, 생물체와 비생물체 간의 구분이 모호해지고, 모든 것이 연결되어 정보를 통해 한몸이 되는 순간을 맞게 된다. 그런 순간, 사건이 벌어지면서 기존 산업 체계의 변화는 당연해지고, 그에 합당한 지식체계 또한 변화를 겪게 되고, 인간 역능에 대한 새로운 요청이 대두될 것은 뻔한 이치이다.

초연결사회에서는 대부분의 개체가 스스로 정보가 된다. 열차 바퀴는 기차에 붙은 부품이기도 하지만 열차 관련 제품을 생산하는 공장에 자신의 상태를 전하는 정보체가 되기도 한다. 그것의 마모 상태, 다른 부품과의 접속 상태를 지속적으로 정보로 변환하여 정보가 집적되는 곳으로 전달한다. 기차의 다른 부품도 바퀴와 같은 정보체가 되어 정보를 생산한다. 열차 관련 공장에서는 그에 맞춘 만큼의 부품을 생산 계획하고 생산 실행하면 된다. 그 중간 과정은 정보의 주고받음으로 인해 소멸된다. 그를 두고 열차 산업의 혁명이라고 부르지 않을 도리가 없다. 센서에 의해 축적된 빅데이터가 컴퓨터 시뮬레이션으로 분석되고, 새로운 생산 계획의 기획 자료가 된다. 이어 자동화된 무인기계를 통해 생산되고, 무인화된 물류적 체계를 통하여 수요자에게 공급된다. 노동, 노동자, 노동력, 산업, 사물, 로봇…. 이 모든 개념들이 새로운 모습으로 등장하고 그 의미들이 바뀌게 된다.

각 사회의 세속적 대응은 발 빠른 신산업으로의 이동, 과거 산업으로부터의 전환으로 이루어지고 있다. 아이폰을 만드는 애플 사가 무인자동차를 주력산업으로 대체해가는 예가 대표적이다. 일본의 소프트뱅크 사가 로봇 산업을 주력 산업으로 설정한 것도 그 예라 하겠다. 독일의 지멘스, 미국의 GE, 중국의 기간 산업도 분주히 변신을 꾀하고 있다. 그런데 이 같은 변신과 전환 속에서도 공통적으로 4차 산업혁명을 우려의 눈빛으로 바라보는 시선도 있음에 주목해야 한다. 지난 1, 2, 3차 산업혁명은 노동의 방식을 바꿔 오긴 했지만 노동 자체를 배제하지는 않았다. 혁명의 고비마다 그를 거부하는 러다이트 운동(Luddite Movement)을 벌인 측도 있었지만 그것을 버텨낼 수 있었던 것은 노동의 상실이 아닌 노동의 전환이었던 탓이다. 육체노동을 사무노동으로 바꾸어 준다든지, 사무노동을 서비스노동, 감정노동으로 바꾸는 식으로 노동의 기회를 보전했다. 하지만 4차 산업혁명에 이르면 사정은 확연히 달라진다. 앞의 열차 생산에서 보았듯이 생략되는 산업과정이 많아지고 가치사슬 간 연결이 정보 중심으로 바뀌면서 노동이 탈락되는 경우가 빈번해진다. 오래 전에 리프킨(Jeremy Rifkin)이 예언했던 노동의 종말이 현실화된다.

초연결사회에서 연결되는 주체들은 결코 동등한 권력을 누리진 않는다. 누구는 연결된 채 정보 자료 지위에 머물 것이고, 다른 이는 그 정보를 모으고 분석 체계화하는 중심이 될 것이다. 그럼으로써 연결사회는 연결을 통한 불평등 구조로 이어지게 된다. 글로벌 기업의 중심성은 이미 예견된 바이고, 전혀 새로운 연결 독점체의 탄생도 얼마든지 예측 가능하다. 같은 플랫폼을 공유하고 그를 통해 공유경제가 가능해질 거라는 예상만큼이나 공유의 이면에서 권력을 발휘할 중심체의 출현도 예상 가능하다. 길거리 정보를 주던 데서, 교통정보를 보태어 차량을 연결시켜 가던 카카오가 카카오택시 사업으로 연장시켜 가는 모습을 불과 몇 년 사이에 목도하지 않았던가.

4차 산업혁명에서 탈국경화는 상식처럼 벌어질 것이고 이미 그런 시대를 살고 있다. 넷플릭스(Netflix)와 같은 다국적 기업 OTT(Over The Top)는 사업 현장에 서버 하나를 두지 않고도 수백만의 가입자를 모으고 그들에 서비스하고 수익을 올린다. 불과 얼마 전에 문화주권을 놓고 국제기구에서 다툼을 벌이던 경험을 떠올리면 지금은 현 상황에서 주권 논의는 촌스러운 테제로까지 여겨진다. 과연 그럴까. 네트워크 효과로 설명해보자. 네트워크 효과란 인터넷 서비스 이용자 규모가 커지면 그 서비스의 가치가 원래 가치보다 더 커지는 효과를 의미한다. 구글을 통해 검색하는 이가 많아지면 구글 서비스의 가치가 더 커지는 것이 그 구체적 사례이다. 그처럼 구글과 같은 검색, 유튜브와 같은 검색 서비스는 네트워크 효과를 누리며 독과점 사업이 될 가능성이 크다. 그 독과점 사업은 빅데이터 처리 등에 이르면 부가가치가 더 커진 규모가 된다. 독일이나 프랑스에서 자신의 국적 검색 포털을 가지려 노력했던 것도 그 같은 정보 주권의 침해를 우려한 탓이다. 유럽연합(EU)의 디지털경제위원회 등에서 유럽 검색엔진 시장의 구글 장악력을 우려의 눈초리로 보고 있는 것도 같은 맥락이다.

미디어 리터러시 교육으로 보자면 4차 산업혁명은 한편으론 리터러시 교육의 대상이고 다른 한편으로는 리터러시 교육의 기회이다. 그 실체와 위험성, 미디어 주권을 논의할 만큼 탈국경화된 플랫폼 사업의 독과점이 심화되고 있다는 점은 교육의 대상이다. 전통적 미디어에 비해 디지털 플랫폼은 그 국적이나 소속이 잘 드러나지 않는다. 교육이 필요한 지점이다. 인지 교육도 가능하겠으나 체험 교육도 필요하다. 본인이 직접 빅데이터를 마이닝(mining)하고, 분석하고, 활용하는 것에 대한 체험도 요청된다. 4차 산업혁명이 가져올 보이지 않는 위험, 즉 탈국경화된 플랫폼, 통신 주권의 침해, 글로벌 기업의 네트워크 효과, 빅데이터 노출 등은 체험하지 않으면 쉽게 인지할 수 없는 부분이다. 그런 점에서 4차 산업혁명은 미디어 리터러시 교육의 주요 타깃이 되는 새로운 의제이며, 미디어 리터러시 교육의 새로운 출발점이기도 하다.

2) 위기의 디지털 민주주의와 미디어 리터러시 교육

도널드 트럼프(Donald Trump)는 정치인이면서 미디어 리터러시 교육 논의를 재점화시킨 인물로 기억될 존재이다. 그는 자신을 비판하는 쪽의 정보를 모두 '가짜 뉴스'라고 비판했지만 그는 정작 가짜 뉴스로부터 혜택을 받은 정치인으로 기억된다. 2016년 미국 대선에서 그의 지지자들은 가짜 뉴스를 유통시키며 그의 당선에 일조했다. 미국만큼은 아니었지만 영국의 유럽연합 탈퇴를 둘러싸고도 가짜 뉴스가 양산되었다. 그러자 자연스레 가짜 뉴스의 폐해를 막을 사회적 방패로 미디어 리터러시 교육이 여러 정책자들의 입에 오르내렸다. 그 폐해가 컸던 탓이다. "거짓이 휘휘 젓고 지나간 후 상처 입은 진실이 절룩거리며 나타난다"며 거짓 정보의 위력을 풍자한 바 있는 영국의 풍자작가 조나단 스위프트(Jonathan Swift)가 떠올려지는 지점이다. 진실이 상처를 입어서 문제이기도 하지만 더 심각한 것은 미디어와 여론을 근간으로 하는 대의제 민주주의가 위기에 처한다는 점이다.

미국의 오바마(Barack Obama) 전 대통령이 가짜 뉴스를 '민주주의의 적'이라고 말한 것은 옳은 지적이다. 유통되는 정보를 신뢰하지 못한다면 민주주의의 운용은 어려워진다. 그렇기 때문에 세계 대부분의 사회가 가짜 뉴스의 양산과 유통을 우려하고 있다. 심지어 트럼프조차도 가짜 뉴스가 횡행한다며 민주주의가 위협받는다고 말한다. 가짜 뉴스의 언급을 통해 거짓 정보가 더욱 확산되고 가짜 뉴스가 다른 뉴스를 억누르고 왕좌를 차지하는 이른바 '거짓의 나선'이 생길 가능성도 커졌다. 그러다 보니 미디어 리터러시 교육에 관심이 덜했던 미국 사회에서조차 그것을 열심히 대하려 한다. 가짜 뉴스의 규정에서부터, 미디어의 신뢰, 미디어에 대한 교육, 교육을 담당할 주체에 대한 논의, 전에 없이 미디어 리터러시 교육에 대한 언급이 이처럼 증가하는 것은 가짜 뉴스가 손쉽게 생산, 유통되는 미디어 환경의 조성 이외에는 설명할 길이 없다. 미디어 환경의 변화가 민주주의에 새로운 위협 요소를 가져왔고, 그러므로 그를 교정하기 위해 변화하는 미디어 환경 속에서 제대로 살아갈 주체를 만들어보자는 서사가 형성된 것이다.

가짜 뉴스의 생산과 유통은 정치적 승리를 목적으로 하는 것처럼 보인다. 정적을 무너뜨리기 위해 허위와 선전을 담아 해석을 오도하는 역할을 하기에 정치적으로 보려는 경향이 있다. 그러나 주목경제의 시대라는 점을 감안하면 가짜 뉴스 안에 담긴 경제적 욕망을 빼놓을 순 없다. 주목을 받을수록 수익을 올릴 수 있는 인터넷 경제에서 가짜 뉴스는 매력적인 상품이다. 자신의 맘에 드는 정보만을 취하는 확증편향으로 뉴스를 접하는 대중이 많아졌음에 비추어 가짜 뉴스 생산은 극소수를 대상으로 하는 사업이 아니라 디지털 기기로 잘 무장된 대중을 대상으로 하는 남는 장사이다. 트럼프에게 유리한 가짜 뉴스를 만들었던 그룹은 유럽의 마케도니아 벨레스(Veles)라는 도시에 존재했고 그에 가담했던 청소년들은 돈을 벌 목적이었다고 밝혔다. 가짜 뉴스를 생산하는 자는 아니지만 대기업형 인터넷 사업자는 가짜 뉴스로부터 혜택을 보는 자이다. 그런 점에서 인터넷의 정치경제학 논의는 재가동될 필요가 있다.

가짜 뉴스는 개인의 인지에만 그치는 수준을 늘 넘어선다. 트럼프와 대선 경쟁에 나섰던 힐러리(Hillary Rodham Clinton) 후보의 피자게이트 사건이 그 예이다. 가짜 뉴스일 거라 짐작하고 신문사와 방송사는 힐러리 측근의 스캔들을 보도하지 않았지만 왜 진실을 캐지 않느냐면서 언론에 불만을 품은 자가 스캔들 연루자에 총기를 발사하는 일이 발생한다. 가짜 뉴스는 뉴스거리로 받아들여지면서 비로소 뉴스의 반열에 들어선다. 가짜 뉴스가 가짜로만 존재하지 않고 살아움직이며 디지털 기술 시대를 사는 모든 이들의 옆자리를 차지한다. 가짜 뉴스를 공격하는 자는 진보적인 성향에만 그치지 않는다. 트럼프도 자신에게 불리한 뉴스를 가짜 뉴스라 칭하며 비판한다. 진보진영도 가짜 뉴스를 이용하기도 한다. 가짜 뉴스를 심층적으로 파헤치는 가짜 뉴스의 등장도 멀지 않았을 것이다.

정치, 사회, 정보 운동 편에서는 이를 막기 위한 제도를 촉구한다. 이른바 기술적 해결책을 제시하는 것이다. 우선 포르노그라피처럼 이의 유통 제한을 주장할 수 있다. 팩트 체커 기능을 갖춘 곳에서 뉴스 생산의 면허장을 제공하는 것도 한 방법이라고 제안한다. 뉴스 생산자의 화이트 리스트를 만들어 대중에게 제공하는 일도 가짜 뉴스를 막을 수 있다고 본다. 그 같은 주장으로 정보 제공업체들은 뉴스 제공에 신중을 기하게 될 것이다. 혹은 플랫폼 사업자들도 자신이 가짜 뉴스 생산자는 아니지만 그를 유통하는 책임이 있기에 팩트 체커 기능을 가동시키려 할 것이다. 하지만 이 같은 제도에도 불구하고 궁극적으로 이 정보제공업체는 정보의 유해 여부를 평가하는 선택이 수용자에게 있다는 주장으로 마무리할 가능성이 크다. 기술적 제한으로는 가짜 뉴스를 막기에 한계가 있다는 말이다.

정부나 공적 기구가 나서서 미디어를 제한해야 한다고 나서기는 쉽지 않다. 표현의 자유, 시장의 자유 등의 주장에 막힐 가능성이 크다. 그래서 미디어 리터러시 교육이 제기된다. 인터넷을 의심케 하도록 하자는 주장을 펴는 이도 있다. 진짜와 가짜를 구분하도록 도와주자는 주장이다. 최근에 제기되는 이 같은 주장에 대해 미디어 리터러시 교육 관계자, 운동가들은

"이미 오래전에 제기된 문제이고 학교 현장으로 가져가자고 말했을 때도 무시하지 않았던가"라고 웃기조차 한다. 이처럼 미디어 교육을 큰 해결책인양 이제야 찾아낸 것도 문제이지만 만병통치약인 것처럼 말하는 것도 문제이다. 그런 식으로 말하면 마약문제, 폭력문제의 모든 해결책을 미디어 리터러시 교육이 떠안게 될지 모른다.

사실 미디어 리터러시 교육을 당장 가짜 뉴스와 연결시키는 것은 일종의 프레임을 짜는 작업이다. 미디어로부터 대중을 보호하자는 뜻이다. 보호주의 정서. 이 프레임은 몇 가지 결과를 낳는다. 첫째 보호대상을 청소년 등으로 삼을 가능성이 크다. 미디어 리터러시 하면 어린이, 청소년 등에 한정하곤 한다. 둘째, 미디어 리터러시 교육을 지나치게 단순화하는 결과를 낳는다. 미디어의 폐해를 젊은이들에게 잘 알리자, 그래서 그로부터 피해를 입지 않게 돕자, 인터넷은 가짜 뉴스 진원지이므로 젊은이들에게 그를 덜 접하게 하거나 예상되는 폐해를 가르쳐 스스로 판단할 수 있도록 돕자 등의 슬로건을 미디어 리터러시 교육에 부과할 가능성이 커진다. 그런데 진짜 심각한 문제는 팩트를 체크한다고 해서, 특정 이슈에 대해 비판적으로 분석해낸다고 해서 가짜 뉴스를 믿게 되는 일을 그렇게 쉽게 막을 수는 없다는 점이다.

과연 누가 건전한 뉴스원이며 어떤 뉴스가 정확한 정보원을 바탕으로 보도를 하는지 쉽게 가려낼 수 있을까. 미디어학 전공자들조차도 쉬운 일이 아니다. 사회나 정치 문제에 관심 없는 이들이 많은 판에 그를 보도하는 미디어의 진위 여부를 알아내는 일에 대해 얼마나 관심을 가질까. 혹 학교 현장에서 그렇게 하도록 강제시킨다고 해도 학교 바깥에까지 그 활동을 이어갈까. 정말 학자들만큼이나 노력해야 하는 일을 일상에서 해내려는 이가 있을까. 정보 습득을 과거보다 몇 배나 손쉽게 하던 버릇을 교육이 이겨낼 수 있을까(우선 학자들조차 그렇게 하지 않는 이가 많다).

　미디어 리터러시 교육을 더욱 괴롭히는 것이 있으니 바로 인식론의 문제이다. 과연 가짜 뉴스와 진짜 뉴스를 가려내는 일이 어떻게 가능한가의 문제이다. 더구나 독자의 해석 문제로까지 접어들면 이는 더욱 복잡한 양상을 띠게 된다. 이미 뉴스에서의 객관성이나 공정성에 대한 회의가 제기된 마당에 여전히 진짜와 가짜를 가려내고 진정한 뉴스를 정리해내는 일이 얼마나 가능하며, 그것이 갖는 사회적 의미는 무엇일까? 재현에 대한 인식론이 바뀌고 있음에 주목한다면 미디어 리터러시 교육으로 문제를 해결할 수 있다고 말하는 것 자체가 문제를 야기함을 말해야 한다.

　미디어에서 교육을 통해 진짜와 가짜를 가려내고, 정보원을 점검해보는 등의 작업은 매우 합리적 계산에 기반한다. 그리고 많은 교육에서는 합리성을 발휘할 것을 강조한다. 그런데 대중들의 가짜 뉴스에 대한 접근이 단순히 합리적 사유만으로 정리될 수는 없는 일이기도 하다. 모든 미디어 사용이 합리성을 기반으로 이루어지진 않는다. 합리성과 함께 판타지, 정서, 욕망도 작용한다. 그들이 한데 어울리는 경우도 다반사이다. 옳은 것을 찾아가는 경우도 있겠지만 내가 좋아하는 쪽, 내가 믿는다고 생각하는 쪽으로 끌리는 경우가 많다. 그뿐 아니다. 이미 정보제공자는 개인에게 그가 선호할 만한 내용을 모아 제공하고 있다(Pariser, 2011/2011). 기술은 이미 교육을 넘어서고 있을 뿐 아니라 그를 무용화시킬 능력도 갖추고 있다. 또한 그러한 기술들은 사회에서 4차 산업혁명의 기수가 되면서 오히려 칭송받는 존재가 되고 있다. 이 같은 정보 선택은 정치에서의 양극화, 신뢰의 상실 등과 함께 가고 있다.

　미디어 리터러시 교육은 제도화되지 못했고, 정책의 변방에 있었지만 여러 경험으로 많은 지혜를 얻었다. 미디어 리터러시 교육이 말처럼 그렇게 성공적이진 않다는 점이 가장 큰 교훈이다. 미디어 내 젠더 불평등을 말해왔지만 그것은 여전하다. 서울 중심주의를 말해온 역사가 길지만 여전히 미디어는 거기에서 크게 벗어나 있지 않다. 그 사회 문제들은 그렇게 쉽게 없어질 존재들이 아니다. 미디어 리터러시 교육을 통해 그들이 쉽게 퇴치될 존재인 것처럼 인식하게 하는 경우가 종종 있기는 하다. 젠더 불평등이나 서울 중심주의를 지나치게 음모론적으로 사고하거나 미디어 생산자가 의도적으로 그런 작업을 해내고 있을 거라고 믿는 데서 오는 착시 현상일 수도 있다.

정책 입안자나 담당자는 문제 해결을 위해 미디어로 향하지 않는다. 미디어에 개입하는 일을 누구도 쉽게 행하진 않는다. 대신 미디어 리터러시 교육을 개인들에게 전하면서 개인이 미디어에 맞서거나 그를 자신의 방식으로 영리하게 정리하도록 돕는 것으로 자신의 임무를 다했다고 자임할 것이다. 미디어 리터러시 교육정책의 역사를 살펴보면 그 같은 패턴의 반복이었음을 알 수 있다. 미디어 소비자에게 힘을 실어주는 미디어 리터러시 교육이 해결책이 아니라거나 도움이 되지 않음을 주장하는 것은 아니다. 미디어 리터러시 교육만으로는 미디어와 관련된 문제를 해결할 수 없음을 말하고 싶다.

미디어 리터러시 교육은 미디어를 문제삼는 다른 어떤 개혁, 운동과도 함께 연대되어야 한다. 미디어 내에서도 현재의 가짜 뉴스 생산 등과 관련해서 자신의 책임 소재는 없는지, 새로운 저널리즘은 어떻게 가능한지 등을 논의하는 자리가 늘고 있다(Charlie Beckett). 또 그들을 개혁해야 한다는 외부의 목소리도 있다. 미디어 리터러시 교육은 그들과도 연대해야 한다. 그런 가짜 뉴스의 근본 원인이 경제적 이익을 위한 것이라는 사실을 인지하면 그로부터 이익을 취하는 디지털 자본주의에도 도전해야 한다(Morozov, 2017, 1, 8). 가짜 뉴스, 댓글문제 등을 포털의 정치경제학을 빼놓고 이야기할 수는 없다. 유튜브 공간이나 디지털 시장의 광고 등도 마찬가지이다. 가짜 뉴스의 정치경제학은 파헤쳐져 사회에 널리 공유되어야 할 주요 테제이다. 미디어 리터러시가 가짜 뉴스 구분에도 힘을 쓸 수 있겠지만, 어쩌면 더 큰 맥락인 정치경제학을 설파하는 일에 더 매진할 수도 있을 것이다.

4. 한국 사회와 미디어 리터러시 교육

1) 민주주의와 미디어 리터러시 교육

언론 운동, 미디어 운동이 지향한 가장 유력한 주제가 민주주의였음을 부정하긴 어렵다. 언론 자유는 민주주의의 독립변수뿐만 아니라 종속변수로 대접을 받아왔다. 지난 10여 년 간 권위주의적 정권의 지속으로 언론 자유는 심히 위축되었고, 그것은 곧 민주주의 위축이라는 악순환으로 이어졌다. 언론 운동은 언론의 자유 위축에 항의하고, 언론인들이 그에 저항할 것을 요청하고, 시민들이 대안적 언론을 지원하거나 수립할 것을 계획하고 실행했다. 정권의 정치적 개입에 대해서는 다른 어떤 사안보다도 강력 대응하려 하였다. 언론 운동은 곧 민주주의 수호를 최우선 슬로건으로 내세운 모습을 하고 있었다. 지난 몇 년 간에 걸쳐 벌어진 표현의 자유 또한 언론 자유 운동의 연장선상으로 사고할 수 있다.

2002년 최장집 교수는 그의 저서 〈민주화 이후의 민주주의〉에서 한국은 민주화에 많은 노력을 기울여 왔지만 아직 민주주의를 정착시키지 못해 제대로 운용해보지도 못하고 있다고 주장한 바 있다. 그 주장이 제기된 지가 15년 정도 지났고, 책의 출간 이후 세 번의 정권이 가고 왔지만 아직 그

제목은 유효하다. 책이 나왔을 때보다 민주화의 열기는 더 식었고, 형식적으로 지켜진다고 여겨왔던 민주적 절차도 퇴행적으로 실행되고 있다. 그리고 그가 지적한 한국 민주주의의 문제점들도 변치 않은 채 지속되고 있다. 낮은 투표율로 표상되는 참여의 위기, 경쟁하는 정당, 정치 엘리트 간의 차이가 드러나지 않는 대표의 위기, 변화하는 세계 정세에도 효율적으로 대처하지 못하는 무능과 부패, 일제 식민지 시대로부터 시작되어 권위주의 정권으로 이어지면서 발생한 '과대성장' 국가, 반공 이데올로기를 낙인처럼 챙겨야 하는 보수주의 등을 최장집은 한국의 보수적 민주화의 성격으로 규정했다. 민주화의 흐름은 있었으나 막상 민주주의로 이행되지 못하는 이유로 그것을 꼽은 것이다. 그럼으로써 한국의 민주주의 논의는 좀처럼 구별되지 않는 정치 엘리트를 경쟁 구도 속에 위치시키고 그에 자신의 정치적 이념을 동일시하며 경쟁해가는 – 민주주의 정착, 운용과는 관계없는 – 일에 몰두하게 된다. 지역(감정)이 그 경쟁에서 주요 변인이 되는 일은 참여와 대표의 위기라는 조건 아래서는 오히려 당연해 보인다.

언론 운동은 최장집의 지적과 얼마나 거리가 있는 사건일까. 2017년 문재인 정부 출범 이전까지 언론 운동에서 떠도는 유령적 담론이 있다. '정권 교체'라는 말이다. 정권 교체의 필요성에 동감하면서도 그것이 과연 최선의 처방일까에 대한 회의가 있다. 앞의 최장집의 주장에 따르면 정권 교체는 비슷한 정치 엘리트 간의 의자 바꿈에 지나지 않는다. 민주주의를 정착시키거나 운용할 수 있는 기회를 제공하지도 않을 것이다. 그럼에도 언론 운동은 정권 교체 이후에는 지금보다 언론이 더 나아질 것이고, 그럼으로써 언론이 다시 민주주의의 정착과 운용을 위해 선순환적 기여의 사건이 벌어질 것으로 전망하고 있다. 물론 정권 교체 이전이라며 손을 놓고 아무런 활동을 하지 않는 것도 아니다. 여전히 언론에의 정치적 개입, 언론 자체의 비정상성을 지적하고 있다. 하지만 1, 2, 3세대 운동 대부분은 정권 교체를 의미있는 시점으로 기대하고, 운동에 전기가 될 것으로 전망하며 '기승전 정권 교체' 주문을 외고 있다.

최장집의 주장에 걸쳐 언론 운동의 주장을 평가해보면 민주주의 운동과는 일정 거리를 가진다. 보수와 극우만을 대표하는 정당이 돌아가며 정권을 쥐는 마당에 정권 교체를 기회로 새로운 언론 환경을 조성하고 언론을 정상화하겠다는 바람은 한계를 지닐 수밖에 없다. 최장집이 한국 민주주의의 위기의 증상으로 제시하는 사회적·경제적 불평등(기회와 소득의 불평등), 사회적 이동의 감소(헬조선, 수저론), 늘어나는 계층 간 간극에 대해서 언론, 미디어 운동, 그리고 그와 비슷한 모습을 하고 있는 미디어 리터러시 교육은 어떤 기여를 했고, 또 할 수 있을 것인가. 정권이 바뀌고, 좀 더 민주적인 정권이 들어서면 언론, 미디어 운동과 미디어 리터러시 교육은 그런 주제에 천착하고 그런 민주주의를 만들어내는 데 매진하게 될까.

만약에 그렇게 된다면 대안언론은 일시적 망명언론이었다고 할 수 있을 것 같다. 예를 들어, 〈뉴스타파〉에 있던 이들은 다시 원 직장으로 복귀해 심층취재를 하고, 그럼으로써 한국의 민주주의를 일층 강화하는 데 기여할 수 있는 것으로 예상할 수 있다. 과연 그럴까. 2017년 8월 17일 대전에서 있었던 '문화연구 캠프'에서 김용진 〈뉴스타파〉 대표는 결코 그런 일은 벌어지지 않을 것이라는 답을 내놓았다. 그런 내용에 천착하며 심층취재하는 일에 공영방송이 열심이지 않을 것이므로 대안언론은 여전히 살아 움직일 거라는 답을 내놓았다. 그러니까 〈뉴스타파〉를 대안언론이 아닌 전혀 새로운 모습의 미디어로 봐야 한다는 주장이기도 하겠다. 언론 운동과 민주주의 간 관계를 챙겨보는 데는 최장집의 논의가 여전히 유효하다. 비슷한 성향의 정치 엘리트들 간 의자 바꿈이 언론을 획기적으로 바꾸지 않을 것이고, 그런 점에서 언론이 민주주의로 직접적으로 향하게 하는 데 큰 도움을 주지도 않으리라 예상된다. 정권 교체가 언론 민주화에 일정 기여는 하겠지만 충분 조건이 아님을 인정한다면 항상적으로 비민주적 문제점을 척결할 수 있는 언론, 미디어 운동이 마련되어야 한다. 정권 교체 이후 언론의 조건에 변화를 꾀하면서 언론을 변화시키는 일은 그것대로 진행되어야 함은 물론이다. 미디어 리터러시 교육도 그와 같은 궤도로부터 멀리 떨어져 있어서는 안 될 일이다.

민주화 이후 민주주의로의 이행을 위한 답으로 최장집은 자유주의와 공화주의의 실행 강화를 제안한다. 공리주의적 시장 자유를 내세우는 보수적 자유주의가 아니라, 개인의 주체를 정리해내고 시민으로의 품격을 지닌 민주주의 성원을 만들어낼 자유주의의 강화를 주장하고 있다. 그런 개인이 공적 공간에서 토론하고 공동선을 위해 함께할 수 있는 공화주의의 강화로 이어진다면 - 긴 세월이 걸리겠지만 - 정치 영역 내 이념의 폭이 넓어지고, 관용도가 늘어나며 사회를 고민해보는 움직임이 생길 거라 전망하고 있다. 언론, 미디어 운동, 미디어 리터러시 교육이 민주주의를 고민한다면 이와 연관시켜 볼 수 있겠다. 그런 내용을 만들어낼 수 있는 언론을 촉구하고, 만들어내고, 또 그런 실천을 시민이 해볼 수 있는 공간을 만들고 교육하고 직접 실행해볼 수 있는 운동, 그것이 곧 미디어 리터러시 교육과 민주주의가 인연을 맺는 시간과 공간이다.

2) 사회적인 것(the social)과 미디어 리터러시 교육

미디어 리터러시를 통해 미디어를 운용하는 방식을 행하는 영상미디어 센터 운동, 마을미디어 운동이 여기저기서 벌어지고 있다. 공동체의 쇠퇴를 걱정하며 새로운 미디어 기술을 활용해 공동체를 재형성하겠다는 야심 찬 운동 기획이다. 이는 신자유주의의 세계화, 디지털 미디어 기술의 진전 등으로 인해 생긴 '사회적인 것(the social)'의 쇠퇴를 감안한 운동 테제이기도 하다.

최근 사회적인 것(the social)의 귀환이라는 말이 유행하고 있다. 대중의 언사 속에 오가는 힐링이라는 말도 사회적인 것으로부터 거리가 멀지 않다. '사회적 기업'은 경제계에서 앞줄에 선 화두이기도 하다. 사회 문제가 되고 있는 자살도 사회적인 것과 관련이 있다. 세계 최고의 자살률은 사회적인 것의 결핍 혹은 상실을 빼놓고는 딱히 설명하기 힘든 것을 보면 '사회적인 것'의 추구, 부족, 확대, 실천 등을 현 한국 사회의 최고 화두로 보아도 무방할 것 같다. '사회적인 것'은 크게 세 가지 의미를 갖는다. 사회적 기업을 예로 설명해 보자. 사회적 기업이란 자발적인 개인들이 모여서 집단을 형성하고, 그를 통해 공동의 이익과 선을 위해 활동하고, 이후 그 기운이 사회로 흘러넘치게 한다는 이상을 갖는다. 사회적 기업의 개념 규정에서 보듯이 '사회적인 것'에는 연대, 규범, 재구성의 의미가 담겨 있다. 자발적인 개인이 모인다는 점에서 연대의 개념이 붙고, 공동의 이익과 선을 추구한다는 점에서 정의라는 규범(도덕)이 뒤따르고, 사회로 흘러넘치게 한다는 점에서 큰 사회공동체의 구축이라는 사회 재구성의 희망을 담고 있다.

'사회적인 것'은 반어법적 결과이다. '사회적인 것'의 실종 혹은 '사회적인 것'에 대한 욕망, 그것이 없음으로 인해 생기는 사회적 불안(anxiety)의 결과이다. '사회적인 것'은 사회를 구성하는 기본적인 대화, 소통을 취하고, 사회가 개인을 돌보고 서로를 배려하게 하며 그로 인해 사회를 재구성할 수 있다는 믿음을 깔고 있다. 그런 점에서 인간 간 소통과 경험이 기본적으로 전제되는 개념이다. '사회적인 것'의 상실로 인간 조건의 피폐화를 논의한 아렌트(Hannah Arendt), 생산 현장의 노동자들이 사회적으로 모여 자신의 권리를 주장할 수밖에 없음을 논의한 마르크스(Karl Marx), 일상이 국가권력과 시장에 잠식되었다며 시민을 중심으로 한 사회적인 것의 건설을 주장한 가라타니 고진(柄谷行人), 이름을 대자면 한 페이지가 족히 넘을 현대의 사상가, 철학자들은 사회적인 것의 파괴를 우려하고, 새롭게 건설할 당위성을 설파했다. 그리고 이들은 공통적으로 인간이 소외되지 않도록 하는 일, 공동체(코뮌)를 구성하도록 하는 일에 주목하고 있었다. 지금 한국에서 정의(justice)에 대한 고민이 적고, 악이 평범함으로 인식되고, 인간을 목적으로 삼는 감각 경험이 실종되고 있다는 점에서 '사회적인 것'의 감각을 살리고, 그 과정이 즐거움의 과정으로 이어지도록 하는 일은 다른 어떤 일보다 시급하므로 그에 대한 논의가 넘친다.

사회적인 것의 형성은 사회적 연대로 이어진다. 사회적인 것이 지켜진다는 것은 연대에 의한 것이다. 즉 자기보존을 국가에 떠맡겨두고 손을 놓는 것이 아니라 타인과의 삶을 연결하고, 보살피고, 같이 나눌 수 있는 공동적인 것(the common)을 만들고 그를 지키는 일이다. 공동의 기억을 만드는 일, 호혜성을 나눌 수 있는 심성을 만들고 그 경험을 해보는 것이고 그런 공간을 만들어가는 일이다. 뒤르켐(Emile Durkheim)이 기계적 연대에서 유기적 연대로 넘어간 것을 한탄한 것이 아니라 기계적 연대와는 다른 방식의 연대를 유기적 연대 안에서 이루고 딱딱한 계약적 연대가 아닌 형태로의 연대를 행해야 함을 주장했던 것을 상기하자.

고진은 생활세계에서의 인간 연대를 구상하였고 그를 직접 일본 사회에서 실천하고자 했다. 마르크스와는 달리 그는 경제적 토대에서의 연대를 대신할 생활세계에서의 연대를 구상했다. 계급을 중심으로 사회를 변화시켜야 한다는 명제는 현대 사회의 구성 자체에 대한 오식의 결과란 주장이다. 생산 현장이 아닌 일상의 현장, 일상의 시간, 소비의 현장인 생활세계에 주목하자고 했다. 마르크스가 생산 양식에 주목했다면 그는 일상에서의 교환 양식에 초점을 맞춘다. 고진은 인류가 네 가지 교환 양식의 변화를 경험했다고 보았다. 그 첫 번째는 원시 공동체 사회 내 교환 양식이다. 두 번째는 봉건적 교환 양식이다. 전제 군주가 약탈한 자원을 강제 배분하는 방식에 따른 양식이다. 세 번째는 합의에 기반을 둔 화폐교환 양식이다. 지금 현재 자본주의를 관통하는 양식을 의미한다. 네 번째는 자본과 국가의 지배를 피하며 인간 간 상호 호혜를 베풀 수 있는 교환 양식이다. 인간 사이의 보살핌, 자율성, 연대를 강조하는 방식이다. 고진은 네 번째에 목표를 두고 자신의 논의를 전개시켜 왔다.

작업장에서 벌어지는 연대에서 일상에서의 연대로의 옮김, 대중이 국가의 부름을 받아 국민으로만 호명되는 일을 중지하는 일, 자본으로 벗어나 화폐교환의 노예적 생활로부터 벗어나는 일 등을 고진은 운동을 통해 꾀하고자 한다. 고진은 그 같은 옮김, 중지, 벗어남을 통해 사랑, 우애, 협동과 같은 연대의 감정을 만들어 가기를 제안한다. 대중은 감정의 연대가 가능한 잠재태이므로 새로운 교환 양식을 꿈꾸거나 진전시켜 가며 연대의 즐거움을 취하자는 것이다. 이는 칸트가 벌인 세계시민, 세계 공화국에 대한 요청과 유사하다. 새로운 연대로 이루어진 교환 양식이 일국에 그치지 않고 다수 국가에서 교환적 정의가 실현되는 순간, 즉 '연대의 연대'가 고진이 구상한 새로운 사회 건설의 완성이다.

자유롭지 않은 개인들을 '사회적인 것'으로 진출시키기 위해서는 자유의 기쁨과 즐거움을 만끽하도록 예비하는 일이 필요하다. 개인의 기쁨과 즐거움에는 국가적·자본적 개입이 항시 뒤따랐다. 개인의 기쁨과 즐거움이 연결되어 정동(情動)을 형성하는 데도 그 개입은 존재해 왔다. 공영방송이 해낼 수 있는 수용자의 즐거움에 대한 배려는 타자와 기쁨을 같이 나눌 수 있도록 자유의 조건을 만들어주는 일일 것이며, 다른 한편으로는 그런 자유를 누려보는 잠깐의 경험이라도 제공해 즐거움을 갖게 해주는 일일 것이다. 가부장제에서 벗어나는 짜릿한 기분, 그를 파괴해보려는 의지를 갖게 해주는 분노, 화폐교환의 굴레를 벗어나는 경험, 화폐 중심의 신화를 과감히 공격해보는 영도(degree zero)의 글쓰기, 권력의 위선을 조롱해보는 패러디 경험, 정의를 거스르는 온갖 사회적 움직임을 폭로하는 정의의 글쓰기.

미디어 환경론자들이 우려했듯이 새로운 미디어는 개인을 점차 개인적 격자 안으로 가둘 태세이다(Turkle, 2011/2012). 이미 그런 일들이 벌어지고 있다. 스마트 기기를 통해 각자의 방에 틀어박혀 가상의 네트워크로만 만족하며 살아가는 군상을 목도하고 있다. 같이 있는 듯하지만 외로운 대중의 모습을 하고 있다. 유대의 직접 경험은 점차 사라지거나 기억과 가상으로만 존재할 뿐이다. 마을 공동체 미디어 운동이 천착하고자 한 지점이 바로 여기이다. 미디어를 통해 직접적 경험으로 이어지게 하고 공동체 경험이 일상을 어떻게 바꾸는지를 보여준다. 미디어 리터러시에는 그처럼 상업주의적 기획에 성실히 따를 수 있는 리터러시가 있는가 하면 공동체를 경험해볼 수 있는 리터러시도 존재한다. 미디어 리터러시 교육이 새롭게 개발해나가야 할 리터러시는 새롭게 미디어 생태계를 꾸리는 일이며 또한 사회적인 것의 건설을 통해 사회에 깊숙이 개입하는 일이다.

5. 디지털 미디어 기술 시대의 미디어 리터러시 교육

미디어 생태계의 변화는 미디어를 교육시키는 일도 달라지길 강제한다. 미디어 생태계의 변화를 단순히 미디어 기술의 변화로만 국한시킬 일은 아니다. 미디어가 놓인 사회의 변화, 추구해야 할 가치의 변화, 그리고 교육 대상의 주체 변화, 미디어 지형 변화까지 포괄해야 한다. 생태라는 말이 '삶의 꼴'에 가깝다면 미디어 생태계의 변화는 미디어와 더불어 우리의 꼴이 바뀌고 있다는 말이 되겠다. 당연히 미디어 교육 측면에서는 교육의 목표, 과정, 내용과 관련하여 과거 미디어교육과 달라져야 한다. 이미 미디어 교육이라는 이름을 구식이라며 한켠으로 밀쳐두고 미디어 리터러시라는 말을 등장시킨 것도 그런 변화와 무관하지 않다. 미디어 교육을 둘러싼 환경의 변화에 맞춘 미디어 교육의 변화는 새로운 미디어교육 철학을 요청한다. 왜 해야 하는지(목적론), 무엇을 어떻게 해야 하는지(인식론), 그게 어떤 모습이어야 할지(존재론)를 적시하는 그림이 필요해졌다.

한국의 미디어 교육이 사회 운동과 맥을 같이했던 점을 한국 미디어교육의 특성으로 규정하고 재활성화 또한 과거의 연대를 복원하는 차원에서 이루어져야 한다. 미디어 생태학적 관점은 그 주장을 뒷받침해준다. 당장 제도화되는 일도 필요하겠으나 운동성, 개입 의지를 놓치지 말아야 한다. 그런 점에서 미디어 리터러시 교육으로 명칭전환, 실천전환을 꾀하여 새로운 미디어 조건에 대응해야 한다. 기존의 미디어 운동이 벌였던 세대별 운동을 포괄할 뿐 아니라, 미디어의 새로운 조건인 플랫폼 자본주의, 디지털 민주주의의 위기에도 대응해야 하며, 미디어에 의해 위협받는 민주주의와 사회적인 것(the social)의 진작에까지 미디어 리터러시 교육의 손이 닿아야 한다. 미디어 리터러시 교육은 미디어보다는 사회를 향하며, 기술보다는 기술이 야기하는 사회의 위기를 타개해가며, 미디어 리터러시를 기반으로 한 민주적 인간 공동체 건설로 향한다.

참고문헌

김기태 (2007). 한국 미디어 교육의 성격 분석 및 논의. 〈한국언론정보학보〉, 37호, 139-167.

원용진 (2001). 대중 매체 참여를 위하여: 퍼블릭 액세스권과 커뮤니케이션권. 〈문화과학〉. 26호, 289-302.

최장집 (2002). 〈민주화 이후의 민주주의: 한국민주주의의 보수적 기원과 위기〉. 서울: 후마니타스.

한국언론진흥재단 조사분석팀 (2017). 〈2017 언론수용자 의식조사: 제22회 미디어 환경변화에 따른 이용자 행태조사〉 (조사 분석 2017-02). 서울: 한국언론진흥재단.

Lum, C. M. K. (Eds.) (2006). *Perspectives on culture, technology and communication: The media ecology tradition.* Cresskill, NJ: Hampton Press. 이동후 (역) (2008). 〈미디어 생태학 사상: 문화, 기술, 그리고 커뮤니케이션〉. 서울: 한나래출판사.

Fuller, M. (2007). *Media ecologies: Materialist energies in art and technoculture.* Cambridge, MA: MIT Press.

柄谷行人 (2001). *トランスクリティーク: カントとマルクス.* 批評空間. 송태욱 (역) (2005). 〈트랜스크리틱: 칸트와 마르크스 넘어서기〉. 파주: 한길사.

Guattari, F. (1989). *Les trois écologies.* Paris: Galilée. 윤수종 (역) (2003). 〈세 가지 생태학〉. 서울: 동문선.

Morozov, E. (2017, 1, 8). Moral panic over fake news hides the real enemy-the digital giants. [On-Line]. *The Guardian,* Retrieved from
https://www.theguardian.com/commentisfree/2017/jan/08/blaming-fake-news-not-the-answer-democracy-crisis

Pariser, E. (2011). *The filter bubble: What the internet is hiding from you.* New York, NY: Penguin Press. 이현숙·이정태 (공역) (2011). 〈생각 조종자들: 당신의 의사결정을 설계하는 위험한 집단〉. 서울: 알키.

Turkle, S. (2011). *Alone together: Why we expect more from technology and less from each other.* New York, NY: Basic Books. 이은주 (역) (2012). 〈외로워지는 사람들: 테크놀로지가 인간관계를 조정한다〉. 서울: 청림출판.

Part 2

교육 현장에서 본 4차 산업혁명 시대의
미디어 리터러시 교육

Chapter 02

미디어교육 정책 활성화를 위한 호조건:
민주적 거버넌스 체계의 설계

허경 (전국미디어센터협의회 이사)

1. 들어가며

2018년 5월 17일 '미디어교육 활성화에 관한 법률안(국회의원 유은혜 대표 발의)'이, 2018년 5월 18일에 '미디어교육 지원법안(국회의원 신경민 대표 발의)'이 각각 발의되었다. 미디어교육 지원을 위한 법안은 2007년, 2012년, 2013년 각각 발의되었으나 제정에 성공하지 못했고 문재인 정부의 국정과제에 '미디어교육 종합추진계획 수립'이 포함된 이후 발의된 두 개의 법안은 미디어교육 정책 활성화 기반 마련을 위한 또 한 번의 계기를 제공하고 있다. 2012년과 2013년, 19대 국회에서 발의된 두 개의 미디어교육 지원법안은 방송통신위원회와 문화체육관광부 등 각 정부부처의 입장을 대변하는 청부입법(박상호, 2016)의 성격이 강한 것으로 평가되고 있다. 법제정을 위한 논의과정이 실제 미디어교육을 수행하고 있는 다양한 민간 주체들보다는 미디어교육 정책을 담당하는 중앙정부의 입장이 중심이 되었고 각 법안은 특정 부처의 입장만을 반영하고 있어 민간과 정부 모두로부터 환영받지 못하게 되었다.

2016년 6월 28일 첫 번째 준비모임으로 출발하여 2017년 2월 13일 정식 출범한 '디지털 민주주의를 위한 미디어교육지원법 추진위원회(이하, 미디어교육법 추진위)'는 법제정을 위해서는 미디어교육 관련 민간단체 간의 소통과 협력, 그리고 민간과 정부와의 협력이 전제가 되어야 한다는 공감대를 기반으로 출발하였다. 그래서 미디어교육법 추진위와 긴밀하게 협력하여 유은혜 국회의원이 대표 발의하게 된 '미디어교육 활성화에 관한 법률안과 19대 국회에 발의된 두 개의 법안 및 신경민 국회의원이 대표 발의한 '미디어교육 지원법안'의 분명한 차별점은 '미디어교육 정책의 거버넌스 체계'와 관련한 내용이다.

미디어교육법 추진위의 간사로 활동한 필자는 이 글에서 미디어교육법 추진위 내부 논의와 법제정을 위한 활동을 통해 확인한 민간 간 협업 및 민관 간 협업을 위한 체계 – 미디어교육 정책의 민주적 거버넌스 체계에 대해 논하고자 한다. 다양한 영역의 사회운동과 결합하여 민간 중심으로 진행되어온 국내 미디어교육 활동의 역사, 미디어와 관련된 기술 변화에 따라 끊임없이 변화와 확장을 거듭하고 있는 미디어 교육의 특성을 반영해야 할 미디어교육 정책이 체계화되고 시행되면서 시의적절하게 재구성되기 위해서는 '소통과 합의를 통한 의사결정 체계'가 필요하기 때문이다.

2. 미디어교육 정책과 거버넌스

1) 더 민주적인 거버넌스

거버넌스에 대한 논의와 실천의 국내 역사는 1990년대부터(조철민, 2017)로 알려져 있고, 국제적으로도 다양한 개념과 논의들이 맥락을 달리하며 존재한다. 이 글에서는 거버넌스를 '공사 영역의 다양한 행위자들이 분리되지 않고 함께 결합하고 조화를 이루어 사회문제를 해결해가는 국정관리 양태'(정순관, 2017)로 정의하고자 한다. 미디어 교육은 모든 국민이 받아야 할 보편적·사회적 서비스이기 때문에 국가는 이를 위한 정책을 수립·시행하여야 하며, 거버넌스 체계 역시 필요하다. 또한 조직이기주의에서 탈피하여 유관한 타 부처·기관과 협력하는 정부 내 수평적 네트워크의 강화와 민간(시민사회) 주체의 역량 강화를 촉진하며, 정부와 민간이 권한과 역할을 나누어 협력할 수 있도록 하는 거버넌스 체계를 '민주적 거버넌스'로 설정하고자 한다. '민주적 거버넌스'는 민주적인 결정과정을 중요시하고, 민간을 정책수립의 주체(생산자)로 인식하며, 민과 관을 협력적 관계로 설정한다. 이는 엘리트 중심의 정치, 국가 중심의 국정운영의 한계를 가지고 있는 '국가 중심의 민주주의'에서 직접민주주의(내가 만들고 스스로 결정하는 정책), 과정의 민주주의(공론과 합의에 의한 정책결정) 등을 포함하는 '국민 중심의 민주주의'로의 전환을 제시한 문재인 정부의 국정운영의 전제·취지와도 맥을 같이한다.

4차 산업혁명으로 표현되는 정보기술·지능기술이 고도로 발전된 사회의 거버넌스는 더 민주적으로 재구성될 것으로 예상된다. 엘리트 주도의 대의민주주의에 대한 불신과 시민의 정보활용과 네트워킹 및 정치참여를 수월하게 하는 정보기술의 발전은 더 참여적이고 민주적인 거버넌스를 이미 확대시키고 있다. 시민 제안을 통한 입법을 가능하게 하는 온라인 플랫폼 '국회톡톡(http://toktok.io/)', 시민의 의견을 통해 정책을 수립하고 시민공론장을 촉진하기 위한 서울시의 온라인 플랫폼 '민주주의 서울(https://democracy.seoul.go.kr)' 등 국내에서도 다양한 시도가 진행되고 있다. 복잡다단한 이해관계를 조정하고 사회구성원 간 합의도출이 어려운 이슈를 인공지능과 빅데이터를 통해 해결하게 되는 알고리즘 민주주의의 대두(윤성이, 2017)를 예측하고 있는 현재, 시민 중심의 '더 민주적인 거버넌스'는 방향이 아닌 적극적으로 개발하고 적용해야 할 과제라고 할 수 있다.

2) 국내 미디어교육 활동 경과 개괄

1970년대 학술 영역의 논의로부터 시작된 국내 미디어교육은 1980년 대 언론 및 시민 단체의 언론개혁운동과 연계된 미디어(비평) 교육을 통해 초기 활성화의 과정을 거쳤다. 1990년대 후반부터, 시민이 직접 제작한 대안적 영상 콘텐츠의 방송 참여와 시민참여 방송 설립·운영 중심의 퍼블릭 액세스 운동과 함께 시민 대상 미디어교육(비판적 이해와 제작의 통합교육)도 시작되었다. 이렇듯 국내 미디어교육은 시민사회운동의 '활동 프로그램'으로 시작된 특성을 가지고 있다. 이는 주류 언론·미디어의 민주적·대안적 구조 재편을 추동하고 사회 기득권의 가치·시스템에 대해 대항하는 활동의 성격을 가지고 있었으며 부침을 거듭하고 있지만 여전히 국내 미디어교육의 주요한 흐름으로서 명맥을 유지하고 있다.

2000년 초반 통합방송법 제정과 함께 시민의 방송 참여가 제한적인 수준에서 의무화되고 전국적으로 지역미디어센터가 설립·운영되기 시작하면서 미디어 교육은 대중화와 전국화의 길을 걷게 된다. 이 시기부터 미디어

교육은 정부의 정책 영역으로 포함되어 제도화의 초기과정에 진입하지만, 해당 정부의 정책기조에 따라 부침을 겪게 되었다. 특히, 미디어교육 관련 '지원정책'에서는 특정 미디어교육 활동 주체에 대해 지원을 배제하는 경우도 있었다. 2008년 이명박 정부의 청와대에서 작성한 '문화권력 균형화 전략'에 따라 영화진흥위원회 영상미디어센터 지정위탁을 공모에 따른 위탁으로 전환하여 특정 민간단체에 대한 지원을 배제한 사례, 2008년 방송통신위원회가 경찰청으로부터 시청자단체의 불법 폭력 집회·시위 참여 여부를 조회하여 2008년 시청자 권익활동 지원사업에서 배제한 사례, 박근혜 정부 들어 시청자단체의 각종 방송 모니터링, 미디어 교육, 미디어정책 연구 등을 지원했던 방송문화진흥회의 '시청자단체지원사업'을 폐지한 사례 등이 대표적이다. 이와 같은 정책의 부침과 미디어교육 분야 민간단체의 배제는 보편적 사회정책으로서 미디어교육 정책의 위상과 지평의 확장을 위한 민간 역량을 위축시켰고 국내의 미디어 교육은 양적 확산을 통한 경험과 성과를 '확산과 수렴'하지 못하고 '위축과 단절'의 길을 걷게 된다.

문재인 정부의 국정과제 70번 '미디어의 건강한 발전'에는 '전 국민 맞춤형 미디어교육 실시'를 과제 목표로 한 '2017년 미디어교육 종합추진계획 수립'이 주요 내용에 포함되었다. 이는 문재인 대선 후보 당시 공약에 포함된 '미디어 활용 능력과 비판적 이해 능력 증진을 위한 미디어교육 활성화'의 연장으로 볼 수 있다. 또한 이는 2017년 4월 26일 더불어민주당 정책위원회와 미디어교육법 추진위 간 체결한 '디지털 시대, 미디어를 읽고 쓰며 소통하는 민주시민의 등장과 성장: 미디어교육 활성화를 위한 정책 협약식'의 성과이기도 하다. '모든 국민이 디지털 시대 민주시민으로 성장할 수 있도록 미디어교육 활성화를 위해 적극 노력한다', '미디어 정책·문화 정책·교육 정책을 아우르는 종합적인 미디어교육 활성화 정책을 수립하고 이에 적합한 법률 및 지원기구의 정비방안을 마련한다', '미디어교육 활성화를 위한 민·관 협력의 거버넌스 구축을 위해 노력한다'가 이 정책 협약의 주요 내용이다.

3) 최근 미디어교육 정책 및 거버넌스 체계 현황

문재인 정부 출범 이후 기존 미디어교육 정책을 담당하거나 유관한 부처 및 기관은 미디어교육 정책 강화·재편을 방향으로 제시하고 있다. 공약 및 국정과제에 제시되어 있는 범정부 차원의 종합적·체계적 정책 수립의 수준에는 미치지 못하고 있지만, 부처 및 기관 간 협력을 통한 사업 추진[1]을 시도하고 있기도 하다.

표 1. 주요 부처 및 공공기관의 미디어교육 관련 정책 현황

구 분	주요 정책 내용	비 고
문화체육관광부	• 학교 미디어교육 확대, 성인 미디어교육 평생교실 운영 등이 2018년 업무계획 중 '공정하고 균형 있는 문화' 항목에 포함됨. • 미디어센터 건립, 미디어교육 지원 등이 2018년 업무계획 중 '국민의 삶을 바꾸는 문화' 항목에 포함됨.	
한국언론진흥재단	• '미디어교육 확대를 통한 뉴스 리터러시 향상'이 2018년 사업추진 방향에 포함됨. • 2018년 8월 발표한 혁신 추진계획 중 '정보취약계층 미디어교육 강화'가 7대 혁신과제에 포함되었으며 '시민과 함께하는 미디어교육 확대'가 14대 실행과제에 포함됨.	1990년대부터 미디어 교육을 추진해 온 한국언론진흥재단은 종이신문 기반의 신문활용교육(Newspaper in Education, NIE) 콘셉트를 디지털 미디어 중심의 이용 환경을 반영해 온·오프라인을 통해 전달되는 뉴스에 초점을 맞춘 뉴스활용교육(News In Education, NIE)으로 변경하면서 '미디어 리터러시', '뉴스 리터러시' 교육에 집중하고 있음.

---

1) 2018년 11월 8일 '2018 미디어·정보 리터러시 국제 심포지엄'이 유네스코한국위원회, 한국교육학술정보원, 한국언론진흥재단, 시청자미디어재단, 전국미디어센터협의회가 공동 주관하고 교육부, 문화체육관광부, 방송통신위원회가 후원하여 개최되었다.

구 분	주요 정책 내용	비 고
영화진흥위원회	• '영상 미디어 프로그램 및 영상문화 활동 지원을 통한 국민 문화 향유권 확대'가 2018년 사업계획에 포함됨. • 2018년 4월 발표한 새 위원회 역점 추진과제에 '초·중·고 공교육 영화 과목 정규화 추진'이 포함됨.	영화진흥위원회 국민 문화 향유권 확대를 목표로 영화·영상문화 교육 및 지역미디어센터 연계사업을 추진하고 있으며, 2016년 8월 지역 영상문화 진흥을 위한 개정 영화비디오법(「영화 및 비디오물의 진흥에 관한 법률」)이 시행되면서 지역 영상문화 진흥을 위해 지역주민, 영화(영상) 관련 단체 등에 대한 지원을 확대해 나갈 예정임.
방송통신위원회	제4기 방송통신위원회의 주요 정책과제에 '이용자의 미디어 역량 강화 및 참여 확대'가 포함되어 있으며 '범부처 차원의 미디어교육 종합계획 마련'을 밝히고 있음.	
시청자미디어재단	2018년 5월 비전선포식에서 '미디어 교육과 참여를 통한 국민행복 증진 기관'을 새로운 비전으로 설정하고 5대 전략목표 중 '맞춤형 미디어교육 강화'와 '미디어 교육·참여 기반 확대' 등이 포함됨.	방송법 제90조의2 "시청자의 방송참여와 권익증진"을 근거로 2015년 5월 15일 설립되어, 전국 7개소 시청자미디어센터를 통해 미디어교육 사업과 미디어교육단체 지원사업 등을 수행중임.

현재, 미디어교육 정책 시행을 명시적으로 밝히고 있는 중앙정부의 부처는 문화체육관광부와 방송통신위원회이다. 두 부처의 산하기관 중 한국언론진흥재단, 영화진흥위원회, 시청자미디어재단이 미디어 교육을 주요 정책과 사업에 명확하게 밝히고 장기간 수행해왔다. 또한 미디어 교육이 주요 목적사업 중 하나인 지역미디어센터를 조례에 근거하여 설립·운영하고 있는 기초지방자치단체(기초지방정부)와 시청자미디어재단 산하 시청자미디어센터의 운영 예산을 분담하고 있는 광역자치단체(광역지방정부)도 미디어교육 정책을 수행하는 '관'에 해당된다. 그리고 현재 미디어교육을 담당하는 정부 및 공공기관 간 미디어교육 정책의 소통·조율·협업을 위한 공식적 거버넌스 체계는 사실상 전무한 것으로 봐도 무관하다.

표 2. 미디어교육 관련 정부 및 공공기관 정책 체계 개괄

구 분	문화체육관광부	방송통신위원회
담당부서	• 미디어정책국 미디어정책과(한국언론진흥재단, 미디어교육 담당) • 콘텐츠정책국 영상콘텐츠산업과(영화진흥위원회, 지역미디어센터 담당)	지역미디어정책과(시청자미디어재단, 미디어교육 담당)
산하 공공기관	• 한국언론진흥재단 • 영화진흥위원회	시청자미디어재단
광역지방정부		시청자미디어재단 시청자미디어센터 설립·운영 예산 분담
기초지방정부	지역미디어센터 설립 예산 분담	
기 타	한국언론진흥재단, 시청자미디어재단은 교육청과 업무협약 등을 통해 일부 협력사업 운영	

표 3. 미디어교육 관련 민관 거버넌스 체계 현황

구 분		내 용	비 고
중앙정부	문화체육관광부	미디어교육 관련 민관 거버넌스 체계 없음.	
	방송통신위원회	미디어교육 관련 민관 거버넌스 체계 없음.	대통령 직속 합의제 행정기구
산하 공공기관	한국언론진흥재단	미디어교육 관련 민관 거버넌스 체계 없음.	이사장 및 상임이사는 문화체육관광부 장관이 임면하며, 비상임이사는 한국신문협회, 한국신문방송편집인협회, 한국기자협회, 한국방송협회, 문화체육관광부가 추천하는 자 중에서 문화체육관광부 장관의 승인을 얻어 취임
	영화진흥위원회	영화 교육을 포함한 지역 영상문화 진흥에 관한 업무를 다루는 '지역영화문화진흥소위원회' 운영	전문성과 독립성을 보장받는 분권자율기관으로 민간위원 9인으로 구성되며 위원장과 위원은 문화체육관광부 장관이 임명

구 분		내 용	비 고
산하 공공기관	시청자 미디어 재단	• 시민사회, 전문가 등이 참여하는 '미디어교육위원회' 운영(미디어교육위원회 구성 및 운영 지침을 2018년 4월에 제정) • 시청자미디어센터의 지역성과 자율성 강화를 위해 지역 센터별로 '시청자미디어센터발전협의회'를 구성·운영	방송통신위원장이 이사 및 이사장을 임명하며, 방송통신위원회 방송정책국장은 당연직 이사가 됨.
지방정부	광 역	미디어교육 관련 민관 거버넌스 체계 없음.	
	기 초	지역미디어센터를 민간 위탁운영하며, 시민사회가 참여하는 운영위원회를 설치·운영	

미디어교육 관련 정부 및 산하기관의 민관 거버넌스 체계는 〈표 3〉의 내용과 같다. 미디어교육 정책만을 전담하는 별도 부서가 없는 중앙정부는 민간과의 소통과 협의·협력을 위한 거버넌스 체계 역시 갖추지 않고 있다. 산하기관 중 미디어 교육의 특화 정도가 가장 높은 시청자미디어재단이 최근 '미디어교육위원회'를 구성·운영하고 있다. 또한 대부분의 기초자치단체는 지역미디어센터의 설립 후 운영을 민간(출연기관 및 민간단체 등)에 위탁함으로써 전문성과 자율성을 확보할 수 있는 구조를 가지고 있다.

3. 미디어교육 정책 활성화를 위한 거버넌스 체계 설계 방안

1) 미디어교육 정책의 체계화 및 활성화와 민주적 거버넌스 체계

미디어 교육의 목표와 미디어·미디어 교육에 대한 사회적 합의를 도출하는 것, 정부 및 산하기관별로 파편화되어 있는 미디어교육 정책·사업이 체계화·강화되는 것, 민간의 미디어교육 활동 역량이 강화되고 민간의 다양성이 보장·촉진되는 것, 지역별·계층별·생애주기별 미디어 교육이 활성화되는 것, 미디어교육 교사·학교 교사·미디어 관련 현업 종사자 등 미디어교육 전문인력이 양성되고 필요 역량을 지속적으로 공급받는 것, 지역미디어센터와 같은 미디어교육 전문기관·시설의 안정적 운영 여건을 마련하는 것, 미디어 교육과 관련한 연구·조사가 확대·체계화되는 것, 미디어 관련 기업이 미디어 교육에 대한 사회적 책임을 인식하고 기여하는 것 등 미디어 교육의 활성화를 위한 과제는 매우 다양하다. 특히, 명확성이 떨어지는 다양한 법률[2])을 근거로 정부 및 산하기관별로 산발적으로 추진되어 온 한국적 특성, 민간 중심의 활동으로 시작되고 확산되어 왔음에도 민간과의 소통을 통한 정책수립과 지원은커녕, 정치적인 배제로 점철된 한국적 특성을 고려할 때 민간 중심의 민주적 거버넌스 체계를 만드는 것은 미디어교육 활성화를 위한 여러 과제 해결과 맞닿아 있다.

또한 모든 국민을 대상으로 하는 미디어교육 정책은 지역별·계층별·생애주기별로 확대될 것이고, 각 대상층의 사회·경제·문화·신체적 특성에 따라 미디어교육 지원책은 심화되고 특화될 것이다. 그래서 미디어와 관련한 부처 또는 교육과 관련한 부처만으로 해결할 수 없는 상황이 벌어지게 될 것이다. 최근 고령화가 심화되면서 더욱 확대되고 있는 노인 대상 미디어교육은 노인정책(노인층의 사회문제 해결 과정)과 연계할 수밖에 없다. 뿐만 아니라 '장애인 일반'이 아닌 '장애유형별' 특화된 미디어교육 지원정책과 프로그램의 개발에 대한 수요가 늘고 있는 것이 현실이다. 여성·청년·어린이의 특성을 고려한 미디어교육 프로그램에 대한 수요 등도 확

---

2) 「방송법」, 「신문 등의 진흥에 관한 법률」, 「지역신문발전지원 특별법」, 「영화 및 비디오물의 진흥에 관한 법률」, 「지역문화진흥법」, 「문화예술진흥법」 등이 현재 여러 정부 및 산하 공공기관의 미디어교육 정책·사업의 근거이다.

대되고 있다. 사회문제 해결을 위한 정책은 각 지역(지방정부)별로 다를 수밖에 없어, 지역분권이 우리 사회의 주요 과제임은 별도로 설명하지 않겠다. 다양한 이해 당사자의 요구나 현실을 반영할 수 있고, 사회문제 해결을 위한 정책과 결합하며 미디어교육 정책이 수립·갱신될 수 있는 더 참여적이고 민주적인 거버넌스 체계의 설계가 필요하다.

2) 더 민주적인 거버넌스 체계 설계 방안

더 민주적인 의사결정이 이루어지는 사회에 대한 지향을 기본으로 하되, 앞서 개략적으로나마 살펴본, 국내 미디어교육의 경과와 현황의 특성과 미디어 교육의 고유성을 고려한 미디어교육 정책 거버넌스 체계 설계의 초점은 다음과 같다.

- 민간 중심의 민관 협력이 가능할 것
- 현재 미디어교육 정책을 주요하게 시행하고 있거나 반드시 시행해야 하는 부처 간 수평적 협력이 가능할 것
- 지역·계층·연령별 특수성, 전문인력·지원기관(시설)·학계 및 연구자·미디어 관련 기업 등 이해 당사자의 의견을 반영·수렴할 수 있도록 구성·운영될 것
- 미디어교육 기본계획 수립·변경·평가에 대한 권한을 가질 것
- 미디어교육 주무부처와 산하기관의 민간 참여적 정책수립과 시행 및 실행력 강화를 촉진하되 부처·기관 간 역할조율과 상호협력을 가능하게 할 수준의 실무 역량을 확보하고 있을 것 등

위 초점들을 반영한 거버넌스 체계에 가장 부합한 것은 유은혜 국회의원이 대표 발의한 '미디어교육 활성화에 관한 법률안'의 '미디어교육위원회'라

고 할 수 있다. 전체 위원의 과반을 민간위원으로 하고 위원장은 민간위원이 담당하게 한 점, 현재 미디어교육 정책을 수립·시행하고 있는 문화체육관광부와 방송통신위원회, 그리고 학교 및 어린이·청소년 대상 미디어교육 정책을 주도적으로 담당해야 할 교육부를 주관기관으로 정한 점, 미디어교육 기본계획 수립·변경·평가에 대한 권한을 명시한 점 등에서 부합한다고 볼 수 있다.

미디어교육 활성화에 관한 법률안 중 '미디어교육위원회' 관련 조항

제8조【미디어교육위원회】① 미디어교육에 관한 정책을 종합적·체계적으로 추진하기 위하여 국무총리 소속으로 미디어교육위원회(이하 "위원회"라 한다)를 둔다.
② 위원회는 위원장 1명 및 간사위원을 포함한 25명 이내의 위원으로 구성하고, 위원장은 제3항 2호에 따른 위원(이하 "민간위원"이라 한다) 중 호선한다.
③ 위원은 다음 각 호의 사람으로 한다. 이 경우 민간위원이 전체 위원의 과반수가 되어야 하며, 특정 성(性)이 전체 위원의 10분의 6을 초과하지 아니하도록 하여야 한다.
1. 교육부차관, 문화체육관광부차관(문화체육관광부장관이 지명하는 차관), 국무조정실장, 방송통신위원회 상임위원 1명 및 대통령령으로 정하는 관계 행정기관의 장
2. 미디어교육 관련 민간단체의 의견을 받아 제9조에 따른 주관기관의 장이 추천한 미디어교육과 관련된 경험과 학식이 풍부한 사람 중 위원장이 위촉한 사람
④ 간사위원은 국무조정실장이 되며, 위원회의 업무처리와 운영에 필요한 지원을 한다.
⑤ 위원회는 다음 각 호의 사항을 심의·의결한다.
1. 제10조에 따른 미디어교육 기본계획의 수립 및 변경에 관한 사항
2. 제11조에 따른 미디어교육 평가 지침 마련 등 평가에 관한 사항
3. 미디어교육과 관련된 정책의 소관 조정에 관한 사항
4. 그 밖에 위원장이 중요하다고 판단하는 사항
⑥ 위원회의 안건을 효율적으로 처리하기 위하여 위원회에 분야별로 소위원회를 둘 수 있다.
⑦ 위원회의 업무를 효율적으로 수행하기 위하여 위원회에 실무지원단을 둔다.
⑧ 위원회에는 업무에 관한 전문적인 조사·연구를 담당할 전문위원과 조사요원을 둘 수 있다.
⑨ 그 밖에 위원회, 소위원회 및 실무지원단의 구성·운영 등에 필요한 사항은 대통령령으로 정한다.

앞의 '미디어교육위원회' 조항 외에 다음의 '미디어교육 기본계획'에 관련한 조항과 '미디어교육 평가'에 관한 조항을 통해 지역·계층·연령별 특수성, 전문인력·지원기관(시설)·학계 및 연구자 등의 이해관계를 반영하고 평가를 통한 위원회 권한의 실효성을 확보하고 있는 것으로 볼 수 있다.

미디어교육 활성화에 관한 법률안 중 '미디어교육 기본계획' 및 '미디어교육 평가' 관련 조항

제10조【미디어교육 기본계획 수립 등】① 주관기관은 5년마다 특별시장·광역시장·특별자치시장·도지사·특별자치도지사의 의견을 들어 소관 분야의 미디어교육 계획(이하 "분야별 계획"이라 한다)을 수립하여 위원회에 제출하여야 한다.
② 위원회는 제1항에 따라 제출된 분야별 계획을 종합하여 다음 각 호의 사항이 포함된 미디어교육 기본계획(이하 "기본계획"이라 한다)을 확정한다.
1. 미디어교육의 기본방향
2. 생애주기별, 계층별, 지역별 미디어교육에 관한 사항
3. 미디어교육의 교육과정·교육내용의 연구개발 및 보급 지원에 관한 사항
4. 학교 미디어교육에 관한 사항
5. 미디어교육 전문인력의 양성 및 지원에 관한 사항
6. 미디어교육 전문기관의 확충과 지원에 관한 사항
7. 미디어교육 관련 민간단체의 지원에 관한 사항
8. 미디어교육 정책 관련 조사·연구에 관한 사항
9. 시행기관 간 역할 분담 및 협력에 관한 사항
10. 그밖에 미디어교육의 활성화를 위하여 필요한 사항으로서 대통령령으로 정하는 사항
③ 위원회는 필요하다고 판단하는 경우에는 심의·의결을 거쳐 기본계획을 변경할 수 있다.
④ 위원회는 기본계획을 확정하거나 대통령령으로 정하는 주요 사항을 변경하는 경우에는 그 기본계획을 국회에 제출하여야 한다.
⑤ 시행기관은 기본계획에 따라 매년 미디어교육 시행계획(이하 "시행계획"이라 한다)을 수립하여 위원회에 제출하여야 하며, 위원회는 제출받은 시행계획의 개선을 요구할 수 있다.
⑥ 그 밖에 분야별 계획, 기본계획 및 시행계획의 수립 절차 등에 필요한 사항은 대통령령으로 정한다.

제11조【미디어교육에 대한 평가】① 위원회는 미디어교육 정책 및 사업의 종합성·효율성을 제고하기 위하여 미디어교육 평가지침을 마련하여야 한다.
② 시행기관은 제1항의 평가지침에 따라 매년 소관 정책 또는 사업의 추진실적을 평가한 후 그 결과를 위원회에 제출하여야 한다.

> ③ 위원회는 필요한 경우 별도의 평가단을 구성하여 시행기관의 정책 또는 사업의 추진실적을 평가할 수 있다.
> ④ 위원회는 제2항 및 제3항에 따른 평가 결과를 공개하고, 국회에 제출하여야 한다.
> ⑤ 제1항에 따른 평가 지침의 구체적 내용, 제2항에 따른 평가의 방법, 제3항에 따른 평가단의 구성 및 제4항에 따른 평가 결과 공개의 대상·범위 등에 필요한 사항은 대통령령으로 정한다.

법률안에서 대통령령 등으로 위임한 사항을 이해 당사자의 의견 반영·수렴 및 실무 역량 확보 등을 해결할 필요가 있다. 법안제정을 위한 과정에서 다양한 논의와 검토가 필요하겠지만, 이에 대해 몇 가지 방안을 제시하고자 한다. 먼저, 이해 당사자의 의견 반영·수렴을 위한 위원 구성 방안이다.

표 4. 미디어교육위원회 위원 구성 방안

구 분		인 원	비 고
정부위원	국무조정실장	1	
	문화체육관광부 차관	1	
	방송통신위원회 위원	1	
	교육부 차관	1	
민간위원	교강사 분야	1	
	지역 분야	1	
	여성 등 소외계층 분야	1	
	미디어센터 등 지원시설 분야	1	
	미디어교육 분야 학계	1	
	미디어문화 분야 학계	1	
	교육 분야 학계	1	
	학교 교사 분야	1	
	미디어 현업 종사자 분야	2	매체별 안배
	미디어 기업 분야	1	
	인터넷·디지털 기술 분야	1	
	행정 전문가	1	
합 계		17	

다음은 미디어교육위원회의 실무 역량을 확보를 위한 소위원회 구성과 실무지원단 등 운영 방안이다.

표 5. 소위원회 등 구성과 운영 방안

구 분		내 용	운 영
소위원회	정책조정 소위원회	부처별 정책·사업의 소관을 조정하고, 분야별 계획 수립과 기본계획 수립을 위한 역할 담당	• 위원 중 1인 이상은 소위원회에 참여하고, 관련 분야 공무원 및 전문가가 소위원으로 참여 • 소위원회마다 1인의 전문위원이 배정되어 소위원회 논의·운영을 위한 간사 역할 수행
	학교 미디어교육 소위원회	학교 미디어교육에 관한 사항을 담당	
	평가소위원회	미디어교육 평가지침을 마련하고 평가수행 관련 사항을 담당	
	조사·연구 소위원회	체계적 미디어교육 관련 조사·연구를 위한 역할을 조정 및 기획 역할 담당	
실무 지원단 등	단장	미디어교육위원회 운영을 위한 실무지원단 업무 총괄	전문임기제 1명
	전문위원	소위원회 논의·운영을 담당하고 위원회 논의사항 준비 및 결정사항 집행을 위한 부처협력 업무	전문임기제 약 5~6명
	실무자	실무지원단 운영을 위한 업무	전문임기제 및 부처파견 약 10~12명

3) 거버넌스 체계 연착륙을 위한 단계별 전략

미디어교육 정책의 체계화와 강화를 촉진하기 위한 거버넌스 체계는 구성하는 것 자체로 가동되지 않는다. 그 체계가 가동되기 위해 필요한 요소가 사전에 준비되는 것이 필요하고, 이를 확보하기 위한 단계별 전략의 수립과 이행이 필요하다. 〈표 3〉에서 확인하였듯이 각급 부처 및 산하기관

차원의 미디어교육 전담부서 및 민관 협력 거버넌스 체계가 마련되어야 한다. 문화체육관광부, 방송통신위원회, 교육부 등은 미디어교육 관련 자문위원회를 운영하여 해당 부처 내 미디어교육 관련 업무 조정·재구성 및 정책추진 방안에 대한 설계를 진행하고 가능하다면 미디어교육 관련 법제정 전에라도 전담부서를 설치하는 것이 필요하다. 실제 미디어교육 정책을 수행하는 산하기관은 공식적 민관 거버넌스 체계를 각각 운영함으로써 민간과의 더 긴밀한 소통과 협업의 경험을 쌓아가는 것이 필요하며, 시청자미디어재단의 미디어교육위원회 모델을 참고할 필요가 있다.

시청자미디어재단 미디어교육위원회 구성 및 운영지침

미디어교육위원회 구성 및 운영지침

제정 2018. 4. 26.
개정 2018. 10. 15.

제1조 【목적】 이 지침은 「방송법」 제90조의2 및 동법 시행령 제65조의2에 따라 시청자미디어재단(이하 "재단"이라 한다)이 시민사회, 전문가 등 참여로 미디어교육 분야의 사회적 가치 실현을 위해 미디어교육위원회(이하 "위원회"라 한다)를 구성·운영하는 데 필요한 사항을 규정함을 목적으로 한다. 〈개정 '18.10.15.〉

제2조 【적용범위】 위원회의 구성과 운영 등에 관한 사항은 다른 규정에서 특별히 정한 것을 제외하고는 이 지침이 정하는 바에 따른다.

제3조 【기능】 위원회의 기능은 다음 각 호와 같다.
 1. 미디어교육 현황 분석 및 정책·제도 및 개선방안 자문
 2. 미디어교육 이슈 분석 및 대응방안 제안
 3. 미디어교육과 관련된 특정 사업별 제언
 4. 기타 미디어교육 활성화 전반에 대한 자문

제4조【구성】 ① 위원회는 위원장 1인을 포함하여 5인 이상 9인 이내의 위원으로 구성한다.
② 위원은 다음 각 호에 해당하는 자 중에서 시청자미디어재단 이사장(이하 "이사장"이라 한다)이 위촉하는 자로 한다. 〈개정 '18.10.15.〉
 1. 미디어교육 분야 종사자, 시민단체 관계자 등 이해관계자
 2. 미디어, 교육, 사회복지, 법률, 행정 등 관련 학계 전문가
 3. 기타 미디어교육에 필요하다고 인정되는 분야에서 활동하였거나 전문성이 인정되는 자
③ 다음 각 호에 해당하는 자는 위원이 될 수 없다.
 1. 「정당법」에 의한 정당원
 2. 공무원(방송통신위원회 소속 공무원, 교육공무원, 국회공무원, 법관은 제외)
 3. 「국가공무원법」제33조 각호의 어느 하나에 해당하는 자
④ 위원장은 제2항에 따른 위원 중에서 호선한다.
⑤ 위원회의 사무를 처리하기 위하여 간사 1인을 둔다.

제5조【위원의 임기】 위촉 위원의 임기는 2년으로 하되 연임할 수 있으며, 보궐 위원의 임기는 전임자의 잔여임기로 한다.

제6조【위원장의 임무 등】 ① 위원장은 위원회를 대표하고 위원회의 업무를 주관하며, 회의를 소집하고 주재한다.
② 위원장이 부득이한 사유로 직무를 수행할 수 없는 때에는 위원장이 지명한 위원 또는 위원 중 연장자 순으로 그 직무를 대행한다.

제7조【회의】 ① 위원회 회의는 정기회의와 임시(수시)회의로 구분한다.
② 정기회의는 분기별(연 4회) 개최한다.
③ 임시(수시)회의는 다음 각 호에 따라 필요시 개최한다.
 1. 위원장이 필요하다고 인정하는 때 개최한다.
 2. 위원회 재적위원 3분의 1 이상의 요구가 있을 때 개최한다.
 3. 위원회 의견 수렴이 필요한 중요 안건이 있을 때 개최한다.
④ 〈삭제 '18.10.15.〉

제8조【수당 등】 위원회에 참석하는 위원에게는 「수수료 지급지침」에 의거, 예산의 범위 내에서 수당과 여비 등 필요한 경비를 지급할 수 있다.

> 제9조【보칙】이 지침에서 규정한 사항 외에 위원회의 운영에 관하여 필요한 사항은 위원회의 의결을 거쳐 위원장이 정한다.
>
> 부　칙 [2018. 4. 26.]
>
> 제1조【시행일】이 지침은 이사장의 승인을 받은 날부터 시행한다.
>
> 제2조【경과조치】이 지침 제정 전에 미디어교육위원회의 구성 및 운영 등에 관하여 처리된 사항은 본 지침에 따른 것으로 본다.

그리고 법적 근거를 가지고 있는 민관 거버넌스 체계가 구성·운영되기 전에 자발적인 유관부처와 민간이 참여하는 포괄적 민관협의체를 가동함으로써 정책 조정과 협업을 위한 실제 내용을 만들 수 있는 사회적 역량을 미리 확보해가는 것이 필요하다. 이 과정을 통해 법적인 거버넌스 체계의 세부적인 내용이 사전 합의되고 실제 반영될 수 있을 것이다. 입법기관의 역할에만 의존하지 않고, 정부-민간이 호흡을 맞춰 함께 준비하는 민간·정부·국회의 협업의 시도가 있을 때 더 민주적인 거버넌스 체계가 설계되고 가동될 수 있을 것이다. 미디어교육지원법 추진위원회에서 구상하였던 민관협력위원회 모델을 아래에 소개한다.

> 미디어교육 활성화를 위한 민관협력위원회 구성 및 운영 방안
>
> **1 배경 및 취지**
> - 새 정부 국정과제에 전 국민 맞춤형 미디어교육 실시를 위한 미디어교육 종합추진계획 수립이 포함되어 있음.
> - 이는 양적으로 확산되고 있으나, 미디어 교육의 철학과 지향에 대한 취약한 사회적 합의 기반과 정부부처별 파편화된 정책·사업 추진의 문제를 개선하기 위한 중요한 계기를 마련한 것으로 매우 긍정적이나, 실질적이고 체계적인 미디어교육 정책의 수립을 위해서는 방송통신위원회, 문화체육관광부, 교육부 등 관련 정책·사업을 이미 추진하고 있는 유관부처 간 소통과 협의를 통한 미디어교육 활성화 방안 마련이 중요함.

- 특히, 다양한 현장과 영역에서 활발하게 미디어교육 관련 활동을 펼쳐온 민간의 주체들과의 소통과 협력을 통해 보다 개방적이고 민주적인 추진계획을 수립함으로써 미디어교육을 위한 국가정책이 관련 민간 주체들의 역량 강화를 촉진할 수 있도록 해야 함.
- 이에 미디어교육 유관부처인 방송통신위원회, 문화체육관광부, 교육부, 그리고 학계·시민단체·미디어교육 교강사·학교 교사 등 민간이 참여하는 '(가칭)미디어교육 활성화를 위한 민관협력위원회'를 구성·운영하여 관-관-민의 소통과 협업을 통해 현재 진행 중인 미디어교육 정책·사업을 조율하고 향후 종합추진계획 마련을 위한 기반을 구축해 갈 필요가 있음.
- 이는 '국민참여' 및 '열린 행정'이라는 새 정부의 국정방향에 부합한 정책 추진 모델이 될 수 있을 것임.

2 개 요

- **명칭**: 미디어교육 활성화를 위한 민관협력위원회
- **위상**: 민간이 주도하고 정부가 적극 참여·협력·지원하여 미디어교육 정책·사업의 종합적 수행과 향후 종합계획 수립 방안을 논의하기 위한 협의체
- **참여**
  - 디지털 민주주의를 위한 미디어교육지원법 추진위 참여단체 등 학계·시민단체·미디어교육 교강사·학교교사·현업인·지원시설 등 각 분야별 민간 전문가
  - 방송통신위원회·문화체육관광부·교육부 등의 미디어교육 정책 책임자 및 산하기관 담당자 등
- **역할**
  - 현재 추진·수행 중인 부처·산하기관의 미디어교육 정책·사업에 대한 민간 의견 수렴 및 부처 간 협의와 조율
  - 추후 수립해야 할 미디어교육 종합추진계획에 민-관-관 간 협의
  - 미디어교육 활성화를 위한 법제정 방안 협의

3 구성 및 운영 방안

- **구성 방안 및 절차**: 디지털 민주주의를 위한 미디어교육지원위원회 등 민간단체 주도로 각 유관부처·산하기관 및 민간단체에 참여를 제안하여 출범
- **운영 방안**
  - 민간에서 간사 역할 수행
  - 필요에 따라 실무협의회, 소위원회 등 병행을 통해 효율적 내용 생산과 협의 진행
  - 회의 내용의 대외 공개를 통해 운영의 투명성 확보
  - 유관부처·산하기관에서 운영을 위한 예산 지원

4. 나가며

　민간(시민사회)이 주도하는 민관 협력적 거버넌스 – 민주적 거버넌스 체계가 구성되고 가동되기 위한 핵심 전제는 충분한 역량을 확보하고 있는 민간이 거버넌스에 있어서 적극적인 역할을 하는 것이다. 물론 이것은 민간만의 과제는 아니다. 정부의 지원정책은 관련 영역의 민간 주체가 역량 강화를 주요한 목표 중의 하나로 놓고 수립되어 시행되어야 한다.

　이와 함께 민간은 정부의 정책을 분석·감시하고 대안을 제시하기 위해 노력해야 한다. 정책 대상자인 시민의 입장에서 활동하고 공감대를 만들며 지지를 확보하기 위해 노력해야 하고 미디어 교육이 다른 사회문제를 해결할 수 있도록 시야를 넓히고 창의적 기획을 할 수 있도록 성찰과 학습을 멈추지 말아야 한다.

　민간 영역 안의 칸막이를 극복하기 위해 민간 간 소통·협력(타협)하면서 민간의 역량을 키움과 동시에 행정과의 협업 과정에서 예상되는 부작용과 마찰(복잡한 절차와 언어의 차이로 인한 경과적 불통)의 과정을 감수할 것(유창복, 2017)에 대한 의사를 가질 때 민주적 거버넌스는 설계·구성되고 가동될 수 있을 것이다.

참고문헌

박상호 (2016). 〈미디어교육지원법의 제정 방향〉. 2016 미디어교육 컨퍼런스.
유창복 (2017). 〈협치서울 기본교재: 참여에서 권한으로〉. 서울: 서울특별시.
윤성이 (2017). 4차 산업혁명시대의 거버넌스 패러다임 변화와 포스트 민주주의.
　　〈Future Horizon: Autumn 2017〉, 34호, 30-33.
정순관 (2017). 국정관리의 패러다임 변화와 자치분권. 유은혜·진선미 (공저). 〈연방
　　제에 버금가는 지방분권시대 지역문화가 열쇠다!〉. (57쪽). 서울: 대한민국국회.
조철민 (2017). 민주적 거버넌스는 어떻게 실현되는가: 독일 연방정치교육원과 스웨덴
　　성인교육위원회 사례를 중심으로. 〈NGO연구〉, 12권 3호, 1-32.

Chapter 03
4차 산업혁명 시대의 학교 미디어 리터러시 교육

박한철 (덕성여자고등학교 교사)

1. 들어가기

우리가 현재 살고 있고, 앞으로 살아가야 할 고도화된 지능정보 사회[1]에서는 다양한 미디어와 정보 기술을 통해 쏟아지는 방대한 양과 다양한 형태의 정보(빅데이터)에 체계적으로 접근하여, 이를 비판적으로 분석하고 평가하여 활용할 수 있는 '미디어 리터러시' 능력이 필수적이다.

공교육기관으로서의 학교는 아동청소년들의 발달을 장려하고 가능한 모든 학습 기회를 제공할 수 있는 교육의 현장이다. 따라서 4차 산업혁명 시대를 살아가기 위한 필수적인 능력으로서 미디어 리터러시 역량 강화를

---

[1] 4차 산업혁명을 일컫는 말 중의 하나이다. 초연결성, 초지능화, 융합화를 기반으로 하는 4차 산업혁명의 특징을 잘 표현하는 용어이다.

위해 학교에서 관심을 가지고 첫 단추를 꿰는 것은 선택이 아닌 필수이다(황치성·박한철·정완규·조진화 2013).

미디어 리터러시 능력은 최근 OECD, EC, ATC21S, P21 등 다양한 국제기구 및 교육단체에서 21세기 지식기반사회를 살아가기 위해 필요한 '핵심 역량(core competency)'으로 제시한 창의적 사고 능력, 비판적 사고 능력, 의사소통 능력, 협업 능력 등과 연결되어 있다(박한철, 2018, 1, 18).

우리나라 교육부의 2015 개정 교육과정도 '의사소통 역량', '지식정보처리 역량' 등 미디어 리터러시와 직접 관련된 내용을 핵심 역량으로 설정하고 각 교과의 성취기준을 정하고 있는 만큼 학교에서 핵심 역량으로서의 미디어 리터러시 능력을 제대로 길러주기만 한다면 4차 산업혁명 시대에 필요한 필수역량이 자연스럽게 갖춰질 것이다.

이 장에서는 4차 산업혁명 시대에 왜 학교에서 미디어 리터러시 교육이 필요하며 교사는 어떤 자세로 무엇을 어떻게 가르칠 것인가에 대해 고민해 보면서 학교 미디어 리터러시 교육의 미래를 모색해 보고자 한다.

2. 4차 산업혁명 시대 학교 미디어 리터러시 교육, 왜 중요한가?

4차 산업혁명 시대의 변화에 대응하기 위해 각 국가들은 다양한 영역에서 대처방안들을 모색하고 있는데 그중 가장 중심에 서 있는 영역이 교육 분야이다. 4차 산업혁명이라는 거대한 흐름이 요구하고 있는 핵심 역량이 무엇인지 파악하고 이를 어떻게 길러주어야 할지를 각 나라의 교육계는 진지하게 고민하고 있다. 이 중 대표적으로 거론되고 있는 것이 4C로 대변되는 창의적 사고 능력(Creativty), 비판적 사고 능력(Critical thinking), 의사소통 능력(Communication), 협업 능력(Collaboration)인데, 주목할 점은 이러한 능력들의 기반이 되는 것이 미디어 리터러시 역량이라는 것이다(안정임·김양은·전경란·최진호, 2017).

표 1. 4차 산업혁명 시대에 필요할 것으로 예상되는 핵심 역량과 미디어 리터러시 역량

시 대	변화 영역	핵심 역량	미디어 리터러시 역량
지능정보 사회	교 육	• 비판적 사고 능력 • 창의적 사고 능력 • 자기 주도적 학습 능력	• 미디어 접근 능력 • 비판적 이해 능력 (정보판별 능력 포함) • 창의적 미디어 생산 능력 • 미디어 소통 능력 • 미디어 참여 능력 • 미디어 협업 능력 • 책임 있는 미디어 이용 능력
	기 술	• 정보적 시각 능력 • 컴퓨터 추론 능력 • 데이터 기반 사고 능력	
	직 업	• 협업 능력 • 복합적 문제 해결 능력 • 생산적 공유 능력	
	관 계	• 사회적 상호작용 능력 • 문화적 이해 능력 • 기계와의 소통 능력	

출처: 안정임·김양은·전경란·최진호 (2017), 〈지능정보사회에서의 미디어 리터러시 이슈 및 정책 방안 연구〉, 20·32쪽 재구성. 원 저작권자의 모든 권리가 보호됨.

전통적으로 미디어 리터러시 교육이 강조해 왔던 미디어에 대한 접근과 비판적 이해뿐만 아니라 미디어를 통해 지식이나 정보를 습득하고 분별하며 협업과 공유, 참여를 통해 세상과 교류하는 행위까지 아우르는 능력으로 확장되고 있는 미디어 리터러시 능력이 인공지능과 디지털 기술이 만들어낸 4차 산업혁명 시대에 대응하는 핵심 역량의 기반으로 자리매김하고 있다. 그동안 미디어 리터러시 교육은 새로운 기술이 조성하는 미디어 환경의 변화에 대응하여 보다 광범위한 사회변화를 이해하고, 대처하는 능력을 함양하는 데 관심을 기울여왔으며, 4차 산업혁명 시대가 가져오는 새로

운 변화에도 적절히 대응할 수 있는 기본토대가 되리라 생각한다.

따라서 앞으로 학교에서의 미디어 리터러시 교육은 지능정보 기술을 기반으로 새롭게 개편되는 미디어 환경을 어떻게 이해하고 대응할 것인가에 초점을 맞춰 프로그램을 개발하고 발전시킬 필요가 있다. 지능정보 사회를 기반으로 작동하는 미디어에 대한 이해와 지능정보 기술이 창조하는 소통 현상과 미디어 문화에 대한 비판적 고찰, 나아가 지능정보 미디어의 소통 능력 함양을 교육의 중심인 학교에서 담당할 필요가 있다.

다행히 2015 개정 교육과정을 통해 핵심 역량 중심의 교육기반이 조성되고 초·중등 국어, 사회, 도덕, 미술, 정보 등의 교과서에 다양한 미디어 리터러시 교육 관련 내용들이 수록되어 있다. 다음 〈표 2〉는 2015 개정 교육과정의 핵심 역량, 〈표 3〉은 중학교 과목별 미디어 리터러시 교육 관련 성취기준이다.

표 2. 2015 개정 교육과정에서 제시한 핵심 역량

자기관리 역량	자아 정체성과 자신을 가지고 자신의 삶과 진로에 필요한 기초 능력과 자질을 갖추어 자기주도적으로 살아갈 수 있는 역량
지식정보처리 역량	문제를 합리적으로 해결하기 위해 다양한 영역의 지식과 정보를 처리하고 활용할 수 있는 역량
창의적 사고 역량	폭넓은 기초 지식을 바탕으로 다양한 전문 분야의 지식, 기술, 경험을 융합적으로 활용하여 새로운 것을 창출하는 역량
심미적 감성 역량	인간에 대한 공감적 이해와 문화적 감수성을 바탕으로 삶의 의미와 가치를 발견하고 향유하는 역량
의사소통 역량	다양한 상황에서 자신의 생각과 감정을 효과적으로 표현하고 다른 사람의 의견을 경청하며 존중하는 역량
공동체 역량	지역·국가·세계 공동체의 구성원에게 요구되는 가치와 태도를 가지고 공동체 발전에 적극적으로 참여하는 역량

출처: 교육부 (2015). 초·중등학교 교육과정 총론, 2쪽 재구성. 원 저작권자의 모든 권리가 보호됨.

표 3. 중학교 과목별 미디어 리터러시 교육 관련 성취기준

국어과	개요	국어과 교육과정의 성취기준은 '의미 이해와 전달', '감상과 향유', '비판적 분석과 평가' 등으로 미디어 교육의 목표와 직접적인 연관이 있으며, 2015 개정 교육과정에서 강조하는 국어과의 '비판적·창의적 사고 역량', '자료·정보활용 역량', '의사소통 역량', '공동체·대인 관계 역량', '문화 향유 역량', '자기 성찰·계발 역량' 또한 미디어 교육과 관련되어 있다.
	성취 기준	[9국01-11] 매체 자료의 효과를 판단하며 듣는다. [9국02-07] 매체에 드러난 다양한 표현 방법과 의도를 평가하며 읽는다. [9국02-08] 도서관이나 인터넷에서 관련 자료를 찾아 참고하면서 한 편의 글을 읽는다. [9국03-01] 주제, 목적, 독자, 매체 특성을 고려한 문제해결 과정임을 이해하고 글을 쓴다. [9국03-08] 영상이나 인터넷 등의 매체 특성을 고려하여 생각이나 느낌, 경험을 표현한다.
미술과	개요	미술과 교육과정의 성취기준 중 '시각적 소통 능력', '창의성', '이해 및 비평', '문화와의 연계' 부분이 미디어 교육과 밀접한 연관이 있으며, '매체 및 영상 관련 내용' 또한 미디어 교육과 직접적 관계가 있다.
	성취 기준	[9미01-02] 시각 문화 속에서 이미지의 다양한 전달 방식을 이해하고 활용할 수 있다. [9미02-05] 표현 매체의 특징을 알고 다양한 표현 효과를 탐색할 수 있다. [9미02-06] 주제와 의도에 적합한 표현 매체를 선택하여 활용할 수 있다.
도덕과	개요	도덕과는 미디어 교육 중 윤리 관련 교육과 밀접하게 연결되어 있다. 2015 개정 교육과정 속에 미디어 관련 내용이 직접적으로 들어가 있으며,[2] 정보화 시대에 발생하는 도덕적 문제와 책임을 바탕으로 정보 윤리와 미디어 윤리를 함께 제시하고 있다.
	성취 기준	[9도02-05] 정보화 시대에 요구되는 도덕적 자세와 책임의 도덕적 근거와 이유를 제시하고, 타인 존중의 태도를 통해 다양한 방식으로 의사소통할 수 있다. • 정보화 시대에 발생하는 도덕 문제에는 무엇이 있을까? • 정보화 시대에 도덕적 책임이 필요한 이유는 무엇일까? • 정보통신 매체를 올바르게 사용하기 위해 어떠한 태도가 필요할까?

---

[2] 사이버 공간에서 지켜야 할 것은 무엇일까?, 정보화 시대에 우리는 어떻게 소통해야 하는가?, 사이버 공간의 윤리와 현실의 윤리는 다른가?

사회과	개요	사회과는 '미디어 비평', '대중매체 및 문화의 장단점 평가' 등의 미디어 교육 관련 내용이 교과 내에서 직접적으로 다루어지는 등 비판적이고 객관적으로 사회와 미디어를 판단할 수 있는 능력을 기르는 데 목적을 둔다는 점에서 미디어 교육과 관련이 있다. 변화하는 미디어 환경과 개인, 사회, 문화의 특징 및 관계를 이해하도록 하는 내용 또한 미디어 교육과 연관이 있다.
	성취 기준	[중7-9사-(2)-③] 대중매체와 대중문화의 의미와 특징을 이해하고 사례 분석을 통해 문화와 미디어 간의 상호작용(예: 문화의 전달과 창조)을 인식한다.
기술·가정 / 정보과	개요	2015 개정 교육과정에서 기술·가정과는 다양한 매체의 종류와 특징, 발달과정 및 영향력, 정보통신 관련 문제를 이해하도록 하고 있으며, 이를 통해 학생들이 창의적인 방법으로 해결방안을 탐색해 보게 하는 등 미디어 교육 관련 내용이 다루어지고 있다. 정보과에서는 정보사회의 현상과 이해 및 바람직한 정보사회 형성을 위한 내용을 다루면서 미디어 교육과 연관된 내용을 제시하고 있다.
	성취 기준	기술·가정: [9기가04-15] 정보기술 시스템의 각 단계별 세부 요소를 이해하고 정보의 통신 과정을 구체적으로 설명한다. [9기가04-16] 정보통신기술의 특성, 발달 과정을 이해하고 현대 정보통신기술의 특성을 설명한다. [9기가04-17] 다양한 통신매체의 종류와 특징을 이해하고 활용한다. [9기가04-18] 정보통신기술과 관련된 문제를 이해하고, 해결책을 창의적으로 탐색하고 실현하며 평가한다. 정보: [9정01-01] 정보기술의 발달과 소프트웨어가 개인의 삶과 사회에 미친 영향과 가치를 분석하고 그에 따른 직업의 특성을 이해하여 자신의 적성에 맞는 진로를 탐색한다. [9정01-02] 정보사회 구성원으로서 개인정보와 저작권 보호의 중요성을 인식하고 개인정보 보호, 저작권 보호 방법을 실천한다. [9정01-03] 정보사회에서 개인이 지켜야 하는 사이버 윤리의 필요성을 이해하고 사이버 폭력 방지와 게임·인터넷·스마트폰 중독의 예방법을 실천한다.

출처: 김양은·박한철·배은주 (2016), 〈자유학기제와 미디어 리터러시〉, 11쪽 재구성. 원 저작권자의 모든 권리가 보호됨.

더불어 「미디어교육 활성화에 관한 법률」이 국회에 상정되어 지원체계 구축이 초읽기에 있는 만큼 학교의 교육 주체들이 조금만 더 노력한다면 4차 산업혁명 시대의 지능정보 사회로 대변되는 미래 사회에 대한 대처능력으로서의 미디어 리터러시 역량이 학교 교육 활동을 통해 체계적으로 길러질 수 있을 것으로 기대한다.

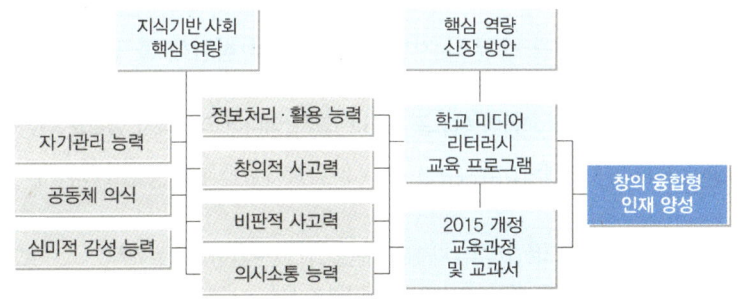

그림 1. 2015 개정 교육과정 핵심 역량과 미디어 리터러시 관계 도식도

출처: 박한철 (2018, 1, 18). 학교 뉴스 리터러시 교육의 과제. 〈미디어리터러시〉, 2017년 가을호 통권 3호, 13쪽에서 인용. 원 저작권자의 모든 권리가 보호됨.

3. 4차 산업혁명 시대 학교 미디어 리터러시 교육, 어떤 자세로 임할 것인가?

교육의 질은 교사의 질을 넘을 수 없다는 교육 명언처럼 4차 산업혁명 시대의 학교 미디어 리터러시 교육의 관건은 교사가 어떤 자세로 어떤 내용을 어떻게 가르치는가에 달려 있다. 학교 미디어 리터러시 교육을 실질적으로 담당할 교사가 스스로에게 던지는 일곱 가지 질문을 통해 학교 미디어 리터러시 교육의 주체들이 어떤 자세로 임해야 할지 함께 생각해 보고자 한다.

1) 교사는 미디어 리터러시 역량을 지니고 있는가?

새로운 언어, 새로운 매체가 등장하는 새로운 시대를 준비하기 위해서는 우리를 둘러싼 미디어 환경에 대한 이해와 더불어 이에 대처할 수 있는 커뮤니케이션 능력을 길러주는 것이 필요한데 우리는 그 능력을 '미디어 리터러시(media literacy)'라고 한다. 수업에 앞서 교사는 우리가 학생들에게 길러줄 미디어 리터러시를 충분히 지니고 있는지 꼭 점검해 볼 필요가 있다.

> **Check List** 미디어 교육의 목표로 살펴본 교사 미디어 리터러시 점검표
>
> 1. 나는 미디어를 자유롭게 이용하고 스스로 이용을 통제할 수 있는 능력이 있는가? ☐
> 2. 나는 미디어 기술을 익히고 자유자재로 사용할 수 있는 능력이 있는가? ☐
> 3. 나는 미디어 텍스트의 내용을 분석하고 비판할 수 있는 능력이 있는가? ☐
> 4. 나는 미디어의 속성을 이해하고 비판할 수 있는 능력이 있는가? ☐
> 5. 나는 미디어를 통해 자신의 의견과 생각을 표현할 수 있는 능력이 있는가? ☐
> 6. 나는 미디어를 통해 사회적인 문제나 이슈에 참여하는 능력이 있는가? ☐
> 7. 나는 미디어를 통해 타인과 소통할 수 있는 능력이 있는가? ☐
> 8. 나는 미디어의 정보를 검색하고 선별하고 관리하는 능력이 있는가? ☐
> 9. 나는 미디어 이용에 있어 초상권 및 개인정보, 저작권 보호를 실천하는 책임 있는 미디어 이용 능력이 있는가? ☐
> 10. 나는 미디어 콘텐츠들을 감상하고 향유하는 능력을 지니고 있는가? ☐
> 11. 나는 미디어 정보와 콘텐츠가 생산되고 유통되는 맥락에 대해 이해할 수 있는 사회·문화적 이해 능력이 있는가? ☐
> 12. 나는 사물인터넷, 클라우드 컴퓨팅, 빅데이터, 모바일과 인공지능으로 대변되는 4차 산업혁명의 흐름을 인지하고 설명할 수 있는 능력이 있는가? ☐
> 13. 지능정보 사회에서 미디어 리터러시 교육이 고민해야 할 이슈를 파악하고 이를 수업에 활용할 수 있는 능력이 있는가? ☐

출처: 김양은·박한철·배은주 (2016). 〈자유학기제와 미디어 리터러시〉, 60쪽 재구성. 원 저작권자의 모든 권리가 보호됨.

앞은 간단하게 해볼 수 있는 교사 미디어 리터러시 역량 점검표이다. 만약 이 점검표에서 자신 있게 '예'라고 답하기 쉽지 않다면 수업에 앞서 그 역량을 기르는 것이 좋다. 교육은 가르치는 사람의 수준을 뛰어 넘기가 쉽지 않기 때문이다. 기본적인 미디어 리터러시 역량과 더불어 4차 산업혁명으로 인한 변화에 대응할 수 있는 미디어 리터러시 역량까지 겸비하는 것이 필요하다. 역량이란 지식이나 기능을 뛰어넘는 것으로서 주어진 상황에서 심리, 사회적인 차원을 이용하거나 동원하여 복잡한 요구를 성공적으로 해결하는 능력을 의미한다. 변화하는 미디어 환경과 기술의 흐름을 읽고 이에 대응할 수 있는 학생의 미디어 리터러시 역량을 길러주기 위해서는 먼저 교사의 미디어 리터러시 역량을 길러주는 것이 선행되어야 한다.

2) 교사는 미디어 환경의 변화를 읽어내고 이에 대처할 수 있는 미디어 리터러시 교육 방안들을 가지고 있는가?

텔레비전이라는 미디어가 등장했을 때 미디어 리터러시 교육은 기존의 언어와 문자와는 다른 새로운 영상언어를 비판적으로 읽고 쓸 줄 아는 사람을 기르려 했고, 디지털 미디어가 등장했을 때는 스스로 메시지를 만들어내고 사회에 참여하며 소통할 수 있는 사람을 기르고자 했다. 같은 맥락으로 4차 산업혁명 시대의 학교 미디어 리터러시 교육을 담당하는 교사라면 급격하게 변화하고 있는 오늘의 미디어 환경 변화를 읽어내고 이를 토대로 시대에 맞는 미디어 리터러시 교육을 설계하고 실행할 책무가 있다. 단순히 미디어 콘텐츠를 보는 수용자에서, 만들고 연결하는 이용자로, 더 나아가 누구나 미디어가 되는 1인 플랫폼의 시대로 변화하고 있는 이 시점에 학교 미디어 리터러시 교육은 무엇을 어떻게 해야 할지를 진지하게 고민해야 할 시점이다.

다음은 4차 산업혁명이 가져다 준 변화 속에서 미디어 리터러시 교육을 담당하는 교사가 고민하고 답을 찾아야 할 질문들이다.

> **Check List** 질문으로 살펴본 4차 산업혁명과 학교 미디어 리터러시 교육
>
> 1. 고도화된 사물인터넷, 클라우드 컴퓨팅, 빅데이터, 모바일을 통해 생성, 수집, 축적된 데이터와 인공지능이 결합된 새로운 기술들은 우리 삶에 어떤 영향을 미칠 것이며 학교 미디어 리터러시 교육은 어떻게 대응해야 하는가? ☐
> 2. 1, 2, 3차 산업혁명이 인간에 의해 통제되고 진행되었다면, 4차 산업혁명은 기계가 통제의 주요 역할을 담당할 것이라고 하는데 이러한 시대에 인간의 역할은 무엇이며 학교 미디어 리터러시 교육은 이와 관련하여 무엇을 어떻게 가르쳐야 하는가? ☐
> 3. 미디어에 기반한 인간의 소통과정은 물론 사물인터넷을 통해 생성되는 정보가 모두 데이터로 기록되는 빅데이터 현상의 명암은 무엇이며 학교 미디어 리터러시 교육은 이에 대해 어떤 교육을 시행해야 하는가? ☐
> 4. 기사의 취재, 작성, 편집, 유통을 정해진 규칙에 따라 만들어진 알고리즘으로 대체하는 로봇 저널리즘의 장단점은 무엇이며 학교 미디어 리터러시 교육에서는 이를 어떻게 대응해야 하는가? ☐
> 5. 지능정보 사회로 인해 나타날 수 있는 새로운 사생활 침해, 개인정보 문제를 인식하고 이에 대응할 수 있는 학교 미디어 리터러시 교육 방법을 고민하고 있는가? ☐
> 6. 개별 이용자의 취향, 성향, 개인 신상 등을 빅데이터로 분석해 미디어 기업이 개인화된 맞춤형 뉴스 서비스를 제공했을 때 나타날 수 있는 장단점과 이를 잘 활용할 수 있도록 하는 학교 미디어 리터러시 교육방안은 무엇인가? ☐
> 7. 네트워크의 연결성이 강화되고 개인화된 검색과 정보공유가 강화되면서 더욱 문제가 되고 있는 가짜 뉴스에 대처할 수 있는 학교 미디어 리터러시 교육방안은 무엇인가? ☐
> 8. 빅데이터가 어떻게 수집되고 구성되는지, 축적된 개인정보가 어떻게 상품화되는지를 파악하고 이에 대처할 수 있는 학교 미디어 리터러시 교육방안을 가지고 있는가? ☐
> 9. 지능정보 사회에서 요구되는 디지털 시민성은 무엇이며 학교 미디어 리터러시 교육을 통해 이를 어떻게 구현해야 하는가? ☐

출처: 안정임·김양은·전경란·최진호 (2017), 〈지능정보사회에서의 미디어 리터러시 이슈 및 정책방안 연구〉, 4-39쪽 재구성. 원 저작권자의 모든 권리가 보호됨.

3) 교사는 학생들의 발판, 지지대(scaffolding)가 되고 있는가?

우리가 가르치는 학생들이 아무리 미디어를 공기처럼 마시고 살아온 디지털 네이티브(digital natives)라고 할지라도 아직은 교사의 도움을 많이 필요로 하는 학생들이다. 미디어에 대해 아는 것보다는 알아야 할 것이 많고, 깨달은 것보다는 깨달아야 할 것이 많다. 따라서 교사들은 학생들이 미디어에 대해 균형 있는 판단과 결정을 내릴 수 있도록 도움을 주되 학생이 도약할 수 있도록 발판(scaffolding)이 되어 주는 자세를 지녀야 한다.

'스캐폴딩(scaffolding)'의 문자적인 의미는 '건물을 지을 때 층을 올리기 위해 발판을 설치하는 것'으로 비계라고 한다. 우드(Wood), 부르너(Bruner), 로스(Ross)라는 학자는 이상적인 교사의 역할을 묘사하기 위해 처음으로 스캐폴딩이라는 말을 개념화시켰다고 한다. 초기에는 학생들이 자신의 잠재적 발달수준에 도달할 수 있도록 부모나 교사, 또는 또래로부터 도움을 받는 과정을 의미했지만, 최근에는 이에 덧붙여 교사와 학생이 유기적인 상호작용을 통해 학생 자신이 학습에 책임감을 가지고 스스로 과제를 수행하도록 하는 개념으로도 이해되고 있다.

이것을 미디어 리터러시 수업에 적용해 보면 교사는 단순히 미디어에 대한 지식과 제작기술을 가르쳐주기보다는 학생들과의 역동적인 상호작용(스캐폴딩)을 통해 학생들 스스로가 미디어 리터러시 학습에 있어 한 단계 올라설 수 있도록 도움을 주는 발판과 지지대의 역할을 담당해야 한다는 것이다.

기존 연구에 따르면 실제수업에서 이루어지는 교사와 학생 간의 상호작용 중 진정한 스캐폴딩은 미미한 수준이다. 특히 고등학교의 경우는 초·중학교보다 더 스캐폴딩이 부족하다. 아마도 이것은 스캐폴딩의 가장 중요한 요소인 교사와 학생 간의 정서적 유대감이 부족하기 때문일 것이다.

4차 산업혁명 시대의 학교 미디어 리터러시 교육에서 제일 중요하게 생각하는 것이 바로 소통이다. 학생과의 정서적 유대감과 공감대 없이 미디어 리터러시 수업을 진행하면 의미 있는 스캐폴딩은 일어날 수 없다. 역동적이고 유기적인 교사와 학생 간의 상호작용을 통해 학생들 스스로가 자신을 한 단계 업그레이드 할 수 있도록 발판이 되어주는 교사가 무엇보다 필요하다.

4) 교사는 학생들의 자기효능감(self-efficacy)을 높여주는가?

미디어 리터러시 수업에 참여하는 학생들은 어떤 학습동기와 목적을 가지고 수업에 임하는 것일까? 교사들은 수업을 진행하기 전에 꼭 이 부분을 점검해 볼 필요가 있다. 예를 들어 제작을 통해 미디어 리터러시를 함양시키기 위한 수업이라면 아마도 대부분의 학생들은 자신들의 생각을 담은 동영상을 만들고 싶어서 이 수업에 동참했을 것이다.

자신의 손으로 뭔가를 만든다는 것은 정말 뿌듯한 일이다. 특히 힘든 과정을 통해 자신의 생각을 담아 만든 멋진 동영상이라면 더욱 그러할 것이다. 한마디로 자신의 힘으로 동영상을 만들고 나면 자기효능감(self-efficacy)[3]이 높아진다고 한다. 자신의 능력을 좀 더 믿게 되고 신뢰하게 된다는 것으로, 자존감이 높아진다는 말로도 표현할 수 있다.

문제는 제대로 된 결과물을 내지 못했을 경우이다. 자신들의 창대한 아이디어를 제대로 구현하지 못하고 용두사미로 끝났을 때의 자괴감은 오히

---

3) 자기효능감이란 '특정한 과제를 수행할 때 필요한 일련의 행동을 조직하고 완성하는 자신의 능력에 대한 믿음'이라고 말할 수 있다.

려 자기효능감을 떨어뜨릴 수도 있다. 따라서 교사에게는 학생들의 아이디어가 실제로 구현해낼 수 있는 것인지, 아닌지를 분별하는 지혜가 필요하다. 혹 어려움이 있다면 사고의 전환을 꾀할 수 있도록 조언해 주고 구현이 가능하다면 실질적인 도움을 통해 학생들의 아이디어가 현실화될 수 있도록 힘을 더해 주는 것이 필요하다. 이때 유의해야 할 점은 한꺼번에 너무 많은 것을 담지 않도록 해야 한다는 것이다. 고등학생이라고 모두 다 잘할 수 있을 거라는 기대는 잠시 접어둘 필요가 있다. 현재의 능력과 환경을 무시한 채 의욕만을 앞세우면 용두사미가 되기 쉽다. 10의 능력이 있다면 7이나 8 정도의 목표를 세우고 프로젝트를 진행하는 것이 바람직하다. 처음에는 쉬운 것으로 출발하여 자기효능감을 높인 다음 조금씩 조금씩 수준을 높이고 영역을 확장하는 것이 바람직하다.

또 한 가지 학생들의 자기효능감을 높이기 위해 교사가 해야 할 일은 학생들의 머릿속에서만 맴돌고 있는 혼돈된 아이디어에 불을 붙이고 질서를 부여할 수 있도록 실마리를 제공하는 것이다. 학생들은 일반적으로 좋은 아이디어를 많이 가지고 있지만 이를 조직적으로 디자인하거나 실행(volition)으로 옮기는 데에는 많은 어려움을 가지고 있다. 자신이 생각하고 있었던 추상적인 아이디어를 선생님의 스캐폴딩을 통해 결과물로 구현했을 때의 그 성취감과 자기효능감은 또 다른 미디어 리터러시 수업에서뿐만 아니라 학생 전체의 삶에 있어서도 긍정적으로 작용할 것으로 기대한다.[4]

4차 산업혁명 시대는 지식이 방대한 규모로 생산, 활용되고 빠르게 폐기

---

[4] 일반적으로 자기효능감이 높은 학생들은 그렇지 않은 학생에 비해 도전감을 느낄 수 있는 과제를 선택하는 경향이 높고 목표에 도달하기 위해 열심히 노력하고 인내하며 생산적인 전략을 사용한다고 한다. 또한 자기신뢰와 확신을 가지고 있기에 어려움이 생길 때도 스트레스와 불안감을 스스로 통제하고 조절한다고 한다.

되는 변화의 시기이다. 이런 상황에서 가장 필요한 것은 지속적인 학습능력인데 학생들의 자기효능감 향상 없이는 자발적으로 무엇인가를 배우고 익힌다는 것은 쉽지 않다. 따라서 학생들이 창의적이고 혁신적인 사고를 통해 새로운 환경에 적응할 수 있도록 하기 위해서는 학생들의 자기효능감 증진을 위한 다양한 교수학습 전략들이 필요하다.

5) 교사는 학생들과 제대로 소통하고 있는가?

교사와 학생이 친밀한 관계를 유지하지 않으면, 즉 통하지 않으면 미디어 리터러시 수업은 출발부터 어려워질 수밖에 없다. 마음을 열 수 있는 간식도 좋고, 재미있고 멋진 도입 영상도 좋다. 학생들과 소통하면서 함께 정을 나눌 수 있는 수업 전략이 필요하다. 커뮤니케이션이라는 말의 어원인 'make common'에서 알 수 있듯이 가족과 같은 공동체(community)에서 주로 나타나는 'heart to heart communication'이 수업 내에서도 이루어질 때 진정한 소통이 이루어질 수 있다. 단순한 기능적 의사소통(brain to brain communication)만으로는 학생들과 함께 멋진 수업을 진행하기가 쉽지 않다. 교사와 학생, 또 학생들 간에도 'heart to heart communication'이 이루어질 수 있도록 지속적인 노력을 기울여야 한다.

물론 학생들과 마음이 통하기 위해서는 학생들에 대한 정확한 이해와 파악이 필요하다. 교사는 학생의 흥미와 열정뿐만 아니라 학생이 무엇을 알고 있고, 무엇을 할 수 있는지, 무엇을 하기 원하는지를 알기 위해 노력해야 한다. 학생의 선행 경험을 이해하고 존중해 줄 때 교사와 학생 간의 소통이 이루어지는 마음의 다리가 놓일 수 있다.

물론 수업 상황에서도 끊임없는 대화를 통해 소통의 끈을 이어가야 한다. 마음이 통하는 좋은 관계로 초석을 쌓고 수업에서 적절한 대화를 이어 갈 때 학생과의 관계는 배움이 있는 더 깊은 관계로 나아간다. 수업 속에서 교사와 학생이 서로 대화를 하며 들어주는 관계가 이루어지지 않으면 그 어떤 훌륭한 수업 내용과 방법이 있더라고 아무런 소용이 없다. 학생들의 이야기를 듣고 함께 나누는 수업 속 대화는 나의 수업을 진정한 배움의 장 으로 한걸음 다가서게 해 준다.

> **Check List 나의 수업 속 대화상황 점검 리스트**
>
> 자신의 수업을 녹음해서 들어보고 다음의 질문에 답해 보면서 자신의 수업 을 성찰해 보자.
> 1. 수업 속에서 학생들과 대화를 해야겠다는 의지가 있어 보이는가? ☐
> 2. 어떤 부분을 칭찬해주고 싶고 어떤 부분의 보완이 필요하다고 생각하는가? ☐
> 3. 학생들이 대화에 참여할 여백이 있는가? 없다면 그 이유는 무엇인가? ☐
> 4. 학생들의 말을 기다려 주고, 들어주고 잘 공감해 주고 있는가? ☐
> 5. 수업에서 대화를 할 만한 관계가 잘 구축되어 있는가? ☐
> 6. 내가 학생들의 이야기를 잘 듣지 않고 흘려버리는 지점은 어디인가? ☐
> 7. 학생과의 대화가 잘 이어지는 지점과 단절되는 지점은 어디인가? ☐

출처: 김양은·박한철·배은주 (2016). 〈자유학기제와 미디어 리터러시〉, 63쪽에서 인용. 원 저작 권자의 모든 권리가 보호됨.

4차 산업혁명 시대가 요구하는 대표적인 역량 중 하나가 소통 능력이고 미디어 리터러시 교육이 줄기차게 강조해 왔던 것도 소통 능력의 함양이다. 이 소통 능력은 하루아침에 길러지는 것이 아니고 학교에서 교사와 학생 간, 학생 상호 간에 긴밀한 상호작용의 축적을 통해 길러진다. 미디어 리터 러시 교육은 교육의 특성상 함께 토의, 협업, 공감, 설득하며 소통할 수 있는 수많은 기회들이 주어지는 만큼 교사와 학생 간 소통의 첫 단추가 잘 끼워진 다면 학생들의 소통 역량은 자연스럽게 증진될 수 있을 것으로 기대한다.

6) 교사는 학생들에게 신뢰를 줄 만한 미디어 리터러시 교육의 전문성을 지니고 있는가?

다양한 소통방식을 통해 마음과 마음이 이어지는 것 못지않게 중요한 것이 바로 교사와 학생 간의 신뢰이다. 선생님이 학생과의 약속을 지키지 않아 신뢰를 잃는 경우도 있지만 미디어 리터러시 수업에 대한 전문성이 부족하여 신뢰를 잃는 경우도 많다. 교사가 알고 있는 것을 다 가르칠 필요는 없지만, 교사는 어느 정도의 능력을 갖추고 있어야 당당함이 생길 수 있다. 특히 미디어 리터러시 수업 초반에는 기기조작 실수 하나, 개념에 대한 부적절한 설명 하나, 학생의 질문에 대한 어설픈 답변 하나가 신뢰를 잃는 단초가 되기도 한다.

물론 교사가 모든 것을 다 알 수는 없겠지만 열을 가르치기 위한 수업에 임한다면 백을 준비하고 학생들을 대해야 전문성 있는 교사로서 신뢰를 얻을 수 있다. 교사는 가르칠 영역에 대해 심층적으로 이해한 다음 가르치는 현장에 서야 한다. 알기 쉬운 다양한 예를 제시할 수 있어야 하며, 미디어 리터러시 수업에서 사용하는 탐구방법이나 교수법, 그리고 전문용어 등에 익숙해져야 한다. 특별히 변화하는 4차 산업혁명에 대비하는 역량을 길러주기 위한 미디어 리터러시 수업이라면 더욱 그러하다.

그러기 위해서는 기존에 발행된 미디어 교육 교과서와 지침서, 최근의 연구동향을 다루고 있는 저널이나 유관기관들이 발행한 연구보고서, 관련 동영상, 웹사이트를 꼼꼼히 분석한 다음 가르칠 학생들에게 적합한 형태로 변환, 재구성할 것을 추천한다. 아마도 그 과정을 수행하다 보면 자신이 제대로 알지 못하는 것이 무엇이고, 어떤 공부가 더 필요한지를 스스로 깨달을 수 있을 것이다. 물론 깨달음만으로는 전문성을 얻을 수 없다. 부족한 것을 보완하고자 하는 의지를 가지고 구체적인 액션을 취할 때(앞에서 설명했던 volition, 즉 생각을 실행으로 옮기는 의지가 있을 때) 비로소 전문성이 신장될 수 있다. 학생들뿐만 아니라 선생님들에게도 실행의지(volition)가 아주 중요하다.

미디어 리터러시 수업의 전문성을 높이기 위해 꼭 읽어야 할 자료 10

1. 방송통신위원회 (2009). 미디어가 보는 세상, 미디어로 보는 세상(학생용, 교사용)
2. 교육부 (2015). 미디어 문해력(media literacy) 향상을 위한 교실수업 개선 방안 연구
3. 한국언론진흥재단 (2009). 미디어 교육 효과측정 모델
4. 경기도교육청 (2012). 창의와 인성의 숲에서 만난 미디어(초등용, 중등용, 고등용)
5. 한국인터넷진흥원 (2015). 이미지와 동영상을 활용한 인터넷 리터러시(학생용, 교사용)
6. 한국인터넷진흥원 (2012). 건강한 소통의 지도, 소셜미디어(학생용, 교사용)
7. 한국정보화진흥원 (2016). 사이버폭력 치유 프로그램(학생용, 교사용 정보서)
8. 한국언론진흥재단 (2015). 뉴스 리터러시 교육 Ⅰ: 커리큘럼 및 지원 체계
9. 한국언론진흥재단 (2016). 뉴스 리터러시 교육 Ⅱ: 커리큘럼 및 지원 체계
10. 방송통신위원회 (2017). 지능정보사회에서의 미디어 리터러시 이슈 및 정책방안 연구

출처: 김양은·박한철·배은주 (2016). 〈자유학기제와 미디어 리터러시〉, 64쪽 재구성. 원 저작권자의 모든 권리가 보호됨.

7) 교사는 학생들이 무엇에 흥미를 가지고 있는지 알고 있는가?

미디어 리터러시 수업을 진행하다 보면 수업이 잘 진행되어서 만족스러울 때도 있지만, 학생들의 호응도 시원찮고 왠지 모르게 씁쓸함이 느껴질 때도 있다. 모든 수업이 완벽할 수는 없지만 완벽한 수업을 위해 준비하는 것은 우리 교사들의 몫이라고 생각한다. 학생들의 호응이 좋아서 수업이 잘 진행되었다면 어떤 이유 때문에 그런 결과가 나왔는지를 수업 후에 즉

각적으로 분석하는 것이 중요하다. 축구 경기가 끝나면 각 선수들에게 평점을 매기고 경기평을 다는 것처럼 미디어 리터러시 수업에서 흥미와 관련된 여러 가지 요소들을 항목화하며 평가한 후 다음 수업에 참고할 수 있도록 피드백 리스트를 만드는 것이 좋다. 가르치는 교사가 좋아하는 내용이었는지, 내용 자체가 재미있어 학생들의 호응이 좋았는지, 환경 조성이 훌륭했는지, 수업 도입 영상이 적절했는지를 분석함으로써 어떤 부분을 보강해야 더욱더 학생들의 흥미를 돋우고 학습동기를 향상시킬 수 있는지 고민해야 한다.

수업이 잘 진행되지 못한 경우에도 똑같은 방법으로 요인을 분석한 다음 피드백의 요소로 삼는 것이 필요하다. 수업의 실패에 대하여 "학생들이 배우고 참여할 의지가 없어서…"라고 책임을 돌리는 것은 좋지 않은 태도이다. 성공적인 수업을 위한 교사의 책임은 '학습자들이 배우고자 하는 욕구를 갖게 하는 데까지'라는 교육학자 켈러(John M. Keller)의 조언을 귀담아들을 필요가 있다.

〈그림 2〉에서 보는 바와 같이 교사가 수업에 열정을 보이고 학습자에 대한 지극한 관심과 배려를 보여 주었을 때, 학생들이 특정 과목에 흥미를 갖게 된 사례는 수없이 많다. 반대로 교사가 지나치게 엄격하고, 지루하게 수업을 진행하며, 교사 스스로가 가르치는 내용에 대해 흥미를 갖지 않으면 학생들의 자신감과 학습 동기에 심각한 손상을 줄 수도 있다. 따라서 교사 스스로가 미디어 리터러시 수업에 흥미를 가지고 참여하되, 실제 수업 경험에서 체득된 학생들의 흥미유발 요인들을 잘 분석하여 다음 수업에 활용할 수 있도록 노력해야 할 것이다.

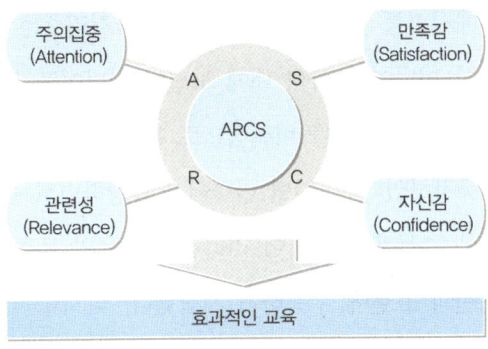

그림 2. 학습 동기에 영향을 미치는 네 가지 요소

출처: 김양은·박한철·배은주 (2016), 《자유학기제와 미디어 리터러시》, 65쪽에서 인용. 원 저작권자의 모든 권리가 보호됨.

4. 4차 산업혁명 시대 학교 미디어 리터러시 교육, 무엇을 가르칠 것인가?

학교 미디어 리터러시 교육의 중요성을 인식하고 가르칠 마음의 준비가 되었다면 다음으로 고민해야 할 부분은 무엇을 가르칠 것인가이다. 그동안 논의되었던 미디어 리터러시 교육의 내용(커리큘럼)과 미디어 리터러시 교육의 방법들을 토대로 4차 산업혁명 시대에 적합한 교육과정 체계도를 제시해 보고 이를 실제 학교 교육에 적용할 수 있는 방안들을 함께 모색해 보고자 한다.

1) 미디어 리터러시 교육 내용 체계에 대한 기존 논의

미디어 리터러시 교육의 내용은 새로운 미디어가 등장할 때마다 조금씩 변화해왔다. 영상 미디어가 등장한 초기에는 주로, 새로운 언어에 대한 접근성과 이들 메시지를 선별할 수 있는 능력을 길러주는 것에 주목했다. 하지만 점차 영상 미디어가 사회 내에 보편적 미디어로 성장하면서 영상 미디어가 만들어내는 메시지를 비판적으로 분석하는 비판적 시청 능력에 대한 논의들이 등장하였다. 디지털 미디어가 등장하면서 수용자 입장에서의 비판적 읽기에 주목했던 미디어 리터러시 교육의 목표는 미디어를 통한 메시지의 생산과 표현에 주목하기 시작했다. 디지털 미디어의 등장은 개인이 미디어를 제작하는 것을 가능하게 해주었고, 미디어 리터러시 교육에서 '미디어 제작' 교육의 중요성이 대두되었다(김양은·박한철·배은주, 2016).

영국 미디어 규제 기관인 오프컴(Ofcom)에 의하면, 미디어 리터러시는 '다양한 매체적인 맥락 안에서 미디어에 접근(access)하고, 미디어를 이해(understand)하며, 창의적인 제작(create)을 할 수 있는 능력'으로 정의되고 있다. 이처럼 디지털 미디어의 등장과 함께 미디어 교육은 미디어에 대한 지식뿐만 아니라, 미디어 메시지에 대한 분석 및 비평, 그리고 개인이 스스로 자신만의 메시지를 만들어낼 수 있는 활용 능력으로 구분할 수 있으며, 이는 결과적으로 미디어 교육을 통해서 획득해야 할 능력은 창조성을 기반으로 새로운 미디어를 형성하고, 이를 통해서 사회와 소통할 수 있는 능력이라고 말할 수 있다(Buckingham, 2003/2004).

이상의 논의를 바탕으로 김양은, 박한철, 그리고 배은주(2016)는 미디어 리터러시 교육 내용의 영역을 네 가지로 종합하여 제시하였다.

표 4. 미디어 리터러시 교육의 영역과 내용

미디어 리터러시 교육의 영역	내 용
미디어에 대한 접근 능력	다양한 미디어에 대한 보편적 접근, 미디어의 기술적 이용을 위한 지식, 정보의 검색, 판별, 평가 및 정보조절 능력
미디어에 대한 비판적 이해 능력	미디어 구조 및 기능에 대한 지식, 미디어 텍스트에 대한 비판적 읽기, 미디어를 둘러싼 사회적, 정치적, 경제적, 기술적, 미학적 요인들을 비판적으로 사고할 수 있는 능력
미디어를 통한 창의적 표현 능력	다양한 미디어를 사용한 창의적 쓰기, 자아 정체성 및 의견, 지식, 감정 등을 미디어 텍스트의 제작을 통해 표현하는 능력
미디어를 통한 소통 능력	미디어 읽기와 쓰기에 대한 사회적 책임 의식, 민주적 참여 활동 능력, 정보의 공유 및 나눔 능력

출처: 김양은·박한철·배은주 (2016). 〈자유학기제와 미디어 리터러시〉, 43쪽에서 인용. 원 저작권자의 모든 권리가 보호됨.

    정현선, 박유신, 전경란, 그리고 박한철(2015)은 우리나라의 어린이와 청소년들의 미디어 이용 실태에 관한 다양한 연구 결과와, 해외 및 국내의 전문가와 주요 단체에서 제시한 미디어 리터러시의 개념과 목표, 그리고 21세기 핵심 역량에 대한 연구에서 제기하는 미디어 리터러시 관련 요소 등에서 공통적으로 강조한 내용들을 종합적으로 고려하여 〈표 5〉와 같이 제시하였다.[5]

---

[5] 미디어 리터러시는 2015 개정 교육과정의 의사소통 역량 및 지식정보처리 역량과 밀접하게 관련되며, 미디어 체험과 미디어 지식을 바탕으로 다양한 수행 능력을 기르는 것을 목표로 한다. 미디어 체험과 미디어 지식은 미디어 리터러시 교육의 기초 학습 요소이며, '의미 이해와 전달, 책임 있는 미디어 이용, 감상과 향유, 미디어 기술 활용, 정보 검색과 선택, 창작과 제작, 사회·문화적 이해, 비판적 분석과 평가'는 미디어 리터러시 교육을 통해 도달해야 할 역량의 수행 능력이다.

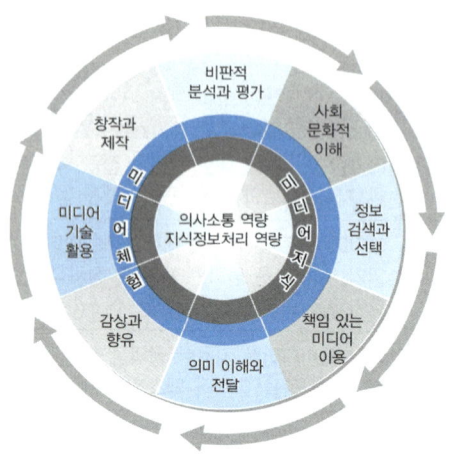

그림 3. 미디어 리터러시 교육의 핵심 역량 체계도

출처: 정현선·박유신·전경란·박한철 (2015). 미디어 문해력(media literacy) 향상을 위한 교실수업 개선 방안 연구, 69-70쪽 재구성. 원 저작권자의 모든 권리가 보호됨.

표 5. 미디어 리터러시 수행 능력과 세부 내용

수행 능력	내 용
의미 이해와 전달	미디어 콘텐츠의 내용을 정확하게 이해하고, 미디어를 통해 자신의 생각과 느낌을 표현할 수 있는 수행 능력
책임 있는 미디어 이용	미디어 이용에 있어 초상권 및 개인정보 보호, 안전한 인터넷 이용, 저작권 보호, 인터넷 및 SNS 이용의 언어 예절 등을 포괄하는 능력
감상과 향유	초등학교 저학년 시기부터 양질의 미디어 정보와 문화 콘텐츠에 접근하여 그 내용과 표현으로부터 심미적 감식안을 기르기 위해 요구되는 능력
미디어 기술 활용	정보 이용, 미디어 활용 발표, 표현, 창작, 제작 등에 필요한 도구를 활용하는 능력
정보 검색과 선택	자신의 목적에 적합하게 효율적으로 미디어에 접근하여 필요한 '정보 검색과 선택'을 할 수 있는 능력
창작과 제작	책임 있는 미디어, 정보 검색과 선택, 의미 이해와 전달, 양질의 미디어 감상과 향유, 사회·문화적 이해, 비판적 분석과 평가 등의 역량을 바탕으로 일정한 미디어 표현의 관습에 따라 의미 있는 정보나 문화 콘텐츠를 생산하는 종합적 수행 능력

수행 능력	내용
사회·문화적 이해	미디어 정보와 콘텐츠가 생산되고 유통되는 맥락에 대해 사회·문화적으로 이해하는 능력
비판적 분석과 평가	미디어의 편향성과 상업성을 이해하고 자신의 주관을 바탕으로 정보의 사실 여부와 의도, 편향성 등을 변별하는 합리적인 관점에서 미디어의 정보와 문화에 대해 '비판적 분석과 평가'를 바탕으로 수용하는 능력과 태도

출처: 정현선·박유신·전경란·박한철 (2015). 미디어 문해력(media literacy) 향상을 위한 교실수업 개선 방안 연구, 69-70쪽 재구성. 원 저작권자의 모든 권리가 보호됨.

또한 안정임, 김양은, 전경란, 그리고 최진호(2017)는 4차 산업혁명과 지능정보 사회로 논의되는 미래 사회에서 필요한 역량을 중심으로 미디어 리터러시를 재정의하고 설명하였다.

표 6. 미래 사회의 역량 중심으로 재정의한 미디어 리터러시 영역 및 내용

영역	항목	설명
접근	미디어 이용 기술 능력	다양한 미디어에 대한 접근 및 이용 능력
	미디어 이용 통제 능력	미디어에 대한 노출과 이용을 스스로 통제하고 조절할 수 있는 능력
	도구적 활용 능력	자신의 이용 목적에 따라 다양한 미디어를 활용할 수 있는 능력
비판적 이해	미디어의 재현 이해 능력	미디어에서 재현된 현실과 실제 현실의 차이를 이해하고 구분할 수 있는 능력
	미디어의 상업성 이해 능력	미디어의 경제적 구조와 산업적 특성, 상업성 등을 이해할 수 있는 능력
	정보판별 능력	미디어에서 제시된 정보의 신뢰성, 편향성, 의도성 등을 판별할 수 있는 능력
창의적 생산	미디어 제작 능력	미디어를 활용하여 자신이 원하는 콘텐츠를 제작할 수 있는 능력
	자기표현 능력	미디어를 활용하여 자신의 생각, 의견 등을 창의적인 콘텐츠로 표현할 수 있는 능력

영역	항목	설명
창의적 생산	공유 능력	미디어를 통해 자신과 타인의 생각, 의견, 콘텐츠 등을 서로 나누고 공유할 수 있는 능력
참여	네트워킹 능력	미디어를 통해 다른 사람과 연결하고 소통할 수 있는 능력
	협업 능력	문제해결 및 과업 등을 위해 다른 사람과 교류하고 협력함으로써 성과를 얻을 수 있는 능력
	시민적 실천과 참여 능력	정치, 사회적 이슈나 문제에 대해 적극적으로 의견을 교류하고 공동의 문제를 해결하기 위해 다양한 활동에 참여하는 능력
윤리	관용과 배려 능력	다른 사람의 의견을 이해하고 차이를 인정하며 수용할 수 있는 능력
	책임 있는 이용 능력	불법적인 미디어 이용을 하지 않거나 타인의 권리를 침해하지 않는 책임 있는 미디어 이용 능력
	보호 능력	개인정보 노출 등 미디어 이용의 위험 요인으로부터 자신을 보호할 수 있는 능력

출처: 안정임·김양은·전경란·최진호 (2017), 〈지능정보사회에서의 미디어 리터러시 이슈 및 정책 방안 연구〉, 56쪽에서 인용. 원 저작권자의 모든 권리가 보호됨.

2) 새롭게 구성해 본 미디어 리터러시 역량과 학교 미디어 리터러시 교육 성취기준

기존의 논의들과 변화하는 4차 산업혁명 시대의 미디어 환경, 학교현장의 상황을 종합적으로 고려하여 미디어 리터러시 영역과 학교 미디어 리터러시 교육을 통해 학생들이 도달해야 할 성취기준을 〈표 7〉과 같이 제시하였다. 더불어 이 성취기준과 관련지어 학교 미디어 리터러시 교육에서 시행할 수 있는 수업사례들도 제시하였다. 앞에서 언급했던 4차 산업혁명이 가져다 준 변화 속에서 미디어 리터러시 교육을 담당하는 교사가 고민하고 답을 찾아야 할 질문들과 이 수업사례를 융합하여 수업을 진행한다는 좋은 결과가 있으리라 기대한다.

표 7. 미디어 리터러시 역량과 학교 미디어 리터러시 교육 성취기준

미디어 리터러시 역량	학교 미디어 리터러시 교육 성취기준	구체적인 수업사례들
1. 미디어 이용 능력	1-01 다양한 미디어 기술을 활용하여 자유자재로 자신의 생각을 발표, 표현, 제작할 수 있는 토대를 갖출 수 있다.	• 360도 카메라와 태블릿 영상편집 앱을 활용하여 학교소개 영상 만들기 • 패들렛(padlet) 앱을 활용한 스토리보드 작성 의견 수합하기
	1-02 자신의 목적에 적합하게 효율적으로 미디어에 접근하여 필요한 정보를 검색하고 선택할 수 있다.	• 구글 검색과 네이버 검색의 메커니즘 비교하기 • 검색엔진과 유튜브 검색, AI 스피커 검색의 장단점 비교하기 및 상황에 맞는 적합한 검색방법 찾기
	1-03 미디어에 대한 노출과 이용을 스스로 통제하고 조절할 수 있다.	• 나의 미디어 이용 현황 점검 및 나만의 미디어 이용수칙 만들기 • 스마트폰 앱을 활용한 미디어 이용 조절 프로젝트
	1-04 자신의 상황과 목적에 맞는 미디어를 자유의지에 따라 자율적으로 선택하여 주체적으로 이용할 수 있다.	• 나의 미디어 이용 상황과 목적에 맞는 SNS 찾기 프로젝트 • 자율적이고 주체적으로 미디어를 선택하고 이용하지 못하고 있는 사례를 찾아 분석하고 대안 찾아주기
	1-05 양질의 미디어 정보와 문화 콘텐츠에 접근하여 감상을 통해 그 내용과 표현으로부터 심미적 감식안을 기를 수 있다.	• 내 인생 사진, 인생 드라마, 인생 영화 소개하고 그 이유 나누기 • 우리 학급이 함께 만드는 유튜브 동영상 50선 선정하고 함께 감상하기
	1-06 개인정보 노출, 사생활 침해, 사이버폭력 등 미디어 이용의 위험으로부터 자신을 보호할 수 있다.	• 미디어 속 나의 개인정보 노출 상태를 점검해 보고 보호방안 모색하기 • 사이버폭력 대처방법 실습 • 인공지능으로 인해 발생할 수 있는 개인정보 노출, 사생활 침해를 예측해보고 그 대응방안 모색하기

미디어 리터러시 역량	학교 미디어 리터러시 교육 성취기준	구체적인 수업사례들
2. 비판적 이해 능력	2-01 비판적 미디어 분석을 위한 핵심질문을 활용하여 미디어 메시지를 분석할 수 있다.	• 누가 이 메시지를 만들었는가? • 사람들이 메시지를 어떻게 달리 이해하는가? • 이 메시지에는 어떤 가치, 라이프스타일, 관점들이 반영되어 있는가? 또는 생략되었는가? • 이 메시지는 나의 주목을 끌기 위해 어떤 창의적 기법을 사용했는가? • 이 메시지의 전달 이유, 목적은 무엇인가?
	2-02 미디어에서 재현한 현실과 실제 현실의 차이를 이해하고 구분할 수 있다.	• 영화가 재현하고 있는 외모지상주의가 우리 삶에 미치는 영향 분석하기 • 뉴스가 재현하고 있는 4차 산업혁명과 우리의 현실 비교하기
	2-03 미디어 정보와 콘텐츠가 생산되고 유통되는 산업적 특성과 사회·문화적 맥락을 이해할 수 있다	만약 광고가 없다면 우리는 얼마의 돈을 지불하고 드라마와 인터넷을 사용해야 할지 예상해 보고 무료로 미디어 서비스를 제공하는 이유 찾아보기
	2-04 미디어의 편향성과 상업성을 이해하고 합리적인 관점을 토대로 미디어가 제시한 정보의 사실 여부, 신뢰성, 편향성, 의도성 등을 판별할 수 있다.	• 가짜 뉴스 판별을 위한 가이드라인 만들기 • 정보평가를 위한 질문 만들기
3. 창의적 표현 능력	3-01 상황과 목적, 맥락에 맞는 효과적인 미디어를 선택, 활용하여 창의적으로 표현할 수 있다.	상황을 주고 그 상황에서는 어떤 미디어를 어떻게 사용하는 것이 좋은지 조언해 보고 그 이유에 대해 함께 생각 나누기
	3-02 미디어 기술과 비판적 사고 능력을 바탕으로 일정한 미디어 표현의 관습에 따라 자신의 생각, 의견 등을 창의적인 콘텐츠로 표현할 수 있다.	인공지능이 가져올 학교생활의 변화에 대한 영상 만들기

미디어 리터러시 역량	학교 미디어 리터러시 교육 성취기준	구체적인 수업사례들
3. 창의적 표현 능력	3-03 반성적 사고를 통해 미디어 제작과정을 성찰해 보고 이를 다음 제작과정에 반영할 수 있다.	• 내가 만들어낸 메시지는 무엇인가? • 나의 메시지는 오디언스(수용자)에게 각기 다른 반응을 자아내는가? • 내가 만든 미디어 콘텐츠는 내 자신의 가치, 라이프스타일, 관점을 명확하고 일관성 있게 제시하고 있는가? • 나의 메시지는 포맷, 창의성, 테크놀로지에 대한 이해를 반영하고 있는가? • 나는 내가 말하고자 하는 것을 효율적으로 커뮤니케이션하고 있는가?
4. 의사소통 능력	4-01 미디어를 통해 다른 사람과 연결하고 관계를 맺으며 정보를 공유하며 소통할 수 있다.	• 원활한 소통을 위한 미디어 처방전 작성하기 • 아름다운 SNS 소통의 사례들 보고 소통계획표 작성하기
	4-02 미디어에 대한 비판적 이해와 창의적 표현과정에서 생각과 의견 등을 나누고 협업하며 서로 다름을 인정할 수 있다.	포털 뉴스 댓글 분석 및 집단지성을 활용한 댓글 달기 실습
	4-03 미디어를 통해 소통할 때 지켜야 할 원칙을 알고 실천할 수 있으며 갈등상황이 생겼을 때 대처방안들을 알고 이를 실제에 적용할 수 있다.	• SNS 의사소통 약속 만들기 • 다문화수용성 높이기 전략
5. 책임 있는 행동 능력	5-01 불법적인 미디어 이용을 하지 않으며 타인의 권리를 침해하지 않고 책임 있게 미디어를 이용한다.	• 나와 너의 소중한 저작권 지키기 • 유튜브를 통한 사이버폭력 예방 캠페인 • 디지털 시대의 무책임한 행동 찾아보고 대응방안 알아보기(거짓 콘텐츠 유포, 유해 콘텐츠 제작 및 유포, 중고나라 사기, 사생활 침해, 개인정보 유출, 저작권 침해, 무례하게 행동하기 등)

미디어 리터러시 역량	학교 미디어 리터러시 교육 성취기준	구체적인 수업사례들
5. 책임 있는 행동 능력	5-02 정치·사회적 이슈나 문제에 대해 미디어를 활용해 적극적으로 의견을 교류하고 책임 있는 시민으로서 공동의 문제를 해결하기 위해 다양한 활동에 참여할 수 있다.	• 지역사회의 개선사항, 자랑거리를 뉴스 형태로 만들어 지역사회 주민들과 공유하기 • 디지털 시대에 사회적 이슈에 참여할 수 있는 다양한 방법 알아보기

5. 4차 산업혁명 시대 학교 미디어 리터러시 교육, 어떻게 가르칠 것인가?

그동안 학교에서의 미디어 리터러시 수업은 주로 교재나 교과서를 토대로 토의·토론 활동을 하는 미디어 읽기 수업과 미디어 콘텐츠를 제작하는 미디어 쓰기 수업으로 진행되었다. 토의·토론을 중심으로 한 미디어 읽기 수업은 그 중요성에서도 불구하고 그 무거움 때문에 수업의 집중력을 높이기가 쉽지 않았고, 제작 중심의 미디어 쓰기 수업은 충분한 시간 확보의 어려움으로 인해 제작의 전체 과정을 체계적으로 다루기가 쉽지 않았다. 따라서 학교 현장에서는 짧은 시간에 미디어 읽기 수업과 미디어 쓰기 수업을 동시에 할 수 있는 미디어 리터러시 수업방안을 요청하게 되었고 그 고민의 결과로 나온 것이 다음에 제시하는 놀이와 창의적 체험활동 중심의 미디어 리터러시 수업안이다. 놀이와 활동을 통해 자연스럽게 미디어 리터러시 능력을 길러 4차 산업혁명 시대가 요구하는 역량을 갖출 수 있도록 디자인되었다. 수업을 진행할 교사가 참고할 수 있도록 지도안[6]의 전문을 제시하였다.

---

[6] 김양은·박한철·배은주 (2017). 〈초등학생을 위한 미디어 창의적 체험활동: 학교 교사와 미디어교육 강사를 위한 가이드북〉. 과천: 방송통신위원회. (4장 배우고 실천하는 정보분별의 포맷을 가짜 뉴스 소재로 변형 재구성함.)

1) 수업 디자인과 맥락에 대한 설명

첫머리
수업에 대한 몰입감을 높이고 모둠원들 간의 유대감을 증진시키기 위해 놀이 형식으로 진행하는 수업의 처음이자 중심이 되는 머리활동이다. 게임으로 몸도 풀고, 머리도 풀고, 모둠도 만들면서 친구들과 친해질 수 있도록 수업의 물꼬를 터줄 수 있다.

길머리
길머리란 '넓은 길에서 좁은 길로 들어서는 첫머리'를 일컫는 우리말로서, 길목이라는 말로도 쓰인다. 이 활동은 기둥머리로 들어가기 전에 오늘 체험할 주제에 대해 발을 담그는, 수업의 길목이자 중심이 되는 머리활동이다. 친구들과 함께 이야기하고, 글을 쓰고, 그림을 그리고, 작품을 만들면서 이 징검다리를 건너다 보면 어느새 수업의 중심을 향해 나아가고 있는 자신의 모습을 발견할 수 있도록 길목을 잘 지켜주는 것이 중요하다.

주변머리
길머리에서 활동했던 내용을 토대로 지식과 정보를 정리하는 과정을 통해 학생들의 비판적 사고와 분석 능력, 창의적 표현 능력, 정보평가와 분석 능력을 신장시키는, 수업의 지식창고이자 중심이 되는 머리활동이다. 놀이와 활동을 통해 몸으로 익혔던 내용을 지식과 정보를 통해 머리로 정리하고 이를 지혜로 승화시킬 수 있도록 학생의 주변머리를 잘 살펴주는 것이 필요하다.

기둥머리
첫머리의 놀이 활동, 길머리의 징검다리 활동으로 준비하고 주변머리에서 머리로 익혔던 내용을 생활에 적용, 실천, 다짐하는 과정을 통해 학생들의 미디어 리터러시 역량을 길러주는, 수업의 기둥이자 중심이 되는 머리활동이다. 창의적 체험활동 수업의 핵심은 배우고 익힌 것을 교실에 담아 두지 않고 이를 생활 속에서 실천하는 데 있다. 학생들이 미디어에 대한 의미 있는 창의적 체험활동을 할 수 있도록 수업의 기둥을 잘 받쳐주는 것이 필요하다.

끄트머리
수업에 관련된 참고자료들을 함께 보면서 지혜와 지식의 지평을 넓히는 수업의 끝이자 또 다른 시작을 알리는 머리활동이다. 주제와 관련된 생각의 깊이와 넓이를 더해줄 수 있는 다양한 정보들을 함께 익히는 마무리활동을 통해 또 다른 배움의 시작을 알리는 끄트머리를 잡아볼 수 있도록 지도하는 것이 좋다.

2) 수업지도안의 실제

(1) 수업의 제목: SNS 시대의 정보분별과 비판적 뉴스 읽기

(2) 관련 학교 미디어 리터러시 교육 성취기준

2-04 미디어의 편향성과 상업성을 이해하고 합리적인 관점을 토대로 미디어가 제시한 정보의 사실 여부, 신뢰성, 편향성, 의도성 등을 판별할 수 있다.

(3) 수업의 개관

소셜 네트워크 서비스(SNS)가 활성화되기 이전에도 '정보의 홍수'라는 말이 있긴 했지만 실감할 정도는 아니었다. 그러나 스마트폰의 등장으로 인한 SNS의 폭풍적인 성장은 쏟아내는 정보와 뉴스의 양을 말 그대로 '정보의 폭포' 시대로 바꾸어 놓았다. 또한 최근에는 거짓 정보를 사실인 것처럼 포장하거나 아예 없었던 일을 언론사 기사처럼 만들어 유포하는 가짜 뉴스 때문에 몸살을 앓고 있다.

이런 시대에 우리에게 필요한 것은 얼마나 많은 정보와 뉴스를 축적하는 것이 아니라 무엇이 우리에게 필요한 정보이고 가치 있고 유용한 것인지를 판단하는 능력이다. 데이터 스모그처럼 희미하고 뿌옇게 보이는 정보의 홍수 속에서 꼭 필요한 정보를 선별하고 구분해서 나의 것을 만드는 지혜가 필요한 것이다. 특히 SNS상의 정보는 다른 미디어에 비해 전파 속도가 빠르고 다듬지 않은 상태에서 전달되는 경우가 많으므로 실시간으로 정보들을 비판적으로 여과, 축출, 정제하여 체계화, 관리, 평가하는 능력이 무엇보다 필요하다.

이 수업은 '정보의 폭포' 시대를 살아가는 우리 학생들이 미디어가 제공하는 정보에 대해 어떤 자세와 태도를 지녀야 할지에 대해 성찰해 보게 함으로써 학생들의 정보 분별과 비판적 뉴스 읽기 능력을 함양하는 데 그 목표가 있다.

(4) 학습목표

- '어떤 정보가 진짜일까?' 게임을 통해 친구들의 뉴스 이용 현황을 파악하고 자신의 뉴스 이용과 비교하여 말할 수 있다.
- 미디어가 제공하는 정보와 뉴스를 보고 고민하는 친구에게 적절한 조언 말풍선을 작성하는 활동을 통해 정보를 대하는 바람직한 태도를 지닐 수 있다.
- 미디어의 정보와 뉴스를 접할 때마다 끊임없이 던져야 할 질문들이 무엇인지 알고 이를 실제 뉴스에 적용할 수 있다.
- 다섯 가지 핵심질문을 통해 가짜 뉴스에 대한 뉴스 기사를 비판적으로 분석할 수 있다.
- 미디어 깃발과 풍선 만들기를 통해 미디어가 전달하는 정보와 뉴스를 평가하고 관리하기 위해서 우리가 지니고 버려야 할 태도와 자세를 표현할 수 있다.

(5) 수업의 흐름과 활동 안내

표 8. SNS 시대의 정보 분별과 비판적 뉴스 읽기 수업 흐름도

시 간	세부 단계	주요 교수-학습 활동	수업 자료
20분	첫머리 (어떤 정보가 진짜일까요)?	• 수업목표, 진행 절차와 흐름에 대한 안내 • 미디어 사용과 관련된 진짜 정보 2가지와 가짜 정보 1가지를 적은 다음 모둠별로 맞히기 게임 • 이야기 나누기(친구의 미디어 이용에 대해 새롭게 알게 된 것)	• 도화지 • 색연필 • 활동지 1
⇩ ⇩			
30분	길머리 (친구에게 가장 필요한 것은?)	• 미디어가 제공하는 정보를 보고 고민하는 활동지 상황에 대한 자신의 생각 이야기하기 • 고민상황과 관련지어 단어 프리즘에서 뽑은 단어를 활용하여 상황 속 친구에게 조언 말풍선 쓰기 • 개인별 조언 말풍선을 종합하여 모둠별 최종 릴레이 문장 만들기	• 주사위 • 단어 프리즘 • 접착식 메모지 • 활동지 2
⇩ ⇩			

시 간	세부 단계	주요 교수-학습 활동	수업 자료
20분	주변머리 1 (미디어 속 정보와 뉴스를 접할 때 우리가 던져야 할 질문들)	• 선생님의 강의 듣기(활동지 읽기) • 미디어의 정보를 접할 때마다 끊임없이 던져야 할 비판적인 질문 학습 및 연습	• 활동지 3
30분	주변머리 2 (질문을 토대로 뉴스 기사를 비판적으로 분석해 보기)	• 가짜 뉴스에 대한 신문기사 읽기 • 뉴스 분석과 관련된 5가지 핵심개념과 질문 익히기 • 5개의 모둠에게 제시된 조사하고 발표할 질문을 토대로 뉴스 분석하기 • 생선가시 토의법을 활용하여 도식 작성하기	• 활동지 4 • 생선가시 토의법 준비물 (전지, 색연필, 사인펜)
30분	기둥머리 (뉴스 깃발과 풍선 만들기)	• 우리가 사용하고 있는 미디어를 소재로 깃발 만들기 • 미디어가 전달하는 정보를 평가하고 관리하기 위해서 가져야 할 자세와 태도에 대한 꼬리띠 작성하기, 깃발에 부착하기 • 미디어가 전달하는 정보를 평가하고 관리하기 위해서 버려야 할 자세와 태도에 대한 풍선 작성하고 불기, 깃발에 묶기 • 발표 및 소감 나누기	• 깃발 • 꼬리띠(천) • 풍선 • 네임펜 • 활동지 5
20분	꼬트머리 (가짜 뉴스를 대하는 자세)	• 가짜 뉴스와 관련지어 우리가 꼭 알아야 할 내용을 함께 읽고 바람직한 실천 다짐하기	• 활동지 6 • 시청자가 뽑은 2017 최악의 가짜 뉴스 동영상

(6) 교사를 위한 수업안내: [첫머리] 어떤 정보가 진짜일까요?

이 활동은 모둠원들의 유대감을 증진시켜 주기 위해 기획된 일종의 도입 게임입니다. 자기소개할 때 많이 사용하는 '진진가 게임'을 변형하였습니다. 친구들의 미디어 이용 현황을 파악하는 정도로 가볍게 진행하셔도 됩니다. 몰입을 위해 경쟁의 요소를 도입하였습니다. 모둠 중에서 가장 많이 맞힌 학생에게는 강화물을 주셔도 좋습니다.

① 모둠별로 다른 속도로 진행하기보다는 선생님이 중앙에서 한꺼번에 시간을 정해 주면서 관리하는 것이 바람직합니다.
② 학생용 활동지에 제시한 순서대로 활동이 이루어지도록 파워포인트를 만들어 고지하는 것이 좋습니다.
③ '어떤 정보가 진짜일까요?' 활동을 통해 새롭게 알게 된 친구들의 미디어 이용 정보에 대해 함께 이야기해 보는 마지막 활동은 모둠별 진행보다는 선생님이 전체적으로 몇몇 학생들의 의견을 듣고 피드백하고 마무리하는 것이 좋습니다.
④ 게임에 대한 이해를 돕기 위해 먼저 선생님이 자신의 미디어 이용에 대한 진짜 정보 2가지와, 가짜 정보 1가지를 적어서 학생들 앞에서 시범적으로 시연해 보는 것도 괜찮습니다.

'어떤 정보가 진짜일까요?' 활동 예시

[학생용 활동지 1] 머리풀기: 어떤 정보가 진짜일까요?

아래의 내용을 보고 나의 미디어 이용과 관련된 정보를 문장으로 작성하고 친구들과 함께 이야기를 나누어 봅시다.

- 모둠별로 서로의 얼굴이 보이도록 앉습니다.
- 내가 미디어를 어떻게 이용하는지 '진짜 정보' 2가지와 '가짜 정보' 1가지를 도화지에 적습니다(간단한 그림을 함께 그려도 좋습니다).
  - 내가 하루 동안 가장 많이 이용하는 미디어(스마트폰, TV, 책, 인터넷, 영화, 게임 등)
  - 내가 가장 좋아하는 프로그램 또는 콘텐츠(TV, 게임, 웹툰 등)
  - 내가 세상 돌아가는 뉴스를 접하는 방법과 시간
- 모둠에서 한 친구가 작성한 정보를 발표하고(도화지를 보여 주면서), 나머지 사람들은 가짜 정보가 무엇인지 맞힙니다(가짜 정보라고 생각하는 것과 그 이유를 종이에 적습니다).
- 발표했던 사람이 어떤 것이 진짜 정보이고 가짜 정보인지 말하고 그 이유를 설명합니다. 이때 다른 친구들은 자신이 적은 답에 대해 채점을 합니다.
- 모든 모둠원이 발표가 끝나면 전체 소감을 함께 나눕니다.

[예시]
1. 한철이는 매일 컴퓨터 게임을 2시간 이상 한다.
2. 한철이가 가장 좋아하는 텔레비전 프로그램은 야구중계이다.
3. 한철이는 종이신문을 매일 2시간 읽으면서 세상의 뉴스들을 접한다.

[평가한 학생이 작성한 예시 제시]
- 가짜: 한철이가 가장 좋아하는 텔레비전 프로그램은 뉴스이다.
- 선택 이유: 한철이가 신문을 보는 것을 한 번도 본 적이 없다.

발표자	가짜 정보	선택 이유	채 점

'어떤 정보가 진짜일까요?' 활동을 통해 새롭게 알게 된 친구들의 미디어 이용 정보에 대해 함께 이야기해 봅시다.

(7) 교사를 위한 수업안내: [길머리] 상황 속 친구에게 가장 필요한 것은?

① 이는 메인 활동으로 가기 전에 머리와 몸을 준비시키는 징검다리 활동입니다. 미디어 이용과 관련된 일상생활의 여러 상황을 제시해주고 '나라면 어떻게 했을까?', '친구에게 조언을 한 마디 해준다면 어떤 말을 해줄까?'에 답해 보면서 정보평가와 정보관리에서 필요한 가치를 학습하는 활동입니다.

② 정답을 찾기보다는 진솔하게 있는 그대로 자신의 생각을 표현하게 하면 됩니다. 선생님이 먼저 시범을 보인 다음 모둠별로 이 활동을 진행하는 것도 좋습니다.

③ 두 번째 활동은 상황 속 친구에게 단어 프리즘에서 뽑은 단어를 활용하여 개별적으로 조언 말풍선을 작성함과 동시에 모둠별로 하나의 릴레이 문장을 만드는 과정을 통해 정보평가와 정보관리에 필요한 가치를 학습합니다.

조언 말풍선을 위한 단어 프리즘 예시

신중	생각나는 대로
정확	대충
무시	믿음직
점검	평가
의도	근거
사실	과장
필요	비교

④ 프리즘의 단어는 학생용 활동지를 참고하여 2세트를 준비합니다(선생님이 추가하셔도 됩니다). 혹시 똑같은 단어를 2장 뽑으면 한 장은 다시 넣고 다른 단어를 뽑도록 합니다. 개인별로 뽑은 3개의 단어의 의미를 최대한 깊이 생각하면서 상황에 적합한 조언 말풍선을 작성하도록 지도합니다.

⑤ 개인별 발표가 끝난 다음 큰 활동지에 모아진 모둠원들의 조언 말풍선을 함께 보면서 모둠별 릴레이 문장을 작성하고 발표합니다. 모둠별로 3가지 상황에 대해 모두 작성하면 시간이 많이 걸릴 수 있으므로 선생님이 학생들의 의견을 수렴해 모둠별로 작성할 상황을 지정해 주는 것이 좋습니다.

* 예시: 우리 모둠은 홈쇼핑을 보면서 고민하고 있는 친구에게 릴레이 문장을 작성해 보았습니다. '친구야 홈쇼핑은 과장할 때가 많아.', '물건을 살 때는 꼭 필요한 것만 사야 해.' '신중하게 판단해.' '다른 쇼핑몰 가격도 비교해 보고' …

조언 말풍선 및 릴레이 문장 예시

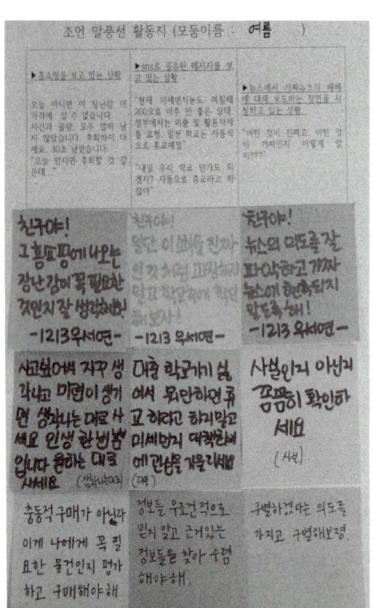
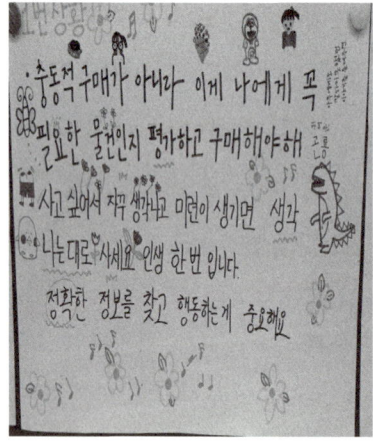

[학생용 활동지 2] 길머리: 상황 속 친구에게 가장 필요한 것은?

다음은 미디어 이용과 관련된 일상생활의 여러 상황을 표현한 그림입니다. 다음의 안내에 따라 상황 속 친구에게 조언의 말풍선을 작성해 보고 모둠별로 릴레이 문장도 작성해 봅시다.

〈TV 홈쇼핑 장면〉 상황: 홈쇼핑 방송을 보고 있다.	〈SNS 링크 공유 장면〉 상황: SNS로 공유된 메시지를 보고 있다.	〈가짜 뉴스 장면〉 상황: 뉴스에서 가짜 뉴스의 폐해에 대해 보도하는 장면을 보고 있다.
홈쇼핑 멘트: 오늘 아니면 이 물건 이 가격에 살 수 없습니다. 시간과 물량, 모두 얼마 남지 않았습니다. 후회하지 마세요. 30초 남았습니다.	SNS 내용: 현재 미세먼지농도 며칠째 200으로 아주 안 좋은 상태. 정부에서는 외출 및 활동자제를 요청. 일선 학교는 자동적으로 휴교 예정.	방송 내용: 가짜 뉴스(허위조작정보)로 인해 사회적 혼란이 가중되고 있으며….
친구의 머릿속: 지금 안 사면 후회할 것 같은데….	친구의 머릿속: 내일 우리 학교 안 가도 되겠지? 자동으로 휴교라고 하잖아….	친구의 머릿속: 어떤 것이 진짜이고, 어떤 것이 가짜인지 도대체 어떻게 구별하지?

- 단어 프리즘에서 개인당 단어 3개를 뽑습니다.
- 위의 상황에 꼭 필요하다고 생각한 단어를 하나씩 배정하며 충고의 말풍선을 접착식 메모지에 작성합니다(누가 작성했는지 이름을 씁니다).
- 모둠 친구들 앞에서 내가 뽑은 단어와 작성한 조언 말풍선에 대해 발표한 다음 모둠별로 제공된 큰 활동지에 접착식 메모지를 붙입니다.
- 모둠 친구들이 작성한 말풍선을 가지고 모둠 안에서 하나의 릴레이 문장을 작성합니다(1에서 뽑은 단어 카드 활용, 릴레이 문장은 선생님이 지정해 주는 한 가지 상황에 대해서만 작성).
- 전체 발표 후 활동지를 게시합니다.

> **단어 프리즘**
> 신중 / 생각나는 대로 / 정확 / 대충 / 무시 / 믿음직 / 점검 / 평가 / 의도 / 근거 / 사실 / 과장 / 필요 / 비교

(8) 교사를 위한 수업안내: [주변머리] 비판적 뉴스 읽기

- 뉴스 분별력 향상을 위해 필요한 질문 완성하기
- 핵심 개념과 질문을 토대로 뉴스 기사를 비판적으로 분석해 보기

이 부분은 〈첫머리〉에서 공부했던 내용을 토대로 미디어 속 정보, 특히 뉴스를 접할 때 우리가 던져야 할 질문들을 정리해 봄으로써 학생들의 정보평가와 비판적 뉴스 읽기 능력을 신장시키는 데 목표를 두고 있습니다.

① 우선 왜 정보 선별과 비판적 뉴스 읽기 능력이 필요한지를 미디어 환경의 변화와 관련지어 간략히 설명합니다. 다음의 자료를 참고해서 파워포인트를 만듭니다.

참고자료

> 소셜 네트워크 서비스(SNS)가 활성화되기 이전에도 '정보의 홍수'라는 말이 있긴 했지만 실감할 정도는 아니었다. 그러나 스마트폰의 등장으로 인한 SNS의 폭풍적인 성장은 쏟아내는 정보의 양을 말 그대로 '정보의 폭포'로 바꾸어 놓았다.
>
> 이런 시대에 우리에게 필요한 것은 얼마나 많은 정보를 축적하는 것이 아니라 무엇이 우리에게 필요한 정보이고 가치 있고 유용한 것인지를 판단하는 능력이다. 데이터 스모그처럼 뿌옇고 희미하게 보이는 정보의 홍수 속에서 꼭 필요한 정보를 선별하고 구분해서 나의 것을 만드는 지혜가 필요한 것이다.
>
> 특히 SNS상의 정보는 다른 미디어에 비해 전파 속도가 빠르고 다듬지 않은 상태에서 전달되는 경우가 많으므로 실시간으로 정보들을 여과, 축출, 정제하여 체계화, 관리, 평가하는 능력이 무엇보다 필요하다. SNS의 정보에 대한 검증이 제대로 이루어지지 않으면 부정확한 정보, 왜곡된 정보가 확산되어 사회 불안을 야기하는 인포데믹스(infodemics) 현상이 발생할 수 있다는 사실을 기억해야 한다.

또한 SNS에서는 정보에 대한 신뢰보다는 관계에 대한 신뢰로 인해 정보를 검증하지 않고 맹목적으로 전파하는 경우도 생길 수 있으므로 정보를 신뢰성의 차원에서 비판적으로 분석하고 검증하는 자세가 필요하다.

우리가 사용하는 미디어에는 진짜 정보도 많이 있지만, 사실과 다른 거짓 정보, 부분적인 사실만 선택적으로 부각시켜 한쪽으로 치우쳐 있는 정보, 출처를 알 수 없는 그럴듯한 정보들도 함께 넘쳐난다. 이러한 정보들은 우리가 일상생활에서 자주 사용하는 인터넷, 온라인 카페나 커뮤니티, 소셜미디어(SNS)를 통해 입소문을 타고 순식간에 전달된다. 따라서 우리가 이 시대를 슬기롭게 살아가기 위해서는 미디어의 정보들이 사실인지 아닌지, 그 정보를 만든 사람은 누구이고 의도성은 없는지, 정보가 한쪽으로 치우쳐 있는 것은 아닌지 꼼꼼히 따져볼 필요가 있다.

② 뉴스 분별력 향상을 위해 필요한 '질문 완성하기 활동지'를 나누어 주고 학생들이 초성 힌트를 보고 단어를 적도록 합니다. 중간중간 어려워하는 부분이 있으면 힌트를 주면서 자연스럽게 질문을 완성하도록 합니다.

Check List

1. 출처는 어디인가? 공신력 있는 언론사인가? ☐
2. 제목만 본 것은 아닌가? 전체 기사를 읽어 보았는가? ☐
3. 글쓴이는 누구인가? 믿을 만한가? 과거에 쓴 기사들은 무엇인가? ☐
4. 공신력 있는 다른 언론사를 최소한 3개 이상 교차해서 확인해 보았는가? ☐
5. 언제 쓰여진 기사인가? 최신 업데이트된 기사인지 확인했는가? ☐
6. 혹시 농담으로 쓰여진 부분을 읽은 것은 아닌가? ☐
7. 내가 편견을 가지고 기사를 본 것은 아닌가? ☐
8. 관련 전문가에게 기사내용에 대해 물어 보았는가? ☐
9. 사실과 의견을 구분하였는가? ☐
10. 어떤 의도와 가치로 쓰여졌다고 생각하는가? ☐
11. 내가 알고 있는 사실과 무엇이 같고 무엇이 다른가? ☐
12. 신뢰할 만한 사람들로부터 공유 받은 것인가? ☐
13. 혹시 광고는 아닌가? ☐

③ 익힌 질문을 토대로 '비판적 뉴스 기사 분석하기' 실습을 합니다. 비판적 뉴스 읽기 질문은 미디어 리터러시의 다섯 가지 핵심개념인 저자(authorship), 형식과 제작기법(format), 수용자(audience/reader), 내용 혹은 메시지(message), 목적(purpose/motive)을 바탕으로 메시지를 분석할 때 적용되는 핵심 질문을 재구성하여 사용하였습니다.

표 9. 미디어 리터러시의 핵심 개념 및 분석 질문들

해체·소비·읽기 핵심 질문들(소비자 측면)	핵심 개념	구성·생산·쓰기 핵심 질문들 (생산자 측면)
누가 이 메시지를 만들었는가?	모든 미디어 메시지는 구성된 것이다.	내가 만들어낸 메시지는 무엇인가?
사람들이 메시지를 어떻게 달리 이해하는가?	동일한 메시지라도 사람들은 그것을 다르게 경험한다.	나의 메시지는 오디언스(수용자)에게 각기 다른 반응을 자아내는가?
이 메시지에는 어떤 가치, 라이프스타일, 관점들이 반영되어 있는가? 또는 생략되었는가?	미디어는 가치와 관점을 지닌다.	내가 만든 미디어 콘텐츠는 내 자신의 가치, 라이프스타일, 관점을 명확하고 일관성 있게 제시하고 있는가?
이 메시지는 나의 주목을 끌기 위해 어떤 창의적 기법을 사용했는가?	미디어 메시지는 그 자체의 규칙에 따라 창의적인 언어를 사용해서 구성된다.	나의 메시지는 포맷, 창의성, 테크놀로지에 대한 이해를 반영하고 있는가?
이 메시지의 전달 이유, 목적은 무엇인가?	대부분의 미디어 메시지는 영리 혹은 권력을 얻기 위해 조직된다.	나는 내가 말하고자 하는 것을 효율적으로 커뮤니케이션하고 있는가?

출처: 황치성 (2018). 〈미디어 리터러시와 비판적 사고〉, 파주: 교육과학사, 124쪽 재구성. 원저작권자의 모든 권리가 보호됨.

핵심 개념과 질문으로 비판적 뉴스 읽기 활동 예시

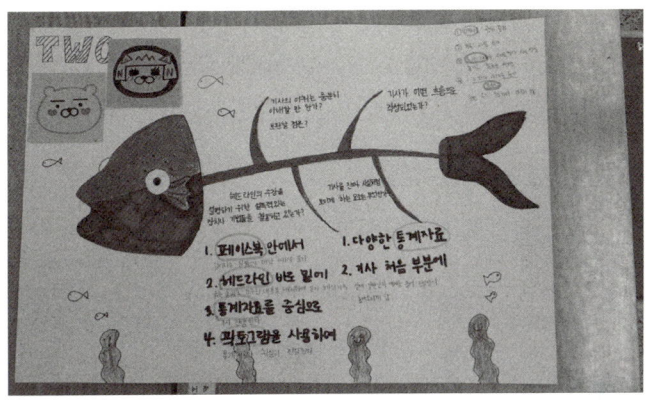

[학생용 활동지 3] 주변머리: 뉴스 분별력 향상을 위해 필요한 질문 완성하기

　미디어가 제공하는 정보들과 뉴스들을 평가하고 관리할 수 있는 확실한 방법은 존재하지 않습니다. 미디어의 정보를 접할 때마다 끊임없이 비판적인 질문을 하면서 진짜인지 가짜인지를 확인하고 검증하는 수밖에 없습니다. 다음에 제시된 질문들은 특히 뉴스를 비판적으로 읽기 위해 필요한 질문들입니다. 다음 질문을 토대로 추가로 질문을 작성, 연습해 보면서 여러분들의 정보 분별, 비판적 뉴스 읽기 능력을 업데이트시켜 보세요.

🔍 Check List

1. (ㅊㅊ)는 어디인가? (ㄱㅅㄹ) 있는 언론사인가? ☐
2. (ㅈㅁ)만 본 것은 아닌가? 전체 기사를 읽어보았는가? ☐
3. (ㄱㅆㅇ)는 누구인가? 믿을 만한가? (ㄱㄱ)에 쓴 기사들은 무엇인가? ☐
4. 공신력 있는 다른 언론사를 최소한 3개 이상 (ㄱㅊ)해서 확인해 보았는가? ☐
5. (ㅇㅈ) 쓰여진 기사인가? 최신 (ㅇㄷㅇㅌ)된 기사인지 확인했는가? ☐
6. 혹시 (ㄴㄷ)으로 쓰여진 부분을 읽은 것은 아닌가? ☐
7. 내가 (ㅍㄱ)을 가지고 기사를 본 것은 아닌가? ☐
8. 관련 (ㅈㅁㄱ)에게 기사내용에 대해 물어 보았는가? ☐

9. 사실과 (ㅇㄱ)을 구분하였는가? ☐
10. 어떤 (ㅇㄷ)와 가치로 쓰여졌다고 생각하는가? ☐
11. 내가 알고 있는 사실과 무엇이 (ㄱㄱ) 무엇이 (ㄷㄹㄱ)? ☐
12. 신뢰할 만한 사람들로부터 (ㄱㅇ) 받은 것인가? ☐
13. 혹시 (ㄱㄱ)는 아닌가? ☐

[학생용 활동지 4] 주변머리: 질문을 토대로 뉴스 기사를 비판적으로 분석해 보기

아래의 신문기사를 보고 모둠별로 주어진 질문을 토대로 뉴스를 분석해 봅시다.

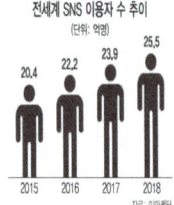

출처: 서울경제신문 (2018, 4, 17). 가짜뉴스 올리고 펴나르고. 4면. 원 저작권자의 모든 권리가 보호됨.

다음의 핵심 개념과 질문들을 토대로 위의 뉴스 기사를 분석해 봅시다.

핵심 개념	핵심 질문	조사하고 발표할 질문들
저자 (authorship)	누가 이 메시지를 만들었는가?	• 이 신문사는 공정한 혹은 중립적 언론사인가? • 글 쓴 기자의 과거 다른 기사의 주제와 내용은 무엇인가? 전문성과 신뢰성은 있는가? • 기사는 어떤 요소들로 구성되어 있는가? • 같은 기사의 인터넷판과 어떤 차이가 있는가?
형식과 제작기법 (format)	이 메시지는 나의 주목을 끌기 위해 어떤 창의적 기법을 사용했는가?	• 기사의 어휘는 충분히 이해할 만한가? 보완할 점은 무엇인가? • 기사가 어떤 흐름으로 작성되었는가? • 헤드라인의 주장을 설명하기 위한 설득력 있는 장치나 기법들을 활용하고 있는가? • 기사를 진짜 사실처럼 보이게 하는 요소는 무엇인가?
수용자 (audience/reader)	사람들이 메시지를 어떻게 달리 이해하는가?	• 이 기사를 읽고 난 다음 처음 떠오른 생각은 무엇인가? 또 그렇게 생각한 이유는 무엇인가?(개인별로 작성) • 친구들은 이 기사에 어떻게 반응하는가? 반응이 같거나 또는 다른 이유는 무엇이라고 생각하는가? • 기사에 나오는 상황과 관련된 경험을 해본 적이 있는가? 실제 경험과는 얼마나 유사한가? • 이 기사로부터 배우고 깨달은 것은 무엇인가? • 전문가들은 이 기사에 대해 무엇이라고 이야기하는가?
내용·메시지 (message)	이 메시지에는 어떤 가치, 라이프스타일, 관점들이 반영되어 있는가? 또는 생략되었는가?	• 이 기사는 어떤 유형의 독자를 주 대상으로 하는가? • 기사에는 어떤 가치관과 메시지가 들어 있는가? • 이 기사에는 어떤 관점과 아이디어가 빠져 있는가? 빠져 있는 것을 보완하는 방법은 무엇이라고 생각하는가? • 이 기사에서 사실과 의견을 구분해 보면? • 이 기사가 어느 한곳에 치우쳐 있다는 생각이 드는가? 그렇다면 어떤 방식을 사용하여 편향성을 보여주고 있는가?
목적 (purpose/motive)	이 메시지의 전달 이유, 목적은 무엇인가?	• 왜 이 기사를 썼다고 생각하는가? 동기는 무엇인가? • 어떤 환경이나 맥락에서 이 기사가 나왔다고 생각하는가? 당시 국내외 환경을 조사해서 설명해 보면? • 이 기사를 통해 이익이나 혜택을 보는 사람은 무엇인가? • 이 메시지의 제작과 배포를 통제하는 사람은 누구라고 생각하는가?

출처: 황치성 (2018). 〈미디어 리터러시와 비판적 사고〉. 파주: 교육과학사, 101-176쪽 재구성. 원 저작권자의 모든 권리가 보호됨.

(9) 교사를 위한 수업안내: [기둥머리] 뉴스 깃발과 풍선 만들기

[기둥머리] 뉴스 깃발과 풍선 만들기 활동은 [첫머리]에서 생각으로 준비하고 [주변머리]에서 머리로 학습했던 내용을 생활 속에서 적용하고 퍼뜨리기 위해 다짐해 보는 실천활동입니다. 우리의 다짐과 열망을 담은 뉴스 깃발과 풍선을 제작하는 과정을 통해 미디어가 전달하는 정보와 뉴스를 평가하고 관리하는 능력을 향상시킬 수 있습니다. 모둠별로 2개씩 제작할 뉴스 깃발의 미디어 선정은 모둠 대표가 나와서 뽑는 형식이 좋습니다(중복을 피하기 위해서). 미디어가 선정되면 뉴스 깃발 제작에 앞서 각 미디어가 전달하는 정보와 뉴스를 평가하고 관리하기 위해서 우리가 꼭 지녀야(버리고 날려보내야) 할 태도와 자세를 먼저 작성하도록 합니다(꼬리끈 형태와 풍선).

① 깃발 제작에 대한 아이디어 회의와 역할 분담을 한 다음 깃발을 제작하도록 합니다.
② 제작된 깃발대(깃발을 매단 부분 하부)에 미디어가 전달하는 정보를 평가하고 관리하기 위해서 우리가 꼭 지녀야 할 태도와 자세의 띠를 묶습니다. 버리고 날려야 할 태도와 자세가 적힌 풍선은 적당한 크기로 분 다음 깃발대 상단에 묶습니다.
③ 모둠별로 내용을 발표한 다음(사진도 함께 찍고) 풍선에 매단 끈을 잘라 날려 보내고(또는 터뜨리고) 깃발을 흔들어 봅니다.
④ 학생들에게 깃발의 의미, 꼬리띠의 의미, 풍선의 의미 등을 설명하면서 이 활동을 진행하는 것이 좋습니다. 학생들의 참여를 독려하기 위해 마련한 깃발과 꼬리띠, 그리고 풍선 만들기 자체가 주가 되지 않도록 중심을 잡아주는 것이 필요합니다.

⑤ 일정기간 동안 제작한 뉴스 깃발과 꼬리띠, 그리고 풍선을 전시함으로써 실천의 다짐을 공고히 합니다. 더불어 학교와 가정에서 잘 실천하고 있는 부분들에 대해서는 추후 띠나 풍선에 스티커를 부착하게 하는 방법도 생각해 볼 수 있습니다.

뉴스 깃발과 풍선 만들기 활동 예시

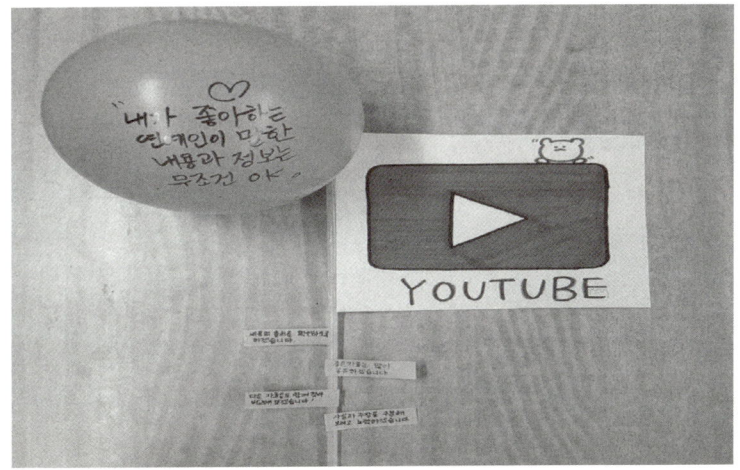

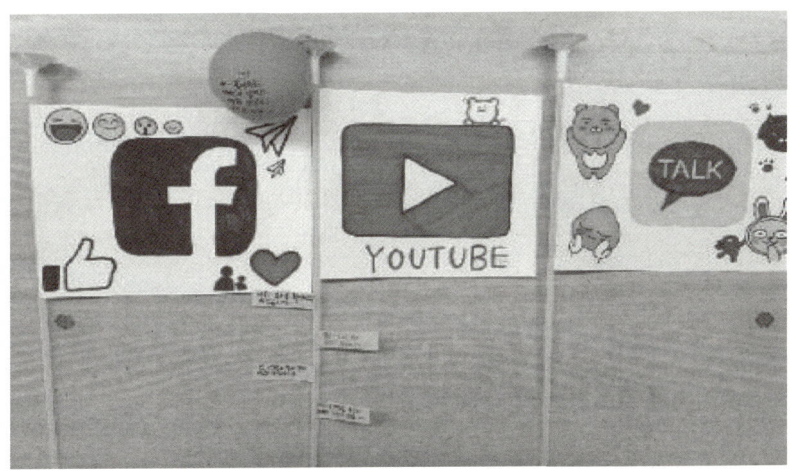

[학생용 활동지 5] 기둥머리: 뉴스 깃발과 풍선 만들기

중국 남서쪽에 위치한 티베트 사람들은 자신의 삶을 반성하고 다른 사람들에게 선행을 베풀기 위해 기원 깃발을 만든다고 합니다. 우리도 다음 안내에 따라 뉴스 깃발과 풍선을 만들어 봅시다.

1. 우리가 사용하고 있는 미디어를 생각하면서 어떤 미디어 모양으로 깃발을 만들지 결정합니다(텔레비전, 인터넷, 신문, 스마트폰, 카카오톡, 페이스북, 유튜브, 네이버, 구글 등등 모둠별로 2개씩).
2. 각 미디어가 전달하는 정보와 뉴스를 평가하고 관리하기 위해서 우리가 꼭 가져야 할 태도나 다짐은 꼬리끈에 쓰고, 버려야 하고 날려 보내야 할 태도와 자세는 풍선에 씁니다(예: 'SNS로 들어 온 정보에 대해 꼭 다른 출처도 찾아보기'는 메모지에, 뉴스라면 무조건 믿어 버리는 것은 풍선에).
3. 깃발 제작을 위해 친구들과 이야기를 나누고 역할 분담을 합니다.
4. 우리가 가질 태도와 다짐을 쓴 꼬리끈은 깃발대에 가지런하게 묶고, 버려야 할 태도와 자세를 쓴 풍선을 깃발대 맨 위에 매달아 끈으로 묶습니다.
5. 깃발과 풍선에 작성한 내용에 대해 발표하고 풍선에 매단 끈을 잘라 날려 보내고(또는 터뜨리고) 깃발을 흔들어 봅니다.

항목	내용
우리 모둠이 만들 미디어 깃발(2개)	
미디어가 전달하는 정보를 평가하고 관리하기 위해서 우리가 꼭 가져야 할 태도와 다짐은 무엇인가?(접착식 메모지에 작성할 내용)	
미디어가 전달하는 정보를 평가하고 관리하기 위해서 우리가 꼭 버려야 할 자세와 태도는 무엇인가?(풍선에 작성할 내용)	
깃발 제작 아이디어 나누기	
제작시 역할 분담	
미디어 깃발과 풍선 활동을 통해 느낀 점	

(10) 교사를 위한 수업안내: [끄트머리] 가짜 뉴스를 대하는 자세

이 활동은 학생들이 알고 있으면 정보평가와 관리에 도움이 될 만한 내용들을 함께 읽으면서 지혜와 지식의 지평을 넓히는 꼭지입니다. 최근 이슈가 되고 있는 가짜 뉴스가 무엇이고 이에 대처하기 위해서는 어떻게 해야 할지를 함께 생각해 보는 것만으로도 충분합니다.

① 우선 시청자가 뽑은 '2017년 최악의 가짜 뉴스 동영상'을 시청합니다.
https://www.youtube.com/watch?v=87mIiARdLwk

1	태블릿 PC 조작설 가짜 뉴스	10583점
2	세월호 피해자만 과도한 보상?	9112점
3	5·18 때 북한 특수군 내려왔다?	8472점
4	청와대 직원 500명 탄저균 예방접종?	8310점
5	8인 체제 위헌? 탄핵불복 키워드들	8161점
6	최저임금 올라 9급이 알바생보다 못번다?	7955점
7	헌법재판관이 범죄에 연루됐다?	6710점
8	인간 왕따시키고 AI끼리 대화?	6616점
9	4·27 북폭설 – 진앙지는 '일본 블로거'	6552점
10	'베를린 구상'으로 탄핵사유 발생?	6509점

② 자료를 함께 읽은 다음 최근의 대표적인 가짜 뉴스에 대해 언급해 주고 이에 대처하기 위해서는 우리가 앞에서 공부했던 비판적 사고 능력이 꼭 필요하다는 정도만 언급해 주면 될 것 같습니다.

③ 다음의 참고자료는 가짜 뉴스에 대한 자료입니다. 학생지도에 참고하세요.

> 참고자료

[가짜 뉴스]

　거짓 정보를 사실인 것처럼 포장하거나 아예 없었던 일을 언론사 기사처럼 만들어 유포하는 것으로, 페이크 뉴스(Fake News)라고도 한다. 2010년대 이후로 인터넷이 발달하고 사회관계망 서비스가 급속히 확산되면서 언론사가 아닌 개인들이 사실이 아닌 내용을 진짜 뉴스처럼 퍼뜨리는 사태가 많이 일어나면서 가짜 뉴스가 사회 문제로 대두되고 있다. 특히 가짜 뉴스의 광범위한 확산으로 여론을 호도하거나 선거에 영향을 미친다는 논란이 제기되면서 전 세계에서 가짜 뉴스를 타파하려는 움직임이 거세지고 있다.

　가짜 뉴스는 힐러리 클린턴과 도널드 트럼프가 맞붙었던 2016년 미국의 대통령 선거를 기점으로 크게 확산됐다는 시각이 지배적이다. 우리나라에서는 가짜 뉴스가 온라인 커뮤니티를 중심으로 생성돼 소셜 네트워크 서비스(SNS)나 포털사이트 등을 통해 광범위하게 확산되는 경향을 보이고 있다. 예컨대 2016~2017년 박근혜 전 대통령 탄핵 국면에서 가짜 뉴스가 일부 보수단체 등을 중심으로 대거 생성돼 SNS 등을 통해 유포되면서 큰 논란이 일기도 했다.

출처: [네이버 지식백과] 가짜 뉴스, 〈시사상식사전〉, 박문각. 원 저작권자의 모든 권리가 보호됨.

[학생용 활동지 6] 끄트머리: 가짜 뉴스를 대하는 자세

　요즘 가짜 뉴스 때문에 전 세계가 골머리를 앓고 있습니다. 가짜 뉴스란 뉴스의 형태를 띠고 있지만 사실이 아닌 거짓 뉴스를 일컫는 말입니다. 우리가 접하는 뉴스가 진짜인지 가짜인지 구별하기란 생각보다 쉽지 않은데요. 다음은 가짜 뉴스를 판별하는 데 도움이 될 만한 몇 가지 정보를 정리한 것입니다. 함께 읽으면서 우리들이 가짜 뉴스에 대해 어떤 자세를 가져야 할지 생각해 봅시다.

- SNS나 각종 링크를 통해 전달받은 뉴스 중 상식에 어긋나거나 무언가 의심이 드는 독특한 뉴스의 경우는 유력한 언론사들이 어떻게 이 뉴스를 다루고 있는지 점검해 보세요. 이것을 사람들은 팩트 체크라고 합니다.
- 팩트 체크가 어렵다구요? 스마트폰으로 다음, 네이버, 구글 등의 검색엔진을 사용하는 것만으로도 사실 여부를 확인할 수 있는 경우가 많습니다. 검색을 통해 정보들을 비교 확인해 보세요.
- 뉴스에 인용된 조사 자료와 데이터 자료가 실제로 존재하는지 살펴 보세요. 그럴싸한 통계와 출처로 우리를 현혹시키는 가짜 뉴스가 많은 만큼 근거 있는 자료를 토대로 한 보도인지, 실제 출처가 맞는지 꼭 확인해 보세요.
- 우리나라는 많지 않지만 외국에는 가짜 뉴스 사이트가 많이 있다고 합니다. 뉴스를 만들어 내는 웹 사이트가 검증된 사이트인지 꼼꼼히 따져 보아야 합니다. 기존 언론사를 흉내 낸 사이트도 많다고 하니 유의하세요.
- 뉴스의 내용이 논리적이지 않고 일방적이고 감정적인 것이라면 정보가 과장, 왜곡되어 있을 가능성이 높습니다. 혹 의견을 사실처럼 말하고 있는 것은 아닌지 점검해 보세요.
- 함께 보도된 사진 때문에 가짜 뉴스를 진짜 뉴스로 믿어 버리는 경우가 많은데요. 사진이 부자연스러운 부분은 없는지 다른 언론사에서도 그 사진을 활용했는지 확인해 보는 것이 좋습니다. 사람들이 사실인지 거짓인지 혼란스러워 하는 정보에 대해서는 여러 언론사들이 상호 검증하는 크로스 팩트 체크가 가짜 뉴스 판별의 가장 좋은 방법이네요.
- 보도된 뉴스를 무조건적인 사실로 받아들이지 마세요. 뉴스도 오류가 있을 수 있고 한쪽 방향으로 치우칠 수도 있고, 거짓이 있을 수도 있음을 늘 마음 속에 두고 비판적으로 뉴스를 보세요.
- 가짜 뉴스는 가만히 두면 진짜 뉴스로 둔갑할 가능성이 높습니다. 보는 즉시 차단, 삭제하고 신고하는 것이 바람직합니다.

출처: 〈월간 지방자치〉 공식 블로그(http://localgov.co.kr/220979872772) 재구성. 원 저작권자의 모든 권리가 보호됨.

6. 나가기

한국 사회에서 미디어 리터러시 교육이 확산된 계기는 학교 미디어 리터러시 교육에 대한 관심이 증폭되면서부터이다. 학교 미디어 리터러시 교육의 중요성은 미디어 리터러시 교육의 이상적 실현기관이 학교라는 인식에서부터 시작한다. 요컨대, 어느 사회에서나 학교는 대표적인 공교육기관으로서 사회적으로 매우 중요한 역할을 담당하기에 4차 산업혁명에 대비하기 위한 체계적인 미디어 리터러시 교육 역시 학교라는 공교육기관에서 시작하는 것이 가장 이상적이라는 것이다.

미디어 리터러시 교육에 대한 학교 현장의 현실적 고민은 왜(why), 무엇을(what), 어떻게(how) 할 것이냐의 문제이다. 이 장에서는 학교 현장에서의 미디어 리터러시 교육 경험을 토대로 학교 미디어 리터러시 교육을 왜, 어떤 자세로, 무엇을, 어떻게 해야 하는지에 대해 나름대로의 해답을 제시해 보았다.

4차 산업혁명 시대를 계기로 다시 한번 학교를 중심으로 학교 미디어 리터러시 교육이 확산되고 체계적으로 자리매김하기를 기원해 본다.

참고문헌

교육부 (2015). 초·중등학교 교육과정 총론. 교육부 고시 제2015-74호, [별책 1].
김양은·박한철·배은주 (2016). 〈자유학기제와 미디어 리터러시〉. 서울: 시청자미디어재단.
김양은·박한철·배은주 (2017). 〈초등학생을 위한 미디어 창의적 체험활동: 학교 교사와 미디어교육 강사를 위한 가이드북〉. 과천: 방송통신위원회.
박한철 (2018, 1, 18). 학교 뉴스 리터러시 교육의 과제. 〈미디어리터러시〉. 2017년 가을호 통권 3호. 서울: 한국언론진흥재단.
안정임·김양은·전경란·최진호 (2017). 〈지능정보사회에서의 미디어 리터러시 이슈 및 정책 방안 연구〉 (방통융합정책연구 KCC-2017-41). 과천: 방송통신위원회.
정현선·박유신·전경란·박한철 (2015). 〈미디어 문해력(media literacy) 향상을 위한 교실수업 개선 방안 연구〉 (교육부 2015-12). 세종: 교육부.
황치성 (2018). 〈미디어 리터러시와 비판적 사고〉. 파주: 교육과학사.
황치성·박한철·정완규·조진화 (2013). 〈미디어교육 현안과 미래전략〉 (연구서 2013-02). 서울: 한국언론진흥재단.

Buckingham, D. (2003). *Media education: Literacy, learning and contemporary culture*. Cambridge: Polity Press. 기선정·김아미 (공역) (2004). 〈미디어교육: 학습, 리터러시, 그리고 현대문화〉. 서울: jNBook.

JTBC (2017, 12, 28). 시청자가 뽑은 '2017년 최악의 가짜뉴스 동영상'. URL: https://www.youtube.com/watch?v=87mIiARdLwk
서울경제신문 (2018, 4, 17). 가짜뉴스 올리고 퍼나르고. 4면.
〈월간 지방자치〉 공식블로그. URL: http://localgov.co.kr/220979872772

Chapter 04

시민사회 미디어 리터러시 교육의 과거와 현재, 그리고 미래

김양은 (건국대학교 KU커뮤니케이션연구소 연구교수)

1. 미디어 교육과 사회변화

인간은 커뮤니케이션 기술의 발달로 인해 많은 사회변화를 경험해 왔다. 중세에서 산업사회로 넘어오는 과정에서 인쇄술, 신문의 보급은 그동안 독점되어 있던 정보의 확산 통로를 개척했고, 이들 미디어는 대중 기반의 사회를 만드는 원동력이 되었다. 텔레비전 기술의 등장은 정보의 대중화를 가져왔고, 디지털 미디어의 등장은 대중들이 스스로 정보를 생산하고, 공유하는 것을 가능하게 했다.

미디어 기술은 인간의 정신적 확장을 가져다준 기술이며, 미디어 기술이 장벽을 넘어 세계의 다양한 사람들의 삶의 모습을 전달하고 공유하는 과정에서 인간은 끊임없이 인간과 사회와 조우하면서 사회변화의 힘을 길러왔다. 그리하여 인간과 사회를 소통하게 하는 도구로서의 미디어의 역할과 기능에 대한 사회적 관심들이 높아지면서 미디어 교육의 필요성도 제기되었다. 미디어는 인간과 환경 간의 상호작용을 유지시켜주고, 인간의 커뮤니케이션을 원활하게 돕기 위한 하나의 수단으로 발전되어왔다. 그리고 이 과정에서 미디어 교육은 변화하는 미디어 환경에 대처할 수 있는 인간에 대한 고민에서부터 시작되었다. 즉, 미디어 환경이 다양해지고 복합적으로 변화하면서, 사람들의 관심은 점차 사회변화에 대처할 수 있는 역량으로 모아졌다. 인간의 신체적, 정신적 한계와 경계를 넘어서는 미디어의 기술적 진보와 이에 따른 사회변화는 인간에게 요구하는 역량들이 달라져왔고, 이 과정에서 미디어 교육의 필요성이 제기된 것이다.

미디어 기술의 발전은 인간의 커뮤니케이션 발전에도 지대한 영향을 미쳤다. 책, 신문, 텔레비전 등 매스 미디어의 등장은 인간이 살아갈 환경을 변화시켰으며, 특히 인간의 소통양식의 변화를 통해 다양한 사회변화에 기여했다. 앞서 지적한 것처럼 미디어 기술이 발전하면서 정보가 전문가에서 일반인으로 대중화되었고 정치, 경제, 사회, 문화 전반에 변화를 가져왔다. 그리고 그 중심에는 미디어 시대를 살아가는 인간이 존재한다.

미디어의 발달은 인간에게 많은 변화를 가져왔다. 특히 2010년 이후 페이스북, 트위터 등의 소셜(social)로 분류되는 미디어의 등장은 연결, 참여, 공유, 협업에 대한 사회적 논의를 확장시켰다. 소셜미디어는 모바일 기기와 결합되면서 항상 인간과 기계, 인간과 인간이 연결된 사회를 구현하고 있으며, 정보의 개념과 공유 방식에도 변화를 가져왔다. 청소년들이 주로 사용하는 유튜브, 페이스북 등의 소셜미디어는 단순 미디어 생산자였던 이용자들에게 보다 편리하고, 큰 힘을 가진 미디어 플랫폼을 가지게 해주었다. 소셜미디어는 이용자들의 참여방식에 대한 변화를 통해 다양한 콘텐츠의 생산과 공유방식에 변화를 가져왔으며, 초기 디지털 미디어 시대의 활용적 차원에서 미디어 생산이 아니라, 미디어 생산에 따른 소통과 책임에 대한 논의들을 문제제기하고 있다.

2. 미디어 교육과 사회참여

1) 미디어 리터러시 역량과 참여

미디어 교육은 미디어 기술의 발달, 이로 인한 사회변화 그리고 이에 대처하기 위한 이용자 역량 변화와 밀접한 연관성을 맺고 있다(김양은, 2009a). 미디어 교육은 미디어 기술, 이용자, 사회의 변화에 따라 각기 다른 모습을 보여준다는 것을 의미한다. 인쇄매체의 등장에서 영상 미디어로의 변화는 문자언어 시대에서 영상언어 시대로의 변화를 의미했고, 이 과정에서 영상언어를 통해 전달되는 미디어 메시지에 대한 해독이 사회적 관심의 대상이 되었다. 1990년대 중반 이후 디지털 미디어가 등장함에 따라 전문가가 생산한 메시지의 해독에서 이용자들이 직접 미디어를 생산하는 것이 중요한 이슈가 되었다. 또한 이용자의 미디어 생산은 대안 미디어의 등장을 낳기도 했다. 이처럼 미디어 교육은 미디어 기술 발달과 이용자 역량의 변화와 밀접한 연관성을 가지고 있다. 미디어 교육의 목표인 미디어 리터러시를 살펴보면, 초기 미디어 교육에서는 미디어에 대한 선별적 수용과 메시지의 분별 능력이 중요했다면, 이후 산업사회가 성숙되고, 대중매체가 사회의 주된 매체가 되면서 미디어의 상업성에 따른 미디어 메시지의 해독에 기반한 비판적 이해 능력이 강조되기 시작했다. 미디어를 직접 생산할 수 있는 가능성을 보여준 디지털 미디어의 등장은 미디어 교육에서 미디어 제작 역량에 대한 논의들을 제기하였다. 그리고 소셜미디어 등장 이후 미디어 교육과 관련된 논의들은 개인 차원의 역량 획득에 대한 논의에서 사회적 차원의 역량 획득에 대한 논의로 확장되고 있다.

본래 미디어 교육은 사회변화에 대처하기 위한 역량으로 언급되는데, 마스터맨(Masterman, 1985)은 미디어 교육의 필요성으로 ① 미디어의 사회전반 침투와 미디어 소비 급증, ② 이데올로기와 의식산업으로서의 미디어, ③ 정보산업의 발달, ④ 선거 등 민주주의 절차에 미디어의 관여 증가, ⑤ 사회 전반의 영상 커뮤니케이션의 증가 및 교육환경의 중요성 증대, ⑥ 미래를 준비하는 교육으로서의 중요성, ⑦ 정보의 사유화 증대를 들고 있다. 이는 디지털 미디어 등장과 함께 더욱 중요한 의미를 지니게 되었다. 텔레비전 등장 이후 미디어 교육이 대중의 성장과 대중문화의 양산, 그리고 정보의 대중화에 기반하여 논의가 전개되었다면, 디지털 미디어 등장은 이들 미디어가 사회에 미치는 영향력에 대한 논의들, 즉 미디어의 이데올로기적 특성, 정보의 사유화, 전자민주주의의 가능성 등 사회 전반에 걸친 커뮤니케이션 시스템의 변화에 미치는 영향력에 집중하여 논의하고 있다. 따라서 미디어 교육이 단지 미디어 콘텐츠만을 이해하기 위한 교육이 아니라, 인간과 인간, 나아가 사회와의 소통을 전제로 하고 있음을 말하고 있다 하겠다.

미디어 교육과 관련된 논의들은 이런 관점에서 다양한 사회변화의 흐름과 이를 논의한 이론들과 그 맥락을 같이해왔다. 김양은(2009a)은 미디어 교육과 관련한 논의에서 미디어 교육의 변화를 '대중 예술적 관점', '산업·기술적 관점', '미디어 환경론적 관점'의 세 가지로 제시하고 있다. 이는 미디어를 바라보는 관점의 변화에서 비롯된 것인데, 이를 통해서 사회변화에서 필요로 하는 미디어 역량과 인간형을 의미하는 것이다. 보호주의에서 시작한 '대중 예술적 관점'이 수용자로서의 미디어의 선별적 수용에 있었다면, 산업화에 기반한 '기술·도구적 관점'은 미디어 메시지를 비판적으로 해독하는 수용을 제기하였다. 하지만 점차 미디어가 인간의 일상 환경으로 인식되면서 '미디어 환경론적 관점'이 대두되었고, 이는 미디어에 대한 비판적 해독을 넘어, 적극적 미디어 생산에 기반한 능동적이고 창조적인 인간형으로의 변화를 말하고 있다. 김기태(1988)는 비판적 사회분석 관점, 정치·경제적 관점, 환경론적 관점, 사회심리학적 관점, 문화적 관점, 자유주의적 관점, 평가적 관점을 통해서 미디어 교육과 관련한 다양한 접근방식에 따라 미디어 교육이 지향해야 할 교육의 목표에 대해서 논의하고 있다. 특히 문화적 관점은 주체적 미디어 소비능력의 함양, 자유주의적 관점은 비판적 태도의 함양, 평가적 관점에서는 모니터링 등의 이용자 평가 등을 제시하고 있다. 이란과 현은자(2016)는 미디어를 보는 관점에 따라 미디어 교육을 세 가지 유형으로 분류하고 있는데, 미디어를 도구로 인식하는 관점, 언어로 이해하는 관점, 환경으로 인식하는 관점으로 제시하고 있다. 이 과정에서 미디어의 도구적 활용에서 해독으로, 그리고 나아가 환경에 대처하는 능력에 대한 교육으로서의 중요성을 제시하고 있다. 버킹엄(Buckingham, 2003)은 미디어 교육을 언어, 수용자, 재현, 제작으로 제시하고 있는데, 이 모형은 개인의 미디어 리터러시 역량에 주목하고 있다. 홉스(Hobbs, 2010)는 미디어 교육을 사회적 참여 및 실천과 관련하여 주목하고 있는데, 사회변화에 따른 미디어 교육의 목표를 접근, 분석과 평가, 창작에서 나아가 성찰과 사회적 실천으로 언급하고 있다. 이는 미디어 교육의 목표가 개개인의 개별 미디어 사용 능력뿐만 아니라, 타인과의 디지털 커뮤니케이션을 통해 사회적 영향력을 확장하는 것임을 말하고 있다.

이상과 같은 변화는 디지털 미디어가 등장하면서 미디어를 바라보는 관점의 변화, 그리고 이와 함께 이용자 역량의 변화를 토대로 미디어 교육에서도 많은 변화를 가져왔다. 미디어 교육과 관련해서 새로운 미디어의 등장은 매번 새로운 사회, 문화적 요소가 포함된 미디어 리터러시 역량을 구조화하는 과정을 가져왔다. 미디어 교육에서 특히 디지털 미디어의 등장은 디지털 격차 해소에서부터 시작해서 새로운 미디어 자체에 대한 접근성에 집중하게 만들면서, 개인의 미디어를 해독하고, 창작하는 역량 자체에 집중하도록 하였다. 하지만 점차 디지털 미디어가 성장하면서 이용자들의 미디어 창작과 생산은 개인의 역량적 차원에서 나아가 사회적 참여로 의미가 확장되기 시작했다. 미디어를 생산한다는 것이 단지 개인의 영상제작 능력의 향상을 의미하는 것이 아니라, 이를 통해 다양한 사회적 실천과 참여로 이어질 수 있는 논의들로 확장되기 시작했다. 특히 디지털 커뮤니케이션이 사회 내에서 보편화되면서 미디어 교육은 시민 민주주의를 형성하는 참여능력과 관련하여 중요한 영역임을 인정받기 시작했다(Mihailidis, 2014). 미디어 교육의 영역에서 협력과 참여의 개념은 소셜미디어 환경과 관련한 미디어교육 개념에 대한 논의에서도 지속적으로 논의되고 있다(Lankshear & Knobel, 2011; Rheingold, 2010, 2012).

최근 4차 산업혁명과 관련한 미디어 교육에 대해 다양한 논의들이 제기되고 있다. 또한 새로운 플랫폼으로서 1인 방송이 등장하고 있고, 인공지능을 필두로 인간관계의 변화, 미디어 구조, 미디어 산업의 변화 등에 대한 논의들도 이루어지고 있다. 이와 함께 디지털 사회가 요구하는 미디어 교육의 영역에서도 참여와 관련된 다양한 논의들이 제기되고 있다. 지능정보사회의 도래와 관련한 미디어 리터러시 역량에 대한 논의에서 참여의 개념은 소셜미디어들이 가지는 다양한 참여방식과 연결에 주목하고 있다. 따라서 디지털 미디어 초기에 제기되었던 참여의 개념에서 소통의 개념을 결합하여 협업, 네트워킹, 공유, 소통, 사회적 실천과 참여 등의 개념이 함께 제기되고 있다(안정임·김양은·전경란·최진호, 2017).

표 1. 미디어 기술 변화와 미디어 리터러시 역량의 변화

구 분	문자사회	영상사회	디지털사회	지능정보사회
중심 기술	문자	영상	디지털	ICBM, 인공지능
특 징	시각	시각/청각	디지털	초연결, 초지능
미디어 플랫폼	소수의 미디어	소수의 미디어	다수의 미디어	1인 미디어
이용자	독자	수용자	생비자	창작자
관련 용어	(문자) 리터러시	비주얼 리터러시	디지털 리터러시 정보 리터러시 인터넷 리터러시	스마트 리터러시 데이터 리터러시 알고리즘 리터러시
중요 미디어 역량	문해력	비판적 이해 능력	미디어 접근 능력 비판적 이해 능력 미디어 생산 능력 미디어 참여 능력	미디어 접근 능력 비판적 이해 능력 미디어 생산 능력 미디어 참여 능력 미디어 소통 능력 미디어 협업 능력
미디어 리터러시 관련 키워드	문해력 문자/인쇄/출판	비판적 시청 영상 해독	미디어 제작 디지털 참여	소통 연결 참여 공유 협업 시민성

출처: 안정임·김양은·전경란·최진호 (2017). 〈지능정보사회에서의 미디어 리터러시 이슈 및 정책 방안 연구〉. 과천: 방송통신위원회, 32쪽 재구성. 원 저작권자의 모든 권리가 보호됨.

2) 디지털 시대의 시민과 참여

　디지털 미디어의 등장은 다양한 형태로 미디어 이용자들이 사회에 참여하고 개입할 수 있는 가능성을 열어주었다. 참여의 개념은 다양한 학자들에 의해 다양하게 논의되고 있는데, 디지털 미디어의 등장으로 인해 시민이 가진 정치적 욕구를 편리하고 손쉽게 실현하는 것이 가능해졌다는 점에 주목하고 있다. 대중매체는 정보의 상호 의사소통이 불가능하고 폐쇄적이라는 평가를 받고 있지만, 디지털 미디어를 통해서 구현된 온라인 공간은 자유로운 정보 공유와 정치적 논의를 가능하게 해주었다(이원태·신호철·차재권, 2012). 따라서 디지털 초기의 참여는 온라인민주주의의 실현과 관련한 논의들에서 주로 다루어졌다.

　디지털 미디어의 등장은 사람들의 정치 참여에 많은 변화를 가져왔다. 정치정보 접근의 용이성은 정보 접근의 비용을 낮추었으며 이에 따른 정치 참여의 장벽을 제거했고, 지리적으로 약화되었던 공동체 내의 상호작용을 가능하게 하였다(성동규·양소정·김양은·임성원, 2007, 11쪽). 즉, 온라인을 통해 자신의 정치적 의사를 표현할 수 있는 공간이 제공되는 것이다. 디지털 미디어 초기의 참여 양식은 정보의 공유와 여론을 공론화하는 공론장으로서의 가능성에 주목하고 있었다고 볼 수 있다. 실제로 퍼블릭 액서스 개념의 등장도 이와 맥락을 같이하고 있다. 디지털 미디어 등장으로 개인의 미디어 생산과 창작이 가능해졌다는 점, 온라인 공론장으로서의 인터넷, 그리고 디지털을 통한 다양한 커뮤니케이션 방식의 제공은 결과적으로 대안 미디어, 시민 미디어의 가능성을 열어주었다. 소셜미디어가 정치참여에 미치는 영향과 관련해서 정치적 동원, 정부나 정치집단에 소수의 의견 전달, 소셜미디어를 통해 형성된 소셜네트워크의 정치적 관여도 증대, 숙의민주주의를 가능하게 하는 공론의 장으로서의 역할이 언급되고 있다(문원기·이수범, 2015).

참여와 소통의 문제는 지속적으로 논의되어 온 사안인데, 마스터맨(Masterman, 1998)은 '미디어 교육은 수용자가 민주적인 권리를 행사할 수 있도록 돕고, 정치적인 목적을 위한 미디어 조작에 대항할 수 있도록 해야 한다'고 주장했으며, 이 과정을 통해 미디어 이용자들은 권한 행사, 합리적 결정을 내릴 수 있는 시민으로 양성할 수 있음을 지적하고 있다(pp. 1-17).

미디어 교육에서 참여와 관련된 개념은 주로 창조, 소통, 참여, 사회적 실천 등의 다양한 개념으로 논의되고 있다. 리빙스톤(Livingstone, 2008, p. 5)은 미디어 리터러시를 공적인 네트워크 형성과 시민의 정체성을 가지고 참여, 비판, 판단하는 것이라고 말하고 있다. 미디어 교육에서 디지털 격차 해소에 주목하는 것은 단지 디지털 미디어 이용 능력과 접근성에 따른 정보 격차, 참여 격차에 영향을 미치기 때문이다. 미디어를 통한 정보 이용 의존도가 높아지면서 정보 격차가 심화되고 있고, 이는 결국 미디어에 대한 활용 능력의 차이에서 기인한 것이라는 분석들이 있다(민영·주익현, 2007; 안정임·서윤경, 2014). 4차 산업혁명, 지능정보사회와 관련해서 빅데이터와 관련한 알고리즘의 신뢰와 투명성 등에 대한 논의들이 제기되는 것도 결과적으로 정보의 접근과 활용에 대한 문제에서부터 시작되는 것이다.

미디어 리터러시 역량으로 '참여' 개념은 디지털 미디어 등장과 함께 제기되기 시작했다. 디지털 미디어 등장 초기에는 참여의 개념이 이용자의 미디어 콘텐츠 생산과 관련된 창조, 창의적 활용으로 논의되었지만, 소셜 미디어가 등장하면서 연결성과 사회관계에 주목하는 개념으로 변화하고 있다(〈표 2〉 참조).

표 2. 미디어 리터러시에서 참여에 대한 접근

구 분	정 의	세부정의
오프컴 (Ofcom, 2004)	창조	• 전자미디어의 민주적 이용에 대한 공헌 • 온라인에서의 이메일 보내기 등의 능력 • 책임감과 윤리성을 가진 미디어를 이용하고 창조하는 능력
유럽위원회 (EC, 2007)	소통	메시지를 만들어내고 다양한 미디어를 이용하여 이를 공유할 수 있는 능력
유럽시청자 권익위원회 (EAVI, 2011)	소통	다른 사람과 상호작용하고 사회적 연결망을 유지하는 능력 • 사회적 관계: 온라인 대화, SNS 이용 • 시민참여: 시민참여활동, 전자정부 이용 • 콘텐츠 제작: 창작활동, UCC 제작
이원태 · 황용석 · 이현주 · 박남수 · 오주현 (2011)	시민 참여	정치 관련 이슈나 정책 검색, 정부, 지방자치단체, 정당 등 관련 기관 홈페이지에 의견 개진이나 정책 제안, 관련된 이슈나 정책에 관한 온라인 투표 · 여론조사 참여, 관련 뉴스 기사에 댓글 달기, SNS에 관련 이슈나 정책 관련 게시물 기재, 토론 참여, 온라인 서명, 정책에 관한 금전적 기부 참여, 탄원서 제출 등
김경희 · 김광재 · 이숙정 (2017)	창의적 활용	• 자기표현: 다양한 미디어를 통해 자신의 이야기, 의견, 생각을 드러내고 콘텐츠를 생산 및 전달 • 네트워크 형성: 자신의 관심사를 확장하고 공유하기 위해 온라인 사회적 연결망을 형성 및 유지 • 참여 및 협업: 공적사안과 관련된 온라인 활동에 참여하고 문제를 해결하는 능력
안정임 · 김양은 · 박상호 · 임성원(2009)	소통	참여욕구, 참여능력, 규범인지, 규범준수
안정임 · 김양은 · 전경란 · 최진호(2017)	참여	• 네트워킹: 미디어를 통해 다른 사람과 연결하고 소통할 수 있는 능력 • 협업: 문제해결 및 과업 등을 위해 다른 사람과 교류하고 협력함으로써 성과를 얻을 수 있는 능력 • 시민적 실천과 참여: 정치 · 사회적 이슈나 문제에 대해 적극적으로 의견을 교류하고, 공동의 문제를 해결하기 위해 다양한 활동에 참여하는 능력
최문선 · 박형준(2015)	온라인 참여	정치적, 사회 · 경제적 그리고 문화적 참여 등을 말하며, 온라인 토론, 탄원, 온라인 서명 등의 참여를 언급 * 디지털 시민성의 네 가지 요인 중의 하나로 제시
홉스 (Hobbs, 2010)	사회적 실천	개인적 · 집단적으로 지식을 나누고, 가정 소속 공동체에서 문제를 해결하여 지역, 국가 수준에서 참여하여 활동

미디어 교육에서 참여의 개념에 대한 변화는 디지털 시민성 개념과 연계성을 가진다고 볼 수 있다. 이원태와 동료들(2011)은 디지털 격차 해소 및 시민참여와 관련된 연구에서 디지털 리터러시의 영역을 접근성, 커뮤니케이션 능력, 시민주의 능력, 시민참여의 네 가지로 논의하고 있다. 최문선과 박형준(2015)은 디지털 시민성으로 디지털 윤리, 미디어 및 정보 문해 능력, 온라인 참여, 비판적 저항의 네 가지를 제시하고 있다. 이들이 의미하는 것은 미디어 교육에서 제시한 '참여'의 행위들이 실제로 디지털 시민성과 연관성을 갖고 있음을 말해주고 있다. 미디어 교육을 정의하는 다양한 개념들 중에서 비판적 수용 교육, 미디어 리터러시 교육, 시민교육, 정보소비자 교육, 수용자운동, 인성교육, 문화향유 및 생산 교육으로 분류되기도 한다(박진우 외, 2012). 이 중에서 특히 시민교육으로서의 미디어 교육은 참여의 개념과 맥을 같이하고 있다. 4차 산업혁명과 관련한 논의들에서 디지털 시민성으로서 미디어 리터러시의 개념이 도입되고 있는 것도 이러한 맥락이다. 미디어가 존재하지 않던 시대의 참여와 비교해서 현대사회의 시민적 참여에는 미디어가 중요한 역할을 수행할 수밖에 없다. 그리고 디지털 미디어는 이를 더욱 원활하게 해준다. 사회참여를 위한 의제를 설정하는 과정에서 시작하여 공론화하는 과정에 이르기까지 다양한 형태로 디지털 미디어가 결합된다. 따라서 미디어를 통해 정보를 생산하고 공유하는 것이 가능해지면서 다양한 형태의 미디어 참여에 대한 논의들이 미디어 교육과 결합할 수밖에 없다.

디지털 미디어 등장 이후, 미디어 교육이 미디어 이용자의 다양한 미디어 권리와 함께 논의되기 시작했고, 디지털 격차 해소 정책들은 미디어로부터 차별받지 않도록 하기 위한 논의들을 이어갔다. 소셜미디어를 통해 개인 간의 소통과 연결성이 강조되고, 디지털을 통한 정보 공개와 투명성,

그리고 다양한 온라인을 통한 참여, 커뮤니케이션 방식들이 제시되면서 디지털 시민성은 디지털 미디어에 대한 접근성과 함께 온라인 참여와 소통을 기반으로 한 실천적 시민으로서의 개념을 강조하고 있다. 전통적인 시민성 개념은 국가 단위 안에서의 시민의 권리와 책임을 강조하였지만, 디지털 시민성은 네트워크와 디지털 미디어를 통한 자유로운 참여와 소통을 기반으로 한 글로벌 시민과 관련된 확장된 참여와 실천으로 논의되고 있다(Bennett, 2008). 따라서 소셜미디어와 관련해서 논의되는 디지털 시민성은 개인의 역량이 아닌 사회 관계에 기반한 역량을 강조하고 있으며(김봉섭 외, 2017), 이는 결국 공동체와 사회적 참여의 형태로 확장을 의미하고 있다. 이런 관점에서 미래 미디어교육에서 지향해야 할 미디어 리터러시 역량으로서 참여의 개념에는 네트워킹 능력, 협업 능력, 시민적 실천과 참여 능력이 함께 필요하다(안정임 · 김양은 · 전경란 · 최진호, 2017).

디지털 시대의 시민 역량으로서 '참여'의 중요성은 사회 영역에서의 미디어 교육의 방향성에 영향을 미친다. 특히 국내 미디어교육은 사회 시민 영역에서 시작되었다. 현재 국내 미디어교육의 관심이 학교 미디어교육에 방점을 두고 있지만, 국내 미디어교육은 언론수용자운동으로 시작되었으며, 이를 토대로 퍼블릭 액서스 개념과 연관성을 갖고 발전하였다. 이런 측면에서 디지털 시민 역량으로서 미디어 리터러시 역량이 가지는 중요성은 사회 시민 영역에서의 미디어 교육의 발전 방향에 영향을 미칠 수밖에 없다. 소셜미디어 플랫폼과 함께 1인 미디어가 보편화되는 시대적 변화에 미디어 리터러시는 다양한 사회적 실천과 참여의 도구로서 의미를 가지게 될 것으로 기대된다.

3. 한국의 미디어교육 발전과정과 시민사회 미디어교육

1) 국내 미디어교육의 발전과정

우리나라에서 미디어교육 발전의 역사를 되돌아보면 서구의 경우와는 다른 특성이 발견된다. 미디어 교육은 미디어 기술 변화, 사회 변화, 이용자 변화라는 여러 가지 환경적 요인에 영향을 받는다. 국가별로 처한 미디어 기술 발달 수준 및 환경, 정치, 경제, 교육 문화 등의 다양한 사회환경, 그리고 이용자 역할과 역량의 차이 등에 따라서 각기 다른 미디어교육 모델을 가지고 발전하고 있다. 미디어 교육을 실행하는 국가들은 크게 세 가지 유형으로 구분할 수 있는데, 첫 번째로, 학교 교육과정으로서 미디어 교육이 자리매김하고 있는 유형, 두 번째로, 개인 및 사회단체들의 연구에 기반한 미디어 교육, 세 번째로, 국가적으로 정치·경제적인 사회변동과 함께 미디어 교육이 강조되는 유형이다. 최근 미디어 교육의 중요성이 점차 확대되면서 미디어 리터러시를 학교교육에서 다루는 추세로 변화하고 있다. 4차 산업혁명과 관련해서 미디어 리터러시가 디지털 사회를 살아가는 데 필수 역량으로 다루어지면서 보편적 교육으로서 미디어 교육의 중요성이 강조되고 있다. 이런 흐름은 미디어 교육이 디지털 격차 해소라는 접근성과 관련된 논의로 확대됨에 따라 전 생애주기에 걸쳐 새로운 미디어에 대한 접근과 활용이 미디어 교육의 일차적 목표로 강조되면서 나타난 흐름이기도 하다.

한국의 미디어 교육은 유럽 중심의 대중문화이론에 기반한 문화예술적 비평 차원에서 시작되었다기보다는, 시민단체로부터의 언론수용자운동을 기반으로 시작되었다는 평가를 받고 있다(김기태, 1988). 한국 미디어교육의 시작은 1980년대로 거슬러 올라간다. 서구의 사례와 달리 우리 미디어교육의 발전과정은 정치적 환경과 매우 밀접한 관계를 맺고 있다. 초기 미디어교육의 모습에는 '교육'의 성격보다 '운동'의 성격이 보다 강하게 자리 잡고 있다. 이와 같은 한국 미디어교육의 특수성은 현재까지 이어지고 있는 실정이다.

한국 미디어교육은 정부 단위에서 시행하기보다는 사회 영역의 종교단체 및 시민단체들에 의해서 시작되었다는 특징을 지니고 있다. 1973년 종교단체에서 미디어 교육의 필요성이 제기되었으며, 이는 국내의 정부 독점 하의 미디어 상황과 맞물려서 언론수용자운동과 함께 성장과 확산을 해왔다. 국내 미디어교육에서 주류를 형성해온 것은 시민단체 중심의 미디어 교육이다. 시민단체들에 의한 미디어 교육이 실행된 데에는 크게 두 가지 배경이 작용하였다. 첫째, 국내에서 미디어 교육을 최초로 소개하고 실행시킨 가톨릭교회의 노력을 통해서 1983년부터 구체화된 '메리놀(Maryknoll) 미디어교육센터'의 설립, 그리고 이를 통한 일반 수용자에게로의 미디어교육 확산이라는 대중적 기반의 확대로써 시민단체의 미디어 교육이 실행되기 시작했다. 둘째, 1970년대부터 시작된 국내 미디어에 대한 국가의 억압 및 지배구조가 1980년대에 들어서면서 '1도1사제(1道1社制)', 'TBC의 강제적 폐지', 그리고 'KBS에 대한 국가의 지배력 확대'라는 국내의 미디어 상황이 시민단체들에 의한 미디어 교육을 실행하도록 만들었다(김양은, 2009b).

문미원(1999)은 국내 미디어교육의 발전과정을 '생성기(1984~1986), 성장기(1987~1990), 도약기(1991~1995), 발전기(1996~2000)'로 구분하여 설명하고 있는데, 1990년대를 기점으로 미디어 교육의 지형이 확산되기 시작했다는 평가를 하고 있다. 이전의 미디어 교육이 모니터링 기반의 언론수용자 운동에 있었다면, 1990년대 이후 미디어 교육은 디지털 미디어 도입, 확산을 거치면서 미디어 바로보기 운동, 매체 비판 교육, 미디어 제작 교육 등으로 시민단체 내부에서 체계적인 미디어교육 프로그램이 진행되기 시작했다. 2000년대 전후로 사회 영역에서는 방송법 개정 등을 계기로 퍼블릭 액서스 기반의 미디어 교육이 시행되기 시작했다. 또한 이 시기는 국가 정책으로 미디어 교육이 자리매김하는 시기이기도 하다. 현재 사회 영역에서 미디어 교육의 토대가 되고 있는 시청자미디어센터, 지역영상미디어센터 등이 등장하였다.

이런 흐름에서 국내 시민사회 영역에서의 미디어 교육의 흐름을 살펴보면, 크게 세 가지로 정리할 수 있다. 그 첫 번째가 국내 미디어교육의 태동에 영향을 미친 언론수용자운동 차원, 두 번째로, 퍼블릭 액서스의 확산, 세 번째로, 공동체 미디어의 기반 마련이다. 이 세 가지 흐름을 통해서 국내 시민사회에서의 미디어 리터러시가 어떤 방향으로 발전되어왔는지를 가늠할 수 있다.

2) 언론수용자운동으로서의 미디어 교육의 태동[1]

시민사회 영역에서의 언론수용자운동으로서 미디어 교육을 좀 더 구체적으로 살펴보면, 1980년대의 미디어 교육은 모니터 활동을 중심으로 미디어 감시를 위한 '언론수용자운동'이 주를 이루었다(김양은, 2009a). 모니터 운동을 조직적으로 처음 시작한 것은 '한국여성단체협의회'였으며, '서울 YMCA'가 학부모 대상의 'TV 바로보기 교육'을 하면서 언론수용자운동이 시작되었으며(이희랑, 2013), 이는 점차 민주언론운동협의회, 한국여성민우

---

[1] 이 내용은 '김양은 (2009b). 디지털 시대의 한국의 미디어 교육 연구. 〈미디어 교육연구〉, 1권 1호'의 내용 일부를 토대로, 최근 문헌들을 통해 재구성했음을 밝힌다.

회, 청주YMCA 등으로 확산되면서 전국적인 운동의 형태로 발전되기 시작했다(문미원, 1999). 1980년대 미디어 교육은 언론수용자운동을 위한 언론 모니터 요원 양성이라는 목표하에 이루어졌으며, 단발성이고, 모니터를 위한 목적 지향적 강좌 형태가 주를 이루었다. 따라서 교육내용과 방법으로 모니터를 위한 기본 강의식 교육이 주를 이루었다(안정임·전경란, 1999). 이 시기에는 시민 영역에서의 미디어 교육이 언론수용자운동과 그 맥을 같이하는 것으로 인식되었다. 따라서 당시의 미디어 교육은 '비판적 미디어 시청', '언론수용자운동'으로 소개되었다.

1990년대 미디어 교육은 방송환경의 변화와 함께 '시청자권리', '퍼블릭 액서스' 등이 강조되면서 미디어 교육이 확산되고, 방송법 개정이 논의되면서 미디어 교육이 국가 정책의 하나로 공적 영역에 편입되는 등 미디어교육 발전과정에서 중요한 의미를 지니고 있다. 1990년 방송법이 개정되면서 수용자의 복지와 권익 향상이 추가되었는데, 이는 미디어 교육에서도 기존의 모니터링 요원 양성 중심의 교육이 다양한 수용자층을 대상으로 한 교육으로 확대되는 것과 흐름을 같이하고 있다. 1990년대 언론수용자운동은 서울방송(SBS)이 개국되면서 상업방송 등장에 따른 변화를 보이고 있었으며, 이 과정에서 언론수용자운동은 변화하는 미디어 환경에 맞춰 그 대상과 활동영역을 확장하기 시작했다(이희랑, 2013). 미디어 교육을 둘러싼 환경적 변화를 통해 시민사회 영역에서는 그간 미디어 교육을 수행한 시민단체들이 전문성을 가지는 계기가 되었다. 특히 상업방송의 등장으로 인해 청소년과 어린이의 보호와 관련한 교육의 필요성이 강조되기 시작하면서 어린이와 청소년 대상의 미디어 교육이 대두되기 시작하였다.

김양은(2009b)은 이 시기를 '운동' 차원의 미디어 교육이 '교육'과 '참여'로 변화하는 시대였다고 평가하였다. 1990년대 들어서면서 시민단체의 미디어 교육은 새로운 전기를 마련하는데, 국내 미디어교육은 주로 여성 대상이나 청소년 대상의 교육이 아니라, 일반 수용자 전반에게 미디어 교육에 대한 의미를 환기시키는 효과를 가져다주었다. 즉, 미디어 교육적 차원에서 시민단체들의 이전까지의 선거방송이나, 특정 이슈에 대한 모니터링이 아니라, 일반 수용자들을 대상으로 한 수용자권리에서부터 미디어 교육이 논의되기 시작했다. 시민사회 영역에서의 미디어 교육이 참여로 전환하는 과정은 운동에서 교육으로 전환하는 과정에서 그 계기가 마련되었다. 특정 이슈에 대한 운동 차원의 미디어 교육이 아니라, 보편적 미디어 교육의 필요성이 제기되고, 이는 디지털 환경의 대두와 함께 퍼블릭 액서스와 자연스럽게 결합되었다.

3) 퍼블릭 액서스와 미디어 교육의 도약

2000년 전후로 시민사회 영역에서는 통합방송법이 공표되고, 비영리민간단체지원법 등이 제정되었다. 이에 따라 시청자미디어센터의 건립, 미디어 교육 및 시청자단체의 활동지원 등이 법에 명기되면서 언론수용자 기반의 언론단체 중심의 미디어 교육이 아니라, 시민사회 영역에서 다양한 미디어 권리와 결합된 미디어 교육으로의 발전적 변화를 보이게 된다. 이 시기의 미디어 교육은 국내 미디어교육에도 중요한 시기적 특성을 나타낸다. 첫 번째로, 미디어 교육 및 시청자단체의 활동지원을 시청자주권 및 시청자권익의 개념에 적용시키고, 이 시기부터 국내 미디어교육이 공적 지원의 대상으로 다루어지기 시작했다. 이는 이제까지 정부의 지원과는 무관하게 시민사회 영역에서 자발적으로 형성된 미디어 교육이 공적 지원을 통해 정책의 대상이 되었음을 의미하며, 이로 인해 미디어 교육의 대상이 어린이,

청소년, 여성에서 나아가 일반인, 소외계층에 이르기까지 다양화되는 계기를 마련하게 된다. 두 번째로, 시청자권리의 법적 보장은 미디어 교육의 활성화를 위해 중요한 제도적 바탕이 되었다. 특히 퍼블릭 액서스와 관련된 제도적 장치들이 마련되기 시작했고, 2002년 전후로 시민방송채널인 RTV가 운영되었으며, 한국방송공사(KBS)를 통해 액서스 프로그램이 도입되기 시작했다. 또한 지역공동체 중심의 공동체 라디오 방송제도가 본격화되면서 2004년 전국 8곳에 지역공동체를 대상으로 시범사업을 시작하기도 했다(이희랑, 2013, 38쪽). 이 시기는 시민사회 영역의 미디어 교육이 향후 공동체 미디어를 지원하고 생성시키기 위한 토대를 마련하였다.

국내 미디어교육에서 퍼블릭 액서스는 중요한 의미를 지니고 있다. 미디어 교육과 관련된 공적지원이 시작되면서 앞서 지적했듯이 많은 사람들이 미디어에 접근하고, 비판적 이해뿐만 아니라 제작에 참여할 수 있도록 하는 사회적 기반시설들이 설립되었고, 이는 수용자주권에 대한 논의와 맞물려 있었다. 2002년 설립된 미디액트는 각종 편집시설과 녹음시설, 교육시설 및 대강의실을 갖추고 있으며, 각종 디지털 장비들을 구비함으로써 퍼블릭 액서스 채널에서 시민 참여 프로그램을 활성화시키기 위한 의도에서 설립되었다. 미디액트의 설립과 동시에 2005년부터 방송위원회(현, 방송통신위원회)에서 부산시청자미디어센터가 건립되고, 장애인, 어린이, 노인 등 소외계층별 미디어 교육 및 제작교육이 지원되기 시작하였다. 시기적으로 디지털 미디어가 사회 내에 일상화되면서 디지털을 활용한 대안 미디어와 시민 미디어의 탄생, 그리고 수용자가 아닌 이용자로서의 제작에 대한 욕구, 또한 디지털 소외계층을 위한 디지털 격차 해소 정책 등이 맞물려서 활성화가 이루어진 것으로 평가된다.

디지털 미디어 환경에서 사회 영역의 미디어 교육은 시민교육의 일환으로 확장되기 시작했으며, 누구나 소외되지 않는 보편적 권리로서의 미디어 교육에 기반한 교육의 대상, 교육 내용, 교육 방법 등에서 확장을 가져온 시기이다. 그리고 그간 언론단체 중심으로 이루어진 미디어 교육이 다양한 시민 영역으로 확장되었고, 또한 생활 전반에 미디어 제작 관련 교육들을 위한 기반시설들이 마련되었다. 기존의 미디어 교육이 주로 '미디어를 비판적으로 분석'하는 것을 강조했다면, 2000년대 이후 미디어 교육은 '미디어 제작'에 관한 교육들로 옮겨가는 경향을 보였다. 이런 흐름은 서울특별시청소년정보문화센터(스스로넷)의 인터넷방송 관련 교육, YMCA의 '청소년영상페스티벌', 민주언론운동시민연합의 '방송캠프'와 '미디어캠프', MBC시청자미디어센터, 부산 및 광주의 미디어센터, 구 단위의 미디어센터에서 실행하는 프로그램을 통해 쉽게 찾아볼 수 있다.

미디어 이용자의 미디어 생산을 위한 기반구조를 제공함으로써 미디어 이용자들은 단지 미디어를 수용하는 것이 아니라, 미디어 생산을 통해서 사회 참여에 대한 인식이 함양되는 결과를 낳았다. 미디어 교육에서 퍼블릭 액서스는 제작 교육의 비중이 커지면서 생긴 결과이기도 하지만, 동시에 시청자 주권을 실천하기 위한 운동의 산물이기도 하다. 이러한 변화는 방송통신위원회의 시청자미디어센터, 문화체육관광부 산하의 영상미디어센터 등이 설립되는 계기가 되었다. 2017년 3월 기준, 전국에 40개의 미디어센터가 운영중이며, 설립주체는 방송통신위원회, 문화체육관광부와 같은 정부부처, 도·시·군 단위의 지방자치단체, 그 밖에 영화진흥위원회, 방송문화진흥회, 관련협회, 방송사업자 등이다(〈표 3〉 참조).

표 3. 전국 미디어센터 현황

권역	지역	명칭	운영주체	실행주체
서울특별시	중구	서울영상미디어센터	영화진흥위원회	영화진흥위원회
	중구	충무로영상센터 오!재미동	(사)서울영상위원회	서울시
	성북구	성북마을미디어지원센터	성북구	성북구
	성북구	서울시청자미디어센터	시청자미디어재단	방송통신위원회/서울시/성북구
	강서구	강서영상미디어센터	강서구	강서구/영화진흥위원회
	마포구	영상미디어센터 미디액트	(사)한국영상미디어교육협회	(사)한국영상미디어교육협회
	용산구	청소년미디어센터 스스로넷	청소년폭력예방재단	서울시
	은평구	은평뉴타운도서관 미디어라이브러리센터	사회복지법인 인덕원	은평구
인천광역시	남구	주안영상미디어센터	남구학산문화원	문체부/인천시/남구
	연수구	인천시청자미디어센터	시청자미디어재단	방송통신위원회/인천시/연수구
	강화군	강화미디어센터	작은영화관 사회적협동조합	문체부/강화군
경기	부천	부천미디어센터	(재)부천문화재단	문체부/부천시
	고양	고양영상미디어센터	(재)고양문화재단	문체부/고양시
	성남	성남영상미디어센터	(재)성남문화재단	문체부/성남시
	수원	수원영상미디어센터	(재)수원청소년재단	문체부/수원시
대전광역시	대전	대전시청자미디어센터	시청자미디어재단	방송통신위원회
충남	천안	천안영상미디어센터	(재)충남문화산업진흥원	문체부/천안시
	서천	서천군미디어문화센터	(사)관악FM	문체부/서천시
충북	제천	제천영상미디어센터	(사)청풍영상위원회	문체부/제천시
	옥천	옥천군영상미디어센터	옥천군	농림부/옥천군

권역	지역	명칭	운영주체	실행주체
울산광역시	울산	울산MBC시청자미디어센터	울산 MBC	방송문화진흥회
	울산	울산시청자미디어센터	시청자미디어재단	방송통신위원회/울산시
대구광역시	대구	대구영상미디어센터 씨눈	(재)대구디지털산업진흥원	문체부/대구시
		대구MBC시청자미디어센터	대구 MBC	방송문화진흥회
경북	안동	안동영상미디어센터	(재)경북문화콘텐츠진흥원	문체부/안동시
부산	부산	부산시청자미디어센터	시청자미디어재단	방송통신위원회
경남	김해	김해영상미디어센터	(재)김해문화재단	문체부/김해시
	마산/창원	경남MBC시청자미디어센터	경남독립영화협회	방송문화진흥회
	진주	진주시민미디어센터	진주시민미디어센터	진주시민미디어센터
	양산	양산영상미디어센터	양산시	양산시
광주	광주	광주시청자미디어센터	시청자미디어센터	방송통신위원회
전남	순천	순천영상미디어센터	(사)전남영상위원회	문체부/순천시
	목포	목포MBC시청자미디어센터	목포대학교	방송문화진흥회
전북	익산	익산공공영상미디어센터	(사)삼동청소년회	문체부/익산시
	전주	전주미디어센터	퍼블릭액서스실현을 위한 전북네트워크	영화진흥위원회
		전주MBC시청자미디어센터	전북대학교	방송문화진흥회
강원	원주	원주영상미디어센터	원주시민영상네트워크/원주민예총	문체부/원주시
	강릉	강릉시영상미디어센터	강릉문화재단	문체부/강릉시
	화천	화천생태영상센터	(사)관악FM	환경부/화천군
	춘천	강원시청자미디어센터	시청자미디어재단	방송통신위원회/강원도
제주	제주	제주영상미디어센터	(사)제주영상위원회	문체부/제주도

출처: 김여라 (2017). 시청자미디어센터의 운영현황 및 개선과제, 32쪽에서 인용. 원 저작권자의 모든 권리가 보호됨.

이처럼 이 시기의 미디어 교육은 퍼블릭 액서스 기반이 마련되면서 미디어 제작 교육이 부각되었다는 점을 특징으로 하고 있지만, 다른 한편으로 국내 미디어교육에서 '디지털 미디어'가 중요한 교육 내용과 교육 매체로 등장하기 시작했으며, 이 과정에서 어린이와 청소년을 대상으로 한 학교교육의 필요성이 제기되면서 미디어 교육에서의 제도화에 대한 논의들이 제기되었다(김은규, 2012).

퍼블릭 액서스로의 미디어 교육은 시민사회 영역에서 중요한 의미를 지니고 있는데, 미디어 교육의 대상을 폭넓게 확장시키면서 국내 미디어교육 지형에서 소외계층의 미디어 교육에 주목하기 시작하였다. 소외계층의 미디어 교육은 이들의 미디어 불평등 해소를 목표로 하고 있는데, 미디액트의 경우에도 2003년 '미디어 불평등 해소'라는 취지에서 공부방 등 소외계층인 저소득층 청소년들의 미디어 교육을 위해 '찾아가는 미디어 교실'을 실시하였다(김양은, 2009b). 찾아가는 미디어 교육은 미디어를 새롭게 인식하게 된 소외계층 스스로가 미디어 참여 구조를 요구하고, 스스로 미디어 구조를 마련하는 것에 목적을 두고 있었다(박혜미·오정훈·홍교훈, 2007, 12쪽). 이들 교육의 대상은 장애인, 여성, 이주노동자, 청소년, 결혼이민자 여성, 군장병, 새터민, 교정시설 수용자, 성적 소수자 등으로 다양하게 세분화되었다.

퍼블릭 액서스는 시민의 미디어 액서스 요구이다. 즉 일반 시민도 미디어에 접근할 수 있는 권리를 가지는 것이다. 이런 점에서 언론수용자운동에서 퍼블릭 액서스로의 변화는 미디어 교육의 형식, 내용, 대상에 많은 변화를 가져왔다. 특히, 시민으로서 미디어 액서스에 대한 요구는 시민사회 영역의 미디어 교육의 목표와 일치하는 것이었다. 누구나 미디어에 참여할 수 있는 권리, 이를 위한 시청자미디어센터, 지역영상미디어센터 등 기반

시설 건립, 그리고 시민의 미디어 제작 능력의 향상을 통해 시민사회 영역의 미디어 교육은 공동체 미디어로 그 목표를 확장시켰다.

4) 공동체 미디어교육

2000년대 이후 정부의 공적 지원, 그리고 퍼블릭 액서스 기반의 마련은 국내 미디어교육의 양적 성장을 가져왔지만, 여전히 미디어 교육의 지향점에 대한 고민은 지속되어 왔다. 안정적 미디어 교육의 기반이 마련되기 이전에 미디어 교육은 언론운동 기반의 시민단체들의 자발적 교육에 그치고 있었다. 하지만 2000년대 중반 이후로 들어서면서 미디액트, 시청자미디어센터 등의 건립과 함께 미디어 교육이 보편적 교육으로 인식되기 시작하였다. 또한 이 시기에 국내 미디어교육은 방송통신위원회(구 방송위원회), 문화체육부, 정보통신부의 정책적 지원과 함께 사회, 학교 영역에서 미디어 교육을 다양한 형태로 확산시키고 있었다. 하지만 이 같은 양적 성장은 2000년대 이후 미디어 교육이 공적 지원을 받게 됨에 따라 방송발전기금을 통한 시청자미디어단체 지원과 디지털 미디어로 인한 디지털 격차 해소 정책 등이 함께 영향을 미친 것으로 볼 수 있다.

이 시기 시민사회 영역의 미디어 교육에서 주목할 부분은 '공동체 미디어교육'으로의 전환이다. 2005년 부산시청자미디어센터를 시작으로 방송통신위원회, 문화체육부, 영화진흥위원회를 통해 지역 소재 기반의 미디어센터들이 건립되고, 이 과정에서 이들 미디어센터를 기반으로 한 공동체 중심의 미디어 교육에 대한 논의들이 제기되기 시작했다. 지역 미디어센터들은 '공동체 개발'이 가장 중요한 과제였으며, 주류 미디어에 의해 배제되어 왔던 지역공동체의 목소리를 살려내고, 잊혔던 시민들의 권리를 복권시키는 데 목표를 두고 있다(이주훈, 2012, 162쪽). 지역 영상미디어센터들을 중심으로 논의되는 마을공동체 미디어는 스스로 미디어가 되는 표현, 소외되고 고립된 사람들에게 있어 사회와의 소통 도구, 사회적 실천과 참여의 도구, 그리고 지역의 일상 기록으로서의 의의를 가지고 있다(정은경, 2017). 따라서 공동체 미디어교육은 마을공동체 미디어와 함께 미디어 사회를 살아가기 위한 시민들의 미디어 권리와 함께 시민교육으로서 의미와 가치를 가지고 있다.

2000년대 중후반의 시기는 지역 기반 미디어센터들의 공동체 미디어교육과 관련한 고민과 함께 2007년 이명박 정권 이후 시민사회 영역에서의 자발적인 미디어 교육이 퇴조하는 경향을 보였다. 이와 함께 정부의 공적 지원이 학교 미디어교육과 결합되면서 정부부처 산하의 미디어교육 수행 기관들이 학교 미디어교육을 실행하기 시작했다. 이런 시기적 배경 속에서 공동체 미디어교육은 지역 내 다양한 이용자들의 미디어 활동을 지원하고, 미디어를 매개로 지역 시민들이 소통하며, 이를 통해서 지역사회와 지역의 다양한 공동체들이 구성되고 변화하는 역동적인 사회참여의 장으로서 미디어 교육에 대한 고민들을 실천하고 있다. 마을 미디어는 한국 사회의 미디어운동과 공동체 미디어의 연장선에 위치한 새로운 흐름이라 할 수 있으며 서울 지역을 시작으로 전국적으로 확산되며 다양한 실천이 이어지고 있다(허경, 2015). 2004년 시범사업 이후 공동체 라디오가 7곳 이상 확산되지 못하고 있는 제도적 한계 속에서 마을 미디어의 성장과 확산은 한국 사회의 공동체 미디어 실천의 새로운 장을 열고 있는 것이다(이희랑·김희영, 2017). 현재 서울마을미디어지원센터의 자료에 의하면, 전국 마을공동체 미디어는 총 216개이며, 매체별로는 라디오 87개, 방송 47개, 신문 64개이며, 영상·라디오 9개이다〈그림 1〉참조).

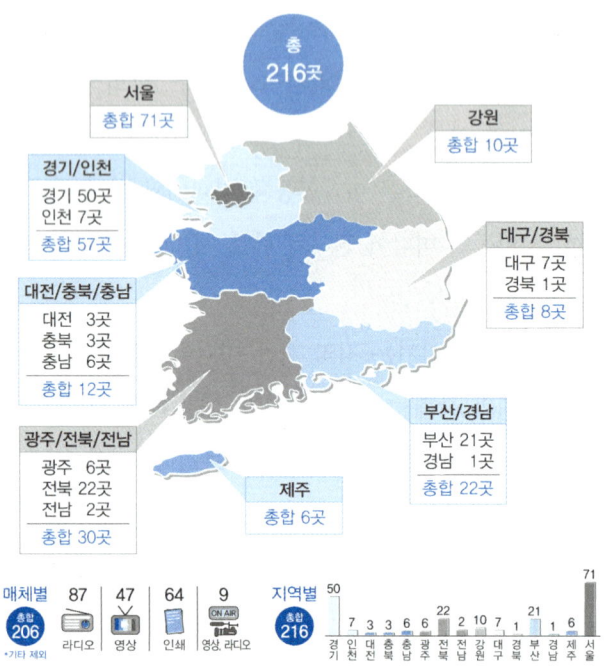

그림 1. 전국 마을공동체 미디어 지도(2017년)

출처: 서울마을미디어지원센터 웹사이트(http://maeulmedia.org). 원 저작권자의 모든 권리가 보호됨.

4. 시민사회 미디어 리터러시의 방향성 모색

국내 미디어교육은 시민단체의 자발적 언론수용자운동에서 시작하여, 디지털 미디어의 등장과 방송법의 개정 등으로 미디어교육 관련 시청자단체 지원 등의 정부 정책과 공적 지원을 통해 도약 및 성장을 해왔다. 이 과정에서 미디어 교육의 기반이 될 수 있는 미디어센터들이 설립되면서 미디어 교육을 위한 기반시설이 마련되었다. 이들 과정은 국내 미디어교육을 주도해왔던 시민사회 영역에서의 미디어 교육의 지향점에 대한 고민을 낳아왔다.

국내 미디어교육의 성장의 저변에는 퍼블릭 액서스라는 시민참여에 기반한 미디어 권리가 자리 잡고 있다. 방송통신위원회, 문화체육부, 영화진흥위원회, 그리고 지방자치단체 기반의 미디어센터들의 건립은 그간 모니터링과 비판적 읽기 중심의 미디어 교육을 미디어 제작과 표현으로 바꿔주었다. 이 같은 흐름은 현재 미디어 교육에서도 지속되고 있다.

퍼블릭 액서스로서의 미디어 제작과 표현은 시민사회 미디어 리터러시에서 중요한 의미를 지니고 있다. 2000년대 후반 이후 제기된 공동체 미디어의 기반이 이 같은 퍼블릭 액서스 차원에서의 미디어 교육을 통해서 실현이 가능해졌다고 평가할 수 있다. 실제 현재 공동체 미디어교육은 마을미디어 운동으로 실천적 지형을 마련하고 있다.

디지털 미디어가 사회의 보편적인 미디어로 등장하면서 디지털 미디어를 통한 사회적 실천과 참여에 대한 중요성이 강조되기 시작했고, 이는 국내 미디어교육의 흐름에도 영향을 미쳤다. 디지털 시민성 개념은 디지털 미디어와 긍정적인 관계를 맺고, 미디어 메시지를 창의적으로 표현하고 생산하고 소통하며, 이를 통해 사회적 실천과 참여로 이어지는 것을 말한다. 모바일 기기와 소셜미디어를 통한 시민참여가 확대되면서 디지털 미디어를 통한 참여 능력이 미디어 리터러시 역량으로 요구되고 있으며, 미디어 리터러시 역량은 민주적인 시민의식을 형성하는 데 반드시 요구된다(Burroughs, Brocato, Hopper, & Sanders, 2009; Mihailidis 2014).

디지털 시민교육으로서 미디어 교육의 중요성은 시민사회 영역에서 미디어 교육의 방향성과 맥을 같이한다고 볼 수 있다. 그간 국내 미디어교육에서 시민사회 단체의 역할은 언론수용자운동에서 시작하여 퍼블릭 액서스 그리고 마을 미디어까지 이용자들의 경험과 미디어 문화, 생활 미디어에 기반하여 다양화된 미디어 교육의 생태계를 구축하는 것을 가능하게 하였다. 특히 디지털 미디어 등장 이후 미디어 교육에서 화두로 제기된 참여의 개념은 단지, 개인의 미디어 콘텐츠를 제작하거나 표현하는 것에서 그치지 않고, 마을 미디어를 통해 자신과 마을, 마을과 마을을 연결하고 협업하며, 소외되거나 배제되지 않은 미디어를 통한 소통으로써 사회적 문제를 성찰하고 실천하는 시민참여의 모형을 구축해 나가고 있다.

미디어 환경은 나날이 발전하고, 변화하고 있다. 가짜 뉴스와 1인 방송과 관련한 담론들은 미디어 교육의 필요성을 강조하고, 미디어교육 법안 마련 등 제도화를 이끌어내는 추진력이 되고 있다. 또한 4차 산업혁명과 관련된 논의들은 미래사회 인력의 필수 역량으로서 미디어 리터러시를 언급하고 있다. 이 같은 사회변화가 의미하는 것은 더 이상 미디어와 정보가 소수의 전문가에 의해 주도되는 것이 아님을 말해주고 있다. 미디어는 사회 내에서 개인의 일상과 결합하고, 개인은 미디어를 통해 끊임없이 소통하고자 한다. 이런 변화의 흐름에서 시민사회 영역에서의 미디어 교육은 다양한 사회문제에 대한 관심과 참여와 더불어 각기 시민단체들의 다양성과 함께 정치·경제·문화 등의 다양한 지형에서의 참여가 제시되어야 한다.

시민사회 영역에서의 미디어 교육이 지속적으로 발전하기 위해서 전제되어야 할 것은 무엇일까?

먼저, 시민사회 영역에서의 미디어 교육을 안정적으로 지원할 수 있는 법제도의 정비가 우선적으로 시행되어야 할 필요가 있다. 1990년대 후반부터 방송법 개정을 통해 시청자단체에 대한 지원과 미디어센터 건립 등의 공적 지원의 확대를 통해 다양한 형태로 성장해 온 시민사회 영역에서의 미디어 교육은 2007년 이명박 정부 이후 침체기를 맞았다는 평가를 받고 있다. 미디어 교육은 국민의 기본권리로서 논의될 필요가 있으며, 이를 위해서는 국민 누구나가 갖추어야 할 미디어 권리 확대를 위한 미디어교육 지원에 대한 법제도적 기반이 요구된다.

두 번째로, 미디어교육의 지속성 확보를 위한 기반 마련에 있다. 국내 미디어교육이 활성화되기 위해서는 그간 매체별로, 정부부처별로 분산된 미디어교육 정책으로 인한 일회적이며, 단기적인 미디어 교육이 아니라, 장기적으로 미디어 교육이 지원되고, 지속적으로 실행될 수 있는 기반이 마련되어야 한다.

세 번째로, 사회 영역에서 자발적으로 다양하게 발전해온 미디어 교육을 활성화할 수 있는 미디어교육 생태계의 구축이다. 국내 미디어교육은 사회 영역에서 시민단체들로부터 시작되었다. 따라서 다양한 시민사회 주체들이 자신의 영역에서 자발적으로 미디어 교육을 수행해온 역사적 경험을 가지고 있다. 자신들만의 영역에서 다양하게 성장한 미디어 교육을 미래지향적으로 설계하고, 실천할 수 있는 미디어교육 생태계의 구축이 필요하다.

네 번째로, 그간 구축된 사회적 자원을 공유할 수 있는 연계의 강화이다. 그간 축적된 미디어 교육의 경험들을 함께 공유하고, 연계할 수 있는 기반 마련이 중요하다. 미디어 교육은 개인의 미디어 리터러시 역량을 강화하는 것뿐만 아니라, 사회 내의 민주적인 소통과 참여를 마련하는 기반이 된다. 이런 점에서 다양한 주체들이 수행해온 다양한 미디어교육 경험들을 공유할 수 있는 기반 마련이 중요할 것으로 보인다.

참고문헌

김경희·김광재·이숙정 (2017). 〈미디어리터러시 지수 개발 및 지역별 격차 측정 조사〉. 경기: 방송통신위원회.
김기태 (1988). 미디어 교육에 관한 연구. 〈언론문화연구〉, 6집, 127-152.
김봉섭·김현철·박선아·임상수·정순원·박선아·김영애 (2017). 〈4차 산업혁명시대 지능정보사회의 '디지털 시민성'에 대한 탐색〉. 대구: 한국교육학술정보원.
김양은 (2009a). 〈디지털시대의 미디어리터러시〉. 서울: 커뮤니케이션북스.
김양은 (2009b). 디지털 시대의 한국의 미디어 교육 연구. 〈미디어 교육연구〉, 1권 1호, 57-99.
김여라 (2017). 시청자미디어센터의 운영현황 및 개선과제. 입법조사처 현장보고서, 54호.
김은규 (2012). 지역사회 초,중등학교의 방과후학교 운영을 통한 미디어 교육 실천 방안 연구: 방과후학교 미디어 교육 프로그램 강사들의 참여경험을 중심으로. 〈언론과학연구〉, 12권 2호, 200-239.
문미원 (1999). 〈시민단체의 미디어 교육 특성 연구〉. 서강대학교 대학원 석사학위 논문.
문원기·이수범 (2015). 소셜미디어가 정치참여에 미치는 영향. 〈한국언론학보〉, 59권 4호, 133-162.
민영·주익현 (2007). 사회자본의 민주주의 효과: 미디어 이용과 사회자본이 정치적 관심과 신뢰 및 참여에 미치는 영향. 〈한국언론학보〉, 51권 6호, 190-217.
박진우·황치성·김기태·설규주·이영주 (2012). 〈한국의 미디어 교육: 현황과 쟁점〉. 서울: 한국언론진흥재단.
박혜미·오정훈·홍교훈 (2007). 〈미디어 교육의 새로운 실천2: 개념, 틀 방향〉. 서울: 미디어액트.
성동규·양소정·김양은·임성원 (2007). 온-오프라인 정치참여에 대한 미디어 영향력 비교 연구. 〈사이버커뮤니케이션학보〉, 24, 5-50.
안정임·김양은·박상호·임성원 (2009). 〈미디어 교육 효과 측정 모델: 미디어 리터러시 지수 개발〉. 서울: 한국언론진흥재단.
안정임·김양은·전경란·최진호 (2017). 〈지능정보사회에서의 미디어 리터러시 이슈 및 정책 방안 연구〉(방통융합정책연구 KCC-2017-41). 과천: 방송통신위원회.
안정임·서윤경 (2014). 디지털 미디어 리터러시 격차의 세부요인 분석. 〈디지털융복합연구〉, 12권 2호, 69-78.
안정임·전경란 (1999). 〈미디어 교육의 이해〉. 서울: 한나래.

이란·현은자 (2016). 미디어환경과 사용에 관한 아동의 심성모형 질적 연구. 〈한국콘텐츠학회논문지〉, 6권 6호, 601-613.

이원태·신호철·차재권 (2012). 〈스마트 미디어 환경에서 SNS 이용과 정책참여 활성화 방안 연구〉(방송통신정책연구 12-진흥-003). 과천: 방송통신위원회.

이원태·황용석·이현주·박남수·오주현 (2011). 〈디지털 컨버전스 환경에서의 정보격차 해소 및 미디어 리터러시 제고방안 연구〉(기본연구 11-23-02). 충북: 정보통신정책연구원.

이주훈 (2012). 〈마을공동체 활성화를 위한 (마을)공동체미디어의 역할 및 운용〉. 서울시민의 미디어참여와 미디어민주주의 강화를 위한 정책 토론회 '서울시 마을미디어 활성화 정책에 대한 점검과 과제' 자료집, 31-43.

이희랑 (2013). 〈공동체미디어 교육의 새로운 패러다임에 대한 연구〉. 중앙대학교 대학원 박사학위 논문.

이희랑·김희영 (2017). 마을미디어 실천에 대한 탐색적 연구. 〈한국언론정보학보〉, 81권 1호, 75-121.

정은경 (2017). 〈일상의 공론장, 마을미디어〉. 2017 마을공동체미디어 포럼 '경계를 넘어, 함께' 자료집, 7-21.

최문선·박형준 (2015). 탐색적·확인적 요인분석을 통한 한국형 디지털 시민성 척도 타당화 연구. 〈시민교육연구〉, 47권 4호, 273-297.

허경 (2015). 〈2015년 마을미디어의 좌표, 그리고 확산과 네트워킹을 위한 과제〉. '변화를 만드는 마을미디어포럼' 자료집, 59-105.

Bennett, W. L. (2008). Changing citizenship in the digital age. In W. L. Bennett (Eds.), *Civic life online: Learning how digital media can engage youth* (pp. 1-24). Cambridge, MA: The Mit Press.

Burroughs, S., Brocato, K., Hopper, P. F., & Sanders, A. (2009). Media literacy: A central component of democratic citizenship. *The Educational Forum, 73*, 154-167.

Buckingham, D. (2003). *Media education: Literacy, learning and comtemporary culture*. Cambridge: Polity Press.

EAVI(European Association for Viewers Interests) (2009). Study on Assessment Criteria for Media Literacy Levels. Refrieved from
http://www.eavi.eu/joomla/what-we-do/researchpublications/70-study-on-assessment-levels-of-ml-in-europe

EAVI(European Association for Viewers Interests) (2011). Testing and Refining Criteria to Assess Media Literacy Levels in Europe. Final Report.

EC (2007). Study on the Current Trends and Approaches to Media Literacy in Europe, European Commissions.

Hobbs, R. (2010). Digital and Media Literacy: A Plan of Action, A White Paper on the Digital and Media Literacy Recommendations of the Knight Commission on the Information Needs of Communities in a Democracy.

Lankshear, C., & Knobel, M. (2011). *New literacies: Everybody practices and social learning*. New York: Open University Press.

Livingstone, S. (2008). Taking risky opportunities in youthful content creation: Teenagers' use of social networking sites for intimacy, privacy and self-expression. *New Media and Society, 10*(3), 393-411.

Masterman, L. (1998). *Teaching the media*. London: Comedia.

Mihailidis, P. (2014). *Media literacy and the emerging citizen: Youth, participation and empowerment in the digital age*. New York: Peter Lang.

Ofcom(Office of Communication) (2004). Strategies and priorities for the promotion of media literacy: A statement. London: Ofcom.

Rheingold, H. (2010). Attention, and Other 21st-Century Social Media Literaciesm, *EDUCAUSE Review, 45*(5) (September/October 2010), 14-24.

Rheingold, H. (2012). *Net smart: How to thrive online*. MIT Press.

Part 3

미디어 현장에서 본 4차 산업혁명 시대의
미디어 리터러시 교육

Chapter 05

미디어 테크놀로지와 자본의 관점에서 본 미디어 리터러시 교육

권장원 (대구가톨릭대학교 언론광고학부 교수)

1. 4차 산업혁명 시대, 미디어 리터러시 담론의 흐름과 반성, 그리고 지향

4차 산업혁명 시대에 대한 정부와 시장에서의 관심이 높다. '초연결'과 '초지능' 테크놀로지에 기반한 4차 산업혁명에 대한 관심은 정부와 기업, 그리고 개별 행위자 차원에서 다양한 담론들을 만들어내고 있다. 정부는 국가 운영의 비전 제시를 위한 정책적 지향점 수립 차원이, 기업이나 개별 기관은 향후 산업 지형 예측에 입각, 기업 및 해당 기관의 상품 개발 및 판매에 따른 경쟁력 제고를 위한 비즈니스 전략 수립 차원이, 개별 행위자는 일자리 확보를 위한 인적·사회적 자본 축적과 함께 정치, 경제 등 다양한 방식에서의 사회적 참여를 통한 욕구 충족 및 행복 추구를 위한 로드맵 구축 차원이 대표적 관심사이다. 현재 이루어지고 있는 4차 산업혁명 시대에 대한 많은 담론들은 우리가 직면하고 있는 현실(reality)이 향후 급격하게 변화될 것이라는 점을 중심으로 재생산되고 있지만, 주로 스마트폰을 통해 늘 접하게 되는 포털사이트에서의 각종 보도와 관련 분야 전문가들의 미래 예측 강연을 통해, 그리고 화려한 그래픽을 앞세운 영상 콘텐츠 형태로 드러나는 경우가 대부분이다. 다만, 현실적인 측면에서는 디지털 기반의 포털사이트와 스마트 미디어로 대표되는 미디어 소통 테크놀로지의 급격한 발전을 접하는 과정에서 일정 부분 4차 산업혁명 시대에 따른 잠재적 변화 가능성을 살짝 엿볼 수 있을 뿐이다.

미디어로부터 흘러나오는 4차 산업혁명 시대에 대한 담론에서는 상반되는 두 가지의 모습을 엿볼 수 있다. 그 하나는 '더 많은 편리함과 효율성을 가져올 것이라는 기대'이고, 다른 하나는 '인간의 노동이 테크놀로지로 대체되면서 사회적 위기가 발생할 것이라는 불확실성에 따른 막연한 두려움'이다. 한 가지 분명한 사실은 과거와 달리 이제는 현실의 모든 최첨단 테크놀로지들이 스마트 미디어와 포털사이트에 집중되는 경향이 보다 두드러지고 있으며, 스마트폰과 같은 대중 소통 미디어를 통해 제공되는 각종 보도와 콘텐츠를 통하지 않을 경우 우리의 삶과 생활, 그리고 현실의 변화를 생각할 수도, 느낄 수도 없을 지경이라는 점이다. 소위 디지털 시대의 매스미디어는 이제 삶과 생활의 필수 도구이며, 그런 점에서 미디어를 알아야 한다는 사회적 필요성에 대한 목소리가 높아지는 것은 당연한 귀결이다. 물론, '알아야 한다는 것'과 '교육되어야 한다는 것'이 반드시 동일한 의미는 아니지만, 미디어를 통한 소통이 본격화되고 있는 현 시점에서 향후 4차 산업혁명 시대를 맞이하여 미디어 리터러시에 대한 '앎(knowledge)'과 '교육(education)'이 과연 어떠한 지향점을 가지고 그 내용과 방법이 구성되어야 하는지에 대한 고민이 필요한 시점인 것은 분명하다.

1) 미디어 리터러시 교육 담론의 과거와 현재

(1) 미디어 리터러시 교육 지향 담론의 흐름

1980년대 초 소수의 언론학자들에 의해 국내에 도입, 논의되기 시작한 미디어 교육에 대한 논의는 수용자의 미디어 능력(Baacke, 1973: 허영주, 2014 재인용)을 배양, 유해 콘텐츠로부터 수용자를 보호해야 한다는 보호주의적 관점으로부터 출발한다. 이후 디지털 기술의 보편적 활용과 함께 온라인, 모바일 등 미디어 테크놀로지의 급격한 변화 지형을 거치면서 미디어와 현실에 대한 지식과 이에 대한 비판적 이해 등을 기반으로 수용자 스스로가 미디어 콘텐츠를 보다 능동적으로 활용할 수 있어야 하는 것은 물론이고, 미디어 콘텐츠를 개별 행위자가 '혼자서' 혹은 '네트워크상의 공유를 통해' 제작, 다양한 온라인 플랫폼을 매개로 유통함으로써 우리 사회의 공동체 구성원으로서 주체 및 참여 의식을 외적으로 표출할 수 있도록 하는 것을 주요 지향점으로 삼고 있다. 이러한 변화 가능성은 최근, 디지털 온라인 미디어 시대의 본격적 개막과 함께 1인 제작 시스템(one-person production system), 네트워크 제작 시스템(network production system) 등 정보 및 콘텐츠 생산 방식의 대중화는 물론이고, 대중 소통 참여 창구로서 영상 언어 기반의 온라인-모바일 미디어 기능과 역할이 급격히 확장되고 있다는 점과 밀접한 관련이 있다. 이런 점에서 영상 콘텐츠 활용 및 제작 역량 배양을 중심으로 공동체 가치 형성에 입각한 적극적인 소통 중심의 교육이 이루어져야 한다는 차원으로 미디어 리터러시 교육에 대한 논의가 확장된 것은 당연한 귀결이라 하겠다(권장원, 2015).

(2) 미디어 리터러시 교육에 대한 담론 지형의 현주소

미디어 리터러시 교육과 관련한 다양한 담론들은 미디어 리터러시 개념 및 필요성, 관련 정책 및 제도화 방안, 미디어교육 현장 사례 발굴 및 분석, 교재 시안 및 교육 커리큘럼 개발 등을 중심으로 이루어져 왔다. 이들 담론의 핵심은 "미디어 리터러시가 왜 필요한지, 그리고 어떠한 지향점을 가져야 하는지", "교과 내용은 어떻게 구성되어야 하며, 어떠한 방법으로 가르쳐야 하는지" 등과 같은 문제 의식에 입각하고 있다. '미디어'와 '미디어 콘텐츠' 관련 논의를 정규 교과 교육과정에 어떻게 도입하는 것이 바람직할지 실천적 방안을 모색하기 위한 의도와 밀접하게 연관되어 있는 셈이다. 하지만, 해당 교육의 필요성에 대한 공감대 형성에도 불구하고 몇 가지의 근본적인 요인에 의해 미디어 리터러시 교육에 대한 개념 정립조차 명확하게 이루어지지 못하고 있는 것이 현실이다. 우선, "읽고 쓰는 능력"으로 정의되고 있는 초창기의 사전적 개념화를 통해 볼 때, 미디어 리터러시 개념이 테크놀로지의 발달과 시대적 상황, 학문적 지향점에 따라 그 방식과 의미가 다양한 차원에서 해석될 수 있는 열린 개념의 특성을 지닌다는 점이다. 시대별, 분야별 특성에 따라 미디어 리터러시를 보는 관점이 다양하게 제시될 정도로 광범위한 영역을 아우르고 있다는 점에서 시대와 분야를 관통하는 미디어 리터러시 개념을 정립하는 것은 결코 쉽지 않은 문제이다. 그뿐만 아니다. 미디어 테크놀로지의 급격한 발전과 함께 새로운 미디어 테크놀로지가 매 정권마다 산업의 형태로 시장에 도입되어 왔으며, 변화는 현재의 시점에도 계속되고 있다는 점이다. 개별 미디어 유형에 내재한 테크놀로지가 다양한 행위자 차원에서 어떻게 활용되고, 어떠한 영향력을 미치게 되는지에 대한 다각도의 논의는 물론, 기존 미디어와의 상호 연관성

하에서 전체 미디어를 관통하는 개념과 관점을 정립할 수 있는 시간적 여유를 갖기 어려운 여건을 갖추고 있는 셈이다. 미디어 리터러시 교육에 대한 담론 지형이 주로 '변화되고 있는 미디어 테크놀로지에 부합하는 리터러시 특징과 방법론', '서구 선진국에서 비롯된 이론 및 다양한 관련 사례 소개' 등을 중심으로 다각도의 관련 논의가 이루어져 왔으며, 그 이외에는 대체로 미디어 리터러시에 대한 초반 연구에서 이루어진 담론의 성과들이 미디어 및 교육 분야를 중심으로 비교적 유사하게 재생산된 것도 동일한 맥락에서 이해할 수 있다.

2) 미디어 리터러시 교육에서의 '경제적 토대'와 '제도화' 담론의 필요성

(1) 미디어 리터러시 교육에서의 경제적 토대 논의, 왜 필요한가?

시대에 따라, 그리고 주어진 정치, 경제, 사회문화적 환경에 따라 다양한 차원에서 가변적인 특성을 지니는 미디어 리터러시 담론에서 가장 핵심적인 쟁점 중의 하나는 교육 목적, 혹은 교육 지향점을 어떻게 설정할 것인가의 문제이다. 교육 내용의 구성 및 방법과 같은 실천적이고 현실적인 담론들을 형성하기 위한 토대로서의 의미를 지니기 때문이다. '미디어' 및 '교육' 분야에서 논의해온 미디어 리터러시 교육의 지향점을 전반적인 차원에서 살펴보면, '국민의 의사소통 능력과 미디어에 대한 비판적 능력 배양을 통해 시민성 구현 및 공동체 가치 형성에 입각한 민주주의 역량 강화를 도모해야 한다'는 것으로 요약 가능하다(노영란, 2017). 지향점에 담겨 있는 외적인 표현만 놓고 보자면, 민주주의 시민으로서 역량 배양에 기반한 정치 이념적 차원의 접근을 그 지향점으로 삼고 있는 셈이다. 물론, 민주시민으로서의 참여와 주권 의식이 민주주의의 근간이며, 해당 이념이 비단 정치뿐만 아니라 경제, 사회, 문화 전반에 걸쳐 근본적인 행위 지향을 제공한다는 점에서 매우 중요한 의미와 가치를 내재한 것은 사실이다. 하지만, 미디어를 통한 소통을 실제 수행하는 행위자들 중 상당수가 서로 의견이나 생각을 소통하고자 하는 목적이나 의도도 있지만, 생존과 생활에서 요구되는 다양한 차원의 경제적 효율성과 연계를 도모하기 위한 목적 지향적 의도도 적지 않게 작용하고 있다. 자신의 관심 분야에 대한 온라인 활동 경험은 물론, 온라인 테크놀로지의 활용 능력 여부가 취업 및 업무 수행은 물론, 개인적 관심에 기반한 욕구 충족 과정에서 적지 않은 영향력을 미치고 있기 때문이다. 미디어 테크놀로지 개발과 활용 교육에 대한 사회적 관심이 갈수록 높아지는 것 또한 동일한 맥락에서 이해할 수 있다. 문제는 미디어 리터러시 교육 논의에 있어 민주주의 이념과 가치에 부합되는 경제적 토대에 대한 논점을 찾아보기 어렵다는 점이다. 물론, 기존의 제도권 내 교육을 통해 경제나 법을 비롯한 다양한 사회과학적 관점이 제공되기는 하지만, 주로 전문적인 용어나 생소한 개념들에 대한 이해에 집중하고 있을 뿐만 아니라 그 역시 문제 풀이형 입시 및 취업 중심의 교과 운영 하에 제공되고 있다. 그런 점에서 경제를 비롯한 전체적인 사회적 변화 흐름을 제대로 이해하는 데 한계를 지닐 수밖에 없다. 그 결과, 개인적 차원의 특별한 관심이나 의도를 가진 경우를 제외하고는 검색이나 의견 표명, 콘텐츠 제작 및 유통 등 인터넷을 통해 소비자 개인이 수행하는 소통 행위가 거시적인 차원의 경제 환경과 어떠한 상호 연관성이 있는지 파악하기 어렵다. 뿐만 아니라 관련 내용을 이해하고 접근해야 할 사회적 동기나 시간적 여유도 없다. 문제는 자신이 추구하는 목적이나 의도를 위해 미디어를 활용하고, 소통하고자 하는 적극적이고 능동적인 참여가 증가하고 있는 현실에서 그에 상응하는 경제적 토대와의 연관성에 대한 논점이 부재한 채로 미디어 리터러시 교육에 대한 담론이 형성되고 시행되고 있다는 점에 있다. 하지만, 자본주의 이념 체제 하에서 전반적인 사회 현실의 운영 메커니즘은 경제적 토대를 구성하는 자본의 논리에 입각하여 이루어지는 것이 불가피하다. 자본과 경제에 대한 논의가 함께 이루어지지 않을 경우 비판적 사고의 '대상'과 '그 원인'을 보다 근본적인 차원에서 판단하기 어려울 뿐만 아니라 미디어 리터러시에서 지향하는 공동체 가치 형성에 대한 구체적인 대안 모색에 따른 포괄적인 담론 형성 또한 어려울 수밖에 없는 것은 바로 그 때문이다.

몇 차례에 걸쳐 진행되어온 산업혁명 담론에 내재한 논점도 마찬가지이다. 비록 외형적인 차원에서는 당대의 지배적인 테크놀로지가 현실의 변화를 주도하는 것처럼 보이지만, 그 이면에는 당대의 테크놀로지 개발과 보급, 확장을 위한 경제적 투자와 그에 따른 산업의 변화 지향이 내재하고 있음을 어렵지 않게 알 수 있다. 외적인 차원에서 볼 때, 현실의 변화를 주도해온 것은 테크놀로지의 발전이지만, 이를 가능하게 해준 것은 그 시대의 경제적 구조와 연계된 자본의 형성 및 확장 메커니즘이기 때문이다. 이런 점에서, 정치, 사회문화 전 분야와 연관된 경제적 토대에 대한 논리적 기반은 물론, 관련 데이터의 지속적인 보완이 결여된 미디어 리터러시 교육 담론은 현실적인 문제들에 대한 관심을 보다 구체적인 차원에서 제기하고 이에 대한 해법을 찾아내기 어려운 환경을 조성할 뿐만 아니라 다소 추상적 차원에서의 교육 담론을 재생산할 수밖에 없는 한계를 노정하게 된다. 그뿐만 아니다. 미디어 리터러시 교육에서 강조하고 있는 비판적, 창의적 사고에 필요한 각종 미디어 콘텐츠에 대한 정보가 실제 현실에서의 변화 흐름을 제대로 담아내지 못할 경우 리터러시 교육에 대한 불신과 함께 사회적 합의에 따른 교육 성과도 한계를 가질 수밖에 없다. 이런 점에서 볼 때, '개인적, 사회적 의도'와 '참여 공동체 형성'과 같은 다소 이념적, 추상적 차원으로 보일 수 있는 개념들이 경제적 토대의 변화와 어떻게 연계되어 논의될 수 있는지, 그리고 시시각각 변화하는 경제 환경과의 연계 하에서 '국가 정체성에 기반한 공동체 형성'과 '민주주의 가치 실현'을 위한 구체적 실천 방안은 무엇인지 등에 대한 질문과 관련하여 지속적으로 검증하고 재검토할 수 있도록 하는 교육 환경 구축은 매우 중요하다. 미디어 리터러시 교육을 구성하는 데 있어 보다 구체적이고 현실적인 지향점을 모색하도록 해줄 뿐만 아니라 소비자들이(혹은 수용자들이) 일상 속에서 행하고 있는 미디어 소통 행위가 단순히 개인적 성과 차원에서뿐만 아니라 사회적, 국가적, 혹은 글로벌한 차원에서 어떠한 방식으로 상호 영향을 미칠 수 있는지에 대한 다차원적인 성과를 판단하는 데 중요한 근거로 활용될 수 있기 때문이다.

(2) 미디어 리터러시 교육에서의 제도화 논의, 왜 필요한가?

최근 가짜 뉴스, 보도 기사 어뷰징 등 여론 형성 과정에서 의도된, 그리고 왜곡된 미디어 활용으로 인한 각종 부작용이 심각한 사회적 폐해[1]로 이어지고 있다. 또한, 이러한 문제들을 해결하기 위한 대안으로 미디어 리터러시 교육의 제도화 필요성을 강조하는 목소리가 적지 않다. 물론 규제를 통한 대안 모색도 가능하며 필요한 부분이 있는 것은 사실이다. 하지만, 국민의 알권리와 언론 자유 보호 차원에서 미디어 관련 규제가 자칫 민주주의

---
[1] 가짜 뉴스를 비롯하여 편파 및 복제, 뉴스 어뷰징(news abusing), 받아쓰기식 보도 행태, 정치 및 자본 권력의 여론 독점화, 인터넷상의 사이버폭력과 상호 비방 등 미디어로부터 비롯되는 사회적 혼란과 갈등 요소들이 부각되면서 여론 시장의 왜곡과 함께 전체 사회 소통 구조에 심각한 위협 요인으로 작용하고 있다는 지적이 대표적이다.

가치 이념에 기반한 국민의 기본권을 침해할 수 있을 뿐만 아니라 미디어의 변화 속도가 정부 정책의 수정, 보완을 통해 해결하기 어려울 정도로 급격하게 변화하고 있다는 점에서 규제에만 초점을 둔 대안 모색은 적지 않은 한계를 가질 수밖에 없다. 반면, '초연결' 테크놀로지 발전으로 언제, 어디서든 국민 참여가 가능한 쌍방향 소통 환경이 급격히 진전되어 미디어 생산과 유통에서 비롯되는 다양한 사회적 폐해들을 국민들의 참여를 통해 보다 효과적으로 해소할 수 있는 가능성은 갈수록 증가하고 있다. 미디어 소통을 통한 국민 참여가 사회적 자정 기능(social filtering function)을 함께 내재하고 있다는 점을 고려해볼 때, 미디어 콘텐츠와 미디어 환경에 대한 지식과 활용 능력을 토대로 한 미디어 리터러시 교육의 강화는 국민 참여의 품질과 수준 향상을 통해 사회적 자정 기능을 더욱 강화시킬 수 있는 가능성을 제공한다. 이뿐만 아니다. 4차 산업혁명 시대로의 진입과 함께 최근 부각되고 있는 컴퓨터 코딩 교육, 빅데이터 교육 역시 미디어 리터러시 교육과 적지 않은 관련성을 지니고 있다. 컴퓨팅 처리 시스템과 연동을 포함, 미디어 콘텐츠 환경에서 주로 다루게 되는 창의적 표현 방식과 그 성과가 미디어 콘텐츠 생산 및 유통 시스템의 발전은 물론, 사회 각 영역과의 상호작용을 기반으로 전체 사회에 걸쳐 포괄적인 영향력을 미칠 수밖에 없기 때문이다. 이런 점에서 볼 때, 4차 산업혁명에서 강조하는 '초연결'과 '초지능' 기반의 미디어 테크놀로지의 급격한 발전과 함께 더욱 부각된 미디어 리터러시 교육의 제도적 필요성은 국민 참여를 통한 민주주의 이념 구현이라는 큰 틀에서의 이념적 지향과 함께 미디어 소통 과정에서 국민들의 자발적 참여를 통한 국가 및 사회 안전망 구축에서의 규제 비용 절감 차원에서, 그리고 미래 산업 기반의 경제적 경쟁력을 제고하기 위한 인적, 사회적 역량 강화를 위한 인프라 투자 차원에서 적지 않은 의미가 있는 셈이다. 특히, 후자의 경우 제도권 내 교육을 통해 제공되는 컴퓨팅 테크놀로지 개발 역량을 단순히 기술 역량 강화 차원에서만 머무르지 않고, 사회 및 국가 공동체 형성과 민주주의 가치 실현과의 연관성 하에서 그 성과가 나타나도록 유도함으로써 개인과 기업, 그리고 국가의 미래 경쟁력 제고는 물론이고, 유해한 미디어 콘텐츠가 초래할 수 있는 사회적 폐해를 사전에 차단한다는 점에서도 미디어 리터러시 교육과의 연계는 매우 중요하다. 미디어 리터러시 교육 담론이 단순히 '미디어'를 '교육'한다는 차원에서 기존의 제도권 내 교육을 비롯한 다양한 교과 과목에 기계적으로 포함시키는(mixed) 방식보다는 '미디어'와 '교육'을 화학적으로 융합(convergenced)시킴으로써 이들과 연관을 가지고 있는 다양한 분야와의 상보적 관계 하에서 전체 사회의 긍정적인 변화를 유도하는 방식으로 다각도의 논의가 진행될 필요가 있다. 이는 바로 미디어 테크놀로지가 국민들의 정신과 인식 체계 구축에 적지 않은 영향을 미칠 수 있는 기술적 특성을 가지기 때문이다. 이런 관점에서 볼 때, 미디어 리터러시 교육의 제도화 필요성은 미디어에 대한 비판적, 실용적 역량 배양을 도모하기 위한 교육 지원을 통해 갈수록 구조화되고 복잡해지는 사회적 폐해를 사전에 차단, 그로부터 발생 가능한 규제 비용 등의 사회적 비용을 최소화시켜야 하는 것은 물론이고, 개인, 기업, 그리고 국가의 미래 경쟁력을 보다 강화시킬 수 있는 인적, 사회적 자본 형성에 기여할 수 있어야 한다는 차원으로 요약 가능하다.

(3) 미디어 리터러시 교육의 제도화 논의에 내재한 현실적 어려움

제도화 과정은 일반적인 담론 형성 과정과는 달리 보다 구체적이고 실천적인 차원에서의 사회적 관심을 반영한다. 법과 규범을 형성하기 위한 제도화 과정은 사회적 합의와 가치에 기반하여 전체 공동체가 추구하는 행위 방향을 유도하는 것이 주요한 목적이기 때문이다. 그리고 공적 행위 지향을 모색하기 위해서는 해당 분야에서 요구되는 핵심적인 개념과 관점을 정립하는 것은 물론, 해당 분야와 밀접한 관련이 있는 다양한 이해 당사자들 간의 상호 소통과 협의 과정을 포함한 사회적 합의를 필요로 한다. 하지만, 미디어 리터러시 교육의 제도화 과정을 살펴보면, 사회적 합의 과정에서 현실적인 어려움이 적지 않게 존재하고 있음을 엿볼 수 있다. 우선, 정부와 시장, 그리고 개별 행위자 공히 미디어 리터러시 교육의 제도화 필요성을 공감하고 있지만, 법과 규범에 입각한 공식적 차원에서의 사회적 합의가 이루어지지 않은 채로 개별 부처의 예산 책정 범위 내에서 부수적인 지원이 산발적으로 이루어지고 있다는 점이 가장 대표적이다. 미디어 리터러시 교육에 대한 효율적 자원 배분이 어려울 수밖에 없는 구조일 뿐만 아니라 개인에서 전체 사회, 더 나아가 전 세계적으로 학술적, 실용적 담론의 체계성을 구축, 전체 사회의 공익적 성과를 이끌어내기 어려운 여건을 내재하고 있는 셈이다. 그뿐만 아니다. 매스 미디어의 영향력이 정치, 경제, 사회, 문화 등 전 사회 분야에 걸쳐 매우 광범위하고 포괄적인 차원에서 이루어지고 있지만, 당장 시급한 민생이나 정치적 쟁점 사안은 아니라는 점에서 현재의 정부 조직 구조 및 운영 관행상 다수의 정부 부처 간 협업을 통한 합의와 성과 창출이 쉽지 않다는 점 또한 현실적으로 직면한 문제이다. 디지털 미디어 중심의 소통 구조가 사회 구성원은 물론, 사회 전반의 행위 방식에 대한 급격한 변화를 요구하고 있지만, 기존의 아날로그 미디어 소통 구조 하에서 형성된 '미디어' 및 '교육' 분야에서의 '정책 형성 및 운용' 시스템과 해당 시스템 하에서 형성된 사회적 행위 경로가 급변하는 미디어 테크놀로지 환경에서 비롯되는 소통 방식의 변화를 받아들이기 어려운 구조적 한계를 지니고 있기 때문으로도 해석 가능한 지점이다. 미디어 테크놀로지의 급격한 발전과 함께 미디어 중심의 소통 환경이 정치, 경제, 사회, 문화 등 사회 전반에 걸쳐 다양한 차원에서 더욱 강화, 확장되고 있지만, 정작 미디어 리터러시를 둘러싼 실제 담론은 '미디어' 및 '교육' 분야를 중심으로 여전히 해당 학문적 토대에서 제공된 기본적인 필요성과 당위론적 차원에 머무르고 있는 점도 동일한 맥락에서 이해할 수 있다. 개별 부처의 역할과 기능에 주안점을 두는 기존의 정부 정책 행위 경로가 급격하게 변화되는 '초연결' 중심의 디지털 온라인 미디어 시대에 부합하는 교육 구조로의 전환을 어렵게 하는 장애요인으로 작용하고 있다는 지적이 가능한 것은 바로 그 때문이다.

3) 미디어 리터러시 교육 지향점에서의 '자본(capital)' 논의 도입의 의미

4차 산업혁명 담론을 주도하고 있는 논점은 바로 '테크놀로지'와 '자본'의 문제이다. '테크놀로지' 발전을 위한 투자는 이들 테크놀로지 개발과 활용 능력을 강화, 개인은 물론, 개별 기업이나 국가 차원에서 자본의 확대 재생산을 통한 경쟁력 확보를 가져올 수 있기 때문이다. 테크놀로지에 대한 자본 투자의 방향과 규모는 해당 테크놀로지를 보다 많은 행위자들이 선택할 수 있도록 해주는 잠재적 가능성을 확장시킨다는 점에서, 그 성과는 비단 경제적 성과에만 국한되는 것이 아닌 개인과 사회 구성원의 삶과 일상과도 밀접한 관련성이 있다. 이런 점에서, 가령 미디어 테크놀로지에 대한 투자가 어떠한 공익적 지향점과 함께 연계하여 이루어지고 있는지, 투자된 자본이 미디어 환경을 어떻게 변화시키고 있으며 그 변화가 실제 우리 사회에서 활동하는 다양한 행위자들의 인식과 태도, 행위와 어떻게 연결될 수 있는지, 새로운 미디어 테크놀로지의 시장 도입에 따른 문제점은 과연 무엇이며, 그에 따른 해결책은 어떠한 지향점을 가지고 모색될 필요가 있는지 등과 같은 질문은 적지 않은 의미가 있다. 미디어 테크놀로지의 변화 방향에 내재한 자본의 성격과 메커니즘에 대한 논점이 미디어 리터러시 교육 담론에서의 지향점을 설정하는 데 중요한 단서로 작용할 수 있기 때문이다. 특히, 국가나 기업 경쟁력 제고 차원에서 중요하게 다루어지는 물리적 자본이 개인과 사회에 용해되어 있는 인적, 사회적 차원에서의 자본 특성을 어떠한 방향으로 변화시키고 있는지의 문제 제기는 매우 중요한 의미가 있다. 미디어 콘텐츠를 상품으로 구축하고 있는 현재의 경제 체제 하에서 구조화된 자본이 개인과 사회에 내재한 인적, 사회적 신뢰 및 역량에 어떠한 영향을 미칠 수 있는지, 미디어 리터러시에서 강조하는 개인의 비판적 능력 배양이 개인, 사회, 그리고 전 세계와 같이 서로 다른 분석 수준에서 어떠한 경제적, 사회문화적 함의를 제공할 수 있는지 등의 문제와 함께 미디어 콘텐츠의 소비자(수용자)에게 요구되는 미디어 리터러시 교육 내용의 지향에 대한 보다 근본적이고 구체적인 지향점 또한 제공할 수 있기 때문이다.

'자본(capital)' 개념은 비록 경제학에서 출발한 핵심 개념이지만 비단 기업이나 국가, 세계 차원에서의 시장 경쟁력을 확보하기 위한 기능적 측면뿐만 아니라 민주주의 이념을 구현하는 데 따른 경제적 토대로서 의미를 동시에 지니고 있다. 이런 점에서 개인과 사회, 그리고 전 세계 차원에서 발생 가능한 다양한 분야에서의 잠재적 변화 가능성을 설명하고 예측할 수 있게 해주는 중요한 고려 요인이기도 하다. 미디어 리터러시 교육은 이제 단순히 유해한 콘텐츠로부터 수용자 스스로를 보호하기 위한 교육이라는 차원을 넘어선다. 권력을 형성하게 해주는 경제적 토대로서의 '자본' 축적 방식은 시대의 흐름에 따라 지속적으로 변화해 왔지만, 시장 독점적 경쟁력 확보를 통해 안정적인 기업 및 국가 운용을 유지하고자 하는 자본주의 경제의 기본 속성이 한국은 물론이고, 전 세계적 차원에서 가장 보편적인 이념적, 실천적 가치 기반으로 여전히 작동하고 있기 때문이다. 더 나아가, 4차 산업혁명에서 강조하는 미디어 테크놀로지는 특히, 인간 정신과 인식을 상품으로 삼고 있다는 점에서 그 폐해는 과거의 테크놀로지에 비해 더욱 심각할 수밖에 없다. 이런 점에서, 개별 소비자(수용자)와 전체 사회가 추구해야 할 비판적 차원에서의 교육 행위 지향점은 단순히 소비자(수용자) 스스로를 보호하는 차원을 넘어 자본의 독점 지향적 성격에 대한 '비판적 인식'을 토대로 미디어 자본의 경제적 독점 속성에 내재한 정치, 사회, 문화적 차원에서의 폐해에 따른 총체적인 대처 방안을 모색해야 한다는 당위성을 요구하고 있다.

2. 4차 산업혁명 시대의 핵심적 테크놀로지와 자본 구축 기반으로서의 '공유'

1) '초연결'과 '초지능' 기반의 '공유' 테크놀로지

2016년 다보스에서 열린 WEF(World Economy Forum, 세계경제포럼) 연례 회의에서 주창된 '4차 산업혁명'이라는 용어는 2016년 3월 알파고(AlphaGo)와 이세돌의 바둑 대결의 생중계와 함께 국민적 관심으로 부각된 바 있다. 독일 정부와 클라우스 슈밥(Klause Schwab)[2]에 의해 주창된 '4차 산업혁명' 개념은 3차 산업혁명에서 마련된 디지털 기반의 정보통신 테크놀로지의 혁명적 전환에서 비롯된다. 컴퓨터 기반의 최첨단 지식 테크놀로지 기반의 급격한 성장과 초고속 온라인 네트워크가 결합함으로써 기존의 방식과는 전혀 다른 형태의 사회 변화를 이끌어내고 있다는 것이다. 1990년대 인터넷의 등장과 함께 3차 산업혁명이 시작되었다고 주장한 제러미 리프킨(Rifkin, 2011)과는 시점이나 용어 활용 면에서 부분적인 차이가 있기는 하지만, 인터넷과 미디어 테크놀로지의 결합이 급격한 사회 변화를 유발하고 있다는 내용 면에서는 동일하다.

   4차 산업혁명에서 강조되는 대표적 키워드는 '초지능(super-intelligence)'과 '초연결(hyper-connection)'이다. '초지능'에 대한 담론은 인간의 역량을 넘어서는 대상을 의미하며, 인공지능(AI)과 로봇 기술이 대표적이다. 지금까지 인류가 당면한 해결 불가능한 문제를 해결할 수 있을 것이라는 기대에 입각한 낙관론과, 인간이 해왔던 일자리가 로봇으로 대체될 것이고 궁극적으로는 인간을 지배하게 될 것이라는 비관론을 중심으로 적지 않은 담론을 형성하고 있다. 이와 함께 초연결 개념은 '센서'라는 정보 감지 테크놀로지를 통해 사람과 사물에서 비롯되는 다양한 형태의 디지털 데이터 정보가 초고속 인터넷 네트워크를 통해 비단 인간과 인간뿐만 아니라 인간과 사물, 사물과 사물을 연결, 다양한 차원에서 자유로운 소통을 가능하도록 해주는 기술이며, 사물인터넷, 클라우드 컴퓨팅, 빅데이터 기술 등이 대표적인 유형이다. '초연결'이 가능해지면서, 인간의 가장 기본적인 경제적 욕구와 수익 창출 기반이 '소유'에서 '공유' 차원으로 전환되는 계기가 마련되

---

2) Schwab(2016)은 자신의 저서를 통해 1차 산업혁명(증기기관 및 기계화, 1784), 2차 산업혁명(전기 및 대량생산, 1870), 3차 산업혁명(컴퓨터 및 정보통신 IT, 1969)으로 기존의 산업혁명의 특징을 구분하면서, 현재 진행되고 있는 테크놀로지 발전은 기존의 산업혁명과는 본질적으로 차원이 다른 변화를 가져오고 있다는 점에서 4차 산업혁명으로 규정하고 있다.

었으며, 초고속 네트워크를 통해 전 세계에 흩어져 축적되어 온 방대한 지식 및 정보 공유를 기반으로 새로운 지식이 생산될 수 있는 환경이 구축된다. 이런 점에서, 인간의 능력을 넘어서는 '초지능'은 '초연결'을 가능하게 해준 센서 테크놀로지 개발이 방대한 데이터 정보를 보다 빠른 시간 내에 처리할 수 있도록 하는 컴퓨팅 데이터 처리 테크놀로지의 개발과 상호 결합함으로써 비로소 가능해지는 성과로서의 의미를 가지는 셈이다. 더 나아가, '초연결'에 기반하여 급격하게 진화하는 '초지능'의 잠재성은 다시 '초연결' 테크놀로지 발전으로 이어지면서, 센서를 통해 축적되는 데이터 처리량과 처리 속도의 발전뿐만 아니라 음성(voice)이나 촉각(haptic) 등에 입각한 휴먼 인터페이스 기술 발전과 연결, 인간과 인간, 인간과 사물이 자연스럽게 소통 융합될 수 있는 방식으로 진화를 모색할 수 있게 된다. 이런 점에서 4차 산업혁명 담론에서 강조되고 있는 '초지능'과 '초연결' 개념은 상호 밀접한 관련성을 가지며, 다양한 형태로 파생되는 테크놀로지 산업의 경제적 잠재성을 우리 현실로 유입시키는 계기를 제공했다고 할 수 있다. 그 결과, 인간과 인간뿐만 아니라 인간과 기계 등 다양한 사물과의 상호 소통을 포함하여 커뮤니케이션 기반을 확장함으로써 개별 행위자의 인적 역량으로 달성하기 어려운 다양한 문제를 해결할 수 있도록 한 '공유' 기반의 테크놀로지 지향점을 형성하게 된다.

2) 공유 테크놀로지 기반의 물리적 자본(capital) 구조

'초지능'과 '초연결'에 기반한 미디어 테크놀로지가 실제 성과를 얻기 위해서는 막대한 자본 투자를 필요로 한다. 다양한 파생적 산업 기반과의 연계가 불가피한 것은 바로 그 때문이다. 인공지능(AI), 로봇, 드론, 빅데이터,

자율주행, 사물인터넷 등 다양한 파생 산업들이 부각될 것이라는 전망과 함께 관련 분야에 전 세계적으로 적지 않은 자본 투자가 이루어지고 있는 것도 동일한 맥락에서 이해할 수 있다. 해당 분야에 대한 집중적 자본 투자 이면에는 관련 분야의 시장 경쟁력 확보를 통해 기업과 국가의 경제적 우위를 선점하겠다는 경제적 의도가 강하게 내재해 있음은 자명하다.

물론, 미디어 테크놀로지 개발을 통해 국가와 기업이 추구하는 바 미래의 시장 경쟁력을 확보하고자 한다는 취지의 자본 투자는 과거에도 있어왔다. 다만, 기존의 산업 기반에서는 정보화 경제가 대규모 인구를 아우르는 데 요구되는 자본 투자를 중심으로 지식-정보-문화에 대한 자본집약적 생산과 배포 논리에 따라 개별적 맥락 차원에서 조직된 경제 체제로 특징화할 수 있는 반면, 현재 진행 중인 4차 산업혁명 시대는 '초연결 네트워크' 테크놀로지를 핵심 상품으로 하는 플랫폼이 개입, 전 세계에 흩어져 있는 컴퓨터 네트워킹 이용자들에게 대규모 정보 생산과 배포를 위한 물질적 수단을 제공함으로써 지식-정보-문화 생산에서 요구되는 물리적 자본의 개별 투자의 한계를 극복할 수 있도록 해주는 공유 경제 체제를 형성하고 있다는 점에서 차이가 있다(이항우, 2013 참조). 기존의 정보 질서 하에서 형성된 거대 자본 중심의 경제 구조가 소수 엘리트를 기반으로 한 개별 행위자의 역량 강화를 강조하는 생산 및 유통 행위 경로를 형성해왔다면, 4차 산업혁명 시대의 자본 투자는 일반 수용자들의 '자유로운 참여와 공유' 기반의 테크놀로지에 대한 투자를 기반으로 컴퓨팅과 네트워크 플랫폼, 그리고 콘텐츠 행위자 간의 정보 '공유'와 '참여'가 중심이 되는 산업 구조를 구축해 온 셈이다.

그림 1. 인터브랜드 선정 '2018 세계에서 가장 가치가 높은 브랜드' TOP 10

출처: https://hypebeast.kr/2018/10/apple-google-louis-vuitton-chanel-gucci-most-valuable-brands

표 1. 연도별 시가총액 상위 10위 기업

2008년		2018년	
순위	기업명	순위	기업명
1	페트로차이나	1	애플
2	엑손모빌	2	알파벳
3	GE	3	아마존
4	중국이동통신	4	마이크로소프트
5	마이크로소프트	5	텐센트
6	중국공상은행	6	페이스북
7	페트로브라스	7	버크셔해서웨이
8	로얄더치셸	8	알리바바
9	AT&T	9	JP 모건
10	P&G	10	존슨 & 존슨

출처: S&P Capital IQ, 해당 연도 3월 15일 기준. 원 저작권자의 모든 권리가 보호됨.

(1) 콘텐츠 생산 및 플랫폼 기업에서의 경제적 부가가치 창출 메커니즘

① 콘텐츠 생산에서의 '규모의 경제'

콘텐츠 생산에 따른 부가가치 창출과 관련하여 규모의 경제(economics of scale) 효과가 주로 논의되어 왔다. '규모의 경제'는 추가 소비를 위해 투입되는 생산비 증가보다 생산량의 증가가 더욱 큰 경우를 지칭한다. 일반적인 사유재 상품의 경우 추가적인 소비를 위한 생산비 투자는 일정 규모까지는 생산량의 증가보다 낮게 이루어질 수 있지만, 일정 규모 이상이 되면 오히려 생산비 투자가 생산량 증가를 넘어서는 경향을 가지게 된다. 물론, 일반적인 사유재화에서도 일정 소비 수준까지는 규모의 경제가 작동하는 것은 사실이지만, 무한정은 아니다. 일정 규모 이상의 소비가 이루어질 경우 추가 고용과 공간 확장 등에 따른 관리비의 증가를 비롯해 다양한 차원에서 부수적인 비용이 추가로 소요되기 때문이다. 콘텐츠 생산의 경우 콘텐츠 제작 과정에서 막대한 비용이 투입되지만, 일단 상품이 완성되면 추가 소비를 위한 생산비 증가는 거의 발생하지 않는다. 추가 소비를 위해 소요되는 콘텐츠 복제 및 가공 기술의 발달로 인해 별다른 추가 비용 없이 동일한 콘텐츠 상품의 무제한 소비가 가능하기 때문이다. 관건은 어떻게 하면 보다 많은 관심과 소비를 유도할 수 있는 콘텐츠를 제작할 수 있을 것인가의 문제인데, 이 과정에서 소비자의 선호를 파악하기 위한 조사 및 분석, 소비자의 관심과 소비를 유도하기 위한 다양한 형태의 홍보 마케팅 전략 수립 및 시행, 해당 콘텐츠 소비를 희망하는 소비자들에게 유통하기 위한 플랫폼 연계 및 유통 등에 따른 비용이 콘텐츠 제작과 함께 부가적으로 투입된다. 일단 콘텐츠 제작에 소요되는 직접비 투자와 함께 소비에 따른 불확실성을 감소시키고, 효율적 소비를 유도하기 위한 다각도의 부가적인 비용 투자가 이루어지면, 그 이후에는 추가 소비에 따른 비용 투입이 거의 발생하지 않는다. 그 결과 추가 소비의 증가에 따라 평균 비용이 지속적으로 감소하게 되고, 별다른 추가 비용 투입 없이도 수익을 계속 창출할 수 있는 조건을 갖추게 된다. 그뿐만 아니다. '지적재산권'과 같은 법적인 보호를 토대로 원래 콘텐츠의 변형과 연계에 기반한 다양한 수익 창출이 가능하며, 무형이라는 속성에 입각, 다양한 상품에 해당 이미지를 부착함으로써 해당 상품 가치의 차별화를 유발하고 그에 기여한 대가로 부가 수익 창출 또한 가능하다. '해당 콘텐츠의 직접 소비를 통한 수익 창출'뿐만 아니라 '해당 콘텐츠의 이미지 속성에 기반한 간접적·부수적 수익 창출'을 기반으로 다각도의 이윤 창출이 가능한 상품적 속성을 지니고 있기 때문이다.[3]

최근 4차 산업혁명 시대에 진입하면서 무선 인터넷을 통한 '초연결' 네트워크 테크놀로지가 전 세계를 하나로 묶고 있다. 물리적·문화적 지역 개념과 언어적 차이에 따른 시장 경계는 갈수록 완화되고 있으며, 신문, 방송 등과 같은 기존의 개별 미디어 산업들은 스마트폰에 기반한 디지털 온라인 모바일 산업을 중심으로 급격하게 재편되고 있다. 4차 산업혁명 시대의 '초연결' 네트워크 시스템 구축이 지역적, 시간적 차이로부터 비롯되는 시장 경계를 와해시킴으로써 자본이 전 세계적 차원에서 동시다발적으로 수익을 더욱 극대화할 수 있는 조건을 갖추게 해준 셈이다. 콘텐츠 생산 및 유통 과정에서 작동해왔던 규모의 경제 효과 역시 과거와는 달리 거의 실시간으로 전 세계적 차원에서 이루어질 수 있게 됨으로써 기업 간 연계를 통

---

[3] 동일한 콘텐츠의 다양한 유통을 통해, 그리고 콘텐츠 재가공과 연계를 통해 다각도의 수익 창출이 가능하다는 점에서 Windows Effect(창구효과), OSMU(One Source Multi Use), MSMU(Multi Source Multi Use) 등의 개념과 밀접한 관련을 가지고 논의되고 있다.

한 자본 집중과 함께 전 세계적으로 부익부 빈익빈 중심의 시장 경쟁 환경이 더욱 가속화하는 경향을 보이게 되는 셈이다.

② 인터넷 플랫폼 유통에서의 '네트워크 효과(network effect)'

인터넷 플랫폼은 '정보 제공자', 정보를 소비하는 '정보 이용자', 그리고 양자를 매개하는 '정보 매개자'가 자신이 의도한 바를 달성하기 위해 다양한 형태나 방식으로 상호작용하는 온라인 공간에서의 정거장으로 이해할 수 있다.[4] 승객들은 자신이 원하는 장소나 공간으로 이동하기 위해 플랫폼을 찾게 되고, 해당 플랫폼을 활용하는 승객들이 증가하면, 그 공간은 비단 정거장의 기능뿐만 아니라 다양한 상품을 사고파는 '시장'으로서, 그리고 자신의 의견을 많은 사람들에게 알리고 소통하기 위한 '광장'으로서 – 비록 의도한 바는 아니지만 – 다양한 기능들이 추가된다. 이유는 간단하다. 플랫폼을 이용하고자 하는 사람들이 점차 증가하면서 해당 공간을 통해 자신의 욕구를 충족하기를 희망하는 다양한 의도가 실현될 가능성이 함께 증가될 수 있기 때문이다. 이런 점에서 인터넷 플랫폼도 비록 출발은 정보와 다양한 유형의 콘텐츠를 통해 자신이 의도한 바를 달성하기 위한 행위자들의 공간이었지만, 정보와 제반 콘텐츠의 필요성이 더욱 강조되면서 유통 플랫폼 공간을 활용하고자 하는 사람들이 증가하게 된다. 그 결과, 인터넷

---

[4] EU 집행위원회는 2015년 '플랫폼, 인터넷 중개자, 협력경제에 대한 규제 환경에 관한 공개적인 의견 수렴에 관한 조사서(Public consultation on the regulatory environment for platforms, online intermediaries, data and cloud computing and the collaborative economy)'에서, '온라인 플랫폼을 둘 또는 그 이상의 이질적이지만 상호작용하는 집단의 이용자들이 인터넷을 이용하여 최소한 한 그룹의 이용자에게서 가치를 창출할 수 있도록 양면 또는 다면 시장에서 기능을 수행하는 것, 어떤 플랫폼은 중개 서비스 제공자의 역할을 하는 것'으로 정의하고 있다(송태원, 2018).

플랫폼은 단순히 정보를 얻기 위한, 그리고 공유하기 위한 공간의 속성을 넘어 의견 공유를 통한 정치사회적 참여와 함께 콘텐츠는 물론이고, 유무형의 다양한 상품 거래를 포함, 기존의 오프라인 공간에서 형성되었던 다양한 유형의 공간 기능들이 온라인에 적합한 방식으로, 혹은 온라인과 오프라인 간의 상호 연계 방식으로 재구성되는 변화를 가져오게 된다.

한편, 물리적 공간에서의 상호작용은 개별 국가의 지역적 경계에 입각하여 이루어지지만, 온라인 공간은 전파가 도달하는 공간을 기반으로 한다. 비록 언어나 문화권의 차이에 기반한 문화적, 심리적 경계는 존재할 수 있겠지만, 전파를 물리적으로 차단하지 않는 한 지역적 경계는 기본적으로 존재하지 않는다. 따라서, '초고속' 네트워크 인프라가 물리적, 시간적, 언어적 '거리(distance)'를 초월, 전 세계적으로 구축된다면, 디지털 인터넷은 별다른 제약 없이 자신이 원하는 정보를 공유, 상호 협력할 수 있을 뿐만 아니라 다양한 유형의 창의적 활동을 위한 상호 교환이 전 세계적으로 이루어질 수 있는 열린 공간의 의미를 갖게 된다. 특정 인터넷 플랫폼을 방문하는 행위는 해당 플랫폼의 경제적, 정치적 입지 형성에 기여하는 것을 의미하며, 특정 플랫폼의 방문자의 규모와 머무르는 시간이 증가할 경우 해당 플랫폼의 가치와 효율은 더욱 높아지게 된다. 이와 관련해서 경제학에서는 네트워크 효과(network effect) 개념을 제기한다. 경제학에서의 네트워크 효과는 주로 통신 분야에서 강조된 개념으로 네트워크 규모가 증가할수록 네트워크 가치가 증가한다는 것을 의미한다. 전화, 팩스, 전자우편 등의 가입자가 많아질수록 소비자에게 직·간접적으로 다양하면서도 더 많은 통신 관련 혜택을 제공할 수 있으며, 그 결과 가입자 확보를 둘러싼 시장 경쟁 환경은 보다 많은 혜택을 줄 수 있는 통신 서비스 기업을 중심으로 소위 부익부 빈익빈의 시장 환경이 이루어질 가능성이 높아지기 때문이다.

네트워크 확대로 인해 발생하는 추가적인 이익은 네트워크 외부성(network externality) 개념을 중심으로 논의되기도 하는데(홍동표·전성훈·이상승·김상택, 2002), 이들 네트워크 효과를 극대화하기 위해 플랫폼 기업들은 소비자들이 선호할 만한 다양한 콘텐츠를 보다 손쉽고 편리하게 이용할 수 있도록 지속적인 투자 개발의 노력을 기울이게 된다. 소비자들이 원하는 콘텐츠를 얼마나 빨리, 정확하게 찾아주는가에 기반한 검색엔진 시장의 성장 가능성과 함께 네트워크 효과의 잠재적 가능성을 보여주는 대표적 사례이다. 검색을 위해 몰려든 소비자들이 보다 손쉽게 자신이 원하는 정보를 찾아서 자신이 의도한 바를 보다 저렴하고 손쉽게 이룰 수 있도록 다양한 도구도 함께 제공함으로써 해당 플랫폼의 네트워크 효과는 더욱 극대화되고, 이는 곧 해당 플랫폼 기업의 직·간접적 수익 창출에 따른 잠재적 가능성의 확장의 의미를 동시에 갖게 된다.

③ 콘텐츠 생산과 유통 플랫폼의 결합, '공유'에 기반한 자본 독점 가능성

가. 온라인 공간에서의 자본 운용 메커니즘으로서 '규모의 경제'와 '네트워크 효과'

디지털 인터넷 미디어 테크놀로지에 기반한 정치, 경제적 변화의 핵심적인 담론은 국민 참여에 기반한 참여 민주주의의 발전과 함께 생산자와 소비자 간의 경계가 무너지고 생비자(prosumer) 중심의 경제 구조가 형성될 것이라는 점을 강조한다. 전 세계적으로 흩어져 있는 소비자(수용자) 간의 지식과 정보 공유가 가능해지면서 콘텐츠 소비자가 생산 주체로 부각되고 정치·경제적 환경에서의 소비자 참여가 민주주의 정치와 경제를 더욱 활발하게 진행되도록 하는 촉매제로 작용하고 있는 것이다. 또한, 언제라도 '초연결' 네트워크를 통해 다양한 정보 공유에 기반한 창의적 아이디어를

상품화하여 창업과 함께 기존 대자본과의 경쟁까지도 유도할 수 있는 유연한 경제 구조를 형성할 수 있다는 점 또한 매우 매력적인 담론의 지점이다. 하지만, 그 이면에는 콘텐츠 유통 플랫폼의 시장 독점에 대한 우려도 함께 내재한다. 구글이나 네이버 등과 같이 공유와 참여를 기반으로 하는 플랫폼 기업이 기존 콘텐츠 시장을 장악, 정보와 콘텐츠 시장 구조 전반을 재편하고 있다는 것이 주요 논점이다. 한국의 경우 네이버가 기존의 신문과 방송 기업이 축적해온 콘텐츠를 기반으로 콘텐츠 광고 시장을 독식, 국내 전체 미디어 시장의 지배적 강자로 자리 잡았으며, 구글 역시 이미 전 세계 콘텐츠 플랫폼 검색엔진 시장에서뿐만 아니라, 최근에는 유튜브를 통해 전 세계 영상 플랫폼 시장에서 독점적 위치를 더욱 강화하고 있는 상황이다. 물론, 유통 플랫폼 기업의 시장 독점 현상은 앞서 언급한 네트워크 효과가 전 세계 시장을 통해 극대화된 결과로 설명 가능하며, 그 내면에는 '초연결' 네트워크 테크놀로지를 매개로 한 '동료 생산' 중심의 '공유 경제'가 내재하고 있다. 초고속 네트워크 인프라에 디지털 인터넷 검색엔진 상품을 탑재함으로써 개별 행위자들이 별다른 비용 지불 없이 전 세계에 흩어져 있는 정보를 탐색, 획득할 수 있는 정보 경제 환경이 형성됨으로써 지리적으로 분산된 대규모 수용자들의 자발적 참여와 협력 조건을 유도할 수 있게 되고, 자유·오픈 소스 소프트웨어 운동과 위키피디아 등과 같은 공유 기반 동료 생산(commons-based peer production)을 지원, 검색엔진 플랫폼을 통해 사람들이 원하는 각종 정보를 거의 무료로 획득할 수 있는 환경을 제공할 수 있게 됨으로써 디지털 인터넷 유통 플랫폼에 대한 대중적 관심을 증폭시키는 한편 '네트워크 효과(network effect)'에 기반하여 급격한 기업 성장을 가져올 수 있는 계기를 마련하게 된 것이다(Benkler, 2006; 이항우, 2013).

규모의 경제와 네트워크 효과 개념에 입각해 볼 때, 콘텐츠 생산 및 유통 플랫폼 기업에서 창출할 수 있는 잠재적 수익 창출 가능성은 기본적으로 소비자의 선호를 기반으로 한다. 아무리 소비자들의 관심을 이끌 수 있을 만한 콘텐츠를 제작한다 하더라도 소비자들이 선호하는 유통 플랫폼을 통하지 않을 경우 소비자의 관심을 확보하는 것은 물론, 효율적인 콘텐츠 소비를 이끌어내기는 쉽지 않다. 반대로, 다양한 콘텐츠를 연결시켜줄 수 있는 우수한 기술력을 가지고 있다 하더라도 사람들이 원하는 콘텐츠를 원하는 시점에 제대로 제공하지 못할 경우 해당 플랫폼에서 추구할 수 있는 네트워크 효과는 반감될 수밖에 없다. 이런 점에서, 콘텐츠 생산 기업 및 콘텐츠 유통 플랫폼 기업의 경쟁력은 상호 밀접한 연관성을 가지고 있으며, 콘텐츠 제작 기업은 자신이 제작한 정보와 콘텐츠를 보다 돋보이게 노출시켜줄 수 있는 유통 플랫폼 기업을, 콘텐츠 플랫폼 기업은 소비자들이 원하는 정보나 콘텐츠를 제공해줄 수 있는 기업이나 개별 행위자들을 확보하는 것이 관건이다. 콘텐츠 제작 산업과 유통 플랫폼 산업에서의 경쟁 상황을 상호 분리하여 논의하기 어려운 것은 바로 그 때문이다. 결국 '누구와 어떻게 연결하는가'가 기업 행위자의 시장 경쟁력을 가늠하는 핵심 요인인 셈이다. 소비자의 선호를 토대로 보다 많은 관심과 인지도를 확보할 수 있다고 한다면, 콘텐츠 생산 및 유통 플랫폼 기업은 – 반드시 콘텐츠와 같은 무형의 상품을 기반으로 하지 않는 기업이라 하더라도 – 온라인 공간에서 정보 및 각종 콘텐츠 '공유'와 '참여'를 활성화함으로써 '생산에 따른 규모의 경제'와 '유통에 따른 네트워크 효과'를 동시에 누릴 수 있으며, 온라인 공간에서의 수용자 공유와 참여를 기반으로 – 비록 현실적인 어려움이 많기는 하지만, 이론적 차원에서 볼 때 – 다양한 분야나 기업과의 연계를 통해 시장 다변화의 확장 가능성 또한 더욱 증가할 수 있다.

나. 온라인 공간에서의 자본 특성과 역할, 그리고 문제점

콘텐츠 생산과 유통을 아우르는 독점적 시장 구조의 형성과 관련하여, 슈밥(Schwab, 2016)은 〈제4차 산업혁명〉이라는 저서를 통해 시장을 지배하는 강력한 몇몇 소수 플랫폼으로의 집중 현상을 네트워크 효과(network effect)를 위한 플랫폼 전략(platform strategy)으로 규정, 유통 플랫폼을 소유하고 있는 주요 사업자가 전 세계 미디어 시장 전반의 주도권을 장악하는 시장 환경으로 전환되고 있음을 주장한 바 있다. 이와 함께, 4차 산업혁명의 수혜자가 궁극적으로는 물적 자본을 제공하는 행위자들이며, 노동자와 자본가 사이의 부의 격차가 갈수록 커질 수 있음을 경고한다. 4차 산업혁명 이전 시대의 테크놀로지 기반 하에 형성된 경제에 비해 콘텐츠 테크놀로지 경제 하에서의 자본 독점이 더욱 심각할 수 있다는 경고로 이해할 수 있다. 사실 자본의 독점 지향적 속성에 대한 우려는 과거에도 있어왔다. 다만, 유통 플랫폼 기업의 자본 독점 전략은 소비자(수용자)를 생산 주체의 전면에 내세우는 전략을 수립하고 있다는 점에서 생산자 중심의 부가가치 창출에 의존해온 기존의 자본 운영 방식과 다소 차이를 보이고 있을 뿐이다. 4차 산업혁명 시대를 대표하는 테크놀로지 특징의 한 축인 '초연결' 네트워크를 통해 전 세계에 흩어져 있는 수용자들이 서로의 지식과 정보 공유를 통해 – 기존의 경제 구조 하에서 형성된 정치 및 자본 권력에서 비롯된 통제로부터 벗어나 – 소비자(수용자) 중심의 정치, 경제, 사회문화 환경을 더욱 확대, 재생산하도록 유도하고 있는 것으로 해석할 수 있기 때문이다. 하지만, 기존의 경제 질서 하에 형성된 자본 구조의 재편이 곧바로 자본에 내재해 있는 독점 지향적 속성이라는 본질의 해체나 변화를 의미하지 않는다는 점은 눈여겨볼 만한 특징이다. 오히려, 4차 산업혁명 시대에 진입하면서, 미디어 콘텐츠 환경의 변화와 함께 전반적인 사회 환경이 소비자와 수용자를 중심으로 긍정적 변화가 이루어지고 있지만, 이를 담아내는 플랫폼 기술의 발전은 지배적인 소수 기업을 중심으로 '규모의 경제'와 '네트워크 효과'를 더욱 극대화함으로써 독점과 집중이 보다 강화되는 산업 환경을 형성하고 있기 때문이다. 결과적으로, 4차 산업혁명 시대에 진입하면서 부각된 미디어 테크놀로지의 혁명적 발전은 외형적 차원에서 볼 때, 수용자(소비자)가 생산 및 사회 변화 주체로 부각된 것이 그 특징이기는 하지만, 그 이면에는 소수의 플랫폼 기업과 플랫폼 테크놀로지 개발자들에게 막대한 자본과 가치가 집중되는 환경을 강화시키는 결과를 초래함으로써 자본의 성격만 바뀌었을 뿐 오히려 과거보다 더욱 강력한 자본 집중을 통해 전 세계적으로 사회적·경제적 가치에 영향을 줄 수 있는 미디어 소통 환경이 형성되고 있는 것으로 요약 가능하다고 하겠다.

④ 유통 플랫폼 기업의 자본 투자, '공유 기반 알고리즘'에 내재한 자본 독점 전략

최근 플랫폼 기업들은 공유 기반의 동료 생산을 더욱 확장시키기 위한 기술 지원과 함께 해당 플랫폼에 참여하는 생산자와 생산물에 대한 보상 범위를 더욱 강화하고, 이를 매개로 보다 많은 정보들을 공유할 수 있는 환경 조성에 적지 않은 자본을 투자하고 있다.[5] 해당 플랫폼 상품을 다양화하는 것은 물론, 그 활용도를 더욱 증가시키는 데 필요한 노동력을 전 세계 플랫폼 사용자로부터 구입, 보상한다는 점에서 온라인 공간 특성이

---

[5] 네이버, 구글, 아마존 등에서는 보다 다양한 콘텐츠 유치와 소비자 유입을 위해 전문가들에 의해 만들어진 콘텐츠뿐만 아니라 일반 대중을 대상으로 한 다각도의 온라인 마케팅 전략을 수립하고 있으며, 이 과정에서 각종 저작도구 활용은 물론 클라우딩 서비스, 교육, 취업 연계에 이르기까지 다양한 서비스를 무료로 제공하고 있다.

가미된 일종의 '고용'의 의미 부여 또한 가능하다. 생산과 소비, 그리고 고용이 함께 이루어지는 '자본' 운영 구조가 형성되면서 공유에 기반한 다양한 창의적 성과를 지속적으로 재생산할 수 있는 시스템을 더욱 공고하게 구축하는 데 박차를 가하고 있는 셈이다. 그 결과, '초연결' 네트워크를 통해 확보된 각종 소비(수용) 정보를 기반으로 콘텐츠뿐만 아니라 정보 유통 허브의 기능까지도 확보할 수 있게 됨으로써 '초지능'이 어떠한 지향점을 가지고 활용되어야 하는지에 대한 보다 구체적인 방향 설정이 가능하게 된다. 그리고 이는 방대한 소비 정보를 기반으로 한 빅데이터 산업의 성장과 함께 유통 플랫폼 자본이 '초지능'에 대한 지식과 상호작용 방식에 영향을 미칠 수 있는 환경을 만들어가고 있음을 의미한다. 초지능에 내재한 낙관론과 비관론의 문제는 '초지능' 그 자체에 기반한 문제라기보다는 '초지능'의 방향과 구체적인 로드맵 구축을 토대로 미래의 산업 기반을 선점, 기업 경쟁력 확보를 통한 안정적 자본 획득 가능성을 지속적으로 추구하고자 하는 자본 속성에 대한 인식으로부터 출발할 필요가 있다고 보는 것은 바로 그 때문이다. 이런 점에서 볼 때, 4차 산업혁명이 본격화되고 있는 현 시점에서 '초연결'을 기반으로 하는 유통 플랫폼의 소비자(수용자) 유입 전략과 이윤 창출 메커니즘을 이해하는 것은 '초지능'의 방향 모색에 있어 매우 중요한 의미를 가지게 된다. 대부분의 기업들도 마찬가지이지만, 현 시점에서 자본의 경제적 행위 전략은 다가오는 미래를 설계하는 과정에서 해당 기업이 기획한 목표를 전제로 할 가능성이 높다고 볼 수 있기 때문이다. 이런 점에서 볼 때, 행위자가 원하는 정보를 즉각적이고, 정확하게 찾아줄 수 있는 검색 알고리즘 테크놀로지 개발 메커니즘과 지향점, 개별 의견이나 콘텐츠를 제공하기 위한 다양한 방식의 소통 테크놀로지 개발 지향과 온라인 마케팅 규칙 개발 방식 등 소비자 유입을 위해 포털사이트 플랫폼 기업에서 개발, 제공하는 각종 서비스들 속에 현재의 지배적 자본이 추구하는 '초지능' 형성에 따른 방향 모색과 영향력의 성격이 내재되어 있다는 유추가 가능하다. 미디어 콘텐츠 소비를 통해 자신이 의도한 창의적 콘텐츠를 지속적으로 생산할 수 있는 힘의 원천이 기본적으로 소비자(수용자) 선호에 대한 정보를 기반으로 보다 안정적인 자본 축적을 가능하도록 하기 위한 유통 플랫폼 기업의 전략적 의도에 있다는 것이다. '초지능' 담론과 관련하여 기계가 인간을 지배하게 될 것이라는 두려움은 기계의 문제라기보다 유통 플랫폼 테크놀로지 개발을 통해 독점적 위치를 확보한 거대 자본과 미래의 잠재적 부를 지속적으로 관리, 유지하고자 하는 자본가(자본)의 의도가 더 깊이 연관될 수밖에 없다는 문제 의식이 가능한 것은 바로 그 때문이다. 특히, 기존의 자본이 주로 물리적 자원에 기반한 테크놀로지 개발과 연관이 있다면, 콘텐츠 유통 플랫폼 기업은 인간의 정신이나 의식과 밀접한 관련이 있는 정보와 콘텐츠를 기반으로 하는 산업적 특성을 가지고 있다는 점에서 개별 행위자는 물론, 우리 사회 전반에 미치는 영향력은 과거에 비해 더욱 강력하고 광범위하게 작용할 수 있다는 유추 또한 가능하다.

3. 4차 산업혁명 시대의 인적 · 사회적 자본, 그리고 미디어 리터러시 교육의 역할

4차 산업혁명 시대의 '초연결', '초지능' 테크놀로지의 개발과 전 세계에 흩어져 있는 다양한 정보들이 인터넷 플랫폼을 통해 규모의 경제와 네트워크 효과를 기반으로 공유 경제 시스템을 구축할 수 있었던 배경에는 '연결'을 통해 생산성의 질적, 양적 수준을 획기적으로 변화시키는 것을 가능하게 한 우수한 인적 자원이 전 세계에 존재하기 때문이다. 실제로, 인적 자원의 개별적, 집단적 역량이 기업 및 국가의 경쟁력을 가져올 것이라는 인식 하에 대다수 국가들이 정부 정책적 차원에서 인적 자원의 역량을 강화하기 위해 교육 분야에 적지 않은 자본 투자와 함께 다각도의 정책 방안을 적극적으로 모색해온 것은 사실이다. 또한, 이들 개별 행위자들이 자신이 가지지 못한 역량을 상호 교류함으로써 집단적 차원의 행위 성과를 배가하기 위한 사회적 신뢰 구축에도 기업과 국가 공히 적지 않은 노력을 기울여 왔다. 인적 자원과 이들 인적 자원들 간의 신뢰 형성에 기반한 집단적 행위가 궁극적으로 기업과 국가 전체 경쟁력의 근원이라 보았기 때문이다. 하지만, 4차 산업혁명 시대에 진입, 물리적 경계가 무너진 글로벌 기반의 '초연결' 테크놀로지 구조는 '공유 경제'에 기반한 이익 창출 메커니즘을 구축, 국내에서 축적해온 인적·사회적 자원을 비단 국내 기업과 국가 차원뿐만 아니라 전 세계 유통 플랫폼 기업에서도 활용할 수 있는 가능성을 열어놓게 된다. 기업이나 국가에서의 인적·사회적 자본 투자에 따른 수혜의 범위가 기업이나 국가 단위를 넘어 글로벌 기업으로까지 확장됨에 따라 인적·사회적 자본 공유의 범위가 전 세계 단위로 확장되는 계기를 마련한 셈이다. 이런 점에서 볼 때, 국내에서 형성된 인적 자원과 사회적 자원의 축적이 국내 교육 구조와의 연관성 하에 어떻게 형성, 변화 과정을 거치고 있는지, 그 속에서 미디어의 역할은 어떠한지, 그리고 이러한 변화 경향은 4차 산업혁명 시대를 맞이하여 물리적 자본의 축적 메커니즘으로 부각된 공유 경제와의 연관성 하에서 국내 및 전 세계 유통 플랫폼 기업의 수익 창출과 어떻게 연계될 수 있는지, 그에 따른 문제점은 무엇인지 등 다양한 차원의 비판적 재검토를 토대로 국내에서의 인적·사회적 자원 축적과 관련한 미디어 리터러시 교육의 지향점을 논의하는 것은 중요하다. 비단 국가 공동체 구현과 민주주의 실현 차원뿐만 아니라 개별 행위자는 물론, 국가 경쟁력 제고 차원에서 어떠한 실천 담론이 필요한지에 대한 논의상의 단초를 제공할 수 있기 때문이다.

1) 인적 · 사회적 자본 개념

(1) '인적 자본(human capital)'에 대한 기존 논의

인적 자본의 개념은 통상 경제학에서 전통적으로 강조된 물리적 자본과 유사한 자본 속성이 인간에게도 내재하고 있다는 인식으로부터 출발한다. 기기설비 등의 물리적 자본이 장기간의 축적과 발전을 거쳐 생산성 향상에 기여하는 것처럼 인간이 소유하고 있는 노동력에도 생산성 향상과 부가가치 창출을 가져올 자본적 속성이 내재해 있다는 것이다. 1960년대 초반 슐츠(Schultz, 1961), 베커(Becker, 1962) 등에 의해 제기된 인적 자본 개념은 '생산과 교환 과정에서 기업가 혹은 회사에 유용한 지식, 기술 그리고 다른 재산을 획득할 때 노동자에게 부가되는 가치'로 정의(Schultz, 1961)되며, 상속이나 귀속, 교육, 훈련 등을 통한 개별 행위자의 노력, 자원의 교환 등과 같은 다양한 경로를 통해 축적된다(Lin, 2001; 권장원, 2004). 개별 행위자는 인적 자본 축적을 통해 자신의 의도한 바 성과를 얻기 위한 과정에서 발생 가능한 불확실성을 최소화할 수 있을 뿐만 아니라 스스로 더 나은 경제적 가치를 발생시키기도 한다는 점에서 물리적 자본과 인적 자본의 개념은 유사한 맥락으로 이해할 수 있다. 또한, 기계 설비와 마찬가지로 개별 행위자에 대한 투자 성과가 일차적으로 투자 행위자로의 귀속을 기반으로 한다(Johnson, 1960; Schultz, 1961)는 점에서 인적 자본 역시 일종의 재산권적 가치로서의 의미가 부여된다. 학교 교육과 직무 훈련에 대한 투자가 조직과 사회 전반에 걸쳐 생산성 향상을 초래하기 때문에 인적 자본에 대한 투자를 많이 하는 개별 행위자들에게 노동시장에서의 경쟁적 우위에 따른 경제적 보상을 제공하는 것은 당연하다는 인식을 제공, 노동 시장에서의 개별 경쟁력을 가늠하게 해주는 준거로 작용하게 되는(Becker, 1975) 것도 바로 그 때문이다. 이런 관점 하에서 인적 자본(human capital)에 대한 투자는 기업이나 국가 차원에서 '지속적이고 안정적 경쟁력 확보'와 함께 '경제 성장을 도모하기 위한 각종 정책'과 연계함으로써 노동 공급 시장에서의 품질 향상은 물론이고, 소득 불평등 완화(조우현, 1998)와 같은 공익적 차원의 정부 정책에서도 주요한 화두로 부각되고 있다.

(2) '사회적 자본(social capital)'에 대한 기존 논의

'인적 자본' 개념으로부터 확장된 '사회적 자본' 개념은 1980년대 중후반부터 부르디외(Pierre Broudieu), 콜먼(James S. Coleman) 등에 의해 명시적으로 사용되어 왔으며, 이후 학자들에 의해 다양한 방식으로 정의되고 있다. 사회적 자본의 개념 정의와 관련하여 부르디외(Bourdieu, 1983, 1986)는 사회적 연결 혹은 집단 구성원들에 의해 소유된 자본 형식으로서 상호 간의 관계가 연결망을 토대로 제도화된 덕분에 그 연결망에 속해 있는 개인이나 집단이 '이익'이나 '기회'를 얻을 수 있게 된다는 점에 주목, 제도화된 연결망에 기반한 이익이나 기회의 총합으로서, 기업이나 개인 등 개별 행위자 간에 형성된 관계 중심의 네트워크 자본으로서 사회적 자본을 규정한다(권장원, 2004). 특히, 부르디외는 계급성에 입각한 문화적 자본 개념을 사회적 자본 개념과 연계하여 묘사하고 있다는 점이 특징이라 할 수 있는데,[6] 비록 사회적 자본이 관계 속에 용해된 자본이기는 하지만, 개별 행위자들의 경제적 토대에 따른 차이를 기반으로 특권 계급을 강화하고 재생산하는 성격의 자본(Lin, 2001)으로 간주한다.[7] 부르디외는 지배 계급 네트워크를 통해 형성된 관계 자본이 그 속에 속해 있는 자신들의 '소속' 덕분에 투자에 대한 수익 배분 획득이 가능해짐으로써 지배계급의 특권 의식을 지속적으로 재생산하고 있음에 주목하고 있는 셈이다.

한편, 콜먼(Coleman, 1988, 1990)은 사회 구조에서 개인 및 조직의 행위를 보다 효율적으로 만들어주는 구성요소로서 사회적 자본 개념을 제안한다. 사회적 환경에 대한 신뢰를 기반으로 존재하는 다양한 의미와 기대, 사회구조에서의 정보유통 능력, 효과적인 제재를 동반하는 규범 등과 같은 다양한 실체가 사회구조 안에서 개인이나 집단이 어떤 행동을 하도록 유도하거나 촉진시키는 것으로 사회적 자본을 정의하면서 물리적 자본과는 달리 사용하면 할수록 그 가치는 더욱 증가하게 된다고 주장한다. 특히, 콜먼

---

[6] 부르디외(1980, 1983, 1986)는 지배 계급이 교육 행위(pedagogic action)에 자신의 문화를 포함시켜, 이를 다음 세대에의 지배적 상징과 의미로 내면화하도록 함으로써 지배적 문화의 특징을 재생산하고 있으며, 제도화된 교육을 토대로 지배적 문화와 가치가 보편적이고 객관적인 것으로 잘못 인식되게 하는, 소위 지배 문화에 의해 왜곡되고 정당화된 인식과 지식을 문화적 자본(cultural capital)으로 규정한다. 이런 점에서, 문화적 자본 개념은 사회적 정체성과 상호 호혜적 인식을 통해 포획된 자본이며, 교육 과정을 통해 형성되는 사회적 신뢰 구조를 기반으로 지배 계급의 특권과 지향점이 지속적으로 유지되도록 하는 계급 문화에 기반한 자본으로 이해할 수 있다.

[7] 부르디외는 자본주의 사회에서 계급재생산 과정을 비판적으로 분석하기 위해 사회 자본에 주목하였으며, "모든 다양한 자본의 뿌리는 결국 경제적 자본"이며, 다른 모든 종류의 자본들은 "변형되고 위장된(transformed and disguised) 형태의 경제적 자본"에 불과하다는 점을 주장, 경제적 자본의 계급적 세대적 이전을 위해 은폐되고 위장된 비밀통로로 사회적 자본을 해석하고 있다(전현곤, 2011).

은 사회 집단이나 공동체를 형성하고자 하는 모든 구성원들에게 거래비용을 감소시켜주고, 정보의 원활한 소통을 가능하게 해주는 기능을 수행하지만, 개인으로 환원 불가능한 특징을 지닌 유용한 자원이자 전체 공동체 형성 과정에서 발생하는 일종의 공공재화로 사회적 자본을 규정함으로써 계급 특권의 재생산을 위한 네트워크 재화로서의 의미를 강조하는 부르디외의 문화적 자본 개념과 차이를 보이고 있다(권장원, 2004).

부르디외와 콜먼에 의해 제기된 사회적 자본 개념은 이후 퍼트넘(Putnam, 1993, 2000)과 후쿠야마(Fukuyama, 1995)를 통해 — 주로 콜먼의 기능적 관점을 중심으로 — 지속적인 논의가 이루어진다. 퍼트넘은 '신뢰, 규범, 네트워크와 같은 사회 조직의 특성으로 구성원의 상호이익을 위해 조정과 협력을 가능하게 하는 것'으로 사회적 자본 개념을 규정, 특히 수평적인 집단에서의 협조적 행위를 강조하고 있으며, 후쿠야마(Fukuyama, 1995)는 '사회 구성원들이 서로 신뢰하고 새로운 집단과 연대를 형성하게 하는 인적 자본의 구성요소'로 정의, 사회적 신뢰 형성에 무게를 두고 있다. 비록 학자들에 따라 차이가 있기는 하지만, 개별 행위자의 관계에 기반한 자산이라는 공통의 인식을 토대로 한 사회적 자본 개념은 사회적 네트워크, 신뢰, 규범 등의 관련 개념과 연계하여 사회학, 경제학, 정치학은 물론, 교육학 등에서도 매우 심도 있게 다루어져 왔다. 이 과정에서 사회적 자본 개념은 사람들 속에 용해되어 있는 인적 자본 개념과 함께 연계하여 개인과 사회 전반에 걸쳐 — 즉, 개인과 개인, 조직과 조직, 그리고 개인과 조직 — 상호 협조를 촉진시키는 사회적 구조인 동시에, 네트워크 신뢰, 규범, 상호성 등과 같은 세부 요소들을 기반으로 사회적 관계를 형성, 실현할 수 있도록 해주는 일종의 신뢰 자본으로서 그 논의가 더욱 강조, 확장되는 경향을 내재하게 된다(이상일, 2007).

2) '사회적 자본'에 내재한 두 가지 모습: 계급재화 vs 공공재화

기존 논의를 통해 볼 때, 사회적 자본은 사회적 관계 속에 용해되어 있는 자본이라는 점에서는 공통점이 있지만, 관점에 따라 '계급(특권)재화'(부르디외)로서, 혹은 집합적 자산에 기반한 '공공재화'(콜먼, 퍼트넘)로서 유형화할 수 있다. 그 성과가 소유 주체에 의해 배타적으로 귀속되는 물적·인적 자본과는 달리, 사회적 자본은 개인과 조직, 사회 전반에 걸쳐 '관계'와 '공유'에 기반한 자본적 특성이 존재하고 있다는 점에서는 공통적이지만, 공유의 범위가 '특권 계급'에 국한되는지, 아니면 '전체 사회'로 확산됨으로써 사회 구성원들에게 활용 가능한 자원으로 공유되는지에 따른 견해차를 보이고 있는 셈이다. 하지만, 대부분의 학자들은 사회적 자본 개념 속에 이 특성들을 모두 포함하고 있는 것으로 인식하는 경향이 강하다(Lin, 2001). 문제는 사회적 인식이다. 통상 특정 집단이나 계급에 의해 배타적 차원에서 사회적 자본의 성과가 제한된다는 사회적 인식이 공유될 경우 해당 집단이나 계급의 소속 여부가 개별 행위자의 안정적 유지와 성장에 적지 않은 영향을 미칠 수밖에 없다. 그 결과, 특정 계급으로부터 배제된 개인이나 집단, 계급은 경쟁 과정에서 계급 간 불평등에 대한 불만과 갈등이 축적, 제로섬(zero-sum) 기반의 사회적 신뢰 구조가 형성될 가능성이 높다. 하지만, 사회적 자본의 성과가 특정 집단이나 계급이 아닌 전체 사회에서 공유된다는 사회적 인식이 형성될 경우 전혀 다른 양상을 보이게 된다. 계급 간 불평등에 대한 불만과 갈등이 감소하는 반면, 상호 신뢰와 협력에 입각한 넌제로섬(non zero-sum) 기반의 신뢰 구조가 형성될 수 있기 때문이다. 퍼트넘(Putnam, 1993, 2000)이 제기한바, 특정 계급이나 집단의 배타적 소유가 불가능하거나 제한된 형태로 신뢰 구조가 형성될 경우 거래 당사자가 모두 사용하면 할수록 전체 사회 차원에서 사회적 자본이 더욱 축적되는 포지티브섬(positive-sum) 관계 기반의 공공재화로서의 기능을 사회적 자본이 수행할 수 있게 된다는 논점이 바로 그것이다. 이런 점에서 볼 때, 상호 신뢰와 협력에 입각한 공공재로서의 사회적 자본 축적은 제로섬 기반의 경쟁 구조에서 넌제로섬 기반의 상생 구조로의 전환에서 요구되는 신뢰 기반의 공동체 형성을 위해 매우 중요한 의미가 있으며, 이를 위해서라도 해당 사회에 내재한 사회적 자본의 특성 규명과 문제점을 조망, 공공재화로서 사회적 자본의 축적과 활용을 위해 다각도의 방안 모색이 필요한 것은 너무 당연하다.

(1) 사회적 자본 형성 및 구축 공간으로서의 '가정'과 '학교'

일반적으로 인적 자본과 사회적 자본의 형성은 가정과 학교 공간에 입각한 교육 시스템이 어떠한 지향을 가지고 운영되고 있는지와 밀접한 관련이 있다. 개별 행위자들의 경우 가정을 통해 가족 공동체를 경험하며, 학교를 통해 형성된 사회적 관계를 기반으로 개별 역량을 키우기 위한 다양한 투자와 이로부터 비롯되는 교사-학생, 학생-학생 등의 관계를 경험, 사회 전반에 걸쳐 형성되어 있는 전체 공동체의 운영 방식 등을 학습하기 때문이다.[8] 따라서, 가족과 학교를 통해 제공되는 교육의 내용과 운영 방식, 그리고 지향점은 그 사회에 내재해 있는 인적·사회적 자본의 성격을 가늠하는 중요한 단서로 작용하며, 진학이나 취업 경로를 통해 사회 공동체의 일원

---

[8] 통상 가족은 혈연을 매개로 한 자연발생적인 집단적 특성이 강하며, 학교는 사회 공동체로서의 개별 역량과 전체 공동체의 한 일원으로서의 역할 수행을 학습을 통해 수행하기 위한 인위적인 집단의 특성이 강하다.

으로 진입할 때 그 성과가 부각되면서 가족이나 학교에서의 교육 과정 운영 방식과 지향에 영향을 미치게 된다. 이런 점에서 인적 자본과 사회적 자본의 특성은 고정된 것이 아니라 가정이나 학교가 당대의 사회 구조와 밀접하게 상호작용하는 과정에서 지속적으로 변화하는 가변적 속성을 내재하고 있는 것으로 이해할 수 있다. 가정과 학교에서의 교육 내용과 운영 방식, 지향점이 사회 구조를 변화시킬 수 있는 핵심적 교두보이며, 가정과 학교가 사회 구조 속에 형성되어 있는 사회적 자본의 성격을 전체 공동체의 집합적 자산으로 승화시킬 수 있는 중요한 공간으로 신뢰받는 이유는 교육에서의 지향점이 사회 구조에서의 성과와 밀접하게 상호 연계하고 있다고 믿어왔기 때문이다. 이런 점에서, 혈연 공동체 기반의 가정과는 달리 학교에 내재한 사회적 자본의 특성이 어떻게 형성되어 있는지, 가정과 학교가 집합적 자산으로서 공공재화에 기반한 사회적 자본 속성을 지속적으로 재생산할 공간으로 그 역할을 제대로 수행하고 있는지, 만약 그렇지 않다면, 변화를 도모하기 위해 가정과 학교는 어떠한 지향점을 가지고 노력해야 하는지에 대한 현실적이고 실천적인 논의는 중요하다. 교육 및 학습 공간에 대한 신뢰와 상호 협력을 기반으로 한 공공재적 자산으로서의 사회적 자본이 형성, 강화됨으로써 이를 토대로 시민 공동체 사회 형성에 따른 지향점을 달성하는 데 중요한 의미와 가치를 제공할 수 있기 때문이다.

(2) 한국의 가정과 학교에 내재한 사회적 자본 축적 지향으로서의 자가(自家) 실현

국내 교육 환경에 대한 기존 연구 결과들을 통해 볼 때, 한국 가정에서의 교육에 대한 인식은 비록 계층에 따른 차이가 있기는 하지만, 학업성취도에 입각하여 최선의 학력과 직업을 가질 수 있도록 자녀를 관리하는 도구적 특성이 강하다는 것이 중론이다(김미숙·상종열, 2015).9) 특히, 한국 가정의 경우 유교 기반의 가부장적 권위를 중심으로 가정의 번영과 가문의 명예를 개인의 행복보다 더욱 강조하는 사회적 관계 구조가 형성, 유지되어 왔다는 전통적 관점에서도 그 원인을 찾을 수 있지만 연고, 특히 그중에서도 고교, 대학에 기반한 학맥이 비단 정관계, 언론계뿐만 아니라 사회 전체 영역에 걸쳐 지배적 네트워크를 형성할 수 있도록 하는 중요한 경로로 인식되는 경향이 강하다(권장원, 2002). 그 결과, 특정 학맥을 기반으로 한 지배적 연고 중심의 신뢰 구조로의 귀속 여부가 가정과 학교 등에서 제공되는 학업성취도 성과의 주요한 잣대이자, 입시 제도의 근간을 이루는 가장 현실적인 요인으로 작용하게 된다. 사교육 시장의 급격한 성장은 물론이거니와 교육 내용이나 방식에 대한 정보보다 대학 진학 성과에 따른 고교 서열화 정보가 교육 환경 전반의 준거를 결정하는 핵심 정보이자 경로 요인으로 작용, 가정이나 학교에서의 교육열이 전체 교육 환경에서 고교 및 대학 서열화 중심의 가치관과 밀접하게 연결되어 온 것 또한 동일한 맥락에서 이해할 수 있다.

 교육을 자가실현(自家實現)의 도구로 간주하는 한국 가정에서의 교육열은 자녀가 제도권 교육에 진입하면서부터 대학 진학을 목표로 한 입시 경

---

9) 김미숙과 상종열(2015)에 따르면, 하위층 학부모들은 자녀의 학력 성취에 적극 개입하지 않으며, 대학 진학 여부 등의 진로를 자녀에게 맡기거나 교사의 일로 생각(Laureau, 1987; Gilles, 2006)하는 반면, 중산층 학부모들은 자녀가 최선의 학력과 직업을 갖도록 하기 위해, 어떤 준비가 필요한지 이웃이나 사교육 등을 통해서 적극적으로 정보를 수집하고, 국내 진학이 여의치 않으면 해외 유학을 계획하고 실행한다. 중산층에게 자녀의 대학 진학은 부르디외(Bourdieu, 1977)가 말한 doxa, 즉 절대적인 인식, 확신, 믿음이었고, 계층 무의식에 가까운 행동 양식으로서의 아비투스였다는 점에서 강한 계층 무의식이 계층 재생산을 가능하게 하는 강한 동인이라는 점을 지적하고 있다.

쟁과 연계하여 구체적인 실천으로 이어지게 된다. 이 과정에서 학교 교육은 지식의 강제적 주입, 맹목적 암기, 기계적 문제풀이, 동료와의 무의미한 무한경쟁 등에 입각한 입시 준비와 성공 지상주의적 교육 목적관의 기본 틀을 지속적으로 재생산해내고(이지성, 2015), 교육 내용이나 방식을 통한 개인적 역량 배양보다는 정관계를 포함하여 유명 인사를 보다 많이 배출한 학맥에 귀속되기 위한 입시 중심의 행위 경로가 부각된다. 가정과 제도권 교육(사교육 포함) 모두 대학, 특히 명문으로 일컬어지는 대학으로의 진학이 자가실현(自家實現)의 핵심적인 성공 경로로 인식되고, 학업성취도가 높은 학생들의 성적 서열화에 입각하여 학맥 기반의 네트워크 중심 구조가 사회 전반에 걸쳐 고착화됨으로 인해 제도권 교육 환경에 기반한 사회적 자본 특성은 집합적 자산에 기반한 공공재의 성격보다 부르디외가 제기한 특권 계급재화로 배타적 성격이 강하게 작용할 수 있는 여건이 조성된 것이다. 배타적 특징을 지닌 사회적 자본 획득을 위해 적지 않은 교육 비용을 투자했기 때문에 배타적 이익을 누리는 것이 당연한 권리로 인식되는 것 또한 동일한 맥락에서 이해할 수 있다. 특권 집단 소속에 따른 배타적 특권 기반의 사회적 자본이 작동함으로써 인적 자본에 대한 투자가 개인적 역량 배양보다 입시 경쟁에서 우위를 점하기 위한 방편이자 도구로 전락하게 된 셈이다. 그리고 이러한 현상은 '초연결' 테크놀로지와 결합함으로써 과도한 입시 경쟁과 특정 학맥 중심의 성과 구조와 밀접하게 연결되어 있는 국내 교육 전반에 대한 불신과 함께 '배타적 특권'을 확보하기 위한 학맥으로 진입하는 데 필요한 인적 자본 투자가 국내뿐만 아니라 글로벌한 차원으로 확대, 재생산되는 현실을 가져오는 주요한 교육 환경 요인으로 작용하게 된다.

(3) 학교와 매스 미디어 간의 상호작용, 자가(自家)실현 vs 자기(自己)실현

학교를 통해 형성되는 사회적 자본에 대한 기존 연구에서는 주로 부모, 교사, 그리고 학생 상호 간의 관계와 의사소통에 기반한 학교 적응과 학업성취를 중심으로 논의된 바 있다(문은식·김충희, 2003; 김두환, 2005; 이재훈, 2007). 가정과 학교에서 형성된 사회적 자본이 지역 내에서의 사회적 자본 형성에 영향을 미치게 되고, 이는 지역사회라는 공간적 범주 내에서의 사회적 상호작용에 입각한 지역 공동체 형성에 영향을 미치게 되기 때문에 학교 적응을 위해서는 학교뿐만 아니라 가정과 지역사회가 함께 관심을 기울일 필요가 있다는 것이 주요 논점이다(김경식 외, 2009). 주로 물리적 공간 개념에 기반한 학교 적응에 대한 기존 연구 성과를 통해 볼 때, 학생들의 학교 적응과 이에 연계되어 있는 학업성취도의 문제는 가정과 학교, 그리고 지역사회에서의 상호 연결에 입각한 소통을 통해 극복되어야 한다는 지향점을 기반으로 논의가 이루어져 온 셈이다.

하지만, 미디어 테크놀로지의 급격한 발전과 함께 미디어 활용에 있어 보편적 대중화가 진행되면서 개별 행위자들은 가정과 학교 울타리를 넘어 소통할 수 있는 기회를 제공받게 된다. 아날로그 시대에서 디지털 시대로, 그리고 인터넷과 모바일 미디어로 급속하게 변화하면서 학생들은 오프라인 공간과 온라인 공간 간의 융합 현상이 가속화되는 경험과 함께 가정과 학교, 그리고 지역사회라는 물리적 경계를 넘어 전 세계 구성원들과 참여를 통한 직접적인 상호작용과 관계 형성이 가능한 매스 미디어 소통 환경을 맞이하게 된 것이다. 가정과 학교, 그리고 지역사회에서 제공하기 어려운 다양한 정보와 오락거리, 개별 의견들을 매스 미디어를 통해 접촉하고 상호 교류할 수 있게 되면서 학생들은 학교가 제공하지 못하는 다양한 경험과 현실에 대한 학습 기회를 확보하게 되고, 이 과정에서 자가실현(自家實現)이라는 전통적 가치 중심으로 형성되어 있는 – 가정과 학교 간의 상호 연계에 입각한 – 학교적응과 학업성취도 가치 지향과의 상호 충돌을 경험하게 된다. 매스 미디어 테크놀로지 발전과 보편적 활용으로 인해 제도권 내에서 제공하는 전통적 관점에서의 가족 혹은 집단 중심의 자가실현(自家實現)을 위한 도구로서의 교육이 아닌 개인적 관심과 호기심에 기반한 자아실현(自我實現)의 가치에 더욱 많은 관심을 가질 수 있는 학습 및 소통 환경이 형성된 것이다. 그리고 이는 '초연결'에 기반한 매스 미디어 테크놀로지의 발전이 비단 지역과 국가, 그리고 세계 차원의 물리적 경계는 물론이고, 한국 사회의 전통적인 교육 체계를 구성해온 가정과 학교 울타리 기반의 물리적 경계 또한 초월함으로써 미디어 플랫폼을 통해 연결되는 전 세계 구성원들과 즉각적인 상호작용에 기반한 소통을 가능하게 해준 결과로도 해석 가능한 지점이다.[10]

표 2. 미디어 테크놀로지 환경 변화에 따른 소통 방식의 변화 경향

주요 미디어 환경	테크놀로지의 특징	소통 방식의 변화 경향
아날로그 시대의 영상 미디어	생산자와 소비자 간 경계 형성	• 영상 제작 전문가에 의한 콘텐츠 생산 • 영상 언어의 확장과 미디어 콘텐츠 소비의 대중화
디지털 시대의 영상 미디어	장비 및 설비의 저렴화, 경량화 장비 및 설비 활용 용이성(사용자 친화성)을 통한 미디어 콘텐츠의 대중적 생산 기반 형성	• 기능과 역할에 따른 경계 와해(생산자와 소비자, 전문가와 비전문가 등 생산과 수용 간의 결합에 입각한 생비자(prosumer) 개념 등장) • 영상 콘텐츠의 저변 확대 • 공유 테크놀로지 기반의 공유 경제 형성

---

10) 과거에는 언어상의 차이에 따른 한계가 존재했지만, 자동 번역 시스템의 도입에 따라 플랫폼상에서 즉각적인 해독이 가능할 뿐만 아니라 유튜브나 각종 동영상 플랫폼을 통해 사진이나 동영상과 같은 도상 기호(iconic sign) 기반의 콘텐츠 접촉과 유통이 더욱 보편화되면서 물리적, 언어적 경계를 넘어선 소통은 이미 부인할 수 없는 현실이다.

주요 미디어 환경	테크놀로지의 특징	소통 방식의 변화 경향
인터넷 기반의 멀티미디어	미디어 콘텐츠의 대중적 유통 환경 형성	• 미디어 콘텐츠 생산 및 유통에서의 수용자 참여 강화 • 인터넷 사용자 간의 정보 및 의견 교류 활성화 • 오프라인 공간과 온라인 공간 간의 융합 현상 가속화 • 공유 경제의 확장과 기존 자본 구조의 재구조화
모바일 기반의 소셜미디어	시간과 공간의 극복에 입각한 개인적 생산 및 유통 환경 형성	• 미디어 수용의 개인화 • 개인과 각 사회 분야 간의 직접적인 소통 가능 • 가정과 학교에 기반한 물리적 경계의 와해를 통한 기존 교육 시스템의 변화 가능성 제공 • 공유 경제의 보편화

출처: 권장원 (2015). 미디어 테크놀로지와 소통행위, 사회적 연결망 간의 상호작용에 대한 소고. 〈언론정보학연구〉, 22권, 17쪽 재구성. 원 저작권자의 모든 권리가 보호됨.

한편, 매스 미디어 콘텐츠를 생산, 제공하는 기관이나 기업은 시청 및 구독, 접촉량의 확장을 통한 수익 창출이나 다양한 차원에서의 영향력 확대를 주요한 행위 지향으로 삼고 있다. 이런 점에서 소비자들에게 필요한(needs) 콘텐츠보다 사람들이 원하는(wants) 콘텐츠 생산 및 유통에 집중하는 경향이 강할 수밖에 없다. 기업에서 필요로 하는 물리적 자본을 지속적으로 확대, 재생산하기 위해서는 자신의 기업이 생산하는 제품이나 서비스들을 소비자들이 지속적으로 선택할 수 있도록 해야 하기 때문이다. 하지만 학교의 관점에서 볼 때, 매스 미디어에 제공하는 다양한 현실에 대한 정보 노출과 접촉은 – 가정 및 학교 교육의 학습 효과와 관련되는 경우를 제외하고는 – 학습시간과 학업집중도를 감소시킬 뿐만 아니라 아직 미성숙한 학생들의 가치 지향에 부정적인 영향을 미치거나 가치관 형성에 혼란을 줄 수도 있다는 점에서 부정적일 수밖에 없다. 그리고 그 이면에는 제도권 내에서 이루어지고 있는 교육성취도가 달성되기 전까지는 – 즉, '대학'에 입학하기 전까지는 – 현실에서 발생하는 다양하고 복합적인 외부 환경으로부터 교육 대상자, 즉, 어린이와 청소년이 보호받아야 한다는 보호주의적 교육 지향이 내재하고 있기 때문인 것으로도 해석 가능하다.

물론, 매스 미디어에 대한 부정적인 관점만 존재하는 것은 아니다. 자기실현(自己實現)에 대한 가치 기반을 포함하여 다양한 정보와 의견을 교환할 수 있도록 해주는 동시에 학업 수행에 따른 스트레스를 해소시켜줄 수 있다는 측면에서 긍정적인 점도 분명 존재한다. 더 나아가, 학업성취도와 입시에 집중하는 학교와는 달리 다양한 문화적 가치와 관심사에 대한 정보를 제공하는 매스 미디어를 통해 또래 집단의 문화적 취향 공유를 토대로 가정과 학교에서의 관계 형성에 매스 미디어가 적지 않은 영향을 미치고 있다는 점 또한 부인하기 어렵다. 학교와 지역의 또래집단과 지속적인 교류를 위해 – 혹은 또래집단으로부터 배제되지 않기 위해 – 또래집단들 사이에서 관심도가 높은 매스 미디어 콘텐츠를 접하는 것은 학생들의 문화 형성과 사회적 관계 형성 과정에서 학교라는 제한적 공간에서 경험하기 어려운 학습 효과를 가져올 수 있다는 점에서도 적지 않은 의미를 지니고 있다. 이런 점에서 볼 때, 교육 현장에서의 주요한 관심사인 학교 적응의 문제는 단순히 학업성취도와 입시 중심적 관점을 넘어 또래집단 내의 사회문화적 관계 형성 지향에서 매스 미디어의 영향력과 역할도 함께 고려할 필요가 있다. 더 나아가, 사교육 근절이라는 대명제 하에 학교 입시 교육과 연계한 교육방송 콘텐츠 생산 및 유통이 제도적 차원에서 도입, 활성화되어 왔을 뿐만 아니라 4차 산업혁명 시대에 대한 담론을 중심으로 '초연결' 테크놀로지에 입각한 공유지식이 고부가가치 창출을 위한 핵심적인 원동력이 된다는 사회경제적 인식이 부각되면서 미디어 콘텐츠에 대한 지식과 생산 역량에 대한 제도권 내 교육에서의 학습 필요성은 시간이 지날수록 더욱 증가할 수밖에 없다.

(4) 학교 중심의 제도권 교육 구조 하에서 미디어 리터러시 교육의 방향, 보완? vs 대안?

소통 방식과 문화 형성 및 변화에 대한 영향력이 더욱 강화되고, 미래의 경제적 부가가치 창출 가능성에 대한 사회적 인식이 높아지면서 매스 미디어에 대한 리터러시 교육과 제작 역량 배양을 위한 교육은 인적 자본의 축적 차원에서 볼 때, 학교 공간에서도 그 중요성이 더해질 수밖에 없다. 매스 미디어 테크놀로지의 발전에 기인한 소통 방식의 변화가 전체 사회 구성원들 간의 상호작용을 더욱 강화시키고 있을 뿐만 아니라 전통적 관점에서 형성되어 온 개별 행위자의 목표 의식과 역할 특성을 변화시키고 있기 때문이다. 더 나아가, 학교 교육의 수혜자이자 교육의 대상으로서 학생이 포털사이트를 비롯한 다양한 미디어 공간에서 주요한 생산 주체로 부각되고 있다는 인식이 확산되면서 학교 교육의 현실이 미디어에 의해 주도되는 사회적 환경 변화를 따라가지 못한다는 비판적 문제 의식이 강하게 부각될 수밖에 없다. 이러한 현실적 측면을 고려해볼 때, 매스 미디어에 대한 지식과 비판적 기능을 강조하는 미디어 리터러시 교육 논의 역시 학업성취도와 입시가 강조되는 학교 교육을 단순히 보완하는 차원이 아니라 학맥으로의 귀속을 지향하는 현재의 입시 중심 교육 문화에 대한 변화 가능성과 함께 전통적 교육의 변화 가능성까지 아우를 수 있어야 한다는 다소 포괄적 지향점 설정까지 가능하다. 하지만, 현실에서의 미디어 리터러시 교육 담론은 기존의 전통적 교육의 보완 차원에 머무르는 경향이 강하다. 그 이면에는 전통적 교육 환경의 변화 필요성에 대한 문제 의식에도 불구하고, 실제 교육 현실은 변화하기 어렵다는 현실에 대한 인식이 내재하고 있기 때문으로 해석 가능하다. 현재의 교육 구조가 가정과 학교는 물론, 사회 전반의 구조와 밀접하게 연동되어 있기 때문이기도 하고, 어느 일방의 노력만 가지고는 변화하기 어려운 구조적 문제이며, 지배적 학맥을 성취하기 위한 경쟁 구조 하에서 형성된 기존의 배타적인 사회적 자본 특성이 특히, 진입 경쟁이 높은 기업을 포함, 대부분의 사회적 상호작용 과정에 적지 않은 영향을 미치고 있다는 사회적 인식이 여전히 우리 사회 저변에 강하게 내재하고 있기 때문이다. 이런 점에서, 매스 미디어에 대한 리터러시 교육의 지향이 기존 제도권 내 교육으로 진입, 기존 교육 내용을 보완하는 차원에서 이루어져야 할지, 아니면 기존 교육의 문제점을 해소하기 위한 교육적 대안 차원에서 이루어져야 할지에 대한 논의는 주로 전자의 문제 의식에 집중할 수밖에 없는 것이 현실이다.

한편, 제도권 내의 공교육 환경과는 달리 미디어 리터러시 교육에서는 초창기에 매스 미디어의 폐해로부터 학생 스스로 보호할 수 있도록 하자는 예방접종의 관점에서 출발하였지만, 이후 참여와 공동체 가치 구현이라는 적극적인 관점으로 전개되는 양상을 보이고 있다(권장원, 2015). 하지만, 참여와 시민 공동체적 가치에 대한 구체적인 지향점 역시 역사적 맥락에 기반한 재평가 과정을 결여한 채 과거 아날로그 시대에 형성된 '비판의 대상과 방식'에 집중하는 경향을 보이고 있는 것 또한 현실이다. 입시 위주의 성공 지향적 교육 제도에 내재한 다양한 문제 제기에도 불구하고, 기존 제도에 기반하여 형성되어 있는 전통적 신뢰 구조와 그에 기반한 사회적 네트워크 구조가 '과거의 그림자'로 작용(Ikenberry, 1988), 현실의 국내 교육 시스템 변화를 어렵게 하는 요인으로 작용하는 것으로 해석 가능한 지점이다. 따라서, 가정과 학교를 포함한 제도권(사교육 시장 포함)의 교육 행위 경로가 학업성취도와 입시 성과에 맞춰져 있으며, 지배적 학맥으로의 귀속 여부가 여전히 인적 자본의 품질을 판단하는 주요 경로 요인으로 작용하고 있는 교육 구조의 현실에 입각해볼 때, 제도권 교육을 통해 제공될 수 있는 미디어 리터러시 교육은 입시 과목의 증가나 기존 교육 구조에 대한 부분적인 변화에 머무를 수밖에 없다는 한계도 충분히 예상 가능하다. 하지만 그렇게 내버려두기에는 매스 미디어의 영향력은 갈수록 더욱 강해지고 있으며, 그 폐해 역시 더욱 광범위하고 심각해지고 있는 것 또한 현실이다. 미디어 리터러시 교육 담론이 '제도권 내 교육'과의 연계 가능성에만 집중하기보다 — 제도권 내 교육을 포함하여 — 전체 사회의 통합과 발전 차원에서 — 평생 교육을 포함하여 — 보다 보편적이고 광범위한 차원에서 논의될 필요가 있는 것은 바로 그 때문이다.

4. 4차 산업혁명 시대의 '자본' 담론과 미디어 리터러시 교육 지향 모색

1) 미디어 리터러시 교육에서의 '자본' 담론: 물리적 자본의 독점적 폐해에 대한 견제 vs 사회적 신뢰 형성을 위한 경제적 토대 구축

미디어 리터러시 교육에 대한 담론 형성과 관련하여 미디어를 둘러싼 경제적 메커니즘과 제반 환경 변화에 입각하여 보다 구체적인 지향점과 그에 따른 실천적인 교육 방안을 모색하는 것은 그 자체만으로도 중요한 의미가 있다. 물리적 차원에서의 자본 환경에 대한 '지식'과 '인식'을 토대로 상호 신뢰와 협력을 위한 사회 구조를 지향하는 공공재화로서의 인적·사회적 자본 형성에 대한 논의와 연계하여 대안을 모색할 경우 비단 경제적인 측면뿐만 아니라 정치, 사회, 문화적 측면에서도 적지 않은 가치와 함의를 제공받을 수 있다고 보기 때문이다. 기존의 연구 성과를 고려해볼 때, 집합적 자산이자 공공재화로서의 사회적 자본이 고도로 축적될 경우, 정부 제도의 효과적인 작동을 촉진시키고, 부패를 감소시키며, 정치 안정과 효율성을 증대시키고, 경제발전을 도모할 수 있을 뿐만 아니라 청소년 범죄, 이혼율, 미혼모, 학교 자퇴 등 다양한 사회문제의 발생 빈도를 감소(Brehm & Rahn, 1997; Putnam, 1993, 2000; 홍성운, 2012)시킬 수 있다는 논점이 지배적이다. 비록 사회적 자본의 축적에 기반한 기존의 국내외 연구 성과들이기는 하지만, 교육을 비롯한 전반적인 사회 구조에 내재한 배타성 기반의 사회적 자본의 변화를 통해 사회 문화 전반에서 사회적 비용을 최소화할 수 있는 환경을 만들어갈 수 있음을 보여주는 주요한 성과들이기도 하다. 더 나아가, 사익과 지대를 추구하는 이기적이고 자기중심적인 개인을 공동의 이익과 선을 지향하는 시민공동체의 구성원으로 변화를 유도하도록 하는 원동력인 동시에 사회를 하나로 묶어주는 접착제의 역할을 '사회적 자본'이 수행할 수 있으며(Newton, 1999), 이를 통해 국가의 개입 없이도 시민사회의 자발적 협력을 통해 공공재의 생산이 가능하게 되고, 공동체의 삶이 보다 효율적이고 자유롭고 풍요로워질 수 있다(유재원, 2000)는 인식의 토대를 형성(홍성운, 2012 재인용)하기 위해서라도 자본의 물리적 속성과 함께 인적, 사회적 자본에 입각한 미디어 리터러시 교육의 실천적 담론은 중요하다. 가령, 특정 의도를 목적으로 생산, 유통되는 가짜 뉴스 등과 같이 사회적 불신을 야기할 수 있는 미디어 콘텐츠가 우리 사회 전반에 미칠 수 있는 폐해에 대한 비판적 판단 기반을 소비자들에게 제공함으로써 여론 왜곡 가능성을 사전에 차단할 수 있다는 논점도 동일한 맥락에서 이해할 수 있다.

소비자(수용자) 개개인이 '초연결' 네트워크를 통한 지식과 정보 공유를 토대로 가짜 뉴스 등을 통해 나타나는 사회적 폐해에 대해 공동 대처가 가능하게 될 경우 여론에 대한 신뢰를 기반으로 전체 사회의 신뢰로 확대, 재생산해 나갈 수 있는 환경을 구축할 수 있기 때문이다. 더 나아가, 인간의 정신을 다루는 상품적 속성에 기반한 정보 미디어 콘텐츠 기업의 독점 지향적 전략에 대한 비판적 관점을 제공하는 동시에 관련 데이터의 지속적인 제공을 병행함으로써 매스 미디어가 제공하는 콘텐츠 제작 유통 시스템 제공 이면에 숨겨져 있는 미디어 기업 및 사회 전반에 걸친 비판적 대상과 지향점을 어떠한 수준에서 어떠한 방식으로 구체화하여 학교 및 시민 교육의 내용에 포함시킬 수 있을지에 대한 비판적인 대안 모색 또한 가능하다.

한편, 규모의 경제와 네트워크 효과에 입각한 자본 독점의 폐해와 국내에서 형성되고 있는 인적·사회적 자본 개념 간의 상호작용 가능성을 통해 볼 때, 4차 산업혁명 시대의 '초연결' 테크놀로지와 자본 간의 결합에 기반한 온라인 디지털 미디어의 영향력은 결국 상호 신뢰를 토대로 한 '공유' 그 자체의 문제보다 '공유'가 지향하는 성과가 '과연 누구에게 귀속되는가?'라는 문제와 직결된다. 공유에 따른 정치적 성과는 온라인 미디어 소통을 통한 공동체 형성과 자발적 참여에 입각한 민주주의 구현일 수도 있지만, 초연결에 입각한 공유 테크놀로지 개발과 네트워크 효과를 의도하는 '공유 경제 전략'에서는 글로벌 플랫폼 기업 중심의 자본 독점이라는 의도하지 않은 결과를 초래할 수 있기 때문이다. '공유'의 성과가 국민 혹은 세계 시민일 수도 있지만, 동시에 자본(가) 독점으로 인한 빈부 격차의 증가, 자본으로부터의 시민 소외 등과 같은 결과를 초래할 수 있다는 다소 상반된 잠재적 가능성을 보여주고 있는 셈이다. 이런 점에서, 미디어 리터러시 교육에 대한 담론은 크게 두 가지 차원에서의 문제 의식이 필요하다. 그 하나는

'공유 경제 기반의 글로벌 독점 자본'을 어떻게 볼 것인가의 문제와 해당 자본이 강조하는 공유 테크놀로지와 어떠한 관점에서 상호작용하는 것이 바람직할 것인지에 대한 논점이며, 다른 하나는 미디어 리터러시 교육이 신뢰와 협력 기반의 사회적 자본을 축적하기 위해서는 제도권 내 교육 시스템과 어떤 방식으로 관계를 설정하는 것이 바람직한지에 따른 제도화, 혹은 시스템화의 문제이다. 이들 문제들을 종합해보면, 미디어 리터러시 교육이 미디어 영역이나 교육의 영역을 상호 보완하기 위한 보조적인 도구가 아닌, 신뢰와 협력에 기반한 상호작용 및 융합 체계에 대한 총체적 문제와 결부되어 있으며, 소비자(수용자) 자신이 직면하고 있는 문제나 한계를 스스로, 혹은 다양한 연결을 통해 극복할 수 있을지에 대한 미디어 활용 방법을 보다 근본적이고 구체적인 담론 차원에서 제공할 필요가 있는 것으로 요약 가능한 셈이다.

2) 교육 환경 변화 경향에 따른 미디어 리터러시 교육 담론의 지향 모색

'초연결'과 '초지능'에 기반한 4차 산업혁명 시대를 경험하고 있는 현 시점에서 자본과 테크놀로지의 특징과 발전 방향에 입각해 볼 때, 미디어 리터러시 교육에 대한 담론은 다음의 몇 가지 지향점을 중심으로 정리할 수 있다. 우선, 민주주의 이념과 가치 확산의 지향점이다. 미디어 리터러시 교육에 대한 가장 전통적이고 기본적인 가치 지향이기도 하다. 민주주의 이념과 가치의 근간이라 할 수 있는 자발적 시민 참여를 더욱 확장시킬 수 있는 교두보로서 미디어 리터러시 교육의 필요성은 사회적 쟁점에 대한 합리적이고 비판적 시각을 제공하고, 이들 시각에 입각하여 다양한 차원에서 자발적인 시민 참여를 유도함으로써 공론장으로서의 기능을 더욱 강화할 수 있는 가능성을 제공할 수 있다. 두 번째는 시장 경쟁 활성화의 지향점이다. 현대 사회에서 시장의 역할은 갈수록 커지고 있다. 그리고 시장 경쟁 기능이 제대로 작동하기 위해서는 자유와 신뢰에 입각한 정보 유통과 함께 창의적이고 경쟁력 있는 상품 개발과 유통이 전제되어야 한다. 미디어 리터러시 교육은 미디어 콘텐츠 생산 및 유통 메커니즘에 대한 지식과 관련 정보 제공을 기반으로 비판적, 창의적 인식에 입각한 미디어 생산물 시장 경쟁과 함께 미디어 콘텐츠 기업의 독점 가능성을 감시·견제하는 것에 대한 기본적인 인식을 제공하는 교육 공간으로 활용 가능하다. 이를 토대로 미디어 콘텐츠 생산과 유통 시장에서의 경제적, 사회적 외부성을 동시에 견인할 수 있도록 함으로써 미디어 콘텐츠 생산과 유통 시장은 물론, 사회 전반에 내재한 근본적인 문제를 해소할 수 있는 촉매제로서의 역할 수행이 가능하게 된다. 세 번째는 정부 주도 규제 정책 대안 지향점이다. 민주주의 가치 이념에 입각해볼 때 미디어 소통 환경에서 비롯된 다양한 부작용에 대해 정부가 직접적인 방식으로 규제하는 것은 쉽지 않다. 언론의 자유라고 하는 국민적 기본권을 침해할 수 있는 소지가 다분하기 때문이다. 이런 점에서, 미디어 환경에서 비롯되는 부작용과 관련하여 대부분의 논의는 소비자(수용자)에 의한 자발적인 참여를 기반으로 감시 및 자정 기능을 강화시킴으로써 여론과 소통 구조의 왜곡 가능성을 사전에 차단하거나 최소화할 수 있어야 한다는 논점은 중요한 의미가 있다. 더 나아가, 미디어 리터러시 교육을 통해 교육 당사자들이 미디어 생산자로 참여할 수 있고, 미디어 생산을 기반으로 교육에서의 문제점에 대해 보다 근본적인 문제제기와 함께 학교와 시장에서의 제반 문제들을 해소할 수 있는 소통 환경을 유도하기 위한 교두보로서의 역할 수행 또한 가능하다. 마지막으로 미디어 리터러시에 대한 '교육 담론'의 지향점이다. 미디어 리터러시 교육의 담론 형성이 '미디어'와 '교육' 분야가 상호 분리된 채 독립적 영역으로 작동하기 어렵다는 점이다. 디지털 시대의 도래와 함께 융복합의 흐름이 전체 사회로 확장되면서 '미디어'와 '교육' 분야는 밀접한 상호작용을 지속해왔고, 학교라는 물리적 공간에서 이루어지던 교육은 미디어를 통해 온라인 공간에서 재생산될 뿐만 아니라 심지어는 학교라는 물리적 공간에서 이루어지던 교육 영역을 보완하는 수준을 넘어 대체하는 수준까지 확장되는 경향을 보이고 있기 때문이다. 이런 점에서 미디어 리터러시 교육은 시장에서의 경제적 토대의 규명과 변화 흐름을 포함하여, 교육 현장과 미디어 현실 간의 상호작용 공간, 융합 공간으로 활용되기 위한 교두보로 인식될 필요가 있다. 개별 부처별 기능 중심에서 부처 간 상호작용 중심으로 미디어 리터러시 교육 제도를 운용해야 한다는 담론 또한 동일한 맥락에서 이해할 수 있다.

5. 결론을 대신하여

4차 산업혁명 시대의 미디어 콘텐츠 환경에서 작용하고 있는 테크놀로지 개발 방향이자 물리적 자본 축적을 가능하게 해주는 핵심적 키워드는 바로 수용자(소비자) 기반의 '공유'이다. '초연결'에 기반한 공유 테크놀로지와 '규모의 경제', '네트워크 효과' 등에 기반한 공유 경제 중심의 자본 축적 메커니즘을 토대로, 한국 사회에서의 인적·사회적 자본의 특징과 변화 경향을 살펴봄으로써 미디어 리터러시 교육의 필요성과 그 지향점을 모색, 한국에서 근본적인 사회문제로 인식되고 있는 배타적 학맥 기반의 사회적 자본을 집합적 자산으로서의 공공재적 특성의 사회적 자본으로 변화시킬 수 있는 교두보로 미디어 리터러시 교육에 대한 의미 부여가 가능하다는 점을 제기하고자 하였다. '공유' 기반의 테크놀로지의 발전과 '공유' 경제가

'배타적 계급재화'에 기반한 경제적 권력 독점이 아닌 공공재 기반의 '사회적 자본'으로 연결될 수 있도록 유도함으로써 국민과 소비자의 권리와 수혜를 더욱 강화시킬 수 있기 때문이다. 이런 점에서, 미디어 리터러시 교육에 대한 담론이 보다 다양한 차원에서 논의되는 한편, 제도화를 통해 미디어 리터러시 교육에 대한 실천적, 구체적인 지향점이 지속적으로 모색될 수 있는 제도적 환경을 지금부터라도 구성할 필요가 있다. 아울러, 제도적 차원에서 참여 주체나 방식 등과 관련하여 미디어, 교육, 문화 등 다양한 분야의 참여 공동체를 구성, 운영하는 등 '학교 교육'과 '미디어 리터러시 교육' 간의 화학적 융합을 실현하기 위한 인적·경제적 상호작용 토대 구축에 대해 보다 적극적인 차원에서 논의할 필요가 있다. '참여'와 '공유'. 4차 산업혁명 시대로의 진입과 함께 미디어 테크놀로지와 자본 간의 상호작용에 기반하여 형성된 '공유 테크놀로지'와 '공유 경제' 환경이 시민들의 자발적 참여와 함께 결합함으로써 부각된 사회적 화두이다. 4차 산업혁명 시대의 미디어 리터러시 교육, 자유로운 시민 참여를 통해 나타난 성과가 공유 경제 메커니즘을 통해 전체 사회 공동체 형성에 따른 신뢰 구축으로 연결될 수 있도록 다각도의 실천방안 모색이 필요한 시점이다.

참고문헌

권장원 (2002). 사회적 자본으로서의 연고 속성 변화 경향에 대한 연구: 방송 정책진과 방송사 내부 조직을 중심으로. 〈언론과 사회〉, 10권 2호, 7-34.
권장원 (2004). 한국 언론사의 관계 권력 구조에 대한 연구: 연고에 의한 사적 신뢰 요인을 중심으로. 〈한국언론학보〉, 48권 2호, 164-188.
권장원 (2015). 미디어 테크놀로지와 소통 행위, 사회적 연결망 간의 상호작용에 대한 소고. 〈언론정보학연구〉, 22권, 대경언론학회.
권장원·이근형·곽현자 (2015). 〈올바른 방송·통신 미디어 이용을 위한 교육방안 연구〉(KCSC 2015-002). 서울: 방송통신심의위원회.
김경식·최성보·이현철 (2009). 사회적 자본과 학교적응과의 관계: 가족, 학교, 지역사회 내 사회적 자본을 중심으로. 〈교원교육〉, 25권 2호, 60-83.
김두환 (2005). 교육목표의 관계적 동조(alignment)와 학업성취: 지위 획득 연구의 새 방향. 〈한국교육사회학연구〉, 15권 1호, 43-64.
김미숙·상종열 (2015). 중산층 밀집지역에 거주하는 중산층 학부모들의 자녀교육문화: 분당구 사례. 〈교육사회학연구〉, 25권 3호, 1-30.
노영란 (2017). 〈기존 미디어교육지원법 평가 및 법제정 방안 모색〉. 디지털 민주주의를 위한 미디어교육지원법 추진위원회 출범식 및 기념세미나(미디어교육지원법 추진위원회) 자료집.
문은식·김충희 (2003). 부모의 학습지원행동과 초·중학생의 학업동기 및 학업성취도의 관계. 〈교육심리연구〉, 17권 2호, 271-288.
송태원 (2018). 인터넷 플랫폼 시장에서 경쟁제한의 우려와 규제 방안에 대한 연구. 〈경제법연구〉, 17권 1호, 107-138.
유재원 (2000). 사회적 자본과 자발적 결사체. 〈한국행정학회 학술발표논문집(I)〉, 243-259.
이상일 (2007). 사회적 자본과 인적 자본의 관계에 대한 소고. 〈인제의총〉, 22권 1호, 97-111.
이재훈 (2007). 〈가족 및 학교 내 사회자본과 학업성취〉. 고려대학교 대학원 석사학위논문.
이지성 (2015). 〈생각하는 인문학〉. 경기: 문학동네.
이항우 (2013). 동료 생산(peer production)과 시장: 디지털 공유 모델의 의의와 한계. 〈경제와 사회〉, 통권 제99호, 153-183.

전현곤 (2011). 교육학에서의 사회자본 논의에 대한 비판적 탐색: 가정의 사회적 자본을 중심으로. 〈교육학연구〉, 17권 3호. 151-174.

조우현 (1998). 〈노동경제학〉. 서울: 법문사.

허영주 (2014). 중·고등학생 대상 미디어 교육내용의 구성 방향: 미디어 교육내용의 실태 및 요구 분석을 기반으로. 〈한국교육문제연구〉, 32권 1호. 23-47.

홍동표·전성훈·이상승·김상택 (2002). 〈네트워크 효과가 시장구조에 미치는 영향과 경쟁정책〉 (연구보고 02-13). 과천: 정보통신정책연구원.

홍성운 (2012). 사회적 자본의 'anti-social' 측면에 대한 고찰. 〈한국거버넌스학회보〉, 19권 2호, 125-146.

Baacke, D. (1973). *Kommunikation and kompetenz: Grundlegung einer didaktik der kommunikation und ihrer medien*. Munchen, Germany: Juventa Verlag.

Becker, G. S. (1962). Investment in Human Capital: A Theoretical Analysis. *Journal of Political Economy, 70*, 9-49.

Becker, G. S. (1975). *Human capital*. Chicago, IL: University of Chicago Press.

Benkler, Y. (2006). *The wealth of networks: How social production transforms markets and freedom*, New Heaven: Yale University Press.

Bourdieu, P. (1977). *Outline of a theory of practice*. Cambridge: Cambridge University Press.

Bourdieu, P. (1980). Le Capital Social: Notes Provisoires. *Actes de la Recherche en Sciences Sociales, 3*.

Bourdieu, P. (1983, 1986). The forms of capital. In J. G. Richardson (Eds.), *Handbook of theory and research for the sociology of education* (pp. 241-258). CT: Greenwood Press.

Brehm, J., & Rahn, W. (1997). Individual-level Evidence for the Causes and Consequences of Social Capital. *American Journal of Political Science. 41*(3), 99-123.

Coleman, J. S. (1988). Social capital in the creation of human capital. *American Journal of Sociology, 94*, 95-120.

Coleman, J. S. (1990). *Foundations of social theory*. Cambridge, Massachusetts: Harvard University Press.

Fukyama, F. (1995). *Trust: The social virtues and creation of prosperity*. New York: The Free Press.

Gilles, V. (2006). Working class mothers and school life: Exploring the role of emotional capital. *Gender and Education, 18*(3), 281-293.

Ikenberry, G. J. (1988). Conclusion: An institutional approach to American Foreign Economic Policy. In G. J. Ikenberry, D. A. Lake & M. Mastanduno (Eds.), *The State and American Foreign Economic Policy*, Ithaca: Cornell University Press.

Johnson, H. G. (1960). The Political Economy of Opulence. *Canadian Journal of Economics and Political Science, 26*, 552-564.

Lareau, A. (1987). Social class differences in family-school relationships: The importance of cultural capital. *Sociology of Education, 60*, 73-85.

Lin, N. (2001). *Social capital: A theory of social structure and action*. New York: Cambridge University Press.

Newton, K. (1999). Social capital and democracy in modern Europe. In J. W. van Deth, M. Maraffi, K. Newton & P. F. Whiteley (Eds.), *Social Capital and European Democracy*, London: Bouteledge.

Putnam, R. D. (1993). *Making democracy work: Civic traditions in modern Italy*. Princeton: Princeton University Press.

Putnam, R. D. (2000). *Bowling alone: The collapse and revival of American community*. New York: Simon & Schuster.

Rifkin, J. (2011). *The Third Industrial Revolution: How lateral power is transforming energy, the economy, and the world*. New York, NY: Palgrave Macmillan.

Schultz, T. W. (1961). Investment in Human Capital. *The American Economic Review* LI(1. March), 1-17.

Schwab, K. (2016). *The Fourth Industrial Revolution* (Paperback). London: Penguin Books.

Chapter 06
4차 산업혁명 시대의 뉴스 리터러시 교육

금준경 (미디어오늘 기자)

1. 들어가기

 4차 산업혁명 시대, 뉴스 미디어와 뉴스 미디어를 둘러싼 환경은 어떻게 변화할까. 4차 산업혁명이라는 용어 자체가 실체가 불분명하다는 지적이 있지만 핵심기술 가운데 '인공지능'은 뉴스와 연계성이 높은 분야로 꼽힌다. 인공지능 기술이 주도하는 뉴스의 생산, 유통, 소비의 변화는 이미 시작되었다.
 생산 측면에서 인공지능 알고리즘이 기사를 작성하는 '로봇 저널리즘'은 현실에서 적용되고 있다. 시나리오 기획과 영상 편집 부문에서 적용된 인공지능을 뉴스에도 연계할 수 있다. 이와 동시에 '허위정보[1])(가짜 뉴스)'가

---

1) fake news의 번역을 '가짜 뉴스'로 하는 것이 원래의 의미를 전하지 못하는 문제와 fake news 용어가 부적절하다는 논의가 있는 점을 감안해 '허위정보(disinformation)'라는 용어를 쓰되 인용상 불가피한 경우에는 '페이크뉴스', '가짜 뉴스'로 표현했다.

딥러닝 기술의 발전과 만나 고차원 페이크뉴스인 '딥페이크(deepfakes)' 기술 발전으로도 이어지는 역효과도 현실에서 벌어지고 있다.

4차 산업혁명은 뉴스 유통에도 변화를 초래한다. 해외의 구글, 페이스북과 국내의 네이버, 카카오 등 뉴스를 서비스하는 거대 인터넷 기업들이 인공지능 알고리즘이 뉴스를 배열하는 서비스를 선보이고 있다. 사람이 개입하는 전통적인 뉴스 편집과 배열 대신 개인 맞춤형 알고리즘이 뉴스에 적용되면 '확증편향' 강화로 이어질 우려가 있다.

이 같은 변화가 이어지는 가운데 '뉴스 리터러시' 함양을 위해 주체별로 필요한 역할은 무엇인지 고민했다. 기술 기업은 불투명한 알고리즘의 원리와 영향이 제대로 설명될 수 있도록 해야 하며 뉴스 유통의 주체이면서 동시에 리터러시 교육의 주체로 거듭나야 한다. 언론은 허위정보나 편향적 뉴스에 대한 진위를 설명하는 팩트체크와 비평을 확장하는 것과 동시에 디지털 뉴스 수용자들에게 맞는 방식으로 뉴스를 전하는 방법을 고민해야 한다. 교육기관 역시 기존의 뉴스 리터러시 교육에 머무르지 않고 매체 환경의 변화, 독자의 변화를 즉각적으로 적극 수용하는 교육 시스템을 마련해야 할 때이다.

2. 뉴스 생산의 변화

1) 인공지능과 뉴스 생산

"22일 코스피가 해외 증시 호조에 힘입어 반등하며 38.9포인트(2.11%) 상승한 1879.43포인트로 거래를 마쳤다."

다른 언론의 장마감 기사와 크게 다른 점이 없지만 기자의 이름이 독특하다. 'IamFNBOT'이라는 바이라인이 붙어 있다. 2016년 1월 파이낸셜뉴스가 국내 최초로 로봇 저널리즘 기사를 선보였다. 서울대학교 이준환과 서봉원 교수 연구팀이 개발한 알고리즘이 기사를 작성한 것이다. 이 로봇 저널리즘 기사는 '데이터 수집 → 의미 있는 이벤트 추출 → 핵심 이벤트 감지 → 무드(기사 톤) 감지 → 작성 등' 다섯 가지 단계로 기사를 작성한다(고찬수, 2018).

뉴스 생산 측면에서 인공지능 알고리즘이 기사를 작성하는 '로봇 저널리즘' 실험은 활발히 이루어지고 있다. 파이낸셜뉴스에 이어 헤럴드경제, 이투데이, 전자신문이 증권 시황 기사에 로봇 저널리즘을 도입했다. 대구일보는 야구 중계 로봇 저널리즘 '에이프'를 도입해 실험하고 있다.

인공지능 기사의 강점은 '속도'와 '정확성'에 있다. 사람 기자가 일일이 데이터를 확인하고 기사를 쓰는 데 드는 시간에 비해 인공지능 알고리즘은 순식간에 기사를 작성할 수 있고, 데이터 원본에 문제가 있지 않는 한 숫자를 틀릴 염려도 없다.

그러나 현재까지는 고도화된 기계학습을 적용하지는 못하는 단계이고 기술 발전이 이루어진다 해도 스트레이트 등 단순기사 작성이나 데이터 가공 및 정리 영역에서 역할을 할 가능성이 높다. 통찰력을 갖고 해설하고 분석하고, 현장을 취재하는 인간 기자의 역할을 대체하기 힘들 것이라는 전망이 나온다.

로봇 저널리즘 관련 실무자 인터뷰(이상도, 2017)에 따르면 한 팀장급 기자는 "글이라는 게 단순히 정보뿐만 아니라 방향과 가치관, 기자의 생각이 담겨 있다. (로봇 기사는) 기존 언론의 보조적인 기능을 하는 수준"이라고 설명했다. 다른 차장급 기자 역시 "로봇 기사와 인간이 써야 하는 분야가 다르다"며 "보완적 역할을 할 것이다. 증권, 스포츠, 날씨 정도가 아닐까"라고 전망했다.

장기적으로는 로봇 저널리즘 기사가 '온디맨드(on-demand)'형 뉴스 유통에서 역할을 할 것이라는 기대도 있다. 해당 논문에서 전직 로봇 저널리즘 관계자는 "롯데와 LG가 야구경기를 하면 부산에 사는 롯데팬 독자에게는 롯데가 이기든 지든 롯데 위주로 풀어가는 식"이라며 "이게 가능한 구조가 점점 다가오고 있고 기술로는 구현이 끝난 상태"라고 말했다.

또 하나 주목받는 뉴스 서비스는 '인공지능 음성'이다. 구글, 애플, 아마존 등 미국 IT 기업뿐 아니라 국내 기업들도 네이버 '프렌즈', 카카오 '미니', SK텔레콤 '누구', KT '지니' 등 음성을 통해 미디어 서비스를 할 수 있는 인공지능 스피커를 출시했다. 장기적으로는 인공지능이 뉴스를 요약하고 정리하는 기능까지 나올 것이라는 전망이 있지만 현재는 제작된 글 기사를 음성으로 읽어주거나 녹음된 뉴스를 전달하는 방식으로 뉴스를 서비스하고 있다.

일본에서는 인공지능 음성 서비스가 레거시 미디어(legacy media)의 뉴스 제작에도 접목되고 있다. 일본의 지역 라디오 방송사 FM와카야마는 인공지능 아나운서가 뉴스를 진행한다. 이 인공지능 아나운서는 아마존의 클라우드 서비스의 일환인 텍스트 음성변환 인공지능 '폴리(Polly)'를 기반으로 해 대본을 읽는다. 자연재해가 많은 일본의 특성상 언제든 자연재해 뉴스가 가능하다는 이점이 있다. 국내에서도 노컷뉴스가 '폴리'를 활용한 기사 읽기 서비스 '노보(NOVO)'를 도입했다.

인공지능이 콘텐츠를 제작하는 창작 분야의 경우 아직까지 뉴스 부문에서 주목받는 사례는 없지만 장기적으로 뉴스 미디어의 '응용' 분야가 될 수 있다. 2016년 영화감독 오스카 샤프와 인공지능 연구자 로스 굿윈(Ross Goodwin)이 공동으로 개발한 인공지능 시나리오 작가 벤자민(Benjamin)이

시나리오를 쓴 단편 영화 〈선스프링(Sunspring)〉이 제작된 사례가 있다. 일본에서는 단편 공상과학문학상 심사에서 인공지능이 쓴 소설이 1차 심사를 통과했고 국내에서는 KT가 '인공지능 소설 공모전'을 주최했다.

영상 제작과 편집도 사람이 아닌 인공지능의 영역으로 접어들고 있다. IBM의 인공지능 왓슨(Watson)은 100여 편의 공포영화 예고편을 학습해 영화 〈모건〉의 예고편을 제작했다. 방송을 3~5분 단위로 잘라 유통하는 클립 영상 서비스에도 인공지능 기술이 접목되고 있다. 왓슨은 US오픈 테니스대회 영상에서 선수의 움직임, 군중의 환호, 표정 등을 분석해 경기의 주요 장면을 편집해 인터넷에 올렸다. 이 기술을 응용하면 방송 뉴스의 기획과 구성, 편집에도 관여할 수 있다.

2) 허위정보와 인공지능의 발전

흔히 '가짜 뉴스(fake news)'로 불리는 허위정보는 기술과도 밀접한 관련이 있다. 전통적인 매체 환경에서 언론은 제작 및 발행, 송출시설을 독점한 데다 뉴스 제작을 위한 인력, 기술적 투자 역시 진입장벽이 높았기 때문에 일반인이 뉴스를 생산해 유포하는 건 불가능했다.

그러나 제작, 편집 기술이 대중화되고 인터넷의 확산으로 누구나 콘텐츠를 생산할 수 있게 되면서 상황이 달라졌다. 2000년 창간한 인터넷신문 오마이뉴스에서 시민이 직접 기사를 작성하는 시민 저널리즘을 선보였고 미국 인터넷신문 허핑턴포스트(Huffington Post)는 블로거들의 글을 기사로 내보냈다. 이제는 언론사가 아닌 블로그, 커뮤니티, 소셜미디어, 동영상 플랫폼 등에서 사람들이 만든 정보가 뉴스와 맞먹는 영향력을 갖기 시작했다.

이 가운데 지난 미국 대선을 기점으로 '가짜 뉴스(fake news)'라 불리는 허위정보(disinformation)가 급속도로 퍼지기 시작했고 ABC를 비롯한 주요 매체를 흉내 내는 페이크뉴스 사이트가 생겨났다. 국내에서는 언론사 사이트를 흉내 내는 사례는 드물지만 누구나 글을 쓸 수 있고 빠르게 유포할 수 있는 인터넷의 특성을 활용해 블로그, 커뮤니티 글 또는 메신저 대화방을 통해 사실과 다른 허위정보를 급속도로 유포하는 상황이다.

허위정보 가운데 유난히 이목을 끄는 건 시각적 허위정보이다. 독일에서는 앙겔라 메르켈(Angela Merkel) 총리가 합성 사진 허위정보로 곤혹스러운 일을 겪었다. 메르켈 총리는 2015년 9월 베를린 난민보호소에서 한 시리아 난민과 사진을 찍었는데, 사진 배경을 테러 현장으로 바꾸거나 해당 난민의 얼굴에 복면을 합성하는 방식으로 '테러리스트와 찍은 사진'으로 유포해 정치적으로 악용된 것이다.

한국에서는 2016년 자유한국당 의원총회 현수막에 '우리가 최순실이다!!' '댓통령님 힘내세요!'라는 문구를 합성한 이미지가 트위터, 페이스북 등으로 유포됐다. 합성의 질이 높지 않고 박근혜 전 대통령의 대선 댓글 조작 의혹을 풍자하는 용어인 '댓통령'이라는 표현이 있어 풍자 목적으로 제작한 이미지라는 사실을 알 수 있다. 그러나 많은 누리꾼들은 페이스북상에서 이 이미지를 공유하며 자유한국당이 반성하지 않는다며 비판했다.

2016년 사드 배치에 따른 한중 외교갈등이 이어진 국면에서 중국 CCTV 방송에서 '한국 연예인 출연 중단'을 중국의 미디어 규제기구인 광전총국에서 지시했다는 내용을 보도했다는 캡처 사진이 유포됐다. 당시 서울경제, 노컷뉴스, 매일경제는 이를 기사화했으나 CCTV는 이 같은 보도를 한 적이 없었다. 해당 이미지는 다른 뉴스를 전하는 화면에 자막을 합성한 조작된 것이다. 2018년 예멘 난민이 제주도에 입국하면서 유럽에서 퍼지던 난민의 폭력성, 잔혹성을 부각하는 내용의 허위정보가 유럽뿐 아니라 국내에서도 유포되고 있다.

이처럼 조작된 사진만으로도 논란이 끊이지 않지만 앞으로는 더 강력한 허위정보가 만들어질 가능성이 높다. 딥러닝 기술의 발전에 따른 '딥페이크 (deepfake)' 기술이 보편화되고 있기 때문이다. 딥페이크는 'deepfakes'라는 ID를 가진 미국 네티즌이 유명 배우의 얼굴과 포르노 영상을 합성하면서 논란이 시작됐다. deepfakes는 구글의 공개 머신러닝 소프트웨어인 '텐서플로(Tensor Flow)'를 통해 가짜 합성 포르노를 제작했다고 밝혔다. 최근에는 인공지능 기술로 동영상을 편집하는 '페이크앱(FakeAPP)'이 나왔고 미국 포르노 회사 너티 아메리카(Naughty America)는 고객이 원하는 영상과 인물 이미지를 보내주면 성인용 영상으로 합성해주는 서비스를 출시했다. 국내에서도 연예인과 관련한 딥페이크 영상이 나와 논란이 불거지기도 했다.

딥페이크는 생성적 적대 신경망(Generative Adversarial Network, GAN) 기술을 원리로 한다. 이 기술은 생성자(generator)와 감별자(discriminator)로 불리는 두 축이 핵심이다. 생성자는 실제 데이터를 바탕으로 거짓 데이터를 만들고 감별자는 생성자가 내놓은 데이터가 가짜라는 점을 파악해 지속적으로 경쟁하며 점점 사실에 가까운 이미지를 만들어낸다. 이는 '술래잡기 게임(cat-and-mouse game)'이라고도 불리는데 이미지 편집이나 제작 등에 쓰이는 순수영상 기술이었으나 허위정보 기술로 악용된 것이다.

미국 워싱턴 대학교 연구팀이 만든 딥페이크 영상은 딥페이크 기술이 정치사회 분야의 허위정보로 악용될 가능성을 드러낸다. 영상은 분할될 화면에 버락 오바마(Barack Obama) 전 미국 대통령이 여러 명 등장해 말을 하는 내용인데 실제 오바마 대통령은 단 1명뿐이고 나머지는 인공지능 기술을 통해 만든 딥페이크 영상이었다.

여기에 주목해야 할 또 다른 기술은 음성합성이다. 인공지능 음성합성은 양대 포털인 네이버와 카카오도 선보이고 있어 국내 이용자들에게도 낯설지 않다. 네이버는 배우 유인나씨의 목소리로 책을 읽어주는 콘셉트의 오디오북을 지난해 8월 공개했고 카카오는 2015년 손석희 JTBC 보도부문 사장의 목소리를 합성해 뉴스를 읽어주는 시범 서비스를 선보인 바 있다.

'딥페이크' 영상과 음성 합성 기술이 보편화된다면 허위정보는 지금과는 비교할 수 없을 정도로 영향력이 막강해진다는 전망이 있다. 손석희 JTBC 보도부문 사장처럼 신뢰받는 언론인의 얼굴과 목소리를 흉내 내 사실과 다른 내용을 전하거나 정치인이 인종차별이나 욕설, 비리를 시인하는 내용의 영상을 제작할 수도 있다. IT 자문기관 가트너(Gartner)는 '2018년 이후 주목할 10대 디지털 기술 전망'을 발표하고 2020년이 되면 사람들이 실제 정보보다 인공지능(AI)이 만든 '허위정보'를 더 많이 접하게 될 것이라고 전망했다.

딥페이크 기술이 단순히 '허위정보'를 확산하는 데 그치지 않고 더 큰 문제를 야기할 것이라는 전망도 있다. 미국 언론 〈와이어드(WIERD)〉는 이 기술을 두고 "인공지능이 인간의 목소리를 모방하는 '페이크뉴스 2.0'의 시대가 도래했다"며 "인공지능으로 인한 가장 큰 손실은 당신이 보거나 듣는 것에 대한 신뢰의 완전한 파괴"라고 우려했다. 미국 매체 〈디 애틀랜틱(The Atlantic)〉은 사람들이 비디오 전반에 의구심을 제기할 수 있다고 경고했다. 예를 들어 정치인 비리에 대한 영상이 나오면 사람들은 눈에 보이기 때문에 믿었지만 딥페이크가 보편화되면 진실을 보고도 '딥페이크'라 여기며 부인할 수 있다는 지적이다.

어떻게 대응해야 할까. "△속단하지 마라. △소스를 살펴봐야 한다. △온라인상에 또 있는 자료인지 확인하라. △입 모양을 관찰하라. △영상을 천천히 다시 볼 것" 등이 버즈피드(BuzzFeed, 2018, 4, 18)가 제시하는 '딥페이크를 탐지하는 방법'이다. 그러나 기술이 발전되면 이 또한 유용한 팁이 되지 않을 가능성이 높다.

　미국은 정부 차원에서 딥페이크 대응을 고민하고 있다. 러시아가 딥페이크를 활용해 공작에 나설 가능성이 있기 때문이다. 미국 국방부 산하 방위고등연구계획국(Defense Advanced Research Projects Agency, DARPA)은 2018년 초부터 '미디어 감식 프로젝트'를 출범하고 가짜 비디오 판별 프로그램을 개발하고 있다. 첫 성과물로 딥페이크 영상의 눈 깜박임이 부자연스럽다는 점을 잡아내고 이러한 특성을 기계 학습시켜 딥페이크 영상들을 구별해 낼 수 있도록 도구를 개발했다. 물론, 딥페이크 기술이 나날이 발전할 것이기 때문에 딥페이크를 구분하는 기술 또한 지속적으로 발전시켜야 한다.

　국내에서는 딥페이크라는 용어조차 생소한 가운데 최근 딥페이크와 관련한 여론조사[2])가 나왔다. 한국언론진흥재단 미디어연구센터 조사 결과 딥페이크를 '잘 알고 있다'고 답한 응답자는 4.3%, '들어봤고 대략 무엇인지 알고 있다'를 선택한 비율은 10.0%였다. 31.4%는 '들어는 봤으나 정확히 무엇인지는 모른다', 절반이 넘는 54.3%는 '들어본 적 없다'를 택했다. 딥페이크 기술과 관련해 85.3%는 '영상에 합성된 사람들이 피해를 볼 가능성이 있기 때문에 어떤 형태로든 규제가 필요하다'고 응답했다. '유명인의 영상이 많아 한번쯤 합성을 의심해볼 여지가 있기 때문에 보는 사람이 주의를 기울여 추가 확산을 막아야 한다'에 동의하는 응답도 84.2%에 달했다. 기술에 대한 인지도는 높지 않았지만 심각한 문제가 될 수 있다는 공감대가 나타났다.

---

2) 한국언론진흥재단 미디어연구센터가 20세 이상 성인남녀 1,218명을 대상으로 2018년 8월 20~24일까지 온라인 설문조사를 실시하였다(한국언론진흥재단, 2018a).

3. 뉴스 유통의 변화

1) 알고리즘 유통

"대한민국에는 네이버신문과 카카오일보가 있다." 지난 4월 포털을 비판하는 한국신문협회의 성명 내용이다. 많은 사람들은 자신이 읽은 기사가 어느 언론사에서 쓴 것인지 기억하지 못한다. 뉴스를 생산하는 주체는 언론이지만 다수 독자들은 언론이 아닌 언론을 매개하는 플랫폼을 통해 뉴스를 구독하기 때문이다.

특히 한국의 플랫폼 종속은 매우 심각하다. 지난해 로이터 저널리즘 연구소·한국언론진흥재단이 발표한 〈디지털 뉴스 리포트〉 조사 결과 한국 이용자 가운데 언론사 홈페이지에 직접 방문해 뉴스를 본다고 답한 비율은 4%에 불과했다. 검색과 뉴스 플랫폼을 통해 뉴스를 본다고 답한 비율은 77%에 달했다. 한국은 조사 대상 36개국 가운데 포털 의존도는 가장 높고, 언론사 방문 비율은 가장 낮은 나라이다(〈그림 1〉 참조).

그림 1. 국가별 디지털 뉴스 의존 통로

출처: 로이터 저널리즘 연구소·한국언론진흥재단. 〈디지털 뉴스 리포트〉. 원 저작권자의 모든 권리가 보호됨.

플랫폼 종속이 심화되는 가운데 언론과 거대 인터넷 기업의 '기술 격차'가 벌어지고 있다. 네이버, 카카오 등 국내 포털과 페이스북, 구글 등 해외 기업들은 인공지능 기술에 적극적으로 투자하고 있다. 해외 언론 가운데서는 인공지능 기술을 적용해 뉴스 추천 등에 활용하는 경우가 있지만 국내에서는 단 한 곳도 없다. 기술 격차가 커질수록 독자의 플랫폼 선호도가 높아질 것으로 보인다.

현재 국내 검색 포털 네이버, 카카오(다음)는 검색 결과에 알고리즘이 기사들을 분류하고, 유사성에 따라 클러스터(cluster)를 형성하고, 특정 기사를 상위에 노출하는 방식의 뉴스 배열을 하고 있다.

여기에 한발 더 나아가 검색 결과가 아닌 첫 화면에도 이용자의 데이터를 활용해 사람마다 다른 결과가 뜨는 개인 맞춤형 알고리즘의 도입과 고도화도 이어지는 추세이다. 네이버는 2018년 5월 9일 뉴스 개편을 발표하며 3분기 이후부터는 알고리즘 '에어스(Artificial Intelligence Recommender System, AiRS)'에 의한 뉴스 배열을 100%로 늘리겠다고 발표했다. 앞서 카카오는 이미 '루빅스(Real-time User Behavior-based Interactive Content

Recommendation System, RUBICS)' 알고리즘을 만들고 PC 및 모바일 뉴스 배열, 카카오톡의 콘텐츠 서비스인 카카오채널에 도입한 상태이다.

네이버의 '에어스'와 카카오의 '루빅스' 알고리즘은 공통적으로 소비자의 취향을 학습하는 데 초점을 맞추고 있다. 지난해 네이버가 논문을 통해 공개한 내용에 따르면 네이버는 비슷한 관심사를 가진 사람들이 많이 본 뉴스를 고르는 '협력 필터링(Collaborative Filtering, CF)'과 개인의 과거 콘텐츠 소비 내역에 따라 좋아할 만한 뉴스를 골라주는 '인공신경망 기술(Recurrent Neural Network, RNN)'을 기반으로 뉴스를 추천한다. 카카오 '루빅스(RUBICS)' 알고리즘은 협력 필터 방식에 이용자가 읽을 가능성이 높은 뉴스를 상단에 배치하는 '멀티 암드 밴딧(Multi-Armed Bandits, MAB)' 알고리즘을 탑재했다.

해외 기업은 어떨까. 세계적인 검색 사이트인 구글 역시 검색 결과에 알고리즘을 통해 기사를 선별한다. 정치권은 국내 포털을 비판할 때마다 "구글은 뉴스 배열을 하지 않는다"며 비교하지만 구글의 뉴스 정책은 뉴스 배열 강화 기조로 이어지고 있다. 2017년 7월 구글 모바일 앱 메인 화면을 개편하고 언론사 뉴스를 첫 화면에 나오게 했고 지난 5월 뉴스앱 개편으로 기존 뉴스스탠드뿐 아니라 '당신을 위한 뉴스', '헤드라인', '즐겨찾기' 등 서비스를 늘렸다. 구글은 모바일 앱 기준 국내 언론사를 대상으로 전면 알고리즘 편집 방식으로 기사를 배열하고 있다.

구글의 동영상 플랫폼인 유튜브의 첫 화면은 사람마다 차이가 크다. 유튜브는 개인이 시청한 영상을 바탕으로 유사한 영상을 메인 화면과 영상을 시청한 후 뜨는 추천 영상에 내세우는 방식의 개인 맞춤형 알고리즘을 선보이고 있다. 영상 추천은 이용자의 시청 정보를 바탕으로 접근성, 대중성, 참여도, 만족도, 시청건수, 시청시간 등을 종합적으로 반영해 노출한다.

소셜미디어인 페이스북이 시간 순서대로 게시글을 노출할 것이라는 건 착각이다. 페이스북은 '인벤토리 – 시그널 – 예측 – 관련성 점수' 등 네 가지를 종합적으로 고려해 게시글을 배열하고 있다. 인벤토리(inventory)는 이용자 정보, 친구 정보, 가입 그룹, 작성 게시글 등의 각종 정보를 말한다. 특정인의 게시글이 작성됐다는 시그널(signal)이 들어오면 인벤토리를 바탕으로 이용자가 댓글을 달거나 '좋아요'를 누르는 등 반응할 만한 정보를 예측해 점수를 책정하고 높은 점수의 게시글을 상위에 배열하는 방식이다.

2) 알고리즘과 필터버블

"알고리즘의 결과물은 충분히 매력적이어서 한번 맛을 보면 끊기가 힘이 든다. 내 생각과 같은 기사들만 내게 배달되고, 나와 같은 정당을 지지하는 사람들만 거주하는 소인국에서 사는 삶은 평안하다. 악마는 그 안에서 자란다"(Eli Pariser, 2011).

엘리 프레이저(Eli Pariser)는 각종 검색엔진과 소셜미디어 기업들이 제공하는 정보와 개인 맞춤형 서비스에 과도하게 의존하는 정보 편식으로 인해 이용자들이 점차 자신만의 정보막에 갇히게 되고 그 바깥의 현안에는 관심을 두지 않게 되는 현상을 지적하면서 이를 '필터버블(filter bubble)'이라고 불렀다.

알고리즘 배열이 이용자의 인식에 영향을 미친다는 연구는 알고리즘 배열이 갖는 영향력을 드러낸다. 미국행동·기술연구소(AIBR)는 4,500명을 대상으로 구글 검색 알고리즘 조작 실험을 거친 결과 부동층 20% 정도는 알고리즘 조절만으로 누구에게 투표할 것인지를 바꿀 수 있다고 밝혔다. 페이스북은 2014년 미국 〈국립과학회보〉에 투고한 논문을 통해 이용자들을 두 집단으로 구분한 다음 뉴스피드에 각각 긍정적인 글과 부정적인 글이 노출되도록 하고 게시글 노출이 사람의 감정에 영향을 미치는 결과를 분석한 논문을 썼다 '감정 조작실험'을 했다는 비판을 받았다. 소셜미디어의 알고리즘이 우리 몰래 개개인의 사고에까지 영향력을 미칠 수 있다는 우려를 들게 한 사건이다.

알고리즘 배열은 과연 공적 역할을 수행하고 있는지 질문을 던져야 한다. 알고리즘은 최우선적으로 공정하고, 객관적 근거를 갖추고, 사회적 다양성을 고려하는 뉴스를 추천하기 위해 작동하고 있는가? 그렇다고 보기 힘들다. 수많은 뉴스 또는 콘텐츠를 이용자의 성향에 맞춰 보여주고 끊임없이 추천하면서 이용자가 서비스에 오랫동안 머물도록 해 수익을 끌어내는 게 목표이기 때문이다. 필터버블을 초래하는 알고리즘은 확증편향을 강화해 편향적 정보 위주로 받아들이게 하고 허위정보 확산에도 영향을 미칠 수 있다.

실제 알고리즘 배열을 도입한 업체들은 '성과'로 상업적인 목적을 강조하고 있다. 카카오는 "루빅스를 적용한 뒤 총 클릭 수, 1인당 뉴스 소비량, 노출 뉴스 수가 모두 크게 늘어났다"고 밝혔다. 유봉석 네이버 미디어서포트 리더는 "정량적으로 체류시간, 인당 소비하는 기사 수가 늘었다"고 평가했다.

최근에는 허위정보가 문제가 되면서 필터버블이 허위정보 확산에도 기여를 한다는 우려가 있다. 다만, 한국과 외국의 상황은 구분해서 볼 필요가 있다. 뉴스 사이트 검색 결과에서 '허위정보'를 담은 사이트를 걸러내야 하는 외국과 달리 한국에서는 언론사가 아닌 매체가 언론사처럼 속이고 '허위정보'를 전하는 경우는 드물다. 더구나 국내의 포털은 포털 뉴스제휴평가위원회의 제휴심사를 거친 검증 받은 '제휴 언론사'를 대상으로 노출하기 때문에 '허위정보' 문제에서는 비교적 자유롭다. 다만, 정파적 언론환경에서 '확증편향' 강화 우려가 있는 데다 '연성 뉴스' 중심 소비가 이루어지거나 제한적인 장르의 뉴스만 소비할 수 있는 문제는 무시할 수 없다. 야구를 좋아하는 사람에게 야구 뉴스만 보여준다면 정치 사회에 대한 관심을 갖지 못하게 할 것이고 보수성향 시민에게 보수적인 뉴스만 보여주는 식으로 확증편향을 강화할 우려가 있는 것이다.

해외에서는 구글의 '허위정보'를 두고 논란이 많지만 구글의 검색 점유율이 낮은 한국에서는 구글을 통한 검색 결과가 사회적으로 영향을 미치기는 힘들다. 대신, 동영상 서비스가 주목을 받은 가운데 급부상한 구글의 동영상 서비스 유튜브에서 허위정보 또는 편향적인 정보가 인기를 끌고 사회적인 논란이 되고 있다.

유튜브의 영향력은 막강하다. 모바일 앱 분석업체 와이즈앱(wiseapp) 조사에 따르면 지난 2월 국내 이용자(안드로이드 기준)들은 카카오톡, 네이버, 페이스북보다 유튜브를 더 오랜 시간 이용한 것으로 나타났다. 2016년 3월만 해도 이용자의 유튜브 이용시간은 79억 분이었으나 올해 2월 257억 분으로 급증했다. 디지털 마케팅업체 메조미디어(mezzomedia)의 '업종분석 리포트 2018'에 따르면 지난해 동영상 광고 매출은 유튜브가 1,656억 원으로 1위를 차지했고 시장 점유율은 38.4%에 달했다. 폭발적인 성장이 이어지면서 언론에서 '유튜브의 성공'을 조명하는 기사를 찾는 일은 어렵지 않다.

개인화된 알고리즘의 특성상 세부적인 배열 내역을 감시하는 것은 쉽지 않지만 유튜브 서비스 가운데는 국가별로 모든 이용자에게 같은 콘텐츠가 노출되는 '인기영상' 탭이 있어 어떤 영상이 주목받고 있는지 현황을 파악할 수 있다. '인기영상'은 유튜브 모바일과 PC화면에서 '인기영상' 탭을 클릭하면 나오는 영상 리스트로 조회 수, 조회 수 성장률, 동영상 게시 기간 등을 종합적으로 반영해 알고리즘이 순위를 측정하며 사람이 개입하지 않는다.

유튜브 '인기영상' 상위 30개를 15일 동안 분석한 결과 허위정보, 자극적

정보가 많았다. 조사대상 기간 인기영상 450건 가운데 뉴스·시사 콘텐츠는 143건으로 나타나 유튜브에서 뉴스가 차지하는 비중이 높았다. 이어 코미디·오락(71건), 체험·관찰(42건), 음악(29건), 영화(24건), 음식(24건), TV프로그램(20건), 토크(17건), 스포츠(11건), 애니메이션(11건), 게임(10건) 순이었다. 이 가운데 보수성향의 인터넷 방송 콘텐츠(55건)가 가장 주목 받아 진보성향의 인터넷 방송 콘텐츠(4건)를 압도했다. 해당 콘텐츠는 레거시 미디어에 해당하는 신문·방송 콘텐츠(43건)보다도 주목받았다.

'인기영상' 가운데 LA 시사논평TV는 "문재인 최악상태 재기불능(?)"이라는 제목으로 문재인 대통령이 뇌출혈로 쓰러졌다는 내용의 건강이상설을 다루었다. '신의한수'는 "문재인의 이상한 행동과 건강이상설" 제하의 콘텐츠를 내보냈다. 이 방송에서 출연자는 "인지능력이 없다고 할지 배울 수도 없는 것인지 의심할 수밖에 없다"고 주장했다. 이 외에도 "긴급속보 … 트럼프는 경고했고! 문재인을 더 이상 남한의 대통령으로 인정하지 않기로 했다", "문재인은 무기징역에 처하여야 마땅하다 충격", "CIA 기밀문서가 문재인을 박살냈다!" 등 문재인 대통령을 겨냥한 콘텐츠가 많았다. 고 노회찬 의원의 타살설 뉴스도 이어졌다. 태평TV는 "노무현 유서와 노회찬 유서의 작성자는 동일인이다", "노회찬 누가 왜 죽였나? 자살 위장 타살의 비밀과 금도굴 범죄" 콘텐츠를 통해 노회찬 의원이 타살이라고 단정했으며 '잔치국수 먹방'으로 논란이 된 뉴스타운TV 역시 "노회찬 의원 투신 자살 … 의심되는 타살 의혹?"(뉴스타운TV) 콘텐츠를 통해 타살설을 다루었다.

한겨레가 '가짜 뉴스의 뿌리를 찾아서' 시리즈를 통해 조명한 한국의 가짜 뉴스 유통 현황을 보면 유튜브 내에서 만들어진 허위정보는 유튜브 내 보수성향의 인터넷 방송이 서로의 콘텐츠를 인용하며 확대 재생산하고 있다. 한겨레는 "문제는 유튜브의 알고리즘이 가짜 뉴스의 확산을 돕는다는 점에 있다"며 "'정규재TV'를 보면 추천 영상으로 '신의한수'를 권하고, '태블릿피시 조작설'을 보면 '노회찬 타살설' 동영상을 관련 영상으로 제시하는 식"이라고 지적했다.

유튜브 알고리즘에 대한 문제제기는 해외에서도 지속되고 있다. 2016년 미국 대선 기간 영국의 일간지 〈가디언(Guardian)〉이 유튜브의 자동추천 영상을 분석한 결과 643개의 편향 콘텐츠 중 551개가 트럼프를 지지하는 내용으로 나타났다. 유튜브 전 엔지니어인 기욤 샤스로(Guillaume Chaslot)는 지난 2월 가디언을 통해 "체류시간에만 집중된 유튜브 추천 시스템은 필터버블과 페이크뉴스를 발생시킬 수밖에 없었다"며 "유튜브 동영상의 품질과 다양성 개선을 위한 알고리즘 수정방안을 제시했지만 채택되지 않았다"고 폭로했다.

페이스북도 필터버블 문제에서 자유롭지 않다. 버즈피드가 미국 대선 과정에서 진짜 뉴스와 허위정보 상위 20개가 각각 페이스북을 통해 얼마나 확산됐는지를 추적한 결과 대선이 임박한 시점에서 페이스북의 허위정보는 871만 건 확산된 반면, 진짜 뉴스는 737만 건이 확산됐다. 개개인의 성향에 맞는 추천 알고리즘이, 보고 싶은 것만 보게 만드는 '필터버블'을 만들어 허위정보 확산에 기름을 끼얹는 역할을 했다는 것이다. 이어 유럽 각지에서 선거 때마다 페이스북은 '허위정보'와 '혐오 콘텐츠'를 대거 유통한다는 비판과 규제론에 직면했다.

인공지능 알고리즘 배열에 이용자들은 어떤 생각을 갖고 있을까. 미국 비영리 언론기구인 나이트재단(Knight Foundation)이 미국 성인을 대상으로 실시해 2018년 8월 15일 공개한 여론조사에 따르면 인터넷 기업들이 관심사, 인터넷 검색 활동, 웹 검색 기록에 근거해 콘텐츠를 제공하는 데 54%는 부정적으로 생각했고 45%가 긍정적으로 봤다. 이를 뉴스에 한정해 조사한 결과

"개인 선호에 따른 맞춤형 뉴스보다는 모두가 똑같은 뉴스를 접해야 한다"는 응답이 73%에 달했다. 반면 맞춤형 뉴스를 선호하는 입장은 17%에 불과했다.

보고서는 "미국 성인 대다수는 주요 인터넷 웹사이트에서 뉴스를 보는 사람들은 관심사와 온라인 활동에 따라 달라지는 콘텐츠보다는 동일한 뉴스를 봐야 한다고 믿는다"며 "맞춤 콘텐츠 접근 방식이 뉴스 보도까지 확대될 때 미국인들은 훨씬 더 우려하는 것처럼 보인다"고 지적했다.

인터넷 기업들의 허위정보를 막기 위한 노력이 부족하다는 지적도 이어졌다. 응답자 85%가 인터넷 기업이 허위정보의 확산을 막기 위해 충분히 노력하지 않았다고 생각했다. 그러나 허위정보의 대응 방안인 인터넷 기업 주도의 뉴스 필터링이 편향될 수 있다는 생각도 63%에 달해 딜레마를 드러냈다. 구글, 페이스북, 야후 등 인터넷 기업들이 신문, TV 등과 같은 방식의 규제를 받아야 한다는 데 응답자 79%가 동의했다.

지난 6월 18일 네이버 '기사배열 공론화 포럼'이 공개한 이용자 설문조사에서도 비슷한 반응이 나왔다. 네이버가 개인 맞춤형 방식의 인공지능 기사 배열 전면 도입을 발표한 이후 실시된 조사에서 응답자 62.6%는 사람과 인공지능을 결합하는 방식의 기사배열을 선호했다. 인공지능을 전면 활용한 기사배열이 필요하다는 의견은 23.5%에 그쳤다.

4. 미디어 리터러시를 위한 역할

1) 허위정보 규제론의 위험성

정치권에서는 포털이 직접 허위정보를 가려내는 역할을 해야 한다는 논의가 이루어지고 있지만 부작용이 클 수밖에 없다.

흔히 '가짜 뉴스' 처벌법이라 불리는 법안들은 한국의 엄격한 표현물 규제를 간과하고 있다. 한국에서는 블로그를 포함한 게시글이 명예훼손 소지가 있다면 '임시조치' 제도를 통해 언제든 차단하고 삭제하는 규제가 있다. 방송통신심의위원회는 불법, 유해정보를 심의하고 사업자에 삭제를 요구하고 있고 선거기간에는 중앙선거관리위원회가 후보자와 관련한 허위사실은 물론 비방 게시글까지 촘촘히 삭제 요청하고 있다.

누가 진짜와 가짜를 판단할 것이냐도 따져야 한다. 현재 발의된 허위정보 관련 다수 정보통신망법 개정안들은 포털 등 인터넷 사업자에게 '사실' 여부를 판단해 삭제하도록 강제하고 있다. 그러나 논쟁적인 사안의 경우 진위를 가리는 건 매우 어려운 문제이다. 정봉주 전 의원은 이명박 전 대통령이 '다스와 BBK의 실소유주'라는 의혹을 제기해 실형을 살아야 했다. 당시만 해도 검찰은 '다스의 실소유주'가 이명박 전 대통령이 아니라는 입장이었지만 지금은 아니다. 최순실 게이트 역시 JTBC가 태블릿PC를 공개하기 전까지만 해도 당사자가 부인했던 사안이다.

만약 일찌감치 허위정보 처벌법이 제정되어 인터넷 사업자에게 '즉시 삭제' 권한이 주어졌다면 어떻게 됐을까. 포털 입장에서는 '가짜 뉴스'라고 판단해 관련 의혹을 모조리 삭제했을 가능성이 크다. 관련 의혹제기를 한 언론보도 역시 '허위정보'로 규정되었을 것이다.

국내에서 허위정보 관련 논란이 불거질 때마다 '가짜 뉴스 처벌법' 사례로 언급되는 '네트워크 법률' 역시 사실과 다르게 전해진 측면이 있다. 독일에서 삭제 대상으로 하는 건 '반헌법적인 프로파간다', '반헌법적인 조직의 상징물 유포', '인종혐오' 등 '불법 콘텐츠'이다. 불법 콘텐츠는 한국과 달리 형법에 언급된 것으로 기본적으로 처벌 근거가 마련된 내용이다. 또한 사업자가 무조건 불법 콘텐츠를 삭제해야 하는 게 아니라 콘텐츠의 불법성에 대해 법원의 판단을 받도록 요구하는 등 '신중한 방식'을 쓰고 있다(송시강, 2018).

정치권이 허위정보 문제를 부각하고 규제법안을 앞다퉈 내놓는 배경은 '정치적 목적'과 떼 놓고 보기 힘들다는 점도 감안해야 한다. 홍준표 전 자유한국당 대표는 지난 대선 때 언론사의 팩트체크를 모아놓은 서울대 팩트체크 서비스를 '가짜 뉴스'로 지목하고 법적 대응해 언론계와 언론학계의 우려를 샀다. 자신 또는 자신이 속한 정치권에 불리한 내용을 담은 보도와 정보를 비난하고 나서는 정치권이 주도하는 '규제'라는 수단은 생산적 논의로 이어지기 힘들다.

2) 인터넷 기업의 역할

규제가 갖는 한계가 분명한 상황에서 현실적인 대안은 뉴스 리터러시 향상을 위한 각 주체들의 노력이다. 특히, 인터넷 기업이 뉴스 유통을 독점하는 현실을 감안하면 이들 기업이 주도적인 역할을 할 필요가 있다. 유은혜 더불어민주당 의원이 발의한 '미디어교육 지원 법안'이 신문·방송뿐 아니라 포털 등 인터넷 기업에도 미디어교육 활성화를 위한 노력을 의무로 부과한 것도 이 같은 고민의 결과이다.

인터넷 기업들이 지금까지 자발적으로 해온 노력도 적지 않지만 앞으로 풀어야 할 과제들이 산적해 있다. 우선적으로 알고리즘의 '불투명성'을 극복하고 시민들에게 알고리즘의 작동 방식을 알리고 소통하는 변화가 필요하다. 나이트재단 여론조사에서 응답자 88%는 구글, 페이스북, 야후 등 인터넷 기업들이 뉴스 제공을 위해 사용하는 방법을 투명하게 공개해야 한다고 생각했다.

인터넷 기업들은 '뉴스' 알고리즘을 어떻게 공개하고 있을까. 구글이 공개하는 뉴스 알고리즘의 배열 원칙은 다음과 같다.

- 뉴스 작성 언론사의 기사 생산량
- 기사의 길이
- 보도의 중요성(사회적인 화제나 중요한 기사 여부)
- 속보성(출처 중요, 첫 번째 언론사 높은 점수)
- 뉴스 검색 이용 패턴(다른 기사, 블로그 인용 여부)
- 언론사에 대한 여론조사
- 수용자 수 및 트래픽
- 언론사의 뉴스룸 규모
- 언론사의 지국 수
- 실명 인용 보도의 수
- 언론사의 보도 범위(종합지 혹은 전문지 여부)
- 기사의 글로벌 도달률
- 글쓰기 스타일(철자 및 문법)

네이버의 경우 에어스(Airs)의 뉴스 추천방식을 다음과 같이 다섯 가지 항목으로 제시했다.

- 다양한 정보를 신속하고 정확하게 전달
- 균형 잡힌 정보
- 사회적 공익 가치 존중
- 이용자와 쌍방향 소통 구현
- 개인 인격권 보호

카카오는 다음의 기본원칙을 공개했다.

- 최신 뉴스 가중치 부여
- 위치에 대한 편향 문제 해결
- 이미 선택된 뉴스에 대한 가중치를 떨어뜨리는 것

세 기업 모두 알고리즘의 공개 수준이 높지 않다. 더구나 현행법은 포털 등 인터넷뉴스 제공 사업자에 '기사배열 방침'을 공개할 것을 강제하고 있지만 관련 기사의 정의, 범위, 선정 기준 등이 명확히 공개되지 않고 있는 현실이다(김위근·김춘식, 2010).

정치권에서는 알고리즘 공개를 법으로 강제해야 한다는 주장도 있다. 자유한국당 이은재 의원은 포털 기사 배열 알고리즘 공개를 의무화하는 '신문법 개정안'을 발의했다. 그러나 알고리즘을 전면 공개하게 하는 것은 민간 사업자의 영업비밀을 밝히라는 요구와 다르지 않기 때문에 문제가 있다. 만일 알고리즘의 상세 내역을 공개할 경우 오히려 '알고리즘 우선 노출'을 위한 어뷰징(abusing) 등에 악용될 소지가 있다는 점도 감안해야 한다.

이처럼 인터넷 기업들은 투명하게 소통해야 하지만 동시에 알고리즘 공개를 강제하기도 힘든 딜레마적 상황에 놓여 있다. 절충의 성격으로 포털이 어떤 노력을 해야 하는지 논의가 이루어져야 할 시점이다.

유럽연합(EU)에서 2018년 발효된 GDPR(General Data Protection Regulation, 개인정보 보호규정)에는 알고리즘 투명성(algorithmic transparency)과 관련해 알고리즘의 영향을 받는 당사자가 자동화된 의사결정에 대해 '알고리즘에 대한 설명을 들을 권리'를 신설했다(Claburn, 2016)는 점에서 국내에서도 이 같은 책무를 부과하는 방안을 고려할 수 있다.

사업자 스스로의 노력 역시 확산되도록 해야 한다. 카카오의 경우 '알고리즘 윤리헌장'을 발표했다. 카카오는 윤리헌장을 통해 다섯 가지 개념을 밝혔는데 임지훈 대표는 헌장 발표를 "카카오만의 원칙과 철학에 기반한 알고리즘 개발 및 운영에 관한 의지의 표명"이라고 설명했다.

> **카카오 윤리헌장**
> 1. (카카오 알고리즘의 기본 원칙) 카카오는 알고리즘과 관련된 모든 노력을 우리 사회 윤리 안에서 다하며, 이를 통해 인류의 편익과 행복을 추구한다.
> 2. (차별에 대한 경계) 알고리즘 결과에서 의도적인 사회적 차별이 일어나지 않도록 경계한다.
> 3. (학습 데이터 운영) 알고리즘에 입력되는 학습 데이터를 사회 윤리에 근거하여 수집·분석·활용한다.
> 4. (알고리즘의 독립성) 알고리즘이 누군가에 의해 자의적으로 훼손되거나 영향받는 일이 없도록 엄정하게 관리한다.
> 5. (알고리즘에 대한 설명) 이용자와의 신뢰 관계를 위해 기업 경쟁력을 훼손하지 않는 범위 내에서 알고리즘에 대해 성실하게 설명한다.

네이버는 외부전문가로 구성된 '알고리즘 검토 위원회'를 설립하고 인공지능과 알고리즘을 기반으로 하는 '뉴스 검색'부터 '에어스(AiRS)', 'AI헤드라인' 등 네이버 뉴스홈 기사배열 알고리즘에 대한 적절성을 검토 받고 공개 보고서를 발표할 계획이다.

공적 알고리즘 프로젝트도 있다. 한국언론진흥재단의 '뉴스트러스트 프로젝트'는 2015년 한국언론진흥재단이 사회적으로 신뢰받는 뉴스 배열 알고리즘을 만들겠다며 전문가들과 함께 개발하고 있다.

현재 적용 가능한 알고리즘은 '△기사의 길이 △인용문의 수 △제목의 길이 △제목의 물음표와 느낌표의 수 △수치 인용 수 △이미지의 수 △평균 문장의 길이 △제목에 사용된 부사 수 △문장당 평균 부사 수 △ 기사 본문 중 인용문의 비중'을 계량화해 반영한다. 예를 들어 기자 실명이 나오면 '믿을 만하다'고 판단하고 기사의 길이가 길수록 '완전한 내용'을 다룰 가능성이 높다고 보며 가중치를 부여한다. 이미지 등 멀티미디어 정보가 나오면 알고리즘에 가중해 반영하지만 이미지가 너무 많으면 부정적으로 본다. 물론, 좋은 기사를 선별하는 단일한 기준이 존재하냐는 비판적인 시각도 있지만 알고리즘의 원칙을 정하고 하나의 기준점으로 활용할 수 있다는 점과 대중에게 알고리즘의 뉴스 원리를 설명하는 교재가 될 수 있다는 점에서 의미가 있다.

인터넷 기업의 자발적 노력 가운데서는 저널리즘적인 기준을 알고리즘에 반영하고 이용자들에게 신뢰할 수 있는 뉴스를 위해 설명하는 정책이 주목할 만하다. 대표적인 해외 사례가 구글의 '더 트러스트 프로젝트(The Trust Project)'이다. 구글이 신뢰도를 높일 수 있는 실행 방안의 기준을 제시하고 이를 제공하는 언론사의 뉴스를 알고리즘 검색 결과 상위에 노출하는 방식이다. 대표적인 항목으로는 다음과 같다(오세욱, 2016).

- 미션과 윤리강령을 언론사 웹사이트에 올린다.
- 저널리스트의 이력을 명시한다.
- 기사 작성에 도움이나 자료를 제공한 인터뷰이, 전문가, 사이트 링크, 원본을 어떻게 이용했는지에 대한 설명을 제공한다.
- 기사 내용의 명확한 출처를 밝힌다.
- 직접 찾아가서 취재하는 방식을 지향한다.

구글이 알고리즘을 보다 투명하게 하고, 문제점을 개선하는 동시에 언론으로 하여금 뉴스 리터러시 향상을 위한 투명성을 유도하는 방식이라고 할 수 있다.

극심한 필터버블을 초래하고 허위정보를 유통한다는 비판을 받아온 페이스북도 전보다 적극적으로 대응하고 있다. 페이스북은 허위정보, 스팸, 가짜 계정, 괴담 등에 대응하기 위해 머신러닝 기술을 발전시키고 있으며 부적절한 콘텐츠를 적발하고 삭제하는 인력을 2만여 명으로 늘릴 계획이다. 또한 페이스북은 각국에서 팩트체크를 통해 허위정보 가능성이 높은 콘텐츠에 관련 기사, 위키피디아의 관련 내용, 게시자가 최근 작성한 글을 함께 보여주고 신뢰할 수 있는 연관정보를 제공하며 이용자의 판단을 돕는다.

유튜브는 가짜 뉴스 퇴치에 2,500만 달러를 투입하겠다고 밝혔다. 검색 결과에 미리 보기와 함께 연관 뉴스 링크를 보여주고 일부 영상에는 브리태니커 사전 등 외부 텍스트를 함께 노출하는 서비스 도입을 추진한다. 유튜브는 또한 미국, 영국, 프랑스, 나이지리아, 이탈리아 등 17개 국에서는 언론사들의 동영상을 부각하는 '톱뉴스'와 '속보뉴스' 기능도 선보일 계획이다.

그러나 글로벌 기업의 뉴스 리터러시를 위한 노력이 국내 이용자에게 혜택으로 돌아오지 않는 점은 문제이다. 구글의 '더 트러스트 프로젝트'와 페이스북과 유튜브의 '연관정보 제공' 서비스는 국내에서 찾아볼 수 없다. 이들 사업자의 투명성 보고서와 같은 정책 역시 국내에는 적용되지 않는다. 국내법 적용을 받지 않는 사업자에게 책임을 묻기에는 한계가 있지만, 유럽연합이 개별 국가에 진출하지 않은 글로벌 사업자에게 개인정보와 관련한 책무를 갖는 '대리인제'를 채택하는 등의 흐름에서 뉴스와 관련한 공적 책무에 대한 논의도 필요하다. 방송통신위원회, 방송통신심의위원회 중심의 자율규제협력 시스템 차원에서 참여를 끌어낼 필요도 있다.

알고리즘 투명성 확보를 위해 기존 뉴스 미디어의 '이용자 참여 위원회 모델'을 고려할 수 있다. 신문은 신문법상 독자위원회를 둘 수 있고, 보도기능이 있는 방송은 의무적으로 시청자위원회를 편성해야 한다. 이들 위원회의 논의 결과는 신문 기사 또는 옴부즈맨(Ombudsman) 프로그램을 통해 보도된다. 포털 역시 신문법의 적용을 받고 있는데 단순히 '이용자 위원회'만 둘 게 아니라 알고리즘의 작동방식과 적용, 폐단 등을 공개하고 이를 검증받고 이용자의 의견을 반영하는 것은 물론 이용자들에게 충실하게 설명하는 이용자 참여 위원회 모델 구성을 법제화하는 방안을 고려할 수 있다.

인터넷 기업들의 뉴스 리터러시 강화를 위해 알고리즘 개선 노력도 필요하다. 카카오가 루빅스 알고리즘을 채택하면서 동시에 '열독률' 지표를 개발해 랭킹 기사로 노출하는 방식은 긍정적이라고 할 수 있다. 페이스북은 2017년 1월 알고리즘을 수정해 뉴스피드에 랭킹을 부여할 때, "포스팅한 사람과 얼마나 가까운지", "전반적인 참여(engagement: likes, comments, shares)와 같은 보편적 신호" 이외에 포스트된 콘텐츠가 얼마나 진실한지를 결정하는 보편적 신호를 추가했다(Lada, 2017). 앞서 페이스북은 2016년에는 정보성 콘텐츠에 가중치를 두는 방향으로 알고리즘을 개선했다. 구글의 '더 트러스트 프로젝트'도 이 같은 측면에서 의미 있는 시도이다. 인공지능에 전면 편집을 맡기는 방식 대신 다양성에 대한 기사나 인기는 없지만 사회적으로 필요한 심층기사, 탐사보도 등을 따로 편집하고 부각해 노출하는 방식도 있을 것이다.

포털 차원에서 서비스를 개편해 리터러시 함양에 기여할 수도 있다. 현재 네이버는 뉴스면 우측 하단에 고침 기사 모음, 정정·반론·추후 보도 기사 모음, 불공정 선거 보도 기사 모음 등을 제공하고 있다. 그러나 이용자가 살펴보기 힘든 위치에 있다. 이들 기사 목록을 부각하면서 이용자들이 어떤 보도가 나쁜 보도인지, 어떤 보도가 정정 및 반론보도가 되었는지를 알게끔 설명하면 뉴스 판단에 도움이 될 수 있다. 이 같은 시스템을 확대 적용해 오보의 유형을 적시할 수도 있을 것이다. 국내에서 허위정보의 주된 유통경로로 지목받는 카카오톡의 경우 개인 간 대화가 담긴 메신저라는 점에서 정부나 사업자가 대화 내용을 살펴보는 방식의 모니터링은 논란이 될 수 있지만 대량 유포되는 문제적 정보, 허위정보를 적극적으로 공지하는 방안은 자체적으로 마련할 수 있다.

끝으로 조직 내부의 견제를 바탕으로 시민과 소통하는 방안도 대안 가운데 하나이다. 기존 언론은 노동조합과 기자협회, PD협회, 기술인협회 등 직능단체에 의해서 '견제'를 받고 있다. 주요 방송사 및 신문사들은 공정보도위원회, 공정언론위원회, 민주실천위원회 등 보도 감시기구를 내부에 두면서 뉴스 아이템 선정, 작성, 데스킹, 편집 과정에서 불거질 수 있는 문제를 드러내고 개선시켜왔다. 2018년 네이버에 노동조합이 설립되었는데 네이버가 뉴스 기업으로서 성격을 갖춘 만큼 알고리즘 견제 측면에서 노조가 역할을 하고 보고서를 펴내 알린다면 의미 있는 변화를 만들 수 있다.

3) 언론의 역할

(1) 언론인 재교육 및 기술 견제

좋은 보도는 뉴스 리터러시를 위한 양질의 교재가 될 수 있다. 뉴스 리터러시의 주체 가운데 하나인 언론은 4차 산업혁명 시대에 변화한 매체 환경에 맞는 새로운 역할도 요구받고 있다. 우선, 기술에 대한 취재 능력을 길러야 한다. 언론인들이 알고리즘의 책무성에 관한 보도를 해야 한다는 주장이 대표적이다(Diakopoulos, 2015). 이를 위해서는 언론인 재교육이 필요한데 한국언론진흥재단을 비롯한 언론기관의 '재교육 프로그램'이 알고리즘과 관련한 기술적 이해를 가르치는 교육으로 확장하는 방안을 고려할 수 있다. 특히, 한국 언론의 포털 보도는 전문적인 분석보다는 자사 이해관계에 치우쳐 언론계나 정치권의 주장을 대변하는 경우가 많다는 점에서 기술 견제 부문이 강화되는 것은 언론의 신뢰와도 연관된 문제이다.

(2) 팩트체크 서비스 강화

언론 보도 측면에서 팩트체크의 고도화와 뉴스룸의 협업도 과제이다. 미국 포인터연구소(The Poynter Institute)는 2015년 44개 언론사(ABC, WP, AP 등)와 팩트체커(PolitiFact, Snope 등)들이 참여한 '인터내셔널 팩트체킹 네트워크(International fact-checking network, IFCN)'를 구축했다. 페이스북은 IFCN에 자사의 뉴스피드에 업로드되는 허위정보에 대한 검증을 맡겼다(권오성, 2017). 2018년 페이스북은 IFCN 제휴 매체들과 함께 18개국에서 팩트체크를 하고 있다. 국내의 경우 허위정보에 따른 폐해가 비교적 심하지 않고 IFCN 제휴 언론사가 없어 팩트체크를 실시하지 않고 있다.

프랑스에서는 구글이 주도하는 언론사 팩트체크 프로젝트인 '크로스체크(crosscheck)'가 출범했다. 르몽드, 리베라시옹, AFP를 비롯한 프랑스 주요 언론사들과 구글이 힘을 합쳐 사실을 검증하고 팩트체크 결과는 구글이 검색 알고리즘에 반영하는 방식이다.

한국에서도 지난 대선을 기점으로 언론사들이 팩트체크에 주목했다. 2016년 네이버가 후원하고 서울대 언론정보연구소가 주관하는 'SNU 팩트체크' 프로젝트가 출범했다. 이 프로젝트는 출범 당시 기준으로 KBS, MBC, SBS, JTBC, YTN, MBN, 조선일보, 중앙일보, 동아일보, 한국일보, 서울신문, 매일경제 등 국내 주요 언론사들이 참여해 주목을 받았다. 그러나 언론사 간 협업을 통해 팩트체크를 하지 않고 개별 언론사가 실시한 팩트체크 기사의 결과를 비교하는 것에 그쳤다는 점은 한계로 꼽힌다. 뉴스룸 간 협업 팩트체크를 통해 정파적인 언론 환경에서 팩트체크 대상 선정과 결과가 언론별로 상이한 점은 극복해야 할 과제이다.

팩트체크가 온라인 공간에서 적극적으로 이루어지지 않는 점도 한계이다. 언론 보도의 경우 정치인의 발언의 진위를 파악하는 팩트체크를 지면과 방송 뉴스를 통해 내보내는 방식의 팩트체크가 많은데 정작 온라인 공간에서 유포되는 허위정보에 대한 적극 대응이 이루어지지 않고, 이루어진다 하더라도 기성 언론의 기사를 소셜미디어 등에서 찾아보기 힘든 현실이다.

　언론 모니터를 주 업무로 하는 시민단체인 민주언론시민연합이 '5·18 가짜 뉴스 신고센터'를 만들고 유튜브, 카카오톡 등을 통해 유포되는 5·18 광주민주화운동과 관련한 허위정보를 검증하고 보고서를 낸 사례를 주목할 만하다.

(3) 미디어 비평과 옴부즈맨 프로그램 강화

　비평도 변화해야 한다. 미디어 비평을 하는 미디어 전문지나 기존 뉴스 미디어의 미디어 비평 프로그램은 전통적인 신문과 방송의 논조와 편집 방향을 견제하는 역할에 머물러 있다. 기성 매체의 영향력이 떨어지는 상황에서 인터넷 기업과 알고리즘 배열, 편집에 의한 작동방식을 적극적으로 파헤치고, 견제하고, 이용자들이 쉽게 이해할 수 있게 알리는 역할을 해야 한다. 한국에서 미디어 비평은 2001년 MBC가 '미디어 비평'을 필두로 2003년 KBS '미디어 포커스', EBS '미디어 바로보기' 등으로 활성화가 되었으나 이명박, 박근혜 정부를 거치면서 대부분 폐지되었다. 문재인 정부 들어 KBS에서 '저널리즘 토크쇼 J'를, MBC에서 '탐나는 비평'을 선보이며 다시 비평 프로그램이 활성화되기 시작했다. 특히, KBS의 미디어 비평 프로그램 '저널리즘 토크쇼 J'는 신문, 방송뿐 아니라 유튜브 내의 허위정보 유포와 그 배경을 추적하면서 비평 대상을 넓혔다.

　옴부즈맨 프로그램 활성화도 중요한 과제이다. 지상파, 종합편성채널,

보도전문채널 등 보도 기능이 있는 방송사는 의무적으로 시청자위원회와 더불어 시청자들의 평가를 반영하고 피드백을 하는 옴부즈맨 프로그램을 제작해야 한다. 신문의 경우 독자위원회 제도가 있지만 필수는 아니라 몇몇 신문사에서만 유사한 제도를 운영하는 상황이다.

옴부즈맨 프로그램은 뉴스에 대한 문제를 제대로 다루지 않거나 TV방송에만 국한된 점이 한계이다. 2015년 미디어오늘이 4주 동안 옴부즈맨 프로그램 현황을 조사한 결과 MBC 'TV 속의 TV'가 4주 동안 비평한 67건의 프로그램 중 뉴스는 1건도 없었다. KBS의 경우 64건 중 뉴스 비평은 3건(4.7%)뿐이었고, SBS는 56건 중 9건(16%)을 뉴스 비평에 할애했다. MBC에서는 예능과 드라마 중심으로 방송한 데다 그 내용마저 "극중 인물들의 달콤한 로맨스가 설렌다"(운빨로맨스) "예상치 못한 위기상황에 긴장감이 있었다"(옥중화) "진실을 알게 된 가족들이 앞으로 어떻게 상황을 이어가게 될지 궁금하다"(가화만사성) 등 '비평'보다는 '소감'에 가까웠다. 시간대 역시 낮, 심야, 새벽 등 시청자가 보기 힘든 때 편성되었다. 방송사, 특히 공영방송사는 이 같은 현실을 개선하는 노력이 필요하고 방송통신위원회 차원에서 옴부즈맨 프로그램을 평가해 재승인, 재허가 때 인센티브를 부여하는 등의 방안도 고려할 수 있다.

옴부즈맨 제도의 대상도 확대할 필요가 있다. 전통적인 주류 미디어라 하더라도 정작 많은 독자들은 온라인 기사를 본다. 그러나 옴부즈맨의 견제 대상은 신문, 방송 등 전통매체에 국한돼 있다. 한국경제는 8월 24일 온라인판에 "'최저임금 부담' 식당서 해고된 50대 여성 숨져" 기사를 썼다 논란이 되자 삭제했다. 2018년 5월 25일 TV조선은 트위터를 통해 "24일 풍계리 갱도 폭파 안 해 … 연막탄 피운 흔적"이라는 글을 내보냈다 삭제했다. 실시간 검색어에 뜨기 위해 커뮤니티 게시글을 받아썼다 오보를 내거나 명예훼손, 반인권적 보도를 내 지탄 받는 일도 반복되고 있다. 이들 온라인 보도에 대한 견제와 뉴스룸의 응답도 필요하다.

(4) 언론 주관 미디어 교육의 질적 변화

언론이 주관하는 '미디어 교육' 역시 전환이 필요하다는 지적은 이전부터 제기돼왔다. 특히, 신문사 중심의 NIE 교육은 신문을 활용해 지식을 전달하는 데 치우쳤고, 방송 중심의 교육은 주로 체험학습에 머무는 상황이다.

반면 영국의 BBC, 미국의 NPR, 프랑스의 르몽드 등은 허위정보 문제에 적극적이다. 이들 언론은 허위정보를 비롯한 뉴미디어 환경에서 뉴스를 비판적으로 수용하는 매뉴얼·가이드라인을 배포했다. 르몽드의 경우 '디지털 뉴스 읽기 매뉴얼'을 통해 SNS에서 접한 정보를 공유하기 전 정보의 진위를 확인하는 방법, 신뢰할 만한 사이트인지 판단하는 방법, SNS 루머 검증 방법, 여론조사 읽는 방법, 음모론을 제기하는 영상 탐지하는 방법 등을 설명했다.

프랑스의 미디어 기관 끌레미(CLEMI)가 주관하는 '언론주간'에 참여하는 프랑스 언론의 모습은 한국과는 사뭇 다르다. 이 행사에서 언론사들은 각종 교육 자료를 배포한다. 2018년 언론주간 테마는 '저널리즘 이해하기', '정보 생산하기', '정보와 거짓정보의 구분', '정보와 광고의 구분' 등 4가지이다. 프랑스 공영방송 텔레비지옹(Télévisions)은 자사의 교육전문 플랫폼인 FranceTV education에 '저널리스트란', '저널리스트의 사회적 책무', '저널리스트와 법', '탐사저널리즘', '언론의 자유', '미디어소유구조', '디지털 시대 저널리스트의 역할' 등을 담은 자료를 배포한다.

어린 세대에 맞는 전달 방식으로 뉴스를 전달한다는 점도 한국과는 다른 모습이다. 청소년 저널 〈긱 주니어(Geek Junior)〉는 허위정보의 작동 방식을 이해할 수 있도록 기획 기사를 썼고 '라트라파쥬 드 락튀(Rattrapages de l'actu)'는 청소년들을 위해 한 주의 뉴스를 요약해 제공하고 있으며, '팍토스코프(factoscope)'라는 팩트체크 서비스를 통해 정치인들의 발언을 '진짜', '가짜,' '불확실'로 구분해 검증하고 있다. 아동을 위한 뉴스사이트인 '엉주르 어낙튀(1jour 1actu)'는 아동들이 정보를 이해할 수 있도록 하루에 하나씩 질문을 던지고 답한다.

프랑스 언론 〈몽꼬띠디엥(Mon Quotidien, 나의 일간지)〉은 7~10세, 10~14세, 14~17세 대상 일간지를 따로 발행한다는 점이 특징이다. 프랑스의 어린이를 위한 일간지 〈몽꼬띠디엥〉은 2015년 파리 연쇄테러 당시 페이스북을 통해 "이 기사의 목적은 당신의 자녀가 파리 테러에 대해 물을 수 있는 질문에 대답하도록 돕는 것"이라며 '△왜 그들은 우리를 공격했는가, △왜 하필 그곳(콘서트장, 식당, 경기장)을 노렸나, △종교적인 이유가 있나, △학교가 위험하지 않나' 등의 내용을 담았다. 지금 무슨 일이 벌어지고, 그것이 어떤 의미를 갖고 있는지 아이들의 눈높이에 맞는 기사를 페이스북으로 선보인 것이다. 네티즌들은 댓글을 통해 "이번 비극에 대해 아이들이 이해할 수 있게 됐다", "월요일이 되면 학생들에게 보여주겠다" 등의 반응을 보였다.

한국의 경우 언론에 이 같은 교육을 강제할 수는 없겠지만 공적 지배구조를 갖춘 KBS, MBC, EBS, YTN 등이 벤치마킹할 수 있는 사례이다. 공영방송이 뉴스 데이터베이스를 바탕으로 미디어의 소유구조와 논조, 허위정보에 대한 대응, 저널리즘의 역할 등을 알려내는 역할을 할 수 있고 특정 사안이 있을 때 각 세대에 맞는 방식으로 이슈를 해설하는 서비스도 선보일 수 있다. 공적 소유 언론이 아니더라도 방송통신위원회, 문화체육관광부 등에서 관련 사업 공모를 해 지원하는 방안도 있다.

(5) 신뢰 회복과 디지털 혁신

아무리 좋은 교육 콘텐츠를 만들어도 이용자에게 닿지 않으면 의미가 퇴색될 수밖에 없다. 뉴스 리터러시 활성화에는 언론사의 디지털 혁신이라는 전제조건이 필요하다. 종이신문들도 온라인 사이트를 운영하고 있으며 네이버와 다음에 기사를 송고하고 있다. 페이스북, 카카오채널, 카카오1분, 유튜브를 넘어 최근에는 블록체인 플랫폼인 스팀잇(steemit.com)까지 기사를 송고하고 있다. 지면이 아닌 온라인 플랫폼을 통해 양질의 뉴스를 전달하기 위한 노력을 해야 하고, 동시에 지면을 벗어난 미디어 교육을 고민해야 한다.

근본적으로는 언론이 위상을 찾아야 한다. 허위정보가 힘을 얻는 데는 언론의 영향력 약화와도 관련이 있다. 전통적인 미디어가 이전처럼 영향력을 행사하지 못하고 신뢰도 받지 못하는 상황이다. 로이터저널리즘연구소와 한국언론진흥재단의 공동조사 결과 지난해 한국의 뉴스 신뢰도는 25%로 조사 대상 37개국 중 꼴찌였다.

니먼리포트에 게재된 '2016년 대선: 언론을 위한 교훈'은 언론의 신뢰 회복을 위해 가장 긴요한 과제로 투명성 제고를 꼽았다. 보고서는 "기자들은 편집국의 의사결정 과정을 다룬 칼럼을 더 많이 써야 한다. 음모론이 얼마나 터무니없는지 보여주라. 그리고 크든 작든 우리의 실수들을 인정하라"고 강조한다. 취재원, 취재 과정 인용된 자료의 출처 등을 명확하게 밝히는 방식으로 보도의 신뢰성을 회복할 수 있다(김경희 외, 2018).

19대 대선 기간 SBS가 문재인 대통령이 후보시절 해양수산부와 거래해 세월호 인양을 늦춘 것처럼 보도해 논란이 제기되자 SBS는 노조, 외부 인사들과 함께 진상조사에 나섰고 언론노조 SBS본부가 결과를 상세하게 공개한 사례가 있다. 자료를 통해 발제기사 초고, 데스킹 이후 버전 등 보도가 만들어지는 과정을 알 수 있어 데스킹의 문제가 적나라하게 드러났다. 논란이 있을 때 이처럼 문제적 보도가 나오게 된 과정을 외부 인사들과 함께 검증하고 문제를 공개하는 방식이 뉴스룸 신뢰 회복을 위한 힌트가 될 것이다.

4) 미디어 교육기구의 역할

"여러분이 알고 있는 언론사 이름을 말해보세요." 한 언론사 기자가 초등학생 대상 특강에서 던진 질문이다. "디스패치요"라는 답이 가장 먼저 나왔다고 한다. 10대에게 '언론'은 KBS나 MBC, 조선일보나 중앙일보 같은 전통적인 주류매체보다 디스패치라는 브랜드가 더 친숙하다.

뉴스만의 문제가 아니다. 미디어 환경 자체가 변화했다. 지난해 EBS와 스쿨잼 조사 결과 초등학생이 가장 닮고 싶은 인물 1위는 김연아, 2위는 세종대왕, 3위는 유튜브 크리에이터인 도티가 차지했다. 도티는 MBC 무한도전에서 유재석이 자신을 알아보지 못하는 아이에게 "가장 좋아하는 연예인이 누구니?"라고 묻자 나온 대답이기도 하다.

한국의 미디어 교육은 '미스매치'가 이루어져왔다. 신문사가 신문 판매를 촉진시키기 위한 목적으로 NIE(Newspaper In Education) 교육을 행해왔으며 정부 주도 교육은 오랜 기간 '체험', '활용' 교육에 머물렀던 게 사실이다. 정부 교육의 경우 교육 자체가 활성화되지 않은 데다 부처별로 산발적으로 이루어져왔다.

특히, 중요한 건 '환경 변화에 맞는 교육의 변화'이다. 허위정보 문제를 적극 다루고 디지털 시민으로서 책무에 대한 교육이 필요하다. 미국 워싱

턴주는 2017년 4월 미디어 리터러시, 디지털 시민의식, 인터넷 안전에 관한 교육을 강화하는 법안을 통과시켰다. 프랑스 미디어 교육기관인 끌레미(CLEMI)는 교사들에게 정보의 출처, 정보·광고·선전의 구분, 팩트체킹, 미디어 집중 현상 등 5개 주제의 교육 자료를 배포했다.

국내의 경우 한국언론진흥재단이 NIE 교육 중심의 미디어 교육을 '뉴스 리터러시' 교육으로 전환하고 페이크뉴스와 포털 문제를 다루고 있다. 언론재단이 발간하는 교재에는 다음의 내용을 가르치고 있다.

- 페이크뉴스 제작 의도와 폐해
- 수익구조 유형이 서로 다른 언론사들의 보도내용 분석하기
- 주어진 뉴스 중 가장 좋은 뉴스와 가장 좋지 않은 뉴스 뽑고 이유 말하기
- 탐사보도 기사 소개하기
- 어뷰징 기사 찾아보고 포털 실시간 검색어 기능 필요성 토론하기
- 종이신문과 언론사닷컴 뉴스 비교
- 포털과 모바일 중심의 가벼운 뉴스 소비가 가져온 문제점에 대해 생각하기

알고리즘의 문제와 딥페이크 등 새로운 허위정보 유형에 대한 정보에 대한 교육으로 확대될 필요가 있다.

방송통신위원회 산하기관인 시청자미디어재단은 주로 '미디어 체험', '미디어 활용' 교육에 머물렀다. 인천 시청자미디어센터의 2015년 자유학기제 프로그램을 보면 '애니메이션 제작 및 편집', '영상 제작', '스마트폰 활용 통한 영상 제작', '청소년 뉴스 제작' 등 체험과 실무 중심의 교육이 이루어졌다. 2018년 들어 '풀뿌리 민주주의', '시민 공론장'을 강조하는 새로운 비전을 선포한 만큼 '비판적 이해'를 중점적으로 전 세대를 아우르는 교육 체계를 만들 필요가 있다.

교육 시스템 측면에서 Data&Society 연구소는 미디어 교육의 과제로 다

음을 제시했다(Monica, 2018).

- 새로운 기술, 도구, 프로그램에 적합하도록 업데이트
- 사회심리학, 정치학, 사회학 등 여러 학문 간 협력
- 미디어 위기를 이해관계 당사자들이 심각하게 받아들일 것
- 국가 차원의 미디어 리터러시 전담 기관 필요
- 소셜미디어에서 어떻게 표현해야 하는지도 교육할 것

변화한 환경에 대한 업데이트와 동시에 기술이 바뀌어도 변하지 않는 교육 요소에 대한 고민도 필요하다. 핵심은 신뢰할 만한 정보를 분별하는 능력 함양이다. 한국언론진흥재단의 '스마트미디어 시대 뉴스 분석법'은 생산자, 구성요소, 의미구성, 이용자 등 요소를 살피는 '뉴스 이해하기'와 신뢰성, 완전성, 유용성 등 요소를 살피는 '뉴스 평가하기'를 통해 좋은 뉴스를 고르는 기준과 방법을 제시했다.

언론학 역시 변화를 고민해야 한다. 언론학 연구가 경로의존성이 강해 포털과 같은 새로운 미디어 현상에 대한 연구도 기존 관행을 답습해왔다는 비판을 받는다. 이에 "모바일 중심의 매체 환경을 설명하는 연구, 포털 저널리즘을 생산하고 수용하는 주체에 관한 연구, 뉴스 배열 연구를 비롯해 데이터마이닝, 데이터크롤링, 빅데이터 분석 등의 방법을 적용하는 연구, 포털 상황에 맞는 연구방법을 개발하고 이를 적용하는 연구"가 필요한 상황이다(신수현 외, 2018).

다만, 교육의 변화를 논하기에 앞서 미디어 교육의 활성화가 선행돼야 한다. 시청자미디어재단, 한국언론진흥재단 등이 개별적으로 교육하고 있지만 통합적인 시스템이 구축되지 못했고 자유학기제가 도입되었지만 학교 정규교과 혹은 정규교과와 연계하는 방식의 교육은 제대로 이루어지지 못하고 있다. 미디어 교육과 관련한 교과를 개설하거나 윤리과목 가운데

인터넷 파트, 코딩 교육 등에서 기술에 따른 책임과 뉴스 등 콘텐츠를 분별하는 방안을 확대 교육할 필요가 있다.

박광온 더불어민주당 의원은 2018년 4월 미디어 교육을 정규 교육과정에 포함하는 '초·중등교육법 개정안'을 대표 발의했다. 교육과정의 기준을 정할 때 '미디어를 통해 제공되는 정보의 올바른 이해·분석 및 비판에 관한 내용을 포함하여야 한다'는 조항을 신설하는 내용이다. 여야는 여러 차례 미디어 교육의 컨트롤 타워 기구를 만드는 방식의 미디어교육 법안도 잇따라 발의했다. 그러나 정치권의 관심이 크지 않은 데다 방송통신위원회, 언론진흥재단 두 부처의 주도권을 두고 이견이 좁혀지지 않고 있다. 정부와 국회가 의지를 갖고 논의할 때이다.

참고문헌

고찬수 (2018). 〈인공지능 콘텐츠혁명〉. 서울: 한빛미디어.
권오성 (2017). 가짜 뉴스의 국내외 대처 방안 사례: 미국 "기업·언론의 팩트체크", 유럽·한국 "법·제도적 제재". 〈신문과 방송〉, 통권 556호, 20-25.
김경희 외 (2018). 〈디지털 미디어 리터러시〉. 서울: 한울아카데미.
김위근·김춘식 (2010). 〈한국의 인터넷뉴스서비스〉. 서울: 한국언론진흥재단.
네이버다이어리 (2017, 2, 16). 인공지능 기반 추천 시스템 AiRS를 소개합니다.
　　URL: https://m.blog.naver.com/naver_diary/220936643956#
노컷뉴스 (2018, 5, 18). 노컷뉴스, 기사 읽어주는 음성 서비스 '노보' 론칭.
　　URL: http://www.nocutnews.co.kr/news/4971880
류동협 (2017, 8). 가짜 뉴스에 대응하는 미국의 미디어교육. 〈미디어리터러시〉, 1호, 87-89.
미디어오늘 (2016, 1, 24). '로봇 저널리즘' 국내 첫 기사, 신기하긴 하지만 ….
　　URL: http://www.mediatoday.co.kr/news/articleView.html?idxno=127277
미디어오늘 (2016, 7, 16). 쓴 소리 들으랬더니 예능 소감만 '시시콜콜'.
　　URL: http://www.mediatoday.co.kr/?mod=news&act=articleView&idxno=131104
미디어오늘 (2016, 8, 4). 단독? "중국, 한국 연예인 방송금지" 보도는 오보.
　　URL: http://www.mediatoday.co.kr/?mod=news&act=articleView&idxno=131456
미디어오늘(2017, 2, 17). 미디어 리터러시 유행 아닌 교육으로 만드는 법.
　　URL: http://www.mediatoday.co.kr/?mod=news&act=articleView&idxno=135118
미디어오늘 (2018, 4, 11). '이명박 다스 소유' '박근혜 7시간' 의혹은 한때 '가짜뉴스'였다.
　　URL: http://www.mediatoday.co.kr/?mod=news&act=articleView&idxno=142182
미디어오늘 (2018, 6, 18). 국민 3명 중 1명만 "네이버 기사 배열 신뢰".
　　URL: http://www.mediatoday.co.kr/?mod=news&act=articleView&idxno=143207
바이라인네트워크 (2018, 9, 6). 페이스북 코리아는 가짜뉴스를 거르지 않는다.
　　URL: http://byline.network/2018/09/06-3
블로터 (2018, 2, 6). 옛 유튜브 알고리즘 담당자가 밝힌 추천 시스템의 비밀.
　　URL: http://www.bloter.net/archives/301890
블로터 (2018, 6, 8). [IT열쇳말] GAN(생성적 적대 신경망).
　　URL: https://www.bloter.net/ archives/311614
송시강 (2018, 2월). 〈인터넷 산업의 발전과 국가의 책무성 전략: 최근 인터넷 관련 법안분석을 중심으로〉. 사이버커뮤니케이션학회 기획세미나.

신수현 외 (2018, 5월). 〈포털 저널리즘 연구의 경로 의존성과 탈맥락성〉. 한국언론학회 정기학술대회. 부산: 경성대.

오세욱 (2016). '뉴스 트러스트'가 뭐냐고요? URL: http://dadoc.or.kr/2294

이상도 (2017). 〈로봇 저널리즘 등장에 따른 한국 언론의 변화와 발전방향에 관한 연구: 언론인의 인식을 중심으로〉. 동국대학교 대학원 석사학위 논문.

조선비즈 (2018, 8, 23). [IF] "오바마가 트럼프 욕하네?" AI가 만든 가짜 영상, AI가 족집게처럼 잡아. URL: http://biz.chosun.com/site/data/html_dir/2015/08/23/2015082300688.html

주간경향 (2018, 1, 30). 진짜 같은 가짜 세상이 올 수 있다. URL: http://weekly.khan.co.kr/khnm.html?mode=view&code=114&artid=201801231102421&pt=nv

중앙일보 (2018, 5, 16). 네이버, AI로 뉴스 추천 … 사용자 정보 편식 키운다.
URL: https://news.joins.com/article/22626429

지디넷코리아 (2018, 7, 11). 유튜브, 가짜뉴스 추방 … "2500만달러 투입".
URL: http://www.zdnet.co.kr/news/news_view.asp?artice_id=20180711081605

진민정 (2018, 7, 10). 프랑스 끌레미의 '2018 언론 주간' 들여다보기. 〈미디어리터러시〉, 5호, 91-95.

페이스북 뉴스룸 (2018, 5, 23). Hard Questions: 가짜 뉴스를 막기 위한 Facebook의 전략은?
URL: https://ko.newsroom.fb.com/news/2018/05/hard-questions-%EA%B0%80%EC%A7%9C-%EB%89%B4%EC%8A%A4%EB%A5%BC-%EB%A7%89%EA%B8%B0-%EC%9C%84%ED%95%9C-facebook%EC%9D%98-%EC%A0%84%EB%9E%B5%EC%9D%80/

한겨레 (2015, 7, 13). 페이스북 뉴스피드 알고리즘 변경, 영업비밀은 어디까지?
URL: http://www.hani.co.kr/arti/economy/it/700047.html

한겨레 (2018, 9, 28). 가짜뉴스 기지, 일베에서 유튜브로 … 20대가 가장 많이 본다.
URL: http://www.hani.co.kr/arti/society/society_general/863635.html

한국언론진흥재단 (2017). 〈디지털 뉴스 리포트 2017 한국〉. 서울: 한국언론진흥재단.
한국언론진흥재단 (2018a). 〈뉴스미디어와 4차 산업혁명〉. 서울: 한국언론진흥재단.
한국언론진흥재단 (2018b). 유튜브 동영상 이용과 허위정보 노출 경험. 〈Media Issue〉, 4권 8호.

BuzzFeed (2018, 4, 18). How To Spot A Deepfake Like The Barack Obama-Jordan Peele Video. Retrieved from https://www.buzzfeed.com/craigsilverman/obama-jordan-peele-deepfake-video-debunk-buzzfeed?utm_term=.oqVA834ja#.kgJblDpRz

Claburn, T. (2016, 7, 18). EU Data Protection Law May End The Unknowable Algorithm. Retrieved from https://www.informationweek.com/government/big-data-analytics/eu-data-protection-law-may-end-the-unknowable-algorithm/d/d-id/1326294

Diakopoulos, N. (2015). Algorithmic accountability: Journalistic investigation of computational power structures. *Digital Journalism.*

GARTNER (2017, 10, 3). Gartner Top 10 Strategic Technology Trends for 2018. Retrieved from http://www.gartner.com/smarterwithgartner/gartner-top-10-strategic-technology-trends-for-2018

KNIGHT FOUNDATION (2018, 8, 15). MAJOR INTERNET COMPANIES AS NEWS EDITORS. Retrieved from https://www.knightfoundation.org/reports/major-internet-companies-as-news-editors

Lada, A. (2017, 1, 31). News feed FYI: New signals to show you more authentic and timely stories. Retrieved from https://newsroom.fb.com/news/2017/01/news-feed-fyi-new-signals-to-show-youmore-authentic-and-timely-stories

Monica B. (2018, 5, 9). The Promises, Challenges, and Futures of Media Literacy. Retrieved from https://digitalcommons.uri.edu/jmle/vol10/iss1/1

Pariser, E. (2011). *The filter bubble: What the Internet is hiding from you.* London, UK: Panguin Books.

Theatlantic (2018, 5). The Era of Fake Video Begins. Retrieved from https://www.theatlantic.com/magazine/archive/2018/05/realitys-end/556877

The Guardian (2018, 2, 2). How an ex-YouTube insider investigated its secret algorithm. Retrieved from https://www.theguardian.com/technology/2018/feb/02/youtube-algorithm-election-clinton-trump-guillaume-chaslot

THE VERGE (2018, 8, 21). A porn company promises to insert customers into scenes using deepfakes. Retrieved from https://www.theverge.com/2018/8/21/17763278/deepfake-porn-custom-clips-naughty-america

UWNEWS (2017, 7, 11). Lip-syncing Obama: New tools turn audio clips into realistic video. Retrieved from http://www.washington.edu/news/2017/07/11/lip-syncing-obama-new-tools-turn-audio-clips-into-realistic-video

WIRED (2018, 1, 8). Fake news 2.0: AI will soon be able to mimic any human voice. Retrieved from http://www.wired.co.uk/article/fake-voices-will-become-worryingly-accurate

Chapter 07

4차 산업혁명 시대 공영방송 사용설명서

최용수 (KBS 시청자서비스부장)

1. 들어가며: 벼랑 끝에 선 지상파방송

> "그것은 아마도 벼랑 끝이 더 가까워진 탓일지 모른다. 이미 미디어를 둘러싼 풍경은 가짜 뉴스들로 더욱 더 위협을 당하고, 깨져버린 사업모델의 잔해와 산산조각이 난 신뢰로 엉망이 되어버렸기 때문이다."
> — 바네사 베어드(Baird, 2018)

베어드(2018)가 묘사한 최근의 미디어 풍경은 전통적인 신문과 방송 산업에 종사하는 일선 기자들의 위기의식이 그대로 담겨 있다. 지난 15년 간 미국에서는 모든 신문사의 일자리 중 절반이 사라졌고, 캐나다의 신문 편집국은 30%가 줄었으며 영국에서는 200개 이상의 지역신문들이 문을 닫았다. 신문사만 위기에 처한 것은 아니다.

지난 8월 13일자 〈미디어오늘〉 기사는 혼란스러운 미디어 환경 속에서 국내 지상파방송에 닥친 심각한 위기상황을 잘 보여준다. 제목부터 "지상파 프라임 타임대 시청률이 무너지고 있다"이다. 시청률 조사기관 닐슨코리아에 따르면, 올해 상반기(2018년 1월~6월) 지상파방송의 프라임 시간대(오후 7시부터 11시까지) 시청률이 지난 2000년 같은 기간의 절반으로 떨어졌다. 2000년 지상파채널 가구시청률은 62.23%에 달했지만, 2018년 현재 33.40%로 거의 반 토막이 나버렸다. 지상파방송 광고수주의 영향을 미치는 개인시청률도 2000년 28.68%에서 2018년 14.27%로 절반에도 못 미치는 것으로 나타났다. 당연히 광고수익률 또한 급락세이다. 월드컵 특수로 뜨거웠던 지난 2002년 KBS의 광고매출은 7,352억 원까지 치솟았으나, 2017년에는 2002년의 절반 정도인 3,666억 원으로 폭락했다. 같은 기간 MBC는 6,584억 원에서 2,926억 원으로 절반에도 미치지 못했다.

2017년 KBS와 MBC의 장기간 파업이 광고수익에도 큰 영향을 주었다고 볼 수 있지만, 매체별 광고시장 점유율 추이를 살펴보면 꼭 파업이 아니었더라도 상황은 크게 달라지지 않았을 것이라는 사실을 보여준다. 2006년 지상파방송(KBS, MBC, SBS, EBS)은 전체 방송광고시장의 75.8%를 차지했지만 2017년은 44.6%까지 떨어진 것으로 나타났기 때문이다.

어쩌면, 시청률과 광고수익 급락보다 지상파방송 종사자들에게 더 충격적인 사실은 지난 8월 18일, 〈시사저널〉 "'아 옛날이여' 외치는 지상파 드라마 왕국' 이라는 분석기사일지도 모른다. 기사는 당시 tvN의 화제작 드라마 ≪미스터 션샤인≫이 최고 시청률 13%대인 데 반해 지상파방송 최고 시청률의 드라마는 SBS 월화드라마 ≪서른이지만 열일곱입니다≫는 고작 8.8%(닐슨 코리아), 동시간대 방영되고 있던 MBC ≪사생결단 로맨스≫는 2.6%, KBS의 ≪너도 인간이니?≫는 5.3% 정도에 불과하다고 알려준다. 시청률 조사기관에 따르면 현재 지상파방송과 케이블TV의 시청률 산정방식은 약간의 차이가 있어 두 매체의 시청률을 동일한 잣대로 비교하려면, 케이블TV의 프로그램 시청률에 1.33배 정도를 곱해준다고 한다. 이 방법대로 계산하면 ≪미스터 션샤인≫이 지상파채널로 방송되었을 경우의 시청률은 대략 17~18%대가 나온다. 당시 지상파로 방영되는 미니시리즈 세 편의 합계시청률보다 비지상파채널에서 방영되는 드라마 한 편이 높게 나온 것이다. 이 기사는 또, ≪미스터 션샤인≫ 같이 경쟁력을 갖춘 대작 드라마들은 앞으로 지상파방송 플랫폼으로는 결코 방송할 수 없을 것이라는 비관적 전망을 내놓는다. 회당 10억 원이 훌쩍 넘어서는 높은 제작단가를 현재와 같은 지상파방송의 광고와 프로그램 판매 방식으로는 결코 조달할 수 없기 때문이다. 실제 ≪미스터 션샤인≫의 제작을 담당한 스튜디오 드래곤은 애초에 이 드라마를 SBS에서 방송하려고 했지만 회당 제작비가 15억 원, 전체 제작비가 430억 원에 이르자 SBS가 포기했다고 밝힌 바 있다.

'지상파 드라마왕국'이란 기사의 제목처럼 그동안 드라마는 지상파방송사의 가장 경쟁력 있는 콘텐츠였다. 우수한 드라마 제작인력과 인프라 또한 지상파방송사들이 거의 독점하고 있었다. 그러나 지난 20여 년 동안 상황은 급변했다. 치열한 시청률 경쟁으로 내몰리던 지상파방송사들은 드라마에서 우위를 가지기 위해 드라마 제작비를 꾸준히 상승시켜왔다. 인기작가, 대세배우, 대작 기획물을 유치하기 위해서였다. 그런데 그렇게 높아진 드라마 제작비가 역설적으로 지상파방송사의 발목을 잡은 꼴이 되어 버렸다. 문제는 앞으로의 상황이 더 녹록하지 않을 거라는 점이다. 지상파방송사들이 놓쳐버린 대작기획 드라마 ≪미스터 션샤인≫이 tvN을 통해 방송될 수 있었던 결정적인 힘은 제작비 중 70% 넘는 돈을 세계 최대의 OTT서비스 사업자 넷플릭스(Netflix)가 댔기 때문이다. 2016년 한국 시장에 진출한 이후 지난해부터 본격적으로 국내 시청자들을 위한 오리지널 콘텐츠 제작에 나서고 있는 넷플릭스는 올해 초 오리지널 콘텐츠 700편 제작을 위해 80억 달러(약 9조 원)를 투자한다고 선언했다. 국내 지상파방송 3사의 콘텐츠 제작비를 다 합친 금액의 10배에 가까운 엄청난 금액이다. 생존을 위해 콘텐츠 경쟁력 강화에 사활을 걸고 있는 지상파방송 사업자들이 지금까지 한 번도 상대해보지 못했던 가장 강력한 경쟁자가 눈앞에 나타난 것이다.

방송통신위원회는 지상파방송의 재정적 위기가 구조화됨에 따라 지상파방송에게만 특히 엄격했던 광고규제를 완화해주기 시작했다. 지난 2015년에 가상광고와 PPL광고 규제가 풀렸고, 이제 마지막 남은 중간광고 규제의 빗장도 풀어줄 태세이다. 그러나 중간광고가 허용된다고 하더라고 과연 대작 드라마를 제작할 수 있을 만큼 지상파방송의 수익구조가 개선이 될지는 여전히 미지수이다. 2018년 KBS와 MBC의 예상적자 규모는 1,000억 원대에 이를 것이라는 예상이 나오고 있기 때문이다.

2. 지상파방송 위기의 재구성

현재 한국의 지상파방송이 겪고 있는 생존의 위기는 기본적으로 과거 지상파 복점 구조의 안정된 수익구조에 안주하면서 디지털 혁명에서 비롯된 미디어 환경에 제대로 대처하지 못하면서 비롯되었다. 특히 지상파 플랫폼의 아킬레스건이라고 할 수 있는 난시청 문제 해결을 유료 케이블방송에 넘기는 손쉬운 방법을 선택하면서 지상파 플랫폼의 힘을 스스로 포기하는 우를 범했다. 그리고 1995년 이후 케이블방송, 위성방송, DMB, IPTV, 스마트폰 등 새로운 매체들이 지속적으로 등장함에 따라 시청자들의 미디어 선택권 또한 꾸준히 확대되고 있었음에도 불구하고 매체별 방송 서비스의 다변화 전략조차 제대로 구사하지 못했다. 이는 지상파방송사들의 무능에서 비롯된 것이기 하지만, 지상파방송의 디지털 전환 같은 국가적 사업에서 보여준 시장 중심의 정부 정책 때문이기도 했다. 김대호(2003)는 국내 디지털 전환 정책의 가장 큰 동인이 전자산업을 중심으로 한 산업적 이유였으며, 이는 디지털 전환이 방송의 측면에서 추진된 것이 아니라 세계 TV 수상기 시장에서 주도권을 잡겠다는 (정부의) 의도에서 비롯되었기 때문이라고 밝혔다. 당시 정보통신부의 산업논리와 가전사의 이해관계가 정책결정을 주도하는 핵심논리로 작용하는 과정에서(정인숙, 2013, 2, 28) 지상파방송의 디지털 전환 정책이 갖는 방송 산업적 의미와 시청자에게 제공할 편익과 같은 사회문화적 목표는 고려되지 않았던 것으로 밝혀졌다(정영주, 2014). 시청자 측면에서 방송의 디지털 전환은 기존의 아날로그 텔레비전을 디지털TV 또는 디지털 수신 설비로 교체해야 하는 노력을 수반한다. 정인숙(2008a: 정영주, 2014 재인용)의 지적처럼 디지털 전환은 정부에 의해 강제적으로 추진되는 '강제 이주정책'의 성격을 띠고 있기 때문에 기존의 아날로그 방송 설비를 교체해야 하는 시청자 관점에서는 더 나은 서비스를 제공받을 수 있는 환경과 더 나은 미디어 경험을 가질 수 있는 실질적 편익의 증대로 이어져야 한다(정인숙, 2013, 2, 28). 또한 방송의 디지털 전환은 국내 방송 산업의 구도를 변화시키는 매우 중요한 이슈로서(김동윤·김재영·남궁협, 2011), 모든 국민을 대상으로 하는 보편적 서비스인 지상파방송의 디지털화 추진은 국내 방송환경 전체의 변화를 가져올 핵심적 기제로 작용할 수 있다. 이러한 측면에서 방송의 디지털 전환이 갖는 의미와 관련해 강조되어야 하는 것은 디지털 전환의 궁극적 목표에 관한 것이다. 추상적인 시청자 복지나 국민 경제 발전과 같은 선언적 목표가 아니라 디지털 전환을 통해 보편적 서비스로서 지상파방송을 어떻게 확장할 것인지, 디지털 환경 하에서 방송 산업구조를 어떻게 재편할 것인지, 이를 통해 궁극적으로 시청자가 향유하는 디지털 방송의 편익은 무엇인지를 제시하는 정책 목표가 디지털 전환의 진정한 의미를 대신할 수 있을 것이다. 그러나 디지털 전환은 제대로 논의될 여유도 없었다.

2008년 이명박 정권의 출범과 함께 지상파방송의 공공성은 송두리째 흔들리고 말았다. 이명박 정부의 출범과 함께 시작된 언론장악 시도였다. 불법과 탈법으로 얼룩진 KBS, MBC, YTN 사장의 해임과 대통령의 언론특보 출신들의 언론사 지배구조 장악은 곧바로 정권에 비판적인 시사프로그램들과 언론인들의 퇴출로 이어졌다. 이명박 대통령의 멘토로 알려졌던 동아일보 출신 최시중 방송통신위원장은 이 과정에서 미디어법까지 개악해 정부친화적인 보수신문과 재벌에게 종합편성채널 사업허가를 내줌으로써 방송 생태계를 황폐화시켜버렸다(김서중, 2012).

이후 방송사들은 정권의 홍보방송으로 전락하면서 불공정 편파보도 시비가 끊이지 않았다. 매년 국경없는 기자회에서 발표하는 세계언론자유지수는 이명박 정권 2년차 때 69위, 박근혜 정권 4년차 때는 70위까지 떨어지는 치욕을 겪기도 했다. 방송에 대한 무너진 신뢰는 급기야 '나꼼수' 현상이라고 불리는 세계적으로도 유래가 없는 팟캐스트의 전성기를 가져왔다. 이미 국내적으로는 2002년 대선, 2008년 광우병 촛불시위를 거치면서 다음 아고라 토론방이나 아프리카TV 같은 다양한 인터넷미디어들이 신문과 방송 같은 주류미디어들에서 의제화하지 못한 현안들을 다루기 시작하면서 예견된 현상이었다. 트위터와 페이스북 같은 SNS를 이용한 소통도 빠른 속도로 확대되었다. 특히 2008년 스마트폰의 등장과 보급은 젊은 세대들이 기존 미디어에서 모바일미디어로 급격히 옮겨가는 계기가 되었다.

〈2017 언론수용자 의식조사〉에 따르면 모바일 인터넷 이용률은 2011년 36.7%에서 2017년 82.3%까지 급등했다. 같은 기간 신문은 34.6%에서

16.7%까지 떨어졌다. 모바일미디어가 기존 미디어들을 빠르게 대체하면서 미디어 광고시장 또한 모바일 광고로 급격하게 이동했다. 제일기획이 발표한 2017년 총 광고비 결산을 보면, 지난해 국내 광고시장은 전년보다 1.8% 성장한 11조 1,295억 원 규모였다. 그중에 모바일 광고 시장 규모는 전년보다 27%나 성장해 2조 2,157억 원으로 2조 원을 처음 돌파했다. 소위 '모바일 퍼스트' 시대가 열린 것이다. 신뢰를 잃어버린 지상파방송의 몰락에 가속도가 붙은 셈이다.

4차 산업혁명 시대의 미디어 리터러시를 검토하는 자리에서 해묵은 지상파방송의 위기 담론으로 글머리를 여는 이유는 지난 1980년대 이후 한국 사회에서 지상파방송이 가지는 역사적 함의가 생각보다 크고, 미디어 리터러시 교육 분야 또한 지상파방송의 역사적 굴곡 속에서 성장과 정체를 함께해왔기 때문이다. 현재 지상파방송의 시청률 하락과 재정적자를 흔히 하는 표현으로 '자업자득'이라며 개별 방송사들의 문제로 보는 시선은 대단히 위험하다. 한국 사회에서 지상파방송, 특히 공영방송 제도를 운영하기 위해 감당하고 있는 비용을 고려하면 지상파방송이 가지고 있는 여러 기능과 가치들은 쉽게 포기해서도 포기할 수도 없기 때문이다.

3. 우리에게 지상파방송은 무엇인가?: 영국과 한국의 디지털 전환 시기

우리에게 지상파방송은 무엇인가? 이것은 단지 소비자에 의해서도 선택받지 못하고, 시장 행위자에게도 이미 효용을 다한, 퇴보적 기술이자 과거의 서비스 모형에 불과한가? 이런 지상파 주파수를 차라리 고가에 경매하여 눈먼 장님 같은 공공자금을 만들어내는 한편, 비즈니스에

능하고 국내 소비자의 지갑을 여는 방법을 알고 있는 통신사업자가 자유롭게 활용할 수 있도록 하는 게 확실히 더 효율적인가? 거기서 생긴 공공자금을 '콘텐츠 기금'으로 투입하여 지상파방송에게 과거의 명맥을 유지하는 정도로 하는 것이 그나마 남은 선순환의 길인가? 콘텐츠 생산을 위한 요소시장은 개별화, 파편화되어 한류라는 이름으로 고가에 팔려나가고 있지만, 사실상 그런 한류를 가능케 했던 광범위 창의성의 기반은 결국 다른 산업이 소비자로부터 얻어낸 돈으로 만든 한낱 보조금에 의존하도록 만드는 것이 효율성의 실질적인 내용이며, 창조산업 정책의 실제적 전개형태여야 하는가? 왜 우리는 통신망의 고도화에 연관된 한두 가지 명확한 성공을 제하고 나면, 광범위 미디어 생태계 측면에서, 그것이 시장적인 관점에서든 공공적인 관점에서든, 의미 있는 진전을 일궈낸 사례가 이리도 드문 것일까?

-〈미디어스〉 2014년 9월 5일자
정준희, "위기의 지상파? 우리에게 지상파방송이란 무엇인가" 중에서

이 기고문의 부제는 '영국 공공서비스 지상파방송사의 다채널 전략 재정비'이다. 영국은 무료 디지털 지상파 다채널방송, 프리뷰(freeview)를 연착륙시키며 가장 성공적으로 디지털 전환사업을 마무리하고 있는 나라이다. 이 기고문은 최근 영국 지상파방송 연합의 IPTV 서비스라고 할 수 있는 유뷰(YouView)가 별다른 성과를 내지 못하면서, 프리뷰의 업그레이드 모델이라 할 수 있는 프리뷰 커넥트(freeview connect)를 영국의 지상파방송사들이 추진하고 있다는 소식을 전하고 있다. 정준희의 위의 질문은 영국 지상파방송사들은 공공서비스 방송으로서 디지털 전환 과정에서 여전히 능동적인 역할을 맡고 있는 데 반해서 한국의 지상파방송들은 디지털 전환과정에서 공공서비스 방송으로서의 역할은커녕, 시장에 내부의 제작요소(한

류를 이끌어낸 우수한 제작인력)를 유출시키면서 스스로 쪼그라들고 있는 상황을 우회적으로 비판한 셈이다. 도대체 어떤 이유로 두 나라의 지상파 방송은 이렇게 다른 길을 걷게 되었을까? 이 장에서는 영국과 한국의 디지털 전환 과정에서 있었던 사건들을 재구성하면서 지상파방송의 가치의 의미를 되짚어본다.

1) 영국의 디지털 전환 사업: 신자유주의 체제를 넘어선 무료 공공서비스에 대한 사회적 합의

영국의 디지털 전환은 1980년대 영국의 대처정부가 토대를 닦아놓은 신자유주의 경제체제 위에서 출발했다. 경쟁체제의 도입과 자유주의 시장원리 확산이라는 보수당 정부의 정책기조는 1996년 방송법에 그대로 반영되었다. 당시 보수당 정부는 정보기술이 미래 산업의 핵심이라고 보았기 때문에 방송에 대한 공적 규제를 완화하고, 민영화를 통한 상업적 발전방향을 추구했다. 케이블, 위성, 지상파를 통한 다채널 텔레비전의 플랫폼 경쟁을 촉진시키는 것은 그 구체적인 방안이었다. 그 결과 디지털 전환사업의 초기에는 ITV의 주도로 BSkyB와 ITV가 합작하여 만든 형태의 'ONdigital(이후 ITV 디지털로 개명)'을 통해 유료 지상파 다채널 서비스를 먼저 선보였다. 그러나 얼마 가지 않아 'ITV 디지털'은 파산하고 만다. 가입자 확보를 위해 무료로 보급한 셋톱박스와 킬러 콘텐츠 확보를 위한 명분으로 BSkyB에 과도한 전송료를 지급하면서 재정이 급속도로 악화되었기 때문이다. 합작관계였지만 독자적으로 디지털 위성방송을 시작한 BSkyB가 미리 저가의 셋톱박스를 보급하면서 ITV 디지털의 경쟁력을 약화시킨 이유도 컸다. 'ITV 디지털'의 파산으로 2012년까지 디지털 전환사업을 마무리하겠다는 계획을 가지고 있던 영국 정부로서는 새로운 사업주체를 찾아야 했다. ITV 디지털 파산 이전의 영국의 디지털 방송 정책은 유료방송을 통해 시장에 우선순위를 두고 있었다. 그러나 유료방송 위주의 정책은 일부 유료시청자들에게만 혜택이 돌아갔을 뿐 전 국민을 대상으로 한 디지털 전환에는 분명한 한계를 드러냈다. 디지털 전환사업을 추진할 새로운 주체로 나선 공영방송 BBC는 'ITV 디지털'의 실패를 경험삼아 유료방송이 아닌 무료 공공서비스 모델을 통해 디지털 전환사업을 완수하고자 했다.

2002년 10월 프리뷰(Freeview: 무료 디지털 지상파 다채널방송)가 ITV Digital에 이어 새로운 지상파 디지털 방송 사업자로 등장하게 된다. BBC는 전송망 사업자인 Crown Castle(National Grid Wireless)과 BSkyB와 합작으로 프리뷰를 출범시켰다. 프리뷰는 10여 개의 HD 채널과 50여 개의 텔레비전 채널, 25개의 라디오 채널, 양방향 서비스 등을 무료로 이용할 수 있는 서비스이다. 프리뷰를 이용하는 가구는 2007년 처음으로 위성방송 가입자를 넘어선 이후 2012년 4분기 1,900만 가구를 상회하고 있으며, 이 중 프리뷰 서비스만을 이용하는 가구가 1,000만을 넘어 위성방송 가입자인 940만보다 많은 시장점유율을 기록했다(Ofcom, 2013). 프리뷰는 저가의 셋톱박스만 구매하여 기존의 텔레비전에 연결하거나 무료 수신 튜너가 내장된 디지털 텔레비전을 구입하면 공공서비스 방송의 기본 채널은 물론 다양한 디지털 전문 채널을 무료로 받아볼 수 있는 형태였기 때문에 시청자들의 호응이 대단히 높았다. 이렇게 프리뷰 방식이 아날로그 시청 가구는 물론 기존의 유료 디지털 방송 시청 가구들에도 상당히 유력한 서비스로 안착됨에 따라 초기에는 참여를 유보하고 있던 ITV와 C4, C5 등의 기타 공공서비스 방송사들도 컨소시엄에 합류, 6개 멀티플렉스(디지털로 할당된 채널)가 모두 프리뷰 연합 플랫폼의 산하에 들어오게 된다. 이는 영국 디지털 지상파 서비스 확대 및 디지털 전환 정책의 결정적인 분기점이 되는데, 정체 상태에 빠져 있던 디지털 전환 가구 수가 이를 기점으로 급속도로 성장하였다(정준희, 2014a).

BBC와 Crown Castle, BSkyB와의 합작은 공·민영 파트너십이라는 거버넌스의 한 형태로 볼 수 있다(Boyfield & Mather, 2006: 안임준, 2008 재인용). BBC와 정부는 시장 실패를 해결하고 정책의 정당성, 효율성, 유효성 등을 높이는 방법으로 거버넌스(governance) 체계를 도입한 것이다. 거버넌스 체계는 상호 연결된 행위, 조직, 시스템 간의 정책 결정 과정에서 서로 다른 이해관계를 조정(co-ordination)하고 이를 통해 타협점을 찾아내는 데 유효한 방편으로 여겨졌기 때문이다.

디지털 전환이 성과를 내기 시작하자 영국 정부는 2003년 새로 커뮤니케이션법을 제정했다. 주요 목표는 방송통신 융합 환경에서 영국의 규제를 합리화하고 조정하는 것이 목적이었다(Doyle, 2002, p. 720; 안임준, 2008). 통신 부문과 유료방송 부문에 대해서는 시장자유와 경쟁규제를 적용하고, 공공서비스 방송(Public Service Broadcasting, PSB), 콘텐츠, 미디어 소유권 등의 영역에서 경쟁을 촉진시키되 해당분야의 특수성을 반영하여 공익목적의 규제를 비교적 강하게 부여하는 방식이 적용됐다(Smith, 2006; 정준희, 2014a, 60쪽). 법의 핵심쟁점은 방송과 통신 영역을 개별적으로 규제하던 다섯 개 기관을 통합하는 규제기구를 설립하는 것이었다. 이 법에 의해 방송과 통신의 내용과 경제적 사안들을 취급할 단일 규제기구인 오프컴(Ofcom, 커뮤니케이션청)이 설립되었다. 오프컴은 기존의 Oftel(통신청), BSC(방송표준위원회), ITC(독립텔레비전위원회), 라디오청, 무선통신청이 하던 업무들을 총괄하여 다른 종류의 플랫폼에 대한 커뮤니케이션 규제에 대해 보다 일관되고 조정된 접근을 하게 했다(Simpson, 2004, p. 240; Doyle, 2002, p. 720). 또한 2001년부터 영국 정부는 방송사와 가전사, 소매업자와 소비자 단체와 디지털 텔레비전 실행계획(Digital Television Action Plan)을 시작했다. 디지털 전환을 위한 접근가능성과 지불가능성의 기준을 충족하면, 문화미디어스포츠부(Department of Culture, Media and Sports, DCMS) 장관과 DTI(통상산업부) – 2007년 BERR(사업, 기업, 규제개혁부)로 바뀜 – 장관이 아날로그 지상파 전송을 2010년까지 중단하는 명령과 전체적인 전환을 진행하는 결정을 내릴 수 있는지 확인하는 것이다(DCMS & DTI, 2005). 이 실행계획에 이어 2005년 4월 13일에 SwitchCo – 이후 이름을 Digital UK로 바꿈 – 가 디지털 텔레비전 전환 과정의 조정을 위해 설립되었다. 이 기관은 비영리단체로 BBC, ITV, Channel 4, Five, S4C, Teletext 등의 공공서비스 방송사와 SDN, National Grid Wireless 등의 전송 회사들을 설립했다. 여기에는 유통업체 대표와 영국의 정보통신 사업자 협회인 Intellect의 가전 부문 대표도 이사로 참가하고 있다. Digital UK가 2006년 5월부터 전국적 혹은 지역별로 캠페인을 실시하여 디지털 전환에 대한 시청자의 인식과 이해도를 높이고 디지털 전환 지원계획에서 제외된 취약계층과 전환 이후 후속 조치들을 위해 자선단체와 시민단체 등과 함께 Digital Outreach Ltd.를 설립했다. 〈그림 1〉은 디지털 전환 프로그램의 구조를 보여주고 있다. 영국의 디지털 전환 정책 수립과 집행 과정에서 거버넌스 형태의 정책결정과 집행이 나타나고 있다.

　BBC는 이같이 정부의 디지털 전환 정책 목표달성에 적극적으로 협조하면서 다음 10년을 위한 칙허장을 확보하게 된다. BBC는 수신료를 다음 10년간도 계속 받을 수 있게 되었지만, 물가인상률 이하로 책정된 수신료로 인해 예산 부족의 어려움을 겪을 것으로 보인다. 디지털 시대에 대비한 공영방송 BBC의 계획들도 수정될 수밖에 없을 것으로 보인다.

　이런 상황에도 불구하고, 영국은 정부와 BBC가 관리하는 디지털 전환 과정을 통해 시장을 통한 전환에서 나타나는 위험을 감소시키며 성공적으로 전환 과정을 이끌고 있다. 또한 이 과정에서 추가로 발생하는 위험을 감소시키기 위해 Digital UK는 자선단체와 시민단체가 연합하여 Digital Outreach Ltd.라는 기관을 만들어 전환 이후 후속 조치들과 DSHS Ltd.(Digital Switchover Help Scheme Ltd.: BBC의 자회사로 디지털전환 지원을 담당)를 통해 지원받지 못하는 시청자들의 어려움을 해결해 주고 있다. 영국의 디지털 전환 사례는 신자유주의 세계화 속에서 자본 축적과 정치적 정당성 확보를 위한 거버넌스 정책 결정과 집행 과정 속에서 국가와 공영방송의 역할에 대한 하나의 모델이다. 제숍(Jessop, 1998)이 주장한 바와 같이, 정부와의 협력을 통한 성공적인 거버넌스 사례라고 볼 수 있으며, 공영방송을 통한 디지털 격차 해소의 실질적인 가능성을 보여주었다(안임준, 2008).

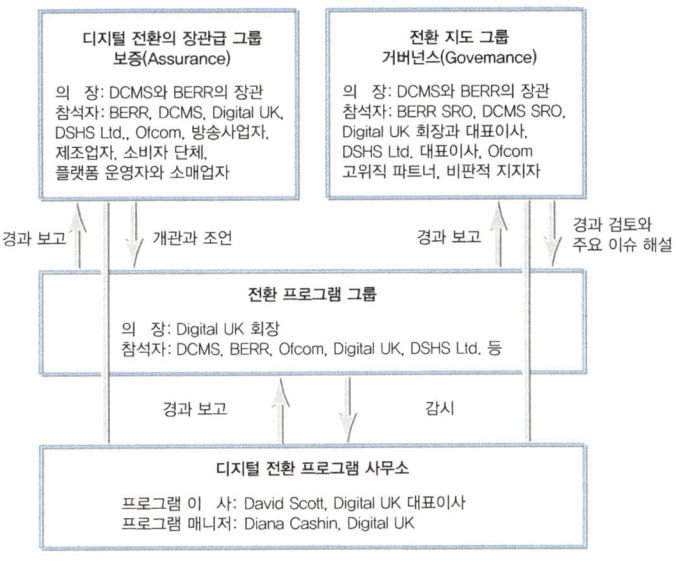

그림 1. 디지털 전환 프로그램 구조

출처: NAO (2008). *Preparation for Digital Switchover*. London: The Stationery Office, 12쪽; 안임준 (2008), 영국 방송의 디지털 전환에 관한 연구. 〈방송문화연구〉, 20권 2호, 96쪽에서 재인용. 원 저작권자의 모든 권리가 보호됨.

프리뷰의 성공에도 불구하고 영국의 지상파방송사들은 도전을 계속되고 있지만, 2003년 커뮤니케이션법 제정을 통해 소유규제 완화가 풀린 이후 영국 방송은 BSkyB와 Virgin Media, ITV 등 방송사업자를 중심으로 독과점이 심화되고 있다. 특히 디지털 기술 도입과 함께 프리미엄 콘텐츠로 무장한 유료방송 플랫폼인 루퍼트 머독 계열의 BskyB가 ISP(Internet Service Provider)와 이동통신서비스까지 시작했기 때문이다. 게다가 문화적 장벽이 거의 없는 영미권역의 특성상 구글의 유튜브, 애플의 아이튠즈는 물론 아마존과 넷플릭스와도 경쟁해야 하는 상황이 도래했기 때문이다.

2012년 디지털 전환이 완료 시점에 맞춰 출시된 유뷰(YouView)는 지상파 다채널 선형 서비스의 직접수신과 비선형 무료 다시보기(7 day's catchup) 서비스를 동시에 가능케 한 일종의 하이브리드(HbbTV) 서비스로 유·무료 혼합형 IPTV이다. 이 서비스를 위해 영국의 지상파방송사들은 적대적 관계의 통신사와도 제휴했다. 그러나 유뷰의 가입자는 유뷰 셋톱박스나 스마트TV를 구입한 소유자들은 4% 정도였고 대부분 통신사인 BT가 인터넷서비스 약정 형식으로 제공한 셋톱박스를 통해 서비스를 받은 사람들이었다. 당연히 유뷰를 통해 '무료서비스 확대'를 기대했던 이들로부터 반발이 제기되었다. 공공서비스를 지향했지만, 결국 통신서비스의 가입자 시장이라는 유료 울타리(paywall) 속에 갇힌 셈이 된 것이다(정준희, 2014, 9, 5).

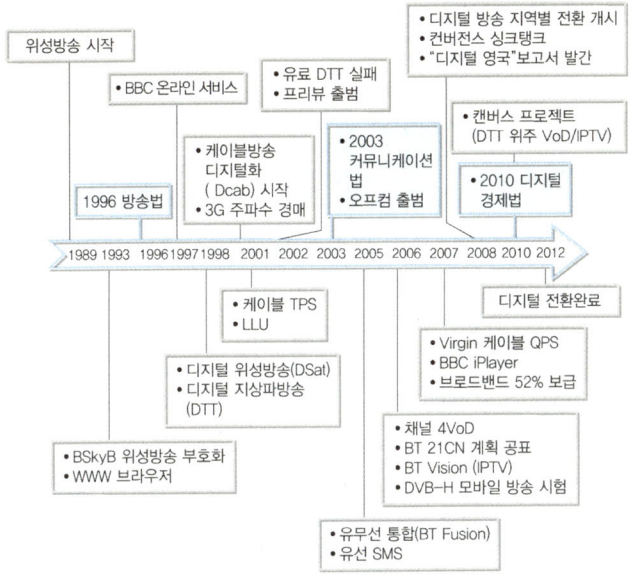

그림 2. 영국의 디지털 전환 경과

출처: 황주성 외 (2010). 〈컨버전스 미디어지형 동향 분석〉. 〈정책연구 10-32〉. 과천: 정보통신정책연구원, 87쪽: 정준희 (2014a). 영국 지상파방송사의 디지털 전략 분석. 〈방송과 커뮤니케이션〉, 15-4호, 59쪽에서 재인용. 원 저작권자의 모든 권리가 보호됨.

유뷰의 실패로 영국의 지상파방송사들은 새로운 전략적 방향을 모색하고 있다. 가칭 프리뷰 커넥트(Freeview Connect)라 불리는 이 사업계획은 기존 프리뷰의 선형적 한계를 극복하고 각 지상파방송사의 온라인 VOD서비스를 통일성을 높인 업그레이드된 플랫폼을 통해 제공할 예정이다. 특히 프리뷰 커넥트는 현재 HD화질로만 전송이 가능한 프리뷰를 UHD화질까지 전송 가능하도록 더 고효율의 압축기술을 채택할 예정이다. 이 경우 기존에 디지털 전환과정에서 반납한 700Mhz 대역의 주파수를 다시 활용할 계획인데, 당초 오프컴은 이 주파수 대역을 통신사에게 경매로 내놓을 예정이었으나 지상파방송사들의 요구와 주파수의 공공적 활용에 대한 여론으로 현재 결정을 유보해두고 있다.

2) 한국의 디지털 전환 사업: 시장의 논리 속에 사라진 시청자 복지

우리나라 디지털 전환사업의 출발은 1997년 2월 정보통신부에서 작성된 '지상파방송 디지털방식 전환 기본계획 수립'이란 문건이었다. 당시 이 문건의 전환정책의 목표는 '주파수 효율성 제고와 채널 이용효율성을 높이기 위한 것'이었다(정인숙, 2003; 정영주 2014). 1997년 3월에는 '지상파 디지털방송 추진협의회'를 구성하였고, 동년 11월 미국의 디지털방송 표준(Advanced Television Systems Committee, ATSC) 방식을 국내 지상파 디지털TV 표준방식으로 채택, 공표하였다. 이후 김대중 정부가 들어서면서 방송개혁위원회가 디지털방송추진협의회의 건의사항을 수용하여 디지털 전환 정책을 제안하였고, 1999년 재정경제부, 정보통신부, 산업자원부, 방송위원회, 문화관광부 등 관련 5개 부처가 공동으로 '디지털 지상파TV 조기방송 종합계획'을 확정, 발표하게 된다. 2000년 7월에는 (구)방송위원회가 '디지털방송 추진위원회'를 구성하고 12월에 '지상파TV방송의 디지털 전환을 위한 종합계획'을 발표했다(정영주, 2014).

이 '종합계획'이 발표된 이후 디지털방송의 전송방식을 두고 정부와 가전업체, 그리고 방송기술인협회를 중심으로 한 방송 관련 직능단체와 언론노조, 이들을 지지하는 시민단체들 간의 갈등이 시작되었다. 정부와 가전업계는 미국 TV수상기 시장을 고려하여 고화질 중심의 미국식 디지털방송 전송방식(ATSC)을 주장한 반면, 국내 지상파방송사와 방송관련 직능단체들은 화질은 미국보다 떨어지지만 이동수신율이 좋은 유럽식 전송방식(Digital Video Broadcasting-Terrestrial, DVB-T) 도입을 주장한 것이다. 결국 2004년 7월전까지 4번의 현장실사를 거쳐 마침내 정보통신부 장관, 방송위원회위원장, KBS 사장과 전국언론노동조합 위원장의 4자 회담에서 '미국식으로 결정하되 지상파DMB를 통하여 이동 수신을 보장하는 것으로 타협이 이루어졌다. 정인숙(2008b, 2009)은 디지털 전환 과정을 기술 도입기(1997~2001년)와 디지털 전환 논란기(2000~2004년 7월)로 구분하고, 합의 전까지의 논란이 디지털 전환이 갖는 기술적·사회적·문화적·경제적 함의를 충분히 검토하지 않은 상황에서 디지털TV를 기술적으로 도입하기 위해 정부 주도의 일방적 정책결정이 이루어진 시기라고 평가하고 있다.

표 1. 디지털 전환 주요 경과

시기	주요 내용
1997. 2	정보통신부, 디지털 전환 방침 결정
1997. 11	'지상파디지털방송추진협의회' 건의 수용, 디지털 전송방식 미국식(ATSC) 결정
1999	방송개혁위원회, 디지털 전환 정책 제안
2000	지상파 디지털TV 시험방송 개시(SBS(8. 31), KBS·MBC(9. 3))
2001. 1	1기 디지털방송추진위원회, '지상파 방송의 디지털 전환을 위한 종합계획' 발표
2001. 10	수도권 지상파 디지털TV 본방송 개시
2002~2005	2~4기 디지털방송추진위원회, 케이블, 라디오, DMB, 데이터방송, 뉴미디어에 대한 각종 계획 발표
2006	디지털방송 전국 확대(광역시 '04. 7, 도청소재지 '05. 12, 시·군 '06. 7) 지상파방송사, 독일 월드컵 기간 한시적 MMS 시험방송 실시(6. 5~6. 30)
2008. 3	「지상파 텔레비전 방송의 디지털 전환과 디지털방송의 활성화에 관한 특별법」 제정
2008. 10	디지털방송활성화추진위원회 구성 및 DTV Korea 출범
2009. 6	디지털 전환 활성화 기본계획 수립
2010	경북 울진군, 전남 강진군, 충북 단양군 디지털 전환 시범사업
2011. 6	제주지역 디지털 전환 시범사업
2012. 12. 31	전국 지상파 아날로그방송 종료

출처: 정영주 (2014). 지상파방송 디지털 전환 정책 과정평가 연구. 〈방송통신연구〉, 87호, 45쪽에서 인용. 원 저작권자의 모든 권리가 보호됨.

제2기, 제3기, 제4기 '디지털방송투자위원회'는 각각 케이블과 라디오, 데이터방송, 뉴미디어의 디지털 전환계획을 수립하였고, 2006년에는 시·군 지역까지 디지털방송이 확대되었다. 2006년 정보통신부 장관과 방송위원회 위원장을 공동위원장으로 하는 '디지털방송활성화위원회'가 출범하였으며 2007년 동 위원회는 디지털방송특별법안을 심의 확정하였다. 2008년 3월 디지털전환특별법이 국회를 통과했다. 이에 따라 '디지털방송활성화추진위원회'가 구성되어 '디지털 전환 활성화 기본계획'을 발표했다. 이 계획에서는 2012년 디지털 전환 완료를 위한 4단계 추진전략과 4대 중점과제를 제시하고 있다. 4단계 추진전략은 2009년 대국민 인식 확산, 2010년 아날로그TV 방송의 시험 종료, 2011~2012년에 디지털 전환 실행 본격화, 2013년에는 후속조치를 하는 것으로 정하였다. 4대 중점 추진과제는 ① 아날로그TV 방송 종료 기반 마련, ② 대국민 홍보강화 및 디지털TV 확산여건 조성, ③ 디지털방송 수신환경의 체계적 개선, ④ 저소득층 지원 강화 등이다(방송통신위원회, 2009, 6, 24).

이와 같은 기본계획에 의거하여 디지털 전환 정책을 추진한 결과 지상파 방송국과 제작·송출 시설은 2012년 말 기준 100% 디지털 전환을 완료했으며(〈표 2〉 참조), 디지털 수신기기 보급률은 99.7%에 달하는 것으로 나타났다(〈표 3〉 참조). 또한 저소득층과 노인·장애인, 일반 가구 등 총 47만 8,738 가구에 대해 디지털컨버터 보급 및 안테나 개보수 등의 지원 사업을 완료했으며(〈표 4〉 참조), 2012년에는 순차적으로 아날로그방송을 종료했다(〈표 5〉 참조).

표 2. 지상파방송 디지털 전환 추진 현황 (단위: 시설 수)

구 분	대상 시설 수	전 환	전환율(2012. 12 기준)
방송국(중계소)	645	64	100.0%
방송보조국(중계소)	1,125	1,236	109.8%
제작·송출시설	1,939	2,004(SD 포함)	103.4%

출처: 방송통신위원회 (2013). 〈지상파 TV방송 디지털 전환 백서〉. 서울: DTV Korea: 정영주 (2014). 지상파방송 디지털 전환 정책 과정평가 연구. 〈방송통신연구〉, 87호, 46쪽에서 재인용. 원 저작권자의 모든 권리가 보호됨.

표 3. 디지털방송 수신기기 보급률 추이

시 기	2008	2009. 12	2010. 12	2011. 6	2011. 12	2012. 12
보급률	38.7%	55.1%	64.7%	68.6%	94.4%	99.7%

출처: 방송통신위원회 (2013): 정영주 (2014). 지상파방송 디지털 전환 정책 과정평가 연구. 〈방송통신연구〉, 87호, 46쪽에서 재인용. 원 저작권자의 모든 권리가 보호됨.

표 4. 직접수신기구 지원 실적 현황(2013. 1. 31. 기준) (단위: 가구)

구 분	저소득층	노인·장애인	일반 가구	계
디지털컨버터, 안테나 개보수	5만 1,567	18만 6,605	16만 5,718	40만 3,890
디지털TV 구매 보조	7만 4,848	–	–	7만 4,848
계	12만 6,415	18만 6,605	16만 5,718	47만 8,738

출처: 방송통신위원회 (2013): 정영주 (2014). 지상파방송 디지털 전환 정책 과정평가 연구. 〈방송통신연구〉, 87호, 46쪽에서 재인용. 원 저작권자의 모든 권리가 보호됨.

표 5. 지상파TV 아날로그 방송의 지역별 종료 일시(2012년)

울 산	충 북	경 남	부 산	대전·충남
8월 16일 14시	9월 24일 14시	10월 4일 14시	10월 9일 14시	10월 16일 14시
전 북	강 원	광주·전남	대구·경북	수도권
10월 23일 14시	10월 25일 14시	10월 30일 14시	11월 6일 14시	12월 31일 04시

출처: 방송통신위원회 (2013): 정영주 (2014). 지상파방송 디지털 전환 정책 과정평가 연구. 〈방송통신연구〉, 87호, 46쪽에서 재인용. 원 저작권자의 모든 권리가 보호됨.

정영주(2014)는 국내 디지털 전환 정책에 대한 과정평가를 통해 국내 디지털 전환 정책은 '아날로그 지상파방송 종료 정책'이었을 뿐 엄밀한 의미의 디지털 전환 정책은 제대로 수행되지 않았다고 결론짓고, 그 이유를 정책목표와 정책수단, 그리고 정책대상별로 정리했다. 본고에서는 국내 디지털 전환 정책과 관련한 평가연구가 드물기도 하지만, 그 분석결과의 적실성에 비춰 발췌 정리하였다.

먼저 정책목표 설정부터 살펴보면, 첫째 이 시기 발표된 자료들을 통해 제시된 국내 디지털 전환 정책목표는 전자산업을 중심으로 한 산업적 이유, 즉 세계 TV수상기 시장에서 주도권을 잡겠다는 의도뿐이었다(김대호, 2003). 특별법은 제1조에서 지상파방송의 디지털 전환과 디지털방송 활성화를 촉진하여 시청자 권익 향상과 국민경제 발전에 이바지함을 목적으로 한다고 밝히고 있으나, 정보통신부의 산업논리와 가전사의 이해관계가 정책결정을 주도하는 핵심논리로 작용하는 과정에서(정인숙, 2003) 지상파 방송의 디지털 전환 정책이 갖는 방송 산업적 의미와 시청자에게 제공할 편익과 같은 사회문화적 목표는 제대로 고려되지 않았다.

둘째, 디지털 전송방식 및 디지털 전환 방침이 결정된 이후인 2000년에 출범한 방송위원회는 디지털 지상파방송 관련 정책결정에 실질적 역할을 하지 못했다. 방송위원회가 2000년 7월 구성한 제1기 디지털방송추진위원회는 이미 결정된 디지털 지상파방송 추진일정을 인정하는 일만 가능했다는 점이다(김대호, 2003). 다만, 1997년 정부의 디지털 전환방침이 발표된 이후 처음으로 방송이 갖는 공적인 측면을 보완한 내용이 추가되었다. 그 내용으로는 디지털 지상파방송이 공익성 실현방안으로 지상파방송이 제공하는 다양한 고품질의 방송혜택을 전 국민이 골고루 누리도록 하는 것, 공익성 제고를 위한 보편적 서비스 강화, 방송의 다양성 확보, 보도의 균형성

유지, 장애인과 어린이, 청소년 보호 등이 별도의 규정(방송위원회, 2001)으로 만들어지기는 했지만, 별도 의무조항은 없는 형식적인 선언으로 그치고 말았다.

셋째, 디지털전환특별법이 지상파방송에만 한정하여 디지털 전환을 규정함으로써 정부가 디지털 전환을 전체 방송시장과 연계하여 인식하지 못했음을 드러냈다(김지훈, 2010; 이종관·김유석, 2010; 정인숙, 2008a). 이미 유료방송 가입자가 90%를 넘는 국내 방송시장에서 유료방송 플랫폼의 역할과 위상을 고려하지 않음에 따라 이후 무료방송과 유료방송의 전면적 경쟁 상황에 직면하여 매체 간의 관계 설정에서 비롯되는 파생적인 쟁점들, 즉 MMS를 둘러싼 사업자 간 논란이나 8VSB(8-level Vestigial SideBan: 8레벨잔류 측파대) 전송방식 및 클리어쾀(Clear QAM)[1] 도입 등의 후속 정책과제를 양산하며 갈등구조를 심화시켰다. 특히 디지털 전환의 가장 중요한 목표 중 하나였던 주파수 활용 계획 등의 법적 근거조차 제대로 갖추지 못할 정도로 정책목표가 부실했다(정인숙, 2008a).

다음으로 정책수단의 문제점을 들어보면, 첫째 MMS 도입의 파행이다. 디지털 전환 정책 초기 방송개혁위원회와 방송위원회는 6MHz 대역 안에서 방송사별로 HDTV/SDTV 병행방송을 실시할 수 있도록 하고 할당된 주파수 내의 여유대역은 부가서비스로 활용하도록 제시했다(방송개혁위원회,

---

[1] 8VSB와 클리어쾀은 별도의 셋톱박스 없이 고화질 디지털 지상파방송을 수신할 수 있도록 해주는 기술이다. 지상파방송은 8VSB 디지털 방송 신호를 쓰는 반면 케이블 텔레비전은 QAM 및 CAS(수신 제한 시스템) 등 가입자 인증 식별용 보안 시스템 방식을 쓰고 있기 때문에 반드시 텔레비전에 셋톱박스를 설치해야만 고화질 TV 방송을 시청할 수 있었다. 지난 2014년 3월, 8VSB 방식 도입이 결정되었고, 고화질 디지털 지상파방송을 수신하는 아날로그 케이블 가입자의 지상파방송 재전송료 책정을 두고 지상파방송 사업자와 케이블TV 사업자와의 갈등이 불거졌다.

1999; 방송위원회, 2001). 이는 MMS(Multi Mode Service, 채널 부가서비스) 제공을 디지털 전환의 정책수단으로 고려했음을 의미한다. 이후 지상파 방송사들은 2006년 월드컵 기간 중 MMS의 시험방송을 요청했다. 디지털 방송서비스가 아날로그 수신설비를 바꿔야 할 정도로 긍정적 파급효과를 주지 않는 상황에서 고화질·고음질 외에 쌍방향 데이터 방송, 다채널 등 다양한 방식의 차별적인 추가 서비스를 제공할 필요성이 대두되었던 것이다(정재하·김광호·정제창·성동규·이윤경, 2006). 그러나 일주일 정도 시험방송을 실시한 이후 케이블TV 업계는 지상파방송사의 MMS가 지상파방송에 대한 특혜이며 매체 균형정책에 심각한 침해를 가져온다는 이유로 MMS 시험방송 자체를 반대하고 나섰다(이상식, 2007; 정두남, 2007; 정인숙, 2007). 이에 방송위원회는 MMS 시험방송 기간과 채널 형태를 대폭 축소했다. 방송위원회는 MMS 시험방송 결과 평가를 통해 DTV의 보급 저조로 MMS 서비스 수신 여건이 미흡하고 기술적 문제 해결도 필요하며 지상파 다채널이 도입되었을 경우 방송시장이나 국민경제, 여론형성 등 방송 환경에 어떠한 영향을 미치는가에 대한 철저한 선행연구가 필요하다는 것을 지적했다(정재하 외, 2006).

2008년 제정된 특별법에는 HD 채널 중심 방안과 다채널 플랫폼 방안이 혼재되어 있다. 특별법 제2조 용어 정의에는 "고화질이란 영상신호 형식이 비월주사 방식으로서 주사선 수가 1,080, 주사선에 포함된 화소 수가 1,920 이상이거나 순차주사 방식으로서 주사선 수가 720, 주사선에 포함된 화소 수가 1,280 이상인 것을 말한다."라고 하여 HD와 SD를 포괄하고 있다. 또한 법 제3조에서 디지털방송 전환 및 활성화 기본계획의 한 항목으로 '다양한 디지털방송 서비스의 제공에 관한 사항'을 포함하도록 하여 MMS 정책수단의 여지를 두었다. 그러나 방송통신위원회는 2009년 활성화 기본계획에서 MMS 도입 여부에 대해 디지털 전환 촉진, 매체 간 균형발전, 시청자 복지 등을 종합적으로 고려하여 결정한다는 유보적 입장을 취하였다(방송통신위원회, 2009, 6, 24). 이러한 상황에서 2009년 KBS는 다채널 방송 서비스인 코리아뷰 추진을 선언하였으나, 방송통신위원회는 2010년 9월 KBS의 'K-View' 실험방송을 불허했다. 이후 방송통신위원회는 2011년 3대 핵심정책 및 전략과제로 지상파 다채널방송 서비스 정책방안을 제시하고 운영주체, 면허방식, 채널구성 등 법제도 정비 방안을 마련할 예정이라고 발표했다(방송통신위원회, 2010, 12, 15). 그러나 다채널방송이 지상파방송 특혜라는 일부 신문들의 강력한 반발에 직면해 "지상파방송 다채널서비스 도입 결정을 의미하는 것이 아니며, 도입 여부부터 검토하고 필요성이 인정된다면 운영주체, 면허 방식 등도 신중히 검토하겠다는 것"으로 한발 물러서는 입장을 보였다(방송통신위원회, 2010, 12, 22).

이 같은 정책 과정은 영국과 미국에서 지상파 다채널 서비스가 디지털 전환의 촉진 수단으로 활용되었던 것과는 전혀 다른 양상으로 진전되었음을 보여준다. 정책당국은 시청자 복지 제고와 디지털 전환 촉진의 정책 수단으로서 지상파 다채널 서비스를 검토하지 못했다. 더구나 지상파 다채널 서비스를 둘러싸고 사업자 간 갈등이 불거지자 정책 지연과 결정 회피식의 대응만 해 왔을 뿐이다. 영국의 사례에서 확인되는 바와 같이 지상파 다채널 서비스 도입 여부와 방식은 결국 지상파방송과 유료방송 간 시장구도를 어떻게 가져갈 것인가 하는 문제와 직결되지만(정인숙, 2008b), 국내에서는 디지털 전환을 계기로 한 전체 방송시장 내 사업자 간 관계 설정이라는 정책목표 차원에서 MMS와 같은 정책 수단이 고려되지 못했던 것이다.

둘째, 미흡한 수신환경을 전혀 개선하지 못했다. 현실적으로 유료방송을 통해 지상파방송의 난시청을 해소하고 있는 상황에서 디지털 전환을 통해 전 국민이 무료 보편적 서비스인 지상파방송을 고품질로 시청하기 위해서는 수신환경 개선이 절대적으로 중요하다. 수신환경 개선을 위해 방송통신위원회는 지상파방송사와 공동으로 소출력 중계기 구축 및 마을 공시청 설비 개선, 위성수신기 보급 등의 사업을 추진했다(방송통신위원회, 2013). 그러나 디지털 전환 이후 직접 수신환경이 개선되었다는 징후는 찾기 어렵고 직접 수신가구 수는 오히려 줄어들었다. 이는 디지털 전환 과정에서 정책수단의 우선순위를 어디에 두었는가 하는 문제와 함께 수신환경 개선의 책임 주체와 법제도적 미비에서 기인한 바가 크다. 디지털 전환 정책 집행 초기에 우선적으로 요구된 것은 방송국 송출시설의 디지털 전환이었다. 송신시설의 디지털 전환은 아날로그신호 송출 종료를 목표로 디지털 커버리지(coverage)를 아날로그 커버리지와 동일한 수준으로 끌어올리는 데 그쳤을 뿐 난시청 지역에 신규로 무선국을 설치하는 것과 같은 디지털 수신환경의 완성과는 거리가 멀었다(조삼모, 2012). 송출단의 한계와 함께 수신단에 대해서는 디지털수상기와 디지털컨버터 보급률에 치중한 나머지 수신환경 문제에 대한 논의를 비중 있게 다루지 못했다. 지상파방송의 직접 수신환경 개선보다는 유료방송을 통해 난시청 문제를 해결해 온 관행은 아날로그신호 종료 이후 방송 시청만 가능하면 디지털 전환이 된 것이라는 인식 속에 정책 우선순위에서 밀려났다. 실제 방송통신위원회가 수신환경 개선과 난시청 해소에 투입한 예산은 138억 원으로 전체 디지털 전환 사업예산 중 6%에 불과하다(〈표 6〉 참조). 이는 디지털 전환 특별법에 명시된 수신환경 개선의 책임 주체와 지원 방안의 모호성에서도 기인한다(김지훈, 2010; 이종관·김유석, 2010).

표 6. 연도별 디지털 전환 예산

(단위: 억 원)

구 분	2008년	2009년	2010년	2011년	2012년	합 계
취약계층 지원	-	-	-	162	786	948
시청자 지원	-	-	25	38	59	122
송수신환경 개선	10	27	21	21	40	119
시범사업	-	-	90	33	-	123
난시청 해소	-	19	-	-	-	19
융자사업	140	170	220	220	170	920
합 계	150	216	356	474	1,055	2,251

출처: 방송통신위원회 (2013). 〈지상파 TV방송 디지털 전환 백서〉. 서울: DTV Korea: 정영주 (2014). 지상파방송 디지털 전환 정책 과정평가 연구. 〈방송통신연구〉, 87호, 47쪽에서 재인용. 원 저작권자의 모든 권리가 보호됨.

디지털 전환 특별법은 중앙행정기관의 장과 방송통신위원회가 수신환경 개선에 관한 방안을 마련하고 방송사업자가 구체적인 계획을 마련하여 시행하도록 하고 있다(법 제13조). 그러나 이에 필요한 소요 재원 마련 등에 대해서는 어떠한 방안도 제시되지 않아 지상파방송사들의 협조를 이끌어 내기에는 한계가 있었다. 특별법상의 수신환경 개선 관련 조항은 2007년 동 법안을 심의하는 과정에서부터 쟁점 사항이었다. 당시 방송위원회가 방송사들 역시 수신환경 개선의 주체로 참여해야 한다고 주장한 반면, KBS 측은 방송법상 이미 난시청 해소 의무조항이 명시되어 있는 상황에서 특별법에 이중 명시될 필요가 없으며 난시청 해소를 위한 주파수 배정과 방송법, 건축법 등의 개정을 통한 정책적 지원이 필요하다고 주장했다(대통령자문정책기획위원회, 2008). 무료 보편적 서비스로서 지상파방송의 수신환경 개선에 대한 공영방송의 이 같은 인식과 방송법상 수신환경 개선 의무가 KBS에만 있다는 타 방송사들의 인식은 2조 원 이상을 디지털 전환 시설 투자에 소요하면서 난시청 해소 등 시청자 지원에는 KBS가 집행한 85.8억 원이 전부라는 사실에서도 확인할 수 있다(중앙일보, 2013, 12, 3).

방송통신위원회의 직접지원 방식 외에 지상파방송사들의 수신환경 개선 사업을 독려하고 강제할 수 있는 법제도적 차원의 정책 수단을 강구하지 못한 점도 한계로 지적할 수 있다. 자연적 난시청 지역뿐 아니라 디지털 전환으로 인해 발생하는 인위적 난시청 문제에 대응하여 전파법 관련 조항을 개정하거나 주택법 및 건축법상 방송공동수 신설비 유지보수 규정에 대한 관리감독 강화 등 근본적 대책이 마련되지 못했던 것이다.

디지털 전환 과정에서 개선되지 못한 직접수신 환경은 결국 전환 이후 "시청자에게 양질의 방송서비스를 제공하고 난시청 해소를 위한 현안들을 논의하기 위해 '지상파방송 정책협의체'를 발족"하는 상황으로 이어졌다(중앙일보, 2013, 6, 17). 아날로그방송 신호 종료로 막을 내린 디지털 전환 정책의 후속과제들이 끊임없이 양산되고 있는 것이다.

셋째, DtoA 컨버터(Digital to Analog Converter) 중심의 정책수단 문제이다. 고품질의 디지털방송 서비스를 시청자에게 제공한다는 정책목표가 사라지고 아날로그방송 종료 중심에 초점을 맞추다 보니 실행된 정책이 시청자 및 유료방송 사업자에 대한 DtoA 컨버터 정책이다. 정부는 아날로그방송 종료 이후 지상파방송을 시청할 수 없게 되는 가구에 대해 저소득층의 경우에는 디지털TV 구매 보조(10만 원), 디지털컨버터 무상지원, 안테나 개·보수 비용 등을, 일반 가구에게는 디지털컨버터 대여와 안테나 개·보수 비용을 지원하였다. 디지털컨버터는 디지털방송 신호를 아날로그방송 신호로 단순 변환하는 장치로서, 아날로그수상기를 통한 디지털 지상파방송 시청 이외의 기능은 제공하지 못한다. 미국의 쿠폰박스 사례와 마찬가지로 전자프로그램 가이드나 데이터방송, 양방향 서비스 등 미래지향적 서비스를 고려하지 않고 오직 아날로그방송 종료라는 정책목표에 집중한 정책 수단이었던 것이다. 한편, 아날로그 케이블TV 가입자의 경우에는 케이블TV 사업자가 컨버팅 시스템을 구축하여 디지털 지상파방송 신호를 아날로그신호로 변환하여 전달하도록 하였다. 2011년 6월까지도 디지털방송 수신기기 보급률이 69%에 불과한 상황에 이르자 다급해진 방송통신위원회는 보급률을 대폭 확대하기 위해 케이블TV 방송사와 중계유선방송사에 디지털컨버터 구축을 추진하고 아날로그 케이블TV 가입가구를 디지털방송 수신기기 보유가구로 포함시켰다. 케이블SO가 지상파 디지털신호를 아날로그신호로 변환·송신하는 디지털컨버터를 구축하도록 조치하여 보급률 94.4%를 달성했다는 것이다(디지털데일리, 2012, 3, 26). 방송통신위원회는 이 자료에서 아날로그방송 종료 이후 지상파 디지털방송 시청가능 가구가 96.8%라고 밝히면서 ① 유료방송 가입가구, ② 디지털TV 보유가구, ③ 공시청 설비에 '디지털컨버터'가 설치된 아파트 거주 가구, ④ 아날로그TV에 디지털컨버터 등을 설치한 가구가 포함된다고 밝혔다. 이를 위해 방송통신위원회는 2011년 9월부터 유료방송 사업자에게 디지털컨버터 설치를 독려했다. 디지털 전환 이후 아날로그 상품 가입자에게 지상파 디지털방송을 전송하기 위해 필요한 장비를 1년여 앞당겨 설치하도록 한 것이다. 방송통신위원회는 MSO 사업자들을 불러 디지털 전환 장비를 조속히 구축하라고 독려하는가 하면 개별 SO협의회 회장을 찾아가 조기 구축을 요청했다(방송통신위원회, 2013). 이러한 정책은 유료방송에 기대 디지털 전환 추진 현황에 대한 착시효과를 유도하고(중앙일보 2012, 12, 3), 방송통신위원회가 디지털방송 보급률을 실제보다 뻥튀기하고 있으며, 궁여지책으로 아날로그 케이블 가입자도 디지털TV 수신가능 가구에 포함시켜 디지털 전환율을 억지로 맞춰 가고 있다(박진우, 2012)는 비판을 받았다. 이 같은 정책수단은 지상파 아날로그방송 종료라는 목표 달성에는 도움이 되었을지 모르지만, 896만 가구가 아날로그방송을 이용하도록(2013년 9월 기준, 미래창조과학부 외, 2013, 12, 10) 남겨둠으로써 완전한 디지털 전환 시기를 더욱 늦추는 결과를 가져왔으며, 전환 완료 이후 저소득층 디지털TV 보급 지원계획을 수립하고, 클리어쾀 상품과 8VSB 방식 등 아날로그 케이블 가입자에 대한 별도의 정책 방안을 수립해야 하는 상황으로 이어졌다.

정책대상과 관련되어 디지털 전환의 문제점은 일반 국민 전체를 대상으로 한 디지털 전환 정책이 아니라 아날로그방송이 종료될 경우 지상파방송 시청이 불가한 가구만을 대상으로 하는 최소한의 복지로 축소되었다는 점이다. 모든 국민이 시청하는 지상파방송의 디지털화를 통해 고품질 서비스와 디지털방송의 편익을 경험할 수 있도록 하는 것이 디지털 전환의 궁극적 목표라면 정책 대상 집단은 일반 국민 전체라 할 수 있다. 그러나 경제적·산업적 목표로 시작된 디지털 전환 정책에 사후적으로 시청자 복지가 추가되었다가 아날로그방송 종료로 정책목표가 변화하면서 정책 대상 집단에도 변화가 나타났다. 정부는 정책 초기 저소득층 가구로 디지털 전환 지원 대상을 한정하였다가 2012년 정책 방안에서 일반 가구까지 지원 대상을 확대하였다. 이는 아날로그방송과 차별화된 편익이 제공되지 않는 상황에서 자발적 전환을 기대하기 어렵고, 전환 기간 동안 유료방송 가입자가 늘어나면서 직접 수신가구 수가 줄어 예산에 여유가 생겼기 때문이다(방송통신위원회, 2013). 이와 같은 정책을 통해 지원을 받은 가구는 저소득층 12만 6,415가구, 노인·장애인 18만 6,605가구, 일반 가구 16만 5,718가구(〈표 4〉 참조) 등 총 47만 8,738가구에 불과하다. 결과적으로 전체 가구의 약 3% 미만이 디지털 전환 정책 대상이었던 셈이다.

가장 큰 문제는 정책 대상 집단을 '직접 수신가구'로 한정한 것이었다.

이는 90% 이상이 유료방송에 가입해 있는 우리나라 방송 시청 상황의 특수성을 전혀 고려하지 않은 것으로, 난시청 등으로 인해 불가피하게 유료방송에 가입한 저소득층을 배제한 결과를 가져왔다(김경환, 2010; 김여라, 2011, 12월; 김지훈, 2010; 황용석·윤은상, 2011). 한편, 아날로그 케이블 가입자는 케이블TV 사업자의 컨버팅을 통해 디지털 지상파신호를 아날로그 신호로 전달하도록 함으로써 사실상 아날로그방송을 계속 시청하는 상태로 남겨졌다. 이 같은 정책은 소득 수준이나 수신환경에 관계없이 아날로그TV로 지상파를 직접 수신하고자 하는 가구는 누구나 컨버터 신청을 가능하게 함으로써 전체의 약 30%에 달하는 가구가 지원 정책의 혜택을 본 미국이나(황용석·윤은상, 2011) 보편적 서비스인 방송에서 소외당하는 대상을 세분하여 전환 대책을 마련한 영국과 큰 차이가 있다. 정책 대상 집단에 있어 또 다른 문제는 지상파방송 이외의 방송사업자들을 고려하지 못했다는 점이다. 해외 사례는 디지털 전환이 전체 방송시장 구조 재편과 연계하여 진행되며, 이 과정에서 무료방송 영역과 유료방송 영역의 상호보완과 경쟁을 통해 시청자의 디지털 전환 편익을 제고하는 성과로 이어진다는 것을 보여준다. 그러나 우리나라의 경우 디지털 전환 정책 수립기에 케이블방송과 라디오, 데이터방송, DMB, IPTV 등 각 매체별 전환 계획을 수립하는 데 그쳤을 뿐, 이후 지상파방송과 타 매체 간의 관계 설정을 포함하여 전체 방송시장을 조망하는 디지털 전환 계획으로 확장되지 못했다. 더구나 2008년 제정된 디지털 전환 특별법은 그 대상을 지상파방송에 한정함으로써 정책 대상 사업자를 축소시켰다. 국민 대다수가 유료방송에 가입해 있는 방송환경에서 지상파 사업자 중심의 디지털 전환 정책은 여타 매체의 디지털화를 지연시켰고, 매체 간 보완과 경쟁에 기반한 방송시장 구도 재정립의 계기로도 활용되지 못했다. 이는 아날로그 지상파방송 종료 이후 유료방송의 디지털 전환 계획 등을 별도 수립해야 하는 결과를 가져왔다. 디지털 전환 정책에 대한 과정평가 결과는 TV수상기 시장과 관련 산업 발전이라는 산업적·경제적 목표에 추동되어 디지털 전환 정책이 촉발되었고, 이후 시청자가 향유할 수 있는 구체적인 디지털 전환의 편익을 목표로 설정하지 못한 채 정해진 일정을 준수하여 아날로그방송을 종료하는 것으로 정책목표가 변화하는 과정을 보여 주었다.

정책목표의 변화는 정책 수단의 채택과 정책 대상 집단 설정에 영향을 미쳤다. 정책 수단의 측면에서 지상파 다채널 서비스 도입 여부는 번복을 거듭했고, DtoA 컨버터와 유료방송 컨버팅 설치를 통해 디지털신호를 변환하는 단기적 정책 수단이 사용되었다. 지상파방송의 직접 수신 환경 개선보다 수신설비 보급률을 중심으로 한 정책 집행이 우선시되었고, 체감 가능한 디지털방송의 편익을 제공하지 못하는 상황에서 정책 홍보는 아날로그방송 종료 시 지상파방송 시청 불가만을 강조하는 네거티브 방식으로 이루어졌다. 이 과정에서 모든 국민을 대상으로 해야 할 디지털 전환 정책은 아날로그 직접 수신가구를 대상으로 한 최소한의 복지로 축소되었고, 지상파 사업자 중심의 정책 수립 및 집행으로 인해 방송시장 내 전체 사업자를 고려하는 디지털 미디어 시장 환경 조성은 제대로 이루어지지 못했다.

4. 공영방송 사용설명서

1) 공공가치(public value), 공영방송을 움직이는 기준

벼랑 끝에 내몰린 공영방송을 다시 건강하게 복원시키는 일은 가능할까? 촛불혁명 이후 벌어진 공영방송 KBS의 142일 파업은 지난 2008년 이후 10년 동안 실추된 공영방송의 자존심과 무너진 신뢰에 대한 반성에서 비롯되었다. 그러나 지난 디지털 전환 과정에서 여실히 드러났듯이 무료 공공서비스에 대한 정부와 규제기구의 무지 또는 무관심은 조금도 해결되지 않았고, 가짜뉴스의 만연과 저널리즘에 대한 신뢰 회복을 위한 공영방송의 노력에 대한 평가는 여전히 높지 않다. 지난 10년 동안 무너진 신뢰의 여파로 채널 경쟁력이 급격히 떨어지면서 시청률과 광고수익이 급감하고 이는 다시 재정악화를 가속화하고 있다. 내부적으로는 초 긴축재정 상황에서도 더 나은 가치의 뉴스와 고품질 프로그램 제작의 압박은 이어지고 있고, 이 와중에 새로 52시간 근무제 도입 같은 방송사로서는 쉽지 않은 숙제까지 주어져 있다.

그러나 여전히 공영방송 KBS의 위상과 역할에 대한 사회적 합의는 부족하고, 정치후견주의에서 비롯된 공정성의 위기는 항상적으로 발목을 잡고 있다. 정준희(2014b)는 "국내 공영방송은 그것의 독자적 가치에 대한 사회적 숙의는 말할 것도 없고 시민사회가 직접적으로 대변하고 정당정치가 직접적으로 대의하는 이해를 반영하거나 그 성취수준을 평가할 수 있는 최소한의 투명성과 제도적 장치를 확보하지도 못하고 있다"며 개탄한다. 또한 조항제(2014)는 한국방송에서 BBC 모델이 가지는 의미를 따져 물으며 국내 공영방송이 참고하면 좋을 사례들을 소개해주지만, 정작 BBC 모델은 우리나라의 것이 될 수 없는 특별한 것이라고 부연한다.

훌륭한 공영방송 제도를 만들고 유지하는 것은 공영방송 종사자만으로는 애초에 불가능한 일이다. 쉬베르트센(Syvertsen, 1992)은 20세기 영국에서 공영방송 BBC의 탄생은 정부, 신문사, (라디오)수신기 제조업자, 아마추어 무선사, 공중 등 사회 내 각종 세력들과 이해당사자들이 갈등과 타협의 과정에서 각 세력들이 최대한 이익을 극대화하기보다 자신에게 덜 나쁜 것을 선택하는 '부정적 결탁(negotiation coalition)'의 결과 탄생했다는 점에 주목한다. 공영방송 제도는 대부분 그들이 속한 국가의 민주주의와 시민사회의 수준과 깊은 관계가 있다.

한국 사회에서 공영방송은 1973년 처음 만들어졌을 때에도, 1980년 신군부세력의 언론 통폐합 시기 타 방송사들과 합병되었을 때도, 1980년 중반 군부독재에 대한 저항의 일환으로 KBS시청료거부운동이 일어났을 때, KBS와 민주주의, KBS와 공영방송은 어울리지 않는 조합으로 사람들의 기억에 각인이 되어 있었다. 그리고 이런 이유로 좌우 정치권 모두 KBS를 독립적 기구로 보기보다는 정치적 후견주의의 대상으로 보는 경향이 강했다. 따라서 KBS이사회와 사장선임 등 지배구조의 독립성이 항상적으로 문제가 되어 왔고, 현재까지도 이를 극복할 만한 사회적 합의나 제도는 마련되지 못했다. 그렇다면 촛불혁명으로 다시금 요구받는 공영방송의 위상은 어떻게 바로 세울 수 있을까?

지난 2004년 BBC는 왕실칙허장 갱신을 앞두고 '공공가치 구축하기: 디지털 세계를 위한 BBC의 재탄생(Building Public Value: Renewing the BBC for a digital world)'이라는 문서를 발표한다. 여기서 BBC는 영국 국민과 사회를 위한 '공공가치'의 창출을 BBC의 목표로 새롭게 설정하고 면허 갱신의 필요성을 역설하였다. 이후 이 개념은 BBC의 정당성을 옹호하는 핵심 키워드로 사용되면서 정부와 체결한 면허협정서에서 BBC가 추진하는 신규 사업이나 기존 서비스의 수정이 필요한지 검증하는 절차(public value test)로 법제화되었다(DCMS, 2006; 이창근, 2013). '공공가치(public value)'란 용어는 미국의 행정학자 무어(Moore, 1995)의 저서 〈공공가치 창조하기: 정부(공공기관)의 전략적 경영(Creating public value: Strategic management in government)〉에서 따온 말이다. 이 책이 쓰일 당시인 1990년대 중반에는 신자유주의 이념을 공공부문에 도입하려고 했던 이른바 신공공관리(new public management) 패러다임이 공공부문과 행정학계를 풍미하던 시기였는데(Hood, 1991; O'Flynn, 2007; 이창근, 2013) 복지국가의 관료적 행정 체계에서 초래되는 공공부문의 비효율성을 시정하고 공급자 위주로 운영되던 서비스 체계를 이용자 친화적으로 변화시키기 위해 경영에 시장주의적 원리를 도입하려는 시도였다. 무어는 바로 그렇게 공공부문에 시장주의적 경영을 도입했을 때 발생하는 문제점을 지적하고 민간부문과 차별되는 경영원리를 뽑아내 관리자들에게 제공하고자 이 책을 썼다고 한다.

  BBC의 공공가치 모형은 공영방송의 독자적 가치를 재발견하는 한편 기존의 신자유주의적 공공관리 방식의 한계를 교정하기 위한 유효한 대안으로 검토되어 왔다. 그러나 이른바 '측정에 의한 관리'에 경도된 기술 관료적인 편향의 우려 또한 제기되고 있다(정준희, 2014b). 그럼에도 불구하고 '공공가치' 개념은 유럽위원회(EC)가 회원국 공영방송사에게 뉴미디어 사업 진출 시 공공가치의 창출을 의무적으로 부과하게 되었는데(European Commission, 2007 § 227), 이에 따라 독일은 공영방송이 뉴미디어 사업에 진출할 때 3단계 검증 테스트(Drei–Stufen–Test)를 의무화하였고, 이 의무 규정은 이후 노르웨이 등 서유럽 국가로 확산되고 있다(Moe, 2010; 김진웅, 2012; 이창근, 2013) '공공가치'를 통해 무어(Moore, 1995)가 제시하고 싶었던 것은 민간기업과 달리 공기업들의 공공서비스의 목표가 상대적으로 불명확하고 그 달성

여부를 평가하기 애매하기 때문에 경영목표로 '공공가치의 창출'을 제시하고 이를 실현할 수 있는 방법을 모색한 것이다.

아직 국내 공영방송에서는 이 제도를 도입한 사례가 없지만, 존재론적 위기에 처한 국내 공영방송사들로서는 BBC처럼 적극적으로 현재적 상황에서 공영방송사의 공공가치를 제시하고 이에 대한 시청자와 시민들의 설득을 얻어가는 것이야말로 최우선의 공적 책무일지도 모른다.

2) '공공가치'를 활용해 조직을 움직이기

자신의 존재이유를 공공가치를 통해 드러내고 평가받는 것이야말로 시청자들과 시민들로부터 관심과 지지를 얻어내는 가장 일차적인 작업일 것이기 때문이다. 이하 글은 이창근(2013)의 〈공영방송의 공공 가치 개념에 대한 이론적 검토〉에서 실용적으로 활용가능한 점들을 발췌 정리했음을 밝힌다.

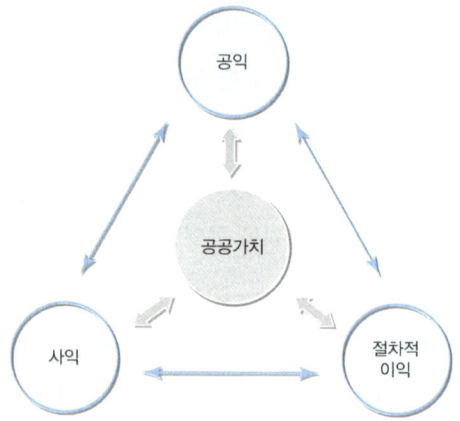

그림 3. 이익 간 균형으로서의 공공가치

출처: Talbot, C. (2011). Paradoxes and prospects of 'public value'. *Public Money & Managemnet*, *31*(1), 31쪽: 이창근 (2013). 공영방송의 공공 가치 개념에 대한 이론적 검토. 〈언론과 사회〉, 21권 1호, 93쪽에서 재인용. 원 저작권자의 모든 권리가 보호됨.

〈그림 3〉에서 탤벗(Talbot, 2011)은 인간이 이기적인 동시에 이타적인 양면성을 가졌다는 최근의 미시경제학, 경영학, 심리학의 경향을 반영하여 공공가치 개념을 사익과 공익, 그리고 절차적 이익 간의 역학적 관계에서 포착할 수 있다고 주장한다. 여기에서 '사익'은 공공서비스가 시민이나 재정부담자들에게 양질의 효율적 서비스를 최적의 가격에 공급할 필요성을 가리키고, '공익'은 사회구성원 전체의 복지향상을 위한 공공서비스의 공동선 지향적 활동의 결과를, '절차적 이익'은 공공적 의사결정에서 형평성, 공정성, 적법한 절차에 대한 시민들의 요구를 나타낸다. 절차적 이익과 관련해 탤벗은 사람들은 서비스 결과에 관계없이 공정하고 투명한 과정에 참여하는 데 즐거움을 느낄 뿐만 아니라 가치 있게 생각하며 또 서비스 조직이 참여를 허용하면 비록 자신의 이익이 충족되지 않았더라도 공공서비스의 절차적 측면에 대한 만족도가 높아진다는 연구 결과에 주목한다. 이러한 사고에 근거해 탤벗은 사익, 공익, 절차적 이익이 서로 균형을 이룰 때 공공가치가 창출되는 것으로 개념화한다.

또한 〈그림 4〉는 과거에는 공익과 사익이 명확히 분리되는 것으로 이해해왔으나 디지털 미디어 공간에서는 공익과 사익도 융합되는 현상이 나타나고 있다는 사실을 보여주고 있다. 예를 들어 소셜미디어 이용자들은 자신이 위치한 사적 공간에서 자신의 관심사와 의견을 손쉽게 온라인 공간에 올릴 수 있게 됨으로써 사적 영역에서도 정치참여가 가능하게 되었다는 사실을 설명해준다.

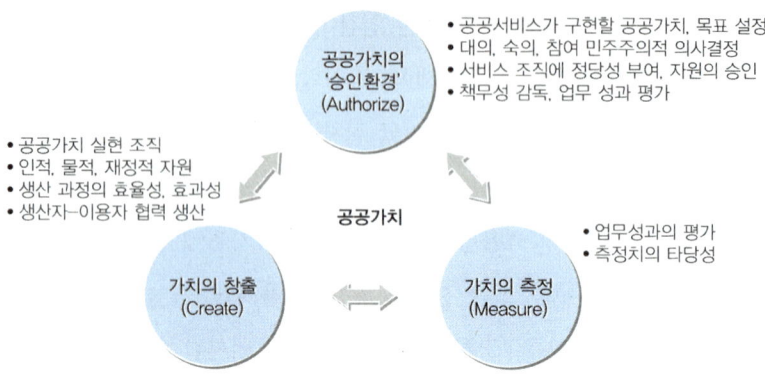

그림 4. 공공가치 창출의 역학 관계

출처: Horner, et al. (2006). 27쪽: 이창근 (2013). 공영방송의 공공 가치 개념에 대한 이론적 검토. 〈언론과 사회〉, 21권 1호, 111쪽에서 재인용. 원 저작권자의 모든 권리가 보호됨.

영국의 워크재단(Work Foundation)은 공공가치가 창출되는 과정을 분석하기 위해 무어(Moore, 1995)가 제시한 전략적 삼각체계(strategic triangle)를 수정하여 공공가치의 설정과 이의 실천을 위한 지원을 승인하는 영역(승인환경), 설정된 공공가치를 실현하는 공공서비스 조직의 업무활동 영역, 그리고 업무의 수행결과 공공가치의 달성 여부를 검증하는 평가 영역의 삼각 모델을 제시하였다(Horner, et al., 2006)(〈그림 4〉 참조). 이 분석틀을 기초로 공공가치의 창출과정을 어떻게 공영방송에 적용할 수 있는지 살펴보겠다.

① 공공가치의 승인과 정당성 확보 영역

공공가치론은 공공서비스가 추구해야 할 가치를 설정하고 실현하는 과정에 서비스 이용자들을 참여시킴으로써 서비스 질을 개선하고 공동서비스의 민주적 정당성을 확보하려는 의도에서 제시된 것이다. 공공서비스는 전통적으로 국가 주도적 성격이 강했으나 1980년대 시장주의 모델이 도입되면서 공공서비스의 특성이 위협받게 되자 공공가치론이 대안으로 등장하게 된 것이다. 공공서비스 패러다임의 이러한 변천은 공영방송 체제가 진화해 온 과정과 유사하다. 지상파 독점시대에 공영방송은 BBC 리이스 경(Reith, 1924)의 가부장주의적 방송철학에서 보듯이 송신자 중심의 방송이었고 한국과 같은 개발도상국에서는 권위주의적 방송체제로 도입되었다. 그러나 규제가 완화되면서 상업적 편성과 운영이 공영방송에 도입된 이후 정체성의 혼란을 겪게 되었고 수신료 징수의 명분도 도전을 받게 되었다(Blumler, 1992; Syvertsen, 2003; Padovani, 2003). 따라서 이제 공영방송은 과거 당연시 되었던 존재의 정당성을 확보하기 위해서 시청자들을 지속적으로 설득해야만 하는 처지에 놓이게 된 것이다. 공공서비스 제공자가 공공가치를 창출하려면 그 사업체가 창출해야 할 공공적 가치가 무엇인지를 정하고 그 임무를 승인·감독하는 승인환경과 설정된 공공가치, 그리고 공공가치를 창출하는 사업체의 실현능력이 유기적으로 작동해야 한다. 무어의 분석틀에서 본다면, 공영방송의 승인환경은, 첫째 공영방송이 창출해야 할 근본적인 가치와 임무를 헌법적 가치와 다양한 시청자 집단의 의견을 민주적으로 수렴해 설정해야 한다. 둘째, 승인환경은 이렇게 정의된 가치를 실현하기 위해 시청자들로부터 수신료를 받아 공영방송사에 제공함으로써 설정된 공공가치를 실현하게 하며, 셋째 방송사가 수행한 업무가 의도된 공공가치를 구현했는지 성과를 평가하고 승인환경에 책무를 지게 한다. 이러한 승인환경의 기능은 대의 및 숙의 그리고 참여민주주의 원칙에 의거해 이루어져야 한다.

② 공공가치의 실현 영역(방송조직)

무어(Moore, 1995)는 과거 공급자 중심의 일방적인 서비스 제공이나 시장에 의존하는 공급 방식 대신, 서비스 제공자와 이용자가 긴밀한 대화와 협력을 통해 공공서비스를 협력 생산함으로써 서비스의 질과 가치를 향상시키고 사업자의 정당성을 제고할 수 있다고 주장하였다. 무어가 협력생산을 강조하는 이유는 서비스 이용자가 수동적인 소비에 만족하지 않고 서비스 운영에 관여해 공동체의 진로를 스스로 결정하는 주체가 될 때만 서비스 가치에 대한 진정한 판단자가 될 수 있다고 생각하기 때문이다. 또 이용자들은 공공 서비스 운영에 참여하면 서비스 제공기관에 대한 신뢰감이 증가하고 서비스의 정당성을 인식하게 되어 공공서비스에 대한 재정지원을 이끌어내는 데도 도움이 된다(Kelly, et al., 2002; Blaug, et al., 2006; Benington & Moore, 2011). 미디어 선택권이 나날이 확대되고 있는 지금 공영방송이 존재의 정당성을 담보하려면 시청자들을 능동적 파트너로 인정하고 동반자 관계를 맺어야 한다면(Lowe, 2009, p. 17) 시청자 참여와 협력의 폭을 넓혀 기획단계에서부터 시도하는 등 보다 적극적인 방법으로 모색해볼 필요가 있다. 특히 제작과정에서의 참여는 지역수준에서 실현성이 크다. 디지털 미디어가 대중화되고 미디어 리터러시(media literacy)의 보급으로 시청자의 미디어 제작능력과 이해도가 나날이 성장하고 있는 지금 시청자들이 참여 확대를 통해 주인의식이 높아진다면 공영방송의 필요성과 가치를 새롭게 인식하게 되어 공영방송의 정당성이 강화되고 재정지원을 이끌어내는 데 도움이 된다.

③ 업무성과의 측정 영역: BBC 업무성과 지표 활용사례

BBC는 2000년대 중반부터 공공가치를 업무성과의 지표로 활용하고 있는 대표적 공공서비스 사업자이다. BBC는 공공가치를 업무성과로 평가하는 '실질적 테스트'(practical test)로 천명한 이래(BBC, 2004, p. 8), 공공가치를 도달률(reach), 영향력(impact), 질(quality), 금액 대비 가치(value for money)의 4개 지표로 평가하고 있다(NAO, 2005). 이 지표는 어디까지나 BBC의 사례에 불과하고 지표의 타당성에 대해서는 많은 이론적 논의와 검증이 필요하다.

표 7. BBC의 공공가치 측정지표

	도달률(reach)	질(quality)	영향력(impact)	금액 : 가치(vfm)
측정 방법	• 주당 연속 15분 이상 청취자, 시청자의 인구 대비 비율 • 취약 계층의 주당 도달률 • 전체 주당 도달률 및 개별 TV, 라디오 도달률 • 청취자, 시청자의 주당 방송 이용 시간 • 전체 점유율(share) 및 채널별 점유율	• BBC 전체에 대한 시청자의 호감도 비율 (10점 척도) • BBC의 독립성, 불편부당성, 프로그램 질 관련 설문에 근거한 수용자 인식 • 특정 장르에 대한 TV 채널 간 비교 우위에 관한 설문에 입각한 채널별 수용자 인식 • 개별 라디오 채널에 대한 청취자의 호감도 비율(10점 척도) • 개별 TV 프로그램에 대한 감상 (appreciation) 지수(10점 척도)	• 프로그램이 탁월하다고 평가한 응답자의 수와 비율에 근거한 시청자의 기억에 미치는 영향력 (memorability). • 개별 채널의 점유율 대비 기억 영향력 프로그램의 비율 • 지역에 대한 이해, 관심사의 반영 정도와 숙련도(skills)의 학습 정도를 묻는 설문에 입각한 수용자에 대한 영향력 • BBC의 사회, 교육 캠페인 영향력에 대한 평가	• 청취자, 시청자, 이용자당 프로그램 제작비 • 청취자, 시청자 이용시간당 프로그램 제작비 • 수신료의 금액 대비 가치(vfm), BBC 수신료 사용의 적정성 여부, BBC에 대한 감독의 적정성 여부, 수신료 납부자에 대한 책무성에 대한 시청자의 의견

출처: BBC (2004). *Building public value: Renewing the BBC for a digital world*. London: BBC; Naitonal Audit Office (2005). *Public service broadcasing: The BBC's performance measurement framework*. London: NAO: 이창근 (2013). 공영방송의 공공 가치 개념에 대한 이론적 검토. 〈언론과 사회〉, 21권 1호, 116쪽에서 재인용. 원 저작권자의 모든 권리가 보호됨.

〈표 8〉은 경영학에서 업무성과 평가에 많이 활용하고 있는 분석틀인 캐플런과 노턴(Kaplan & Norton, 1996, 2004)이 사기업 평가에 도입한 균형성과표(balanced scorecard)이다. 캐플런의 분석틀은 기업의 성과평가에서 획기적 전환을 가져온 것으로 평가되는데, 그 이유는 종래 사기업의 성과평가가 순익이나 손실과 같은 재무 관련 수치에 의존해 온 관행을 벗어날 수 있게 비재정적(non-financial) 지표를 개발하는 데 있다. 즉 이들은 재무적 성과지표 외에, 첫째 고객만족도 등 고객 관점에서 본 가치의 증진 여부, 둘째 생산 등 조직내부 업무과정의 혁신을 통한 가치창출의 정도, 셋째 인적 및 정보자원, 비전, 리더십과 같이 학습 및 성장을 통해 기업의 가치

를 증대할 수 있는 비재정적 측면을 균형 있게 활용하는 전략을 구사해야 조직의 장기적 성장을 도모할 수 있다고 주장하였다. 공영방송의 공공서비스는 수익의 창출보다 공공서비스가 달성하고자 하는 사회적 가치와 서비스 결과 나타난 사회효과에 대한 평가가 중요하다. 따라서 캐플런이 제시한 네 가지 요소 중에서 서비스 이용자에 대한 배려, 서비스 생산과정의 혁신, 그리고 인적자원 비전, 리더십 등 조직문화의 혁신을 통한 가치 증진 등은 공공서비스 평가에도 폭넓게 많이 적용되고 있으며(Moore, 2003), 2000년대 초 우리나라 공공부문에도 도입되기 시작해 현재는 대부분의 공공기관에서 활용되고 있다(김선명·노일순, 2005; 김인 2008).

〈표 8〉은 공영방송의 맥락에 맞게 틀의 내용을 재구성한 것이다. 왼쪽 칼럼 5개 영역은 공공가치가 창출되는 영역으로 각 영역은 상호작용을 통해 가치 창출을 증대시키거나 감소시키는 상호관계에 있다. 예를 들어 수신료 같은 재원이나 우수한 인적 자원(자원)의 확보는 양질의 프로그램을 제작하는 데 기여하며(서비스), 방송 프로그램은 여론을 수렴해 사회통합에 기여할 수 있다(사회적 결과). 또한 방송내용에 대한 시청자의 만족은 공영방송사에 대한 신뢰를 낳으며 그 결과 공영방송의 정당성은 확보된다. 그러나 서비스 내용이 공공가치를 구현하지 못할 경우(불공정 보도) 공영방송의 재원마련은 어렵게 되며, 방송사의 정당성과 신뢰 또한 상실되는 악순환에 빠지게 된다. 공공가치를 서비스 이용자나 집단의 개별 이익과 공익, 그리고 의사결정의 공정성과 형평성을 의미하는 절차적 이익 간의 조화와 균형으로 개념화한 바 있다. 이 세 이익은 공공가치가 창출되는 5개 영역에 각기 다른 이익을 강조하면서 작용하기 때문에 3자 간 균형을 유지하여 공공가치 창출을 극대화하는 방법을 찾는 것이 공공서비스 경영의 목표이며 딜레마가 되기도 한다.

표 8. 공영방송의 공공가치 평가분석틀

공공가치의 창출/평가 영역(↓)	세 이익의 균형으로서의 공공가치 평가분석틀		
	개별 이익 (self-interest)	공익 (public interest)	절차적 이익 (procedural interest)
신뢰와 정당성 (trust & legitimacy)	• 수신료 납부자의 권리에 대한 공영방송사의 존중과 책무성에 근거한 시청자의 만족감, 신뢰감, 효능감 • 시청자의 만족감, 신뢰감, 효능감에 입각한 방송사, 경영진, 직능단체, 노조 등의 정당성	• 민주적, 주권자 존중적 의사결정에 입각한 공영방송에 대한 신뢰와 정당성 • 주권자 존중적 운영 → 공영방송 신뢰 → 민주주의 발전의 선순환에서 파생하는 공익의 실현	• 방송사 의사결정의 합리성, 적법성, 공정성에 의한 절차적 이익 • 절차적 이익의 실현 여부에 따른 공영방송에 대한 신뢰/불신, 정당성/부당성
자원 (resources)	• 방송사의 인적, 물적, 재정 자원의 효율적, 효과적 구입, 사용, 운영 여부	• 자원의 효율적 구입, 사용, 분배에서 파생하는 경비 절감 등 사회적 이익	• 방송사 자원의 구입, 사용, 분배 과정의 공정성, 투명성 유무 • 의사결정 과정에 공정한 참여 기회의 유무
서비스 생산 과정 (internal process)	• 시청자 선호, 욕구에 부응 정도, 시청자 접근권, 대우의 형평성, 호응성 • 최적의 제작에 의한 수신료 대비 가치 • (방송사) 조직의 생존, 팽창 추구 • (방송사, 제작진) 방송, 제작의 자율성, 배타성 • 종사자, 노조의 복지, 집단 이익	• 공영방송사에 대한 주권재민적 거버넌스, 책무성 강화에 의한 공익의 실현 • 효과적·효율적·창의적 제작, 기술 혁신을 통한 경제, 산업적 이익의 창출 • 방송 서비스 공급의 형평성에 따른 사회 정의의 실현(수신료 배분, 중앙-지역 간 제작 시설, 편성의 형평성 등)	• 방송 제작, 조직 운영의 민주성, 공정성, 투명성, 민주적 절차의 제도화 여부, 비공식, 사적 운영 방식의 최소화 • 방송 편성, 제작 의사결정에 이해 당사자의 참여, 의견수렴 기회, 의사결정의 합리성, 공정성
서비스 (콘텐츠 및 서비스)	• 프로그램, 서비스에 대한 시청자의 만족도 • 서비스 선택, 접근, 사용의 용이성, 친화성, 호응도 • 초상권, 사생활 보호 등 법적 권리	• 법제적 규정 준수에 의한 법익의 실현 • 방송의 질 향상을 통한 공익의 실현	• 서비스 분배에 관한 의사결정의 형평성 • 방송 평가에 대한 공정성, 엄밀성, 시청자의 참여 기회
사회적 결과, 효과 (outcome)	• 시청자 복지의 증진(식견, 미디어 리터러시 등) • 방송사, 직원, 노조의 복지 증진, 직업적 위상 제고	• 양질의, 경쟁력 있는 방송 서비스 제공에 의한 사회, 문화 수준의 향상, 경제, 산업적 효과 • 환경 감시, 공론장, 문화 전수기능의 수행을 통한 민주주의 발전, 사회통합 증진, 문화 창달	• 방송 서비스 결과 초래된 개별 이익과 공익 간의 조화, 갈등을 해소하기 위한 의사결정의 합리성, 민주성

출처: Talbot (2011). 33쪽; 이창근 (2013). 공영방송의 공공 가치 개념에 대한 이론적 검토. 〈언론과 사회〉, 21권 1호, 120쪽에서 재인용. 원 저작권자의 모든 권리가 보호됨.

6. 나가며: 시민을 위한 공공서비스 미디어

현재 한국의 공영방송은 점점 더 분절화되고 파편화되는 사회 안에서 공동체의 윤리와 가치를 유지, 전수해야 할 임무를 가지게 되었다. 또한 지난 10년간 후퇴했던 민주주의를 다시 되돌리고 지난 시절을 교훈삼아 다시금 반동(反動)의 여지가 없도록 지혜를 모아야 한다. 더구나 남북화해 무드에서 통일을 대비하는 큰 그림도 그려야 한다.

그러나 지난 10년 정권 동안 무너진 신뢰와 피폐해진 재정, 그리고 허약해진 콘텐츠 경쟁력 등 어느 것 하나도 빠른 시간 내 제대로 복원시키기가 쉽지 않은 문제들이다. 더 많은 시간을 요구하기에는 디지털 기술의 진화 속도가 여전히 너무 빠르다. 조직의 노화와 더불어 우수한 젊은 제작인력은 속속 조직을 이탈하고 있다. 이 와중에도 변화하는 미디어 환경은 공영방송사 혼자서 이 위기를 넘길 수 없다는 당연한 결론에 이르게 된다. 또한 지난 지상파 디지털 전환 당시 공공서비스에 대한 정책당국의 무지와 시장편중의 정책추진 시 이를 시정할 방법이 별로 없음도 알게 되었다. 영국의 BBC와 같은 한국식 거버넌스 체제에 대한 학계와 시민사회의 관심이 필요한 이유이다.

여전히 공영방송은 시장의 실패에 대한 대안이자 시장에 창의적인 콘텐츠를 제공하는 공공서비스 미디어로 전환해야 한다. 이를 위해서는 우선 변화하는 미디어 환경에서 시장이 담당하지 못하는 영역이 무엇이며 공공서비스 미디어로서 새롭게 수행해야 할 과제들은 무엇인지에 대해 5년 정도의 기간을 주기로 점검하고 결정해주는 사회적 합의체계가 필요하다(최선욱, 2017, 3월). 공공서비스의 책무와 더불어 소요되는 재원 규모 등에 대해 사회적으로 인정되는, 수년간 유효한 사회적 계약체계를 갖는다면 직접적인 정치적 영향력의 차단과 중장기적인 불확실성을 최소화하는 데 도움이 될 것이다. 이러한 토대 위에서 수신료 제도의 변화가 반드시 수반되어야 한다. 또한, 미디어 환경의 변화 속도를 고려할 때, 재원구조 변화의 논의는 조속히 시작되는 게 바람직하다. 더불어 KBS형 공공가치 평가제도 도입을 적극 검토해야 한다. BBC의 공공가치 접근법은 사회정치적 정당성을 확보한 규범의 선차성과 중요성, 공공부문의 독자적 가치에 대한 사회적 논의와 공공관리자에 대한 역할 기대에 관련된 최소한의 숙의를 촉발한 면이 있다. 공익과 사익은 결코 배척되지 않으며 오히려 융합 환경에서 공익과 사익이 함께 고려되었을 때 더 창의적인 서비스가 고안될 수 있을 것이다.

마지막으로 공공서비스 미디어는 시청자를 위해 더 많은 발언의 기회를 주어야 한다. 시청자들이 선택할 수 있는 미디어가 많아지면 많아질수록 신뢰할 수 있는 정보나 콘텐츠의 필요성은 더욱 커질 것이고 이러한 복잡성은 오히려 공공서비스 미디어에 대한 의무와 기회를 더욱 커지게 할 것이기 때문이다.

참고문헌

김경환 (2010, 12월). 〈지상파 디지털 전환 정책과정의 평가〉. 한국방송학회 "지상파 방송 디지털 전환 정책의 평가와 활성화 방안" 세미나 자료집. 서울: 방송회관.

김대호 (2003). 산업정책적 관점에서 본 디지털 지상파방송 추진 동인 연구: 미국, 유럽, 한국에서 전자산업의 역할에 대한 비교를 중심으로. 〈한국방송학보〉, 17권 1호, 7-38.

김동윤 · 김재영 · 남궁협 (2011). 지상파방송 디지털 전환 시범사업 종합평가: 울진 강진 단양 지역 현장조사 결과를 중심으로. 〈방송통신연구〉. 73호, 9-36.

김서중 (2012). 이명박 정부와 언론 공공성 붕괴. 〈인물과 사상〉, 176호, 149-160.

김선명 · 노일순 (2005). 공공기관 평가에서의 BSC 도입에 관한 연구. 〈현대사회와 행정〉, 15권 2호, 101-120.

김여라 (2011). 〈지상파 방송의 디지털 전환 추진 현황 및 과제〉 (현안보고서 136호). 서울: 국회입법조사처.

김인 (2008). 공공기관 BSC 도입의 효과에 관한 연구. 〈지방정부 연구〉, 12권 3호, 7-33.

김지훈 (2010). 〈지상파 텔레비전 방송의 디지털 전환과 디지털 방송의 활성화에 관한 특별법 개선 방안 연구〉 (현안분석 2010-12). 세종: 한국법제연구원.

김진웅 (2012). 공영방송의 공적가치평가 시스템에 관한 연구. 〈방송과 커뮤니케이션〉, 13권 1호, 147-175.

대통령자문정책기획위원회 (2008). 〈2-17 지상파TV의 디지털 전환과 확산〉. 참여정부 정책보고서.

미래창조과학부 · 방송통신위원회 · 문화체육관광부 (2013, 12, 10). 〈창조경제 시대의 방송산업발전 종합계획〉.

박진우 (2012). 시청자권리 무시된 채 강제적 순차종료 진행중. 〈방송문화〉, 10월호, 10-15.

방송개혁위원회 (1999). 〈방송개혁위원회 활동백서〉.

방송위원회 (2001). 〈지상파TV방송의 디지털전환을 위한 종합계획〉. 디지털방송추진위원회 종합보고서.

방송통신위원회 (2009, 6, 24). 방통위, "디지털 전환 활성화 기본계획" 확정: 2012년, 차질 없이 디지털 전환을 완료하기 위해 4대 분야 14대 중점 추진과제 제시.
URL: https://kcc.go.kr/user.do?mode=view&page=A05030000&dc=K05030000&boardId

=1113&cp=380&boardSeq=26033
방송통신위원회 (2010, 12, 15). 방송장비산업 활성화를 위한 민·관 합동간담회 개최.
URL: https://kcc.go.kr/user.do?mode=view&page=A05030000&dc=K05030000&boardId=1113&cp=303&boardSeq=30338
방송통신위원회 (2010, 12, 22). 2010년 제76차 위원회 결과 대변인 브리핑.
URL: https://kcc.go.kr/user.do?mode=view&page=A05030000&dc=K05030000&boardId=1113&cp=302&boardSeq=30398
방송통신위원회 (2013). 〈지상파 TV방송 디지털 전환 백서〉. 서울: DTV Korea.
안임준 (2008). 영국 방송의 디지털 전환에 관한 연구. 〈방송문화연구〉, 20권 2호, 83-118.
이상식 (2007). 지상파 멀티모드 서비스(MMS)와 케이블TV. 〈사회과학논총〉, 26권 1호, 213-240.
이종관·김유석 (2010). 방송의 디지털 전환 정책의 문제점과 정책접근. 〈디지털미디어트렌드〉, 10월호, 25-38.
이창근 (2013). 공영방송의 공공 가치 개념에 대한 이론적 검토. 〈언론과 사회〉, 21권 1호, 74-135.
정두남 (2007). 〈지상파 디지털방송멀티모드서비스(MMS) 도입에 관한 연구〉. 서울: 한국방송광고공사.
정영주 (2014). 지상파방송 디지털 전환 정책 과정평가 연구. 〈방송통신연구〉, 87호, 41-74.
정인숙 (2003). 방송기술정책의 결정요인 연구: 지상파 디지털TV 전송방식 결정 사례를 중심으로. 〈한국언론학보〉, 47권 2호, 166-189.
정인숙 (2007). MMS와 디지털 공익성: 공동체 지향과 시장지향적 관점의 대립. 〈미디어, 젠더&문화〉, 8호, 157-185.
정인숙 (2008a). 디지털전환 정책에 대한 형성평가분석. 〈한국방송학보〉, 22권 5호, 287-322.
정인숙 (2008b). 〈디지털 전환법 추진과 방송산업 활성화 방안: M. Starks(2007)의 준거틀을 토대로 한 정책 점검〉. KOBACO-한국방송학회 "방송통신 융합시대의 광고제도" 세미나 자료집.
정인숙 (2009). 디지털 전환 시범사업의 효율적인 추진을 위한 정책방안 연구: 해외 시범사업이 주는 정책적 시사점을 중심으로. 〈방송과 커뮤니케이션〉, 10권 2호, 5-32.

정인숙 (2013, 2, 28). 〈본격 디지털방송 시대의 시청자 복지 정책〉. 2020 미래방송포럼 2: 방송 복지 제고를 위한 국민행복 구현.
    URL: http://www.mfi.re.kr/publication/987
정재하·김광호·정제창·성동규·이윤경 (2006). 〈MMS 시험방송 결과평가 연구〉. 방송위원회 연구보고서. 서울: 방송위원회.
정준희 (2014, 9, 5). 위기의 지상파? 우리에게 지상파방송은 무엇인가. 〈미디어스〉.
    URL: http://mediaus.co.kr/news/articleView.html?idxno=44060
정준희 (2014a). 영국 지상파방송사의 디지털 진화 전략 분석: 유뷰 연합 플랫폼과 프리뷰 업그레이드 사이에서. 〈방송과 커뮤니케이션〉, 15권 4호, 51-85.
정준희 (2014b). 트로이의 목마: BBC 공공가치 접근법의 가능성과 위험성. 〈언론정보연구〉, 51권 1호, 63-99.
조삼모 (2012). 디지털 전환을 돌아보며. 〈방송문화〉, 10월호, 22-27.
조항제 (2014). 한국방송에서의 BBC모델. 〈언론정보연구〉, 51권 1호, 5-38.
최선욱 (2016, 3월). 〈플랫폼 환경변화에 따른 공영방송의 대응·전략과 과제〉. 한국방송학회 봄철정기학술대회 KBS 기획세션, 6-22.
한국언론진흥재단 조사분석팀 (2017). 〈2017 언론수용자 의식조사: 제22회 미디어 환경변화에 따른 이용자 행태조사〉(조사 분석 2017-02). 서울: 한국언론진흥재단.
황용석·윤은상 (2011). 디지털TV 전환에 따른 취약계층 지원 정책에 관한 한미 비교 연구: 지원대상과 지원 기술에 대한 비판적 접근. 〈방송통신연구〉, 75호, 55-93.
황주성 외 (2010). 〈컨버전스 미디어지형 동향 분석〉(정책연구 10-32). 과천: 정보통신정책연구원.

디지털데일리 (2012, 3, 26). 전체가구 97%, 디지털 방송 시청가능.
    URL: http://www.ddaily.co.kr/news/article.html?no=89052
미디어오늘 (2018, 8, 13). 지상파 프라임 타임대 시청률이 무너지고 있다.
    URL: http://www.mediatoday.co.kr/?mod=news&act=articleView&idxno=144060
시사저널 (2018, 8, 18). "아 옛날이여" 외치는 지상파 드라마 왕국.
    URL: http://www.sisapress.com/journal/article/176969
중앙일보 (2012, 12, 3). 디지털 99.2% 보급? 방통위 뻥튀기 의혹.
    URL: joins.com/article/10055207
중앙일보 (2013, 12, 3). "디지털 전환 돈 썼으니 중간광고 허용해 달라" 지상파, 정부에 억지.
    URL: https://news.joins.com/article/13293396

Baird, V. (2018). 더 좋은 미디어는 가능하다. 〈녹색평론〉, 162호, 67-75.

BBC (2004). *Building public value: Renewing the BBC for a digital world*. London: BBC.

BBC (2007). *Public value in practice: Restoring the ethos of public service*. London: BBC Trust.

Benington, J., & Moore, M. (2011). Public value: Theory and practice. New York: Palgrave MacMillan.

Blaug, R., Horner, L., & Lekhi, R. (2006). *Public value, politics and public management: A literature review*. London: Work Foundation.

Blumler, J. (1992). *Television and public interest: Vulnerable values in West European broadcasting*. London: Sage.

Boyfield, K., & Mather, G. (2006). *Freeview*. London: European Media Forum.

DCMS (2006). *An agreement between her Majesty's Secretary of State for culture, Media and Sport and the British Broadcasting Corporation*. London: DCMS.

DCMS & DTI (2005). A Guide to Digital and Digital Switchover. Available: www.digitaltelevision.gov.uk.

Doyle, G. (2002). What's 'new' about the future of communications? An evaluation of recent shifts in UK media ownership policy. *Media, Culture & Society*. *24*, 715-724.

Hood, C. (1991). A public management for all seasons?. *Public Administation, 69*(1), 3-19.

Horner, L., Lekhi, R., & Blaug, R. (2006). Deliberative democracy and the role of public managers: Final report of the Work Foundation's public value consortium. London: Work Foundation.

Jessop, B. (1998). The rise of governance and the risks of failure: The case of economic development. *International Social Science Journal, 50*(1), 29-45.

Kaplan, R., & Norton, D. (1996). *The Balanced Scorecard: Translating Strategy into Action*. Boston: Harvard Business School Press.

Kaplan, R., & Norton, D. (2004). *Strategy maps*. Boston: Harvard Business School Press.

Kelly, G., Mulgan, G., & Muers, S. (2002). *Creating public value: An analytical framework for public service reform*. London: Strategy Unit, Cabinet Office.

Lowe, G. (2009). Beyond altruism: Why public participation in public service media matters. In G. Lowe (Eds.), *The public in public service media* (pp. 9-35). Goteborg: Nordicom.

Moe, H. (2010). Governing public service broadcasting: 'Public value tests' in different national contexts. *Communication, Culture & Critique, 3*(2), 207-223.

Moore, M. (1995). *Creating public value: Strategic management in government.* Cambridge, MA: Havard University Press.

Moore, M. (2003). The Public Value Scorecard: A rejoinder an alternative to "strategic performance measurement and management in non-profit organizations" by Robert Kaplan. The Hauser Center of Nonprofit Organizations, The Kennedy School of Government Harvard University. Working Paper #18.

National Audit Office (2005). *Public service broadcasting: The BBC's performance measurement framework.* London: NAO.

NAO(National Audit Office) (2008). Preparations for Digital Switchover. London: The Stationery Office.

Ofcom (2013). The Communications Market 2013.

O'Flynn, J. (2005). 'Adding public value: A new era of contractual governance'. Paper presented to the Public Administration and Management Conference, University of Nottingham, September.

Padovani, C. (2003). Report on the conditions of public service broadcasting. *Television & New Media, 4*(2), 131-153.

Reith, J. (1924). *Broadcast over Britain.* London: Holder & Stoughton.

Simpson, S. (2004). Universal service issues in converging communications environment: The case of the UK. *Telecommunications Policy, 28*, 233-249.

Smith, P. (2006). The politics of UK television policy: The making of Ofcom. *Media, Culture and Society, 28*(6), 929-940.

Syvertsen, T. (1992). *Public television in transition: A comparative and historical analysis of the BBC and the NRK.* the Centre for Mass Communication Research, Leicester: University of Leicester.

Syvertsen, T. (2003). Challenges to public television in the era of convergence and commercialization. *Television & New Media, 4*(2), 155-175.

Talbot, C. (2011). Paradoxes and prospects of public value. *Public Money & Management, 31*(1), 27-34.

Chapter 08
4차 산업혁명 시대의 스마트 미디어 리터러시 교육, 현황과 전망

김지연 (중앙대학교 미디어커뮤니케이션학부 강사)

1. 들어가며

 2016년 3월, 구글의 '딥마인드(DeepMind)'사가 개발한 인공지능 바둑 프로그램 알파고와 우리나라 이세돌 9단과의 대국은 '인공지능 대 인간'이라는 세기의 대결로 불리며 큰 화제를 일으켰다. 더욱이 알파고의 승리는 현대의 급속한 기술 발전에 대한 놀라움과 두려움을 함께 안겨주면서 4차 산업혁명이라는 명제를 받아들이게 하였다. 2016년 1월 스위스 다보스(Davos)에서 개최된 세계경제포럼에서 클라우스 슈밥(Klaus Schwab) 회장은 '디지털 혁명을 기반으로 물리적·디지털적·생물학적 공간의 경계가 희미해지는 기술융합의 시대'로 4차 산업혁명을 개념화하며 이에 대한 논의를 촉발시켰다. 1차는 기계화 혁명, 2차는 자동화 혁명, 3차는 정보화 혁명이었고, 4차는 고도화된 지능정보 기술을 기반으로 하는 지능사회로의 진화라고 표현했다. 그러나 다른 한편에서는, 4차 산업혁명의 지능정보 기술로 대표되는 인공지능, 로봇, 사물인터넷(IoT), 클라우드, 모바일, 빅데이터, 생명과학 등이 2010년 이후 주요 기술들을 모두 망라한 정도로 볼 수 있기 때문에 4차 산업혁명의 개념에 대한 충분한 합의가 아직 이루어지지 않았다고 주장한다. 따라서 실제 4차 산업혁명 시대의 시점에 대해 합의되지 않았고, 지나치게 기술 발전을 강조하며 상업적으로 접근하고 있다는 비판이 제기되기도 한다. 특히 지능정보 기술과 맞닿아 있는 스마트 미디어 환경에서 초연결성과 새로운 기술의 융합이 나타남에 따라 인간과 기술은 더욱 깊은 관계를 맺기 때문에 자칫 기술에 매몰되는 인간의 소외현상이나 인간성 상실 등이 초래될 수 있다. 그러므로 4차 산업혁명을 기술 중심적 시각에서 접근하기보다는 하나의 담론으로 보고 기술과 인간의 상호작용을 비판적으로 성찰할 필요가 있다. 또한 질베르 시몽동(Gilbert Simondon)이 명명한 것처럼 '인간-기계 앙상블'을 통해 사람-사람, 사람-사물, 사물-사물 간의 관계가 상호 연결·융합되고 소통 구조도 복잡다양하게 변화하는데, 바로 이 지점에서 포스트휴먼(posthuman)의 지형과도 만나게 된다.

이와 같이 상호 소통과 네트워크 기능이 강화된 미디어 환경의 급격한 변화는 디지털 미디어의 발전, 정보의 생산과 유통방식, 이용자의 역할도 변화시키는바 미디어의 속성을 이해하고 이에 적합한 미디어 리터러시 개념도 새롭게 재정의되어야 할 것이다. 박민정(2014)은 '미디어 리터러시'를 '미디어를 읽고 이해하는 능력'에 그치지 않고 '새로운 미디어를 이해하고 이를 통해 의견을 나타내며, 담론을 생산하는 능력과 함께 해당 미디어에 대한 감수성'이라고 정의하고 있다. 최근에는 미디어 이용자들을 자신이 속한 환경을 탐색하고 이해하고자 하는 열망을 가진 존재이자 참여자로 보고, 읽고 쓰는 능력뿐만 아니라 비판적 능력을 함양하는 미디어 교육이 함께 진행될 것을 강조한다. 또한 미디어 리터러시 교육을 통해 미디어 이용자들이 자신의 문제를 발견하고 표현적 활동을 할 수 있도록 디지털 기술이나 참여 미디어의 사용법을 함께 지도할 것이 요구된다. 특히 소통, 정서, 공감 등이 강조되면서 미디어와 공진화하는 정서의 변이들이 목도되고 있다. 이에 강진숙(2014)은 기존의 미디어교육 패러다임에 정서의 변이를 강조하는 '미디어 정동 능력'을 새롭게 범주화할 것을 제안하였다. 더 나아가 지능정보 사회에서 소통 및 관계 역량이 필수적으로 요구됨에 따라 미디어 리터러시는 단순히 미디어를 읽고 쓰는 능력에 머물지 않으며, 4차 산업혁명의 중심을 이루는 초연결성과 융합, 포스트휴먼에서의 인간과 기계(기술)의 공존, 지능정보기술로서의 네트워크성은 스마트 미디어교육의 중요 가치이자 역량이 된다. 따라서 스마트 환경에 적합한 미디어 리터러시를 획득하기 위해 어떠한 미디어 리터러시 교육이 필요한지 살펴보는 것은 미디어 기술 발전에 매몰되지 않으면서 주체성과 능동성을 확보하며, 인간의 상상력을 최대한 발휘하여 창조성을 발현하는 데 연구의 유용성을 가진다.

이에 본 장은 급변하는 스마트 환경에 천착하여 디지털 기술의 발달로 네트워크화된 미디어 생태계의 변화를 탐색하고, 스마트 미디어 리터러시의 의미와 교육 현황을 바탕으로 방향성을 모색하고자 한다. 이러한 연구목적을 바탕으로 4차 산업혁명 시대의 스마트 미디어 환경에 대한 이해에서 출발하여 스마트 미디어 이용의 양가적 측면을 통해 스마트 미디어 리터러시의 의미와 구성요소를 도출하고, 스마트 미디어 리터러시 교육의 현황과 대표적 사례를 미디어교육 기관별, 생애주기별·계층별로 살펴봄으로써 스마트 미디어 리터러시 개발의 방향과 대안적 가능성을 전망할 것이다.

2. 4차 산업혁명과 스마트 미디어 리터러시

　지능정보 기술을 주축으로 하는 4차 산업혁명의 담론 지형을 살펴보고, 스마트 미디어 환경에 대한 이해를 도모하고자 한다. 또한 4차 산업혁명이 가져올 미래를 양가적으로 살펴본 후, 문제적 현상을 해결하기 위한 방안으로 스마트 미디어 리터러시 교육의 중요성과 재개념화의 필요성을 도출한다.

1) 4차 산업혁명에 대한 담론 지형

　인공지능 프로그램과의 바둑 대결 뉴스를 접하면서, 인공지능 로봇과의 사랑 영화를 관람하면서, 19대 대통령 선거 TV토론회에서 후보자들의 공약들을 시청하면서 우리는 '4차 산업혁명'을 자연스레 마주하게 되었다. 지능정보 기술과 디지털 네트워크는 4차 산업혁명의 핵심 동인이 되면서 사회와 산업 구조, 소통 방식을 변화시키고 있다. 그러나 디지털 기술로 촉발되는 초연결 기반의 초지능 사회에서 인간과 기술은 상호작용하며 관계 맺기를 하기 때문에 4차 산업혁명을 지나치게 기술 중심적 시각에서 바라본다면 인간과 기술은 대립적 관계나 상하 수직 관계로 설정되어 기술 공포증 혹은 기술 만능주의에 빠지게 된다. 그러므로 4차 산업혁명을 기술 중심적 시각에서 탈피하여 하나의 담론으로 접근함으로써 사람과 기술이 서로 연결되어 미래 사회의 변화에 효과적으로 대처하고 적극적으로 문제를 해결해 나갈 수 있는 대안적 방향성을 모색해야 할 것이다. 이러한 맥락에서 4차 산업혁명은 인간과 기술 간의 관계 설정에 집중하는 포스트휴먼 담론과 맞닿게 되며, 인간과 기계의 상호작용이 활발해지는 스마트 미디어 환경에서 미래 사회에 필요한 핵심 역량을 키우기 위해 미디어 교육과 미디어 리터러시 개발이 요구된다.

2) 스마트 미디어 환경과 미디어 이용의 양가성

4차 산업혁명의 초연결성은 기술을 활용한 인간과 기계의 결합을 통해 인간과 사회의 변화를 도모하는 데 그 핵심 가치가 있다. 또한 많은 과학기술, 학문 간의 융합을 전제로 하며, 특히 스마트 미디어와의 융합이 변화의 주축이 된다. 모바일 기기의 등장으로 촉발된 스마트 혁명은 스마트 미디어 개념을 탄생시켰으며 이의 급속한 보급은 미디어 환경을 크게 변화시켰다. 대체로 스마트 미디어는 '이용자 간에 소통하고 상호작용할 수 있는 커뮤니케이션 도구이면서, 시공간의 제약 없이 지식과 정보를 주고받을 수 있는 똑똑한 매체'로 정의된다. 특히 스마트 미디어의 이동성, 개인성, 연결성, 지능화, 멀티미디어성 같은 기술적 속성은 이용자의 이용행태에 따라 확장성이나 파급효과가 더욱 크게 나타난다. 이러한 스마트 미디어의 유용성은 4차 산업혁명 속에서도 중요한 역할을 수행한다. 스마트 기기의 증가와 함께 SNS, 클라우드, 빅데이터, 사물인터넷, 인공지능의 대두로 IT 생태계의 패러다임 전환을 가져왔으며, 다양한 지능정보 서비스를 언제, 어디서나 쉽게 이용할 수 있도록 해준다. 클라우드를 통한 지식 생성과 같이 4차 산업혁명으로 인한 인간과 인간, 인간과 기계, 기계와 기계 간의 거대 네트워크를 통한 협업이 중요해졌으며, 공유 혹은 융합되는 자산의 성격에 따라 데이터도 폭발적으로 증가할 수 있다. 4차 산업혁명이 이루어지는 지능정보 사회에서 스마트 미디어 환경의 특징을 살펴보면, 기술적 측면에서 지능정보 기술과 초지능성을, 공간적 측면에서 초연결성과 공간의 경계가 없어지는 네트워크성을, 주체 구성 면에서는 초연결성에 따라 인간과 기계(사물)의 관계 맺기가 새롭게 설정됨으로써 윤리적·철학적 고찰이 요구되는 점을 들 수 있다. 반면, 스마트 기기의 접근 및 이용 격차가 날로 커지면서 정보 격차나 프라이버시 등의 문제가 발생되고 있다.

이와 같이 4차 산업혁명이 이끌어내는 초연결사회에서는 지능정보 기술의 이용 및 확산으로 인한 장단점이 모두 존재한다. 우리는 지능정보 사회에서 새로운 기술이 가져올 미래를 유토피아도 디스토피아도 아닌 프로토피아(protopia), 즉 '과정(process)과 진보(progress)가 어우러져 점진적으로 발전하는 상태'로 보아야 한다(Kelly, 2016/2017). 신기술의 등장으로 복잡 다양해지는 지능정보 사회에서 미디어(기술)를 어떻게 이용하느냐에 따라 테크노크라트적 기술 낙관주의와 기술 공포주의가 상호 대립된다. 이는 미디어 담론과도 맥을 같이한다. 즉, 미디어는 미시 파시즘으로 작동할 수 있는 이데올로기적 국가 기구(ISA)가 되기도 하고 미디어를 통해 정동 능력을 키우거나 창조적·공통적인 것을 생산할 수 있다. 따라서 미디어의 역기능을 극복하고 미디어를 바르게 읽고 선용하기 위해 미디어 리터러시 교육이 필요하다. 이에 스마트 미디어 이용의 양가적 측면을 살펴보고, 미디어 교육의 패러다임 변화와 미디어 리터러시 개발의 필요성을 이끌어내고자 한다. 이는 스마트 미디어 리터러시 교육의 필요성과 구성요소 개발에 단초를 제공한다.

첫째, 몰입이 지나치면 미디어(디지털) 중독이 된다. 소통의 도구인 미디어에 지나치게 의존할 때 몰입이 중독이나 과몰입으로 나타나 오히려 소통의 장애가 나타난다. 이러한 흐름에서 둘째, 소통과 사이버불링(cyber bullying)을 들 수 있다. 지능정보 사회의 인공지능 알고리즘은 원활한 소통을 가능케 하지만, 물신화된 공동체 속에서 개인을 종속시키는 집단극화의 위험성을 초래할 수 있다(Lévy, 1995/2002). 온라인 공간에서의 소통이 전체주의화되고 폭력화되어 사이버불링과 악플 현상이 나타난다. 셋째, 속도감은 피로감을 낳을 수 있다. 4차 산업혁명의 가장 큰 특징은 기하급수적인 속도를 들 수 있으며, 이를 통해 가상현실, 자율주행, 사물인터넷 기술 등을 구현할 수 있다. 반면 가속화된 정보 기술의 속도는 이용자들에게 피로감을 주고 인간의 감각을 마비시킬 수 있다(Virilio, 1998/2002). 넷째, 초연결성은 개인의 프라이버시를 침해할 수 있다. 이에 이용자는 윤리의식과 정보보호 역량을 키워야 하며, 빅데이터나 인공지능 등의 지능정보 기술에 대한 이해도 필요하다. 4차 산업혁명 시대에서 미디어 이용 시 책임 있는 이용자 문화와 윤리적 성찰이 필요한 이유이기도 하다. 다섯째, 온라인 공동체 속에서 인간의 소외가 나타날 수 있다. 디지털 기술의 발전과 초연결성은 자발적 온라인 공동체를 형성시키기도 하지만, 연결되었지만 외로운(Sherry Turkle) 소외나 예속화가 나타나기도 한다. 이로써 초연결성을 갖는 네트워크 속에 소외가 공존하는 소통의 양극화 현상이 초래된다.

여섯째, 정보의 홍수 속에 정보 격차 및 선별의 문제가 대비적으로 나타난다. 지능정보 사회에서는 데이터가 폭발적으로 증가하고 정보의 생산·유통·활용이 활발한 반면, 정보 비대칭 현상이 일어나거나 올바른 정보를 파악하기 어려운 문제가 발생한다. 우선 디지털 미디어의 확산으로 무수히 많은 정보가 생산되고 이에 대한 접근도 다양해졌는데, 불평등한 정보 접근이나 복잡해진 정보 이용 및 활용은 취약계층으로부터 정보 격차와 소외를 심화시킨다. 계층 간, 연령 간 취약계층의 디지털 격차는 정보 격차를 초래하고 사회적·경제적 격차까지 재생산함으로써 악순환을 낳는다. 정보 격차는 정보의 '습득, 활용' 능력 면에서의 불균형을, 디지털 격차는 디지털의 '접근, 역량, 활용' 면에서의 차이를 의미한다. 4차 산업혁명은 지능정보 기술을 기반한 스마트 미디어를 중심으로 이루어지기 때문에 스마트 기기의 소유 여부에 따른 정보 습득이나 접근성의 불균형이 발생하고, 지역 간, 특히 도농 간에는 네트워크 격차도 발생한다. 특히 정보 접근성은 스마트 미디어 환경에 따라 웹사이트와 모바일(애플리케이션) 접근성까지 확대되어야 하며, 향후 정보통신 기술의 발전을 고려하여 지속적으로 범위를 넓혀 나가야 한다. 또한 뉴미디어의 이용 능력에 따라 사회 참여 및 기회 부여에 영향을 미치며, 디지털 미디어의 활용 능력은 창조적·능동적 이용자, 비판적 프로슈머의 양성과 관련이 있다. 지능정보 기술의 발전 이면에 생애주기별·계층별 소외계층의 정보 격차 문제가 심각하므로 이들을 위한 정보화 교육과 맞춤형 스마트 미디어 리터러시 교육이 지속적으로 이루어져야 한다. 또한 범람하는 디지털 정보 속에서 잘못된 정보나 가짜 뉴스를 선별할 수 있는 능력이 요구된다. 초연결성으로 인해 잘못된 정보의 공유 및 배포는 심각한 사회 문제를 초래하는바 알고리즘을 이해하고, 사회적 문제나 잘못된 정보에 대해서는 비판적 사고를 할 수 있도록 미디어 교육이 이루어져야 하며, 윤리적 성찰과 디지털 시민성도 함께 요구된다.

일곱째, 정보의 공유와 저작권 침해 문제가 공존한다. 기득권자 중심의 정보 '소유' 시대에서, 디지털 기술의 발전으로 지식이나 정보의 생산·유통·배포가 자유로운 정보 '공유' 시대로 변화하였다. 4차 산업혁명의 초연결성은 공유와 연대를 더욱 용이하게 한다. 특히 개방형 플랫폼을 통해 공유와 협업의 기제들이 발전하고 온라인 집단지성의 순기능이 나타난다. 반면, 개인정보 및 저작권 보호의 이슈와 경쟁의 역기능이 발생하고 있다. 특히 디지털 콘텐츠의 생산·공유가 용이해졌기 때문에 창작자의 권리를 보호하는 저작권 침해 사례가 빈번하다. 예컨대, 1인 미디어의 발달로 등장한 1인 크리에이터의 확산은 다양한 콘텐츠 생산 및 새로운 산업 기회의 부여 측면에서는 순기능을 하지만, 저작권 침해나 선정성, 비윤리성의 문제를 낳을 수 있다. 이에 스마트 미디어 리터러시 교육에 디지털 윤리와 디지털 시민성을 포함해야 한다. 여덟째, 지식 창조와 지식 권력의 기제가 같이 작동한다. 빌렘 플루서(Vilém Flusser)는 텔레마틱(telematique) 사회에서 미디어 이용자가 창조적인 기술적 상상가가 될 수 있음을 제시하였다. 창의적 역량을 통한 지식 창조는 4차 산업혁명 시대의 필수 역량이자 강점이다. 반면, 이용자는 미디어, 교육 등에 미시적으로 침투해 있는 자본권력이나 주류 이데올로기를 그대로 수용하거나 자신도 모르게 감시받거나 왜곡된 시각을 수용할 수 있으며 여기에는 지식 권력이 작동할 수 있다. 이에 미디어의 속성을 해독하고 비판적 사고를 가질 수 있도록 스마트 미디어 리터러시 교육이 이루어져야 한다. 마지막으로 다양한 의사소통 수단을 제공해 주지만 정보의 왜곡 현상이 나타날 수 있다. 미디어 교육의 출발은 의사소통을 원활히 하기 위함이었고, 다양한 스마트 미디어의 발전으로 소통의 수단이나 활용의 폭이 매우 넓어졌다. 그러나 복잡 다양한 네트워크를 통해 수많은 지식과 정보들이 수집·생산되고 실시간으로 공유되는 미디어 환경 속에 살고 있으면서, 정보의 왜곡이나 신뢰성 있는 정보 습득에 어려움을 겪는다. 이용자가 미디어의 기술적 속성(기계적 작동과 코드화의 메커니즘)을 잘 해독하고 대중적 기만이나 정보의 왜곡을 비판적으로 사고할 수 있도록 미디어 리터러시 교육이 요구된다.

3) 미디어 교육과 스마트 미디어 리터러시

기술 및 미디어의 발전이 항상 긍정적인 영향을 가져오는 것은 아니므로 순기능을 키우기 위한 미디어 교육의 필요성이 제기된다. 이에 미디어 교육의 목적과 패러다임은 어떻게 변화하였고, 4차 산업혁명 시대 스마트 미디어 리터러시는 어떤 의미와 구성요소를 지니는지 살펴보도록 한다.

(1) 미디어 교육의 목적과 패러다임의 변화

미디어 교육은 인간과 인간과의 의사소통을 원활히 하거나, 유해한 미디어로부터 어린이들을 보호하고 예방하기 위해 시작되었다. 그러나 디지털 기술의 발전은 미디어를 읽어내는 능력에서 점차 미디어를 활용한 표현과 제작, 미디어의 사회적 행위능력을 강조하는 방향으로 중심이 이동되었다. 이때 읽기 중심에서 쓰기 및 제작 교육을 통해 미디어의 재현방식을 이해하고 미디어 생산에 직접 참여함으로써 미디어의 민주적 활용에 긍정적인 영향을 미쳤다. 스마트 미디어가 등장하고 미디어 참여를 통해 사회적 실천을 하고자 하는 필요성이 증가하면서 공유와 소통 활동이 활발해졌다. 이와 같이 미디어 활용 교육으로 진화하면서 다양한 기능적·실용적 측면의 미디어능력 배양에 그 범위를 넓혔다. 1970년대 초 디터 바아케(Dieter Baacke)는 능동적인 미디어 이용과 창의적인 미디어 제작 행위를 포함한 행위지향적 '미디어능력' 개념을 제시하고, 이의 개발을 위해 미디어 교육이 필요하다고 설파하였다. 그는 미디어능력을 "미디어를 비판적으로 이해하고, 능동적으로 이용하며, 창의적으로 구성·제작할 수 있는 능력"이라고 개념화하면서, '미디어 비평, 미디어학, 미디어 이용, 미디어 구성·제작'의 범주를 설정했다(강진숙, 2005). 최근 소통이나 공감이 강조됨에 따라 바아케의 미디어 능력에 이들을 포함한 '미디어 정동 능력'이 새롭게 제시되고 있다(강진숙, 2014). 정동의 미디어 교육은 미디어를 유희적·능동적으로 이용하고 기술적 상상을 통해 창조적 이용자가 되는 소수자의 미디어 실천이다. 미디어 이용자의 창조성과 사회적 실천으로 미디어 정동 능력은 제고된다.

현대는 지능정보 기술의 발전에 따라 미디어 환경이 더욱 급격히 변화하면서 커뮤니케이션 형태도 달라지고 있다. 인간과 미디어 기술은 상호 영향을 주고받으며 사회 구조와 문화를 변화시키는데, 이로 인해 미디어 리터러시에 대한 새로운 인식과 미래지향적 미디어 교육의 필요성을 더욱 확장시킨다. 4차 산업혁명 시대의 미디어 교육은 인간뿐만 아니라 컴퓨터나 로봇 같은 기계(비인간)와 의사소통하거나 인공지능의 신기술을 효과적으로 활용할 수 있도록 디지털 역량을 키워야 한다. 따라서 스마트 미디어 교육에는 디지털 언어에 대한 이해와 기술 교육도 포함해야 한다. 다만, 기술 교육의 틀에 미디어 교육이 갇히지 않도록 디지털 시대에 맞는 스마트 리터러시 교육이 개발되어야 한다.

(2) 스마트 미디어 리터러시의 구성요소와 핵심 역량

'미디어 리터러시(literacy)'란 일반적으로 미디어를 읽고 쓰는 능력, 즉 문해력(文解力)을 의미하지만, 새로운 기술이나 미디어가 등장할 때마다 리터러시는 미디어에 맞춰 활용 능력이 추가되고 개념화되었고, 요구되는 역량과 구성요소도 미디어의 기능과 특성에 따라 변화되어 왔다. 그러나 미디어(기술) 중심으로 정의되는 리터러시는 미디어 간 융합이 나타나고 인간과 미디어의 관계가 새롭게 설정되는 지능정보 사회에서 한계를 가지게 된다. 특히 미디어 리터러시 능력이 문해력에 머물지 않고 미디어의 생산 및 실천 행위까지 확대됨에 따라 미디어 리터러시는 이용자들의 미디어 이용 및 활용 행위를 양적·질적 차원, 개인적·사회적 차원에서 통합적으로 파악하고 재개념화해야 할 것이다. 미디어 리터러시는 미디어의 내용뿐만 아니라 이들이 생산·유통·소비되는 사회문화적 맥락을 비판적으로 읽고, 자신의 생각을 다양한 미디어를 통해 창조적으로 구성·제작함으로써 사회 참여를 실천하는 것이기 때문이다. 그렇다면 4차 산업혁명 시대 스마트 미디어 리터러시의 개념과 이를 구성하는 핵심 요소는 무엇인가?

스마트 미디어 리터러시는 디지털 미디어의 발전에 따라 다양하게 개념화되었는데, 정보통신 기술에 따른 'ICT 리터러시', 정보의 효과적 이용 능력을 위한 '정보 리터러시', 인터넷상의 정보 활용 능력을 위한 '네트워크 리터러시'가 있다. 또한 인공지능을 포함한 정보기술의 활용이 강조됨에 따라 '지능정보 리터러시, 코드 리터러시, 데이터 리터러시, 알고리즘 리터러시, 소프트웨어(코딩) 리터러시, 기술 리터러시'가 등장하였다. 이들은 리터러시를 기술 중심으로 개념화함에 따라 통합적인 리터러시 역량을 포괄하는 데 한계가 있다. 이에 안정임과 동료들(2017)은 지능정보 기술에 대한 이해와 활용을 반영한 미디어 리터러시 역량을 개발하여 스마트 미디어 교육의 방향과 교육과정을 구성하였다(〈표 1〉 참조).

표 1. 지능정보 사회에서 요구되는 미디어 리터러시 역량

역 량	세부 역량
접 근	미디어 이용 기술 능력, 미디어 이용 통제 능력, 도구적 활용 능력
비판적 이해	미디어의 재현 이해 능력, 미디어의 상업성 이해 능력, 정보 판별 능력
창의적 생산	미디어 제작 능력, 자기표현 능력, 공유 능력
참 여	네트워킹 능력, 협업 능력, 시민적 실천과 참여 능력
윤 리	관용과 배려 능력, 책임 있는 이용 능력, 보호 능력

출처: 안정임·김양은·전경란·최진호 (2017). 〈지능정보사회에서의 미디어 리터러시 이슈 및 정책 방안 연구〉. 과천: 방송통신위원회, 56쪽에서 인용. 원 저작권자의 모든 권리가 보호됨.

앞의 역량들은 스마트 미디어 리터러시의 구성요소로 볼 수 있으며, 21세기 핵심 역량이라 불리는 '디지털 리터러시'의 구성요인과 상당부분 중첩된다. 최초로 개념화한 폴 길스터(Paul Gilster)는 디지털 리터러시를 '네트워크를 통해 제공되는 광범위한 디지털 정보를 이해하고 이용할 수 있는 능력'으로 정의하였다(1997). 〈표 2〉와 같이 디지털 리터러시는 다양한 학자와 기관을 통해 개념화되었다.

표 2. 디지털 리터러시의 개념과 영역(구성요소, 핵심 능력)

학 자	영역(구성요소)
Fastrez(2009)	기술적 이용 능력, 인지적 능력(생산 및 공유), 사회적 능력(공동체 활동)
Ofcom(2004)	미디어 접근 능력, 미디어 이해 능력, 미디어의 창의적 제작 능력
Eavi(2009)	미디어 이용 능력, 정보의 비판적 해석 능력, 커뮤니케이션 능력
Hobbs(2010)	미디어 수용(접근) 능력, 미디어 이용 능력(분석 및 평가), 미디어 활용 능력(창조, 성찰, 행동)
권성호(2011)	비판적 이해 능력, 창의적 생산 능력, 협력적 커뮤니케이션 능력
한정선 외(2006)	기술적 이용 능력, 비판적 사고 능력, 사회적 능력(시민의식)
나경애(2009)	미디어 이용 능력, 미디어 비평 능력, 미디어 제작 능력, 문제해결 능력

출처: 권성호·현승혜 (2014). 중·장년층 직장인의 디지털 리터러시에 대한 연구: 디지털 리터러시 향상을 중심으로. 〈학습과학연구〉, 8권 1호, 124쪽에서 재구성. 원 저작권자의 모든 권리가 보호됨.

종합적으로 살펴볼 때, 디지털 리터러시는 '디지털 미디어(기술)를 이용하고, 미디어 콘텐츠(디지털 언어)를 이해하며, 정보와 기술을 창의적으로 활용하여 문제를 해결하고, 디지털 미디어를 비판적으로 해석하며, 시민성 같은 사회적 역량을 갖는 것'을 의미한다. 전통적 미디어 리터러시가 글을 읽고 쓰는 능력을 의미했다면, 디지털 리터러시는 디지털 정보를 읽고 이해하는 능력을 의미하는바, 문해력으로서 디지털 언어에 대한 이해가 필요하다. 이에 표현과 소통의 수단을 넘어 디지털 기술의 구조와 영향을 이해·적용·활용해야 하므로 인공지능이나 알고리즘, 코딩 등의 기술 교육도 필요하다. 또한 타인과의 협업을 통해 공감 능력을 가지는 질적 활용 역량까지 포함한다. 더 나아가 미디어 접근과 이용이라는 개인적 역량뿐만 아니라 참여적 실천, 디지털 시민성이나 윤리성의 사회적 역량도 포함한다.

이러한 역량은 미디어 환경 및 기술에 영향을 받기 때문에 미디어 교육의 패러다임과 궤를 같이하며, 미디어에 기초한 역량의 중요성은 '핵심 역량'의 개념으로 강조된다. 따라서 미래 사회의 핵심 역량은 스마트 미디어 리터러시 개발에 단초를 제공한다. 국내외 연구를 종합해 볼 때 핵심 역량의 요소는 '문제해결력, 창의성, 비판적 사고력, 의사소통 능력' 등으로 집약된다. 이에 더하여, 인간과 기계와의 결합이 이루어지는 포스트휴먼 시대에 두 가지 역량을 추가하고자 한다. 초연결성으로 인한 다양한 융합에 대응하고 계층 간, 세대 간 갈등을 최소화하기 위해 협업, 횡단적 소통과 관계 맺기, 내적 공명, 정서적 감수성의 역량이 중요해지고 있다. 이에 미디어 이용을 통해 공감이나 감수성 등의 정서적 변화가 일어나는 '미디어 정동 능력'을 제시한다. 또 하나는 디지털 미디어에 대한 지식과 비평 능력을 바탕으로 디지털 콘텐츠를 이용하고 창의적으로 구성·제작할 수 있는 '디지털 역량'을 제안한다(강진숙, 2018). 사회과학 담론에서 진행되어 온 '미디어능력'이 '기술'과 결합함에 따라 포스트휴먼 담론으로 확장되면서 디지털 역량(digital competence)은 기술 교육을 통해 공진화된다. 초연결된 지능화된 기술이 기존의 협소한 ICT 개념을 변화시킴에 따라 '기술 교육'은 미디어 교육으로 연결되고 디지털 병리 현상에 대한 미디어 교육과 디지털 시민윤리 교육 등이 포함된다. 이는 시몽동이 주창한 기술미학적 포스트휴먼으로서, 상호소통과 공명을 위해 기술문화의 교육학적 기획이 요구되며 창조적 역량이 강조된다(김재희, 2017).

3. 기관별 스마트 미디어 리터러시 교육의 현황과 사례

방송통신위원회는 스마트 미디어 환경에 따라 이용자의 능동적 참여와 권리를 확대하고, 청소년뿐만 아니라 노인·장애인·이주민 등 계층별 맞춤형 미디어교육을 실시함으로써 전 국민의 미디어 리터러시를 강화하고자 한다. 한국의 미디어교육 기관은 국가기구 및 공공기관, 미디어교육 기관 및 단체, 관련 학회로 나눌 수 있다(김광재·장은미·강신규, 2017). 이 장에서는 미디어센터들의 설립 주체를 기준으로 분류하여 방송통신위원회가 설립한 시청자미디어센터, 문화체육관광부가 설립한 미디어센터, 기타 미디어센터들의 미디어교육 현황과 추진 내용을 살펴보고 다양한 사례를 통해 쟁점을 도출하고자 한다.

1) 방송통신위원회 설립 시청자미디어센터의 교육 현황

한국의 국가기구 및 공공기관으로서 직접 미디어 교육을 실시하는 대표 기관으로는 한국언론진흥재단과 시청자미디어재단을 들 수 있다. 문화체육관광부를 소관으로 하는 한국언론진흥재단은 미디어 비평과 대상별 맞춤형 교재 개발, 기자 체험 및 언론인 역량 강화 지원, 미디어교육 지원, 미디어교육 관련 자료 아카이브 운영, 다양한 미디어를 통해 유통되는 뉴스의 분별 있는 읽기와 활용에 중점을 두고 있으며, 특히 저널리즘과 뉴스 리터러시 교육에 가장 특화되어 있다(김광재·장은미·강신규, 2017). 한편 방송통신위원회를 소관으로 하는 시청자미디어재단은 방송 및 미디어 교육과 체험에 중점을 두어 퍼블릭 액세스와 미디어 소외계층을 지원하는 데 목적을 두고 있으며, 전국에 시청자미디어센터를 두어 미디어 교육을 진행하고 있다. 본서에서는 4차 산업혁명 시대의 스마트 미디어 리터러시 교육의 현황을 살펴보기 위함이므로 다양한 미디어교육 프로그램을 개설하여 실천하는 시청자미디어센터에 초점을 맞춰 사례를 알아보고자 한다.

방송통신위원회는 2005년 시청자미디어재단을 설립하고, 부산을 시발점으로 하여 광주, 대전·강원·인천, 서울, 울산에 시청자미디어센터를 설립했으며, 2019년에는 경기에 시청자미디어센터를 개관할 예정이다. 지역별 시청자미디어센터에서 실시하고 있는 미디어 리터러시 교육의 목표는 이용자 대상의 맞춤형 미디어 교육에 있으며, 다음의 세 가지 방향성을 갖는다. 첫째, 이용 대상자의 '생애주기'에 맞춘 미디어 교육이다. 스마트 미디어 이용 연령이 계속 낮아지는 반면 고령인구 비율도 높아지고 있어 유아부터 노인에 이르기까지 미디어 이용 기간의 폭이 넓어지고 있다. 그러나 각 세대별 미디어 이용 목적과 행태가 다르기 때문에 미디어 이용에 필요한 미디어능력도 다르게 나타난다. 이에 시청자미디어재단은 생애주기별로 미디어 교육을 설계, 운영하고 있다. 스마트 미디어의 이용도 전 연령대에서 다른 형태로 이루어지고 있으므로 미디어 접근에서부터 이용 및 활용에 이르기까지 생애주기별 미디어 리터러시 교육이 진행되어야 한다. 둘째, 이용 대상자의 '커뮤니티'에 맞춘 미디어 교육으로, 흔히 공통의 관심사를 가진 공동체나 사회문화적 계층의 이용자를 의미한다. 지역에 따른 지역 공동체, 성별에 따른 여성, 세대에 따른 청소년과 장노년층, 소외계층이나 정보 취약계층이라 불리는 장애인·이주민·북한이탈주민·학교 밖 청소년·농어민 등의 욕구와 특성에 맞춰 미디어 교육을 실시한다. 특히, 스마트 미디어의 발전은 계층별 정보 격차 문제를 심화시킬 수 있기 때문에 미디어 체험이나 관람을 통한 미디어 접근권과 문화 향유권 향상에 집중한다. 셋째, 특정 '사회문화적 이슈'에 맞춘 미디어 교육으로, 주로 스마트 미디어의 병리적 사용과 관련된 문제적 현상을 예방·해결하기 위한 미디어 교육이 진행되고 있다. 가짜 뉴스에 적극 대응하기 위한 뉴스 리터러시 교육, 미디어의 과의존·과몰입·중독 등을 예방·치료하기 위한 교육이 여기에 해당한다. 가짜 뉴스는 진화된 기술로서의 알고리즘과 프로슈머의 역기능에서 발생하며, 스마트폰 중독도 디지털 기술의 발전에 따른 보급률 및 기능 향상에서 연유되므로 스마트 미디어 환경에서 반드시 고려되어야 하는 미디어 교육의 영역이다.

또한 시청자미디어재단은 계층별, 미디어별 다양한 형태의 미디어 리터러시 교육을 실시하고 있다. 첫째, 학교 미디어교육을 활성화함으로써 청소년의 미디어 리터러시를 향상시키고자 했는데, 특히 2016년부터 전면 시행된 '자유학기제 미디어교육'의 지원 사업 대상을 확대하여 학교 디지털 리터러시 교육을 통해 4차 산업혁명 시대를 대비할 디지털 역량을 키우는 데 중점을 두었다. 또한 '미디어 거점학교 교육'을 통해 해당 지역의 학교 동아리들을 지원함으로써 청소년 미디어 리터러시 교육을 향상시키고, 소외 지역에 거주하는 학생들에게는 방송·미디어 분야의 진로를 탐색할 수 있는 기회도 마련해 주고 있다. 둘째, 지역별 시청자미디어센터는 마을 지역주민들을 대상으로 다양한 '마을미디어 교육'을 진행함으로써 지역 정보를 전달하고 마을 공동체의 일원으로 소통할 수 있도록 한다. 특히, 디지털 미디어의 발전으로 지역 공동체는 라디오나 신문에서 팟캐스트를 이용한 공동체 미디어 활동의 형태를 띠고 있기 때문에 마을의 지역 주민들을 서로 이어주고 커뮤니케이션의 매개가 되는 미디어 교육은 여전히 유의미하다. 셋째, 급변하는 디지털 환경 변화에 따라 '스마트 미디어교육'을 진행하고 있으며 주로 미디어 체험, VR(Virtual Reality) 제작 교육, 유튜브 및 1인 미디어 제작 교육이 이루어지고 있다. 4차 산업혁명 이후 기술 교육의 중요성이 부각됨에 따라 스마트 미디어의 기능과 속성을 알기 위한 체험 교실과, 이용자가 직접 미디어 콘텐츠를 생산함으로써 능동적·적극적 프로슈머가 되기 위한 제작 교육이 이루어지고 있다. 이외 시청자미디어센터가 보유한 시설·장비의 체험 기회를 제공하고 이를 활용한 기초 교육을 통해 미디어 접근성을 제고하는 데 집중하고 있다. 또한 스마트 미디어 이용 시 발생할 수 있는 문제점을 파악하고 이에 대처하는 능력을 배양하는 교육 프로그램들도 개발·운영하고 있다.

(1) 공통된 스마트 미디어교육의 종류와 쟁점

시청자미디어센터에서 공통적으로 진행하는 스마트 미디어교육은 주로 뉴스(방송)나 스마트 미디어의 체험이며, 스마트폰을 활용한 영상 제작의 형태가 가장 집중적으로 나타나고, 영상 편집이나 장비 활용 교육도 함께 진행된다. 1인 미디어의 괄목할 만한 발전에 따라 유튜브, 1인 크리에이터 양성 교육도 공통적으로 진행되고 있으며, 특히 청소년 중심으로 활발히 이루어지고 있다. 한편 디지털 기술의 발전에 따라 심화되는 미디어 역기능의 예방·해결을 위한 미디어 교육도 진행되고 있다.

주목할 점은, 4차 산업혁명 시대의 기술 발전에 따라 전 세계적으로 논란의 중심에 선 가짜 뉴스 현상으로 인해 정보의 선별력이 중요해지면서 가짜 뉴스 및 정보를 판별해내는 능력 함양과 관련한 뉴스 리터러시 교육이 주로 학교를 중심으로 이루어지고 있다. 기존에는 신문활용 교육(NIE) 형태로 미디어 교육이 이루어졌다면, 스마트 미디어 환경 변화에 따라 확장된 새로운 형태의 뉴스에 대한 이해와 분석의 필요성이 사회적으로 확산되고 있다. 가짜 뉴스의 확산은 이를 기반으로 한 소셜미디어의 개인화된 알고리즘에 기인한다. 따라서 정보에 대한 분별력과 비판적 사고력을 갖지 못한 채 소셜미디어를 이용하고, 이것이 가짜 뉴스와 결합하게 될 때에는 '필터버블(filter bubble)' 현상을 극대화함으로써 심각한 사회문제를 낳게 된다. 가짜 뉴스의 진원지로서의 '유튜브', 그리고 그 대척점에서 1인 미디어의 꽃이 된 '유튜브'와 '1인 크리에이터' 교육이 공통적으로 진행되는바 미디어 리터러시 교육이 지능정보 사회에서 얼마나 중요한지 알 수 있다. 또한 뉴스 체험 교육도 단순히 뉴스 제작 과정을 체험하는 형태에 머무르기보다는, 비판적 생비자(prosumer)로서 교육의 범위를 확대할 필요가 있다. 소셜미디어를 통해 가짜 뉴스가 대량 유통되는 현상이 필터버블로 표현되고 있지만, 우리는 이미 소셜미디어를 통해 '끼리끼리 문화'나 '집단극화'의 폐단을 경험하고 있다. 기술 발전이 진행될수록 이데올로기와 자본의 논리는 우리 생활세계 속에 미시적으로 침투하여 끊임없이 작동하고 문제적 현상을 배출한다. 따라서 4차 산업혁명에 따라 미디어의 기능보다는 미디어의 콘텐츠와 속성 중심으로 미디어 교육이 이루어져야 하며, 지식 중심에서 역량, 특히 디지털 역량 중심으로 중심축이 이동되어야 한다.

또한 1인 크리에이터 교육을 진행하면서 저작권 이슈를 본질적으로 다루고 있는지 살펴봐야 한다. 저작권이나 개인 정보의 침해 문제는 지능정보 사회에서 반드시 만나게 되는 역기능이기도 하다. 스마트 미디어 환경에서 보호주의적, 도구적 관점의 미디어 교육은 미디어의 문제적 이용이

나올 때마다 해당하는 미디어를 금지하고 차단해야 하므로 근본적인 해결방안이 되지 못한다. 인간의 원활한 커뮤니케이션을 위해, 인간과 사회의 열린 관계 맺기를 위해 미디어가 소통체 역할을 수행하고, 그로부터 미디어 교육의 필요성을 이해한다면, 책임 있는 미디어 이용과 미디어 윤리, 디지털 시민성 함양을 위한 미디어 교육의 중요성을 느낄 수 있을 것이다.

(2) 지역센터별 스마트 미디어교육의 종류와 특징[1]

부산시청자미디어센터(2005년)

스마트 미디어교육으로 다양한 미디어 체험 및 영상 제작 관련 미디어 교육(스마트폰 영상, 드론, VR 영상, 다큐)과 1인 미디어 방송 교육(1인 미디어, 유튜브 크리에이터 양성)이 이루어지고 있다. 본 센터의 가장 큰 특징은 수요가 많은 스마트 미디어교육인 경우 커리큘럼 자체를 매우 세분화·단계화하여 대상층과 해당 교육의 목표를 명확히 알 수 있도록 설계했다는 점이다. 1인 미디어교육인 경우 초보자용 강의, 이를 이수해야 들을 수 있는 강의(제작 과정을 거쳐 유튜브 채널 개설), 주로 장비 및 시설의 활용 방법을 배우는 강의가 구분되어 있다. 영상 제작 교육에서도 '기획과 구성'을 통해 자신의 이야기를 미리 작성해 보고, 영상 제작의 '입문자'들이 수강할 수 있는 강의를 별도로 설계하였다. 영상 편집 및 영상 촬영 모두 각각 기본과 심화과정이 있어 어떤 단계에서도 교육이 가능하다. 또한 저작권 특강도 영상 제작의 맞춤형으로 내용을 구성하여 법률적·정책적으로 이해

---

[1] 지역별 미디어센터의 개관 순으로 배열하였으며, 각 센터의 홈페이지와 공식 블로그, 백서 등을 토대로 내용을 구성하였음을 밝힌다(2018년 11월 기준). 주요 미디어교육 프로그램 중 스마트 미디어교육 관련 프로그램은 주로 2018년 강좌를 중심으로 정리하였다.

를 도모하였다. 한편, 대부분의 교육들이 영상 제작에 집중했다면 '미디어 북 제작 교육'을 통해 '스마트 그림책'을 만들어보는 기회를 제공함으로써 미디어 콘텐츠의 활용도를 제고하였다. 또한 '시민 비평' 교육을 통해 비판적 미디어 읽기와 시청자 주권을 이해하고, 다양한 지역 방송을 비평하는 미디어 리터러시 교육을 실시하였다. 이 교육은 지역방송사(KNN, MBC 등)의 옴부즈맨 프로그램에 참여할 시민 모니터링단 양성을 위해 부산민주언론시민연합과 부산시청자미디어센터가 공동으로 진행한 것으로, 수강생들은 시청자 권익 증진 프로그램인 〈클릭 KNN 시청자세상〉의 시민 모니터링단으로서 KNN 편성 프로그램을 비평할 수 있다.

대상층에 따른 맞춤형 미디어교육을 제공하기 위해 청소년은 방학 특강 형태로 '1인 미디어 교실'과 '미디어 비평 학교'를 개설하고, 노인층 대상으로는 영상 제작을 교육하였으며, 개관 때부터 장애인 미디어교육에 힘써왔던바 '배리어프리(barrier-free) 콘텐츠 제작 전문인 양성과정'을 진행하였다. 특히 본 센터는 2006년부터 매년 장애인과 비장애인이 함께 즐길 수 있는 '장애인 미디어 축제'를 개최하면서 장애인의 미디어 접근권 향상과 장애 인식 개선을 위해 많은 활동을 해왔다.

광주시청자미디어센터(2007년)

이 센터의 영상 제작 교육은 '영상 기획 구성, 영상 제작 기초, 영상 편집 교육, 영상 제작 아카데미'로 세분화되어 있고, '장비 활용 교육'이 별도로 운영된다. 비교적 프로그램이 세분화되어 있어 수준별·영역별 프로그램의 선정이 용이하다. 본 센터의 특징으로 네 가지를 들 수 있는데, 첫째 스마트 미디어교육과 관련하여 학부모 미디어교육이 개설되어 있다. 이를 통해 가족 내 소통을 이루고 부모의 미디어 역량을 함양하기도 하고(우리도 미디어 공부한다), 자녀와 함께 가족 뉴스를 제작해 봄으로써(유튜브로 전하는 스마트한 가족 뉴스) 스마트 리터러시 교육을 받게 된다. 둘째, 노인 참여 미디어교육이 센터와 잘 연계되어 있다. 본 센터에서 교육을 받은 노인들(미디어봉사단S)은 2008년부터 소외계층을 위한 미디어 교육과 촬영·편집 등의 봉사활동, 영상으로 기록을 남겨주는 기록 봉사활동을 활발히 하고 있다. 셋째, 장애인 대상의 미디어 교육이 다양하게 진행되고 있다. 광주지역 장애인과 미디어 전문가가 협업하여 만든 영상물이 '2018 대한민국 패럴 스마트폰 영화제'에서 대상을 포함하여 대거 수상을 하는 쾌거를 이루기도 했는데, 이때의 출품작들은 본 센터가 광주 지역 내 복지시설의 장애인을 대상으로 '스마트폰 영화 만들기' 교육을 진행해 왔던 결과물이다. 마지막으로, 미디어 소외지역의 미디어 접근권 향상을 위해 찾아가는 미디어 체험이나 영상 제작 교육을 진행하고 있다.

대전시청자미디어센터(2014년)

미디어 체험 교육을 비롯해 다양한 영상 제작 관련 미디어 교육(프리미어 기초, 스마트폰 영상, 다큐, 팟캐스트)과 1인 미디어 방송 교육(1인 미디어 방송, 유튜브 크리에이터 양성)이 이루어지고 있으며, 미디어 리터러시 관련 교육으로서 저작권 교육과 SNS 윤리교육이 진행되고 있다. 연령별, 계층별 교육을 살펴보면, 중고등학생 대상의 웹드라마 제작 교육이 진행되었고, 노인 대상의 영상 제작 및 편집과 라디오(은빛나래라디오[2]) 제작 교육이 진행되었다. 또한 2015년에 유튜브 실시간 방송과 CMB 대전방송을 동시에 활용한 라디오 콘셉트 형태의 커뮤니티 방송 '보들라디오쇼(보이고 들리는 라디오쇼)'를 기획 운영한 바 있다. 이외에도 2015년에 BJ를 초청하여

---

[2] '은빛나래라디오'는 TBN 대전매거진을 통해 라디오 프로그램을 진행하며 소출력 라디오 '금강FM'에서도 방송되고 있다.

MCN(Multi Channel Network) 시험 방송을 추진함으로써 1인 방송의 발전 가능성을 모색하였고, 장애인과 탈북민 아동의 스마트폰 교육(날아라 카메라), 보호청소년 대상의 동영상 제작 교육(청소년 꿈드림 미디어교실), 노인 대상의 SNS와 스마트폰 교육(인생기념관), 팟캐스트 제작 및 마을 UCC 영상제작 교육을 통한 공동체 미디어교육을 진행하는 등 뉴미디어 활용을 선도하는 센터 이미지 구축에 많은 노력을 기울여왔다.

강원시청자미디어센터(2014년)

미디어 체험(크로마키, 미디어 나눔 버스) 및 다양한 영상 제작 관련 미디어 교육(영상 제작 입문, 동영상 촬영, 스마트폰 영상, VR 영상, 팟캐스트, 드론 촬영)과 1인 미디어 방송 교육(1인 미디어 제작실, 1인 방송 크리에이터 양성)이 이루어지고 있다. 구체적으로는 영상 제작을 위한 '기획과 구성' 교육, 다양한 영상 편집 기술 교육(프리미어, 애프터 이팩트)이 개설되어 있고, 계층별 미디어 교육도 주로 영상 제작[3])을 중심으로 이루어지고 있으며, 미디어 활용 능력에 중점을 두면서도 미디어의 비판적 해독 능력을 키우기 위한 '미디어 리터러시 특강'을 실시하기도 했다(2018년 11월 8일~12월 6일, 총 5회). 주제는 '미디어와 젠더, 미디어와 숙의 민주주의, 미디어와 4차 산업혁명, 가짜 뉴스, 미디어 프레이밍'으로, 현대 지능정보 사회에서 맞닿을 수 있는 쟁점들을 스마트 미디어 리터러시 교육과 연계하여 구성하였다. 이와 같은 맥락에서 '영화 읽기' 교육을 통해 미디어 읽기 능력과 비판적 사고 능력을 함양하는 데 주의를 기울였다. 또한 본 센터는 2015년 최초로 영상, 라디오, 신문 등 총 7개 분야에 제작단을 양성하고, 계층별 미디어 격차 해

---

3) '노인 영상 제작단'을 양성하여 영상 제작 및 방송 스튜디오 제작 실습을 진행하고, 청소년 미디어캠프 '미디어람'에서도 영상, 영화 제작 교육을 진행하여 지역 청소년 영화제에 출품하였다.

소를 위해 많은 활동을 진행해왔다. 예컨대, 장애인의 미디어 접근권을 보장하기 위해 스마트형 웹진을 개발하거나 취약계층을 대상으로 UCC를 제작함으로써 미디어능력의 격차를 해소하고자 하였다.

인천시청자미디어센터(2014년)

2018년부터 스마트 미디어교육을 확대함으로써 VR 영상이나 영상 편집(프리미어), 팟캐스트 제작이 상설로 개설되어 있고, 유튜브 크리에이티브 양성과 드론 촬영, 저작권 교육이 마련되어 있다. 이외에도 '1인 방송 콘텐츠 제작자 양성 및 MCN 실무교육'은 지역·산업 맞춤형 일자리 창출 지원 사업으로서 이론과 제작 실습이 모두 이루어진다. 또한 본 센터에서는 드론 교육이 가장 특화되어 있는데, 2015년부터 진행되어온 드론 촬영 특강을 보다 전문화·직업화함으로써 드론 촬영을 활용해 스마트 미디어 분야로 창업이나 창직의 기회를 부여하는 미디어 교육이 진행되었다. '창직(創職)'은 새로운 일자리를 만드는 것으로, 4차 산업혁명이 일자리를 위협할 수도 있지만 새로운 일자리 모델을 창출할 수 있는 계기를 마련해준다는 점에서 유의미하다. 이에 드론 촬영뿐만 아니라 드론에 대한 기본 이해를 바탕으로 법규 및 산업 동향까지 전방위적 교육이 이루어졌다. 2016년부터는 '드론 영상 콘텐츠 공모전'을 통해 활성화를 도모하고 있다. 유아 및 초등 대상은 다양한 영상과 사진을 합성하는 크로마키(chroma key) 체험을 할 수 있고, 계층별 미디어 교육이 주로 스마트폰을 활용한 영상 제작과 찾아가는 체험 스튜디오 중심으로 진행되고 있다. 또한 영상 촬영 및 편집을 통한 '마을 방송'과 '1인 방송' 제작 교육을 마을미디어 교육의 지원사업으로 진행하였다. 한편 학부모 대상의 '디지털 육아법'과 '그린 미디어 캠페인'을 통해 미디어 비평과 스마트 미디어 리터러시 교육도 강조하고 있다.

서울시청자미디어센터(2015년)

스마트 미디어교육으로 VR 영상 제작과 드론, MCN 특강을 운영하고 있다. 그중 주목할 만한 것은 MCN 특강인데, 미디어 사업으로서의 MCN을 교육함으로써 스마트 미디어 환경에 등장한 MCN 산업과 플랫폼으로서의 유튜브, 창작자로서의 1인 크리에이터를 이해하고 이를 제작 실습하는 과정을 거친다. 이는 교사 대상으로도 진행되는데, 스마트폰을 통해 교과목을 영상 제작함으로써 자신의 홍보 영상을 제작해 본다. 이와 같이 스마트폰을 활용하여 영상을 제작하는 교육 프로그램은 청년, 노인층 대상의 미디어 교육에서도 진행되며, 지역 공동체의 소식이나 이슈를 영상으로 제작하는 마을미디어 교육을 지원하기도 한다.4) 이 교육을 통해 만든 영상물은 유튜브를 통해 지역 주민들과 공유하며 소통한다. 스마트 미디어교육 중 스마트폰 영상 제작, 1인 크리에이터, VR 영상 제작, 프로툴(pro tools), 팟캐스트는 상설 강의로 개설되었다(2018년 기준). 또한 2018년에는 1인 방송 제작단 '보들(보이고 들리는)'을 구성·교육하여 팟캐스트 및 유튜브 방송을 실시하며, 센터가 보유하고 있는 1인 미디어 제작실의 시설·장비 활용을 위한 기초 교육도 실시하였다. 이외에도 대학 연계 SNS 라이브 방송 실습을 통해 미디어 교육을 실시하거나 자유학기제 미디어교육과 연동하는 등 스마트 미디어교육이 미디어별, 대상별로 다양하게 개설되어 있다. 한편, '미디어야 놀자!'는 미디어에 대한 기본적인 이해와 발전과정, 저작권, 가짜 뉴스의 해결방안 등을 교육하고, '영상 미디어 바로보기'는 다양한 영상 미디어의 종류와 바로 보기를 실천하는 강의로, 스마트 미디어에 국한되어 있지는 않지만 공통적으로 미디어 리터러시 교육 프로그램의 성격을 갖는다.

---

4) 10개 금천구의 마을 소식을 전하는 '금천 징검다리 마을방송국'은 2014년에 마을 주민들이 모여 마을신문과 라디오를 만들기 시작했으며, 마을 소식을 영상으로 제작·편집하고자 2017년과 2018년에 서울시청자미디어센터의 지원으로 마을미디어 교육을 받게 되었다.

울산시청자미디어센터(2016년)

미디어 체험 및 다양한 영상 제작 관련 미디어 교육(애프터 이펙트, 스마트폰 영상, 드론, 다큐, 팟캐스트)과 1인 미디어 방송 교육(1인 방송 크리에이터 양성)이 이루어지고 있다. 또한 울산의 지역성을 반영하여 울산 지역 노동자라면 누구나 참여하여 노동 현장의 이야기를 담는 영상 제작 교육을 진행하였다. 노인 대상의 '청춘미디어교육'도 영상 제작 기초 교육으로 진행되었다. 한편, 미디어 비평 교육(전지적 시청자 시점)은 미디어 비평문을 직접 작성해 보는 비판적 미디어 읽기 과정을 담고 있다.

2) 문화체육관광부 설립 미디어센터의 교육 현황

한국의 미디어센터들은 설립 주체에 따라 문화체육관광부, 방송통신위원회, 방송문화진흥회, 지방자치단체, 민간 미디어센터로 나누어볼 수 있다(김광재·장은미·강신규, 2017). 그중 문화체육관광부와 지방자치단체가 추진 주체인 지역별 '영상미디어센터'는 지역 주민들의 영상 미디어 활용 능력을 높이고 영상 문화를 균형 있게 향유할 수 있게 하는 데 설립 목적이 있다. 주요 센터별 스마트 미디어교육의 방향 및 대표 사례들을 살펴보도록 한다.

김해영상미디어센터(2005년)

이 센터는 '교육 기간별'로 상설과 정기, 특화와 비정기 프로그램으로 구분 실시된다. 특징적인 스마트 미디어교육으로는, '어린이·청소년' 대상의 스크래치 코딩, 스크래치와 햄스터봇을 들 수 있다. 4차 산업혁명 시대를 맞이하여 알고리즘이나 코딩 프로그램을 학습함으로써 창의적인 사고 능력과 능동적인 문제해결력을 키우고, 햄스터봇을 이용하여 로봇의 구조를 이해하고 로봇을 제어하는 코딩을 해 보는 과정이다. 로봇 코딩 교육의 실시는 4차 산업혁명과 함께 소프트웨어의 중요성이 커지면서 코딩 교육이나 소프트웨어 교육 같은 정보통신기술 교육이 스마트 미디어 리터러시 교육에 포함되어야 한다는 목소리가 커지고 있음을 반영하는 것이다. 코딩은 4차 산업혁명의 필수 언어로 일컬어지면서 이미 미국, 영국, 일본, 이스라엘 등 해외 각국이 코딩을 정규 교육과정에 포함시키고 있다. 한국도 2018년부터 초·중등학교에서는 코딩 교육을 의무화하고 있고, 고등학교에서는 정보 과목을 일반 선택과목으로 바꾸면서 더욱 이슈가 되고 있다. 고전적인 미디어 리터러시가 '글'을 읽고 쓰는 능력을 지칭했다면, 이제는 '디지털 글쓰기와 읽기 능력이 요구되며, 코딩도 일종의 디지털 언어에 대한 문해력을 습득하는 것이라 볼 수 있다. 그러나 코딩 교육은 프로그램 언어 습득을 통한 프로그래머 육성에 머물기보다 문제해결력을 키우기 위한 창조적 상상과 사고력 확장에 초점을 두어야 한다. 스마트 미디어 리터러시 교육이 기술 교육에 그쳐서는 안 되며, 암기나 주입식 교육보다 알고리즘 원리를 창의적으로 활용하고 종합적인 사고 능력을 키우는 데 중점을 두어야 한다. 이외에도 방송(뉴스 제작) 등의 미디어 체험이나 스마트폰(애플리케이션) 활용 교육이 이루어지고 있다.

제천영상미디어센터 '봄'(2006년)

영상 제작(스마트폰 활용법, SNS 활용, 3D 입체 영상 제작)이 주를 이루며, 스마트 미디어교육으로는 유튜브, 드론 영상 촬영, 1인 미디어 창작 교실을 들 수 있다. 생애별·계층별 다양한 사회 구성원들에게 미디어교육 프로그램을 지원하고 있다. 다문화 가정을 대상으로 한 '시네마 배달부'는 자신의 현 생활을 영상 편지로 제작하여 자국에 보내는 영상 교육 프로그램이며, 노인층(스마트한 은빛 날개) 대상의 스마트폰 영상 교육을 진행하여 제작 체험을 하였다. 또한 노인 영상 미디어 동호회와 연계하여 고부 간, 세대 간의 소통을 극영화로 만들기도 하는 등 영상 제작 교육을 통해 소통과 사회 참여의 기회를 마련했다.

주안영상미디어센터 'CAMF'(2007년)

기본교육은 물론 마을방송 지원이나 제작단 운영, 미디어 체험, 주안 미디어TV 프로그램 제작과 같은 다양한 미디어 교육이 진행되고 있다. 상설 미디어교육으로는 유튜브, 스마트폰 영상 제작, 마을미디어(방송) 제작(미추홀 탐험대), 웹툰, 팟캐스트, 1인 방송 크리에이터, 주안 미디어TV 제작단 교육이 있고, 이외 일반인과 노인 대상의 영상 편집 프로그램도 있다. 또한 '미디어 완보'는 미디어 제작자들에게 현장에 적용할 수 있는 특강을 제공함으로써 그 지역의 미디어 활동가로서 역량을 제고시키는 미디어 리터러시 교육 프로그램이다. 단순히 영상 제작의 스킬을 가르치는 것이 아니라 미디어 리터러시의 영역들을 살펴보고 저작권의 쟁점들과 비판적 미디어 읽기를 교육한다.

이외에 계층별 공동체 미디어 교육이 활발히 이루어져 왔는데, 노인 대상의 미디어 교육은 스마트폰을 활용하여 동영상을 제작하고 방송으로 만드는 형태로 진행되었고, 이주민 대상의 미디어 교육은 인터넷방송 제작 형태로 운영되었다. 노인 미디어교육에서 특징적인 점은, 두 개 교육 프로그램을 연계하면 하나의 완성된 커리큘럼으로 확장할 수 있다는 것이다. 이와 달리 이주민 미디어교육의 커리큘럼은 대부분 동일한 학습 목표와 세부내용을 가진다(〈표 3〉 참조). 또한 주안 미디어TV 제작단 '작당'은 다큐멘터리, 1인 방송, 영화, 팟캐스트 등 다양한 미디어 분야의 제작 교육을 진행하여 방송 제작단과 영상 제작단으로 활동 중이다.

표 3. 2018년 노인 및 이주민 미디어교육의 커리큘럼

2018 노인 미디어교육			2018 이주민 미디어교육	
교육 프로그램	주요 목표	주 제	차 시	목표 및 세부 내용
스마트폰 200배 즐기기 (9월~11월)	전반기: 미디어를 이해하기 (1~4차시)	스마트폰과 미디어의 이해	1	OT, 인터넷방송 체험하기
		애플리케이션의 이해	2	인터넷방송 기획 기초
		스마트폰 기초 이미지 이해	3	인터넷방송 실습
		연습촬영	4	방송인의 말하기(특강)
	중반기: 미디어로 표현 하기 (5~8차시)	기획 1	5	스마트폰(앱) 영상 편집
		촬 영	6	(스마트폰으로) (모바일) 라이브방송 활용
		편 집	7	야외 촬영 실습(특강)
스마트폰 사진관 (9월~11월)	후반기: 미디어로 소통 하기 (9~16차시)	기 획	8	인터넷방송 기획
		구 성	9	인터넷방송 제작 실습
		제 작	10	제작물의 공유 및 피드백
		송 출		

출처: https://www.media-center.or.kr/juan/media/edu/selectEducationDetail3.do;
https://www.media-center.or.kr/juan/media/edu/selectEducationDetail3.do;
https://www.media-center.or.kr/juan/media/edu/selectEducationDetail3.do 재구성.

원주영상미디어센터 '모두'(2009년)

상설로는 매체별, 대상별, 수준별 맞춤형 교육을 실시하며 '영상, 생활 미디어, 공동체, 청소년' 대상의 미디어 교육이 진행된다. 스마트 미디어교육은 노인 대상의 스마트폰 영상 제작과 미디어 아트로서 미디어 파사드, 유튜브, VR 제작, 스마트폰 활용 교육이 이루어진다. 또한 원주 시민이 만드는 마을 라디오 방송(원더풀 라디오)의 제작 교육과, 지역 주민들의 미디어 활용 능력을 높이고 콘텐츠 제작을 활성화하기 위한 미디어 제작 지원 사업도 진행하고 있다. 찾아가는 미디어교육 지원 사업으로 원주시 정신건강

복지센터와 협력하여 정신장애인 다큐멘터리(별자리의 하루)를 제작하였고, 제13회 원주장애인인권영화제(2018년)에서 최우수상을 받기도 했다.

순천시영상미디어센터 '두드림'(2009년)

주로 '기본교육, 맞춤형 교육, 공동체 교육, 미디어 체험'의 형태로 진행된다. 스마트 미디어교육과 유관한 강의로는 영상 제작 및 유튜버, SNS, 카드뉴스, 드론 영상 촬영, 스마트폰으로 UCC 만들기, VR 체험, 디지털 스토리텔링을 들 수 있다. 또한 미디어 교육과 순천시 지역 탐방을 연계한 초등학교 대상의 '미디어 소풍 가자' 프로그램은 퀴버(quiver) 앱을 이용하여 증강현실(Augmented Reality, AR)을 체험하는 등 다양한 스마트 미디어교육이 이루어진다.

이외에도 노인 대상의 동영상 제작 교육(주크박스 실버 영화), 마을방송국 진행자 양성 교육이 활발히 진행되었고, 다양한 영상 제작도 지원되었다. 또한 순천 시민이 만드는 공동체 라디오(순천만FM)와, 시청자가 만든 영상이 소개되는 시민방송(두드림TV)도 본 센터의 미디어교육 성과라 하겠다.

고양영상미디어센터(2011년)

'일반 미디어교육, 세대별 맞춤식 교육, 미디어 제작단 교육'이 시행된다. 일반 미디어교육에는 직접 카메라나 편집기를 다루어보고, 최신 미디어 제작 기술을 배우는 기술 강좌와 기획 강좌가 있다. 또한 이 과정들을 통해 작품을 만들고 상영해보는 워크숍 강좌도 있다. 이와 같이 미디어 교육은 '영상 이론, 제작 워크숍, 제작 실기, 특강, 전문강좌로 구분되며, 주로 영상 촬영과 편집, VR, 코딩, 팟캐스트 제작 교육이 이루어진다. 이외에도 '시민 영상 제작' 교육을 통해 영상의 기획, 촬영, 편집 내용을 배워 1인 다큐멘터리를 제작할 수 있으며 수준별로 구성된다. 제작 워크숍으로는 'DMZ Docs(DMZ국제다큐영화제) 청소년 다큐 제작 워크숍'과 '영상 크리에이터' 과정이 있으며 심화 과정에서 운영된다. 미디어 제작단에는 주부 대상의 사진·영상 제작, 노인 대상의 영상 제작 동아리가 있어 센터와의 연계 교육이 진행된다.

성남미디어센터(2012년)

이 센터에서도 주로 'VR, 유튜브, 영상 편집, 드론, 팟캐스트, SNS' 등의 미디어 기술을 교육하며, '미디어 아트 체험 교육'(2018년 10월)을 통해 드로잉봇[5]을 제작해 봄으로써 창의력이 필요한 예술 분야에까지 인공지능 기술이 도입됨을 체험할 수 있다. 또한 본 센터의 미디어 교육을 통해 자발적으로 영상·라디오 콘텐츠를 만드는 시민 제작단이 활동 중이며, 그중 실버 제작단 모두 '2018 서울노인영화제'에서 수상하는 성과를 이루었다. 이외에도 마을 미디어의 활동으로 공동체 방송국이 활성화되어 영상·라디오를 통한 시민 참여가 이루어진다.

수원미디어센터(수원영상미디어센터, 2014년)

미디어 환경의 급격한 변화에 따라 이를 반영한 미디어 교육과 체험이 이루어지고 있다. 미디어 교육은 '상설교육과 기획강좌, 맞춤형 교육'으로 나눌 수 있으며, '상설교육'인 경우 '영상, 디자인, 사진, 스토리, 사운드, 스피치' 총 6개 분야로 구분된다. 분야별 미디어 종류 및 학습 대상의 다양성을 확보하고, 기초부터 전문성 강화까지 수준별 강의가 잘 설계되어 있다. 영상

---

[5] 드로잉봇(drawing bot, 2018년 1월 마이크로소프트 개발)은 복잡한 텍스트로도 정교한 이미지를 생성할 수 있는 인공지능 시스템이다.

분야도 '촬영, 편집, 제작, 이론'으로 세분화되고 카테고리별로 수준이나 대상에 따라 선택 가능하다. '기획강좌'는 전문가와의 융합형 특강으로, 영상 기술의 이해와 함께 그 의미를 탐색한다. 예컨대 '일상 아카이빙'(2018년)은 미디어를 활용하여 자신의 일상 이야기를 기록·공유하는 방법을 교육하는 것으로, '공동체 미디어의 아카이브, 구술사, 영상 아카이브 활용'을 강의한다. '맞춤형 교육'은 미디어 소외계층에 대한 교육으로, 영상 제작에 그치지 않고 영상 기반의 전반적인 미디어 리터러시 교육을 진행한다. 노인의 경우 '시니어 웹드라마'(2018년)는 영상에 대한 비판적 읽기와 영상 언어의 이해, 이미지를 통한 스토리텔링을 배우고 실습한다. 또한 대부분의 노인 미디어교육이 영상 제작 위주로 진행되어온 반면 1인 미디어 시대에 따라 '팟캐스트 제작 교육'(2017년), '영상과 음악을 결합한 융합 미디어교육'(2017년)을 실시하기도 한다. 그리고 미디어 이용 연령이 낮아지면서 미취학 아동까지 '미디어 체험' 프로그램의 대상을 확대 실시하였다. 한편, 수원 시민들의 참여 제작 프로그램인 '동네방네TV'(수원 티브로드에 편성·방영) 제작단에 대해서도 미디어 교육 및 제작 지원을 하고 있다.

화성시미디어센터(2016년)

'일반 교육, 양성 과정, 창작 지원, 서포터즈'로 나눌 수 있다. 일반 교육에는 '소프트웨어 교육 체험으로서의 코딩, 아이패드 활용, 영상 편집, 디지털 기기를 활용한 웹툰 제작, 리뷰 영상 제작, 미디어 아트 실습, 극영화 제작, 어린이 미디어 탐험대, 스마트폰으로 3분 영화 제작, 1인 방송 제작(초등/중등), 스마트한 영상 제작(수준별), 1인 미디어' 등 매우 다양한 강의들로 구성되어 있다. 예컨대, '1인 방송' 교육은 연령에 따라 나뉘고, 성인인 경우 총 16차시로 구성하여 1인 방송의 이해와 상영회에 이르기까지 일련의 과정을 교육한다. 스마트폰 교육도 수준별, 기능별 강의가 세분화되어 있고, 코딩도 수준별, 종류별, 대상별로 다양하며 앱 만들기를 통한 코딩 학습과 같이 학습 방법에 따라 코딩을 접근하는 방식이 다르다. 무엇보다도 가장 큰 특징은 4차 산업혁명과 미디어 교육을 연계한 강의들이 있으며, 교육 대상과 커리큘럼도 다양하다. '코딩 교육과 4차 산업혁명'은 4차 산업혁명시대에 코딩 교육의 목적과 활용도를 강의와 실습으로 살펴보되, 가족 단위의 학습을 진행한다. '뉴미디어와 4차 산업혁명 시대'는 어린이 및 청소년들(초 5~중 3)이 4차 산업혁명을 맞이하여 변화하는 새로운 미디어 환경을 이해하는 데 중점을 둔다. 이때 강의와 실습을 병행함으로써 학습 효과를 높이고자 하였다. 커리큘럼은 다음 〈표 4〉와 같다.

양성 과정에서는 드론 촬영 전문가와 지도사 양성이 있고, 미디어 강사 양성 과정으로서 '미디어교육 현장 이해와 실습', '미디어 교육 및 교수법'이 있다. 창작 지원에서는 스마트폰을 활용한 오디오 편집 교육, 중학생 대상의 미디어능력 키우기(유소년 영상 콘텐츠 관람), 영화 비평, 미디어교육 프로그램(2019 미디어센터 교육 기획 프로젝트)이 있어 단순한 기술 교육보다는 미디어 리터러시 교육의 필요성을 전달하고자 하였다. 서포터즈에서는 SNS에 대한 이해와 홍보 교육, 미디어센터 어린이 기자단을 위한 미디어스쿨이 있고, 다양한 미디어를 통한 미디어센터 홍보 교육이 있다. '영상제작/웹툰/라디오방송/포토샵/SNS를 활용한 미디어센터 홍보기법(성인/초등)'의 형태로 다양하게 운영되었고, 이와 별개로 '화성시 미디어센터 서포터즈'를 SNS 활용을 중심으로 운영하였다. 전반적으로 강의 구성이 수준별, 대상별, 연령별로 다양하게 세분화되어 있고 이론과 실습이 적절히 병행되었으며, 4차 산업혁명이나 미디어 리터러시 교육의 본질적인 이해를 시도하려는 강의들이 대거 발견되었다. 강사와 커리큘럼도 강의 성격이나 학습 대상, 강의 목표에 따라 적절히 구성되었다.

표 4. '뉴미디어와 4차 산업혁명 시대'의 커리큘럼

차시	주제	내용
1	미디어의 이해	• 마샬 맥루언과 미디어의 이해
2	미디어 놀이터 1	• 나의 미디어 맵 그려보기 • 스마트폰으로 자기소개 영상 만들기
3	미디어 놀이터 2	• 스마트폰과 일상 및 사회 • 앱 활용하여 다양한 마법 UCC 만들기
4	영화 속 미래 1	• 〈모던타임즈〉와 4차 산업혁명 이해 • 더빙 실습
5	미래의 도구	• 미래 도구(3D 프린터, AI 스피커 등) 상상 & 그림 그리기
6	인간과 기술	• 미래 기술이 가져올 유익과 해악 토론, 팟캐스트 녹음
7	영화 속 미래 2	• 〈매트릭스〉와 비트(bit)의 세계 • 우주는 시뮬레이션에 불과하다.
8	가상세계 체험	• 가상세계, 디지털 세계에 대한 이해 • 블루 스크린을 활용한 합성 촬영 체험
9	비트(bit)의 세계	• '아톰의 세계 vs 비트의 세계' 토론, 팟캐스트 녹음
10	영화 속 미래 3	• 〈A.I.〉와 인공지능 로봇 이해 • 영화 뒷이야기 스토리 만들어보기
11	인공지능의 이해	• 인공지능 로봇의 현주소 살펴보기 • 과학자가 바라본 인공지능
12	기술과 사람	• 인공지능 로봇 활용의 좋은 사례 살피기
13	인간과 로봇	• '인공지능과 미래 직업의 변화' 토론, 팟캐스트 녹음
14	마무리	• 4차 산업혁명에 대해 각자 정의 내리기

출처: https://media.hcf.or.kr/_lmth/02_pro/pro01_view.asp?mnuflag=&code=tbl_lifelong_lecture&bd_flag=1&bd_div=1&bd_seqn=20180214210727&bd_skin=2&sbd_room=1. 재구성.

의정부영상미디어센터(2017년)

4차 산업혁명과 유관된 기술 교육이 많이 실시되고 있는데, 영상 편집과 코딩, 팟캐스트 교육이 다양하게 제공되고, 스마트폰의 기능 활용(사진·동영상 편집, 웹툰, 웹드라마, 웹소설, 모바일 게임, VR 콘텐츠) 및 SNS 기초부터 1인 크리에이터에 이르기까지 수준별로 프로그램이 개설되었다. 또한 대상별로도 다양하게 접근 가능하도록 하였는데, 청소년은 방학을 이용하여 4차 산업혁명 시대의 기술들을 직접 체험하고 제작할 수 있도록 미디어스쿨을 개설, VR, 3D프린팅, 로봇 코딩, 드론 교육을 실시하였다. 어린이는 성우, 아나운서, 쇼핑 호스트, 라디오 DJ, 팟캐스트 진행과 같이 주로 체험 위주의 교육을 실시했다. 노인은 기초(스마트폰 사용법)부터 제작(이팔청춘 스마트 영상 제작)[6]까지 단계별 미디어 활용 능력을 제고하도록 설계하였다. 이와 같은 영상 제작 동아리(이팔청춘) 외에도 2D/3D 그래픽 제작 동아리(청소년 UI디자인), 라디오 제작 동아리(여러 청년들이 모인 청썰모, 의정부 청년라디오 우하라), 단편영화 제작 동아리(시나브로), 크리에이터 제작 동아리(크크)가 있으며, 본 센터는 이들의 미디어 관련 교육 및 활동을 지원해 주고 있다.

3) 기타 미디어센터의 교육 현황

(1) 방송문화진흥회 설립 MBC시청자미디어센터의 교육 현황

경남, 대구, 전주, 목포, 울산에 센터를 두고 있다. '대구MBC시청자미디어센터'는 디지털 영상 기술의 발전으로 1인 영상 제작이 가능해짐에 따라 퍼블릭 액세스와 시청자의 영상 주권을 확보하고자 디지털 영상의 창작 교육에 중점을 두면서 촬영 장비 대여 등 창작 지원을 확대하고 있다. '목포MBC시청자미디어센터'는 유아 및 어린이 대상 미디어교육을 강화하고 소외계층을 대상으로 하는 미디어 교육에 중점을 둔다. 특히 주문형 미디어

---

[6] '이팔청춘 스마트 영상 제작'은 사이버링크 파워디렉터 15(CyberLink PowerDirector 15)라는 동영상 편집 프로그램을 통해 초보부터 전문가까지 편리하게 영상을 편집 제작할 수 있도록 하였다.

교육으로서 3D 입체 촬영 영상 제작 교육과 청소년 대상의 영상 제작 교육을 실시하고 있다.

(2) 지방자치단체 설립 미디어센터의 교육 현황

충무로영상센터 '오!재미동', 성북 마을미디어지원센터, 강서영상미디어센터, 서울시립청소년미디어센터 '스스로넷', 서천군 미디어문화센터 '소풍', 화천 생태영상센터, 옥천군 영상미디어센터를 들 수 있다. '스스로넷'은 청소년, 학부모, 교사, 지도자를 대상으로 청소년 미디어 특성화·전문화 교육을 진행한다. 방송이나 영화, 팟캐스트 제작 등의 미디어 체험, 학교와 연계한 미디어 제작 지원, 주로 스마트 기기를 이용한 미디어 콘텐츠 제작 중심의 다양한 미디어 캠프를 진행하며, 청소년 미디어 축제(KYMF)를 주관함으로써 청소년의 영상 문화 보급에 힘쓴다. 반면, 미디어 중독 예방과 상담에 중점을 두어 '미디어 중독 예방 교육, 치유적 미디어 활동, 사이버언어 폭력 예방 교육' 프로그램을 특화함으로써 청소년의 보호주의적 관점도 함께 견지하고 있다. 서천군 '소풍'도 주로 '영상, 라디오, 사진'과 관련된 제작 및 기술 교육, 체험, 제작 동아리 지원, 찾아가는 영상문화 형태로 진행된다. 특히 센터와 지역 주민들의 주체적·능동적인 영상 문화 활동이 분야별, 계층별 동아리 모임을 통해 활발히 진행되고 있다. 대표적으로 서천의 공동체 라디오(서천FM 팟캐스트), 청소년(AVI), 영주 귀국한 사할린 동포들(사할린1945)의 영상 제작 동아리 활동을 들 수 있다.

(3) 기타 미디어센터의 교육 현황

영상미디어센터 '미디액트'와 진주시민미디어센터를 들 수 있다. 영화진흥위원회에 의해 설립된 '미디액트'는 미디어 소외계층에게 미디어 교육을 통해 자신의 목소리를 내고, 커뮤니케이션 권리를 실현할 수 있도록 해준다. 퍼블릭 액세스와 공동체 미디어 교육의 활성화를 위해 수준별, 영역별 교육 프로그램을 진행하고, 비판적 미디어 읽기와 참여적 미디어 환경을 조성하고자 한다. 대부분 영상에 맞춰 이론, 촬영, 편집 등의 제작 기술 교육이 매우 전문적인 단계까지 구성되어 있다.

'진주시민미디어센터'는 지역의 미디어 활동가들이 모여 설립한 비영리 민간단체로, 미디어 운동의 성격을 띤 미디어교육 활동이 활발하다. 영상 및 라디오의 제작·지원, 스마트폰 활용 등의 미디어 교육이 있고, 독립 영화 상영(인디씨네) 활동이 있으며, 독립영화 '진주같은 영화제', '시민 영상 콘텐츠 페스티벌'을 통해 지역민들의 영상 제작에 대한 동기를 부여하고 영상 문화를 향유할 수 있는 기회를 마련한다. 또한 1인 방송 시대에 따라 본 센터와 경남교육청이 지역과 결합하여 청소년 마을방송 프로그램들을 진행하는데, 청소년의 미디어 활용 능력을 포함한 디지털 역량을 키워주는 데 긍정적인 역할을 한다.

4. 생애주기별·계층별 스마트 미디어 리터러시 교육의 현황과 쟁점

장애인·장노년층·농어민·저소득층의 디지털 정보화수준에 관한 '2017 디지털 정보격차 실태조사' 결과를 살펴보면, 일반국민 대비 취약계층의 디지털 접근은 91%, 역량은 51.9%, 활용은 65.3% 수준을 나타내고 있다.7) 디지털 접근은 일반 국민과의 격차가 상대적으로 작았으나 디지털 역량과 활용은 여전히 큰 차이를 보이고 있다. 이에 디지털 환경의 변화에 따라 다양한 형태로 나타나는 미디어 소외계층의 정보 격차 문제를 개선하고 계층별 맞춤형 미디어교육이 이루어져야 한다. 본 절에서는 4차 산업혁명 시대 스마트 미디어교육이 생애주기별, 계층별로 어떻게 진행되고 있는지 살펴보도록 한다.

1) 생애주기별(연령별) 스마트 미디어 리터러시 교육의 현황과 쟁점

(1) 청소년

디지털 환경에서 자라는 아이들의 스마트 미디어교육은 어떠한가? 국내 미디어교육에서 가장 많이 집중하고 있는 청소년들의 학교 미디어교육은 자유학기제 선택 프로그램과 창의적 체험활동(동아리)을 통해 기회가 많아졌다. 그럼에도 학교 미디어교육의 가장 큰 문제점은 여전히 입시 위주의 주입식 교과 교육 중심이라는 데 있다. 스마트 미디어 리터러시 교육은 청소년들의 창의성과 문제해결 능력, 시민성을 길러주는 데 중점을 두어야 하는데, 학교는 입시 중심의 교육으로 운영되기 때문에 미디어 교육 자체가 단순한 체험이나 도구적 활용에 머무르기 쉽다. 또한 영국처럼 정규 교

---

7) 디지털 정보화수준은 디지털의 '접근수준, 역량수준, 활용수준'을 종합한 개념으로, '디지털 접근수준'은 컴퓨터, 모바일 스마트기기 보유, 인터넷접근 가능 정도를, '디지털 역량수준'은 컴퓨터, 모바일 스마트기기, 인터넷의 기본적인 이용 능력을, '디지털 활용수준'은 컴퓨터, 모바일 스마트기기, 인터넷의 양적·질적 활용 정도를 말한다(과학기술정보통신부·한국정보화진흥원, 2018).

육과정에 미디어 교육이 정착되어 있지 못하다 보니 체계적이지 못하고 미디어 교육을 통해 획득해야 할 핵심 역량이 제시되어 있지 않다. 학교 정규 교육 받듯이 자유학기제를 위해, 코딩 교육을 받기 위해 사교육을 받기도 하고 암기 과목처럼 공부하기도 한다. 코딩 교육을 기술적 차원에서 접근하기 전에 디지털 리터러시 교육에 대한 이해가 선행되어야 한다. 즉, 디지털 리터러시 교육을 위한 코딩 교육, 디지털 소양 교육이 되어야 한다. 또한 미디어의 창의적·능동적 활용보다는 미디어로부터의 보호를 전제하고 있다. 스마트폰 중독이나 사이버폭력 예방 위주의 도덕 수업이 주로 이루어지고, IT 강국이 무색하리만큼 학교 내에서는 인터넷 환경이나 디지털 접근성, 디지털 자원이 매우 열악하다. 전문 교사도 부족하고 커리큘럼도 부족하기 때문에 스마트 미디어 환경에 따라 이의 변화와 확장이 필요하다.

청소년에게 뉴스는 교과서로부터 세상을 바라보는 눈이 되고, 디지털 미디어는 프로슈머의 가능성을 부여하므로 뉴스 리터러시 교육도 디지털 미디어 환경에 따라 변화하는 뉴스의 생산·유통 시스템, 이용자의 뉴스 소비 방식을 반영하여 다각적으로 이루어져야 한다. 신문 같은 전통적인 미디어(NIE)와 디지털 미디어(e-NIE)의 활용 방법을 비교하거나, 네덜란드의 '디지털 뉴스 콜라주' 수업처럼 뉴스 제작과 모바일 기술의 협업을 통해 미디어 활용을 제고하기도 하며, 가짜 뉴스가 생산되는 알고리즘을 이해하고 비판적 사고를 향상시킬 수 있는 교육도 이루어질 수 있다. 또한 뉴스 리터러시 교육은 청소년들의 뉴스 회피 현상을 줄이고 사회 참여의 관심과 기회를 제고시킬 수 있기 때문에 정규 교육과정에서 다루어야 한다.

청소년의 디지털 매체 활용 능력, 즉 디지털 역량을 강화하기 위해서는 미디어의 단순한 기술적 이용 능력을 뛰어넘어 표현 및 활용, 비판적 읽기 능력이 배양되도록 해야 한다. 이때 스마트 미디어나 디지털 기술에 대한 교육이 함께 이루어져야 하되, 기술 자체에 매몰되지 않고 주체적으로 활용할 수 있도록 해야 한다. 청소년에게 SNS는 정보 습득뿐만 아니라 또래 친구들과 관계를 형성하고 소통하는 채널이자 플랫폼이기 때문에 올바른 SNS 교육은 미디어 리터러시 역량에 큰 영향을 미친다. 이때 영상을 찍고 업로드하는 데에서 그치지 말고, 비판적 사고를 통해 SNS에서 유통되는 가짜 뉴스와 정보를 선별, 이용하고 더 나아가 책임 있는 뉴스 프로슈머가 될 수 있도록 리터러시 교육이 이루어져야 한다. 기술적 소외와 정보 소통의 문제를 모두 해결할 수 있도록, 청소년들 간의 다양한 미디어 격차를 줄일 수 있도록 지역별, 수준별로 맞춤형 미디어 교육이 이루어져야 한다.

(2) 유아 및 학교 밖 청소년

프랑스는 학교 밖으로 미디어 교육을 확장하고 있는데, 이때의 교육 대상은 저연령의 유아와 학교교육 제도권 밖의 청소년을 포함한다. 우선 '디지털 네이티브'에서 '앱 제너레이션[8]'에 이르기까지 젊은 세대들은 스마트폰이나 앱 같은 디지털 미디어에 지나치게 의존하기 때문에 저연령의 유·아동도 디지털 리터러시 교육의 대상에 포함해야 한다. 스마트 미디어 환경에 따라 유아의 스마트 미디어 이용이 늘어나고 있고, 21세기 교육 패러다임도 스마트 교육으로 전환 중이다. 또한 유·아동들의 미디어 이용 행태는 향후 청소년기와 성인으로 성장하는 데 많은 영향을 주기 때문에 매우 중요하다. 그럼에도 이들을 여전히 수동적 존재로 인식하거나 중독, 예

---

8) 하워드 가드너(Howard Gardner)와 케이티 데이비스(Katie Davis)는 스마트폰의 앱을 수시로 이용하며 디지털 기술에 의존하고 있는 젊은 세대를 '앱 제너레이션'이라 칭하며, 이들의 잠재성과 창의력을 발견할 수 있는 가능성도 함께 열어놓았다(Gardner & Davis, 2013/2014).

방과 같은 미디어의 유해성으로부터의 보호라는 소극적·보호주의적 관점에 머물러 있어 제한과 통제 중심의 교육이 이루어지고 있다. 유아의 디지털 미디어 경험에 대한 연구들을 살펴볼 때, 유아들(5세)의 아이패드 사용이 스마트 미디어에 대한 긍정적 관심을 가져오거나(Lynch & Redpath, 2014), 유아 주도의 UCC 제작활동이 유아(만 5세)의 디지털 리터러시 발달에 긍정적 영향을 미치는 등(정봄마지·이승연, 2013) 순기능적 연구결과들을 도출하고 있다. 그러나 유아의 디지털 리터러시나 스마트 교육의 방안에 대해서는 거의 논의되지 않고 있고, 유아들의 스마트 미디어 이용에 대해 유아 교사들은 부정적·소극적 태도를 가지고 있었다(이은정·이재신, 2016). 따라서 연령에 따른 스마트 미디어 이용 행태와 리터러시 유형이 연구되어야 하고, 연령대별 발달과정을 고려한 리터러시 교육이 실시되어야 한다. 무엇보다도 부모와 교사들의 인식 개선 및 관심과 지지가 요구된다.

한편, 독일에는 '학교 밖' 청소년을 위한 미디어 교육(News to Use)이 있는데, 우리나라는 청소년 미디어교육이 대부분 학교 제도권 내의 학생들에 머물러 있다. 이에 학교 안·밖의 청소년들 간에 여러 층위에서 미디어 격차가 나타나기 쉽다. 따라서 각 지역의 미디어센터들을 중심으로 그들을 위한 미디어 체험 및 맞춤형 프로그램을 개발해야 한다. 청소년의 미디어 리터러시 교육은 학교만이 실행주체가 아니라 가정 및 사회적 차원에서도 부단한 관심과 지원이 요구된다.

(3) 장노년층

'2017 디지털 정보격차 실태조사' 결과를 살펴보면, 취약계층별 디지털 정보화 수준은 일반국민 대비 저소득층이 81.4%, 장애인이 70%, 농어민이

64.8%, 장노년층이 58.3%로 나타났다. 취약계층 가운데 디지털 정보화 수준이 가장 낮은 장노년층은 디지털의 접근·역량·활용에서도 모두 가장 낮았으며, 특히 역량이나 활용 수준은 다른 계층보다 그 차이가 더욱 크게 나타났다. 이러한 장노년층이 고령화 시대에 접어들면서 인구 규모도 커지고 있지만 미디어 리터러시 유형은 말할 것도 없고 미디어 수요 및 미디어 이용 행태조차 거의 연구되지 않고 있다. 더욱이 장노년층이 또 다른 미디어 소외계층인 저소득자이면서 농어민인 경우 정보 격차와 디지털 격차를 동시에 가지고 있는 중층적 취약계층이 되어 정보 획득 및 이용에 상당한 어려움을 갖게 된다. 스마트 미디어의 발달로 노인집단 내에서 연령, 성별, 학력, 지역, 직업, 소득 수준에 따라 디지털 격차 및 디지털 역량의 차이가 나타남으로써 맞춤형 교육이 절실히 필요하다.

노인집단 내 디지털 격차에 대한 연구를 살펴보면, 가족 구성의 형태, 가구 구성의 형태, 연령대에 따라 집단 내 차이를 나타내고 있었다. 젊은 층과 함께 거주하는 노인은 스마트 미디어 기기의 보유율과 이용률이 더 높았고(오윤석, 2018), 자녀나 손자와 같이 있는 2, 3세대 가구 노인들이 부부 가구나 독거가구 노인보다 디지털 '접근성, 역량, 활용' 면에서 모두 높게 나타났다(황현정·황용석, 2017). 이로써 주로 1세대 고령자 가구로 구성된 농어촌 고령자들은 스마트 미디어 기기의 보유 및 이용률, 활용 능력이 현저히 떨어질 것으로 예상할 수 있다. 또한 기초 ICT 리터러시 수준에서 50대와 60대 간 세대별 차이를 보였다(김성미·이은철, 2017).

다른 한편으로, 현대의 지능정보 사회에서 디지털 격차도 크고 스마트 미디어 리터러시 교육도 잘 받지 못한 장노년층이 유튜브로 유통되는 가짜 뉴스의 주요 수용자가 된다면 세대 간 갈등은 더욱 심화될 것이다. 여기에서 노인의 스마트 미디어 리터러시 교육의 필요성과 방향성이 제기된다. 현재

대부분의 미디어센터에서는 거의 천편일률적으로 노인 대상의 영상 제작 교육에 중점을 두면서 양적 확대를 도모하고 있다. 그러나 이제는 스마트 미디어의 속성을 익히고 디지털 시민성이나 인터넷 윤리, 온라인상의 저작권, 비판적 사고 및 성찰 능력 등의 질적 역량을 키울 수 있는 교육 프로그램을 개발 실천해야 할 것이다. 또한 뉴스 리터러시 교육을 추가함으로써 알고리즘의 기술적 특성을 포함하여 가짜 뉴스의 무차별적인 수용과 배포가 일어나지 않도록 교육이 이루어져야 한다. 조윤희(2017)는 디지털 리터러시를 디지털 기기 이용 역량(양적 역량)과 디지털 정보 활용 역량(질적 역량)으로 구분하여 고령층의 정보화 교육 내용을 분석했는데, 현재 미디어교육 프로그램들은 양적 역량에 관한 수업이 대다수를 차지하고 있으므로 질적 역량에 관한 스마트 미디어교육 프로그램을 강화해야 한다고 설파했다.

이와 같이 장노년층의 디지털 역량 제고를 위한 스마트 미디어 리터러시 교육은 더욱 중요한 의미를 가진다. 장노년층을 동질적 집단으로 인식하여 일괄적인 프로그램을 진행하는 집체 교육보다는 집단 내 이질적 특성을 고려한 맞춤형 교육이 이루어져야 하며, 이를 위해 교육 대상과 교육 내용의 세분화, 다양화가 필요하다. 또한 수동적·소극적 미디어 이용자로 인식되어 온 노인층이 창의적·능동적 미디어 이용을 통해 자신의 목소리를 드러내고 미디어를 통해 욕구를 실현하고자 하는 능동적인 액티브 시니어층(변상규, 2017)이 등장함에 따라 노인에 대한 다각적인 인식 개선도 필요하다. 지역 미디어센터가 공동체 미디어나 찾아가는 미디어 교육을 통해 노인의 영상 제작을 교육·지원하는 경우가 많다. 주로 동아리 형태로 미디어 제작 활동을 하면서 자기표현을 하고 영화제 등에 출품하여 수상하는 등 노인 계층에 대한 사회적 이해를 제고시킨다. 이에 노인을 소외계층이나 약자로 규정하기보다 욕망체로서의 소수자(Deleuze & Guattari, 1980/2003)로 인식하여 이들의 미디어를 통한 다중적 실천에 귀 기울여야 할 것이다.

2) 계층별(정보 소외계층별) 스마트 미디어 리터러시 교육의 현황과 쟁점

　소외계층이자 사회적 약자로 불리는 장애인, 이주민, 농어민, 북한이탈주민 등에게 미디어 교육은 남다른 중요성을 가진다. 주류 계층으로부터 배제되고 차별되는 이들이 미디어를 통해 적극적으로 자신의 의견을 피력하고, 커뮤니케이션 권리를 획득할 수 있기 때문에 미디어 이용이나 활용 측면에서 의미를 가진다. 그러나 미디어를 통해 왜곡되어 재현되는 현상도 나타나기 때문에 미디어에 대한 비판적 사고나 읽기 능력도 같이 요구된다. 따라서 이들의 미디어 교육에는 인식 개선의 활동이 기본적으로 부여된다.

　또한 4차 산업혁명의 핵심에는 미디어 테크놀로지가 있고, 인공지능이나 사물인터넷 같은 지능정보 기술들이 일상생활과 융합 확장함으로써 스마트 미디어 리터러시 교육이 중요해졌다. 그럼에도 이들의 미디어 교육은 PC, 스마트폰, 인터넷, 라디오의 제작 및 활용 중심에 머물러 있다. 또한 디지털 기술의 발전에 따라 정보 격차와 디지털 격차가 중첩되어 나타나므로 미디어 접근권은 웹 접근권뿐만 아니라 모바일 접근권과 사물인터넷 접근권까지 확장되어야 하고, 미디어 교육도 계층별로 유형과 특징에 따라 세분화되어야 한다. 각 계층별 스마트 미디어교육은 어떤 형태로 진행되고 있으며 논의 이슈들은 무엇인지 살펴보도록 한다.

(1) 장애인

　장애인의 미디어 교육은 영상 제작이 가장 많았고, 주요 쟁점은 장애 인식 개선과 미디어에 대한 비판적 사고 능력 제고, 다양한 형태의 미디어 접근권 보장, 소통권과 커뮤니케이션 권리 확보, 장애 유형별·생애주기별 맞춤형 미디어교육, 장애인 방송제작 및 뉴미디어 체험으로 집약된다. 장애인의 미디어 교육은 장애인 당사자들이 직접 자신의 목소리로 세상과 소통할 수 있도록 지역 미디어센터의 공동체 교육이나 아웃리치(out-reach) 프로그램의 형태로 이루어졌다. 장애인과 미디어 전문가는 협업을 통해 미디어 제작물, 특히 영상물을 제작하여 교육 이수 후에는 장애인영화제에 출품하기도 하고, 장애인과 비장애인이 소통할 수 있도록 배리어프리(한글자막과 화면해설) 형태로 상영되기도 한다. 영상물의 주제는 주류 미디어를 통해 잘못 재현된 장애 인식 개선을 다룰 때가 많고, 최근에는 장애인들이 미디어센터의 학습자에서 비판적 프로슈머로 활동함에 따라 장애인은 사회적 약자가 아닌 능동적 주체성을 가진 소수자로 파악되었다. 이 과정에서 장애인은 스마트 리터러시 영역을 체득하고, 미디어 접근권과 문화 향유권을 획득한다. 이와 같이 장애인의 미디어 교육은 다양한 미디어센터를 통해, 마을 미디어의 형태로 이루어지고 있고, 뉴미디어 기반의 미디어 교육에 이르기까지 플랫폼과 채널을 다각화시키며 미디어 운동의 성격을 갖게 되었다(김지연, 2017). 마을 라디오 방송은 팟캐스트로 제작되고 SNS로 공유되는 등 스마트 미디어의 활용이 다양하게 이루어진다.

그러나 스마트 미디어 접근권은 장애 유형별, 매체별로 또 다른 디지털 격차를 나타낸다. 이에 시각 장애인을 위해 소식지는 점자 페이지로도 제공되어야 하고, 음성 해설 서비스를 지원하는 스마트형 웹진도 개발되어야 한다. 다양한 스마트 기기는 지체 장애인이나 발달 장애인을 고려하여 개발되어야 하고, 생활 밀착형 애플리케이션의 보급이나 사물인터넷의 적용 확장도 실질적인 미디어 접근권을 보장하기 위해 필요하다. 해외의 경우 스마트 정보 통신기기를 활용한 장애인 보조기구들이 많이 개발되고 있다. 예컨대, 보완·대체의사소통(AAC)은 의사소통이 어려운 이들에게 언어 외의 수단을 지원해 줌으로써 자신의 의사를 표현하는 데 유용하다. 이에 AAC를 활용하기 위한 법적 근거를 마련하고, 스마트 미디어교육에 포함해야 한다. 이와 같이 새로운 정보통신 기술을 의사소통이나 교육의 보조적 수단, 보조 공학기기로 활용함으로써 소통권 및 미디어 접근권을 높이고 맞춤형 스마트 미디어교육의 기회를 부여하는 계기가 마련되었다. 또한 인공지능, 로봇 기술과 장애인의 신체 결합은 4차 산업혁명에서 가장 특징적인 현상으로 인간과 기술의 관계 맺기로 볼 수 있다. 인간의 신체와 기술의 결합을 어떻게 바라볼 것인가는 미디어 철학자들의 미디어 및 기술에 대한 관점들이 횡단하며 여러 흐름을 가진다. 인간과 기술의 결합은 폴 비릴리오가 우려한 생체이식이나 내적 식민화, 생체 정치와 안전에 포섭된 미셸 푸코(Michel Paul Foucault)의 생명권력(biopower)(Negri & Hardt, 2009/2014), 도나 해러웨이 (Donna J. Haraway)의 기술생명권력(technobiopower)이 될 수도 있다. 지능 정보 시대에 인간의 신체가 권력 및 자본과 연동된 정보기술 시스템과 어떻게 접속하고 호명되는지, 또 그러한 정보기술이 우리를 이롭게 또는 해롭게 하는지의 미디어 철학적 담론들을 통해 기술은 우리에게 새로운 기회와 위험을 모두 던져준다. 이것이 4차 산업혁명 시대 스마트 미디어 리터러시 교육의 필요성을 부여하는 것이고, 기술 교육과 윤리적 성찰을 요구하는 이유이자 포스트휴먼 담론과도 만나는 지점이다.

무엇보다도 웹이나 모바일을 통한 정보 습득과 SNS를 통한 네트워크 형성이 활발해진 만큼 웹을 포함한 스마트 미디어들의 접근성을 제고하고, SNS나 1인 미디어에 대한 이론 및 활용 교육이 장애 유형과 연령, 성별에 따라 맞춤형으로 이루어져야 한다. 이제까지 미디어 리터러시는 학습자 개인의 특성보다 미디어 중심으로 논의되고 정의되어 왔다. 그러나 장애인의 유형별 특성이 고려되지 않은 획일화된 리터러시 교육으로는 필요 역량을 제고하기 어렵다. 따라서 미디어 교육의 환경과 교육 프로그램의 설계, 필요 장비의 구비 시 반드시 장애 유형에 대한 연구와 탐색이 요구된다.

또한 퍼블릭 액세스권 차원에서 유의미한 장애인방송은 양적 확대와 시혜적 차원에서 시행되어 왔기 때문에 실질적인 개선책이 요구된다. 자막, 수어, 화면해설방송을 의미하는 장애인방송이 장애 인식 개선 프로그램을 포함하도록 개선되어야 하고, 프로그램의 다양성과 질적 수준의 향상, 장애인의 시청자 주권을 실현할 수 있는 현실적인 방송 편성을 통해 장애인의 방송 접근권을 담보해야 할 것이다.

(2) 이주민과 다문화가정 아동

다문화 사회에서 이주민은 한국 사회에서의 편견과 차별, 경제적 취약, 사회문화적 적응의 어려움을 겪으며 또 하나의 취약계층을 형성하고 있다. 이제까지 다문화교육은 동화주의적 관점에서 진행되어 왔고, 미디어도 주로 대중 매체를 통해 사회문화적 적응이나 수용·통제의 기제로 이용되었다. 그러나 문화적 다양성과 감수성을 존중하는 비판적 다문화교육이 등장하면서 비판적 사고를 통한 다문화 역량을 함양하기 위해 미디어 리터러시 교육의 중요성이 부각되었다. 이에 미디어의 도구적 이용에서, 미디어의 적극적·능동적 활용을 통해 자신의 목소리를 내기 시작했고 이주민의 미디어 교육은 확장되었다. 선주민과 이주민이 협업하여 상호 소통을 원활히 하고 문화의 다양성을 이해하며 이주민의 시선으로 프로그램을 제작함으로써 능동적 프로슈머가 되도록 하는 데 다문화 미디어교육의 목적이 있다.

현재 지역 미디어센터에서의 이주민 미디어교육은 인터넷 방송 제작에 주로 초점이 맞춰져 있다. 때로는 국내 다문화 가정을 대상으로 영상 제작 교육을 통해 자신의 생활모습을 영상편지에 담아 고국으로 발송하기도 하고, 팟캐스트로 제작하거나 SNS, 유튜브를 통해 공유하기도 하면서 실천 중심의 교육이 이루어지기도 한다. 또는 결혼이주여성 대상의 뉴스 리터러시 교육을 통해 뉴스로 자기를 소개하면서 언어 능력과 사회문화적 소통 능력을 향상시키기도 한다. 보다 다양한 스마트 미디어 체험과 교육 프로그램의 개발이 필요하다.

다문화가정 아동은 새로운 사회에 적응해 나가야 할 필요성과, 청소년기에 겪는 급격한 신체적·정서적 발달 및 정체성 형성이라는 이중적 어려움을 안고 있다. 이들은 언어적 어려움과 문화적 차이를 극복하고 이에 적응하기 위해, 그리고 가족 간, 또래집단 간 원활한 커뮤니케이션을 위해 미디어를 이용하는 경우가 많다. 따라서 능동적 미디어 이용자이자 사회 구성원이 될 수 있도록 스마트 미디어 리터러시 교육과 다문화 교육을 접목해야 한다. 정지현(2014)은 미디어 리터러시 접근법을 활용한 다문화 유아교사 교육 프로그램을 개발함으로써 스마트 미디어 시대의 효과적인 다문화 교육을 현장에 적용하고자 하였다. 연구결과, 유아 교사들은 다문화 교사 교육의 필요성과 참여 의사를 높게 가졌으며, 이때 영상 매체가 설득력과 교육적 잠재력 면에서 가장 효과적이라고 보았다. 그리고 다양한 미디어에 대한 비판적 읽기를 통해 문화적 상대성을 이해하고자 했다.

한편, 비판적 다문화교육을 학교 교과학습에 적용하여 다문화 역량과 미디어 리터러시 능력을 제고할 것을 제시한 연구들도 있다. 기술·가정교과(김서현·진미정, 2012)에, 사회과(정은주, 2010)에, 문화교육 수업(Park & Park, 2007)에 미디어 리터러시 교육을 적용함으로써 주류 사회의 이데올로기에 의해 차별 기제로 작동하는 미디어 기능을 비판적으로 분석하고, 창조적으로 미디어를 생산함으로써 새로운 의미를 구성해가는 능동적 주체로 성장할 것을 강조했다. 이러한 맥락에서 장은영(2017)도 디지털 시대에 적합한 다문화 교육의 대안으로서 비판적 미디어 리터러시를 제시하였다. 다문화적 의사소통 능력을 키우고 임파워먼트를 강화하기 위한 미디어 리터러시 교육은 이주 노동자의 미디어 교육에도 적용되는데, 강진숙(2010)은 이주 노동자가 MWTV 미디어교육에 참여하여 자신의 정체성을 확인하고 주체적으로 활동한 사례를 제시하였다. 요컨대, 전통적 관점에서 언어 학습에 치중하는 다문화 교육으로는 부족하며, 다양한 스마트 미디어를 통해 리터러시 능력을 배양할 필요가 있다. 또한 선주민과 이주민의 협업을 통해 새로운 미디어의 콘텐츠를 이용하고 창의적으로 제작하며 비판적으로 평가하는 스마트 미디어 리터러시 교육은 미래지향적인 다문화 교육의 방향성을 제시해 준다.

(3) 북한이탈주민(새터민)과 탈북 청소년

북한이탈주민은 이주민과는 결이 다른 타자로서 보다 폐쇄적인 연결망을 가진다(민희, 2018). 이들은 주로 남한사회에의 적응과 현실 인식의 기제로 미디어를 이용한다. 그러나 주류 미디어는 다양한 담론들을 통해 북한이탈주민을 이미지화하고 이들에 대한 이중적 시선을 고착화하고 있다. 또한 탈북 청소년의 미디어 이용 연구는 거의 이루어지지 않고 있다. 강태영과 동료들(2011)에 따르면 탈북 청소년들에게 텔레비전은 남한사회의 문화와 정보 습득을 위해 가장 유용하지만 자신의 정체성을 이해하는 데에는 도움이 되지 못했다. 그들은 미디어 교육에 노출될 기회가 매우 적고, 디지털 격차로 인해 보수적 이용을 하거나, 반대로 남한사회에의 부적응 때문에 기기에의 의존도가 높아져 미디어 중독(과몰입) 같은 문제적 이용을 하기도 한다. 반면 조정아와 동료들(2014)은 탈북 청소년들이 스마트폰 등의 디지털 미디어를 통해 전 지구적으로 흩어져 있는 북한이탈주민들과 일상적인 네트워크를 형성하기도 한다고 피력하였다. 북한이탈주민이 정치적 이유 때문에 온라인 네트워크에서도 폐쇄적인 연결망을 가진다는 선행연구(최정호·박선미, 2013)와 연결할 때 스마트 미디어교육은 반드시 필요하며, 이를 통해 디지털 격차를 줄이고 비판적·능동적 이용자가 될 수 있는 기회를 마련해야 한다. 또한 이들을 위한 뉴스(방송) 리터러시 교육 프로그램이 개발되어야 하고, 정보 제공 및 사회 적응의 수단으로서 소셜미디어 교육도 유용하다. 지역 미디어센터에서 탈북 아동 대상의 스마트폰 교육을 통해 미디어 접근권을 향상하고 영상 제작 능력을 배양하는 일부 사례 외에는 이들의 미디어교육 사례가 현저히 적었으며, 디지털 격차까지 발생함으로써 맞춤형 교육의 필요성은 더욱 절실하다.

(4) 농어민

농어민은 디지털의 '접근·역량·활용' 모두 장노년층 다음으로 낮은 수준을 나타냈는데(과학기술정보통신부·한국정보화진흥원, 2018), 노인이 주로 농어촌에 거주하는 경우가 많아 유사한 결과가 나온 것으로 보인다. 농어촌의 경우 주로 퍼블릭 액세스 활성화 차원에서 미디어 리터러시 교육이 진행되었다. 지역별 미디어센터는 찾아가는 미디어 교육이나 공동체 미디어교육을 통해 지역 내 시민들과 지역 커뮤니케이션을 한다. 지역민들은 지역 문제와 관심사들을 자신의 시각에서 영상 제작을 통해 표현함으로써 미디어의 능동적 이용 주체가 된다. 또한 미디어센터는 다양한 미디어를 접하기 어려운 이들에게 디지털 장비를 활용하거나 새로운 미디어를 체험할 수 있는 기회를 마련해 준다. 공동체 미디어로서 마을 미디어를 제작하기도 하는데, 이때는 지역에 대한 소개도 포함함으로써 공동체의 구성원임을 느끼게 한다. 농어촌 마을미디어의 종류는 영상(대구 농사직방), 라디오(제주 외도마을방송Live소울, 팟캐스트/영상 제작), 인쇄(제주 우도 마을신문)의 형태를 띠고 있으며, 전통적 미디어를 활용하는 경우도 많다(강태수 외, 2017).

농어민의 디지털 격차를 해소하고 스마트 미디어 리터러시 교육을 활성화하기 위해서는 광대역 네트워크를 구축함으로써 도농 간 네트워크 인프라의 격차를 해소해야 한다. 도농 간의 정보화격차를 비교한 연구들이 진행되었는데, 김선태와 남영호(2008)는 경남과 서울 초등학생들의 디지털 리터러시 역량을 비교한 결과, 경남 초등학생들이 디지털 리터러시 역량 가운데 사회·문화 리터러시 역량이 가장 높았고 정보·기술 리터러시 역량이 가장 낮게 나타났다. 이는 정보통신 윤리교육의 강화와 ICT 활용 부족에 기인한 것으로 보인다. 김종신(2003)도 도농 간 학교 정보화 환경에는 차이가 없음에도 정보활용 능력 면에서는 학생들의 격차가 있음을 발견했다. 이는 농어민에게 네트워크 구축만큼 ICT 활용 능력을 키워주는 스마트 미디어교육이 필요함을 시사한다. 이에 미디어 교육의 질적 인프라로서, 미디어교육 프로그램과 교사의 다양성 및 질적 수준의 확보가 요구된다. 실적 위주의 기관 운영 때문에 주로 지역 영화제에 출품하는 데 교육이 맞춰진 경우에는 한정된 프로그램과 교사에 의존함으로써 영상을 다루는 스킬만 습득하게 된다. 또한 농어민 내에서도 소득 수준, 성별, 학력 등에 따라 디지털 격차가 있으므로 연령별, 계층별 맞춤형 미디어교육이 실시되어야 한다.

5. 스마트 미디어 리터러시 교육의 함의와 발전 방향

　4차 산업혁명을 주도할 핵심 인프라인 '5G(5세대 이동 통신)' 시대가 세계 최초로 한국에서 열렸다는 뉴스와 함께 4차 산업혁명은 하나의 명제가 되었다. 새로운 기술이 등장할 때마다 낙관론과 비관론의 이분법적 대립을 노정하지만, 지나치게 기술 중심적인 시각에서 탈피하여 하나의 담론으로 접근한다면 기술을 활용한 인간과 미래 사회의 변화를 조망할 수 있을 것이다. 이러한 관점에서 미디어 이용과 기술 발전이 가져다줄 양가적 측면을 살펴보고 스마트 미디어 리터러시 교육의 필요성을 도출하였다. 또한 지능정보 기술에 맞춰진 다양한 리터러시들 중에서 디지털 리터러시의 구성요소를 중심으로 스마트 미디어 리터러시를 개념화하고 핵심 역량을 도출하였다. 초연결성과 네트워크, 인간과 기계와의 관계 설정으로 스마트 미디어 리터러시는 개인적 역량(접근과 이용)과 사회적 역량(참여, 윤리, 시민의식), 양적 역량(이용 역량)과 질적 역량(창조적 활용 역량)을 모두 포함해야 하며, 이에 '미디어 정동 능력'과 '디지털 역량'을 추가로 제안했다. 그리고 국내 스마트 미디어 리터러시 교육의 현황과 쟁점을 미디어교육 기관별, 생애주기별 · 계층별 대표 사례들을 중심으로 살펴보았다.

　한국의 미디어 리터러시 교육은 독립적인 전담기구가 없어 다양한 주체와 방식으로 운영됨에 따라 설립주체를 기준으로 미디어센터별 교육 현황을 살펴보았다. 종합해 볼 때, 거의 대부분 '영상(제작, 편집, 활용) 및 1인 크리에이터' 교육에 집중되었고, 미디어 체험이나 장비 · 설비가 지원되었다. '미디어 비평'이나 '저작권', '미디어 리터러시 교육', '4차 산업혁명의 이해'를 위한 강의가 개설되기도 했지만 일회성의 단기 강좌로 마무리되는 경우가 많았다. 방송 제작 체험도 주로 장비 활용과 실습 위주로 진행되었다. 예컨대, 가짜 뉴스를 이해할 수 있는 방송(뉴스) 리터러시 교육을 추가하여 알고리즘이나 인공지능에 대한 기술을 교육한다면 기술과 미디어 리터러시를 일상생활 속에서 체득할 수 있을 것이다. 알고리즘의 작동방식은 우리에게 편리성을 가져다주지만, 알고리즘에 내재된 차별과 배제는 초연결성으로 인해 더욱 확대되고 격차는 심화된다. 인간과 기술의 관계 맺기로 새로운 주체 형성과 사회 변화가 일어나고 있지만, 우리는 여전히 스마트 기기나 신기술의 도구적 학습, 즉 기술 교육을 차용하는 단계에 머물러 있다. 기술 교육의 틀에 미디어 교육이 갇히지 않아야 하지만, 한편으로는 문해력의 확장으로서 디지털 언어를 습득하고, 기술의 작동방식이나 존재 방식을 이해하는 방향으로 미디어 교육이 이루어져야 한다.

일부 지역 미디어센터 중에는 오로지 지역 영화제 출품을 위해 미디어 교육이 진행된 곳도 있었고, 강사는 고정된 소수(심지어 1인), 소수의 몇 개 프로그램도 모두 같은 커리큘럼으로 운영되기도 했다. 양적 확대와 실적 위주의 운영에서 탈피하여 수준별 영역을 나누고 학습 대상을 보다 세분화하여 맞춤형 미디어교육이 이루어질 수 있도록 설계되어야 한다. 특히 인기 강좌에 대해서는 일회성이 아닌 단계별 학습을 통해 고급 과정까지 이수할 수 있도록 하고, 스마트 미디어 리터러시의 핵심 역량을 키울 수 있도록 영역별 학습 성과(목표)가 명확히 반영되어야 한다.

생애주기별·계층별 미디어교육 현황을 살펴보면, 주로 청소년의 학교 미디어교육에 집중되어 있었다. 그러나 미디어 교육법이 법제화되어 있지 못하고 입시 위주의 교육으로 인해 학교 제도 내에서 자리 잡지 못하고 있다. 이에 미디어 교육의 운영 방식이나 인프라, 인식 차원에서 많은 문제점이 나타나고 있다. 2018년부터 학교에서 의무화된 코딩 교육의 목표는 프로그래머를 육성하기 위함이 아니라 디지털 언어의 이해를 기반으로 창조적 상상과 사고력을 확장하여 문제해결력을 키우는 데 있다. 4차 산업혁명에 대비한 수업 방식으로 널리 활용되고 있는 영역들은 비판적 사고와 커뮤니케이션 등 미디어 리터러시 영역과도 일치하고 있다. 이에 스마트 미디어 리터러시 교육을 통해 미래의 핵심 역량을 키워나갈 수 있도록 설계되어야 할 것이다. 유·아동에게는 보호주의적 시각에서 탈피하는 것이 가장 중요하고, 학교 밖 청소년에게는 또래 내 디지털 격차가 나타나지 않도록 가정 및 사회적 차원에서 관심과 지원이 요구된다. 장노년층의 스마트 미디어교육은 디지털 격차를 감소시키고 디지털 리터러시 교육을 통해 세대 간 갈등을 해소할 수 있어야 한다. 기술 메커니즘을 이해하고 이를 비판적으로 분석 판단하는 능력이 절실히 요구된다. 오프컴과 유럽연합집행위원회는 미디어 리터러시를 '시민성'의 핵심으로 간주하여 모든 시민들에게 전 생애적으로 평생교육의 하나로서 미디어 리터러시 교육이 이루어져야 한다고 강조한다. 우리나라도 유아에서부터 노인에 이르기까지 모든 국민들이 스마트 미디어 리터러시 역량을 함양할 수 있도록 생애주기별 미디어 교육을 체계적으로 받을 수 있는 기반이 마련되어야 한다.

계층별 미디어 교육은 대부분 공동체 미디어 교육이나 찾아가는 교육의 형태로 이루어지는데, 천편일률적으로 영상 제작과 라디오(팟캐스트) 제작에 한정되어 있다. 미디어의 도구적 이용과 제작 위주의 활용에서 벗어나 진정한 소통이 이루어질 수 있도록 '지역-지역주민-기술'이 상호 매개하는 미디어 교육이 이루어져야 한다.

지능정보 사회를 추동하는 힘은 데이터와 알고리즘이다. 포스트휴먼 시대의 스마트 미디어 리터러시는 이러한 기계(기술)들의 작동방식을 비판적으로 이해하고, 능동적·창조적 이용자가 되어 윤리의식과 시민의식을 가지고 문제해결을 통해 사회적 실천을 해나가는 것이다. 기술적 네트워크 형성을 통해 인간과 기계가 앙상블을 유지하며 정서적 연대를 해나갈 때 비로소 사회를 변화시킬 수 있다.

참고문헌

강진숙 (2005). 미디어 능력의 개념과 촉진 사례 연구: 독일의 연방 프로젝트 "학교를 네트워크로"를 중심으로. 〈한국언론학보〉, 49권 3호, 52-79.
강진숙 (2010). '차이의 정체성'을 위한 이주노동자 미디어교육 연구: MWTV 미디어교육 참여 이주노동자 사례를 중심으로. 〈교육문화연구〉, 16권 3호, 139-162.
강진숙 (2014). 미디어교육 패러다임의 변화를 위한 시론: "미디어정동(情動, affectus) 능력"의 개념화를 위한 문제제기. 〈커뮤니케이션 이론〉, 10권 3호, 195-221.
강진숙 (2018). 포스트휴먼 담론의 사유와 미학적-윤리적 역량 연구: 시몽동과 들뢰즈, 과타리의 인간-기계 사유를 중심으로. 〈한국언론학보〉, 62권 3호, 385-414.
강태수 외 (2017, 12, 15). 2017 마을공동체미디어포럼: '경계를 넘어, 함께'. 〈마을공동체미디어포럼〉 자료집. URL: http://maeulmedia.org/archives/4957
강태영·황유선·강경미 (2011). 북한이탈청소년들의 남한 텔레비전 시청 행위와 사회적응. 〈한국언론학보〉, 55권 6호, 82-102.
과학기술정보통신부·한국정보화진흥원 (2018). 〈2017 디지털정보격차 실태조사〉 (NIA-RER-C-17004). 대구: 한국정보화진흥원.
권성호 (2011). 〈교육공학의 탐구〉. 서울: 양서원.
권성호·김성미 (2011). 소셜미디어 시대의 디지털 리터러시 재개념화: Jenkins의 '컨버전스'와 '참여문화'를 중심으로. 〈미디어와 교육〉, 1권 1호, 1-40.
권성호·현승혜 (2014). 중·장년층 직장인의 디지털 리터러시에 대한 연구: 디지털 리터러시 향상을 중심으로. 〈학습과학연구〉, 8권 1호, 120-140.
김광재·장은미·강신규 (2017). 〈사회 미디어교육 현황 및 운영 전략 연구〉 (지정 2017-11). 서울: 한국언론진흥재단.
김서현·진미정 (2012). 비판적 다문화교육을 위한 가정과 교수·학습 자료 개발 및 타당화 연구: 미디어 리터러시를 중심으로. 〈한국가정과교육학회지〉, 24권 3호, 1-34.
김선태·남영호 (2008). 초등학생의 디지털 리터러시 역량에 관한 연구. 〈한국정보교육학회〉, 12권 2호, 151-161.
김성미·이은철 (2017). 〈노년층의 기초 ICT 리터러시 교육을 위한 내용체계 탐색〉. 한국컴퓨터정보학회 학술발표논문집, 25권 2호, 216-217.
김재희 (2017). 〈시몽동의 기술철학: 포스트휴먼 사회를 위한 청사진〉. 파주: 아카넷.
김종신 (2003). 〈초등학생들 간의 정보화격차 비교 분석을 통한 정보교육 개선방안〉. 강원대학교 대학원 석사학위 논문.

김지연 (2017). 〈장애인들의 다중 형성과 소수자 미디어교육에 대한 현상학적 연구: 들뢰즈와 가타리의 소수자론과 네그리와 하트의 다중지성론을 중심으로〉. 중앙대학교 대학원 박사학위 논문.

나경애 (2009). 〈미디어교육이 청소년의 미디어능력에 미치는 영향에 관한 연구: 이용, 비평, 제작, 문제해결 능력을 중심으로〉. 계명대학교 대학원 박사학위 논문.

민희 (2018). 북한이탈주민의 사회적응: 정서적 상태, 소셜 미디어 이용 그리고 남한생활 만족도. 〈정보화정책〉, 25권 2호, 67-83.

박민정 (2014). 〈매체의 기술적 속성과 주체구성에 관한 연구: 트위터(Twitter)에 드러난 기록체계와 주체화 양상을 중심으로〉. 중앙대학교 대학원 석사학위 논문.

변상규 (2017). 미디어 부문 액티브 시니어 결정요인에 관한 연구. 〈산업경제연구〉, 30권 4호, 1525-1544.

안정임·김양은·전경란·최진호 (2017). 〈지능정보사회에서의 미디어 리터러시 이슈 및 정책 방안 연구〉. 과천: 방송통신위원회.

오윤석 (2018). 가족구성에 따른 고령자들의 미디어 활용능력. 〈KISDI STAT Report〉, 18권 2호.

윤상길 (2011). 한국의 지역사회와 지역커뮤니케이션의 구조: 인천광역시의 사례를 중심으로. 〈한국민족문화〉, 39호, 327-365.

이원섭 (2015). 〈미디어교육이 미디어 리터러시와 비판적 사고에 미치는 영향〉. 광운대학교 대학원 박사학위 논문.

이은정·이재신 (2016). 교사들의 스마트 교육 수용과 유아 디지털 리터러시에 대한 인식 탐구. 〈정보화정책〉, 23권 3호, 64-83.

장석준·박창희 (2016). 유년층의 스마트 미디어 리터러시 유형과 부모와 교사의 중재 영향. 〈한국콘텐츠학회논문지〉, 16권 7호, 122-134.

장은영 (2017). 다문화 시대, 비판적 미디어 리터러시의 교육적 함의에 대해. 〈다문화교육연구〉, 10권 4호, 1-25.

정봄마지·이승연 (2013). 유아 주도의 UCC 제작활동 참여여부에 따른 유아의 디지털 리터러시와 정보윤리의식 변화 분석. 〈열린유아교육연구〉, 18권 3호, 309-332.

정은주 (2010). 〈미디어 리터러시를 통한 다문화 교육의 교수-학습의 구성과 실천〉. 한국교원대학교 대학원 석사학위 논문.

정지현 (2014). 미디어리터러시 접근법을 활용한 소그룹 다문화 유아교사교육 프로그램 개발 연구. 〈어린이문학교육연구〉, 15권 2호, 309-337.

조윤희 (2017). 디지털 리터러시 관점에서 본 고령층 정보화교육 수준 분석: 고령층 정보화교육 교재 및 교육프로그램을 중심으로. *Asia-pacific Journal of Multimedia Services Convergent with Art, Humanities, and Sociology, 7*(4), 509-518.

조정아 외 (2014). 〈탈북청소년의 경계 경험과 정체성 재구성〉. 서울: 통일연구원.

최정호·박선미 (2013). 북한이탈주민 거주지 분포의 특성과 영향 요인: 경기도를 사례로. 〈한국도시지리학회지〉, 16권 3호, 71-85.

한정선 외 (2006). 〈21세기 지식 정보 역량 활성화를 위한 디지털 리터러시 지수 개발 연구: 디지털 리터러시 프레임워크 구성〉. (연구자료 RM 2006-56), KERIS 이슈리포트. 서울: 한국교육학술정보원.

황현정·황용석 (2017). 노인집단내 정보격차와 그에 따른 삶의 만족도 연구: 가구구성 형태 효과를 중심으로. 〈사회과학연구〉, 24권 3호, 359-386.

Deleuze, G., & Guattri, F. (1980). *Mille Plateaux: Capitalisme et Schizophrenie 2*. Les Éditions de Minuit. 김재인 (역) (2003). 〈천 개의 고원: 자본주의와 분열증 2〉. 서울: 새물결.

EAVI(European Association for Viewers Interests) (2009). Study on assessment criteria for media literacy levels. Retrieved from
http://ec.europa.eu/assets/eac/culture/library/studies/literacy-criteria-report_en.pdf

Fastrez, P. (2009). Evaluating media literacy as competences: What can we agree on?. Group de Recherche en Mediation des Savoirs, Universite catholique de Louvain, Belgium. Retrieved from
http://www.slideshare.net/pfastrez/evaluating-media-literacy-as-competences-what-can-we-agree-on

Gardner, H., & Davis, K. (2013). *The app generation: How today's youth navigate identity, intimacy, and imagination in a digital world*. New Haven: Yale University Press. 이수경 (역) (2014). 〈앱 제너레이션: 스마트 세대와 창조 지능〉. 서울: 와이즈베리.

Gilster, P. (1997). *Digital literacy*. New York, NY: Wiley.

Hobbs, R. (2010). Digital and media Literacy: A plan of action, a white paper on the digital and media literacy recommendations of the knight commission on the information needs of communities in a democracy. The Aspen Institute. Retrieved from http://www.knightcomm.org/wpcontent/uploads/2010/12/Digital_and_Media_Literacy_A_Plan_of_Action.pdf

Kelly, K. (2016). *The Inevitable: Understanding the 12 technological forces that will shape our future*. NY: Viking Press. 이한음 (역) (2017). 〈인에비터블 미래의 정체: 12가지 법칙으로 다가오는 피할 수 없는 것들〉. 서울: 청림.

Lévy, P. (1995). *Qu'est-ce que le virtuel?*. Paris: La Découverte. 전재연 (역) (2002). 〈디지털 시대의 가상현실〉. 서울: 궁리.

Lynch, J., & Redpath, T. (2014). 'Smart' technologies in early years literacy education: A meta-narrative of paradigmatic tensions in iPad use in an Australian preparatory classroom. *Journal of Early Childhood Literacy*, *14*(2), 142-174.

Negri, A., & Hardt, M. (2009). *Commonwealth*. 정남영·윤영광 (공역) (2014). 〈공통체〉. 서울: 사월의책.

Ofcom (2004). *Strategies and priorities for the promotion of media literacy: A statement*. London: Ofcom.

Park, S. W., & Park, K. J. (2007). Media literacy and cultural education in social studies. *Theory and Research in Citizenship Education*, *39*(1), 1-23.

Virilio, P. (1998). *La Bombe informatique*. Paris: Galilée. 배영달 (역) (2002). 〈정보과학의 폭탄〉. 서울: 울력.

Chapter 09

데이터경제 시대 스마트광고 리터러시:
데이터 보호와 활용의 균형
'데이터를 가장 안전하게 잘 쓰는 나라'를 향하여

박종구 (한국방송광고진흥공사/KOBACO 미디어광고연구소 연구위원)

1. 4차 산업혁명과 광고 리터러시

1) 데이터혁명이 가져온 데이터경제 시대

전통적인 제조업과 소프트웨어 산업의 경계가 허물어지고 융합하는 4차 산업혁명은 빅데이터, 인공지능 등 디지털 기술로 촉발되는 초연결 기반의 지능화 혁명으로 산업뿐만 아니라 국가 시스템, 사회, 삶 전반에 혁신적인 변화를 일으키고 있다. 4차 산업혁명은 '데이터혁명'이다. 데이터가 전통적인 생산요소인 자본이나 노동을 능가하는 경쟁력이 되었고, 대규모 데이터를 보유하고 활용함으로써 새로운 가치를 창출하는 기업이 시장혁신을 주도하는 '데이터경제(Data Economy)'로 경제 패러다임이 전환되었다.[1] 주요 선진국들은 미래 경쟁력을 좌우하는 개인데이터[2] 활용의 중요성을 인식하고, 데이터산업 활성화를 위한 국가 차원의 프로젝트를 우리보다 앞서 시작했다(4차 산업혁명위원회, 2018, 6, 26; 김영훈, 2018; 이대희, 2017; 우지영, 2017).

표 1. 개인데이터 활용을 위한 국가별 프로젝트

구 분	핀란드 MyData	영국 Midata	프랑스 MesInfos
추진 배경	개인이 자신의 데이터를 모니터링하고 통제할 수 있는 시민권리를 강화하고, 정부기관 간 유연한 정보교환 보장	기업이 보유한 데이터를 개인에게 전자적으로 제공하여 '인간 중심적'인 데이터를 구축하고, 기업의 산업 경쟁력 및 국가 발전에 기여	조직이 보유한 개인데이터를 공유하고 재사용함으로써 소비자 권한을 강화하기 위한 파일럿 프로젝트
목적	개인에게 데이터 사용 결정권을 제공함으로써 개인데이터의 수집과 사용 과정에서 발생하는 피해를 최소화함과 동시에 사회적·경제적으로 얻을 수 있는 장점은 극대화	데이터 개방을 적극적으로 추진하고 오픈데이터 정책을 통해 국가와 사회 성장을 추구	데이터 생태계 현상 진단 및 문제점 등을 파악하여 개인데이터 활용의 새로운 패러다임 선도

---

1) '데이터경제'는 2011년 가트너가 작성한 보고서인 〈How to Plan, Participate and Prosper in the Data Economy〉에 처음 등장하였다. 데이터경제는 2014년부터 유럽집행위원회가 새로운 디지털 기회를 열고 디지털경제의 글로벌리더로서 유럽의 입지를 강화하기 위한 '디지털 싱글마켓 전략'의 일환으로 데이터기반 경제(Data-driven Economy)'라는 개념을 도입하고 경제성장과 일자리의 동인으로 데이터경제를 표방하면서 집중적으로 조명받기 시작했다. 데이터경제는 '① 데이터 생산 → ② 데이터 정제·가공을 통한 데이터·정보 유통 → ③ 기업·정부·공공기관 활용 → ④ 소비자·시민의 데이터 기반 혁신 서비스 이용'으로 이어지는 생태계 가치사슬(데이터의 수집·저장·유통·활용)을 기반으로 공급 – 중개 – 수요 시장을 통해 신제품·서비스나 일자리 등과 같은 경제적 가치를 창출한다(4차 산업혁명위원회, 2018, 6, 26).
2) 개인데이터는 크게 '개인 식별정보'와 '개인 특성정보'로 나누어 볼 수 있으며, '개인 식별정보'는 특정인과 1대1 매칭이 되는 '개인 특정식별정보'와 다른 정보와 용이하게 결합하여 식별할 수 있는 '개인 결합식별정보'로 그리고 '개인 특성정보'는 민감한 특성에 관한 정보인 '개인 민감정보'와 행동 양식에 관한 정보인 '개인 행태정보'로 구분할 수 있다(오병철, 2016, 5쪽).

구 분	핀란드 MyData	영국 Midata	프랑스 MesInfos
주요 결과	데이터 활용에 대한 산업계 요구와 개인의 디지털 인권을 결합해 3대 원칙 제시: '인간 중심의 통제와 정보보호', '사용할 수 있는 데이터', '개방형 비즈니스 환경'	신뢰구축을 위해 소비자 데이터를 수집·저장·이용하는 모든 조직이 준수해야 하는 '마이데이터 헌장(Midata Charter)' 제시: (핵심가치) 소비자 데이터 능력 강화, 데이터 투명성·접근성·보안·혁신	개인정보를 활용하여 제공가능한 7가지 주요 서비스 도출: 데이터 관리, 지식 향상, 더 나은 의사결정, 개인 데이터에 대한 통제, 사회 공헌, 삶의 경험 향상, 가치 실현

출처: 한국정보화진흥원 (2017). 시민 중심의 데이터 활용 전략: 'My data' 관련 해외 프로젝트 분석. 〈IT & Future Strategy〉, 4호, 6-30쪽 재구성. 원 저작권자의 모든 권리가 보호됨.

4차 산업혁명이 컴퓨터 자동화로 대변되는 3차 산업혁명과 구분되는 가장 큰 차이는 소프트웨어에 의한 지능화에 있다.[3] 사람과 사물, 온라인과 오프라인이 인터넷을 기반으로 서로 연결되고 대규모 데이터가 실시간으로 생성되고 유통된다. 4차 산업혁명의 핵심은 디지털화로 양산되는 데이터의 활용에 있다. 주요국의 4차 산업혁명 전략도 데이터 활용 관점에서 자기 나라의 강점을 극대화하기 위한 데이터 경쟁력 제고에 초점을 맞추고 있다. 4차 산업혁명을 이끄는 핵심기술은 네트워크(IoT, 5G), 빅데이터(Cloud, Big Data), 인공지능 소프트웨어(기계학습, 알고리즘)이다. 스마트폰으로 대변되는 개인미디어의 보편화로 우리의 일상이 데이터로 기록되고 있다. 전자제품은 물론 생산기계와 가로등, 자동차 등 사물인터넷(Internet of Things, IoT)[4]을 통해 생성되는 데이터의 양은 폭발적이다. 특히 초고속,

---

[3] 인공지능에서 '인공(artificial)'은 컴퓨터 작동을 통해 데이터 처리나 연산이 이루어지는 것을 의미하는 반면, '지능(intelligence)'은 인지와 판단 등을 포함하는 개념이다(서울대 법과경제연구센터, 2017, 14쪽).

[4] 사물인터넷(IoT)은 기기나 센서와 같은 사물들이 인터넷을 통하여 공동으로 또는 상호 간에 통신하거나 정보를 주고받는 것이다. 사물인터넷 환경에서는 사물이 상황에 따라 통신을 주도하는 비인격적 통신, 컴퓨터를 통한 자동화된 통신, IoT 환경에서의 기기 간의 통신

초연결을 지향하는 5G 환경에서는 클라우드 기반의 빅데이터 분석을 통해 언제 어디서든 맞춤형 서비스를 제공하는 것이 가능하다. 데이터혁명은 산업영역뿐만 아니라 재난, 응급, 안전, 보안 등 공공서비스 영역에서 나타나고 있다(김득원, 2017; 방동희, 2018; 정용찬, 2017a, 2018b, 2018).

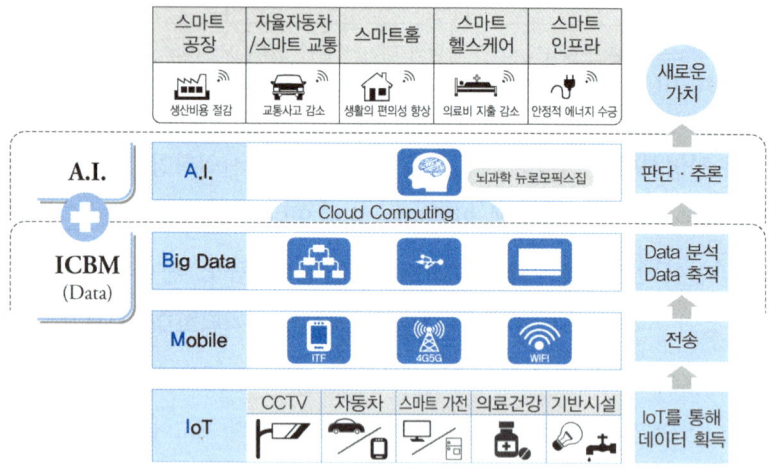

그림 1. 4차 산업혁명 시대의 핵심기술

출처: 4차 산업혁명위원회 (2018. 6. 14). 과학기술, 그리고 4차 산업혁명 시대. URL: https://www.4th-ir.go.kr/article/detail/8?boardName=. 원 저작권자의 모든 권리가 보호됨.

은 거부할 수 없는 필수적인 것이 되어 필수호환적인 통신, 불특정 다수의 기기와의 개방적 통신이 이루어진다. 사물인터넷은 현재의 정보사회를 한 단계 더 고양시켜 스마트사회로 발전시켜 나아가게 할 것으로 전망되고 있지만, 사물인터넷 환경은 프라이버시 침해 가능성이라는 문제점도 야기하고 있다. 센싱 과정에서 수집하는 정보는 정보주체로부터 사전 동의를 개별적으로 얻는 것이 어려워서 동의 기반 활용 원칙의 한계가 존재한다. 또한 네트워킹 차원에서는 다수의 다수를 향한 쌍방향 통신의 경우 다수가 통신에 포함된 개인정보를 공유하는 현상이 유발되며, 필연적인 데이터의 축적이나 데이터 마이닝으로 인한 개인정보 침해 우려가 존재하기도 한다(오병철, 2016, 4쪽).

데이터혁명으로 대변되는 4차 산업혁명 시대에 소비자는 미디어를 더 많이 활용하는 대가로 자신의 프라이버시를 지불하고 있다. "또 뚫린 페이스북, 5,000만 명 개인정보 유출"(조선일보, 2018, 10, 1). "구글, 50만 명 개인정보 유출 6개월간 '쉬쉬'"(한겨레, 2018, 10, 9). 데이터의 개방, 공유, 활용을 주요 특징으로 하는 데이터경제에서 개인정보 유출사고와 관련된 기사가 끊임없이 보도되고 있다. 데이터경제의 역기능인 개인정보 유출은 편리한 일상생활과 사회의 긍정적인 변화에 악영향을 미친다. 빅데이터로부터 얻는 혜택이 큰 만큼 잠재적인 위험성도 적지 않다(김상현, 2018, 22쪽).

표 2. 빅데이터 분석기법의 특성

특성	내용
다수의 알고리즘을 적용한다	• 주어진 데이터 세트에 어떤 가능성이나 연관성, 의미가 있는지 찾아내기 위해 많은 알고리즘을 적용한다. • 시스템이 데이터 간의 연관성을 찾아내고 분석한다는 점에서 '머신러닝(machine learning)'의 요소가 작용한다.
데이터 처리과정이 불명료하다	• 머신러닝, 특히 '딥러닝(deep learning)'은 비선형 신경 네트워크를 통해 방대한 규모의 데이터를 처리한다. • 데이터 처리과정의 복잡성이 더해지면서 소위 '블랙박스' 효과가 나타나는데, 이는 인간이 이해할 수 없는 '딥러닝'의 불투명성이 초래된다는 의미이다.
가능한 모든 데이터를 수집한다	• 전통적인 연구방법에서는 통계적으로 유의미한 결과를 얻기 위해 과학적인 표본 선택과 추출이 중요하다. • 그러나 빅데이터 분석기법은 수집 가능한 모든 데이터를 무차별적으로 끌어모은다.
데이터의 본래 목적이 달라진다	• 데이터를 수집할 때 표명된 목적과는 다르게 이용된다. • 트위터나 페이스북 같은 공개 소셜미디어의 데이터가 수집되어 마케팅이나 다른 목적에 활용될 수 있다.

출처: 김상현 (2018). 〈디지털 프라이버시〉. 서울: 커뮤니케이션북스, 20-22쪽 재구성. 원 저작권자의 모든 권리가 보호됨.

2) 디지털경제 시대의 미디어 리터러시

　단순히 글을 읽고 쓰는 능력 차원이었던 리터러시는 시대가 변하면서 요구되는 능력과 핵심가치가 달라졌고 범위도 확장되었다. 미디어 리터러시란 '미디어에 접근해서 메시지를 평가하고 숙련된 방법으로 메시지를 만들어내어 의사소통할 수 있는 능력'으로 미디어 시대를 살아가는 데 필요한 필수적인 역량이다. 사람들이 시대 문화에 참여하고, 필요한 뉴스나 정보를 효율적으로 선택할 수 있게 만들어주기 때문에 중요하다. 디지털 시대의 미디어 리터러시는 참여적 문화공간에서 활동할 수 있는 일련의 문화적 능력과 사회적 기술을 획득할 수 있는 능력이라고 할 수 있다(이희복, 2016, 33쪽). 미디어 리터러시는 다양한 형태의 읽기와 쓰기 능력으로 구성된 다차원적인 개념으로 모든 미디어에서 보편적으로 요구되는 능력이다. 미디어 기술의 발전에 따라 디지털 리터러시, 데이터 리터러시 등으로 세분화되고 있으며 메타 리터러시나 트랜스 리터러시와 같이 복합적인 능력을 포괄하는 개념도 등장하고 있다.[5]

표 3. '미디어 리터러시' 개념의 진화

용어	정의
미디어 리터러시 (media literacy)	다양한 형태의 미디어에 대한 접근, 분석, 평가, 소통 능력으로 특정 매체에 한정되지 않고 모든 미디어에서 보편적으로 요구되는 능력 ＊기술발전에 따라 매체적 특성을 반영한 리터러시로 세분화됨.
디지털 리터러시 (digital literacy)	미디어 리터러시의 한 유형으로 다양한 디지털 플랫폼에서 정보를 발견, 평가, 생산, 소통하는 개인의 능력 ＊디지털 기기를 작동하는 기술적 능력뿐만 아니라, 디지털 환경에서 업무를 수행하는 데 있어 사용되는 다양한 인지적 능력을 포함함.

---

5) Mackey와 Jacobson(2011)은 새롭게 등장한 미디어 테크놀로지가 요구하는 복합적인 능력들을 아우르는 용어로 '메타 리터러시(metaliteracy)'라는 개념을 제시하였다.

용 어	정 의
데이터 리터러시 (data literacy)	데이터를 읽고, 이해하고, 생산하고, 다룰 줄 아는 능력으로 데이터 수집과 공유가 일상사가 되고 데이터 분석과 빅데이터가 산업, 정부, 사회에서 중요한 요소가 됨에 따라 중요성이 커지고 있음. * 특정 목적을 위해 적합한 데이터가 무엇인지 알고, 시각화된 데이터를 해석하고, 데이터 분석을 통해 생산된 정보를 비판적으로 이해하는 능력 등으로 수리적, 통계적, 기술적 역량의 결합임.
프라이버시 리터러시 (privacy literacy)	개인정보를 보호함과 동시에 정보화 사회를 이해하고 살아가는 데 필요한 인식과 수단 * 정보 리터러시 관점에서 프라이버시 리터러시는 온라인 환경에서 개인정보가 어떻게 추적되고 이용되는지에 대한 인식과 이해수준을 의미함.
트랜스 리터러시 (transliteracy)	상황적, 사회적, 문화적, 기술적 맥락에 부합하여 다양한 아날로그와 디지털 기술을 사용할 수 있는 기술, 지식, 사고, 실행 능력

출처: Bauer, A. T., & Ahooei, E. M. (2018). Rearticulating Internet Literacy. *Journal of Cyberspace Studies*, *2*(1), pp. 31-34; Gray, J., Gerlitz, C., & Bounegru, L. (2018). Data infrastructure literacy. *Big Data & Society*, *5*(2), Narayan, B., & Pingo, Z. (2017). Privacy Literacy. *Information Interactions and Impact*, pp. 169-170; Wikipedia. 원 저작권자의 모든 권리가 보호됨.

미디어 리터러시의 한 유형인 광고 리터러시(advertising literacy)는 소비자가 광고를 이해하고 평가하기 위해 요구되는 능력이다. 광고 리터러시 또한 고정된 개념이 아니라 지속적으로 변하는 역동적인 개념이다(Malmelin, 2010, p. 139). 전통적인 광고 리터러시는 광고정보의 수동적 처리를 전제로 한 설득적 광고 메시지를 분석·평가·생산하는 능력이었다. 그러나 스마트폰의 대중화로 인한 스마트 광고시장의 성장으로 소비자에게 요구되는 광고 리터러시 또한 달라지고 있다(구명진, 2017, 55쪽).

동일인이 휴대폰, 태블릿, 웨어러블 기기, 컴퓨터와 같은 각종 스마트 기기를 여러 개 사용하게 되면서 사용하는 모든 단말기에서 이용자의 각종 행태정보를 광범위하게 수집하는 크로스 디바이스(cross-device) 정보수집

방법도 광고에 적극 활용되고 있다. 크로스 디바이스는 로그인 등의 기능을 통해서 이용자에게 단말기 종류와 상관없는 동일한 이용환경 구현을 가능하게 해주고, 컴퓨터의 쿠키나 휴대폰 고유식별번호 등을 사용하여 등록되지 않은 기기에서의 접속을 감시하는 해킹 예방 등의 기능을 한다. 반면에 크로스 디바이스로부터의 정보수집은 이용자의 집, 직장, 이동, 수면, 여가와 같은 일상적인 모든 행태정보를 수집하기 때문에 이전보다 훨씬 정교한 이용자 프로파일링[6]으로 인한 개인정보 침해의 문제도 가진다. 이와 같이 개인정보를 수집하는 다양한 기술의 진화는 이용자가 자신에 대한 정보수집을 제한하거나 거부하는 것을 실질적으로 불가능하게 만들고 있는 반면, 수집된 이용자 정보는 최초의 동의를 통해서 이용자가 예상하지 못한 다양한 목적으로 사용될 가능성은 더욱 커지고 있다(안정민·최경진, 2017, 112-115쪽). 개인의 온라인 행태를 분석해 소비자의 취향과 관심에 맞는 광고에 노출시키는 것도 그런 광고를 원하지 않는 소비자들에게는 프라이버시 침해로 받아들여질 수 있다(김상현, 2018). 맞춤형 광고는 이용자들의 행태정보를 수집하고 분석하는 것이 필수적이기 때문에 개인정보보호 문제가 항상 제기되었다. 그렇다고 개인정보 보호에 치중하게 되면 광고의 궁극적인 진화형태인 개인화된 맞춤형 광고를 집행하기 어려워지고, 결국 광고의 효율성 제고, 광고산업의 과학화와 반대의 길을 가게 된다(이시훈, 2017).

---

[6] 프로파일링(profiling)은 특정 개인의 행태 및 성향을 파악하고 추적하는 행위를 말한다. 프로파일링을 원천적으로 금지하는 경우 개인맞춤형 서비스가 제공될 수 없기 때문에 오히려 이용자의 편의성을 저해할 수 있는 측면도 있다(오병철, 2016, 72쪽).

2. 스마트광고

1) 광고산업의 지형변화

　광고는 기업성장과 경제발전에 필수적인 동력이자 미디어산업의 핵심적인 재원이다. 광고 기반 미디어의 경우, 광고는 콘텐츠를 이용하기 위해 지불해야 하는 금전적 대가를 대신해 줌으로써 미디어 이용자의 경제적 부담을 완화시켜주는 역할도 한다. 또한 광고는 소비자에게 상품이나 서비스에 대한 정보를 제공하여 구매의사결정을 도와주는 정보제공 기능도 한다. 광고의 정보제공 기능이 효율적으로 작동되기 위해서는 특정상품에 관심을 갖고 있거나 가질 것이라고 예상되는 소비자에게만 관련된 상품정보를 제공해야 한다. 하지만 사업자는 개별 소비자들이 원하는 상품이 구체적으로 무엇인지 정확하게 알지 못한다. 따라서 지금까지 TV광고, 신문광고 등 전통적인 광고에서는 일반 소비자 또는 특정 소비계층을 대상으로 무차별적인 광고가 이루어졌다. 그러나 데이터 기술의 발전으로 광고사업자가 소비자의 온라인 행동데이터를 분석하여, 소비자가 원하는 상품이 무엇인지를 파악한 후 맞춤형 광고를 제공할 수 있게 되었다. 빅데이터 분석기법이 웹사이트에 게재된 내용과 문맥분석을 통해 이용자의 관심사항을 분석할 뿐만 아니라, 웹서핑에 대한 추적정보, SNS상에서의 활동정보, 위치추적정보, 개인블로그나 댓글 정보, 온라인 거래내역정보 등의 분석을 통해 개인의 성향 및 선호정보 등을 정확하게 파악한 개인맞춤형 광고를 실현하고 있다(박성용, 2017).

표 4. 모바일 광고시장의 급성장

대분류	중분류	소분류	매출액(전년 대비 증감률)				
			2014	2015	2016	2017(e)	2018(e)
방송	지상파TV		1,964,733	1,932,390 (−1.65)	1,769,278 (−8.44)	1,652,910 (−6.58)	1,663,975 (0.67)
	지상파DMB		11,527	10,278 (−10.84)	8,110 (−21.09)	8,020 (−1.11)	8,002 (−0.22)
	케이블	PP	1,743,238	2,004,946 (15.01)	1,895,123 (−5.48)	2,053,395 (8.35)	2,070,013 (0.81)
		SO	127,453	145,219 (13.94)	134,585 (−7.32)	133,768 (−0.61)	131,505 (−1.69)
	위성방송		21,158	24,030 (13.57)	28,300 (17.77)	46,500 (64.31)	50,000 (7.53)
	IPTV		63,071	90,271 (43.13)	84,586 (−6.30)	88,726 (4.89)	90,943 (2.50)
	라디오		254,059	256,833 (1.09)	185,613 (−27.73)	158,404 (−14.66)	139,876 (−11.70)
소계(방송)			4,185,239	4,463,967 (6.66)	4,105,595 (−8.03)	4,141,722 (0.88)	4,154,314 (0.30)
온라인	인터넷		2,141,046	2,053,373 (−4.09)	2,173,087 (5.83)	2,171,456 (−0.08)	2,139,697 (−1.46)
	모바일		909,903	1,374,442 (12.35)	1,981,637 (44.18)	2,249,797 (13.53)	2,544,556 (13.10)
소계(온라인)			3,050,949	3,427,815 (12.35)	4,154,724 (21.21)	4,421,253 (6.42)	4,684,253 (5.95)

출처: 과학기술정보통신부·한국방송광고진흥공사 (2017), 〈2017 방송통신광고비 조사〉, 59쪽 재구성. 원 저작권자의 모든 권리가 보호됨.

스마트 미디어는 "ICT 인프라와 결합해서 시·공간 및 디바이스의 제약 없이 다양한 콘텐츠를 이용자에게 융합적·지능적으로 전달할 수 있도록 발전 중인 매체"로 포괄적으로 정의된다(미래창조과학부 외, 2014). 장소와 시간에 구애받지 않고 콘텐츠를 이용할 수 있는 스마트 미디어는 '네트워크를 기반으로 데이터와 인공지능이 융합하여 혁신적인 서비스가 출현하는 초연결 기반의 지능화 혁명'(4차 산업혁명위원회, 2017)으로 불리는 4차 산업혁명 시대를 맞아 더욱 성장할 것으로 보인다. 한편, 스마트 미디어의 확산으로 이전과는 다른 미디어 이용 환경이 조성되었고, 그 결과 콘텐츠를 매개로 소비자의 주목(attention)과 광고비를 맞교환하는 광고시장 또한 변하고 있다. 스마트광고는 "스마트TV, 스마트폰, 태블릿PC, 인터넷, IPTV(VOD), 디지털사이니지(digitol signage) 등 IP를 기반으로 하는 스마트 미디어를 통해 제공되는 양방향·맞춤형 특성을 가진 새로운 패러다임의 광고"로 정의된다(미래창조과학부, 2013). 지상파TV나 신문과 같이 일방향적으로 광고 메시지를 전달하던 전통매체의 광고비는 줄어들고 있는 반면, 미디어 이용자와 상호작용하면서 맞춤형으로 광고 메시지를 전달해주는 스마트 미디어의 광고비는 지속적으로 증가하면서 광고시장의 지형을 바꾸어가고 있다(박종구, 2018).

국가 승인 통계인 〈2017 방송통신광고비조사〉에 따르면, 모바일은 2017년 광고시장의 새로운 No.1 매체가 되었다. 모바일 광고시장이 급성장한 주요 원인은 개인미디어인 스마트폰이 빅데이터와 인공지능 기술을 활용해 개인에게 맞춤화된 광고를 제공할 수 있는 최적화된 매체이기 때문이다. 콘텐츠를 매개로 소비자의 주목과 광고주가 지불하는 광고비를 맞교환하는 광고시장은 소비자 주목의 흐름에 민감하게 반응할 수밖에 없다. 시공간적인 이용 제약에서 자유로운 스마트폰은 이용자의 다양한 니즈를 충족시켜주는 복합적인 기능을 제공하며, 미디어 이용자의 주목을 빨아들이고 있다. 스마트폰의 대중화는 매체별 미디어 이용행태에도 변화를 가져왔다. 〈2017 소비자행태조사보고서〉에 따르면, 2015년 87%의 주간 접촉률(주 1회 이상 이용)을 보였던 모바일은 3년 동안 지속적으로 상승하면서, 2017년에는 95%에 이르렀다. 이는 지상파TV(97%)와 거의 대등한 수준이다. 스마트폰은 미디어의 중요성에 대한 인식에도 변화를 가져왔다. 〈2017 방송

매체이용행태조사)에 따르면, 일상생활에서 가장 필수적인 매체라고 응답한 비율은 '스마트폰 〉 TV 〉 PC/노트북 등'의 순서로 나타났다. 스마트폰이 일상생활에서 가장 중요한 매체라는 인식은 증가 추세를 유지하며 더욱더 강해졌다('15년 46.4% → '16년 55.5% → '17년 56.4%).

2) 스마트광고 = '개인맞춤형' 온라인광고

개인화(personalization)란 각각의 소비자에게 제품, 서비스, 커뮤니케이션, 콘텐츠 등의 제공물을 고객에게 맞춤 제공함으로써 고객이 더 많은 편익과 이익을 누릴 수 있게 하는 것이다. 개인화의 궁극적인 목적은 '소비자가 필요로 하는 메시지를 시의적절하게 제공하는 것(deliver the right message to the right person at the right time)'이다(Tam & Ho, 2006). 개인화는 자동화 수준에 따라 '명시적 개인화(explicit personalization)'와 '암묵적 개인화(implicit personalization)'로 구분된다. 명시적 개인화는 개인화 대상이 되는 사용자로부터 성, 연령, 결혼 여부 등과 같은 프로파일 정보를 직접 입력받아서 이용하는 것이고, 암묵적 개인화는 사용자의 구매행동이나 온라인 이용패턴 등과 같이 자동적으로 기록되는 행동데이터를 기반으로 개인화를 구현하는 것이다(Fan & Poole, 2006, pp. 185-186; 윤세연·조창환, 2018, 66쪽).

개인화는 서비스를 제공하고 메시지를 보내는 주체(sender)와 개인화된 서비스를 제공받는 소비자(recipient) 입장에서의 개인화로 구분할 수도 있다. 마케터가 제공하는 개인화를 '실질적인 개인화(actual personalization)'라고 하는 반면, 소비자 입장에서 느끼는 개인화를 '지각된 개인화(perceived personalization)'라고 부른다(Li, 2015, p. 27). 문제는 서비스 제공자 혹은 마케터가 의도한 개인화가 수용자에게 도달했을 때 수용자는 개인화되지 않았다고 느낄 수 있으며, 반대로 의도되지 않은 서비스에 대해 수용자는 개인화되었다고 느낄 수도 있다는 점이다(김영욱·김혜인·윤소영, 2018, 12-13쪽). 소비자 입장에서 맞춤형 광고가 개인화되었다고 지각하는 정도가 높아지면, 광고가 제공하는 정보가 유용하다고 느끼기 때문에 맞춤형 광고에 대한 수용의도가 높아지는 경향을 보인다. 그러나 개인화 수준이 너무 높은 것보다는 적절한 수준으로 개인화된 광고의 효과가 더 높고(Walrave et al., 2018), 프라이버시에 대한 통제권을 가지고 있다고 인식하는 정도가 높을수록 광고가 더 효과적이라는 연구결과도 제시되고 있다(Zarouali, et al., 2018). 이러한 연구결과들은 소비자가 개인화 서비스를 무조건 좋아하는 것이 아니라는 것을 의미한다.

한편, 온라인 맞춤형 광고(on-line behavioral advertising)란 '웹사이트 방문이력, 앱 사용이력, 구매 및 검색이력 등 이용자의 관심, 흥미, 기호 및 성향 등을 파악하고 분석할 수 있는 온라인상의 이용자 활동정보인 행태정보를 처리하여 이용자의 관심, 흥미, 기호 및 성향 등을 분석·추정한 후 이용자에게 맞춤형으로 제공되는 온라인광고'이다(방송통신위원회, 2017b). 온라인 맞춤형 광고는 '행동 타깃팅 광고, 행동 기반 맞춤형 광고, 온라인 행동정보 기반 광고, 관심 기반 광고, 개인화된 광고' 등의 용어로 불리기도 한다.

표 5. 온라인 맞춤형 광고와 행태정보 정의

용어	정의
온라인 맞춤형 광고	행태정보를 처리하여 이용자의 관심, 흥미, 기호 및 성향 등을 분석·추정한 후 이용자에게 맞춤형으로 제공되는 온라인광고
온라인 행태정보	웹사이트 방문 이력, 앱 사용 이력, 구매 및 검색 이력 등 이용자의 관심, 흥미, 기호 및 성향 등을 파악하고 분석할 수 있는 온라인상의 이용자 활동정보

출처: 방송통신위원회 (2017b). 〈온라인 맞춤형 광고 개인정보보호 가이드라인〉, 1쪽에서 인용. 원 저작권자의 모든 권리가 보호됨.

온라인 맞춤형 광고에서 대표적으로 이용되는 리타깃팅(retargeting)은 소비자가 특정 웹사이트에 접속했던 기록을 이용해, 다른 웹사이트에 들어갔을 때도 이전에 보았던 상품의 광고를 노출시켜 재방문을 유도하는 광고이다(특정 웹사이트 이용 → 쿠키 삽입 → 리타깃팅 광고가 제공되는 웹사이트 방문 → 이용자 맞춤형 광고 제공).[7] 이용자가 광고 네트워크 제공자와 계약을 맺고 있는 웹사이트에 접속했을 때, 이용자의 단말기는 광고 네트워크 제공자의 광고 서버와 연결되고 광고 서버는 해당 단말기를 인식하여 쿠키[8]를 심어놓는 동시에 해당 단말기를 사용하는 이용자의 성향에 관한 정보를 자동으로 생성한다. 이후 이용자가 광고 네트워크 제공자와 계약 관계에 있는 다른 웹사이트를 방문했을 때 광고 서버는 쿠키를 통해 해당 이용자를 인식하고 온라인 행동에 대한 정보를 추가하고, 광고 서버는 축

---

[7] 일반적으로 온라인 맞춤형 광고와 관련된 이해관계자는 웹사이트에 방문하는 이용자, 기업인 광고주, 자신의 웹사이트에 광고 공간을 마련하는 웹사이트 소유자인 퍼블리셔, 광고주와 웹사이트 소유자를 연결시켜주는 광고 네트워크 제공자로 나뉜다.
[8] 온라인 맞춤형 광고를 집행하기 위해서는 이용자의 온라인 행동이력을 서버가 인식해야 하는데, 대개 쿠키(cookie)를 이용하여 웹사이트에 방문하고 있는 이용자를 식별한다. 쿠키란 웹 서버로부터 이용자의 PC에 보내져 보존되는 정보로, 쿠키를 통해 이용자에 대한 번호, 웹사이트를 방문한 일시, 해당 사이트에의 방문 횟수 등을 기록할 수 있다(김영욱 외, 2018, 10쪽).

적된 행동정보를 바탕으로 맞춤형 광고를 이용자가 방문하는 웹사이트에 전송한다(김영욱, 2018, 44-45쪽; 김영욱·김혜인·윤소영, 2018, 9-10쪽). 개인맞춤형 온라인광고(스마트광고)의 경우, 행태정보를 비롯한 소비자의 개인정보를 기반으로 소비자와 관련성이 높은 광고만 보여주는 개인화 서비스를 제공한다. 개인 맞춤형 온라인광고는 사용되는 개인데이터의 수준에 따라 다음 〈표 6〉과 같이 크게 세 가지로 분류할 수 있다.

표 6. 온라인 맞춤형 광고의 유형

유형	정의
문맥 맞춤형 광고 (contextual targeting)	이용자가 웹사이트를 방문하기 위해 사용한 검색어 또는 웹사이트에서 이용자가 소비하고 있는 콘텐츠에 관련된 광고 * '여행'이라는 단어로 검색하여 클릭한 온라인 기사에 여행 상품 광고가 뜨거나, 스포츠 관련 기사를 볼 때 운동복 광고가 뜨는 경우가 이 유형에 속한다.
행동 맞춤형 광고 (behavioral targeting)	온라인 맞춤형 광고의 가장 대표적인 유형으로 일정 기간 동안 이용자의 행태정보(좋아요, 공유 클릭, 웹사이트 방문, 검색 내역 등)를 지속적으로 수집·분석하여 제공하는 광고 * 문맥 맞춤형 광고가 이용자의 검색이나 보고 있는 콘텐츠를 일시적으로 활용한다면, 행동 맞춤형 광고는 지속적으로 정보를 수집하거나 특정 기간 동안 축적된 정보를 활용한다는 차이가 있다. 리타깃팅 광고도 행동 맞춤형 광고에 속한다.
프로파일 맞춤형 광고 (profile targeting)	행동 맞춤형 광고에서 사용하는 행태정보뿐 아니라 회원 가입 시 제공한 정보와 같은 이용자의 등록정보를 함께 이용하는 광고 * 프로파일: 회원 가입 시 입력 및 생성되는 명시적 정보로서 대부분 한 번 입력 후 변화하지 않는 정적인 특성(예: 성별, 출생년도 등)

출처: 김영욱 외 (2018). 온라인 맞춤형 광고 수용에 영향을 미치는 요인 연구, 10쪽; 방송통신위원회(2015). 〈온라인 맞춤형 광고에서의 개인정보보호에 관한 연구〉, 11쪽; 윤세연·조창환 (2018). SNS 광고에서의 개인화요소가 광고효과에 미치는 영향, 68쪽 재구성. 원 저작권자의 모든 권리가 보호됨.

스마트광고는 국가경제 차원에서는 자원의 효율적인 배분을 통하여 자원낭비를 줄이고, 개별 소비자에게는 과다한 광고비용의 상품가격에의 전가를 줄임으로써, 가격인상을 억제하는 요인으로 작용한다. 또한 광고주인 기업의 입장에서 볼 때, 스마트광고는 유용한 마케팅 도구로 기능할 수 있다. 전통적 광고기법과는 달리, 개인의 정보를 활용하여 특정 광고에 관심을 가질 만한 목표고객 및 잠재고객에게만 선택적으로 광고를 노출시키기 때문에 광고비를 낮추는 동시에 효율성은 극대화할 수 있다. 스마트광고는 일반 온라인광고에 비해 클릭률을 상승시키며 수입창출 측면에서도 더 효과적이다. 스마트광고는 소비자의 니즈와 관련성이 없는 스팸광고와는 달리 특정 소비자와 관련 있는 광고만을 보여주기 때문에 높은 정보적 유용성을 제공해준다. 소비자는 스마트광고를 통해 따로 시간과 노력을 들이지 않아도 평소에 관심이 있는 제품 및 서비스에 대한 정보를 얻게 된다. 소비자의 관심분야에 대한 정보 제공을 기본으로 하기 때문에 거부감이나 방해요소가 적고 소비자의 적극적인 참여를 유도할 수 있다(김영욱 외, 2018, 11쪽; 윤세연·조창환, 2018, 69쪽).

그러나 스마트광고는 소비자에게 부정적인 영향을 미칠 가능성 또한 지니고 있다. 스마트광고는 소비자의 온라인 행태 추적(behavioral tracking)을 전제로 한다. 즉 개인 맞춤형 광고를 제공하기 위해서는 개인을 식별할 수 있는 정보, 개인의 웹서핑에 대한 추적정보, 소셜 네트워크에서의 활동정보 등의 행태정보와 현실공간에서의 위치추적정보, 개인의 블로그나 댓글, 온라인 거래내역 등의 정보 등을 분석해야 한다. 소비자 개인에게 더욱 맞춤화된 광고를 제공하기 위해서는 더 많은 소비자 정보가 필요하며, 이는 결국 프라이버시 침해문제로 이어질 수 있다(박성용, 2017, 207-208쪽). 통상적으로 받아들여지는 수준 이상으로 지나치게 개인적인 정보가 사용된 광고는 오히려 소비자들로부터 심리적 저항을 불러일으킬 수 있다. 소비자가 자신의 정보가 광고에 부당하게 활용되고 있다고 느끼는 경우, 자신의 일거수일투족이 감시당하고 있는 것은 아닌지, 자신의 신원이 드러난 것은 아닌지 우려하는 '프라이버시 염려(privacy concern)' 문제가 발생할 수 있다(윤세연·조창환, 2018, 69쪽).

한편, 광고주에게 판매되는 수용자상품(audience commodity)은 주관적인 차원에서는 광고주에게 인식되는 수용자 구매능력이며, 객관적인 차원에서는 수용자의 시청시간이다. 커뮤니케이션 정치경제학적 관점은 온라인 콘텐츠나 서비스가 겉으로는 광고주목과 무료이용을 합리적으로 교환하는 것처럼 보이지만 실제로는 더 많은 잉여가치를 온라인사업자가 착취하는 구조로 작동한다고 주장한다. 이용자들이 생산하는 정보, 관심사항, 인구통계학적인 정보, 브라우징 습관과 상호작용 등 온라인 이용자 정보는 모두 상품으로서 광고주에게 판매된다는 것이다(김영욱, 2018, 49쪽; Fuchs, 2012, p. 704).

3. 프라이버시

1) 프라이버시 염려

인터넷, 소셜미디어, 스마트폰, 웨어러블 디바이스, 집안의 사물인터넷 등을 통해 자발적으로 온갖 정보와 데이터를 공개하고 공유하는 '디지털경제'의 장점과 단점을 비판적으로 살펴볼 필요가 있다. 잘못을 저질렀거나 남에게 숨길 것이 있는 사람만이 프라이버시를 걱정한다는 것은 잘못된 생각이다. 우리가 누군가에게 감시받고 있다고 느끼는 순간 표현의 자유가 위축되는 '냉각효과(chilling effect)'가 나타난다.[9] 프라이버시의 정의는 다양하지만 민주사회의 핵심가치로서 보호되어야 한다는 것에는 이론의 여지가 없다. 프라이버시가 기본적인 인권으로 처음 주장된 것은 "프라이버시의 권리(The Right to Privacy)"라는 논문이다(Warren & Brandeis, 1890). 이 논문은 프라이버시를 "혼자 있을 권리(right to be let alone)'로 정의하고 중요한 시민의 권리로 존중되어야 한다고 강조하고 있다. 프라이버시 연구 분야의 대가인 앨런 웨스틴(Alan Westin)은 프라이버시를 "개인, 집단, 또는 기관이 누구와 언제, 어떻게, 어느 수준의 정보를 소통할지 결정하고 제어할 수 있는 권리"로 정의하고, 사회의 지배적 규범과 갈등을 빚는 자기표현을 가능하게 해준다고 언급하였다(Westin, 1967; 김상현, 2018, 4-6쪽).

사생활을 간섭받지 않고 홀로 남겨질 수 있는 소극적 권리를 의미했던 프라이버시 개념은 사적영역에 대한 외부침입을 통제할 권리, 자신의 정보가 타인에게 알려지는 것을 막을 권리뿐만 아니라 자신의 자유의지에 의한 사적행동에 외부가 개입하는 것을 막을 권리, 자신의 정보를 타인에게 언제, 어떻게, 어느 정도로 공개할 것인가를 직접 결정할 권리까지 포함하는 개념으로 확장되었다. 특히, 정보화 시대에 진입하면서 정보 프라이버시(information privacy)가 주목받기 시작했는데, 이는 자신의 개인정보를 관리 및 통제할 수 있는 '개인정보 자기결정권(control of personal information)'을 포함하는 개념이다(Langenderfer & Miyazaki, 2009, p. 380). 정보 프라이버시는 정보주체인 개인이 정보를 통제할 수 있는 권리와 정보처리에 있어 정보주체의 참여를 보장하고 그 과정에서 체계적 역감시를 요구할 수 있는

---

9) 냉각효과(chilling effects)에 대한 자세한 설명은 다음 논문을 참고하기 바란다. Stoycheff, E., Liu, J., Xu, K., & Wibowo, K. (2018). Privacy and the panopticon: Online mass surveillance's deterrence and chilling effects. *New Media & Society*. Retrieved from https://doi.org/10.1177/1461444818801317

적극적이고 능동적인 권리이다(김영욱·김혜인·윤소영, 2018, 15쪽; 윤세연·조창환, 2018, 66쪽).

헌법 제17조는 "모든 국민은 사생활의 비밀과 자유를 침해 받지 아니한다"라고 규정하고 있다. 이 조문은 정보주체가 자신에 대한 정보가 타인에게 전달되고 이용되는 시기와 방법, 범위에 대한 자율적 결정권, 즉 개인정보 자기결정권을 가진다는 의미로 해석할 수 있다. 헌법재판소의 판결에 따르면, 개인정보자기결정권의 보호대상은 개인의 인격주체성을 특징짓는 사항(개인의 신체, 신념, 사회적 지위 등)으로 개인의 동일성을 식별할 수 있게 하는 정보이나, 반드시 개인의 민감한 영역에 속하는 정보뿐만 아니라 공적 생활에서 형성 또는 이미 공개된 정보까지 포함된다. 정보주체가 개인정보 자기결정권에 대한 이해가 충분하지 않으면, 정보유출로 인한 권리 침해를 인지하지 못하게 되고, 결국 적절한 대응과 구제가 어렵게 된다(박향미·유지연, 2016, 502-503쪽).

'프라이버시 염려(privacy concern)'는 프라이버시 침해를 주관적 차원에서 얼마나 체감하는지와 관련된 개념(the degree of consumers' concern about potential privacy was invaded)(Baek & Morimoto, 2012)으로 개인화 서비스 이용에 있어 대표적인 장애요인으로 언급되어 왔다. 프라이버시 염려는 많은 연구에서 다양하게 정의되고 있지만, 공통적으로 '프라이버시(개인정보)의 통제권을 잃는 것에 대한 염려'라는 의미를 포함하고 있다(김상희·김종기, 2017, 597쪽).[10] 스마트광고는 다른 개인화 서비스와 마찬가지

---

10) Westin(1991)은 개인의 프라이버시 염려 수준을 분류하는 지표인 프라이버시 인덱스를 개발하고 소비자를 프라이버시 근본주의자(privacy fundamentalist), 프라이버시 무관심자(privacy unconcerned), 그리고 프라이버시 실용주의자(privacy pragmatist)로 분류하였다. 이 분류에 따르면, 프라이버시 근본주의자는 일반적으로 개인정보를 요구하는 기업에 대해 의심이 많으며 개인정보의 이차적 사용에 관하여 매우 걱정하는 경향이 있는 프라이버

로 프라이버시 문제에서 자유로울 수 없다. 소비자의 온라인 활동에 대한 정보를 수집하고 장기적으로 축적하는 행위는 기업이 의도적으로 소비자를 감시하거나 추적하려는 의도를 가지고 있지 않더라도 개인의 사적인 온라인 활동에 개입하는 것으로 간주될 수 있다. 스마트광고에서 사용되는 개인정보는 크게 개인 식별정보와 개인 비식별정보로 구분된다. 개인 식별정보는 주민등록번호, 이름, 주소 등 특정한 정보만으로 개인을 식별할 수 있는 유용한 정보이지만 프라이버시 문제와 직결되기 때문에 전통적으로 개인정보와 관련하여 문제가 되어 왔다. 개인 비식별정보는 성향, 행동, 위치정보 등과 같이 단일정보만으로는 개인을 식별할 수 없지만, 이를 통해 개인의 관심사, 취향 등을 예측하고 정보를 공유 및 결합함으로써 일정 부분 개인을 식별하는 것이 가능해지면서 최근에는 이 또한 프라이버시 문제를 야기할 수 있다는 논란을 불러일으키고 있다. 소비자의 사적인 온라인 영역 안에 기업이 일방적으로 결정한 맞춤형 광고가 침입함에 따라, 소비자는 온라인 활동과 관련하여 외부의 개입에서 자유로울 권리를 침해받는다고 느끼게 된다(김영욱 외, 2018, 16쪽; 윤세연·조창환, 2018, 66쪽).

소비자들이 지각하는 광고의 침입성은 광고회피를 야기한다. '지각된 침입성(perceived intrusiveness)'이란 소비자가 미디어를 이용할 때 광고로 인해 인지적 처리를 방해받고 있다고 느끼는 것을 의미한다. 광고가 소비자의 눈길을 끌기 위해서는 어느 정도의 침입성은 불가피하지만, 그 정도가

시 염려 수준이 가장 높은 집단이다. 한편, 프라이버시 실용주의자는 개인정보를 요구하는 기업이 제공하는 이익과 그에 따른 잠재적 위험을 꼼꼼히 따져보는 경향이 있는 프라이버시 염려가 중간 수준인 집단이다. 그리고, 프라이버시 무관심자는 일반적으로 개인정보를 요구하는 기업을 신뢰하여 기업이 수행하는 개인정보를 취급하는 절차에 대해 대체로 만족하는 경향이 있는 프라이버시 염려 수준이 가장 낮은 집단을 의미한다(김상희·김종기, 2017, 597쪽에서 재인용).

지나친 경우에 소비자는 광고에 반감을 느끼게 된다. 특히 목적 지향성이 강한 인터넷을 이용하는 경우, 소비자는 광고가 자신의 목적화된 행동을 방해한다는 지각을 다른 매체보다 더 크게 가질 수 있다. 아무리 소비자 개인에게 관련성이 높은 광고라고 할지라도 노출을 원하지 않을 때 광고가 강제적으로 나타난다면 결국 소비자에게 불필요한 정보로 인식되어 온라인 활동을 방해한다고 느낄 수 있는 것이다. 또한, 리타깃팅 광고의 경우 어떤 사이트를 방문하든지 소비자를 계속 따라다니며 동일한 내용의 광고가 계속 반복됨에 따라, 소비자는 스마트광고가 더 불편하다고 느낄 수 있다(김영욱 외, 2018, 18쪽).

2) 프라이버시 리터러시

개인화 서비스가 주는 편리함은 프라이버시 염려에도 불구하고 소비자가 개인데이터를 제공하게끔 하는 동기를 부여한다. 반면에 개인화 서비스에 대한 위험성을 인식하는 경우 소비자가 개인데이터를 제공하려는 동기는 약해진다(Awad & Krishnan, 2006). 개인화 서비스의 수용 여부를 설명하는 '프라이버시 계산모형(privacy calculus model)'은 프라이버시를 교환 가능한 상품으로 보고 소비자가 개인정보를 제공함으로써 얻을 수 있는 혜택과 프라이버시 침해라는 잠재적인 위험을 비교분석한 후, 기대되는 혜택이 위험보다 클 때 개인정보를 제공한다는 경제적인 관점에서의 설명이다. 한편, '프라이버시 역설(privacy paradox)'이란 정보주체의 정보보호에 대한 인식과 실제 행동 사이에서 발생하는 괴리를 의미한다. 이것은 프라이버시에 대한 염려가 클수록 프라이버시를 보호하거나 개인정보를 제공하는 행동이 감소하는 경향이 있다는 주장과는 반대로, 프라이버시에 대한 우려가 높음에도 불구하고 작은 이익을 받거나 또는 서비스를 이용하기 위해 자신의 개인정보를 기꺼이 제공하는 소비자 행태를 의미하는 개념이다(김영욱 외, 2018; 박향미·유지연, 2016; 윤세연·조창환, 2018).

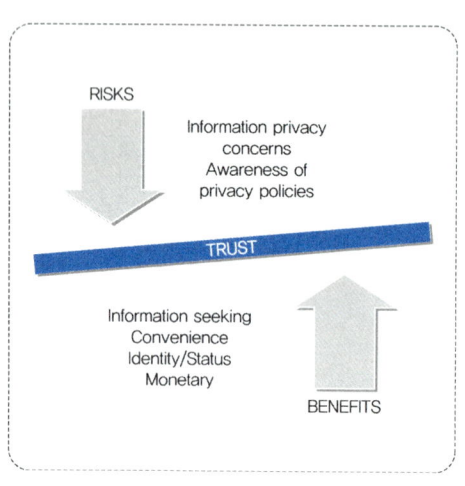

그림 2. 프라이버시 역설

출처: Brinson, N., & Eastin, M. (2017). Mobile commerce and the consumer information paradox: A review of practice, theory, and a research agenda. 원 저작권자의 모든 권리가 보호됨.

프라이버시와 마찬가지로 리터러시의 개념도 확장되고 있다. 일반적으로 리터러시는 지식, 기술, 적용 차원으로 구분된다. 지식차원은 해당 정보의 가치에 대한 판단, 법제도와 관련된 지식, 소통을 위하여 다른 사람에 대한 이해로 구성된다. 기술차원은 관련된 기술에 대한 제어능력이 포함되며, 적용차원은 정보에 대한 기술적 측면을 이용하여 실제 적용하는 능력이다. 프라이버시 리터러시는 개인정보에 대한 통제권과 자율적 결정권인 개인정보 자기결정권의 개념을 포함한다. 프라이버시 리터러시(privacy literacy)는 다양하게 정의되고 있는데, 박향미와 유지연(2016)은 '정보주체가 온라인상 자신의 디지털 정체성에 대하여 관련 법률 및 지침, 제도적 측면의 이해, 개인정보 및 프라이버시 보호를 위한 기술적 지식을 보유, 실제 전략을 수행하는 능력'으로 정의하였다. 이들은 정보주체가 가진 개인정보의 보호와 활용에 대한 판단력과 결정력, 선택능력이 강화되고 개인정보의 자기결정권을 올바르게 보장함으로써 프라이버시 역설이 해소될 수 있으며, 이를 위해서는 교육과 정책 및 제도가 필요하다고 제언했다.

스마트광고의 긍정적인 측면을 활용하기 위해서는, 온라인 맞춤형 광고를 위해 수집되는 정보의 범위, 온라인 활동정보를 수집하는 주체의 범위 등 현행 가이드라인에서 문제가 되는 부분을 보완하고 규제내용을 더욱 구체화할 필요가 있다. 이와 더불어 스마트광고를 제공할 때 소비자에게 관련 내용을 충분히 고지하고, 소비자가 원하지 않을 때 광고를 거부할 수 있는 간편한 방식을 제공하는 등 업계 차원의 자율적인 규제가 강화되어야 한다. 또한 스마트광고가 가져다주는 혜택과 함께 잠재적인 위험에 대해서도 소비자가 더욱 주의를 기울일 수 있도록 하는 교육 프로그램과 제도적 뒷받침을 강화할 필요가 있다(김영욱 외, 2018, 34쪽).

4. 스마트광고 관련 법제도

1) '온라인 맞춤형 광고 개인정보보호 가이드라인'

대부분의 국가에서 개인 맞춤형 온라인광고에서 개인정보 침해 문제가 새로운 문제로 부각되면서 소비자의 프라이버시를 보호하는 정책적 규제를 시행하고 있다(박성용, 2017, 207-208쪽). 우리나라의 경우에도 방송통신위원회가 2017년 2월 온라인 맞춤형 광고로 인한 국민들의 개인정보 침해 우려를 최소화하고 건전한 온라인 맞춤형 광고 생태계를 조성하기 위하여 필요한 보호원칙과 조치방법을 제시한 '온라인 맞춤형 광고 개인정보보호 가이드라인'을 마련했다. 이 가이드라인은 모바일 웹·앱을 포함한 이용자의 온라인상에서의 행태정보를 처리하고 이를 기반으로 제공하는 온라인 맞춤형 광고에 적용된다. 가이드라인은 온라인 맞춤형 광고사업자가 개인정보 보호를 위해 준수해야 할 4대 원칙을 제시하고 있다(방송통신위원회, 2017b).

표 7. 방송통신위원회 '온라인 맞춤형 광고 개인정보보호 가이드라인': 개요 및 개인정보 보호원칙

원칙	내용
목적 및 내용	• 온라인 맞춤형 광고로 인한 국민들의 개인정보 침해 우려를 최소화하고 건전한 온라인 맞춤형 광고 생태계를 조성하기 위하여 필요한 보호원칙과 조치방법 제시를 목적으로 함. • 온라인 맞춤형 광고사업자가 광고에 이용되는 개인의 행태정보 처리 시 준수해야 할 보호원칙과 방법을 제시 • 온라인 맞춤형 광고로 인한 개인정보 침해 우려를 최소화하기 위해 이용자가 취할 수 있는 조치방법 안내
적용 범위	이용자의 온라인(모바일 웹·앱 포함) 행태정보를 처리하고 이를 기반으로 제공하는 온라인 맞춤형 광고
원칙 1. 행태정보 수집·이용의 투명성	• 행태정보의 수집·이용: 자사 웹사이트나 앱을 통하여 맞춤형 광고를 직접 전송하는 광고사업자는 이용자가 언제든지 쉽게 확인할 수 있도록 웹사이트나 앱에 다음 사항을 포함하여 온라인 맞춤형 광고와 관련된 사항을 상세히 안내하여야 한다. * 행태정보 안내사항: 수집항목, 수집방법, 수집목적, 보유·이용 기간 및 처리방법, 이용자 통제권 행사방법, 이용자 피해구제 방법 • 최소 정보 수집: 광고사업자는 온라인 맞춤형 광고에 필요한 최소한의 행태정보를 수집하여야 한다. • 만 14세 미만자의 행태정보 보호: 광고사업자는 만 14세 미만임을 알고 있는 아동이나 만 14세 미만의 아동을 주 이용자로 하는 온라인 서비스로부터 맞춤형 광고 목적의 행태정보를 수집하지 않아야 하며, 만 14세 미만임을 알고 있는 아동에게 맞춤형 광고를 제공하여서는 아니된다.

원 칙	내 용
원칙 1. 행태정보 수집· 이용의 투명성	• **행태정보의 제3자 제공**: 광고사업자 또는 매체사업자가 직접 수집한 행태정보를 제3의 광고사업자에게 제공하는 경우, ① 행태정보를 제공받는 자, ② 제공하는 행태정보의 항목 및 ③ 행태정보를 제공 받는 자의 이용목적 등을 이용자가 쉽게 알 수 있도록 홈페이지의 첫 화면 또는 광고가 제공되는 화면 등을 통해 표시하여야 한다. • **개인 식별정보와의 결합**: 광고사업자가 행태정보와 개인 식별정보를 결합할 경우에는 이용자에게 해당 사실과 사용목적, 결합되는 정보항목, 보유기간 등을 명확히 알리고, 해당 이용자로부터 사전에 동의를 받아야 한다.
원칙 2. 이용자의 통제권 보장	• **광고 화면 등을 통해 통제권을 직접 제공하는 방법**: 광고사업자는 이용자가 자신의 행태정보 제공 및 맞춤형 광고 수신 여부를 광고 화면 또는 관련 링크 등을 통해 직접 결정할 수 있는 통제 수단을 제공하여야 한다. • **이용자 단말기를 통해 통제권을 행사하는 방법**: 광고사업자는 이용자가 PC, 스마트폰 등의 단말기에서 쿠키 및 인터넷 이용기록을 삭제·차단함으로써 인터넷 맞춤형 광고를 통제할 수 있는 방법을 설명하거나 링크하는 방식으로 안내하여야 한다. • **협회 등의 단체를 통해 이용자에게 통제권을 제공하는 방법**: 협회 등 관련 단체에서 이용자가 온라인 맞춤형 광고를 수신하거나 차단하는 기능을 제공하는 경우, 광고사업자는 이용자가 협회 등 관련 단체의 해당 웹페이지로 쉽게 이동할 수 있는 링크와 설명을 함께 제공해야 한다.
원칙 3. 행태정보의 안전성 확보	• **보호조치**: 광고사업자는 행태정보의 유·노출, 부정사용 등을 방지하기 위해 필요한 안전조치를 취하여야 한다. • **정보보관**: 광고사업자는 행태정보의 장기간 저장·보관으로 인한 행태정보의 유출, 부정사용 등의 위험을 최소화하여야 한다. 광고사업자는 온라인 맞춤형 광고 목적을 위해 수집한 행태정보를 필요 최소한의 기간 동안만 저장하고, 목적 달성 후 즉시 파기하거나 안전한 분리저장 등의 조치를 취하여야 한다.
원칙 4. 인식확산 및 피해 구제 강화	• **인식확산**: 광고사업자는 이용자 및 광고주 등에게 수집·이용되는 행태정보, 프라이버시 보호 조치, 온라인 맞춤형 광고에 사용되는 기술 및 거부권 행사방법 등을 적극적으로 안내하여야 한다. • **피해구제**: 광고사업자는 온라인 맞춤형 광고와 관련된 이용자의 문의, 거부권 행사, 피해신고 접수 등을 처리하기 위한 피해구제 기능을 마련하여야 한다. 광고사업자는 이용자가 피해구제 기능을 쉽게 이용할 수 있는 방법을 제공하여야 한다.

개인정보 보호와 활용의 균형이라는 관점에서 가이드라인의 한계점도 지적되고 있다. 박성용(2017)은 규제의 실효성 측면, 가이드라인 적용대상 측면, 개인정보 주체의 권리 측면, 가이드라인상 개인정보 보호대상 측면에서 문제가 있음을 해외의 관련 법제와 비교를 통해 제시하였다. 이시훈(2017) 또한 사전 동의에 있어서 타 법률과의 일관성(법체계) 문제, 제3자 광고 표지와 안내사항 고지의 실효성, 중복규제 가능성과 같은 몇 가지 쟁점사항들을 언급하였다. 현재 우리나라의 개인정보보호 관련 법제는 개인정보보호법과 정보통신망법, 신용정보보호법 등 다수의 개인정보 관련 입법이 병존함으로 인하여 입법체계상의 불일치나 중복, 수범자(受範者)의 법적 혼란, 중복규제로 인한 사업자의 부담증가 등의 문제를 야기하고 있다. 또한 개인정보보호 법제의 집행기관과 감독기구도 개인정보보호위원회, 행정안전부, 방송통신위원회, 금융위원회 등으로 분산되어 있어 통일적이고 전문적인 개인정보 보호의 기능을 수행하기 어렵게 하고 있다. 한편 인공지능(AI), 빅데이터, 사물인터넷 등 기술의 발전 및 그에 따른 개인정보의 침해 위험도를 고려하지 않는 현행 법제의 규제방식 및 규율의 적정성이 문제점으로 지적되고 있다(개인정보보호위원회, 2017). 소비자들의 온라인 행동데이터는 빅데이터 시대를 맞아 다른 정보와 결합되거나 세부적으로 분석되면서 개인을 식별할 수 있게 됨에 따라 온라인 프로파일링을 규제하여야 한다는 주장이 제기되고 있다. 그러나 국내 온라인 기업들은 각 국가의 규제 수준이 다른 현 시점에서 우리나라만 행태정보 활용을 엄격하게 제한한다면 국내기업의 경쟁력을 낮추는 부작용을 가져올 수 있다고 반론을 제기하고 있다(정수연, 2018).

2) 유럽연합 「일반개인정보보호법(General Data Protection Regulation)」[11]

2018년 5월 25일 시행된 유럽연합(EU)의 일반개인정보보호법(이하 GDPR)은 28개 EU 회원국뿐만 아니라 EU 시민의 개인정보를 처리하는 전 세계 기업에 적용되는 법률이다.[12] GDPR은 구글과 페이스북 같은 글로벌 테크 자이언트(tech giant)의 데이터 독점에 대한 선제적 대응이자 데이터 혁명 시대에 부응하는 '개인정보 보호'의 방향성을 제시하고 있다. GDPR은 개인의 프라이버시 보호와 더불어 '개인정보의 자유로운 이동을 보장'함으로써 4차 산업혁명 시대 경쟁력의 원천인 데이터 자원을 확보하고, 글로벌 데이터 패권 경쟁의 우위를 선점하기 위한 대응전략이기도 하다.

GDPR이 전 세계의 주목을 받는 이유는 유럽뿐만 아니라 유럽시민의 개인정보를 취급하는 제3국가와 국제기구를 적용범위로 삼고 있기 때문이다. 또한 개인데이터 활용과 보호라는 상충되어 보이는 사회적 가치 사이에 균형을 잡기 위해 고민하고 있는 국가들이 참조할 수 있는 개인정보보호 법제라는 점에서도 의미가 크다. 4차 산업혁명 시대에 대응하는 우리나라의 개인정보보호 정책 방향은 GDPR과 다르지 않기 때문에, GDPR을 사례로 국내 개인정보보호 법제를 보완하는 노력이 요구된다(조성은·민대홍, 2018. 8, 2-3쪽; 한국인터넷진흥원, 2017. 12, 10쪽).

---

11) 「일반개인정보보호법(General Data Protection Regulation, GDPR)」 원문은 유럽연합 법률포털에서 볼 수 있으며(https://eur-lex.europa.eu/legal-content/EN/TXT/?uri=celex%3A32016R0679), 개인정보보호 종합포털은 GDPR에 대한 다양한 자료를 제공하고 있다(www.privacy.go.kr/gdpr).

12) 유럽에서 프라이버시는 '천부인권'으로 간주되며, 그러한 권리를 보호하기 위한 법률과 정책에서는 '개인데이터(personal data)'라는 용어를 사용한다. 북미지역에서 사용되는 '개인정보(personal information)'라는 표현과 비교되는 부분이다. GDPR은 일반적으로 '개인정보보호법'으로 번역되고 있지만, '개인데이터보호법'이 더 적합한 번역이라는 주장도 제시되고 있다(김상현, 2018, 10쪽).

표 8. GDPR 개인정보 처리원칙(Article 5. Principles relating to processing of personal data)

원칙	내용
적법성, 공정성, 투명성의 원칙 (lawfulness, fairness and transparency)	개인정보는 정보주체와 관련하여 적법하고, 공정하며 투명한 방식으로 처리되어야 한다.
목적 제한의 원칙 (purpose limitation)	구체적·명시적이며 적법한 목적을 위해 개인정보를 수집하여야 하며, 해당 목적과 부합하지 않는 방식으로 추가 처리해서는 안 된다. * 공익적, 과학 및 역사 연구, 통계 목적을 위한 추가 처리는 최초 수집목적과 부합하지 않는 것으로 보지 않는다.
개인정보 처리의 최소화 (data minimisation)	개인정보는 목적과 관련되어 적절하고, 타당하며, 필요한 정도로 제한되어야 한다.
정확성의 원칙 (accuracy)	개인정보는 정확해야 하고, 필요한 경우 최신 상태로 유지되어야 한다.
보관기간 제한의 원칙 (storage limitation)	개인정보는 목적을 달성하는 데 필요한 기간 동안만 개인정보주체를 식별할 수 있는 형태로 보관되어야 한다.
무결성과 기밀성의 원칙 (integrity and confidentiality)	개인정보는 적절한 기술 및 관리적 조치를 통하여 개인정보 소실, 파기, 손상과 같은 비의도적인 사고를 포함해 무단 또는 불법적으로 사용되지 않도록 적절한 보안을 보장하는 방식으로 처리되어야 한다.
책임성의 원칙 (accountability)	개인정보 처리자(controller)는 개인정보 처리원칙을 준수해야 할 책임이 있으며, 이를 입증할 수 있어야 한다.

출처: Council of the European Union (2016, 4, 6); 행정자치부·한국인터넷진흥원 (2017), 〈우리 기업을 위한 「유럽 일반개인정보 보호법」 안내서〉, 14-15쪽 재구성. 원 저작권자의 모든 권리가 보호됨.

GDPR은 기존에 개인정보보호 기준을 제시하였던 '1995년 개인정보보호 지침(Data Protection Directive 95/46/EC, 이하 Directive)'을 대체하는 법률로서 기존 지침과는 달리 그 자체로 유럽연합의 모든 회원국들에게 직접적인 법적 구속력을 가지며, 위반 기업에게 막중한 제재가 가해진다. GDPR이 다루는 주요 내용은 '개인정보 처리에 있어 개인(자연인)을 보호하기 위한 규칙과 개인정보의 자유로운 이동에 관한 규칙에 대하여 규정'하는 것으로(Article 1.1) 제정목적은 '자연인의 자유와 기본권, 특히 개인정보보호에 대한 권리를 보호'하고(Article 1.2), '유럽연합 내에서 개인정보의 자유로운 이동을 보장'하는 데 있다(Article 1.3).

표 9. GDPR 시행에 따른 주요 변화

구 분	Before (Directive 95/46/EC)	After (GDPR)
기업의 책임강화	개인정보 최소 처리, 처리목적 통지 등	개인정보보호 책임자 지정, 영향평가 등 추가
정보주체 권리강화	열람청구권 등	정보이동권 등 새로운 권리 추가
과징금 부과	회원국별 자체 법규에 따라 부과	모든 회원국이 통일된 기준으로 부과

GDPR에서 신설·강화된 정보주체의 권리	주요 내용
처리제한권(신설)	정보주체는 본인에 관한 개인정보의 처리를 차단하거나 제한을 요구할 권리를 가짐.
정보이동권(신설)	정보주체는 본인의 개인정보를 본인 또는 다른 사업자에게 전송하도록 요구할 권리를 가짐.
삭제권(강화)	정보주체는 본인에 관한 개인정보 삭제를 요구할 권리를 가짐.
프로파일링 거부권(강화)	정보주체는 본인에게 중대한 영향을 미치는 사안에 대해 프로파일링 등 자동화된 처리에 의한 결정을 반대할 권리를 가짐.

일반적 위반 사항 (대리인 미지정 위반 등)	중요한 위반 사항 (국외 이전 규정 위반 등)
전 세계 매출액 2% 또는 1,000만 유로 (약 125억 원) 중 높은 금액	전 세계 매출액 4% 또는 2,000만 유로 (약 250억 원) 중 높은 금액

출처: 개인정보보호위원회 개인정보보호 종합포털(https://www.privacy.go.kr/gdpr). 원 저작권자의 모든 권리가 보호됨.

기존 지침에서는 회원국들 간에 개인정보보호 법제가 서로 달라 기업들이 활동함에 있어 여러 가지 문제점이 발생하였지만, GDPR 시행으로 인해 보다 강력하고 통일적인 개인정보보호 규제가 가능하게 된 것이다. GDPR의 구체적인 내용을 살펴보면, GDPR은 동의철회권·정보이동권·삭제권 등을 보장하여 정보주체의 자기정보 통제권을 강화하고 '개인주도'의 데이터 활용과 보호라는 새로운 패러다임을 제시하고 있다. 또 개인정보 영향평가, DPO(Data Protection Officer, 개인정보보호 책임자) 및 EU 역내대리인 지정 등 기업 책무를 강화하고 법 준수에 필요한 IT 인프라 구축을 제도적으로 권장함으로써 개인정보보호의 효율성 향상에 기여할 것으로 전망된다.

GDPR에서 '개인정보(personal data)'란 식별되었거나 또는 식별가능한 자연인(정보주체인 개인)과 관련된 모든 정보를 의미한다. 개인을 직접 또는 간접적으로 식별가능한 경우라면, 이름·전화번호 등과 같은 일반적인 개인정보 외에 온라인 식별자나 위치정보도 GDPR이 정의하는 개인정보에 해당한다. 예를 들어 IP 주소, MAC Address, 온라인 쿠키(cookie) 등과 같은 온라인 식별자(online identifier)를 통해 개인을 식별할 수 있는 경우 GDPR이 정하는 개인정보에 해당된다. GDPR은 기존 지침에서는 개인정보 정의에 명시적으로 포함하지 않았던 위치정보, 온라인 식별자, 유전(genetic) 정보 등을 개인정보의 정의에 포함함으로써 개인정보의 정의를 기존 지침보다 확대했다. 또한, GDPR은 민감한 개인정보를 "특별한 유형의 개인정보(special categories of personal data)"로 규정하고 있는데, 인종·민족, 정치적 견해, 종교·철학적 신념, 노동조합의 가입 여부, 유전자 또는 생체정보, 건강, 성생활 또는 성적 취향에 관한 정보가 민감정보에 해당한다. 민감한 개인정보는 정보주체의 명시적 동의 획득 등의 경우를 제외하고는 원칙적으로 처리가 금지된다. GDPR에서 개인정보의 정의는 지침보다 구체적이며, IP 주소 등 온라인 식별자 정보들이 개인정보가 될 수 있다는 점을 명확히 하고 있다.

가명화(pseudonymisation)란 개인정보를 수정·가공하여 추가적인 정보를 사용하지 않고는 더 이상 원래의 개인정보를 알아볼 수 없는 상태로 만드는 것을 말한다. 이때, 추가적인 정보는 분리 보관하고, 해당 정보를 통해 자연인을 식별하지 않도록 기술적·조직적 조치를 취해야 한다. GDPR은 가명화를 거친 개인정보가 추가적인 정보의 사용에 의해 특정 개인의 속성으로 인정되는 경우, 이를 식별된 개인정보로 간주한다. 그러나 익명화 되어 더 이상 식별될 수 없는 정보에는 GDPR이 적용되지 않는다.

'프로파일링(profiling)'은 자연인의 특징을 분석하거나 예측하는 등 해당 자연인의 개인적인 특성을 평가하기 위해 행해지는 모든 형태의 '자동화된(automatic)' 개인정보의 처리를 의미한다. 따라서, 자연인의 업무 수행, 경제적 상황, 관심사, 지역적 이동 등을 분석하거나 예측하기 위해 개인정보를 자동화된 방식으로 처리하는 경우 프로파일링에 해당된다. 프로파일링은 자동화된 개인정보의 처리를 전제로 하고 있기 때문에, 그 과정에서 인적 개입이 발생하는 경우라면 이는 GDPR에서 정의하는 프로파일링에는 해당하지 않는다. 또한, 인적 개입이 없는 자동화된 개인정보의 처리가 발생하는 경우라도 자연인의 개인적인 특성을 평가하려는 목적이 존재하지 않는다면 이는 프로파일링에 해당되지 않는다. 예를 들어 어떤 온라인 서비스를 무분별하게 대량으로 로그인 하는 것을 방지하기 위해 봇(bot)이 일정한 질문을 제시하고 답변을 입력받아 이를 분석한 후에 로그인 절차를 진행하는 경우, 자동화된 개인정보의 처리는 발생하지만 이는 개인적인 특성을 평가하려는 목적 없이 단지 봇(bot)과 사람을 구별하려는 판단 목적만 존재하기 때문에 프로파일링이라 할 수 없다.

표 10. GDPR 주요 용어 정의(Article 4. Definitions)

용 어	정 의
개인정보 (personal data)	• '개인정보'란 식별되었거나 또는 식별가능한 자연인(정보주체)과 관련된 모든 정보 의미 • '식별가능한 자연인(identifiable natural person)'은 직접적·간접적으로 식별될 수 있는 사람을 의미하며, 특히 이름, 식별번호, 위치정보, 온라인 식별자(online identifier) 등의 식별자를 참조하거나, 하나 또는 그 이상의 신체적·생리적·유전적·정신적·경제적·문화적 또는 사회적 정체성에 대한 사항들을 참조하여 식별할 수 있는 사람을 뜻함.
처리 (processing)	• 처리는 자동화 수단에 의한 것인지 여부에 관계없이 단일의 또는 일련의 개인정보에 행해지는 작업 • 수집·기록·편집·구성·저장·가공 및 변경·검색·참조·사용·이전을 통한 제공·배포나 기타 방식으로의 제공·연동·제한·삭제 또는 파기 등이 해당됨.
가명처리 (pseudonymisation)	가명화는 추가적인 정보의 사용 없이 더 이상 특정 정보주체를 식별할 수 없는 방식으로 수행된 개인정보의 처리 의미
동의 (consent)	개인정보 주체의 동의는 본인과 관련된 개인정보의 처리에 대해 합의한다는 개인정보 주체의 의견을 분명하게 나타낸 의사표시(clear affirmative action) 의미
개인정보 침해 (personal data breach)	개인정보 침해는 개인정보가 사고나 불법적으로 파기·유실·변경·무단제공·무단열람을 초래하게 되는 보안 위반 의미
프로파일링 (profiling)	프로파일링은 개인의 업무 성과·경제적 상황·건강·개인적 선호·관심사·신뢰도·행태·위치 또는 이동에 관한 개인적인 특성을 분석하거나 예측하기 위해 개인정보를 사용하는 모든 형태의 자동화된 개인정보 처리 의미

출처: Council of the European Union (2016, 4, 6); 행정자치부·한국인터넷진흥원 (2017). 〈우리 기업을 위한 「유럽 일반개인정보보호법」 안내서〉, 6-10쪽 재구성. 원 저작권자의 모든 권리가 보호됨.

GDPR이 우리에게 주는 시사점은 개인과 국가의 데이터 주권[13]을 강화

---

13) 데이터 주권이란 데이터의 생성·저장·유통 및 활용에 대한 주권 국가의 배타적인 권리이다. 국가차원에서는 데이터의 흐름과 공개·비공개 여부, 사용 등을 통제할 수 있는 권리를 의미하며, 개인차원에서는 자신의 데이터에 대한 권리인 '개인데이터 자기결정권'을 의미한다(한국인터넷진흥원, 2018, 9쪽).

했다는 점이다. 개인차원에서 GDPR은 정보주체의 권리를 명확하게 제시하고, 새로운 권리를 신설하여 개인데이터 처리의 투명성과 신뢰성을 강화함으로써 정보주체인 개인의 주체적 의사결정권과 통제권을 보장하였다. 국가차원에서 GDPR은 데이터가 4차 산업혁명 시대의 자원이라는 관점과 데이터 주권의 수호가 곧 자국민 보호라는 인식을 반영하고 있다. 즉, EU 역내 법률체계를 통합하고, 활용가능성을 높여 자국민 데이터 활용 기업들의 성장 기반을 마련한 반면, 허가받지 않은 자국민 데이터의 국외 반출을 엄격하게 제한하고 있다. GDPR은 유럽위원회가 '적합'하다고 판단하거나 '적절한 보호조치'를 갖춘 개인정보 체계가 마련되어 있는 국가에 한해 데이터 이전을 허용하고 있다. GDPR의 또 다른 핵심은 개인정보보호와 데이터 활용의 균형을 맞추었다는 점이다. GDPR은 정보주체의 개인정보에 대한 권리 외에도 데이터 활용 등의 다른 기본권 또한 존중할 것을 명시하고 있다. 이러한 기조는 자국과 자국민의 데이터 주권은 강화하면서, 자국 디지털 산업은 활성화시키고자 하는 세계적 흐름에 부합하는 것이다(한국인터넷진흥원, 2018b, 9쪽).

5. 데이터경제 시대의 스마트광고 리터러시: 소비자 차원을 넘어

1) 소비자 차원: 스마트광고의 유용성과 개인데이터 관리 사이의 균형 잡기

앞서 언급한 바와 같이 프라이버시 역설이란 개인이 자신의 프라이버시에 대한 염려가 높음에도 불구하고 프라이버시를 보호하고자 하는 어떠한 행동도 하지 않거나, 정보제공의 대가로서 지불되는 보상이나 서비스의 이용을 위해 개인정보를 쉽게 제공하는 모순되는 현상을 의미한다(김연종·안병혁, 2016). 개인 맞춤형 광고에서 얻는 혜택을 누리기 위해서는 개인데이터를 내어주어야 한다. 데이터혁명 시대에 소비자들은 개인화의 편리함과 개인데이터 보호라는 상충되는 것처럼 보이는 두 가지 가치 사이에서 혼란을 느끼고 있다. 이러한 딜레마를 '개인화-프라이버시 패러독스(역설)(personalization-privacy paradox)'라고 부른다(Sutanto, et al., 2013, p. 1141). 데이터경제 시대에 소비자에게 요구되는 스마트광고 리터러시는 개인맞춤형 온라인광고의 편리함과 프라이버시 관리 사이의 균형을 잡는 능력이다. 트렙테(Trepte) 등은 이러한 능력을 측정하기 위한 수단으로 여섯 가지 지식차원으로 구성된 온라인 프라이버시 리터러시 척도(Online Privacy Literacy Scale)를 개발하여 제시하였다.

온라인 프라이버시 리터러시의 6가지 지식(Online Privacy Literacy Scale, OPLIS)

① 온라인 서비스 제공자에 대한 지식
 (Knowledge about the practices of institutions and online service providers)
② 온라인 프라이버시와 데이터 보호에 관한 기술적 차원의 지식
 (Knowledge about the technical aspects of online privacy and data protection)
③ 프라이버시에 대한 잠재적인 위협과 위험
 (Knowledge about potential privacy threats and risks)
④ 데이터보호에 관한 법제도 차원의 지식
 (Knowledge about the laws and legal aspects of data protection in Germany and the European Union)
⑤ 온라인 프라이버시를 통제할 수 있는 방법에 대한 지식
 (Knowledge about strategies for individual online privacy control)
⑥ 프라이버시 위협에 대처할 수 있는 방법에 대한 지식
 (Knowledge about ways to deal with privacy threats)

출처: Trepte et al. (2015). *Do people know about privacy and data protection strategies? Towards the "Online Privacy Literacy Scale"(OPLIS)*.

개인데이터를 생성하는 주체는 바로 소비자 자신이다. 팡라지오와 셀윈은 데이터경제 시대를 살아가기 위해서는 자신의 개인데이터를 이해하고 관리하는 능력이 매우 중요하다고 강조하고, 이러한 능력을 '개인데이터 리터러시(personal data literacies)'라고 개념화하였다(Pangrazio & Selwyn, 2018, p. 8).

표 11. 개인데이터 리터러시의 영역들(personal data literacies)

영 역	핵심 질문	수행 능력
데이터 인지 (identification)	개인데이터란 무엇인가?	개인데이터 유형 인지(구체화)
데이터 이해 (understanding)	다양한 개인데이터들은 어떻게 생성, 유통, 이용되고 있는가?	• 개인데이터가 어디서 어떻게 생성되고 처리되는지에 대한 이해(데이터 추적) • 처리된 데이터를 통해 생산되는 정보에 대한 이해(데이터 시각화, 차트와 그래프)
데이터 성찰 (reflexivity)	다양한 개인데이터들이 나와 다른 사람에게 주는 의미는 무엇인가?	• 개인데이터를 처리함으로써 만들어지는 프로파일링과 예측에 대한 분석과 평가 (감성분석, 자연어처리) • 개인데이터를 관리, 처리, 적용하는 것의 의미 이해(개인적, 집단적 비평)
데이터 이용 (uses)	다양한 개인데이터들을 어떻게 관리하고 활용할 수 있는가?	• 데이터 적용, 관리, 통제 • 기술적 능력과 해석 역량 형성(이용약관 읽기, 프라이버시 설정, 차단기술 적용) • 처리된 데이터를 통해 만들어지는 정보 활용(디지털 자아와 성과에 대한 개인적 통찰)
데이터 기술 (tactics)	개인데이터를 차별화하여 사용할 수 있는 방법은 무엇인가?	• 거절과 애매하게 만드는 방법 적용하기 (기법) • 개인적 사회적 목적을 위한 데이터 재목적화(창조적 활용)

출처: Pangrazio, L., & Selwyn, N. (2018). 'Personal data literacies': A critical literacies approach to enhancing understandings of personal digital data. *New Media & Society*, 11쪽에서 인용. 원 저작권자의 모든 권리가 보호됨.

2) 정책 차원: 스마트광고 산업의 발전과 소비자 보호

소비자 차원에서 이와 같은 개인데이터 리터러시가 내재화되기 위해서는 데이터경제 시대에 부합하는 리터러시 교육과정뿐만 아니라, 소비자들이 안심하고 개인데이터를 제공할 수 있는 제도적 환경을 조성하는 정책과 소비자들로부터 신뢰를 얻을 수 있는 개인데이터 활용기업의 실천적 행동이 필요하다. 맞춤형 광고에 대한 국내외 주요 온라인 서비스 사업자의 데이터 정책은 개인데이터의 보호와 관련된 정보제공에 초점을 맞추고 있다. 네이버만이 개인정보보호 정책과 함께 '이용자 맞춤형 광고의 효용'에 대한 설명을 제고하고 있다. 스마트광고의 수용 여부가 개인 맞춤형 광고의 유용성과 프라이버시 염려 간의 맞교환이라는 점을 고려한다면, 스마트광고의 유용성에 보다 구체적인 설명은 개인 맞춤형 광고의 수용 여부에 도움을 줄 수 있을 것이라 생각된다.

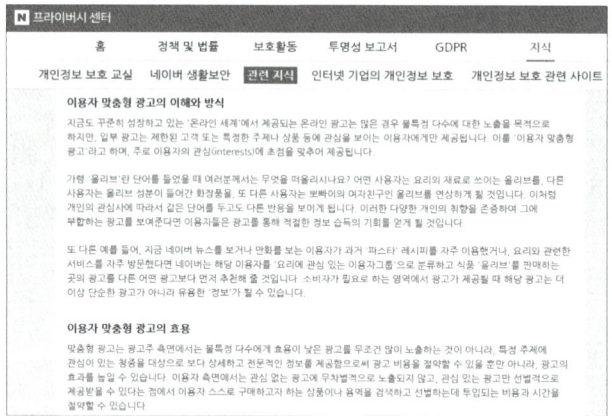

그림 3. 국내외 주요 온라인 서비스 사업자의 맞춤형 광고 데이터 정책

출처: kakao 이용자 맞춤형 광고. URL: https://privacy.naver.com/knowledge/online_ad?menu=knowledge_info_relation_online_ad

kakao 맞춤형 광고

Kakao 맞춤형 광고 소개
Kakao 맞춤형 광고는 Kakao 플러스 친구 메시지 광고, Kakao가 제공하는 서비스 및 제휴된 디스플레이 네트워크에 게재되는 텍스트, 이미지 또는 동영상 광고입니다.

이용자에게 맞춤형 광고를 제공하는 방법
Kakao 맞춤형 광고는 Kakao가 제공하는 서비스에 대한 이용자의 방문 기록, 활동 로그 및 검색 이력 그리고 Kakao 맞춤형 광고에 참여한 제휴사의 앱사이트에 대한 방문 기록 등(이하 '행태정보')을 이용자에게 유용한 광고를 제공합니다. 이 때 게재되는 내용은 Kakao의 온라인 광고구매 플랫폼을 통해 모집된 광고주의 광고입니다. 이용자에게 적절한 광고를 제공하기 위해 웹서비스 안에서는 '광고용 쿠키(cookie)'를 사용하고, 모바일 앱에서는 '광고식별자(advertising id)'를 사용합니다. 쿠키란 이용자가 웹 사이트를 처음 방문할 때 웹 사이트에서 이용자 컴퓨터의 하드 디스크에 저장해 놓는 작은 파일이며 앱 기반 서비스를 편리하게 사용하는데 이용되는 기술입니다. 광고식별자는 모바일 운영체제(os)에서 발급하는 id로 이용자에게 맞춤형 정보나 광고를 제공하기 위해 사용하는 식별자입니다.

맞춤형 광고의 이용자 정보보호
Kakao는 이용자 정보를 소중하게 관리합니다. Kakao는 이용자의 권리·이익이나 사생활을 뚜렷하게 침해할 수 있는 민감한 정보를 수집하지 않으며, 광고용 쿠키나 광고식별자를 통해 수집한 행태정보를 개인을 식별할 수 있는 정보와 결합하지 않습니다.
광고용 쿠키나 광고식별자를 통해 수집한 행태정보는 인구 통계학적 특성에 기반한 추정 성 연령대의 관심사에 따른 맞춤형 광고 및 컨텐츠 제공을 위해 최대 120일간 보관 후 파기하며, 파기 시에는 복구재생할 수 없는 기술적인 방법을 이용합니다.
Kakao는 만 14세 미만임을 알고 있는 아동이나 만 14세 미만의 아동을 주 이용자로 하는 온라인 서비스로 부터 활동로그 등의 정보를 수집하지 않으며, 만 14세 미만임을 알고 있는 아동에게 맞춤형 광고를 제공하지 않습니다.

출처: kakao 맞춤형 광고. URL: http://info.ad.daum.net/optout.do

수집하는 정보를 이용하여 추천, 맞춤 콘텐츠, 맞춤 검색결과를 제공하는 등 사용자를 위해 서비스를 맞춤설정합니다. 예를 들어 보안 진단☑은 사용자의 Google 제품 이용 방식에 적합한 보안 팁을 제공합니다. 또한 Google Play는 사용자가 이미 설치한 앱, YouTube에서 시청한 동영상과 같은 정보를 이용하여 좋아할 만한 새로운 앱을 추천합니다.

사용자의 설정에 따라 관심사를 바탕으로 개인 맞춤 광고를 표시할 수도 있습니다. 예를 들어 사용자가 '산악 자전거'를 검색한 적이 있다면 Google 광고를 게재하는 사이트를 탐색할 때 스포츠 장비 광고가 표시될 수 있습니다. 광고 설정을 방문하여 광고 표시에 Google이 이용하는 정보를 제어할 수 있습니다.

출처: 구글 맞춤 서비스 제공. URL: https://policies.google.com/privacy?hl=ko&gl=kr#whycollect

> **Facebook에서 정보를 활용하는 방법**
>
> Facebook은 아래에 설명된 바와 같이 보유한 정보를 이용하며, Facebook 약관 및 Instagram 약관에 설명된 Facebook 제품 및 관련 서비스를 제공하고 지원합니다. 방법은 다음과 같습니다.
>
> **Facebook 제품의 제공, 맞춤화 및 개선.**
> 저희는 Facebook 제품을 제공하기 위해 저희가 보유한 정보를 이용합니다. Facebook 제품을 제공하는 데는 기능 및 콘텐츠(뉴스피드, Instagram 피드, Instagram 스토리 및 광고 포함)를 맞춤화하고 Facebook 제품 안팎에서 회원님이 관심을 가질 만한 그룹 또는 이벤트나 팔로우할 만한 주제 등을 추천하는 것이 포함됩니다. 회원님을 위해 특별하고 관련성 있는 맞춤화된 Facebook 제품을 만들기 위해, 저희는 수집한 데이터와 회원님 및 다른 사람으로부터 얻은 정보(회원님이 제공하기로 선택한 특별 보호 데이터 포함)에 기초한 회원님의 관계, 기호, 관심사 및 활동, 회원님이 Facebook 제품을 이용하고 상호 작용하는 방법, Facebook 제품 안팎에서 회원님과 연결되어 있거나 회원님이 관심 있는 사람, 장소 또는 사물에 관한 정보를 이용합니다. Facebook 제품의 기능, 콘텐츠, 추천을 포함하여 Facebook과 Instagram에서 개인에게 맞춤화된 경험을 제공하기 위해 당사가 회원님에 관한 정보를 어떻게 사용하는지 자세히 알아보세요. 또한 회원님에게 표시되는 광고를 선택하는 방법도 자세히 알아볼 수 있습니다.

출처: 페이스북 맞춤화. URL: https://www.facebook.com/about/privacy

프라이버시 역설은 소비자 차원의 노력만으로는 해결될 수 없다. 개인데이터 활용에 관한 소비자의 염려를 줄이기 위해서는 개인데이터를 안전하게 사용하도록 하는 법·제도적 환경을 조성하고, 개인데이터의 오·남용이나 유출이 발생하지 않도록 하는 스마트광고 산업의 신뢰 형성이 필요하다. 관계부처가 합동으로 마련한 〈데이터산업 활성화 전략〉에서 제시하고 있는 '데이터를 가장 안전하게 잘 쓰는 나라'라는 비전과 '데이터 보호와 활용의 균형'이라는 추진방향을 보면 소비자들의 프라이버시에 대한 염려를 잘 이해하고 있는 것 같다. 데이터경제 시대에 개인데이터 활용의 필요성은 스마트광고뿐만 아니라 다양한 영역에서 점점 더 커지고 있다. 그동안 많은 논의를 통해 개인정보 보호와 활용의 균형점을 찾아야 한다는 필요성에 합의하였다면, 지금은 균형점을 찾기 위한 구체적인 방안을 제시하고 사회적 합의를 모색해야 할 시점이다(안정민·최경진, 2017, 140쪽).

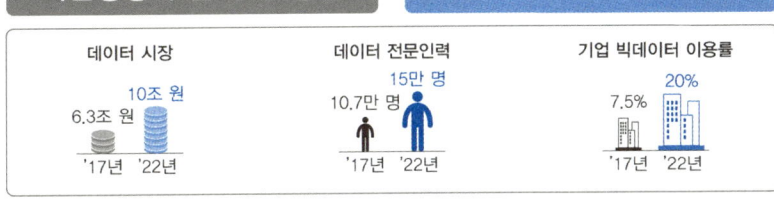
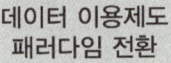
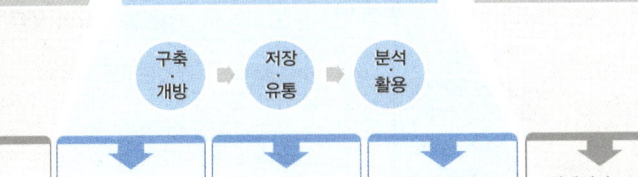

그림 4. 데이터산업 활성화 전략의 비전과 추진과제

출처: 4차 산업혁명위원회 (2018. 6. 26.). 〈데이터산업 활성화 전략〉.
　　　URL: https://www.4th-ir.go.kr/article/detail/227

표 12. 개인정보보호법의 구체적 정비방안

특 성		내 용
정보 주체의 권리 측면	투명성 원칙의 명시	지능정보사회에서 프로파일링이나 자동적 의사결정, 인공지능기술 적용 등 복잡한 정보처리의 상황에 대해 개인의 자율적 인격성을 보장하기 위해서는 정보주체가 자신에게 영향을 미치는 자동적 의사결정에 이르게 되는 과정 등 정보처리 전반에 대해 정확하고 공정한지 여부를 확인할 수 있도록 할 필요가 있다.
	정보주체의 동의권 실질화 및 합리화	지능정보기술의 도입에 따른 개인정보 처리 상황에 대해 정보주체가 충분히 인식할 수 있도록 고지와 설명의 절차, 그에 따른 동의권 등이 실질적인 의미를 가질 수 있도록 관련 제도를 정비할 필요가 있다.
	GDPR의 새로운 권리 도입 검토	먼저 정보주체의 개인정보 자기결정권을 실효적으로 보장하는 차원에서 GDPR에 상응하는 정보이동권을 국내의 입법에 반영하는 방안을 적극 검토할 필요가 있다. 또한 개인정보보호법의 "개인정보의 처리"에 '프로파일링'이 포함된다는 것을 명시할 필요가 있고, 우리나라의 법제에서도 자동화된 의사결정의 대상이 되지 않을 권리를 인정하고, 자동화된 의사결정을 EU의 수준에 준하여 엄격한 조건 하에서만 허용할 필요가 있다.
개인정보 처리자의 책임성 측면	시스템 설계단계에서의 프라이버시 고려(privacy by design) 도입	Privacy by design은 개인정보를 처리하는 정보기술 및 관련 시스템의 설계 단계에서부터 정보주체의 권리보호 및 강화를 위한 조치를 마련하는 것이라는 점에서 개인정보 침해의 위험을 최소화하고 정보주체와 개인정보 처리자의 신뢰를 구축할 수 있는 유용한 수단이라 할 수 있다.
	개인정보 영향평가 개선	현행 개인정보 영향평가의 실시 대상은 공공기관으로 한정되어 있는데, 이를 민간부문에까지 확대하여 실시할 필요가 있다. 또한 영향평가의 결과 개인정보 침해가 우려되는 경우에는 개인정보보호위원회가 개인정보 처리자에게 필요한 조치를 요구할 수 있도록 할 필요가 있다.
개인정보의 보호와 이용의 균형 측면	동의의 합리화	지능정보사회에서 인공지능기술 등에 의해 개인의 중대한 삶의 문제가 자신도 모르는 사이에 자동적으로 결정될 수 있다는 점을 고려할 때 정보주체의 사전적 동의를 통해 개인정보의 예측 불가능한 처리기법에 대해 통제권을 행사할 수 있도록 보장할 필요가 있다. 개인정보 처리자의 입장에서 제기되는 사전적 동의가 갖는 엄격성의 문제는 개인정보 처리자의 이익을 고려하여 동의 없이 개인정보를 처리할 수 있는 별도의 정당화 사유를 보강하는 방식으로 접근할 필요가 있다.

특성		내용
개인정보의 보호와 이용의 균형 측면	가명정보의 정의와 처리조건	먼저 개인정보보호법에서 개인정보를 더 이상 특정 개인을 알아볼 수 없도록 처리한 정보를 의미하는 '익명정보'와 구별되는 개념으로 '가명정보'를 "개인정보 중에서 추가적 정보를 사용하지 않으면 더 이상 특정 개인을 알아볼 수 없도록 가명처리한 정보"로 정의할 필요가 있다.
	민감정보의 보호범위 조정	개인정보보호법 제23조 제1항에서 민감정보의 종류에 생체인식정보를 추가하면서, 생체인식정보를 "지문, 홍채, 음성, 필적 등 개인의 신체적 행동적 특성에 관한 정보로서 개인을 인증 또는 식별하기 위하여 기술적으로 처리되는 개인정보"로 정의할 필요가 있다.
	제3자 제공에 대한 예외적 허용요건 추가	개인정보 처리자의 정당한 이익을 위한 경우 개인정보를 이용할 수 있는 가능성을 제고하기 위하여 개인정보보호법에서 예외적 허용사유를 추가하는 방안을 적극 고려해 볼 수 있다.
	정정청구권과 삭제청구권 등의 개선	먼저 반드시 열람의 절차를 거치지 않더라도 개인정보의 정정청구가 허용될 수 있도록 해당 조항을 개정할 필요가 있다.
	개인정보의 국외 이전	개인정보의 국외 이전은 국내에서의 유통과 비교해서 정보주체의 권리가 침해될 가능성이 현저히 높다고 할 것이므로, 정부는 사전에 정보주체의 권리 보호를 위한 시책을 마련해야 할 필요가 있다.

출처: 개인정보보호위원회 (2017). 〈지능정보사회 대응을 위한 개인정보보호 법제 정비방안〉. 173-179쪽 재구성. 원 저작권자의 모든 권리가 보호됨.

3) '데이터를 가장 안전하게 잘 쓰는 나라'를 향하여: 스마트광고 리터러시 주체

데이터경제 시대에 요구되는 '스마트광고' 리터러시는 누가 갖추어야 하는 능력인가? 광고 리터러시에 관한 기존 논의들에서 리터러시를 함양해야 하는 주체는 수용자인 소비자였고, 그중에서도 미성년자가 핵심적인 교육 대상자였다. 개인데이터를 기반으로 작동되는 스마트광고 리터러시의 교육 대상자도 이와 같을까? 풀어서 다시 질문하면 다음과 같다. 전통미디어

(legacy media)라 불리는 신문·라디오·텔레비전에 익숙한 '유선전화' 세대인 부모·교사가 유튜브(Youtube)를 보고 자란 '스마트폰' 세대인 자녀·학생들이 개인맞춤형 온라인광고의 작동 메커니즘을 이해하고 스마트광고 리터러시 능력을 가질 수 있도록 도와줄 수 있는가? 스마트광고 리터러시를 함양해야 하는 집단은 소비자로서의 부모와 자녀, 교사와 학생, 즉 전국민이다.

〈우리 기업을 위한 GDPR 안내서〉, 〈우리 기업을 위한 GDPR 1차 가이드라인〉, 〈GDPR 시행 대비 기업이 준비해야 할 사항〉 등등은 처벌규정이 대폭 강화된 GDPR에 대응할 수 있도록 우리나라 '개인정보보호 종합포털(www.privacy.go.kr)'이 국내 기업에게 제공하는 교육 자료이다. 스마트광고 리터러시는 수용자인 소비자 차원을 넘어서는 문제가 되었다. 리터러시는 읽고(메시지 해독)·쓰는(메시지 전달) 능력이다. 광고 메시지를 만들어서 전달하는 '광고 쓰기'의 주체는 기업이다. 전통적인 광고에서는 '거짓·과장·기만·부당·비방'적인 광고 메시지가 되지 않도록 주의하면 되었다. 이와 더불어 개인맞춤형 광고인 스마트광고를 전달하고자 하는 기업은 소비자들이 신뢰할 수 있는 방식으로 개인데이터 이용에 관한 규정을 준수해야 하는 또 다른 숙제를 받고 있다. 데이터경제 시대에 기업은 소비자와 함께 스마트광고 리터러시의 주체가 된 것이다.

참고문헌

4차 산업혁명위원회 (2017, 10). 〈4차 산업혁명 대응을 위한 기본 정책방향〉.
    URL: policy.nl.go.kr/cmmn/FileDown.do?atchFileId=221113&fileSn=62534
4차 산업혁명위원회 (2018, 6, 26). 〈데이터산업 활성화 전략〉.
    URL: https://www.4th-ir.go.kr/article/detail/227

개인정보보호위원회 (2017). 〈지능정보사회 대응을 위한 개인정보보호 법제 정비 방안〉.
과학기술정보통신부 · 한국방송광고진흥공사 (2017). 〈2017 방송통신광고비조사〉.
관계부처 (2016, 6). 〈개인정보 비식별 조치 가이드라인〉.
    URL: https://www.privacy.go.kr/inf/gdl/selectBoardArticle.do?nttId=7187&bbsId=BBSMSTR_000000000044&bbsTyCode=BBST01&bbsAttrbCode=BBSA03&authFlag=Y&pageIndex=1&searchCnd=&searchWrd=&replyLc=0&nttSj
구명진 (2017). 〈소비자 모바일 광고 리터러시의 개념화와 측정〉. 서울대학교 대학원 박사학위 논문.
김득원 (2017). 〈4차 산업혁명 시대의 핵심 인프라, 5G〉. KISDI Premium Report 17-06. 정보통신정책연구원.
김상현 (2018). 〈디지털 프라이버시〉. 서울: 커뮤니케이션북스.
김상희 · 김종기 (2017). 프라이버시 염려에 대한 메타분석. 〈경영학연구〉, 46권 2호, 595-622.
김연종 · 안병혁 (2016). 프라이버시 패러독스 현상이 SNS 사용자의 개인정보 제공행동에 미치는 영향. 〈한국경영정보학회 학술대회〉, 253-262.
김영욱 (2018). 디지털 노동 착취와 감시의 상품화: 온라인 맞춤형 광고에 대한 커뮤니케이션 정치경제학 해석. 〈언론과 사회〉, 26권 1호, 34-78.
김영욱 · 김혜인 · 윤소영 (2018). 온라인 맞춤형 광고 수용에 영향을 미치는 요인 연구. 〈한국언론정보학보〉, 89호, 7-41.
김영훈 (2018). 4차 산업혁명의 선도국 전략과 후발국 대응 방안. 〈국제개발협력〉, 2호, 3-19.
노컷뉴스 (2018, 10, 8). 피싱·해킹에 두려운 이용자들 … 어떻게 해야 하나?
    URL: http://www.nocutnews.co.kr/news/5041234

뉴스1 (2018, 10, 1). 페이스북, 개인정보 유출로 EU서 벌금 2조원 '직면': EU 새 개인정보보호법(GDPR) 위반 여부 검토. URL: http://news1.kr/articles/?3439309

미래창조과학부 (2013, 5). 〈스마트 광고산업 육성전략〉.

미래창조과학부·방송통신위원회·문화체육관광부·중소기업청 (2014, 12). 〈스마트 미디어 산업 육성 계획(2015-2020)〉.

박성용 (2017). 온라인맞춤형광고 개인정보보호 가이드라인에 대한 비판적 검토. 〈소비자문제연구〉, 48권 3호, 205-231.

박종구 (2018, 2). 스마트미디어 시대 광고시장의 지형변화. 〈미디어이슈&트렌드〉, 2월호, 27-41. URL: https://www.kca.kr/open_content/bbs.do?act=detail&msg_no=277&bcd=research

박향미·유지연 (2016). 올바른 개인정보 자기결정권 행사를 위한 프라이버시 리터러시 수준 측정에 관한 연구. 〈정보보호학회논문지〉, 26권 2호, 501-522.

방동희 (2018). 데이터 경제 활성화를 위한 데이터 법제의 필요성과 그 정립방향에 관한 소고. 〈법학연구〉, 59권 1호, 77-104.

방송통신위원회 (2015). 〈온라인 맞춤형 광고에서의 개인정보보호에 관한 연구〉(방통융합정책연구 KCC-2015-20). URL: http://www.ndsl.kr/ndsl/commons/util/ndslOriginalView.do?dbt=TRKO&cn=TRKO201700004531&rn=&url=&pageCode=PG18

방송통신위원회 (2017a). 〈2017년 방송매체이용행태조사〉.

방송통신위원회 (2017b). 〈온라인 맞춤형 광고 개인정보보호 가이드라인〉. URL: http://www.kcc.go.kr/user.do?mode=view&page=A02030700&dc=K02030700&boardId=1099&cp=1&boardSeq=44473

서울대 법과경제연구센터 (2017). 〈데이터 이코노미〉. 서울: 한스미디어.

안정민·최경진 (2017). 맞춤형 광고와 개인정보보호. 〈미국헌법연구〉, 28권 3호, 111-149.

오병철 (2016). 〈IoT환경에서의 프라이버시 보호에 관한 연구〉. NAVER Privacy White Paper. URL: https://privacy.naver.com/download/2016_NaverPrivacyWhitePaper_2.pdf

우지영 (2017). 제4차 산업혁명: 데이터 경제를 준비하며. 〈한국콘텐츠학회지〉, 15권 1호, 14-20.

윤세연·조창환 (2018). SNS 광고에서의 개인화요소가 광고효과에 미치는 영향. 〈한국광고홍보학보〉, 20권 2호, 64-94.

이대희 (2017). 정보 보호 및 활용 방안으로서의 가명·비식별 정보 개념의 연구. 〈정보법학〉, 21권 3호, 217-251.

이시훈 (2017). 온라인 맞춤형 광고 가이드라인의 내용과 쟁점 [전자매체본]. 〈KISO JOURNAL〉, 26호. URL: http://journal.kiso.or.kr/?p=7976

이희복 (2016). 〈광고활용교육〉. 서울: 커뮤니케이션북스.

전승재·주문호·권헌영 (2017). 개인정보 비식별 조치 가이드라인의 법률적 의미와 쟁점. 〈정보법학〉, 20권 3호, 259-290.

정보통신정책연구원 (2017). 〈2017 한국미디어패널조사〉.

정수연 (2018). 온라인 맞춤형 광고의 행태정보 규제 현황 및 시사점. 〈정보통신방송정책〉, 30권 3호, 1-23.

정용찬 (2017a). 위기와 도약이 공존하는 4차 산업혁명. 〈월간 공공정책〉, 135, 15-17.

정용찬 (2017b). 〈4차 산업혁명 시대의 데이터 경제 활성화 전략〉 (KISDI Premium Report 17-06). 과천: 정보통신정책연구원.

정용찬 (2018, 8). 〈4차 산업혁명 시대의 데이터 거버넌스 개선 방향〉 (KISDI Premium Report 18-05). 과천: 정보통신정책연구원.

조선일보 (2018, 10, 1.). 또 뚫린 페이스북, 5000만명 개인정보 유출. URL: http://news.chosun.com/site/data/html_dir/2018/10/01/2018100100209.html?utm_source=naver&utm_medium=original&utm_campaign=news

조성은·민대홍 (2018). 〈GDPR 시대 개인정보정책의 주요 쟁점 및 대응방안〉 (KISDI Premium Report 18-04). 과천: 정보통신정책연구원.

한겨레 (2018, 10, 9). '페북처럼 될까봐' … 구글, 50만명 개인정보 유출 6개월간 '쉬쉬'. URL: www.hani.co.kr/arti/economy/it/865046.html#csidxb7fb00006d78f239f35867a0d827ffd

한국방송광고진흥공사 (2017). 〈2017 소비자행태조사보고서〉.

한국정보화진흥원 (2017). 시민 중심의 데이터 활용 전략: 'My data' 관련 해외 프로젝트 분석. 〈IT & Future Strategy〉, 4호.

한국정보화진흥원 (2018a). 〈EU의 인공지능 新 규제메카니즘: 설명가능 인공지능(XAI) (Regulatory Mechanisms towards Trust in AI/ML)〉. NIA Special Report. 2018-3.

한국정보화진흥원 (2018b). 〈데이터 주권 시대의 새로운 흐름: EU GDPR의 의미와 시사점〉. NIA Special Report. 2018-7.

행정자치부·한국인터넷진흥원 (2017). 〈우리 기업을 위한 「유럽 일반개인정보보호법」 안내서〉.

Awad, N. F., & Krishnan, M. S. (2006). The personalization privacy paradox: An empirical evaluation of information transparency and the willingness to be profiled online for personalization. *MIS quarterly*, 13-28.

Baek, T. H., & Morimoto, M. (2012). Stay away from me. *Journal of advertising, 41*(1), 59-76.

Bauer, A. T., & Ahooei, E. M. (2018). Rearticulating Internet Literacy. *Journal of Cyberspace Studies, 2*(1), 29-53.

Brinson, N. H., & Eastin, M. S. (2017). Mobile commerce and the consumer information paradox: A review of practice, theory, and a research agenda. In M. Dehmer & F. Emmert-Streib (Eds.), *Frontiers in Data Science* (pp. 171-190). CRC Press.

Council of the European Union (2016, 4, 6). *General Data Protection Regulation.* Retrieved from https://eur-lex.europa.eu/legal-content/EN/TXT/?uri=celex%3A32016R0679

Doorey, A. M., Wilcox, G. B., & Eastin, M. S. (2017). Consumer Privacy and the New Mobile Commerce. In A. C. Scheinbaum (Eds.), *The dark side of social media: A consumer psychology perspective.* New York: Routledge.

Fan, H., & Poole, M. S. (2006). What is personalization? Perspectives on the design and implementation of personalization in information systems. *Journal of Organizational Computing and Electronic Commerce, 16*(3-4), 179-202.

FTC (2009, 2). FTC STAFF REPORT: Self-regulatory Principles for Online Behavioral Advertising. Retrieved from https://www.ftc.gov/sites/default/files/documents/reports/federal-trade-commission-staff-report-self-regulatory-principles-online-behavioral-advertising/p085400behavadreport.pdf

Fuchs, C. (2012). Critique of the political economy of Web 2.0 surveillance. In C. Fuchs, K. Boersma, A. Albrechtslund & M. Sandoval (Eds.), *Internet and surveillance: The challenges of Web 2.0 and social media* (pp. 31-70). New York, NY: Routledge.

Gray, J., Gerlitz, C., & Bounegru, L. (2018). Data infrastructure literacy. *Big Data & Society, 5*(2). Retrieved from
http://journals.sagepub.com/doi/pdf/10.1177/ 2053951718786316

Helbing, D., Frey, B. S., Gigerenzer, G., Hafen, E., Hagner, M., Hofstetter, Y., ⋯ & Zwitter, A. (2019). Will democracy survive big data and artificial intelligence?. In *Towards Digital Enlightenment* (pp. 73-98). Springer, Cham.

IAB (2009, 7). Self-regulatory Principles for Online Behavioral Advertising. Retrieved from https://www.iab.com/wp-content/uploads/2015/05/ven-principles-07-01-09.pdf

Langenderfer, J., & Miyazaki, A. D. (2009). Privacy in the information economy. *Journal of Consumer Affairs, 43*(3), 380-388.

Li, C. (2016). When does web-based personalization really work? The distinction between actual personalization and perceived personalization. *Computers in Human Behavior, 54*, 25-33.

Li, W., & Huang, Z. (2016). The research of influence factors of online behavioral advertising avoidance. *American Journal of Industrial and Business Management, 6*(9), 947-957.

Mackey, T. P., & Jacobson, T. (2011). Reframing information literacy as a metaliteracy. *College & Research Libraries, 72*(1), 62-78.

Malmelin, N. (2010). What is advertising literacy? Exploring the dimensions of advertising literacy. *Journal of Visual Literacy, 29*(2), 129-142.

Mitnick, K. (2017). *The Art of Invisibility: The world's most famous hacker teaches you how to be safe in the age of big brother and big data*. New York: Little, Brown and Company.

Narayan, B., & Pingo, Z. (2017). Privacy Literacy: Extending Information Literacy in the Age of Social Media and Big Data. Retrieved from
https://opus.lib.uts.edu.au/bitstream/10453/122226/1/i3_Pingo.pdf

Pangrazio, L., & Selwyn, N. (2018). 'Personal data literacies': A critical literacies approach to enhancing understandings of personal digital data. *New Media & Society*. Retrieved from http://journals.sagepub.com/doi/10.1177/1461444818799523

Stoycheff, E., Liu, J., Xu, K., & Wibowo, K. (2018). Privacy and the panopticon: Online mass surveillance's deterrence and chilling effects. *New Media & Society*.

Retrieved from https://doi.org/10.1177/1461444818801317

Sutanto, J., Palme, E., Tan, C. H., & Phang, C. W. (2013). Addressing the Personalization-Privacy Paradox: An Empirical Assessment from a Field Experiment on Smartphone Users. *Mis Quarterly, 37*(4). 1141-1164.

Tam, K. Y., & Ho, S. Y. (2006). Understanding the impact of web personalization on user information processing and decision outcomes. *MIS Quarterly, 30*(4), 865-890.

Trepte, S., Teutsch, D., Masur, P. K., Eicher, C., Fischer, M., Hennhöfer, A., & Lind, F. (2015). *Do people know about privacy and data protection strategies? Towards the "Online Privacy Literacy Scale"(OPLIS)*. In S. Gutwirth, R. Leenes & P. De Hert, P. (Eds.), *Reforming European data protection law*. Dordrecht: Springer. Retrieved from https://www.researchgate.net/publication/270889484_Do_People_Know_About_Privacy_and_Data_Protection_Strategies_Towards_the_Online_Privacy_Literacy_Scale_OPLIS

Walrave, M., Poels, K., Antheunis, M. L., Van den Broeck, E., & van Noort, G. (2018). Like or dislike? Adolescents' responses to personalized social network site advertising. *Journal of Marketing Communications, 24*(6), 599-616.

Warren, S. D., & Brandeis, L. D. (1890). The right to privacy. *Harvard law review, 4*(5), 193-220. Retrieved from https://www.jstor.org/stable/pdf/1321160.pdf

Westin, A. F., & Ruebhausen, O. M. (1967). *Privacy and freedom, 1.* New York: Atheneum.

Wikipedia (2018, 10, 4). Data literacy. Retrieved from
https://en.wikipedia.org/wiki/Data_literacy

Wikipedia (2018, 10, 4). Digital Literacy. Retrieved from
https://en.wikipedia.org/wiki/Digital_literacy

Wikipedia (2018, 10, 4). Information and media literacy. Retrieved from
https://en.wikipedia.org/wiki/Information_and_media_literacy

Wikipedia (2018, 10, 4). Literacy. Retrieved from https://en.wikipedia.org/wiki/Literacy

Wikipedia (2018, 10, 4). Media literacy. Retrieved from
https://en.wikipedia.org/wiki/Media_literacy

Wikipedia (2018, 10, 4). Numeracy. Retrieved from
https://en.wikipedia.org/wiki/Numeracy

Wikipedia (2018, 10, 4). Social literacy. Retrieved from https://en.wikipedia.org/wiki/Social_literacy

Wikipedia (2018, 10, 4). Statistical literacy. Retrieved from https://en.wikipedia.org/wiki/Statistical_literacy

Wikipedia (2018, 10, 4). Transliteracy. Retrieved from https://en.wikipedia.org/wiki/Transliteracy

Wikipedia (2018, 10, 4). Web literacy. Retrieved from https://en.wikipedia.org/wiki/Web_literacy

Zarouali, B., Poels, K., Ponnet, K., & Walrave, M. (2018). "Everything under control?": Privacy control salience influences both critical processing and perceived persuasiveness of targeted advertising among adolescents. *Cyberpsychology: Journal of Psychosocial Research on Cyberspace, 12*(1). Retrieved from https://biblio.ugent.be/publication/8570972/file/8570973

Part 4

4차 산업혁명 시대의 미디어 리터러시 교육,
세계는 어떻게 움직이고 있는가?

Chapter 10

유럽의 미디어교육법과 미디어 리터러시 교육 사례:
독일, 프랑스, 핀란드를 중심으로[1)]

강진숙 (중앙대학교 미디어커뮤니케이션학부 교수)

1. 프롤로그

"사회적 능력(soziale Kompetenzen)을 촉진하고, 안전한 사회적 만남을 위해서는 먼저 마음의 문을 열도록 해야 한다."[2)] 어느 오스트리아의 보건학 분야 연구보고서에서 언급된 말이다. 지극히 상식적인 말이지만, '마음

---

1) 이 글은 다음의 문헌 중 일부를 참조하여 새로 정리함. 강진숙 · 조재희 · 정수영 · 박성우 (2017). 〈해외 미디어교육 법체계 및 정책기구 연구〉. 서울: 한국언론진흥재단; 강진숙 (2018, 4, 24). 독일과 프랑스의 미디어교육 법체계 및 정책기구. 〈미디어리터러시〉. 서울: 한국언론진흥재단.
2) URL: http://www.merz-zeitschrift.de/index.php?NEWS_ID=11646. 이 말은 오스트리아의 물리학 분야 루트비히 볼츠만 학회(LBG)와 ABO식 혈액형의 원리를 발견(1901년)한 노벨생리의학상 수상자를 기리는 칼 란트슈타이너 사립 보건과학대학교(KL)의 D.O.T 연구보고서에 언급되었다(강진숙, 2018, 4, 24).

의 문'을 여는 것은 현실적으로 누구에게나 쉬운 일이 아니다. 한 개인이나 집단이 사회적 관계에서 발생할 수 있는 마음과 신체의 문제들을 치유하는 과제가 보건학뿐 아니라 미디어교육 분야에서도 중요하게 제기되는 것은 이 때문이다. 즉 급변하는 뉴미디어 환경에서 개인의 사회적 능력은 미디어를 활용해 어떻게 보다 능동적이고 주체적으로 마음의 문을 열고 사회화 과정에 참여할 것인지와 연관된 미디어 역량의 하나인 것이다.

특히 4차 산업혁명의 화두는 다양한 미래의 예측을 근거로 현실을 조망하게 하는 주요 의제가 되고 있다. 향후 미래에 사라지게 될 직종에 대한 우려는 교육 제도와 방법의 변화 및 혁신에 대한 성찰적 태도를 요구하는 한 요인으로 작용한다. 이러한 맥락에서 미디어 리터러시와 디지털 역량을 개발하기 위한 미디어 교육의 진흥법과 활동 사례를 탐구하는 것은 의미가 있다. 왜냐하면, 미디어 교육 역시 일차적 목적은 미디어를 능동적이고 창의적으로 활용할 수 있는 미디어능력을 개발하는 데 있지만, 궁극적으로는 마음의 치유와 건강을 꾀함으로써 삶의 질을 높이는 데 있기 때문이다. 따라서 미디어 교육의 핵심 목표는 학습자들이 다른 학습자들과 함께 미디어를 매개로 마음의 문을 여는 능력을 개발하고 보다 주체적이고 능동적으로 사회적 관계를 형성하는 사회화 방법을 체득하는 데 있다.

이러한 맥락에서 유럽의 미디어 교육, 특히 독일과 프랑스, 그리고 핀란드의 미디어교육 진흥법과 미디어교육 사례들을 살펴보고자 한다. 이 글은 다양한 사회 계층과 소수자들이 어떻게 미디어를 통해 마음의 문을 열고 현실의 부정적 경험을 변화시킬 것인지, 나아가 어떻게 안전한 미디어 환경과 민주적 시민의 법제도적 토대들을 확립할 것인지 등의 문제의식들에 기초한다.

이 글의 목적은 독일, 프랑스, 핀란드의 미디어교육 진흥법의 핵심 내용과 미디어교육 실행 사례들을 검토하여 향후 국내 미디어교육의 법제도적 정립과 활성화 방안을 수립하는 데 기초 자료들을 제공하는 데 있다. 이를 위해 독일, 프랑스, 핀란드를 중심으로 유럽의 미디어교육 법조항과 실행 사례들을 분석하여 그 시사점과 한계점 등을 도출하고자 한다. 이러한 논의들이 국내 미디어교육 법체계와 정책기구의 정립과 실효성 있는 교육문화 정책의 실현을 위한 방안들을 정립하기 위한 법제도적 근거들을 제공하길 기대한다.

2. 유럽의 미디어교육 진흥법

1) 독일의 〈청소년미디어보호주간협약(JMStV)〉[3]

독일의 미디어 교육법은 주로 〈청소년미디어보호주간협약(Jugendmedienschutz-Staatsvertrag der Länder, JMStV)〉(이하 '주간협약')을 통해 그 내용과 함의를 살펴볼 수 있다. 독일 16개 주의 공동체결 아래 2002년 9월 제정된 이 주간협약은 2002년 4월 1일 전역에 효력을 발휘하였다. 이 주간협약은 기존의 멀티미디어법과 청소년보호법에서 한계로 작용했던 내용들을 개선하여 대안적 조항들을 적시했다는 점에 의의가 있다. 여기서는 이 주간협약의 제정 목적, 배경, 핵심 내용 등에 대해 살펴보고자 한다.

---

3) 이에 대해서는 다음 문헌을 주로 참조함. 강진숙 (2005c). 청소년미디어보호와 법제도: 독일의 청소년미디어보호주간협약(Jugendmedienschutz-Staatsvertrag)의 내용을 중심으로. 〈동서언론〉, 9집, 351-377; 강진숙 (2010). 청소년미디어보호 자율규제제도에 대한 인식 연구: 청소년 및 미디어교육 전문가와의 심층인터뷰를 중심으로. 〈한국언론학보〉, 54권 5호, 372-396.

우선, 주간협약의 제정 목적은 청소년에 유해한 전자적 정보통신매체로부터 어린이와 청소년을 보호하는 데 있다(제1조). 그 외에도 금지된 제공물을 명시(제4조)하여 자유민주주의 기본 질서나 인간 존엄성의 훼손 제공물을 규제할 뿐 아니라 성적 표현과 폭력물에 대한 엄격한 규제 조항들까지 구체적으로 제시하고 있다. 여기서 명시하고 있는 보호대상은 14세 미만의 어린이와 14~18세 미만의 청소년이며, 법적 효력이 미치는 범위는 방송뿐 아니라 텔레미디어의 범주에 포함되는 인터넷, 채팅 공간, 그리고 이메일 전송을 통한 제공물 모두를 포괄한다. 이 주간협약은 어느 특정한 한 주가 아니라 독일의 16개 주 전체가 공동체결하여 독일 전역에 효력이 미치도록 하였다(강진숙, 2010). 독일의 16개 주는 전자적 정보미디어(electronic information media) 및 통신미디어(communication media) 내의 어린이와 청소년의 성장과 교육을 저해하거나 유해한 정보로부터 아동과 청소년을 보호하고, 위 두 미디어 내의 인간의 존엄성 또는 독일 형법에 의해 보호되는 법익을 침해하는 정보로부터 아동과 청소년을 보호하기 위해 주간협약을 제정하였다(강진숙, 2005d).

그러면, 이 주간협약의 제정 배경은 무엇인가? 그것은 기존의 멀티미디어법과 청소년보호법에서 노정했던 한계점을 극복하려는 시도에서 비롯되었다(강진숙, 2005c, 354-357쪽 참조). 연방 차원의 멀티미디어법에 제기된 한계점은 청소년보호에 관한 부분 조항들을 명시하고 있지만, 새로운 청소년 유해 환경을 조성하는 인터넷 유해물을 차단하는 방안을 모색하는 과정에서 나타났다. 즉 〈정보통신서비스법(Informations-und Kommunikations-dienste-Gesetz, IuKDG)〉으로도 불리는 이 법은 청소년 유해 환경에 대한 규제방안보다는 새로운 인터넷 매체의 관할 문제, 즉 어느 기관과 주체가 규제를 담당할 것인지 여부에 더 초점을 두고 있다는 점에서 한계를 노정한다는 것이다. 또 다른 한편, 청소년보호법은 멀티미디어법의 한계를 극복하기 위해 제정되었지만 인터넷 유해물에 대한 감독과 규제를 주 차원에서 실행하도록 제한하고 있다는 점에서 개선점이 요구되었다. 이에 대한 대안적 방안으로 모색된 주간협약의 의의는 방송뿐 아니라 인터넷 등 텔레미디어의 청소년 유해물에 관한 구체적인 조항들을 명시하고 있고, 미디어 산업계에 대해 청소년 보호담당관의 역할과 민간 자율기구의 의무 가입 등에 대해 책임을 부여하고 있다(강진숙, 2005d, 53-54쪽)는 점에서 발견된다.

주간협약의 핵심 내용은 두 가지 측면에서 정리할 수 있다. 한편으로, 방송과 제작물의 금지조항과 유해물에 대한 차단 조치이다. 이것은 자율규제에 토대를 둔 미디어 교육법적 조항이지만 의무와 책임을 명시한 법조항을 위반할 경우에는 방송사와 텔레미디어 업계에 대한 처벌조치를 행하도록 한다. 이것은 독일의 미디어 교육법이 기본적으로 인간 존엄성과 사회적 안전의 중심을 어린이와 청소년 계층에 두고 있음을 보여주며, 궁극적으로 이들이 독립적 개체로서 존중받고 안전한 환경을 보장할 것을 지향한다.

주간협약은 어린이와 청소년에게 접근이 금지된 방송과 텔레미디어의 제공물에 대해 명시하고 있다(제4조). 이것은 크게 세 가지 금지조항으로 구분되는데(강진숙, 2005a, 2005c), 우선 정치적 측면에서 어린이와 청소년의 공공의식을 저해하는 제공물에 대한 규제이다. 예컨대, 자유민주주의의 기본 질서나 국제적 이해에 반하는 내용을 지향하는 형법 제86조에 명시된 선전물의 경우가 이에 해당한다. 두 번째는 인간의 존엄성을 훼손하는 내용과 관련된 제공물에 대한 규제이다. 여기에는 집단 및 조직의 측면에서 특정 민족에 대한 증오심의 표현, 특정 사건의 잔인성과 비인간성을 묘사하는 경우나 전쟁을 찬양하는 경우가 포함된다. 마지막으로, 성적 표현에 대한 규제조치이다. 방송과 텔레미디어의 막강한 영향력을 고려할 때 어린이 및 청소년의 성장이나 그들의 자기책임(eigenverantwortlichkeit) 원칙 및 공동체의식을 형성하는 데 중대한 침해 행위가 명백하게 판명될 경우, 방송물 제공을 중지시키는 규제조치를 취한다. 특히 방송과 텔레미디어 업체가 금지된 제공물을 어린이나 청소년이 인지할 수 없도록 주의하지 않고 배포하거나 접근을 허용할 경우(제24조 제1항 제4호)에는 주 미디어청이 질서위반행위로 규정하여 50만 유로 이하의 과태료에 처하도록 한다.

여기서 중요한 것이 시간대의 제한이다. 주간협약이 명시하는바, 제공자는 해당 연령의 어린이나 청소년이 일반적으로 성장과 교육을 저해하는 제공물을 인지할 수 없도록 주의를 기울여야 한다(제5조 제1항). 이처럼 성장을 저해하는 제공물로 판명될 경우, 시간대의 제한은 제공자가 23시에서 6시 사이에만 배포하거나 접근 가능하도록 조치를 취할 경우 방송사는 제1항의 의무를 이행한 것으로 판단한다. 그리고 어린이나 16세 미만 청소년의 성장을 저해할 우려가 있는 제공물의 경우, 22시에서 6시 사이에만 배포하거나 접근 가능하도록 조치해야 한다. 마지막으로 12세 미만의 어린이에게 관람 불가로 규정된 영화일 경우(청소년보호법 제14조 제2항에 의거), 어린이의 건강을 고려하여 방송시간을 선정할 것을 의무화하고 있다. 이와 같은 방송시간대의 제한을 통한 규제는 독일의 제1공영방송사인 ARD와 연계된 주 방송국, 제2공영방송인 ZDF, 청소년미디어보호위원회(Kommission für Jugendmedienschutz, KJM), 그리고 동 위원회가 승인한 자율규제기관으로부터 TV 장르의 특수성을 고려해 방송 시간대의 제한을 받게 된다(제8조 제1항). 단, 방송사들과 민간방송 사업자가 방송 허용을 신청하는 경우, 청소년미디어보호위원회와 동 위원회가 승인한 자율규제기관이 이를 심사하며, 15세 미만 관람 허용으로 판명될 경우, 주간협약 제5조 제2항에서 금지하고 있는 유해물 규정에서 제외시키도록 한다. 이러한 제외 결정은 주 최고청소년관청에 통고(제9조)하는 것을 의무화하고 있다(강진숙, 2005c). 예외적으로 방송에서의 뉴스 보도나 정치적 사건의 보도, 그리고 이에 상응하는 텔레미디어의 제공물에 대해서는 해당 묘사나 보도의 정당한 이익이 인정될 경우 위 제1항의 의무사항은 적용되지 않는다.

다른 한편, 주간협약의 핵심 내용 중 하나는 방송사 내에 '청소년보호담당관(Jugendschutzbeauftragten)'(제7조)을 두어 해당 방송사의 유해물에 대한 자율규제와 함께 시청자나 제작자들과 상담을 통한 조언자 역할을 수행할 수 있도록 한 것이다(강진숙, 2018, 4, 24). 예컨대, 방송 사업자가 청소년보호 의무를 적절히 이행하고 있는지 여부를 판별하기 위해 조사업무를 수행하고, 그에 따른 문제점을 개선할 수 있도록 조언을 제공한다. 이 조항은 방송사뿐 아니라 '청소년의 성장을 저해하거나 청소년에게 해를 끼칠 수 있는 내용을 담고 있는, 보편적 이용이 가능한 상업적 텔레미디어의 제공자 및 검색엔진의 제공자'(제7조 제1항)에게도 영향을 미친다.

그러면, 이 보호담당관의 자격조건과 역할은 어떻게 부여되는가? 제3항에 명시된 바에 따르면, 우선 자격조건은 보호담당의 책무를 수행하기 위해 해당 전문분야에 대한 지식을 구비한 자로서 규정되어 있고, 그 역할은 이용자에게는 상담자로서, 제공자에게는 조언자로서의 역할을 수행한다. 특히 제공물에 대한 제작, 형태, 제공 시기 등 모든 전반적 사항에 대해 조언할 수 있고, 제공물의 허용범위와 변경도 제안할 수 있도록 규정하고 있다. 예컨대, 인터넷 기업에 소속되어 있는 청소년보호담당관은 사업자가 청소년보호 의무를 적절히 이행하고 있는지 여부에 대한 조언과 조사업무를 수행한다(제7조 제3항). 청소년보호담당관을 배치하지 않은 사업자의 경우, 관할 주 미디어청은 50만 유로 이하의 과태료를 지불해야 한다(제24조 제3항).

여기서 예외적인 조건은 50인 이하의 직원으로 구성되거나 월 평균 접속자 수가 1천만 명 미만에 그친 텔레미디어 제공자, 그리고 비연방단위의 TV방송사업자의 경우에 적용된다. 즉 이러한 조건에 부합하는 제공자 및 사업자가 자율규제기관에 가입하고 청소년보호담당관의 임무를 의무적으로 배치할 경우(제2항)는 별도의 청소년보호담당관을 두지 않아도 되는 것(강진숙, 2005a, 2005c)이다. 이처럼 자율규제기관은 중소기업단위의 방송사 및 텔레미디어 제공자의 재정적 부담을 고려하는 한편, 규모와 상관없이 모든 방송 및 텔레미디어 사업자가 청소년보호 의무를 준수하고 있는지 여부를 심사하는 기능을 수행(제19조 제2항)하고 있다.

이와 같이 독일의 청소년보호담당관 제도는 방송사와 텔레미디어 제공자에게 법적·재정적 부담으로 작용하지만, 청소년보호의 의무이행을 준수할 수 있는 법제도적 역할의 확보라는 점에서 유의미한 것으로 판단된다. 뿐만 아니라 중소규모의 사업단위에 대해서는 자율규제기구의 지원을 받을 수 있도록 한 점은 규제를 위한 규제가 아니라 실현가능한 청소년보호 의무의 제시라는 점에서 현실을 고려한 규제제도의 운용방법으로서 평가할 수 있다.

2) 프랑스의 미디어교육법

프랑스의 미디어 교육은 문화교육의 위상 속에서 프랑스어, 사회, 시민교육, 역사, 예술 과목에서 통합교과 형태로 실시되고 있다. 특히 디지털 시대의 급속한 변화에 부응하여 디지털 리터러시와 관련한 법률 조항을 명시하여 정보 및 커뮤니케이션 기술 교육을 강화하는 방향을 취하고 있다.

우선, 프랑스의 미디어 교육법은 2005년부터 미디어 교육을 의무교육에 포함시키는 조항을 정립하였다. 「학교의 미래를 위한 방향제시와 교육과정법(loi d'orientation et de programme pour l'avenir de l'école)」은 미디어 교육의 대상을 단계적으로 명시하였는데, 2008년부터 초등 과정에서 실시하고 2009년부터는 중등과정까지 확대하도록 하였다. 2011년부터는 미디어 교육이 중학교 학력검증 국가고사인 브르베(Brevet)의 필수과목으로 채택되었다(Frau-Meigs, Loicq & Boutin, 2014). 특히 미디어 및 ICT 교육은 이 법의 개정 이후 학교 교육에 포함되었고, 컴퓨터 사용 및 알고리즘 제작이 고등학교 과정 5학년과 마지막 학년에서 수학 커리큘럼에 도입되었다(Frau-Meigs, Loicq, & Boutin, 2014).

그 후 2006년에 프랑스 정부는 '지식과 역량에 대한 공통 기초(Socle Commun de Connaissances et de Compétences)'에 관한 내용을 법령에 추가하였고, 이 법률의 부록 4에는 정보 및 커뮤니케이션 일반 기술의 숙달에 관한 내용이 명시되어 있다. 이 부록 4에 따르면, 학생들은 '정보 및 통신기술의 기본 사항을 숙달해야 하며, 컴퓨터 장비의 사용은 '지적 재산권, 시민의 권리와 자유를 보호하고 자신을 보호하는 규칙에 의해 규율된다'. 또한 법률의 부록 6에서는 '사회와 시민 역량'에 관한 내용을 포함시키고 있다. 사회적 시민 역량(시민성)은 학생들이 판단력과 비판적 사고능력을 갖추도록 명시한 항목이다. 예컨대, 담론, 서사, 보도의 주관성, 편견의 일부를 평가하는 방법, 합리적 주장과 권위적 주장의 구별, 정보의 식별과 분류, 비평하는 법, 가상과 실제를 구분하는 법, 미디어 교육을 받고 미디어의 사회적 위치와 영향력 인식, 그리고 의견 정립과 문제제기, 근거 제시 방법 등을 체득하는 것이 여기에 포함된다. 이러한 사회적 시민성의 목적은 학습자들이 민주주의의 책임 있는 일원이 될 수 있도록 미디어 리터러시 역량을 개발하는 데 있다(Savoirs CDI, n.d.).

이러한 미디어 교육법의 전개는 2013년에 제정된 「공화국의 학교 재정립을 위한 방향 제시와 교육과정법(loi d'orientation et de programmation pour la refondation de l'école de la République)」에서 더 체계적으로 정립된다. 이 법의 목표는 학습자들이 컴퓨터에 숙달하고, 미디어 교육에 참여하며, 기술사회에 능동적인 대응을 할 수 있도록 정보 및 미디어 리터러시 교육을 강화하는 데 있다(EMEDUS, n.d.). 특히 '현대 정보통신사회에서 시민성을 발현하기 위해 필요한 지식, 기술, 문화를 발전시키고 주도권을 갖도록 장려'(제10조 제1장 제1절 제4항)하며, 정보와 디지털 미디어의 이해 및 아동의 권리와 남녀평등의 가치 존중에 대한 규정(제3장 제5절 제45항)을 명시하고 있다. 이러한 조항들은 동법 제10조의 기본 내용에 근거하는데, 정보 미디어 리터러시(Éducation aux médias et à l'information, EMI) 교육의 중요성을 강조하는 것이다. 여기에는 디지털 교육 및 원격 교육의 공공 서비스 도입에 대한 내용이 중요하게 포함되어 있다.

이 법의 함의는 미디어 교육의 실천적 지향점을 시민성의 획득과 디지털 리터러시 역량의 체득에 초점을 두고 시민사회의 미래지향적 인재 육성을 꾀한다는 점에 있다. 예컨대, 시민성 교육의 임무 중 하나로 공교육 서비스는 이 사회를 살아가는 학생들이 민주주의를 뒷받침하는 원칙과 규칙을 알고 책임감 있고 자유로운 시민이 될 수 있게 한다(제1장 제3절 제12항). 또한 디지털 미디어교육은 학교 및 교육 기관뿐만 아니라 사회 복지 시설 등의 교육 단위에서도 제공될 수 있다. 이러한 교육 내용에 필수적으로 포함시켜야 할 내용은 사생활 보호와 지적 재산권 존중, 그리고 인터넷 이용 권리 및 의무에 대한 인식을 고양시키는 교육 등이다(제3장 제2절 제38항). 이와 함께 학교 미디어교육의 내용에 디지털 미디어의 이해와 자율적이고 책임 있는 활용을 비롯해 '아동의 권리와 남녀평등의 가치에 대한 존중'(제3장

제5절 제45항)을 포함시키도록 법적으로 명시하고 있다. 이러한 사항은 디지털 리터러시의 구성요소들을 사회적 권리와 시민의식을 연계시켜 실천적 측면을 고려하고 있다는 점에서 의미를 지닌다. 즉 이 법을 통해 학교 및 가정에서 도덕 교육과 시민 교육이 이루어지도록 요구할 뿐 아니라 나아가 국가와 역사의 이해를 바탕으로 유럽연합의 가치와 상징을 배우는 것이 포함되어 있다는 점에서 국가 및 사회 공동체와 미디어 교육의 관계성을 정립하는 데 중요한 근거를 제시한다. 마지막으로 제53항은 기존 교육법에 '미디어와 정보 교육'이라는 단어를 추가 기재하여 개정하였다. 그 핵심은 모든 중학생들이 반드시 경제, 사회, 기술에 대한 입문 교육과 함께 정보와 미디어 리터러시 교육을 받도록 한 점에 있다.

요컨대, 프랑스의 미디어교육 진흥법은 디지털 시대에 부합하는 조항들을 명시하여 변화해 왔다. 특히 「공화국의 학교 재정립을 위한 방향 제시와 교육과정법」은 학교와 시민사회 영역을 아우르는 정보 미디어 리터러시 역량의 강화를 강조하고 있다는 점에서 국내 미디어교육을 통한 디지털 리터러시 강화 방안을 모색하는 데 시사점을 제공한다.

3) 핀란드의 미디어교육법

2000년에 개정된 핀란드의 헌법은 교육의 권리를 다양한 각도로 명시하고 있다. 우선, 헌법 제16조는 교육 받을 권리(educational rights)를 규정한다. 즉, "모든 국민은 무상으로 기본교육을 받을 권리가 있다. 교육을 받을 의무에 관해서는 법률로 정한다(헌법 제16조 제1항)"는 것이다. 또한 동일한 제16조에 따르면, "국가는 법률에 규정된 바에 따라 모든 국민이 자기 능력과 특별 요구에 따라 다른 교육 서비스를 받을 평등한 기회를 제공해야 할 뿐만 아니라 경제적 이유에 구애받지 않고 자신을 개발할 기회를 보장한다(동조 제2항)." 이처럼 헌법 제16조는 교육을 받을 권리를 보장하기 위해 무상교육을 규정하고 있으며, 국민들에게 교육의 기회가 평등하게 제공되어야 함을 명시하고 있다(한국법제연구원, 2013, 36쪽).

2010년에 개정된 핀란드의 「기초교육법(Basic Education Act, 628/1998)」은 기초교육과 의무교육의 제공을 법적으로 제도화하고 있다. 「기초교육법」은 총 10개 장으로 구성되어 있다. 제1장 적용 및 목적, 제2장 교육기관으로서의 지역청, 제3장 기타 교육기관, 제4장 교육, 제5장 검증 및 평가(evaluation and assessment), 제6장 학습시간, 제7장 의무교육 및 학생의 권리/의무, 제8장 기타 조항, 제8a장 사전 및 방과 후 학교 활동, 제9장 효력 발생 및 경과규정 등이 여기에 포함된다.

이러한 조항들 중에서도 몇 가지 사항들만 간추려서 살펴보면 다음과 같다. 우선, 「기초교육법」은 기초교육 및 의무교육을 제공하며, 이와 관련하여 이민자의 기초교육이나 방과 후 활동 등에 대한 지침을 명시하여 기초교육과정의 입문에 차질이 없도록 하고 있다(제1장 제1항 적용(application).

그 다음으로, 교육의 목적(objectives of education)에는 세 가지 기초교육의 목적을 명시하고 있다(제1장 제2항). 가장 우선적으로, 학생들이 기초교육을 통해 인간성과 윤리적 책임을 지닌 사회구성원으로 성장할 수 있도록 삶에 필요한 지식과 기술을 제공하는 데 있다. 또한 교육을 통해 사회의 평등과 교양을 증진시켜 학생들의 교육 참여와 자기 개발을 도모하는 데 있다. 마지막으로, 전국의 교육 형평성을 실현하는 데 있다.

이와 관련하여 교육의 토대에서는 이 법에 의거해 국가 표준 핵심 커리큘럼에 의해 교육이 관리되어야 함을 명시한다(제1장 제3항). 나아가 교육은 학생들의 연령과 능력에 따라, 그리고 학생들의 건강한 성장과 발달을 촉진시키기 위해 제공되어야 한다(개정 477/2003). 이러한 교육의 토대를 뒷받침하기 위해 중요한 것은 교수자들이 단독으로 교육을 실시하는 것이 아니라 학부모나 보호자들(carers)과 협력하도록 견인하는 데 있다.

제2장 교육기관으로서의 지역청(Local authority as education provider)과 관련한 조항에는, 교육기관으로서 준수해야 할 지역청의 기본 의무와 책임을 명시하고 있다. 이를테면 해당 지역의 학령기 어린이나 미취학아동 교육 대상자에 대한 기본교육을 준비해야 한다는 것이 한 예이다. 특히 제1항에 명시된 협력 조항의 목적을 실현하기 위해 지역청은 지역자치단체 컨소시엄을 설립할 수 있다. 핀란드의 두 개 국어인 핀란드어 및 스웨덴어를 구사하는 거주자가 있는 지역에서는 두 언어 집단 모두에 대해 기초 및 미취학아동 교육과정을 별도로 마련해야 한다.

이상과 같은 핀란드의 미디어교육 진흥법은 기본적으로 핀란드의 사회정치적 배경에 근거해 변화해 왔다. 그것은 우선, 핀란드의 협동-평등 교육 모델이다. 교육의 가장 기본 원칙은 모든 사람이 동등하게 양질의 교육과 훈련을 받을 수 있는 권리를 누려야 한다는 것이다. 예컨대, 유치원부터 고등학교까지 무상교육을 실시하고, 정규 교육시설에 특수교육을 운영하며, 교사와 학교의 자율성과 책임을 존중하는 교육 원칙이 대표적이다. 이러한 장점은 핀란드의 성숙한 복지사회의 조건에 기인하며, 동시에 교육 시스템을 위한 법제도적 근거가 확립되어 있다는 점도 미디어 교육의 체계화를 가능하게 한다. 마지막으로, 핀란드 미디어교육의 활성화를 위해 국가교육위원회(Finnish National Board of Education, FNBE)의 정책적·재정적 지원이 체계적으로 실행되고 있다는 점이다. 뒤에서 살펴보겠지만, 국가교육위원회는 지자체 및 학교장들의 자율성을 존중하며, 각 지역별 맞춤형 교육과정을 실시할 수 있도록 정책적, 재정적 지원을 수행한다. 이 점을 고려할 때, 미디어 교육이 학교와 사회 영역에서 활성화되기 위해서는 정부와 지역 단위를 연계하는 중앙의 정책기구가 필수적임을 알 수 있다.

3. 유럽의 미디어교육 정책과 미디어 리터러시 교육 사례

1) 독일의 정책과 활동 사례

정책의 측면에서 독일의 미디어 교육은 역사적으로 각 시기마다 상이한 목표와 과제를 설정하였다. 우선, 1990년대 이후 본격적으로 미디어능력 촉진을 위한 다양한 프로젝트들을 추진해 왔고, 그 프로젝트들은 미디어 교육의 인프라와 교육환경을 구축하는 데 지대한 영향을 미쳤다. 그 대표적인 사례가 연방정부에 의해 추진된 '학교를 네트워크로'와 '여교사와 여학생들을 네트워크로' 프로젝트이다. 미디어 교육의 목표는 1단계(1996~2000년) 시기에 학교의 IT 인프라 구축에 초점을 두었지만, 2단계(2001년) 이후에는 미디어능력의 촉진으로 구체화되었다(강진숙, 2005a). 이와 함께 독일 공영방송사들은 미디어능력 촉진을 위한 라디오와 TV방송 프로그램들을 편성하였을 뿐 아니라 시민 참여 미디어 비평대회를 개최함으로써 방송사 안팎의 미디어능력 촉진 사업들을 전개해 왔다.

또한 최근 2016년 10월 이후 연방 교육연구부는 주 정부와 디지털 협정(Digital-Pakt)을 체결하여 독일 전역의 디지털 교육을 실시함으로써 디지털 능력을 확장, 개발할 수 있도록 재정적·정책적 지원을 추진하고 있다는 점은 시사적이다. 이 협정의 목적은 디지털 교육, 디지털 능력을 개발하기 위한 재정적·정책적 지원을 시행하는 데 있다(기본법 제91조 정보기술 조항).

이를 위해 연방정부는 2021년까지 독일의 4만 개 학교에 컴퓨터, 랜 시설을 구축하는 데 약 6조 2,138억 원을 투자할 예정이며, 연방교육연구부와 주정부의 협력 활동을 통해 디지털 능력 개발 프로그램 등을 지속적으로 개발하여 학교 디지털 교육의 활성화를 꾀하고 있다. 또한 연방교육연구부는 '장애인 포함교육 지원 프로그램'(2017)을 실시하여 디지털 미디어 활용 직업교육과 재교육, 그리고 평생교육을 지원하는 사업들을 전개하고 있다. 이를 위해 유럽사회기금과 공동으로 재정적 지원 방안을 구축해 교육 프로그램뿐 아니라 자동 학습기, 팟캐스트, 가상현실 고글 등의 디지털 기기와 미디어 장치들을 학습자들이 사용할 수 있는 교육환경을 조성하였다.

요컨대, 독일의 미디어 교육은 기본 목표를 미디어능력의 개발에 두고 있지만, 최근에는 점차 학교 미디어교육과 정책적 차원에서 디지털 역량의 개발에 집중하여 정책 개발과 사업 수행에 적용되고 있다. 이를 위해 연방정부와 주정부의 협력체계에 기반하여 적극적인 투자 의지와 기업과의 협력 사업 계획을 수립하고 있으며, 디지털 능력의 개발을 위해 다양한 학교 교과과정에 적용할 수 있는 디지털 학습 환경과 최첨단 미디어교육 환경을 구축하는 데 주력하고 있다. 이러한 연방정부와 주정부, 그리고 방송통신 기업들 사이의 공조체제는 최근의 디지털 환경의 변화와 4차 산업혁명의 도래에 대한 탄력적이고 능동적인 대응 전략이라는 점에서 시사점을 제공한다.

구체적으로 독일 미디어교육의 사례를 공영방송사의 사업, 주 미디어청의 활동, 그리고 각 주의 교육부 활동을 중심으로 살펴볼 수 있다.

우선, 독일 미디어교육의 특수성은 제1공영방송 ARD와 제2공영방송 ZDF의 적극적인 미디어교육 프로그램의 제작과 편성의 사례에서 발견된다. 공영방송의 미디어능력 촉진 사례로서 TV, 라디오, 온·오프라인 활동들과 관련하여 활발히 이루어진 미디어능력 개발 활동들을 들 수 있다. 또한 이 두 공영방송사는 미디어능력의 중요한 구성범주인 미디어의 구조와 기능에 관한 지식을 제공하기 위해 다양한 연구조사 성과들을 출간, 발표하였다(Mohr, I., Breunig, C., & Feierabend, S. et al., 2003, p. 179 참조)는 점에서 공영방송의 미디어교육 참여의 가능성과 의미들을 환기시킨다. ARD와 ZDF의 주요한 사업들을 보면, 어린이와 청소년들을 중심으로 미디어능력 개발을 위한 TV · 라디오 방송 프로그램을 제작, 편성하고 있고, 영상제작이나 비평대회 등 온 · 오프라인 행사들을 통해 시청자들의 미디어 활용 능력들을 공론장에서 표출할 수 있는 기회들을 제공하였다. 이것은 최근 혁신의 바람이 부는 MBC와 KBS 등의 공영방송이 시청자 미디어 활용 능력을 강화할 수 있도록 미디어교육 프로그램의 제작 및 편성을 견인하는 모델로 시사점을 준다. 이 중에서도 중점 사항은 사회적 소수자인 어린이와 청소년, 여성, 장애인, 이주민, 그리고 노인계층을 위한 맞춤형 미디어교육 프로그램을 제작, 편성하는 것이다. 이를 위해 국내외 미디어교육 전문가 및 활동가들과의 안정적인 협의기구와 정책 수립의 대응책 등이 고민되어야 한다(강진숙, 2018, 4, 24).

두 번째로, 주 미디어청의 미디어 리터러시 정책 사례이다. 독일의 미디어법에 의거하여 각각의 주 미디어청은 미디어 능력 개발을 위한 미디어교육 정책을 핵심 사업으로 실시하고 있다. 특히 방송 수신료 재원의 일부를 기반으로 다양한 미디어능력 촉진 프로젝트를 시행하고 있다(박주연, 2016). 바이에른주의 경우, 1997년 12월 27일 바이에른주 미디어법 개정에 맞춰 미디어 교육을 실시하고 있고, 미디어능력 개발 및 리터러시 정책을 적극적으로 추진할 것을 처음으로 명시하였으며(BLM, 2015), 지속적인 미디어교육 정책과 활동들을 수행하고 있다.

마지막으로, 주별 교육부 활동 사례이다. 튀링엔주 교육부는 3세에서 6세 미만 어린이를 대상으로 운영되는 1,315개 유치원에 대하여 다양한 언어로 구성된 "책읽기 가방(Vorlesekoffer)"을 제공하였다(Thüringer Ministerium für Bildung, Jugend und Sport, 2016, 10, 8). 상호 문화주의의 실현을 목적으로 실시된 이 사례는 문화 간 격차의 극복과 통합을 지원하는 동시에 리터러시 향상을 위해 시행되었다. 이를 통한 기대 효과는 어린이들이 서로 이해하고 관용과 협력을 지원할 수 있도록 하는 데 있다. 책읽기 가방의 구성은 독일의 어린이들과 이주가정의 어린이들이 공동의 일상에 대한 이야기(역사)와 관련된 책으로 구성되어 있다. 주 교육부는 이를 통해 어린이들 간의 상호 문화적 차이에 대한 이해 능력을 함양하도록 하였다. 나아가 어린이들의 리터러시 능력, 표현능력, 독해능력, 읽기능력 향상을 도모하였다. 이를 위해 책읽기 가방에는 교사들을 위한 상호 문화주의에 기반한 정체성 및 역사 교육의 지침서들이 포함되어 리터러시 능력 개발을 위한 교수법을 원활하게 수행할 수 있도록 지원하였다는 점에서 미디어 교육적 효과를 거두었다.

2) 프랑스의 정책과 활동 사례

프랑스의 미디어교육 정책과 활동은 주로 교육부 산하 전문교육기관인 국립미디어센터 '끌레미(CLEMI)'를 통해 전개된다. 끌레미의 위상과 역할은 학교 교사들을 위한 미디어교육 교재의 제작, 교육 지원, 행사 기획, 수준별 미디어교육 로드맵의 실현, 그리고 학교-언론사-시민단체 사이의 교량역할을 수행하는 데 있다. 앞에서 살펴본 프랑스의 미디어 교육법 체계는 이러한 국립미디어센터 '끌레미'의 사업과 활동 등을 통해 집중적으로 적용되며 실제 미디어교육의 집행 근거로 작용한다(강진숙, 2018, 4, 24).

그림 1. 끌레미 상징과 활동 모습

출처: https://www.clemi.fr/. 원 저작권자의 모든 권리가 보호됨.

특히 주요 활동 사업인 '학교에서의 언론과 미디어 주간'은 1989년부터 2017년까지 총 28회 진행되었고, 다양한 언론 관련 테마들을 기획하여 교사들의 미디어 활용 능력을 강화하는 데 일조하고 있다(진민정, 2017, 6, 30). 예컨대, 2017년 3월 20일부터 25일까지 '정보는 어디에서 오는가?'의 주제로 디지털 시대의 가짜 뉴스, 조작, 음모론 등에 대응할 정보와 정보원의 신뢰성을 검토하는 장을 마련하여 큰 호응을 얻었다.

끌레미는 미디어 및 정보 교육(IME) 전문 기관으로 학계와 현장을 아우르며 30년 이상 자리매김해 왔고, 교사 대상의 교육은 물론 유치원생부터 고등학생까지 학생들이 직접 활동하며 자료를 생산하고 전파하는 것을 돕는다. 또한, 지면 언론부터 인터넷, 소셜 네트워크까지 다양한 미디어에 대한 비판적인 시각을 키우기 위해 교사와 학생을 지도하고, 학교에서 미디어 및 정보 교육 활동에 활용할 수 있는 자료와 도구를 생산한다. 그리고 학교 미디어(신문, 웹사이트, 블로그, 웹라디오, 웹TV 등)를 개발하는 것에 도움을 준다.[4]

「공화국의 학교 재정립을 위한 방향 제시와 교육과정법」에 명시된 바에 따라 미디어 및 정보 교육은 공통 지식 기반의 역량이 되었고, 끌레미 역시 이를 강조한다. 끌레미의 교육 목표는 학생들이 정보를 읽고, 해독하고, 비판적 사고를 정립하고, 의견을 형성하고, 민주주의에서 책임감 있는 시민권을 행사할 수 있는 필수 기술을 익히게 하는 것이다. 또한, 학교에서 학생들의 발언을 지지하고, 이와 동시에 표현의 자유를 책임감 있게 행사하도록 훈련시키는 것이다.

끌레미는 다음과 같이 다섯 가지 미디어교육 역량을 제시하고 있다(〈표 1〉 참조). 우선, 미디어 영역과 자신의 관계를 인식하고, 다양한 미디어 형식과 언어를 구분하고, 미디어에서 정보를 얻고, 미디어 메시지를 생성하고, 우리 사회에서 미디어가 갖는 역할과 위상을 파악하는 것이다.

표 1. 끌레미의 다섯 가지 미디어교육 역량

범주	미디어교육 역량의 내용
1	미디어 영역과 자신의 관계 인식
2	다양한 미디어 형식과 언어 구분
3	미디어에서 정보를 얻기
4	미디어 메시지를 생성하기
5	우리 사회에서 미디어의 역할과 위상 파악하기

출처: 강진숙·조재희·정수영·박성우 (2017). 〈해외 미디어교육 법체계 및 정책기구 연구〉. 서울: 한국언론진흥재단. 원 저작권자의 모든 권리가 보호됨.

---

4) http://www.clemi.fr/fr/qui-sommes-nous.html

그 밖에도 또한, 교사에게도 이러한 역량의 기준이 존재하는데, 도덕적이고 책임 있는 공무원으로서 역할을 다하고, 교육 및 의사소통을 위해 프랑스어 능력이 뛰어나야 하며, 다양한 주제에 대한 지식이 있고, 수업을 설계하고 구성하는 능력이 있어야 한다.

이를 위해 전국의 끌레미와 학술 네트워크는 과목에 관계없이 교사에 대한 교육적 지원과 훈련 요청에 다양하게 답하고 있다. 보다 구체적으로 미디어 및 정보 교육 프로젝트에 함께하는 교사들을 위해 참고용 교육 자료 〈우리가 배우는 미디어와 정보(Médias et information, on apprend)〉를 매년 출판하고 있고, 직업교육 교사 단계에 따라 맞춤형 교육을 지원하고 있다. 또한, 학교의 언론과 미디어 주간을 비롯해 교육부 주도의 여러 행사 및 프로그램들을 진행하고 있다.

끌레미에서는 2011년부터 2012년까지 총 27,067명이 교육을 받았다. 이 중 53%는 교사이고, 47%는 학생과 교육 전문가, 언론인 등이다. 이 중 2,748명은 국가 차원에서 교육받았다. 이는 교육부가 제공하는 교육과정의 약 1.25%에 불과하며, 특히 중학교는 20%이지만, 초등학교는 5%에 그치고 있다. 또한, 프랑스의 30개 지역 교육기관 중 5곳은 미디어 교육을 제공하지 않고 있다. 끌레미에서 시행하는 실습 교육은 평균 2일간 제공되며, 영화 리터러시에 대한 3단계 정부 계획(초등용, 중등용, 고등용) 때문에 교사를 위한 실습 세션은 교육부 계획을 따라야 한다(Frau-Meigs, Loicq, & Boutin, 2014).

끌레미에서 가장 중심이 되는 행사는 학교의 언론과 미디어 주간이다. 1989년부터 매년 봄 5~6일에 걸쳐 열리고 있는 이 행사는 2017년 28회까지 진행되었으며, 매 회마다 100만 개에 가까운 신문과 잡지들이 제공되고 있다. 프랑스 우체국은 매 회 43,000개의 신문 소포를 학교에 배달하며 이 행사를 적극적으로 후원하고 있다. 2016년 27회 행사에는 3,336,000명의 학생과 21만 명의 교사, 15,800개 학교, 1,850개의 언론이 참여하였고, 106만 개의 신문이 제공되었다(CLEMI, 2016). 이 행사는 미디어를 통한 시민 교육의 일환으로 학교 교육 안에서 언론의 다양성과 시민성에 대해 고찰하고 학습할 수 있는 기회를 제공한다(김광재·강신규, 2015).

다음으로 대표적인 민간의 미디어교육 단체는 Ceméa이다. Ceméa는 개인의 행동을 통해 환경과 기관의 변화를 이끌어내기 위한 새로운 교육의 가치와 원칙, 능동적 교육 방식의 실천을 추구하는 사람들의 교육운동이며, 공교육을 위한 보완 교육협회로 1966년 인정받았다.[5]

프랑스의 미디어 교육은 전반적으로 젊은이들이 디지털 문화를 이해하는 데 중요한 기술을 가르치는 것을 목표로 하는 프로그램들을 제공하고 있는데, Ceméa 역시 다양한 맥락과 유형의 프로그램(젊은 교육 전문가를 위한 초기 교육, 전문 청소년 코치를 위한 지속적인 교육 등)에 젊은 세대들을 포함시키고 있다. 또한, 청소년 축제, 웹저널리즘, 웹사이트 연합과 같은 이벤트의 파트너로서 청소년들이 영상이나 이미지 활용 능력을 향상시켜 창의력을 발휘하는 데 도움을 주고자 한다(Frau-Meigs, Loicq, & Boutin, 2014).

3) 핀란드의 정책과 활동 사례

핀란드의 미디어교육 정책은 국가 차원의 정책기구인 핀란드 국가교육위원회(The Finnish National Board of Education, FNBE)를 토대로 입안과 실행이 이루어지고 있다. 핀란드의 미디어 교육은 국가 정책의 전략에 준

---

5) http://www.cemea.asso.fr/spip.php?article950

거해 전개하고 있기 때문이다. 핀란드 국가교육위원회의 역할은 교육 영역에서 중요 정책을 결정하고 표준화된 국가의 핵심 교육 커리큘럼과 교육지침을 지방자치단체의 교육기관들에 제공하는 데 있다. 이러한 국가교육위원회의 역할은 국가교육과정 개편에도 영향을 미쳐왔다.

대표적인 정책 사례로서 2013년 당시 국가교육위원회는 의무교육 연령을 10학년까지 1년 더 늘리기로 결의하였다. 고용경제부는 이러한 교육개혁 정책에 따라 연간 1억 유로의 예산이 추가 투입될 것을 계획했고, 지자체와 중앙정부는 각각 1/2씩 부담하도록 하였다(교육정책네트워크정보센터, 2013, 9, 23). 교육개혁 이후에는 기초교육을 마친 모든 청년은(기본교육을 마치는 학생은 해마다 4~5천 명임) 고등학교나 직업학교, 10학년, 작업장에서 학업을 계속해야 한다는 것도 국가교육위원회의 정책적 지침에 근거한 것이다.

미디어교육 사업은 주로 교육부의 두 기구에서 수행된다. 교육과학정책부(The Department for Education and Science Policy)와 문화체육청소년부(The Department for Cultural, Sport and Youth Policy)가 여기에 포함된다. 2007년에 핀란드 교육부는 미디어 리터러시에 대한 현황과 수요를 조사하기 위해 위원회를 구성하였고, 이 위원회는 미디어 리터러시 촉진을 위해 구체적인 현안들을 수행하고자 하였다(황치성·박한철 외, 2013). 예컨대, 시민의 권리와 관련된 법 조항의 개정, 핵심 커리큘럼 개정 및 교사연구 강화 등을 비롯하여 전국 단위의 미디어교육 연구소 설립, 학습자료의 조사, 수집, 제작을 지원하는 역할이 대표적이다. 이러한 위원회의 제안들은 교육부의 교육 정책의 지침으로 반영되었는데, '2007~2012 연구개발 계획'에서는 구체적인 사업으로 전개되었다. 이를테면, 미디어 교육과 미디어 리터러시 성취도 측정자료 및 방법론의 개발, 미디어 교육의 체계적 추진을 위한 부서들 간의 통합, 그리고 미디어 리터러시 활성화와 안전한 미디어 환경 구축을 위한 조치 등이 미디어교육 현장과의 협조체제에 따라 활발히 성취되었다.

지역교육청은 학교의 디지털화 사업을 추진하고 있다. 각각의 사업 속도는 서로 다르지만 2016년 새로운 교육과정 개정안이 시행되면서 의무사항으로서 이행되고 있기 때문이다. 2016년 8월 1일부로 시작하는 신학기에 핀란드 내 모든 지자체의 유·초·중등학교는 일제히 새로운 교육과정을 적용하기 시작하였다(교육정책네트워크정보센터, 2016, 9, 7). 이 교육과정의 개정 목적은 빠르게 변화하는 세계의 요구조건을 맞추고, 의무교육의 새로운 도전을 수용하는 데 있다(교육정책네트워크정보센터, 2015, 2, 11). 그 내용의 초점은 새로운 배움의 개념에 기인하는데, 배움의 과정에서 학생의 역할과 학생 간 상호작용을 강조하는 것이 대표적이다. 이러한 개정의 배경에는 긍정적 경험, 협동, 상호작용 그리고 창의성이 배움을 촉진한다는 핀란드 교육 사상이 내재해 있다.

각 지역의 교육과정들은 핀란드 국가교육위원회(Finnish National Board of Education, 이하 FNBE)에서 정한 원칙을 바탕으로 하여 설계되었다. 국가교육위원회는 각 지역의 교육당국이 준수해야 할 기본 사항 및 지침들을 제시하고, 지방자치단체 및 학교장들은 자율성을 지키며 각 지역의 교육과정에 대한 기획 등을 수립한다. 이 경우 교수법, 학교행정 관련사항, 그리고 기타 세부 사항들은 지역상황에 맞게 적용할 수 있다. 구체적으로 다양한 지역교육청의 미디어교육 정책 및 활동 사례들을 살펴보면 다음과 같다.

우선, 반타(Vantaa)시 교육청은 모범적인 사례로서 학교 네트워크 구축과 학생 2명당 태블릿PC 1대를 확보하여 학교 디지털화 사업을 추동하고 있다(교육정책네트워크정보센터, 2015, 12, 23). 2015년 현재, 반타시 교육청은 약 1,600명에 달하는 교사들과 연대하여 학습 공동체를 조직할 계획을 수립하였다.

헬싱키(Helsinki) 지역교육청(교육정책네트워크정보센터, 2016, 4, 13)의 경우, 2016년 3월 현재 교육 디지털화 프로그램에는 7~9학년(우리나라의 경우, 중학교 1~3학년) 학생 1인당 노트북 컴퓨터 1대씩, 다른 학년의 학생들에게도 더 많은 ICT 장비를 제공하고, 교사들에게는 ICT 능력을 향상시키기 위한 연수를 지원하며 학교 전역에는 무선 네트워크를 구축할 계획을 시도하고 있다. 헬싱키 교육위원회는 관내 학교들의 디지털화를 증진하기 위해 3,700만 유로(한화 약 485억 원)를 사용할 구체적인 방안을 모색하였다.

이상과 같이 국가교육위원회나 지역교육청의 사업 추진은 다양한 미디어교육 사업을 통해 이루어지고 있다. 그 밖에도 핀란드에는 다양한 분야의 학회나 연구소 혹은 민간기구들에 의해 미디어교육 활동 및 연구 사업들이 진행되고 있다. 이를 도식화하여 정리하면 다음 〈표 2〉와 같이 제시된다.

표 2. 핀란드의 미디어교육 기구와 활동 사례

주관 기구	역할 및 활동
미디어교육센터 (Centre for Media Pedagogy-Lapland)	• Lapland 소재 미디어교육센터 • 미디어교육 석사과정의 교육기회 제공(http://www.ulapland.fi/InEnglish/Units/Centre-for-Media-Pedagogy/Studying/MA-in-Media-Education)
핀란드 미디어교육학회(Finnish Society on Media Education)	• 2005년에 창립된 핀란드의 미디어교육학회 • 목적은 미디어교육 관련 연구 및 실천 분야의 지원과 개발을 통해 온오프라인 공간의 미디어교육 경험을 공유할 기회를 제공하고 공론장 형성에 기여함(http://www.mediaeducation.fi/)

주관 기구	역할 및 활동
맨네르헤임 아동복지연맹(The Mannerheim League for Child Welfare, MLL)	• 핀란드가 러시아에서 독립한 이듬해인 1920년에 설립된 시민단체 • 'Save the Children Finland'와 함께 EU의 대규모 미디어교육 프로젝트인 'Save Internet for Youth 프로그램'을 운영 • 미디어 리터러시 교육의 실천을 위해 프로젝트 '미디어 머핀(Media Muffin)'을 실시하고 미디어교육 교재를 발간 • 미디어 머핀 교재는 그룹학습을 위해 설계되어 학교 등 아동이 모인 장소에서 활용하기 용이함(https://www.mll.fi/en/).
핀란드 신문협회 (Finnish News-Paper Association)	• 신문사와 학교의 협업을 지원: 핀란드 신문사들과 함께 50년 이상 동안 미디어 교육을 제공하고 있음. • 미디어교육 자료와 교수법 창출 • '신문주간', '읽고 있나요? 캠페인', 미디어 사용 행태 조사 등을 수행
파아벨레티 박물관 (Päivälehti Museum)	• 핀란드 최초의 신문 이름을 딴 박물관 • 'PÄIVÄLEHTI'의 뜻은 '매일(每日)' • 현재 이 신문의 제호는 'Helsingin Sanomat'로 바뀜. • 어린이와 청소년의 미디어 리터러시 능력 개발을 위해 설립 • 미디어의 역사를 보여주며 다양한 체험 활동 전개

이 표에서 알 수 있듯이, 학술기구의 경우 두 가지 대표적 사례를 들 수 있다. 우선, Lapland 지역에 소재한 미디어교육 기구로서 미디어교육센터(Centre for Media Pedagogy - Lapland)가 활발한 학술 활동을 전개하고 있다. 특히 이 기구는 미디어교육 석사과정의 교육 기회를 제공하고 있다. 또한 핀란드 미디어교육학회(Finnish Society on Media Education)는 2005년에 창립된 핀란드의 미디어교육 분야의 학술 기구이다. 이 학회의 목적은 미디어 교육과 연관된 학술 연구와 실천적 적용분야를 지원하고 개발하는 활동을 주로 하고 있다. 이를 위해 온오프라인 공간의 미디어교육 경험을 공유할 기회를 제공하고 학회원들 사이의 공론장을 형성하는 데 주력하고 있다.

한편, 사회적 미디어 교육을 수행하는 기구로서 세 가지 사례를 들 수 있다. 우선, 맨네르헤임 아동복지연맹(The Mannerheim League for Child

Welfare, MLL)은 핀란드가 러시아에서 독립한 이듬해인 1920년에 설립된 시민단체이다. 여기서는 'Save the Children Finland'와 함께 EU의 대규모 미디어교육 프로젝트인 'Save Internet for Youth 프로그램'을 운영하고 있다. 특히 미디어 리터러시 교육의 실천을 위해 프로젝트 '미디어 머핀(Media Muffin)'을 실시하고 미디어교육 교재를 발간하는 사업을 지속하고 있다는 점에서 사회적 미디어 교육의 의미를 발견할 수 있다. 미디어 머핀 교재는 그룹학습을 위해 설계되어 학교 등 아동이 모인 장소에서 활용할 수 있도록 제작된다. 다음으로, 핀란드 신문협회(Finnish NewsPaper Association)는 신문사와 학교의 협업을 지원하는 사회적 미디어교육 기구이다. 특히 핀란드 신문사들과 함께 50년 이상 동안 미디어 교육을 제공하고 있다. 구체적인 사업을 보면, 미디어교육 자료와 교수법 창출, '신문주간', '읽고 있나요? 캠페인', 미디어 사용 행태 조사 등을 수행한다. 마지막으로, 파아벨레티 박물관(Päivälehti Museum)은 핀란드 최초의 신문 이름인 '파아벨레티(PÄIVÄLEHTI)'(매일(每日))를 차용한 박물관이다. 현재 이 차용된 신문의 제호는 'Helsingin Sanomat'로 바뀌었다. 이 박물관은 어린이와 청소년의 미디어 리터러시 역량 개발을 위해 설립되었고, 미디어의 역사를 관람객에게 보여주며 다양한 미디어 리터러시 역량 개발을 위한 체험 활동을 전개하고 있다는 점에서 문화적 특수성을 보여준다.

4. 유럽 미디어교육법 사례의 시사점

독일 미디어교육의 시사점은 다음과 같이 두 가지 측면에서 발견된다. 우선, 독일의 미디어 교육은 미디어능력에서 점차 디지털 능력의 개발로

목표를 특화시키는 경향을 보이고 있다. 예컨대, 연방정부와 주정부의 유기적인 협력체계를 바탕으로 디지털 학습 환경과 웹미디어 기반 미디어교육 환경을 구축하는 데 적극적인 투자 의지를 보이고 있다. 이것은 새로운 디지털 환경과 4차 산업혁명의 변화에 능동적으로 대처하기 위한 연방정부 차원의 전략으로 평가할 수 있다.

이와 함께 학교 교사나 학생에게 모든 교육 활동을 부과하기보다 학부모들까지 견인한 다양한 행사와 교육활동 등을 체계화하고 있다는 점이다(강진숙, 2018, 4, 24). 예컨대, 교육부의 사례에서 라인란트팔츠주의 '학부모 정보의 밤'이나 바이에른주의 '디지털 학교 2020' 등은 학부모들의 스마트폰과 SNS 활용능력 강화와 일상적인 자녀 미디어교육 방안들에 대한 정보교류를 꾀하고 있다. 덧붙여, 연방 교육연구부와 주 미디어청 사이의 주간 협약을 체결하여 보다 체계적인 미디어 교육 과제들을 해결하고 있다는 점, 그리고 독일의 제1공영방송 ARD와 제2공영방송 ZDF 등 방송사들의 어린이와 청소년들을 위한 적극적인 미디어교육 프로그램 편성 등은 독일 미디어교육 정책을 원활히 전개하는 동력이라 할 수 있다.

그러면, 프랑스 미디어교육의 시사점은 어디에서 나타나는가? 프랑스 미디어교육의 시사점은 끌레미를 중심으로 집중성과 효율성에 기초해 미디어 교육과 미디어 리터러시 개발을 위한 기획과 정책을 실행하는 데 있다. 현재 미디어교육 교사들과 전문가들의 주안점은 디지털 미디어의 변화 환경에 맞는 교육법을 개발하고 활성화할 필요성, 대학의 교사 연수기관과 교육내용의 기준이 정립되어야 한다는 점, 그리고 끌레미에 과도한 미디어교육 과제가 집중되어 교사의 교육 의지와 자율성에 의존하고 있다는 점 등에 있다.

마지막으로, 핀란드 미디어교육의 시사점은 다음과 같이 몇 가지 사항을 중심으로 정리할 수 있다. 우선 미디어교육 법체계가 주로 핀란드 헌법과 기초교육법 등에 의거해 국가와 지방자치단체 사이의 역할 분담과 공조가 이루어지고 있다. 두 번째로, 핀란드의 미디어 교육 관련 정책은 국가교육위원회에 의해 정립되고 있지만, 지방자치단체나 지역교육청의 자율적 역할과 권한 역시 법제도적으로 보장되고 있었다. 마지막으로, 지역사회의 미디어 교육 관련 활동은 다른 국가들과 유사하게 학계와 언론계, 그리고 미디어센터 등을 통해 전개되고 있었다. 하지만, 핀란드 미디어교육 관련 법제도와 학교 디지털화 사업들이 핀란드 전역에 대대적으로 확산될 수 있었던 것은 국가교육위원회의 권위와 책임 있는 역할에서 발견된다. 특히 핀란드의 유치원 시기부터 고등학교까지의 의무교육 제도와 복지사회의 다양한 구조적 조건, 그리고 교사와 학생들의 미디어 역량 강화를 우선적으로 고려하는 교육정책의 시행 등은 선진적인 핀란드 미디어교육의 가능성을 지속가능하도록 만드는 추동력으로 판단된다.

요컨대, 독일, 프랑스, 그리고 핀란드 미디어교육의 시사점은 각 나라마다 미디어교육법 체계와 정책 활동의 사례들은 서로 상이하고 특수성을 지니지만, 공통적으로 유년기 시절부터 미디어 리터러시와 미디어 능력을 개발하기 위한 조기 미디어교육의 중요성을 법제도와 다양한 정책들의 시행을 통해 뒷받침하고 있다는 점이다. 또한 미디어 교육의 목표가 단지 미디어 제작이나 코딩 학습 등의 도구적 숙련성을 습득하는 것을 넘어선다. 즉 부정적이고 폭력적 환경에 공동 대처하기 위한 시민으로서의 권리와 연대의식을 학습하고, 나아가 주체적인 사회 참여를 위해 어린이의 권리, 남녀 평등의 인식, 그리고 디지털 리터러시 역량 획득을 통해 미래 사회의 민주적 참여 방법들을 주체적으로 획득할 수 있는 방향성을 제시하고 있다는 점에서 시사점을 준다.

이 중에서도 주목할 것은 교사-학생-학부모 삼각 협력체를 통해 미디어 교육을 학교 담장 밖으로 계속 통하도록 한다는 점이다. 이러한 미디어 교육의 흐름이 가능한 것은 세 나라의 선진적 미디어교육 체계와 정책 실행의 책임 기구들이 상호 협력체제를 유지하고 있기 때문이다. 기본적으로 독일의 사례에 나타난 연방정부와 주 미디어청, 그리고 교육부 사이의 협력체계나 프랑스 국립미디어센터와 교육부의 연계 체계, 그리고 핀란드의 국가교육위원회와 지역 교육부 사이의 지원 정책과 자율성 보장 체계 등이 그것이다.

참고문헌

강진숙 (2005a). 미디어 능력의 개념과 촉진 사례 연구: 독일의 연방 프로젝트 "학교를 네트워크로(Schulen ans Netz)를 중심으로". 〈한국언론학보〉, 49권 3호, 52-79.

강진숙 (2005b). 미디어 능력의 구성범주에 대한 연구: 독일 공영방송의 미디어 능력 개발 사례에 대한 세부적 특성화 및 유형화를 중심으로. 〈한국언론학보〉, 49권 6호, 5-35.

강진숙 (2005c). 청소년미디어보호와 법제도: 독일의 청소년미디어보호주간협약 (Jugendmedienschutz-Staatsvertrag)의 내용을 중심으로. 〈동서언론〉, 9집, 351-377.

강진숙 (2005d). 독일의 청소년미디어보호에 관한 법제도적 특성과 시사점. 청소년위원회. 〈청소년! 푸른 성장, 방송환경 개선 정책토론회〉. 51-70.

강진숙 (2007). 해외 미디어교육 진흥을 위한 법·제도적 지원 사례 연구. 〈언론연구〉, 12집, 61-79.

강진숙 (2010). 청소년미디어보호 자율규제제도에 대한 인식 연구: 청소년 및 미디어교육 전문가와의 심층인터뷰를 중심으로. 〈한국언론학보〉, 54권 5호, 372-396.

강진숙 (2018, 4, 24). 독일과 프랑스의 미디어교육 법체계 및 정책기구. 〈미디어리터러시〉. 서울: 한국언론진흥재단.

강진숙·조재희·정수영·박성우 (2017). 〈해외 미디어교육 법체계 및 정책기구 연구〉. 서울: 한국언론진흥재단.

김광재·강신규 (2015). 미디어교육의 국제 네트워크 구조화: 벤치마킹 기법을 중심으로. 〈국제지역연구〉, 19권 4호, 329-357.

박주연 (2016). 스마트 미디어 시대 독일의 미디어 리터러시 정책 연구: 미디어 능력 촉진 프로젝트 분석을 중심으로. 〈한·독사회과학논총〉, 26권 1호, 126-149.

진민정 (2017, 6, 30). 프랑스 끌레미의 '2017 언론 주간' 들여다보기. 〈미디어리터러시〉. 서울: 한국언론진흥재단.

황치성·박한철·정완규·조진화 (2013). 〈미디어교육 현안과 미래전략〉 (연구서 2013-02). 서울: 한국언론진흥재단.

BLM (2015). *Jahresbericht Medienkompetenz 2014/2015*. München.

BMBF (2002). IT-Ausstattung der allgemein bildenden und berufsbildenden Schulen in Deutschland. Eine Bestandsaufnahme vom Mai 2002.

BMBF & BMWi (1999). Innovation und Arbeitsplätze in der Informationsgesellschaft des 21. Jahrhundert. Aktionsprogramm der Bundesregierung. Stand: September 1999. Bonn.

CLEMI (2016). Rapport national 2016: 27e Semaine de la Presse et des Medias dans l'Ecole [On-Line]. Retrieved from
http://www.clemi.fr/fileadmin/user_upload/Rapport_SPME_CLEMI_2016.pdf

Code de l'éducation, no. 2014-1631 (2014). Retrieved from
https://www.legifrance.gouv.fr/affichCode.do;jsessionid=37EA78AF04B1AC9748A08AACE7153994.tpdila17v_1?idSectionTA=LEGISCTA000029994069&cidTexte=LEGITEXT000006071191&dateTexte=20170419

EMEDUS (n.d.). WP3. Formal Media Education France [On-Line]. EMEDUS: European Media Literacy Education Study, 1-6. Retrieved from
http://www.gabinetecomunicacionyeducacion.com/sites/default/files/field/investigacion-adjuntos/franced.pdf

Frau-Meigs, D., Loicq, M., & Boutin, P. (2014). Media and Information Literacy Policies in France [On-Line]. ANR TRANSLIT and COST "Transforming Audiences/Transforming Societies", 1-33. Retrieved from
http://ppemi.ens-cachan.fr/data/media/colloque140528/rapports/FRANCE_2014.pdf

Savoirs CDI (n.d.). Politiques d'éducation aux medias [On-Line]. Retrieved from
https://www.reseau-canope.fr/savoirscdi/cdi-outil-pedagogique/conduire-des-projets/activites-pluridisciplinaires/education-aux-medias/politiques-deducation-aux-medias.html

Thüringer Ministerium für Bildung, Jugend und Sport (2016, 10, 8). Medieninformation. Interkultureller Vorlesekoffer fuer alle Thüringer Kindergärten. URL: http://www.thueringen.de/th2/tmbjs/aktuell/medienservice/mi/93666/index.aspx)

〈merz〉 홈페이지. URL: http://www.merz-zeitschrift.de/index.php?NEWS_ID=11646
〈Clemi〉 홈페이지. URL: https://www.clemi.fr/
교육정책네트워크정보센터 (2013, 9, 23). [핀란드] 의무교육 연령 연장.
URL: http://edpolicy.kedi.re.kr/frt/boardView.do?nTbBoardSeq=&strCurMenuId=55&nTbCategorySeq=&pageIndex=2&pageCondition=10&nTbBoardArticleSeq=163344&searchTopic=&searchObject=&searchCondition_D=36&searchKeyword_SD=2013.09.23&searchKeyword_ED=2013.09.23&searchCondition_W=6&searchKeyword_W=

교육정책네트워크정보센터 (2015, 2, 11). [핀란드] 취학 전 아동교육과 의무교육에 대한 교육과정 개정.
URL: http://edpolicy.kedi.re.kr/frt/boardView.do?nTbBoardSeq=&strCurMenuId=55&nTbCategorySeq=10068&pageIndex=20&pageCondition=10&nTbBoardArticleSeq=161945&searchTopic=&searchObject=&searchCondition_D=36&searchKeyword_SD=2013.09.01&searchKeyword_ED=2016.12.31&searchCondition_W=25&searchKeyword_W=%EA%B5%90%EC%9C%A1

교육정책네트워크정보센터 (2015, 12, 23). [핀란드] 교사에게 정보통신기술에 관한 도움을 주는 Guru 학생들.
URL: http://edpolicy.kedi.re.kr/frt/boardView.do?nTbBoardSeq=&strCurMenuId=55&nTbCategorySeq=10068&pageIndex=1&pageCondition=10&nTbBoardArticleSeq=161053&searchTopic=&searchObject=&searchCondition_D=36&searchKeyword_SD=2015.12.23&searchKeyword_ED=2016.09.20&searchCondition_W=25&searchKeyword_W=%EB%B0%98%ED%83%80%EC%8B%9C

교육정책네트워크정보센터 (2016, 4, 13). [핀란드] 학생에게는 더 많은 ICT 장비를, 교사에게는 더 나은 ICT 기술을.
URL: http://edpolicy.kedi.re.kr/frt/boardView.do?nTbBoardSeq=&strCurMenuId=55&nTbCategorySeq=&pageIndex=3&pageCondition=10&nTbBoardArticleSeq=160802&searchTopic=&searchObject=&searchCondition_D=36&searchKeyword_SD=2016.04.13&searchKeyword_ED=2016.04.13&searchCondition_W=6&searchKeyword_W=

교육정책네트워크정보센터 (2016, 9, 7). [핀란드] 학기시작에 맞춰 새로운 교육과정 실행돼.
URL: http://edpolicy.kedi.re.kr/frt/boardView.do?nTbBoardSeq=&strCurMenuId=55&nTbCategorySeq=10068&pageIndex=1&pageCondition=10&nTbBoardArticleSeq=160385&searchTopic=&searchObject=&searchCondition_D=36&searchKeyword_SD=2016.09.07&searchKeyword_ED=2016.09.07&searchCondition_W=6&searchKeyword_W=%ED%95%80%EB%9E%80%EB%93%9C

http://www.cemea.asso.fr/spip.php?article950

핀란드국가교육위원회(FNBE: Finland National Board of Education).
URL: http://www.oph.fi/english

Chapter 11

미국 미디어 리터러시 교육의 과거와 현재, 그리고 미래

김아미 (경기도교육연구원 부연구위원)

1. 들어가는 말

4차 산업혁명 시대의 미디어·테크놀로지 지형이 바뀜에 따라 시민들에게 요구되는 미디어 리터러시의 영역 및 미디어 리터러시 교육을 풀어가는 방식이 다양한 양상으로 펼쳐지고 있다. 미주 국가, 특히 미국에서는 미디어 리터러시 교육의 구동체가 다양해지는 양상을 목격할 수 있다.

미디어 리터러시 교육의 주된 주체를 살펴보면 다음과 같다. 먼저, 메이커 교육이라는 긴 역사를 지닌 사회적 움직임과 최근 들어 강조되고 있는 소프트웨어 교육 등이 미디어 리터러시 교육의 영역과 교차점을 만들어가며 진행되고 있다. 둘째, '가짜 뉴스' 등에 대한 사회적 우려와 관심으로 인해 뉴스 리터러시의 필요성이 부각되고 있고, 동시에 여러 주에서 미디어 리터러시의 의무 교육으로 포함시키려는 움직임에 힘을 실리고 있는 상황이다. 셋째, 도서관에서 진행하였던 기존의 정보 리터러시 교육을 확장하여 대중을 대상으로 한 미디어 리터러시 교육을 실시하는 움직임 또한 두드러지고 있다. 마지막으로, 헬스 커뮤니케이션 연구자들을 중심으로 미디어 메시지가 사용자의 심신건강에 주는 영향에 대한 연구 및 교육안 개발이 진행되고 있다.

이처럼 미디어 리터러시 교육의 주체가 다양해진 것은 미디어 리터러시 교육의 필요성에 대한 사회적 인식이 높아짐을 의미하고, 그만큼 미디어 리터러시 교육이 힘을 얻을 수 있는 적기임을 보여준다는 점에서 고무적이다. 그러나 이는 미디어 리터러시 교육의 목표나 지향, 기반으로 두고 있는 이론적 접근들 역시 다양화된 채로 미디어 리터러시 교육 논의가 진행되고 있음을 의미한다는 추정을 해볼 수 있다. 미국의 경우 NAMLE(National Association for Media Literacy Education) 등 전국 단위의 협회를 통해 미디어 리터러시 교육에 참여하고 있는 다양한 주체의 교류를 활성화하고자 하는 노력이 진행되어 왔는데, 현 지형에서 미디어 리터러시 교육에 대한 합의 혹은 다각화의 필요성에 대한 논의가 어떻게 진행되고 있는지 주목해볼 필요가 있다.

그러나 미래를 조망하기 위해서는 미래 동향의 기저에 있는 과거와 현재의 흐름을 파악할 필요가 있다. 따라서 본 장은 미국 미디어 리터러시 교육의 흐름을 살펴보면서, 미국 미디어 리터러시 교육의 강점이 무엇인지 해당 강점에 기반을 둔 미래를 향한 움직임은 무엇인지 분석해보고자 한다.

2. 미국 미디어 리터러시 교육: 다양한 주체 간 합의를 도출하고자 하는 노력

1) 미국 초기 미디어 리터러시 교육의 논쟁

선행 연구들을 토대로 미국의 미디어 리터러시 운동 및 미디어 리터러시 교육의 움직임을 시기별로 구분해볼 수 있다. 먼저, 미국의 미디어 역사학자인 에드워드 아크(Arke, 2012)는 현재 미국의 미디어 리터러시가 1970년대 후반 정도에 커리큘럼 개발 및 연구 등이 활발하게 진행되며 현재와 같은 틀을 잡아가기 시작했다고 설명한다. 그러나 그 이후 2000년대 초반까지 미국 학교에서의 미디어 리터러시 교육, 특히 중등 교육과정 안의 미디어 리터러시 교육은 여타 영어권 국가에 비해 크게 뒤쳐져 진행되었다(Mihailidis, 2008). 이와 같은 흐름은 2010년 교육부에서 발표한 "미국의 교육 변화시키기: 테크놀로지 지원 학습(Transforming American Education: Learning Powered by Technology)"을 계기로 변화하는데, 이 정책 문서를 시발점으로 학교 안의 통합적 미디어 리터러시 교육이 활성화 단계를 맞게 된다(Martens, 2010).

앞서 언급하였듯이 미국의 미디어 리터러시 교육은 다양한 학문적 배경에서 접근, 기획, 시도되어 왔다. 미디어 리터러시 교육에 참여하는 주체들도 학계, 언론산업체, 시민단체, 교육단체 등 다양하였고, 다양한 배경에 따라 미디어 리터러시를 규정하는 초점, 미디어 및 사용자에의 접근방식(패러다임), 미디어 리터러시 교육의 지향점 역시 여러 갈래로 갈리는 것을 볼 수 있다. 이에 미국의 미디어 리터러시 교육자들은 모든 주체들이 동의할 수 있는 미디어 리터러시의 규정을 만들기 위한 노력, 미디어 리터러시 교육의 공통적 지향점을 도출하기 위한 합의를 구하기 위한 노력을 오랜 기간 계속해왔다.

합의 도출을 위한 시작점은 1990년대 초중반의 주요 컨퍼런스 장면에서 찾아볼 수 있다(Arke, 2012). 1992년 미디어 리터러시 교육 종사자들이 대거 참여한 '미디어 리터러시 전국 리더십 컨퍼런스(The National Leadership Conference on Media Literacy)'에서는 미디어 리터러시가 무엇을 의미하는지에 대한 합의를 도출하여 미디어 리터러시의 정의를 다음과 같이 발표하였다: "미디어 리터러시란 시민이 정보에 접근하고, 정보를 분석하며, 특정한 결과를 얻기 위해 정보를 생산하는 능력을 의미한다(Aufderheide, 1993)".

이 규정은 1980~90년대에 성황을 이루던 미디어 콘텐츠 중심의 미디어 리터러시 접근과 결을 달리하고 있다는 것이 특징적이다. 이 규정은 오히려 지금의 디지털 기반 개별화 미디어 환경 속에서 사용자를 시민으로 상정하고 시민의 정보 접근, 분석, 생산 능력을 강조한다는 점에서 적합한 미디어 리터러시 규정의 모습과 유사성을 지닌다는 것이 주목할 만하다. 1990년대 초반에 발표된 미디어 리터러시의 규정이 이와 같이 시민성과 정보를 강조하는 내용으로 제시된 것은, 다양한 배경의 미디어 리터러시 교육 주체들을 모두 아우를 수 있는 큰 대중적인 합의의 틀을 마련하고자 하였던 컨퍼런스 참여자들의 의도가 반영된 것이라 할 수 있다.

이처럼 미디어 리터러시를 설명하는 합의된 규정을 발표하는 것에 뒤이어, 1996년에 진행된 '전국 미디어 리터러시 컨퍼런스(National Media Literacy Conference)'에서는 미디어 리터러시에서 다룰 개념 및 미디어 리터러시 교육의 목표에 대해서도 합의가 도출되어야 한다는 필요성이 제기되었다.

이 컨퍼런스는 미디어 학자뿐 아니라 알코올, 담배, 폭력 방지 기관, 종교 교육, 엔터테인먼트와 뉴스 미디어의 전문가, 미디어 아트 커뮤니티와 독립 영화 제작자에 이르기까지 다양한 영역의 미디어 교육 관계자들이 모두 참여한 최초의 행사로서 의미를 가진다. 미디어 리터러시 영역에서 활동 중인 350명의 교육자, 미디어 활동가, 지역 활동가(36개주, 9개 국가)가 참여하여, 미국의 학교, 방과 후 프로그램, 종교와 지역 커뮤니티 센터에 미디어 리터러시 교육을 어떻게 도입할 것인지에 대해 논의하였다.

컨퍼런스를 아우르는 전체 주제는 '미디어 시대의 시민성: 미디어 리터러시와 공익'으로 미디어 리터러시 교육을 통해 21세기 민주주의와 시민성에 대해 비판적 질문들을 던질 수 있음에 주목한다. 컨퍼런스 안에서 다루어진 소주제들 역시 흥미로운데, 예를 들어 뉴스미디어의 소유권, 광고의 효과·영향, 교실 안에서의 상업주의, 미디어 기업들의 합병, 시청률과 관련된 논쟁들과 미디어에 비추어진 여성과 소수인종의 이미지 및 재현 등에 대해 집중 논의하였음을 알 수 있다.

이 컨퍼런스의 하이라이트는 미국의 대표적 미디어 리터러시 학자인 르네 홉스(Reneé Hobbs)가 발표한 '미디어 리터러시 운동 안에서 제기되는 일곱 가지 큰 논의(The Seven Great Debates in the Media Literacy Movements)'라 할 수 있다. 홉스를 비롯한 컨퍼런스 주관자들은 컨퍼런스에 참여한 다양한 배경의 미디어 리터러시 교육 및 운동 종사자들을 대상으로 미디어 리터러시 장에서 지속적인 문제로 제시되어 왔던 커다란 논의점들을 제시하고, 컨퍼런스 참여자들이 이 논의점들에 대해 찬·반 의견을 투표함으로써 합의를 도출하고자 하였다. 이렇게 도출된 합의는 미디어 리터러시 교육의 지향점을 하나의 구심점으로 모으는 역할을 하는 동시에, 결과적으로 체계적이고 힘 있는 미디어 리터러시 교육의 확산을 가능하게 하는 구동력으로 작용할 수 있을 것으로 기대되었다.

홉스가 미국 미디어 리터러시 연구 영역 및 현장에서 제기되어 온 논쟁을 정리한 일곱 가지 질문은 미국의 미디어 리터러시 활성화를 위해 합의해야 할 것으로 판단된 논쟁점을 보여준다는 데에 큰 의미가 있다. 해당 질문들을 살펴보면 다음과 같다.

1. 미디어 리터러시는 어린이를 보호하기 위한 것인가?
2. 미디어 리터러시에 미디어 제작 활동이 꼭 포함되어야 하는가?
3. 미디어 리터러시 교육에서는 대중문화에 대해서 주로 다루어야 하나?
4. 미디어 리터러시 교육은 이데올로기적 어젠다를 내포하고 있어야 하는가?
5. 미국의 미디어 리터러시 교육은 유치원부터 12학년까지 의무교육을 받는 모든 학생들을 대상으로 이루어질 수 있을까?
6. 미디어 리터러시 운동은 방송국 등의 미디어 기관들로부터 재정적 지원을 받아도 되는가?
7. 미디어 리터러시가 목표를 위한 수단으로서 상정되는 것이 옳은가? 아니면 그 자체를 목표로 보아야 하는가?

이와 같은 일곱 가지 논쟁점 중 미디어 환경의 변화와 미국 내 미디어 리터러시 교육의 활성화 및 미디어 환경의 변화로 인해 논쟁의 여지가 없어진 내용도 있고, 아직까지 유효한 논쟁점인 내용도 있다. 이 논쟁점들을 검토하고 요목화하는 과정을 통해 현재 미국 미디어 리터러시 교육이 마주치는 어려움 및 미래의 진행방향에 대한 함의를 찾아볼 수 있다는 점에서 중요한 고민의 단초를 제공한다.

먼저, 미디어 리터러시 교육의 목표에 대한 논쟁이 있다. 특히 어린이를 대상으로 한 보호주의적인 관점의 미디어 교육을 고수하는 것이 중요한가에 대한 논쟁은 새로운 미디어의 등장과 더불어 미디어 패닉 담론이 확산될 때 함께 등장한다(Drotner, 1999). 미국의 경우, 특히 초기 미디어 리터러시 운동이 보호주의적인 접근을 강하게 지니고 있었던 이유로(Bulger & Davison, 2018), 새로운 미디어가 등장할 때 보호주의적인 미디어 리터러시 교육이 강조될 가능성이 더 높다고 할 수 있다. 이는 미디어 리터러시 개념 규정을 위한 노력과도 연관이 된다. 미디어 환경의 변화, 그리고 미디어 사용자의 활동 범위 및 미디어 사용자에게 요구되는 능력이 변화함에 따라 미디어 리터러시 교육이 무엇을 목표로 해야 하는지도 바뀔 수밖에 없다. 미디어 리터러시의 범위 및 미디어 리터러시 역량으로 포함되는 능력들이 어떻게 바뀌고 있는지를 살펴봄으로써 미디어 리터러시 교육 목표 및 미디어 리터러시 교육에의 접근법 등에 대해서 그 변화의 궤적을 쫓아볼 수 있다.

둘째, 미디어 리터러시 교육의 영역 및 내용에 대한 논쟁이 있다. 미디어 리터러시 교육은 비판적 읽기 중심의 교육인가 혹은 제작이 필수적으로 포함되어야 하는 교육인가에 대한 논쟁은 미디어 리터러시 교육을 직업 트레이닝 교육의 일환으로 풀어내었던 주체들과, 미디어 리터러시 교육은 전통적 리터러시 교육의 확장으로 보는 것이 적절하다는 주체들과의 의견 차이를 반영하는 지점이다. 제작 교육을 중요한 별도의 영역으로 보고, 제작을 위한 전문적 지식의 전달 및 실습을 강조했던 입장과, 비판적 읽기에 초점을 맞추는 교육을 강조했던 입장 간의 갈등은 미디어 제작이 용이해지고 사용자가 생비자로서 존재하는 지금의 미디어 환경 속에서 자연히 해소되어가고 있다고 볼 수 있다. 그러나 미디어 리터러시 교육이 모두를 위한 보편적 교육의 일부인지 혹은 미디어 영역에서 활동하고자 하는 일부 학습자를 위한 전문적 영역인지에 대한 논의는 현재도 계속되고 있다. 또한 미디어 리터러시 교육이 '미디어에 대한' 전문 지식을 논하는 교육 영역이어야 하는지 혹은 미디어 환경 전반에 대한 이해를 돕도록 전 교과에 퍼져 있는 형태의 통합교과적 실천의 영역이어야 하는지에 대한 논의 역시 일곱 번째 제기된 큰 질문에서 찾아볼 수 있다.

셋째, 미디어 리터러시 교육이 의무교육으로 포함되어야 하는가에 대한 논쟁이 있다. 이는 위에서 다룬 두 가지 논쟁점과도 맞닿아 있는 것으로, 미디어 리터러시 교육의 궁극적 목표를 무엇으로 설정하느냐, 그리고 어느 영역과 내용에 초점을 맞추느냐에 따라 의무교육 안에 포함되어야 하는 중요한 내용인지 아니면 선택교과의 영역으로 남겨도 되는 특수한 전문 영역인지 결정할 수 있다.

끝으로, 미디어 리터러시 교육에 있어 미디어 산업체의 역할과 교육 영역과 산업 영역의 관계 맺음에 대한 논쟁이 있다. 미디어 유관 기관 및 산업체에서 미디어 리터러시 교육을 재정적으로 지원하거나 교육연수, 교육자료 개발 등의 지원을 하는 사례가 점점 증가하고 있고, 미디어 산업체가 미디어 리터러시 교육에 기여하는 주요 동력 중 하나임은 확실하다. 그러나 홉스가 이 문제를 논쟁점(여섯 번째 질문)으로 제시한 이유는 교육이 가지는 비판성, 비판적 성찰 및 시각을 강조하는 미디어 리터러시 교육의 목표가 미디어 산업체에 재정적 지원을 받았을 때 유지될 수 있을까에 대한 교육 현장의 고민을 반영한 것이라 할 수 있다. 이 질문은 미디어 리터러시 교육이 균형적 시각을 지니고 다양성에 대한 문제의식을 지닌 미디어 종사자를 기르는 역할에 방점을 맞출 것인가, 혹은 미디어에 대해 비판적인 시각을 견지하며 미디어 산업체의 사회경제적 메커니즘에 대해 비판하며 대안을 제시하는 옴부즈맨을 기르는 역할을 할 것인가에 대한 근본적인 질문과 닿아 있다.

결론적으로 말하면 1996년 컨퍼런스를 계기로 위의 논쟁에 대한 합의를 도출하려는 시도는 실패에 그쳤다. 그러나 산발적이고 개인적인 실천을 중심으로 진행되던 1990년대 미국의 미디어 리터러시 교육 현장에서 제기되는 큰 논쟁점들을 가시화하면서 미디어 리터러시 교육이라는 큰 우산 아래 존재하는 다양한 입장들을 수면 위로 올리고, 그럼에도 체계적이고 지속력 있는 미디어 리터러시 교육을 진행하기 위한 구심점을 찾기 위한 시도라는 점에서, 또한 그 이후 미국 미디어 리터러시 교육이 진행되어야 할 방향 및 방법에 대한 아이디어를 제공했다는 점에서 유의미하다.

2) 미국 미디어 리터러시 교육의 특성 및 강점 도출

1996년 미국의 '전국 미디어 리터러시 컨퍼런스'에서 홉스가 제시한 큰 질문들은 미국 미디어 리터러시의 특성 및 강점을 가늠해볼 수 있는 중요한 자료가 된다. 앞서 요목화한 일곱 가지 질문 중 지금까지 유효하고 계속 진행되는 논의를 세 가지로 정리해볼 수 있는데, 이는 미국 미디어 리터러시 교육이 가지는 특장점을 보여주기도 한다.

첫째, 미디어 리터러시의 규정 및 영역에 대한 전체적인 합의를 도출하기 위한 노력이 진행되고 있다. 이는 미국 내 미디어 리터러시에 대한 사회적 인식을 높이고, 미디어 리터러시 교육 실천이 일관적인 지향을 지니고 진행될 수 있도록 돕는다.

둘째, 교사 연수를 통한 미디어 리터러시 교육의 확산 및 일반화를 시도한다. 미국은 통합적 교육의 일환으로 미디어 리터러시 교육을 실천해온 전통이 있다. 따라서 현재에도 미디어 리터러시 교육을 하나의 특정 교과목 혹은 분야로 한정짓지 않고 다양한 교과목 내에서 통합교과적으로 접근할 수 있도록 인적 인프라 구성에 힘쓰고 있다.

셋째, 다양한 주체가 협력체계를 구성하여 미디어 리터러시 교육을 지원하고 실천한다. 전통적으로는 방송국이나 언론사가 학교와 협력하여 미디어 리터러시 교육을 지원하였는데, 이에 대해 홉스는 방송국의 재정 지원을 받아 미디어 리터러시 교육을 하는 것이 바람직한가, 다시 말해 방송사의 지원이 방송을 비판적으로 보도록 권장하는 미디어 리터러시 교육의 초점을 흐릴 위험은 없는가라는 문제를 제기한다. 이러한 질문에서 출발하여, 현재는 방송국뿐 아니라 대학, 도서관 등 여러 기관들과의 협력이 활성화되고 있다.

다음에서는 위의 세 가지 특성을 보다 상세히 다루어보고자 한다. 이를 통해 미국의 미디어 리터러시 교육이 어떤 모습으로 변화하고 있고 무엇을 지향하는지를 살펴봄으로써, 4차 산업혁명 시대에 미디어 리터러시 교육이 지향해야 할 바에 대한 함의를 찾아보고자 한다.

3. 미디어 리터러시의 규정 및 영역에 대한 논쟁

미국의 미디어 리터러시 운동은 보호주의적인 성격을 강하게 가지고 있었다. 앞서 언급하였던 1992년에 열린 'National Leadership Conference on Media Literacy'는 미국 미디어 리터러시 움직임의 분기점 역할을 한 컨퍼런스라 볼 수 있는데, 이 컨퍼런스를 통해 보호주의적 접근을 탈피한 미디어 리터러시 규정을 제시하고 이를 통해 미디어 리터러시가 개인의 사회 참여를 지원하는 능력임을 강조하기 시작했다는 점에서 특히 그러하다. 그러나 이후로도 보호주의적으로 접근하는 미디어 리터러시에 대한 논의는 지속되었다. 1996년 홉스가 제시한 '미디어 리터러시의 일곱 가지 큰 질문' 중 첫 번째 질문이 '미디어 리터러시는 어린이를 보호하기 위한 것인가'였다는 점은, 보호주의적 접근이 미국 미디어 리터러시 흐름에서 가지는 힘을 반증한다고 할 수 있다.

〈미디어 리터러시의 미래에 대한 약속과 도전〉이라는 제목의 연구 논문에서 모니카 벌저(Monica Bulger)와 패트릭 데이비슨(Patrick Davison)은 "미국의 미디어 리터러시가 전통적으로 비판적 사고에 기반을 둔 일련의 능력들을 의미하고 있었음"을 지적하면서, '보호주의'와 '참여' 사이를 오가며 변증법적 발전을 해온 오랜 역사를 지니고 있다고 설명한다(Bulger & Davison, 2018). '보호주의'와 '참여'를 오가며 다양한 접근법이 공존하는 것은, 미국의 미디어 리터러시를 주도하고 있는 다양한 학문적 전통을 보아도 알 수 있다. 이에 대한 논의는 이후에 보다 상세히 다루어보겠다.

1) NAMLE 중심의 미디어 리터러시 교육의 체계화 및 보편화를 위한 규정 통일 작업

미국에서는 미디어 리터러시의 규정을 합의하려는 노력이 오랜 기간 지속적으로 이루어져왔다. 이러한 노력이 다양한 주체가 미디어 리터러시 운동 혹은 교육을 실행하고 있음에도, 미국의 미디어 리터러시 운동이 공통적인 지향이나 목표의식을 가질 수 있게 하는 구동력이라 할 수 있다. 합의를 위한 노력의 중심에 NAMLE가 있다. 특히 NAMLE는 미디어 리터러시가 미디어에 반대하는 운동(즉, 보호주의적 관점을 가지고 미디어의 사용을 막으려 하는 움직임)이 아님을 분명히 하였다. 이들은 미디어 리터러시 운동을 위해 모인 NAMLE가 지금 우리의 미디어 환경에 대해 보다 명확하게 이해하는 것을 목적으로 하고 있다고 선언한다.

NAMLE는 1990년대 말부터 시작된 미디어 리터러시 관계자들의 모임이다. 이 모임은 1997년에 최초로 미디어 리터러시 관련 전국 규모의 조직 구성을 시도한 '미디어교육 파트너십(the Partnership for Media Education, PME)'을 모체로 한다. '미디어교육 파트너십'의 핵심 구성원을 살펴보면, 미국의 미디어 리터러시 운동에 영향을 미친 학제와 영역을 이해할 수 있다. 언론학자이자 교육학자였던 르네 홉스 교수, 미연방정부 보건부의 낸시 가르시아(Nancy Garcia), LA 기반 '미디어 리터러시 센터(Center for Media Literacy, CML)' 창립자인 엘리자베스 토만(Elizabeth Thoman), 미국소아과학회(American Academiy of Pediatrics, AAP) 소속의 리사 라이스버그(Lisa Reisberg) 등이 핵심 구성원이 되어, 미디어 리터러시 교육의 원칙을 공유하고 미디어 리터러시 교육의 잘 실행된 사례를 나누는 자리를 마련하고자 하였다. 이들은 미디어 리터러시의 목표, 전략, 실천 사례 등을 공유하고, 합의된 목표와 관련이 없는 부수적인 흐름 및 아이디어는 과감히 버릴 때라는 것을 강조하였다.[1]

NAMLE에서는 모호한 개념일 수 있는 '미디어 리터러시'를 규정하기 위해 '미디어 리터러시'라는 용어를 구성하고 있는 핵심어 '미디어'와 '리터러시'를 각각 분리하여 규정하고, 이의 합체인 '미디어 리터러시' 그리고 이를 키우기 위한 '미디어 교육'을 다음과 같이 규정하였다.[2]

- '미디어'는 메시지를 전달하기 위해 사용된 모든 전자, 디지털 매체 그리고 인쇄 매체, 예술적인 시각 매체를 의미한다.

---

1) https://www.medialit.org/reading-room/partnership-media-education#bio (2018, 10, 8. 접근)
2) https://namle.net/publications/media-literacy-definitions/ (2018, 10, 8. 접근)

- '리터러시'란 메시지를 종합하고 분석하기 위해 상징(symbol)을 코드화하고(encoding) 해석해내는(decoding) 능력을 의미한다.
- 따라서 '미디어 리터러시'란 매체를 기반으로 전달된 상징을 코드화하고 해석해내는 능력을 의미하며, 매체를 기반으로 한 메시지를 종합, 분석, 제작할 수 있는 능력을 의미한다.
- 미디어 교육은 미디어 리터러시와 연관된 능력들을 가르치는 교육이라 정의된다.

이처럼 NAMLE는 접근성이 높은 미디어 리터러시의 규정을 제시하여 미디어 리터러시 운동의 힘을 모으고, 사회적인 지지를 받기 위한 노력을 지속하고 있다. 최근에는 미디어 리터러시를 한 장에 설명한 자료를 홈페이지에 게시하여, 미디어 리터러시 규정에 대한 사회적 이해를 높일 수 있도록 시도하고 있다.

2) '리터러시'의 일환인 미디어 리터러시

미디어 '리터러시'라는 용어는 영어권 국가 중에서도 미국이 가장 적극적으로 도입하고 사용했던 용어이다. 이는 영국이나 캐나다에서 미디어 '교육'(media education)이라는 용어를 선호했던 것과 차별화된 지점이다. 영국 등 미디어 교육을 강조했던 국가들은 정식 교과목으로 미디어 교육을 실행하는 특징을 보였다면, '리터러시'라는 용어를 활용했던 미국의 경우 개인이 쌓아야 할 능력으로, 그리고 다양한 교육을 통해 통합적으로 쌓아 나갈 수 있는 역량으로 접근한 것을 알 수 있다.

미국의 미디어 리터러시는 확장된 리터러시 실천을 강조하는 뉴리터러시 학파(Street, 2003; Lankshear & Knobel, 2007)의 논의와도 맥을 같이하는 부분이 있다. 현재의 소통 환경이 텍스트 기반에서 미디어 기반으로 확장되고 있고, 의미 있는 리터러시 실천은 미디어 요소를 포함하고 있다고 보는 뉴리터러시 학파는 미디어 언어를 포함한 다양한 의사소통 능력의 지원을 강조하였다. 또한 학습자에게 유효한 문화적 실천을 리터러시의 영역으로 포함시켜 이해하고 연구해야 한다는 사회문화적 리터러시 이론 역시 미디어 리터러시 움직임과 그 흐름을 같이하는 부분이 있다(Gee, 1991).

이처럼 '리터러시'라는 개념을 기반으로 미디어 리터러시 운동을 이끌어 간 미국은 지속적으로 변화하고 다양화, 개별화하고 있는 미디어 환경에서 개개인이 대처하고 소통할 능력을 키워야 한다는 최근의 역량 중심 미디어 리터러시 접근에 잘 부합한다고 볼 수 있다. 이는 미국의 미디어 리터러시 교육 및 운동이 최근 보다 설득력을 지니고 있는 이유 중 하나이다.

그러나 '리터러시'라는 개념을 차용할 때 발생하는 문제점도 있다. 이는 주로 '리터러시'라는 것이 지닌 사회적인 특성을 간과하고 개인적인 실천으로만 한정하여 미디어 리터러시를 접근하려 할 때 생긴다. '리터러시'라는 개념이 가져올 수 있는 오해인 '개인이 키우는 개별적 능력'이라는 관점을 지우기 위해, 미국의 여러 미디어 리터러시 연구자들은 미디어 리터러시가 개인적인 능력임과 동시에 집단적인, 다시 말해 사회적인 역량이기도 함을 강조한다(Mihailidis & Thevenin, 2013; Hobbs, 2017a). 이들은 시민 역량으로서의 미디어 리터러시를 강조하며, 미디어 리터러시란 개별적인 활동 능력에 그치는 것이 아니라, 공동체적인 역량이자 건강한 시민 사회를 위해 개인과 사회가 모두 갖추어야 하는 능력이라고 설명한다(Mihailidis & Thevenin, 2013; Mihailidis & Viotty, 2017).

3) 미국 미디어 리터러시 운동에 기여하고 있는 여타 연구 학제

NAMLE의 구성원이나 리터러시 연구자들 외에도 미국의 미디어 리터러시 운동에 영향을 미치고 있는 다양한 학제 연구들이 있다. 대표적인 것이 헨리 젠킨스(Henry Jenkins)로 대표되는 문화연구나 참여자 연구 등의 흐름이고, 최근 들어 뉴스 리터러시, 데이터 리터러시, 메이커 교육 등의 움직임이 미디어 리터러시 논의와 서로 영향을 주고받는 것을 볼 수 있다.

(1) 문화연구: 미디어 문화와 학습자의 실천

미디어 리터러시 운동에 영향을 미치고 있는 문화연구자들은 미디어 사용자가 적극적으로 미디어 환경에 참여하는 모습, 이와 같은 참여의 과정에서 쌓아가고 있는 역량 등을 규정하려는 노력(Jenkins et al., 2009; Ito et al., 2009)을 통해 학습자 중심의 미디어 리터러시 담론 형성에 기여하고 있다. 이러한 연구들이 앞서 언급했던 미국 미디어 리터러시 규정을 위한 노력이 보이는 보호주의적 입장과 참여 입장 사이의 변증법적인 발전을 가능하게 했던 것으로 판단된다.

문화연구를 바탕으로 한 영국이나 캐나다의 미디어 교육에서는 강하게 나타났던 특성인데, 미국에서는 현재에 들어와 그 흐름이 강해지고 있다. 특히 현재는 다양한 연구기관이나 시민단체에서 청소년의 목소리를 드러내기 위한 활동을 하고 있다. 대표적인 예가 하버드 대학의 연구센터인 버크먼 클라인 인터넷과 사회 연구소(the Berkman Klein Center for Internet and Society, Harvard University)에서 발표하고 있는 청소년과 미디어 관련 연구들, MIT 미디어 랩에서 진행하고 있는 다양한 미디어와 학습 관련 연구, 캘리포니아 대학(University of California, Irvine) 미미 이토(Mimi Ito) 교수가 중심이 된 '연계된 학습 연구 네트워트(Connected Learning Research Network)' 등에서 발표하는 미디어 기반 학습 등 실천 연구를 들 수 있다.

이처럼 다양한 연구자들이 미디어 사용자, 특히 청소년의 미디어 리터러시 실천에 대한 연구 결과를 제공하여 미디어 리터러시가 고정된 영역이 아닌, 학습자의 문화를 반영하는 유동적인 특성을 띨 수 있도록 지원하고 있는 것이, 미국 미디어 리터러시 교육의 강점이기도 하다.

(2) 뉴스 리터러시

또한 최근 들어 '가짜 뉴스' 현상에 대한 교육적 대응의 필요성이 대두되면서, 뉴스 리터러시 교육이 주목받고 있다. 미국 내 활발하게 진행되고 있는 미디어 리터러시 교육 관련 법안의 근거가 되고, 교육적 실천으로서 강한 확산력을 가지고 있음을 볼 수 있다. 뉴스 리터러시 담론 및 실천은 뉴욕 스토니브룩 대학교(Stony Brook University)의 뉴스 리터러시 센터가 주도하고 있는데, 이 센터의 하워드 슈나이더(Howard Schneider)는 뉴스 리터러시를 미디어 리터러시의 하위 영역으로 볼 수 있지만, 기존의 미디어 리터러시 틀이 포괄하지 못하는 영역이 있으므로 뉴스에 더 잘 부합하는 커리큘럼을 만들어야 한다고 주장하였다. 이에 대하여 홉스 등의 미디어 리터러시 학자들은 슈나이더가 제시하는 뉴스 리터러시 커리큘럼이 미디어 리터러시 함양을 위한 것이라기보다는 저널리즘 교육에 더 가까운 것이 아니냐는 비판을 제기하기도 한다(Fleming, 2014).

이외에도 데이터 리터러시, 알고리즘에 대한 이해와 인공지능과 관련된 윤리적 논의, 미디어를 기반으로 한 학습, 메이커 운동과 미디어 리터러시 운동의 만남 등에 대한 미디어 환경 및 사용자에 대한 전반적 논의와 미디어 리터러시 논의가 만나면서, 미디어 리터러시 영역이 유동적으로 변화하고 있다. 이처럼 미국의 미디어 리터러시는 다양한 영역으로 그 논의가 확산되는 움직임이 보인다. 미디어 리터러시라는 영역 안에 이하의 내용들이 모두 하위 영역으로 포함되는 형식이 아니라, 공통적인 기반을 두고 협업과 각 영역의 개발이 동시에 진행되고 있는 것이 특징적이다.

4. 교사 연수를 통한 미디어 리터러시 교육 확산 지원

앞서 살펴본 것처럼 미국의 미디어 리터러시 교육은 미디어 리터러시 규정에 대한 합의 도출을 기반으로 체계적으로 확산되기 시작하였다. 합의된 규정을 기점으로 하여 다양한 영역과 영향을 주고받는 것이 미국 미디어 리터러시 운동의 특성이다. 이에 대해서는 다음 절에서 보다 자세히 살펴보고자 한다. 이외에 미국 미디어 리터러시 교육의 특징이자 강점으로 활발한 교사 연수를 통한 미디어 리터러시 교육의 확산 지원을 꼽을 수 있다.

미국의 미디어 리터러시 교육 연수 프로그램은 1990년대 중후반부터 꾸준히 진행되어 왔다. 미디어 리터러시를 다루는 다양한 교강사 연수 프로그램은 어느 기관의 지속적인 재정 지원 등을 바탕으로 이루어진 것이 아니다. 또한, 미디어 리터러시 교육을 하기 위한 표준화된 커리큘럼도 존재하지 않는다. 따라서 체계적으로 교사 연수가 이루어지기 어려운 상황이다. 그러나 이런 어려운 상황 속에서 풀뿌리 미디어 리터러시 운동에서 시작하여, 미디어 리터러시의 필요성을 절감하는 열정적인 개인들의 주도로 교사 연수가 지속적으로 이루어져왔다(Lemish, 2015). 또한 연수를 받은 교육자들이 자신의 지역으로 돌아가 미디어 리터러시 교육 실천을 확산하고, 새로운 연수를 진행하는 등 교사에서 교사로 이어지는 미디어 리터러시 연수의 전통이 있다.

홉스는 미국의 미디어 리터러시 교육 교사연수를 다음 〈표 1〉과 같이 네 가지 유형으로 나누어 정리하고 있다.

표 1. 미디어 리터러시 교육 교사 연수의 유형 및 핵심 특징, 가정 및 사례

유형 및 핵심 특징	가 정	예 시
교육과정 개발 • 전문가에 의해 짜여지고 만들어진 교육과정과 멀티미디어 자원 • 구성주의적 학습 원리를 중심으로 만들어진 수업 계획 • 주로 내용 영역, 기술 또는 주제를 중심으로 설계된 모듈식 자원 • 유행을 타지 않고 세월이 흘러도 계속해서 적용 가능하면서도 당대의 미디어 문화에 호응하며 민감하게 반응하도록 고안됨.	• 교사들은 자체적으로 교육과정을 개발할 만한 전문성은 떨어지지만 온라인 상에서는 잘 찾을 수 있다. • 교사들은 어느 정도 충실히 교육과정을 시행할 것이다. • 온라인 교육과정 자원은 빠르고 무료이며 유연성을 가져야 한다. • 높은 수준의 교육과정 자료를 개발하려면 시간과 능력이 필요하다.	• Common Sense Media • NAMLE Resource Hub • My Pop Studio Game and Lesson Plan
연수 그리고 학술대회 • 정보와 영감을 전달하는 전문가들의 짧은 대담 • 실제 수업 현장에서 실행을 위한 기술적인(descriptive) 정보를 전달해주는 전문가와 교육자들의 짧은 대담	• 사람들은 학회에서 배운 내용들을 이후에 실천할 수 있다. • 교육자들은 그들이 받은 직업 연수 프로그램의 질을 평가할 수 있다.	• NAMLE • 디지털 리터러시 여름 학교 프로그램

유형 및 핵심 특징	가정	예시
학습 공동체 • 한 집단의 교육자들은 학습 경험을 공유하며 함께 일하고 협력한다. • 언론 전문직 종사자, 교사 그리고 학자들은 혁신을 목표로 할 때 각자 강점을 발휘할 수 있다. • 사례 연구(case study report) 혹은 질적 연구는 성찰적 실천을 가능하게 한다. • 트위터(Twitter)와 구글 행아웃(Hangout) 등은 온라인 학습을 가능케 한다.	• 교육자들은 평생학습자들이다. • 교육자들은 사회적인 학습자들이며 지속적이고 정기적인 상호 교류는 그들에게 도움이 된다. • 연구는 실무자들에게 도움을 준다. • 몇몇 교육자들은 시간을 내 학습 공동체에 참여한다.	• PBS Student Labs • Digital IReporting s (NWP)
정규 교육 • 대학원 학위과정 및 수료 과정은 체계적인 학습 경험을 제공한다. • 대학 교수진은 이론에 기반한 학습 경험을 제공한다.	• 사람들은 자격증 취득을 위해 비용을 지불할 것이다. • 전문 지식을 개발하려면 시간이 걸린다.	• 애팔래치안주립대학의 석사학위(뉴미디어 리터러시와 글로벌 관점) • 로드아일랜드 대학 대학원 과정(디지털 리터러시)

출처: Hobbs, R. (2017b). Approaches to teacher professional development in digital and media literacy education. In De Abreu, B. S., Mihailidis, P., Lee, A. Y., Melki, J., & McDougall, J. (Eds.), *International Handbook of media literacy education*. Taylor & Francis. 58쪽에서 인용. 원 저작권자의 모든 권리가 보호됨.

1) 1990년대 초기 연수 프로그램 사례: 교사에서 교사로의 확산

홉스는 이처럼 다양한 교사 연수 프로그램이 자리 잡기 위해 주정부, 미디어 산업체, 사회 독지가들이 협력하여 왔음에 주목한다. 예를 들어, 홉스는 미국 미디어 리터러시 초기의 주요 교사 연수 프로그램이자, 미국의 미디어교육 교사 연수의 흐름에 큰 영향을 미친 프로그램으로 '펠튼 미디어 리터러시 학자 프로그램(Felton Media Literacy Scholars Programs, 이하 펠튼 프로그램)'을 지목한다(Hobbs, 2017b).

'펠튼 프로그램'은 1997년 미디어 리터러시 센터(CML)의 대표 토만이 개발한 연수 프로그램으로, 텔레비전 쇼 제작자인 노먼 펠튼(Norman Felton) 기금으로 운영되었다. 6개월 집중연수를 받은 펠튼 프로그램 이수자는 수석교사의 자격을 얻게 되고, 이후 각자의 주로 돌아가 자신의 지역사회 구성원을 다시 훈련시키는 형식으로 미디어 리터러시 교육을 확산하는 데 기여하였다. 이때 펠튼 연수 프로그램의 내용은 광고, 대중문화, 대중보건, 부모 어린이와 텔레비전, 미디어 경제, 미디어 시대 시민성 등이었다. 연수에 참여한 교사들은 연수 받은 경험을 자신의 교과목과 접목시켜 통합교육을 하도록 장려되었다.

2) 통합적 미디어 리터러시 교육에 초점을 맞춘 연수 프로그램

앞서 언급하였듯이 미국 내에 미디어 리터러시 교육에 대한 관심이 증폭된 것은 교육을 위한 테크놀로지 활용을 강조한 2010년 교육부 정책문서가 큰 요인으로 작용하였다. 동시에 여러 주의 학업성취수준과 교육의 질을 담보하기 위하여 미국 전역을 아우르는 공통교육과정 성취기준(Common core standards)의 확산도 결과적으로 미디어 리터러시 교육의 통합적 실천을 가능하게 하였다.

미디어 리터러시 교사를 지원하는 여러 프로그램 중 뉴욕 이타카 대학(Ithaca College)의 '프로젝트 룩 샤프(Project Look Sharp)'는 통합적 미디어 리터러시 교육을 전문적으로 지원하는 대표적인 사례이다. 프로젝트 룩 샤프에서는 미디어 리터러시 수업안, 연수 프로그램 등을 개발·실행해왔으며, 미국의 공통교육과정 성취기준(Common core standards)에 미디어 리터러시 요소를 접목시키기 위한 노력을 꾸준히 진행해왔다.

교사 연수 프로그램의 경우 2018년에는 1월부터 6주간의 온라인 코스를 제공하는 등, 온라인과 오프라인을 아우르는 다양한 장단기 연수 프로그램을 제공하고 있고, 연수에 참여할 여건이 안 되는 교육자는 웹사이트를 통해 수업안을 내려받아 활용할 수 있게 지원하고 있다.

프로젝트 룩 샤프(Project Look Sharp)는 2008년 제작한 자료에서 미디어 리터러시를 통합 과정으로 운영하기 위한 열두 가지 방법을 다음과 같이 제시하고 있다(Scheibe & Rogow, 2008).

1. 미디어가 제공하는 정보에 관해 질문하는 방법을 가르침으로써 학생이 관찰력, 비판적 사고력, 분석 능력, 의사소통 능력을 키울 수 있게 돕는다.
2. 특정 주제에 대해 미디어에 어떤 정보가 제공되어 있는지 검색하는 경험을 통해, 학습자가 새로운 주제에 흥미를 가질 수 있게 돕는다.
3. 특정 주제에 관한 학습자의 생각이 미디어로부터 어떤 영향을 받아 만들어진 것인지 생각해보게 돕는다.
4. 학습자가 최소 둘 이상의 미디어를 활용해야 하는 과제를 제시한다.
5. 미디어에서 접한 메시지의 원 출처가 무엇인지 찾아보는 활동을 통해 정보의 신뢰도를 평가하는 경험을 하도록 돕는다.
6. 특정 주제를 왜곡하여 다루고 있는 미디어 콘텐츠를 분석하여 오정보의 확산경로를 살펴보는 경험을 한다.
7. 동일한 주제가 서로 다른 미디어(뉴스, 다큐멘터리, 블로그 등)에서 어떻게 다루어지고 있고, 어떤 방식으로 서로 다르게 정보가 전달되는지 살펴봄으로써, 다양한 미디어가 정보를 전달하는 방식에 대해 생각해볼 수 있게 돕는다.

8. 서로 다른 문화권의 사례를 비교하면서 특정 사안에 미디어가 어떤 효과를 미쳤는지 분석해본다.
9. 다양한 미디어 및 미디어 콘텐츠를 활용하여 교육과정을 구성해본다.
10. 학습자가 다양한 미디어 형식을 활용하여 세상에 대한 자신의 의견을 표현할 수 있도록 장려한다.
11. 미디어 리터러시 관련 질문을 KWL 기법[3)]에 적용시키는 등 미디어를 평가의 도구로 활용한다.
12. 학습자를 지역사회와 연계시키고 지역의 긍정적 변화에 기여할 수 있도록 돕는다. 예를 들어, 학습자의 미디어 분석 활동에 지역사회 비공식 교육기관(박물관, 미술관 등)과 협력 요소를 포함하여, 학습자가 지역사회 구성원이라는 소속감을 느끼게 돕는다.

프로젝트 룩 샤프가 제공하는 연수나 미디어 리터러시 교육 적용의 원칙 등을 살펴보면, 미국의 미디어 리터러시 교육이 다수의 교육자에게 높은 접근성을 지니고 있음을 알 수 있다. 미디어에 대한 전문지식을 지닌 사람들 혹은 미디어 제작 전문가들만이 미디어 리터러시 교육을 실시할 수 있는 것이 아니고, 미디어 리터러시 교육의 필요성에 공감하는 각 분야의 교육 전문가들이 자신의 전공교과목 혹은 교육 영역에 미디어 리터러시 요소를 접목시켜 교육을 할 수 있도록 돕고 있다. 이러한 특성이 미국의 미디어 리터러시 교육 및 운동이 보편성을 얻고 사회적 공감을 획득하게 된 중요한 기반으로 판단된다.

---

3) KWL은 학습자에게 무엇을 알고 있는지(Know), 무엇을 알고 싶은지(Want), 무엇을 배웠는지(Learn) 확인하는 교수학습 방법이다.

3) 개별화된 연수 프로그램의 활성화 및 지향

위와 같이 다양한 기관이 실시하는 교사 연수와 더불어 최근 들어 개별 교육자들이 전문성을 쌓아가고 이를 현장에서 확산시킬 수 있도록 지원하는 개별화된 연수 프로그램이 활성화되는 경향이다. 다양한 온라인 플랫폼을 통하여 미디어 리터러시 수업안이 공유되고 있고, 미디어 환경의 변화에 대응하기 위해 디지털 리터러시의 영역을 포함시켜 교사들의 요구에 시의 적절하게 대응하고자 하는 움직임도 보이고 있다.

온라인 플랫폼을 통한 자료 공유의 사례로 하버드 대학의 버크만 클라인 센터(Berkman Klein Center for Internet and Society at Harvard University)에서 운영하고 있는 '디지털 리터러시 리소스 플랫폼(Digital Literacy Resource Platform, 이하 DLRP)'을 들 수 있다. DLRP는 단순히 온라인상에서 다양한 자료를 공유하는 데에 그치지 않고, 여러 교육자들의 학습 경험의 집합처가 될 수 있도록 기획하고 있다. 수업안뿐 아니라 관련 주제에 대한 다양한 교육 자료들도 제공하고 있어, 교육자가 주도적으로 수업안을 변형하여 사용할 수 있고 자신의 필요에 맞는 수업안으로 변형하여 사용하기 용이하도록 지원하고 있다.

DLRP에서는 미디어 리터러시, 그중에서도 디지털 환경 안의 리터러시와 관련된 14개의 주제 영역을 상정하고 해당 영역과 관련된 다양한 학습 자료를 제공한다. 주제 영역은 인공지능, 시민참여·정치참여, 콘텐츠 제작, 맥락적 리터러시, 데이터 리터러시, 디지털 접근성, 디지털 경제, 정체성 구현, 정보 리터러시, 법적 리터러시(legal literacy), 온라인 소통 태도, 프라이버시와 평판 등이다. 이 중 몇 개 주제 영역에 대한 DLRP의 내용 설명을 살펴보면 미디어 리터러시의 논의 그리고 교육현장에서 요구되는 미디어 리터러시 영역의 확장에 대해 이해할 수 있다.

먼저, '인공지능' 주제 영역의 경우 "우리가 일상적으로 접하는 인공지능의 작동 체계와 인간과의 상호작용을 가능하게 하는 플랫폼의 알고리즘, 그리고 인공지능과 관련된 기술 발전과 함께 이루어지고 있는 윤리적 담론들을 이해하는 것"으로 설명되어 있다. '디지털 경제'의 경우 "다양한 형태의 경제적, 사회적 그리고 문화적 자본을 얻기 위해 온라인과 오프라인 상에서 어떻게 경제적 활동을 탐색하면 되는지 아는 것"[4]을 의미한다고 설명한다. DLPR은 이와 같은 다양한 주제 영역을 제시하며 이러한 주제들이 현재 디지털 세상을 경험하는 청소년 세대가 마주하게 될 중요한 이슈임을 강조한다. 이런 주장은 버크만 클라인 센터에서 실행하고 있는 청소년 미디어 문화에 대한 연구를 기반으로 하고 있으며, 동시에 DLPR에서 제공하고 있는 교육자료를 만들어내는 과정에 청소년이 적극적으로 개입하여 그 내용과 전달 방식 등을 결정하는 데 기여하고 있다.

또한 DLPR은 사용자를 교육자나 교사에 한정하지 않고 도서관 사서, 학교 행정직원, 학부모 및 보호자, 청소년 등으로 다양하게 상정하고 있다. 동시에 영어 외에 아랍어, 프랑스어, 한국어, 중국어 등 40여 개의 언어로 된 자료를 개발하고 있어, 정보의 접근성과 활용도를 높이고, 미디어 리터러시 교육을 위한 글로벌 플랫폼으로 발전시키려는 노력을 진행하고 있다.

이와 같은 사례는 현재 미국의 미디어 리터러시 연수 프로그램이 한 가지 고정된 프로그램을 만들어서 확산시키는 방식보다는, 교사 혹은 교육자를 독자적이고 사회적인 학습자로 상정하고 그들이 스스로 자신이 가장 필요한 부분을 배우고 종합하여 활용할 수 있도록 지원하고 동시에 자신들이 개발한 수업 사례 등을 적극적으로 교류할 수 있도록 하는 환경을 제공하

---

4) https://dlrp.berkman.harvard.edu/node/61 (2018. 10. 5. 접근)

는 방향으로 진행되고 있음을 보여준다. 또한 앞서 논의한 DLRP의 경우에서 볼 수 있듯이 청소년이 교육자, 전문가와의 협업을 통해 미디어 리터러시 교육자료를 만드는 주체로서 역할을 할 수 있음을 보여준다. 이처럼 미국의 미디어 리터러시 연수 및 지원은 궁극적으로 학습자의 경험을 중심에 놓고 교육의 내용을 잡아가는 흐름을 보여준다고 할 수 있다.

5. 미디어 리터러시의 토대 확장을 위한 협업체계 구축

위 절에서 살펴보았듯이 미국에서는 학교 안 다양한 교과목 안에서 미디어 리터러시와의 통합교육이 가능하도록 오랜 기간 동안 교사 연수를 확장하는 노력을 기울여왔다. 이를 통해 교육자 중심의 미디어 리터러시 교육 근간을 마련하고 있다(Hobbs, 2017b). 그렇다면 학교 교육 밖에 있는 학교와 사회의 협력 노력은 어떻게 이루어지고 있을까?

미국 미디어 리터러시 교육이 보이는 경향 중 또 하나 두드러지는 것은 미디어 리터러시 지원을 위한 여러 협업체계가 구축되고 있는 것이다. 특히, 지금의 미디어 환경에서 학습자의 미디어 리터러시 함양 의무를 학교라는 기관이 전적으로 책임진다는 생각보다는, 필요한 능력을 필요할 때 전문기관의 도움을 받아 키울 수 있도록 하는 것, 그리고 미디어 리터러시를 키울 대상 역시 어린이나 청소년 등 학령기의 학습자에 그치는 것이 아니라 평생 학습의 차원에서 모든 시민을 대상으로 접근하고 있다는 것이 특징적이다.

현재 미국의 미디어 리터러시는 미디어 리터러시라는 역량 지원 그리고 시민성 함양이라는 공통의 지향을 달성하기 위해 자신의 영역을 가진 다양한 기관들이 필요에 따라 헤치고 모여 협력하는 모습을 보이고 있다.

1) 방송사 등 미디어 산업체와의 협업

1990년대부터 2000년대까지 미국 미디어 리터러시 교육의 학교 밖 전통적인 주된 협력 파트너는 방송사 혹은 언론사였다. 대표적인 협력 사례로 'PBS 뉴스아워 학생 리포팅 랩(PBS NewsHour Student Reporting Labs)'을 꼽을 수 있는데(Gasser, Malik, Cortesi, & Beaton, 2013; Hobbs, 2016; Bulger & Davison, 2018), 이는 미국의 공영방송국인 PBS(the Public Broadcasting Service)에서 운영하는 프로젝트로, 학생들(주로 고등학생 중심)이 교육을 받고 자신들이 중요하다고 생각하는 주제를 중심으로 뉴스를 제작할 수 있게 교육하고, 그 결과물을 지역 PBS 방송국을 통해 방송할 수 있게 도와주었다. 또한, 학교에서 활용할 수 있는 커리큘럼과 수업안을 개발하고 이를 실행할 수 있는 방과 후 프로젝트 역시 운영하여 학교 안 미디어 리터러시 교육을 지원하기도 하였다.

최근의 사례를 보면 페이스북에서는 2017년 1월 '페이스북 저널리즘 프로젝트(the Facebook Journalism Project)'[5]를 발표하며, 사용자들의 미디어 지식 향상 및 뉴스에 대한 지식 증진에 중점을 두는 지원을 하겠다고 발표한 바 있다. 언론활동의 지원을 통한 민주주의 증진을 목표로 하는 미국의 대표적인 비영리단체인 '나이트 재단(John S. and James L. Knight Foundation)'에서는 '가짜 뉴스'에 대응하기 위해 기획된 미국 내 20개의 교육 프로그램에 100만 달러가량을 기부하였다.[6]

---

5) https://www.facebook.com/facebookmedia/blog/introducing-the-facebook-journalism-project (2018. 10. 5. 접근)

6) https://www.forbes.com/sites/paulfletcher/2017/06/26/knight-foundation-to-give-1-million-to-20-projects-to-fight-fake-news/#7d6175a76a7e (2018. 10. 5. 접근)

2) 도서관과의 협업

과거 방송 관련 기관들의 협조가 두드러졌다면 현재는 특히 도서관의 역할이 강화되고 있다. 서로 다른 접근법을 가지고 있다고 해도 공통의 목표를 향해 협력하고 있는 것을 볼 수 있다.

2014년 로드아일랜드 대학교(University of Rhode Island)는 주정부로부터 재정지원을 받아 '미디어 스마트 도서관(Media Smart Libraries)'7)이라는 프로그램을 진행하였다. 이 프로그램은 학교와 공공도서관 종사자들의 미디어 리터러시 역량 함양 지원을 목표로 하였고, 이 프로그램을 이수한 교사나 사서들은 디지털 배지를 획득하여 미디어 리터러시 능력(즉, 다양한 미디어를 기반으로 접근, 분석, 평가, 창조하는 능력)을 갖추었음을 드러낼 수 있게 하였다.

대표적으로, 지역의 공공도서관이 미디어 리터러시 지원 역할을 할 수 있도록 진행하는 '지역도서관에서 미디어 리터러시(Media Literacy @ Your Library)'8)라는 프로젝트가 있다. 이는 미국도서관협회(The American Library Association)와 스토니브룩 대학이 협력하여 진행하는 프로젝트로, 도서관 사서들이 성인 사용자를 뉴스를 더 잘 분별하는 사용자로 변화시킬 수 있도록 지원하고 있다.

이는 재정 지원이나 연수 프로그램 운영을 통한 지원뿐 아니라, 미디어 리터러시 교육을 실시할 수 있는 사회기관들을 확충하기 위한 노력의 일환으로 파악할 수 있다.

---

7) https://mediasmartlibraries.uri.edu/home.html (2018. 10. 5. 접근)
8) http://www.ala.org/tools/programming/media-literacy-your-library (2018. 10. 5. 접근)

3) 미디어 리터러시에 대한 사회적 공감대 형성 및 참여주체의 다양화

미국에서는 미디어 리터러시에 대한 일반 대중의 인식을 증진시키고 미디어 리터러시 교육의 필요성에 대한 사회적 공감 및 지원을 끌어내기 위한 노력도 활발히 진행되고 있다. 대표적인 예로 NAMLE 주도로 '미국 미디어 리터러시 주간(U.S. Media Literacy Week)'을 3년째 실시하고 있는데, 이 주간에 참석하는 모든 교육기관들은 미디어 리터러시 관련 활동을 하거나, 결과물 발표와 공유, 캠페인 등을 하면서 '미디어 리터러시'라는 개념에 대해 대중들이 더 가깝게 느끼는 동시에, 그 필요성에 공감할 수 있도록 노력하고 있다.

이와 같은 미디어 리터러시 교육의 필요성에 대한 공감대 형성의 노력의 결과로 미국의 미디어 리터러시 운동에 참여하고 지원하는 주체가 다양해지고, 그들의 목소리가 커지고 있는 것을 볼 수 있다. 동시에 2016년 이후 미디어 리터러시가 '가짜 뉴스' 등 정보화 사회에서 발생할 수 있는 부정적 현상에 대응할 수 있는 해결책이라 여겨지면서 다양한 방면에서 미디어 리터러시 교육 지원이 증가하기 시작하였다. 이와 같은 지원은 교육계뿐 아니라 정책 입안자, 테크놀로지 관련 종사자, 여러 분야의 독지가 등 여러 방면에서 진행되고 있다(Bulger & Davison, 2018).

이처럼 미디어 리터러시 교육의 방향성 및 필요성에 대한 사회적 공감이 형성되면서, 2016년부터 미국 전역에서 진행되어 온 미디어 교육 관련 법제화 움직임 역시 가능해지고 있다.9) '가짜 뉴스'에 대한 대응책 중 근본적이고 지속가능성이 있는 대안으로 미디어 리터러시 교육이 꼽힌 사회적 맥락과 더불어, 미디어 리터러시의 확산을 위해 노력해왔던 미국 미디어 리

---

9) 각 주의 미디어교육 관련 법제화 움직임 및 성과는 'Media Literacy Now'에 지속적으로 업데이트되고 있다(https://medialiteracynow.org/your-state-legislation/, 2018. 10. 5. 접근).

터러시 연구자 및 운동가들의 노력이 결실을 맺고 있다고 볼 수 있다.

로드아일랜드 주의 경우 지역 대학이 주축이 되어 교육기관(대학, 중고등학교)과 비공식 교육기관(도서관) 등의 협력 체제를 구축하고, 미디어 리터러시와 관련된 연구와 교육자 연수를 지속적으로 진행하며 미디어 리터러시의 확산을 지원하는 방향성과 구체적 단계를 보여주는 모범적인 사례라 볼 수 있다. 미디어 리터러시 교육의 기회를 대중적으로 확산시키기 위해, 로드아일랜드의 미디어 리터러시 실천가들은 2016년 주정부 의원을 접촉하여 시민교육을 위해 미디어 리터러시가 중요함을 설득하는 작업을 진행하였다. 그 결과 2017년 7월 19일부로 초등교육과 중등교육에 미디어 리터러시 교육을 포함시킬 것을 권고하는 법안이 통과되었다(RI Law 16-22-28). 이를 계기로 로드아일랜드가 구축해온 미디어 리터러시 교육 인프라와 실천들이 주 내 모든 초중등학교에 미디어 리터러시 교육을 확산시킬 수 있도록 시너지 효과가 일어나고 있다. 미국 내 몇몇 주에서 미디어 교육법 제정에도 불구하고, 교육 내용, 방법, 인프라의 부재로 인해 실제 미디어 리터러시 교육 실천에 어려움을 겪고 있는 것을 고려할 때, 로드아일랜드 주의 사례는 실천과 정책이 함께 발전되어야 함을 보여줌을 알 수 있다.

6. 나가며

본 장은 4차 산업혁명 시대에 대응하여 미디어 리터러시 교육을 보편화하고 전 연령대 대상 지속적 미디어 리터러시 지원을 가능하게 하는 미국 미디어 리터러시 교육의 강점들에 대해 집중적으로 살펴보았다. 미국의 미디어 리터러시 교육을 이끌어가고 있는 다양한 주체들이 만들어내고 있는 미디어 리터러시 교육의 필요성 및 방향에 대한 담론, 그리고 미디어 리터러시 교육의 보편화 및 확산을 지원하는 핵심요소인 교육자 연수와 다양한 기관의 협업체제를 구현해 나가는 과정은, 빠르게 변화하고 있는 미디어 환경 안에서 미디어 리터러시 교육이 어떻게 지속성 및 체계성을 지니고 진행될 수 있는지 시사하는 바가 크다. '미디어 리터러시 규정의 합의 노력, 교육자 연수를 통한 미디어 리터러시 실천 확산, 다양한 기관의 협업체계를 구축함으로써 미디어 리터러시 교육에 대한 전 사회적인 접근이 가능하게 하는 것'과 같은 세 가지 특성은 각기 따로 존재하는 것이 아니라 서로 밀접한 연관성을 가지면서 미국 미디어 리터러시 교육의 저력을 형성하고 있다.

또한 이와 같은 미국 미디어 리터러시 운동 및 교육의 특징적 움직임은 미디어 환경의 다변화와 주체의 다양화가 미디어 리터러시 교육의 미래에 시사하는 바가 무엇인지 생각해볼 필요성이 있음을 시사한다. 미디어 환경의 변화가 가속화되고 미디어가 점점 다양화, 개별화되는 환경에서 교사를 지식 전수자로 그리고 학습자를 지식을 전달 받는 사람으로 위치시키던 논의는 더 이상 유효하지 않다. 미디어 리터러시 교육을 실행하는 교육자들도 끊임없이 배워야 하는 상황, 그리고 성인이라고 해서 미디어 리터러시를 이미 지니고 있다고 말할 수 없는 상황임을 교사들이 특히 강하게 인식하고 있다. 이에 대응하기 위해 미국에서는 미디어 리터러시 교육에 있어 학습자를 중심에 놓은 구성주의적 접근에 주목하고 있고, 학습자인 시민들(교육자와 학생을 포괄하는 의미)이 주도적으로 미디어 리터러시를 키워갈 수 있는 인프라 구축이 중요함에 주목하고 있다.

이처럼 미디어 리터러시 교육을 실천함에 있어 하나의 통로나 주체로 일원화하기보다는 다양한 주체의 실천이 협업체제를 구성하고, 학습자와 교수자의 필요와 경험을 중심에 놓는 교육을 지원하는 것이 4차 산업혁명 시대의 변화에 대응할 수 있는 미디어 리터러시 교육의 방향성이라 할 수 있다.

참고문헌

Arke, E. T. (2012). Media Literacy: History, Progress, and Future Hopes. In *The Oxford Handbook of Media Psychology*.

Aufderheide, P. (1993). Media Literacy. A Report of the National Leadership Conference on Media Literacy. Aspen Institute, Communications and Society Program, 1755 Massachusetts Avenue, NW, Suite 501, Washington, DC 20036.

Bulger, M., & Davison, P. (2018). The Promises, Challenges, and Futures of Media Literacy. *Journal of Media Literacy Education, 10*(1), 1-21.

Drotner, K. (1999). Dangerous media? Panic discourses and dilemmas of modernity. *Paedagogica Historica, 35*(3), 593-619.

Fleming, J. (2014). Media literacy, news literacy, or news appreciation? A case study of the news literacy program at Stony Brook University. *Journalism & Mass Communication Educator, 69*(2), 146-165.

Gasser, U., Malik, M. M., Cortesi, S., & Beaton, M. (2013). Mapping Approaches to News Literacy Curriculum Development: A Navigation Aid (November 14, 2013). Berkman Center Research Publication No. 25.

Gee, J. (1991). Socio-cultural approaches to literacy (literacies). *Annual review of applied linguistics, 12*, 31-48.

Hobbs, R. (2016). When teens create the news: Examining the impact of PBSNews Hour Student Reporting Labs. *Journalism Education, 5*(1), 61-73.

Hobbs, R. (2017a). Teaching and learning in a post-truth world. *Educational Leadership 75*(3), 26-31.

Hobbs, R. (2017b). Approaches to teacher professional development in digital and media literacy education. In De Abreu, B. S., Mihailidis, P., Lee, A. Y., Melki, J., & McDougall, J. (Eds.), *International Handbook of media literacy education*. Taylor & Francis.

Jenkins, H., Purushotma, R., Weigel, M., Clinton, K., & Robison, A. J. (2009). *Confronting the challenges of participatory culture: Media education for the 21st century*. Mit Press.

Ito, M., Horst, H. A., Bittanti, M., Stephenson, B. H., Lange, P. G., Pascoe, C. J., ⋯ & Martínez, K. Z. (2009). *Living and learning with new media: Summary of findings from the Digital Youth Project*. MIT Press.

Lankshear, C., & Knobel, M. M., (Eds.) (2007). *A new literacies sampler 29*, London: Peter Lang.

Lemish, D. (2015). *Children and media: A global perspective*. John Wiley & Sons.

Martens, H. (2010). Evaluating media literacy education: Concepts, theories and future directions. *Journal of Media Literacy Education, 2*(1), 1-22.

Mihailidis, P. (2008). *Beyond cynicism: How media literacy can make students more engaged citizens*. (Doctoral dissertation). University of Maryland.

Mihailidis, P., & Thevenin, B. (2013). Media literacy as a core competency for engaged citizenship in participatory democracy. *American Behavioral Scientist, 57*(11), 1611-1622.

Mihailidis, P., & Viotty, S. (2017). Spreadable spectacle in digital culture: Civic expression, fake news, and the role of media literacies in "post-fact" society. *American Behavioral Scientist, 61*(4), 441-454.

Street, B. (2003). What's "new" in New Literacy Studies? Critical approaches to literacy in theory and practice. *Current issues in comparative education, 5*(2), 77-91.

Scheibe, C., & Rogow, F. (2008). Basic ways to integrate media literacy and critical thinking into any curriculum. Retrieved from https://www.projectlooksharp.org/12BasicWays.pdf

Chapter 12

세계시민성과 미디어 리터러시 교육

최숙 (한국외국어대학교 학술연구교수)

1. 들어가며

본 장에서는 세계화에 대한 지난 몇 십 년간의 논의에 일고 있는 변화와 4차 산업혁명이라는 기술 혁신 담론에 대한 열광 안에서 세계시민성 제고가 절실히 필요한 가운데 미디어 리터러시 교육은 어떠한 역할을 할 것인가에 관해 논의한다. 국제사회의 파트너십과 협력을 통해 전 지구적 문제에 대한 의식을 가지며 지속가능한 개발에 대한 합의와 가치를 강화하는 세계시민교육과 미디어 리터러시 교육과의 융합에 주목하게 된 것은, 무엇보다 비판적 수용 역량을 제고하는 것을 근본적인 목표로 한다는 점에서 상호 무관할 수 없기 때문이다. 또한 지구의 특정 지역과 거주자들에 대한 타 지역의 편중된 시선을 진리처럼 만들고, 희화화하거나 부정적으로 정형화하고 폭력적 극단주의를 일상의 수준에서 수행하는 것을 합리화하도록 지지하는 미디어 텍스트들의 범람에 대해 균형 잡힌 시각을 가지고 비판적으로 수용할 수 있는 역량이 더욱 절실해지고 있는 시점이기도 하다.

글로벌 차원에서 경험하고 있는 가짜 뉴스에 대한 분노와 열광, 소셜미디어에 대한 찬양과 멸시, 언론에 대한 집착과 냉소를 불러일으키는 불합리한 정형화나 희화화, 그리고 당황스러운 오정보들이 뉴스로 둔갑하여 그럴싸하게 보이고 개연성을 가진 이야기로 받아들여지는 이유가 단지 한 개인이 불손한 의도를 가지고 눈부시게 발전한 그래픽 기술과 네트워크의 편재성을 악용했기 때문만은 아니다. 글로벌 차원의 미디어의 역기능을 보여주는 현상에는 국가 간, 또는 국가 내 지역 간 개발 격차로 인한 경제·사회·문화적 갈등이 항시 전제되어 있다.

최근 등장한 4차 산업혁명에 대한 논의들은 그러한 국가 간 갈등을 더욱 촉진하는 효과를 우려하기도 하고, 오히려 갈등의 근원이 되는 국가 간 격차를 줄일 수 있는 기회가 될 것이라고 예측하기도 한다.

4차 산업혁명 담론의 중심이 되는 초자동화와 초연결 지능으로 인한 인간의 노동력 필요성 저하와 불안정한 국제운송비용 및 품질관리 등의 위험 요소를 제거한다는 명목으로 선진국들의 제조업체들을 본국으로 다시 되돌리던 리쇼어링(reshoring)이 다시 당위성을 강화하게 되면서 개발도상국들의 일자리가 직접적으로 감소되고, 스필오버(spill over) 효과가 단절됨으로써 저변 산업 발전과 기술 축적을 통한 빈부격차 극복에 부정적인 영향을 주게 될 가능성이 높다는 것이다. 2000년대 세계 경제 위기로 인해 마이너스 성장을 하고 있는 일부 선진국들이 자국보호적 무역 행보를 보이고, 관련 정책 수행 과정에서 확대된 인종·계층·국가 간 분쟁과 극단적 폭력으로 이어지기도 하였으며, 국가 간 사회문화적 소통의 길이 묘연하게 되었던 경험이 있다. 이에 최근 평화에 대한 협력을 전면에 제시하고 있는 국제 관계에 관한 소식들이 전해지고 있음에도 여전히 불안한 정서와 선진국-개발도상국 간의 갈등과 격차에 대한 우려들이 이어지고 있다.

반면 긍정적인 방향의 논의는, 부가가치 창출의 원천이 제조설비 같은 물질적인 인프라에서 점차 데이터, 네트워크 등 무형의 자산으로 전환된 것은 물적 자본이 상대적으로 부족한 개발도상국에게 유리한 조건이 될 수 있으며 복제가 용이한 디지털의 속성과 초연결성 사회라는 맥락을 감안하면, 개발도상국은 선진국에서 개발되고 검증된 여러 가지 비즈니스 프로세스 또는 서비스 모형을 쉽게 그들의 것으로 만들 수 있으리라 예측할 수 있다(윤유리, 2017; 이상급, 2018).

개발도상국들은 이에 대해 적극적으로 준비하고 있다. 아세안(ASEAN) 국가들은 다국적 기업과 연계한 싱가포르를 중심으로 스마트 제조를 강조하는 말레이시아, 태국, 베트남과 인도네시아 모두 4차 산업혁명에 대비하는 국가 차원의 기술개발 대응정책을 수립하여 제안하고 있다. 또한 디지털화를 통한 초연결성이 강화되면 현재 이슈로 부각되고 있는 품질관리, 물류 및 마케팅 효율성 등이 증가하여 제조업체들을 본국으로 다시 되돌리는 리쇼어링(reshoring)에 영향을 미칠 요인은 임금 수준 이외에도 다양화될 것으로 기대된다. 더구나 아세안 국가에서 인적 자원의 신기술에 대한 수용 의지가 선진국 노동자보다 높은 수준이라는 점에서 향후 전망을 비교적 낙관적으로 보는 시각도 있다(김상훈, 2018).

이처럼 긍정적일 수도, 부정적으로 예측될 수도 있으나 결국 선진국과 개발도상국의 디지털 기술 역량과 데이터 및 디지털 기술 활용 능력의 격차가 분명히 국가 간 격차로 직결될 수 있다는 점은 간과해서는 안 될 것이다. 개발도상국의 기회도 여전히 전문성이 강화된 인적 자원 확보가 반드시 선결되어야 가능하다. 따라서 미디어 개발에서의 국가 간 협력관계에 대한 논의에서도 기존의 선진국에서 개발도상국으로의 기술이전 등 일방향적 협력구조를 넘어서 양방향적 협업구조가 보다 효율적인 협력체제로 부각되고 있으며, 전 지구적 공동체의 일원으로서 초국가적인 소속감이나 연대감을 가지는 것이 절실한 상황임을 보여준다. 또한 디지털 기술 활용 능력의 강화가 주류화, 전면화 되는 과정에서 일어날 수 있는 사회문화적 효과에 대해 선진국과 개발도상국을 막론하고 인류 보편의 가치를 실현하려는 세계시민교육의 의미와 필요성은 더욱 높아지고 있다(UNESCO, 2014).

이에 본 장은 국제사회의 파트너십과 협력을 통해 전 지구적 문제에 대한 의식을 가지는 세계시민성에 근거하여 인류의 지속가능한 개발에 대한 합의와 가치를 강화하는 세계시민교육에 주목하여, 미디어 리터러시 교육이 상호 공헌할 수 있는 바가 무엇인지 살펴본다.

국내 미디어 리터러시 교육에서 세계시민성을 주요 주제로 주목하는 논의는 찾기 어렵다. 2015년 세계교육포럼이 인천에서 개최된 후, 한국의 교육계에서는 정책적·학술적 논의가 차츰 누적되고 있지만 아직 국내 미디어 리터러시 교육계에서 중요한 주제로 인식되고 있지 않기 때문으로 보인다. 최근 국내 미디어 교육계는 오랜 기간 겪었던 주변화 경향의 기존 분위기에 비해 상당히 고무적인 호기를 맞이하여 세간의 관심을 받으며 국내 미디어 교육의 제도화와 활성화에 집중하여 다양한 정책적·학술적 업적을 부지런히 쌓고 있다. 종합적인 정책적 지원의 필요성에 대한 국민적 합의를 전제로 2018년에는 미디어 교육에 직접적으로 관련된 법안이 다수 발의되는 등 미디어 교육의 활성화를 위한 제도적 실천에도 관심이 집중되었다. 그리고 국내 교육의 가장 핵심적인 제도인 학교 시스템에서 미디어 교육이 효과적으로 수행될 수 있는 방안과 교육 콘텐츠의 개발 등에 대한 지원이 차츰 강화되고 있다. 국내 상황을 돌아보기에도 바쁜 시기이다 보니 세계시민성이나 국제협력관계와 같은 모호하고 거시적이고 현실과 동떨어져 있는 인상을 주는 주제에까지 관심을 기울이지 않고 있다. 그런데 이러한 상황은 세계시민교육에 대해 다양한 층위의 교육학자들이 비판적 태도를 형성한 상황과 닮아 있다. 물론 국내 미디어 교육계가 세계시민교육에 대해 적극적으로 비판적 입장을 명시하는 것은 아니며, 세계시민교육이 국내 문제에 무관심하고 지역 내 다양성과 평등한 교육기회에 대해 개입하지 않는다는 주장으로 비판당해 온 것은 대체로 세계시민교육의 발생과 발전 배경에서 형성된 복합적인 정의와 국제사회에서의 의미에 대한 이해 부족에 기인하고 있기 때문이다.

이에 세계시민성이 가지고 있는 개념적 복합성과 다층성에 중심을 두고 세계시민성과 세계시민교육의 개념과 발생 배경, 그리고 국내 현황을 먼저 살펴보고자 한다. 또한 세계시민교육에서 '교육'의 의미가 이른바 '학교 교육'에서 말하는 협의적인 의미의 교육만을 뜻하는 것이 아니라, 국제사회가 지속가능한 발전이라는 공동의 목표를 달성하기 위해 주목하게 된 어젠다라는 점을 강조하며, 국제사회의 변화를 위한 담론적 실천으로서의 미디어 리터러시 교육과 어떠한 공통의 지향점을 가지고 있는지 검토한다.

2. 세계시민교육과 미디어 리터러시 교육의 교차점

1) 세계시민교육의 정의와 발생 배경

세계시민성은 어느 날 갑자기 부상한 개념이 아니다. 글로벌 거버넌스 구현을 통한 민주주의 확산의 기획이라는 정치적인 관점, 모든 인류가 상호 책무성을 가지고 영향을 미치는 존재라는 도덕적 세계시민성, 개인주의와 신자유주의 사상에 기초하는 경제적 관점 및 후기 구성주의 비판론자인 데리다와 푸코의 관점을 전제로 하는 비판적·탈식민주의적 관점(Johnson, 2013; 김진희·허영식, 2013) 등 다양한 접근에서 형성되었으며 교육적으로 연계·결합하는 궤적 속에서 전개되어 온 것이다(Alger & Harf, 1986).

세계시민성이 다양한 이데올로기적 프레임과 정치철학적 프레임 안에서 형성되었기 때문에 세계시민교육 역시 연구자들이나 정책입안자들에게 종종 혼란과 오해를 받기도 한다(Johnson, 2013). 또한 학술적으로나 정책적으로도 매우 광범위하고 복합적으로 논의되고 있다. 세계시민에 대한 정의도 다양한 맥락에서 기반이 되는 사상에 따라, 교육적 쟁점이나 핵심 구성 요소를 무엇으로 하는가에 따라 학자마다 다양하게 제시하고 있다. 국내에서는 'Global Citizenship Education'을 번역하는 과정에서 외국어의 다중적 의미를 하나의 용어로 집약적으로 규준하면서 혼돈과 모호성이 가중되어 왔으며 '지구 시민, 글로벌 시민, 글로벌 시티즌십' 등으로 칭하는 것에서 각각 상이한 입장과 관점, 분절적인 지향점이 발견되기도 했다(김진희, 2017; 김진희·허영식, 2013, 169쪽). 국가 간 상호의존성 인지와 글로벌 시민문화 구축(Boulding, 1988; Heater, 1990), 시민성의 복수성 및 병행성(plural and parallel citizenship)(Selby, 2002), 다문화교육과 글로벌 민주주의(Lynch, 1992), 유연성(Hébert, 1997), 다차원 시민권(Cogan & Derricott, 1998), 글로벌 차원으로 확장된 보살핌(Noddings, 2005) 등을 중시하는 핵심 개념에 따라 다양하게 내린 정의를 볼 수 있다. 그중 총체적인 관점의 정의를 제시한 헤트(Hett, 1993)에 의하면, 세계시민성은 글로벌 시민으로서 전 세계적으로 연결된 세계관을 가지는 것이며 나아가 인류의 조화, 상호의존성과 함께 인간의 보편적 권리와 책임성 그리고 미래지향적 시각을 지향하는 것을 의미한다. 세계에 대한 관점에서 근본적으로 나와 다른 세계의 또 다른 면에 대해 인식하고 인정하는 것을 일컫는 것으로 세계에 대한 관심과 태도로 정의한다. 오설리반(O'Sullivan, 2008)은 모든 시민이 하나의 통일된 세계 체제, 즉 지구라는 행성에서 살고 있는 존재로서 인간의 자아가 상호 연결된 글로벌 공동체와 어떠한 관계를 맺고 있는지 비판적으로 이해하는 세계관을 가지는 것이 세계시민성이라고 정의한다. 또한 세계시민성은 개인의 문화적 정체성 개발과 관계된 "지구화와 글로벌 역량"으로 정의되기도 한다.

이렇게 복합적이고 다층적인 의미를 포함하는 세계시민성은 폭넓고 다층적인 측면을 수렴하므로, 어떠한 프레임에 따라 설계하고 실천하느냐에 따라 내용과 방법, 효과가 달라질 수 있다. 이러한 특성으로 인해 세계시민성을 핵심구성체로 하는 세계시민교육의 목표까지 모호하고 추상적으로 만들게 되었다(Davies, Eveans, & Reid, 2005; Kirkwoods, 2001)고 지적되기도 했다.

그러나 공통적으로는 지향하는 바가 있다. 인권과 평화를 추구하고 지구공동체에 기여하는 시민적 자질과 정체성, 그리고 실천까지 포괄하고 있다는 점이다. 세계시민이란 국제적 이슈에 대해 인식하고 이를 해결하는 데 있어 책임감을 가지고, 가치의 다양성을 존중하고, 세계를 보다 정의롭고 지속가능한 공동체로 변화시키려는 시민이며(Oxfam, 2006), 다양화된 세계의 여러 영역을 통합하여 이해하고 지구공동체가 직면한 공동의 문제에 대해 정확하고 충분한 지식과 가치 함양을 통해 문제를 해결하고, 더 나은 세계를 만들어가기 위하여 책임감을 가지고 능동적으로 행동하는 세계시민이 되기 위해 필요한 지식, 가치와 태도, 기법, 그리고 사회적 행동을 함양하기 위한 교육 패러다임이 세계시민교육이라 하겠다. 궁극적으로 세계시민교육은 글로벌화의 가속화로 국가 간 상호연관성이 긴밀해짐에 따라, 국경을 초월하여 서로 상이한 개인, 집단, 문화와의 공존과 지속가능한 발전 문제를 고민하는 교육으로서 국제사회에 대한 소속감과 인류를 향한 연대감을 기조로 하는 정신(ethos)을 기저에 깔고 있다(Nussbaum, 1996; 김진희, 2017).

세계시민교육은 관련된 유사 개념들과 다층적으로 연결되어 있다. 관련 개념들과는 명확히 선을 그어 구분해 낼 수도, 억지스럽게 구분할 필요도 없지만, 본 장은 세계시민교육과 미디어 리터러시 교육의 상보적 실천의 확산에 대한 통찰을 포함하려는 목적을 두고 있으므로 세계시민교육이 이러한 근접 개념들과 어떠한 공통점과 차이점을 교차시키고 있는지 확인할 필요가 있다. 다문화교육, 국제이해교육,[1] 지속가능발전교육,[2] 개발교육[3] 등은 때로 세계시민교육의 다른 이름으로 인식되기도 한다. 특히 국내 미디어 리터러시 교육 영역에서도 적잖은 접목이 이루어지고 있는 다문화교육과의 유사성과 특수성 및 융합에 대한 이해가 필요하다.

다문화교육(multicultural education)은 역시 다양한 맥락에서 조금씩 다

---

[1] 국제이해교육(Education for International Understanding, EIU)은 국제이해를 통해 국제협력이 이루어지고, 그 결과로 평화가 정착된다는 구상 아래 유네스코에서 처음 사용한 용어이다. 유네스코에서는 국제이해교육의 영역을 '① 타국에 대한 연구, ② 인권 존중에 대한 연구, ③ 유엔 및 전문 기구들에 대한 이해, ④ 환경에 대한 연구'로 정리한다(최미란, 2017).
[2] 지속가능발전교육(Education for Sustainable Development, ESD)은 지속가능한 발전과 관련된 지식을 얻고 이해할 수 있도록 돕고, 삶 전반에 걸쳐 지속가능원칙을 적용하여 실천하는 소양을 기를 수 있게 하는 교육을 말한다.
[3] 개발교육(development education)은 세계를 살아가는 사람들 삶의 상호의존성을 인지하는 토대 위에서 글로벌 이슈와 개발 이슈를 학습한다. 개발교육은 단순한 지식 획득의 차원에서 그치지 않고 세계적 관점을 통한 통합적·비판적·창조적 사고 능력 학습, 능동적이고 참여적인 태도를 함양하도록 하는 교육을 말한다.

른 의미를 가지기도 하지만, 모든 사람들이 자신의 민족, 인종, 언어, 국적, 성별 요인에 의한 차별이 없는 동등한 교육 권리를 보장받으며 양질의 학습기회를 누릴 수 있도록 주안점을 둔 교육이라고 할 수 있다(최미란, 2017). 이질적 배경을 가진 사회 구성원들의 편견과 갈등을 해소하고 차이와 다양성을 인정하며 함께 살아갈 수 있도록 도모하는 다문화주의에 근거한 목표를 두고 있다. 이에 따라 '모든 이를 위한 교육'이라는 점에서 세계시민교육과 공통적인 부분을 찾게 된다.

그러나 다문화교육은 지역과 국가 안에서의 개인과 문화집단을 강조하는 것에 비해, 세계시민교육은 전 세계적인 문제와 글로벌 맥락 안에서 상호 연관성을 강조하여 구분된다(현은자 외, 2013; Bennett, 1992; Clayton, 1992). 또한 국내외를 막론하고 다문화교육은 교육체제 내에서 반편견교육과 평등교육을 실천하는 것에 중점을 두어 왔다. 다민족 국가 내 민족 간의 갈등 해소와 공존을 모색하기 위해 시작되었기 때문이다. 따라서 다양한 집단의 특성을 존중하고 평등과 사회 정의를 위해 개입하자고 주장하며 형평성(equity), 다양성 내의 통합(unity within diversity), 정의(justice) 등을 핵심가치로 두어 사회의 차별을 해소하는 변혁을 지향하는, 궁극적으로 민주사회를 지향하는 교육이다(김진희, 2012; 김현덕, 2007; Banks & Banks 2010; Bennett, 2010).

그에 비해 세계시민교육은 태생적으로 세계화와 밀접하게 관련되어 있어서 특정 국가 안의 원주민과 이주민들 간의 갈등보다는 국간 경계를 초월하여 지구적 문제 해결을 위해 연대하고 협력할 것을 강조한다. 세계시민으로서 지구촌 전체가 직간접적으로 경험하고 있는 빈곤, 인구, 인권, 환경, 교육의 문제에 관심을 갖고 이에 대한 공동체적 해결방안을 모색하는 데 초점을 둔다(Singer, 2004; UNESCO, 2013a). 하나의 국가 내에서 소수집단과 원주민 간의 평등 및 균형의 문제라기보다는 '모든 지구촌 구성원 간의 열린 태도와 초국적 상호 학습 맥락(transnational learning context)을 존중하는 교육'이다(김현덕, 2007).

때때로 세계시민교육의 다른 이름으로 인식되는 국제이해교육과도 비교하면, 국제이해교육은 국가 간 상호의존성에 대한 이해를 증진시키기 위해 세계적인 관점, 문화 간 이해, 세계 문제 및 이슈 그리고 세계체제 등에 대한 교육을 포함(김신일 외, 2001)한다. 세계시민교육은 국제이해교육에서 더 확장된 개념이다. 인류가 더불어 잘 살기 위해 전쟁을 피하고 다른 나라의 문화를 이해하는 수준이 아니라 이를 초월하여 학습자가 세계시민으로서의 표준을 내면화하고 개인의 이익을 넘어 적극적으로 세계문제에 대한 해법을 찾고 세계시민으로서의 이상적인 자질을 추구하는 것에 주된 관심이 있다.

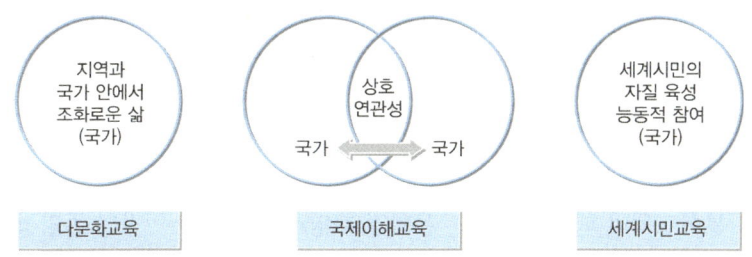

그림 1. 다문화교육, 국제이해교육, 세계시민교육의 개념도

출처: 현은자 외 (2013). 〈세계시민교육(그림책을 활용한)〉. 서울: 학지사, 23쪽에서 인용. 원 저작권자의 모든 권리가 보호됨.

다문화교육은 태생적으로 다양성에서 잉태한 개념이고, 세계시민교육은 특수성을 초월하는 인류 보편성을 강조한다는 점에서 차이를 가지는 것으로 이해되는 것이다. 이러한 세계시민교육의 속성은 다문화교육학자들뿐 아니라 다양한 층위의 교육학자들에게 비판을 받게 되는 속성이 되곤 한다. 세계시민교육이 국내문제에 무관심하고 지역 내 다양성과 평등한 교육 기회에 대해 개입하지 않으며, 국제적으로 민감한 분쟁에서는 오히려 탈정치적인 입장을 취하는 국제적 엘리트주의자의 허상이라는 것이다. 반면에 세계시민교육자들은 다문화교육이 소수자의 지위 향상만 강조함으로써 오히려 문화적 분리주의를 조장하고 세계가 당면한 국제이슈와 세계 간 불평등과 차별에 대해서는 안일한 태도를 견지하는 협소한 개혁이라고 비판하기도 한다(김진희, 2017; Gay, 1992).

이처럼 어떤 측면에서는 상호 양립 불가능한 성격을 내재한 듯 보이지만 교육 현장에서는 다문화교육과 세계시민교육이 혼용, 교차되는 것이 발견되어 왔다. 유네스코(UNESCO, 2013a)에서도 "세계시민교육은 학습자의 전환적 지식 역량을 강화하고, 학습자에게 더 나은 세상과 미래를 개척하도록 그들의 권리와 의무를 깨닫게 한다. 배움의 과정을 통해서 비판적으로 변혁적인 학습이 일어날 수 있도록 교육과정의 내용과 방법론을 다양하게 개발하는 것이 중요하다. 이는 인권교육, 지속가능한 발전을 위한 교육, 다문화간 이해와 수용에 관한 교육, 그리고 평화에 대한 교육을 포함한다"고 수렴적인 정의를 밝히고 있다.

다문화교육의 핵심적 가치는 문화적 다양성의 인정과 인간의 존엄성 그리고 보편적 인권에 대한 존중이라는 점에서 그것은 세계시민교육이 지향하는 바와 양립 불가능한 대척 지점에 놓여 있지는 않으며, 다문화교육과 세계시민교육은 상보적 관계가 불가능하지 않다. 세계시민교육의 보편성이 획일주의로 환원되지 않도록 지원하고 개입하는 차원에서 다양성을 중시하는 다문화교육과 교차될 수 있으며, 문화적 분리주의와 방관적 다문화주의를 경계하여 소수 및 특수한 집단의 폐쇄성이 고착화되지 않도록 보완하는 다문화교육은 세계시민교육과 융합적으로 실천되는 것이 가능하다(설규주, 2001; 김진희, 2017; Gay, 1992; Bennett, 1992; Merryfield, 1996, McFadden, Merryfield & Barron, 1997).

상기 살펴본 다문화교육과 세계시민교육의 융합 가능성은 미디어가 매개하지 않은 글로벌 현상을 찾기 어려운 오늘날 세계시민교육과 미디어 리터러시 교육이 전 지구적으로 당면한 문제에 대한 해결을 위하여 함께 추구할 방향을 모색하는 상보적 시도에 대한 통찰을 제시해 준다. 세계시민교육이 글로벌 교육 의제로서 단순히 하나의 배타적인 교육의제가 아니라, 여타의 의제를 통합적으로 지원하고 지속가능한 평화와 협력의 영향력을 이어가기 위한 실천적 교육이라는 점을 드러내기 때문이다.

2) 글로벌 의제로서 세계시민교육의 의미

세계를 하나의 단위로 인식하여 세계 안에 다양한 문화 및 사람들과의 상호의존성을 이해하는 '보편적 인류공영'을 추구하는 가치지향적 교육이자 실천인 세계시민교육이 세계에서 본격적으로 주목을 받게 된 것은 2012년 '세계교육우선구상(Global Education First Initiative, GEFI)'을 전신으로 하는 2015년 1월 파리 제2차 유네스코 세계시민교육회의와 5월 인천 송도 유네스코 세계교육포럼에서부터라고 할 수 있다. 유네스코 회원국들이 세계시민교육을 담은 2015 세계교육포럼의 '인천선언'[4]을 채택하여 세계시민교육은 향후 2030년까지 전 세계 유네스코 회원국들이 추진해야 할 범세계적 교육정책 목표의 하나가 되었다.

---

4) 세계교육포럼(2015. 5. 19~5. 22)에 의하면, 양질의 교육은 시민들이 건강하고 충만한 삶을 이끌고 현명한 결정을 내리며, 지속가능발전교육(ESD)과 세계시민교육(GCED)을 통해 지역적 범지구적 도전에 대응할 수 있는 기술, 가치, 태도를 발전시키는 데 주력한다.

과거에 주로 국가를 기반으로 정치·경제·문화 교류 등을 중심으로 이루어지던 국제사회 의제에서 교육이 주목을 받는 의제가 되고, 기존 글로벌 교육 의제가 '접근성 강화'와 '양질의 교육'에서 '세계시민성 함양'으로 지평을 확대하게 된 것은 근대적 의미의 실용적인 차원에서 정의되는 교육에 한정해서는 이해할 수 없는 좀 더 확대된 맥락의 교육에 주목하고 있는 것이다. 오늘날 인류가 당면한 전 지구적인 문제들을 해결하기 위해서 국경을 넘어 상호협력과 연대가 그 어느 시기보다 요청되기 때문에 구성된 의제라고 할 수 있다. 세계평화의 가치를 추구하고 전 지구적 공동체의 협력과 연대의 실현이 지속적으로 추동될 수 있게 하는 것은 결국 교육을 통해서만 가능하다. 따라서 이를 담당하는 세계시민교육의 시대적 역할이 반영된 것이다.

이러한 맥락에서 세계시민교육은 단순히 하나의 독립된 교육 의제로 간주되기보다 여타의 의제를 통합적으로 지원하고 지속가능한 평화와 협력의 영향력을 이어가기 위한 규범에 대한 의제 설정이고 실천에 대한 촉구로 이해해야 할 것이다. 인권, 평화, 정의, 비차별, 다양성, 지속가능발전 등 인류 보편적 가치에 기초를 둔 총체적 인간 형성에 필요한 사회적·정신적 역량 개발에 중점을 둔다. 학습자들이 단순히 전 지구적 문제를 인식할 수 있게 하는 데서 그치는 것이 아니라, 더 나아가 세계시민적 가치와 태도를 내면화하는 수준으로 함양하며 사회변화의 주체로서 지역사회와 국제사회에 공헌하도록 하는 목적을 가진다(Davis, 2006; Heater, 1990; Humes, 2008; Anderson, 1990). 즉 포괄적이며 참여적인 태도로 전 세계 공동체의 일원으로서 개인이 가지는 권리와 의무의 범위를 확대하며, 이는 정의, 평화, 관용이 상위가치가 되는 세계를 구현할 수 있는 역할과 행동을 제시한다(Davies, Evans, & Reid, 2005).

3) 한국에서의 세계시민교육 현황

　상기한 바와 같이 세계시민교육은 통합적이고 수렴적인 특성으로 인해 단순하게 정의내리기 어려운 개념이다. 세계를 하나의 단위로 인식하여 세계 안에 다양한 문화 및 사람들과의 상호 의존성을 이해하는 '보편적 인류공영'을 추구하는 가치를 지향하고 이를 실천에 옮기는 것까지가 세계시민교육이다. 이러한 어려운 개념적 정의에도 불구하고 강한 실천성을 보이며 각계각층에서 활발히 그 영역을 확대해나가고 있다.

　한국에서 시행되고 있는 세계시민교육과 관련된 교육실천 영역 역시 다양하며 그 범위도 확장되고 있다. 일차적으로는 세계시민의식을 교육의 중요한 지향점으로 선정하는 것이 불가피할 만큼 시대의 요청이자, 전 지구 공동체의 평화와 협력을 도모하는 것이 교육의 공적 사명이란 인식이 높아지고 있기 때문이다. 또한 정권의 변화에 따라 진영의 결이 다르긴 했으나, 2015 인천 교육포럼 이후 최근 2018년 9월에도 서울에서 국제회의를 개최하는 등 교육부를 중심으로 많은 관심을 기울여 왔다. 성과를 가시적으로 내기 용이한 사안이기 때문이든, 세계시민교육의 목적과 목표가 우리 사회의 불평등에 대한 분노의 정서와 맞아 떨어졌기 때문이든 세계시민교육에 대한 국내의 관심은 제고되고 있으며 다양한 교육 현장에서 실시되고 있다(김영아 · 허미경, 2017; 김진희 · 임미은, 2014; 모경환 · 임정수, 2014).

　국제개발협력과 관련하여 시행되고 있는 정부 및 민간 차원의 시민교육, 지속가능발전교육과 녹색성장교육과 관련한 정부 및 지방정부, 공공기관이 수행하는 시민교육, 다문화교육과 관련하여 정부 및 학교가 수행하는 다문화교육, 그리고 민간 및 지방자치 단체 등에서 수행하고 있는 평화 · 인권 · 성평등 교육 등에서 발견된다. 특히 미디어 교육과 관련해서는 다문화 미디어교육, 인권보도, 평화와 미디어 교육, 사이버불링 예방교육 등에서 이미 부분적으로 세계시민교육이 지향하는 가치의 일부와 교차되는 현장을 만날 수 있다.

국가적 차원에서 기존의 교육과정에서도 글로벌 이슈와 관련된 요소들이 확대되고 있었으나 본격적으로 2015 교육과정과 맞물린 학교 교육 안에서 세계시민교육을 실행하고자 다양한 지원을 하고 있다. 2015 개정 교육과정 총론에 '모든 학생을 위한 교육기회의 제공'이라는 내용이 신설되었다.

또한 추구하는 인간상에서 "문화적 소양과 다원적 가치에 대한 이해를 바탕으로 인류 문화를 향유하고 발전시키는 교양 있는 사람, 공동체 의식을 가지고 세계와 소통하는 민주 시민으로서 배려와 나눔을 실천하는 더불어 사는 사람"으로 명시하고 있다. 이는 교육 공공성의 측면에서 출신이나 인종, 성별 등에 따라 차이를 두지 않는다는 의미로 볼 수 있으며(최미란, 2017) 다문화 사회로 이행하고 있는 한국 안에서 해결하기 힘든 글로벌 과제가 증가하고 있는 현실이 반영되고 있음을 알 수 있다(손경원, 2013; 허영식, 2017). 범교과 학습 주제에서도 주로 세계시민교육의 주요 주제가 드러나고 있으며, 주요 교과목에서는 특히 사회 교과 내에서 전 지구적 문제인 환경, 문화갈등 등에 대한 지속가능한 발전과 관련된 주제가 토의되고 있다.

교육부는 2016년에는 학년별 세계시민교육 교육과정 모델안을 발표하였다. 다음 〈표 1〉에서 볼 수 있듯이 초·중학생은 학년에 따라 난이도를 달리하여 체험활동, 자유학기제를 통해 다양한 교과에 걸쳐 통합적으로 실행하도록 제안하고 있다. 고등학생과 대학생 이상은 온라인 강좌와 워크숍 등을 통하여 교육에 참여할 수 있으며, 국내 교원 대상으로는 세계시민교육 선도 전문가 육성을 위한 연수를 정기적으로 실시하고 있다.

표 1. 2016 학년별 세계시민교육 교육과정 모델안

구분	초등 저학년	초등 고학년	중학생	고등학교 이상
방법	체험활동 활용, 다양한 수업 (교과에 걸쳐 통합 실행)	도덕사회 교과 및 창의적 체험활동 시간 활용	자유학기제 프로그램 활용	고등학교 이상 계기교육
예시	세계시민 여권 만들기, 이웃에게 편지 쓰기	도덕시간 역할놀이, 토론, 자료탐구	모의 유네스코 총회	교양교육, 워크숍, 포럼, 토론, 강좌 이수 등

출처: 교육부 공식 블로그. 원 저작권자의 모든 권리가 보호됨.

교육학계의 학술적인 작업도 꾸준히 증가하고 있다. 합의된 교육과정 등에 대한 현장에서의 요구와 지적은 교재 및 수업 모듈 개발 및 교수법에 대한 제안에 관한 토의들이 모아지고 있다.

학교에서뿐 아니라 최근 교육단체, 국제협력 유관기관들, 그리고 민간 기관에서도 다양한 교육 프로그램으로 구현되며 양적으로 확산되고 있다. 국제개발협력 차원에서의 실천은 개발도상국에 대한 세계시민교육 역량 강화 지원 차원에서 살펴볼 수 있다. 아시아 및 아프리카 지역을 대상으로 하는 다양한 영역의 개발원조 프로그램 내에서 국가별 경제 및 교육 수준과 인구구조를 고려한 세계시민교육 교육과정 교재를 개발하여 제공하고 있다. 국제개발협력(ODA) 중점협력국의 교사, 공무원 등 연수 및 다문화가정 대상 국가와의 교사 교류를 통해 개발도상국 내 전문가를 육성하는 사업을 지원하고 있기도 하다. 또한 유네스코 세계시민교육 포털사이트와 온라인 원격교육 프로그램을 개발하여 운영하고 있다.

그러나 구현 과정에서 여전히 몇 가지 문제점으로 제기되는 부분들도 있다. 우선 학교라는 지배적인 교육 시스템 안에서의 세계시민교육 현장에서 발견되는 문제점들이 두드러진다. 국내 초·중·고등학교에서 실시되는 세계시민교육에서 '글로벌 시민 교육=국제 교류, 해외 경험, 결연을 통한 학교 자랑'으로 등식화되는 접근이 만연한 것을 비판하고 경계할 것이 촉구되었다(이대훈, 2014).

학술 연구에서도 개념 정리부터 시작하여 구체적인 방법론에 대한 현실적인 고민들로 확대되고 있다. 한 메타 연구에 의하면, 한국의 세계시민교육에 관한 학술 연구는 2010년 이후에는 세계시민교육 관련 연구가 민주시민교육, 국제이해교육, 다문화교육, 개발교육 등 유사개념과의 관계 속에서 양적으로 급속하게 확대되었고, 교육과정 및 교수법 분석에 관한 연구가 가장 활발하게 진행되었으며, 최근에는 세계시민교육의 프로그램 분석과 효과성에 대한 연구가 증가하고 있고 학술지의 성격에 따른 분석결과로는 교과교육학이 가장 큰 비중을 차지하고 있다(박환보·조혜승, 2016). 이처럼 전반적으로 단위 교육영역들이 광의의 세계시민교육 수준으로 나아가지 못하고, 협의의 개발교육 단계에 머무르거나 서로 간에 연계·협력이 부족하다는 문제점이 제기되고 있다(김진희, 2017; 모경환·임정수, 2014).

또한 한국과 세계의 관계 속에서 깊이 있는 이해가 가능함을 간과하고 글로컬(glocal)한 영향을 다루지 않는 글로벌 교육에 치우치는 것도 여전히 고민해야 할 부분이다(이대훈, 2014). 세계시민교육에서 지역성은 중시되어 왔다. '시민참여'라는 세계시민교육의 주요 개념이 지극히 유럽 중심의 서구적 관념에서 시작된 것이며 빈곤이 가속화되는 남반구는 민주주의 거버넌스가 이미 형성된 서구의 시민의식 척도와 같을 수 없기 때문에 불균형의 간극이 발생하고 있음이 지적되어 왔다(Peters, Blee, & Britton, 2008). 유럽의 시민교육 지표가 글로벌 의제로 채택된 세계시민교육 지표로 곧바로 환원해서 적용될 수 없으며, 지역, 단위 국가마다의 차이를 고려하지 않은 세계시민교육은 그 추구하는 가치를 구현할 수 없다.

상기 문제점들과 제언에 대하여 지방자치단체들은 지역성을 반영하고 있는 지역교육부서들이 주축이 되는 세계시민교육 관련 교사·일반인 대상 연수 프로그램들을 운영하기도 하고, 피상적인 해외연구나 체험학습이 아니라 상세 주제를 중심으로 기획하고자 하는 등의 노력이 있기는 하지만, 여전히 한국의 학교라는 폐쇄된 시스템과 교과과정의 경직성, 대학입시에 종속되어 있는 구조, 단위 학교의 상위 결정자들의 정책 수행 방향에 따라 개선을 기대하기 어려운 현실에 직면해 어려움을 겪고 있다.

이에 세계시민교육에 참여하고 있는 학자와 활동가들은 다양한 주체들의 상이한 인식이나 담론을 이해하기 위한 이론 연구, 학술적 연구와 실천을 고민하며 그 대상을 확대하기 위하여 정책 및 전문가 육성을 위한 방안을 다층적이고 다면적으로 모색하고 있다. 다음 절에서는 그 방안의 하나로 제안한 미디어 리터러시 교육과의 융합이 어떠한 상보적 가능성 위에서 타당할 것인지 살펴본다.

3. 세계시민교육과 미디어 교육의 상보가능성과 의미

1) 세계시민교육과 미디어 리터러시 교육의 유사성

세계시민교육과 미디어 리터러시 교육은 세계·삶에 대한 다음과 같은 유사성을 지니고 있다. 몇 가지의 항목으로 분류하였으나 각 요소들이 서로 배제적인 것은 아니다. 오히려 교육목적과 목표에 대한 접근법에서 발견되는 유사성은 서로 긴밀히 연결되어 있다.

첫째, 세계시민교육과 미디어 리터러시 교육은 다양성을 근간으로 하는 글로벌 시대에 부합하는 창의적이고 능동적인 민주시민을 키우는 교육이다. 미디어 리터러시 교육 역시 논의되는 맥락에 따라 하나로 정의 내리기 어려운 다양한 목표와 방식을 보여주는 교육 영역이다. 그러나 공통적으로 시민성의 제고를 위하여 미디어 커뮤니케이션에서 비판적 리터러시를 함양하는 것을 목적으로 한다. 국내에서는 종종 미디어 리터러시 교육이 어떤 교육 영역에서든 교수방법으로 적용될 수 있는, 미디어 텍스트의 교육적 활용을 의미하는 것으로 간주되곤 한다. 물론 어느 교과 혹은 맥락에서도 다양한 미디어 텍스트는 흥미로운 사례가 될 수 있으며, 이에 대한 학습 목표에 부합하는 틀 안에서 해석될 수 있고, 이로써 미디어 리터러시 교육도 다른 목적을 위해 미디어를 활용하는 교육 현장까지 수렴할 수 있을지라도, 미디어 리터러시 교육의 궁극적이고 핵심적인 목적과 목표는 민주시민성의 제고에 있다(김양은, 2016).

따라서 세계시민교육과 미디어 리터러시 교육은 무엇보다 비판적 수용 역량을 제고하는 것을 근본적인 목표로 한다는 점에서 상호 무관할 수 없다. 글로벌화한 현대 사회에서 지구의 특정 지역과 거주자들에 대한 타 지역의 편중된 시선을 진리처럼 만들고, 희화화하거나 부정적으로 정형화하고 폭력적 극단주의를 일상의 수준에서 수행하는 것을 합리화하도록 지지하는 미디어 텍스트들의 범람에 대해 균형 잡힌 시각을 가지고 비판적으로 수용할 수 있는 역량은 양쪽 영역에서 모두 핵심적인 추구점이다.

둘째, 세계시민교육과 미디어 리터러시 교육 영역은 모두 경험과 활동을 통해 학습자의 성찰과 실천을 중요시 한다. 지식을 전달하여 익히게 하는 가운데 교사의 입력이 핵심이었던 전통적인 의미의 교육에서 말하는 이론과 관념 중심의 교육이 아니라는 뜻이다. 따라서 학습자 중심주의 교수법과 평등주의 교수법을 적용할 때 높은 학습 성과를 가져올 수 있다(Becker, 1990; Tye, 1999).

두 교육 영역이 모두 생성과정에서부터 주지주의식 교육 영역에 대한 비판과 학교를 포함하는 어린이와 약자들의 삶의 조건들에 얽힌 문제점들에 대한 비판을 중시해 왔다는 점과 관련이 깊다. 세계시민교육은 교육기회의 불평등에 대한 전 지구적 성찰을 전제하고 있으며, 미디어 리터러시 교육은 미디어에서 바라보는 어린이 및 청소년을 포함한 소수자들에 대한 폭력적 재현에 대한 비판과 어린이의 능동적인 미디어 수용에 대한 믿음에서 시작된 교육영역이기 때문이다(Buckingham, 2000, 2003).

또한 한국의 미디어 리터러시 교육은 민주 사회를 위한 시민성 제고를 중시해 왔으며, 학생들은 보편적으로 겪고 있다고 할 만큼 학교 시스템 안팎에서 불평등한 교육구조에 대한 비판적 시각을 미디어가 매개된 장에서 담론을 생산하고 연대하는 것을 긍정적인 사회적 효과로 간주해 왔다는 점도 역시 미디어 리터러시 교육의 실천성을 보여준다(이동후, 2009; 이미나, 2011).

세계시민교육은 단순히 외국어를 구사하고, 국제적인 매너를 익힌 '글로벌 인재'를 육성하는 교육으로 등치될 수 없다. 세계시민교육의 교육적 의미는 세계체제에 대한 단순한 지식 전달이 아니라, 학습자의 성찰 활동이 강조될 때 발휘된다. 세계 문화의 다양성을 이해하며, 세계에 대한 비판적인 사고력과 세계와 지역, 그리고 '나'의 일상 세계를 비판적이고 성찰하는 전환적인 학습(reflective and transformative learning)이 요청되는 교육이다(김진희, 2017).

또한 미디어 리터러시 교육은 비판적인 수용과 동시에 참여적 생산을 중시하는 교육이다. 미디어가 매개하지 않은 글로벌 현상을 찾기 어려운 오늘날 기존의 단계적 과정을 통해서 학습자들이 자신의 학습 내용을 반성적 내러티브만으로 공동체의 구성원들과 공감하고 소통하는 과정으로 단편적으로 운영하는 것은 오늘의 문화를 이해하지 못하고 있는 기획이 될 수 있다. 자기 성찰적 미디어 생산과정을 통해 자신의 경험을 수렴하고 확산하는 순환적 과정을 경험하기 위해 세계시민교육과 미디어 리터러시 교육은 학습자의 반성적 성찰이 강화될 수 있는 상보적 교육 영역으로 유기적으로 진전될 수 있다.

국내 미디어 리터러시 교육이 너무 제작 교육에 치우쳐 있다는 비판을 받아 왔다. 물론 제작기술의 전수가 미디어 교육의 전부가 될 수 없으며 균형 잡힌 방식으로 개선되어야 할 부분이다. 동시에, 능동적인 수용이란 이용자가 스스로 텍스트와 채널을 생산하는 능력까지 확대될 수 있으며, 자기주도적으로 해석하고 재구성하는 과정에서 자기의 몸과 마음을 참여시키면서 성찰과 성숙을 경험하게 된다는 점은 여전히 강조되고 있다. 또한 미디어 리터러시 교육의 효과 면에서도 학습자의 성찰과 실천은 중요하다. 학습자들이 제작 단계를 포함해서 어떤 단계에서라도 스스로를 학습 과정의 주도적 위치에 둘 때 교육적 효과가 가장 컸다는 점은 다양한 연구 결과와 현장의 참여자들의 평가에서 접할 수 있다.

셋째, 세계시민교육과 미디어 리터러시 교육은 폭력, 차별, 편견, 사회정의 등 다문화적이고 전 지구적인 국제 이슈를 공동체 안에서 적용하는 접근을 강조한다. 유네스코는 세계시민교육을 통해 학습자가 습득해야 할 핵심적 역량으로 인지적 역량, 사회 정서적 역량, 행동 역량의 세 가지를 제시하고 있다. 인지적 역량이란 학습자가 세계, 지역, 국가, 지역사회의 과제들에 대해 지식을 쌓고, 이해하고, 비판적으로 사고할 뿐만 아니라 다른 나라, 다른 사람들과 깊은 상호 연계성을 가지고 있다는 것을 공부하고, 이해하고, 비판적으로 사고하는 역량을 의미한다. 사회 정서적 역량이란 학습자가 인류 공동체에 대한 소속감을 바탕으로 다름과 다양성에 대한 존중, 연대의식, 공감, 가치와 책임감을 공유하는 것을 의미한다. 행동적 역량이란 보다 평화롭고 지속가능한 세상을 위해 세계, 지역, 국가, 지역사회 차원에서 책임감 있게 행동하는 것을 의미한다. 이 모든 역량은 결국 내가 속한 공동체에서 더불어 살아가며 체득해 나갈 것을 전제로 하고 있다. 세계시민교육에서와 마찬가지로 미디어 교육은 '나'의 개별적 능력을 극대화하고 지식의 총량을 제고하는 교육보다는 모두가 함께 살아가는 것을 중요시하는 학습이라는 점에서 공동체 지향성을 담보하는 교육이다.

넷째, 학교교육을 넘어서 평생학습 차원의 지속적으로 이루어져야 하는 교육 영역이라는 점이다. 한국의 학교 교육이 현재 안고 있는 수많은 문제점들에도 불구하고, 학교 시스템에 지속적인 과정으로 자리 잡는 것도 중요하다. 데이비스(Davies, 2006; Tawil, 2013)는 세계시민교육이 학습자에게 진정한 영향력을 주기 위해서는 학교에서 단순히 국제적인 지식과 기술을 가르치는 학습 환경을 제공하거나, 시민적 참여 경험을 제공하는 것이 아니라, 삶의 불확실성과 유연성에 조응하도록 하는 탄력성의 힘을 얻고 비판적으로 성찰하는 것이 중요하다고 역설했다.

그러나 현재 한국의 학교 시스템에서는 세계시민교육이 독립 교과로 의무적으로 다루어지지 않기 때문에, 수업 개설부터 지속까지 학교 행정가와 경영자의 의지와 리더십이 좌우하는 상황이다. 한국 사회의 특수한 입시 환경과 경쟁적 교육체제에서 보편적 인권과 세계 평화에 대한 성찰적 의식 및 참여를 강조하는 세계시민교육이 독립적인 교과로 제안되기도 어렵다. 미디어 리터러시 교육도 마찬가지이다. 자율학년제와, 창의적 체험활동 등으로 정규 교과과정의 일부로 진입하는 것만으로도 큰 진전으로 평가받기도 한다. 이처럼 두 영역 모두 각 단위 학교 현실에 적합한 교육적 개입과 실천이 어떤 양식으로 구현될 수 있을지 아직도 논쟁되고 있다.

세계시민교육이나 미디어 리터러시 교육은 정해진 학령기가 있는 것도 아니고 학습자가 특정한 시기에 배워서 한번에 달성할 수 있는 정형화된 교육 목표와 내용을 가진 분야가 아니다. 정규 교육체제를 넘어서 인간이 전 생애 동안 경험하게 되는 글로벌화 맥락을 삶의 역동적 단계에서 조응하는 지혜와 역량이 필요한 영역들이다.

2) 세계시민교육과 미디어 리터러시 교육 간 융합의 상보적 의미

세계시민교육과 미디어 리터러시 교육에서 교차되는 유사성들은 이 두 영역의 융합이 야기할 수 있는 시너지 효과를 예측해 볼 수 있는 단초가 된다.

첫째, 이 두 영역의 융합은 비판적 사고라는 글로벌 시민의 핵심 역량을 제고하는 교육의 강화를 이끌 수 있다. 세계시민교육이 강조하고 있는 긴급한 문제들과 이에 대한 해결을 모색하는 것에 전제된 철학적 가치는 미디어 리터러시 교육이 글로벌 차원, 국제 간 소통 차원에서 비판적 리터러시의 개념과 실천을 구현하는 데 있어서 의미 있는 방향을 모색할 수 있게 한다. 예를 들어, 때로 특정 이슈에 대하여 국가 간 상이한 논조를 보이는 국제 뉴스를 접할 때 비판적 리터러시는 무엇인가라는 혼란의 지점에 직면하게 되는 것에서 유효하다.

세계시민교육은 학습자의 전환적 지식 역량을 강화하고, 학습자에게 더 나은 세상과 미래를 개척하도록 그들의 권리와 의무를 깨닫게 한다. 배움의 과정을 통해서 비판적이고 변혁적인 학습이 일어날 수 있도록 교육과정의 내용과 방법론을 다양하게 개발하는 것이 중요하다. 이는 인권교육, 지속가능한 발전을 위한 교육, 다문화간 이해와 수용에 관한 교육, 그리고 평화에 대한 교육을 포함한다(UNESCO, 2013a).

세계시민교육과 미디어 리터러시 교육은 모두 정치사회적 맥락에 따라 그 수요와 공급의 매칭이 민감해지는 교육적 외재성이 높은 영역이다. 이 두 교육 영역 모두 한국의 교육 전경에서 기존의 교육세계가 준거로 삼아 온 동일한 언어적, 민족적, 집단적 배경을 가진 국민들을 중심으로 하는 교육 시스템의 혁신적인 변화가 선결되어야 활성화될 수 있는 영역이다. 이에 교육내용, 환경, 방법, 시스템에서 다양성과 보편적 가치에 대한 인식을 제고하고 실제로 학습자가 열린 변화를 체득할 수 있도록 변화되어야 한다. 따라서 세계시민교육과 미디어 리터러시 교육이 각각의 운동성을 연대하여 혁신적인 변화에 대한 보다 적극적인 촉구를 할 수 있다.

둘째, 이 두 교육 영역은 서로의 약점과 공백을 채우는 대안이 될 수 있다. 다소 거칠게 말하자면, 세계시민교육의 거시성에 대한 우려와 미디어 리터러시 교육의 도구적 차원에 대한 한계에 대안이 되어 줄 수 있다는 것이다. 미디어 리터러시 교육의 현장에서 종종 제기되는 "그래서, 미디어를 비판적으로 보아 무엇하나?" 또는 "무엇에 대해 비판적이어야 하는가?"라는 질문에 답할 수 있는 것이 세계시민교육의 가치이며, 세계시민교육에서 "무엇으로 어떻게 교육해야 하는가?"라는 질문에 대하여 미디어 리터러시 교육이 유효한 답을 제시할 수 있다.

세계시민교육의 발생배경을 앞 절에서 살펴보았듯이 비판론자들은 세계시민교육이 이상주의적이고 선언적이며 실제 교육이 적용되는 지역의 맥락에 대한 고려가 없는 엘리트주의라고 주장했다. 세계정부가 존재하지 않는 한 있을 수 없는 공상적 개념이며, 국가 단위의 시민교육과 모순되고 상치되는 태생적 한계가 있다는 지적을 받았다. 또한 세계시민교육의 확산이 결국 서구 선진 자본주의 국가들에게 예속되는 결과를 이끌게 되는 것이라고 비판하였다(Heater, 1990; Humes, 2008). 이러한 비판은 결국 정부 주도적, 관 주도적인 프레임으로 세계시민교육을 재단하는 데서 기인하고 있는데, 이는 시민성을 단일 국가 안에 가두고 있는 전통적 의미에서 벗어나지 못하고 있는 시점에서 시작되는 것이다. 결국 다양한 실천이 이루어지는 교육 현장에서 해결될 수 있는 문제들이다. 이에 미디어 리터러시 교육 영역과의 융합적 시도는 사회 변화를 위한 담론적 실천을 추동할 수 있다는 점에서 대안적 가능성을 담보할 수 있다. 전 세계의 다양한 국가 안에서 세계시민교육이 제도적 교육과 비제도적 교육 맥락 안에서 자리 잡을 수 있는가의 문제(Savolaine, 2013)에 대하여 미디어 리터러시 교육과의 융합은 해결점을 함께 찾아갈 수 있다. 예를 들어 국내에서 '나를 찾는' 미디어 활동에 관심이 많은 상황에서도 의미 있는 결합이 될 수 있다. 1인 미디어의 급격한 확산 가운데 자기 자신의 욕망에 충실한 것이 가장 큰 미덕이 되기도 한다. 과거의 한국이 집단주의적 성장주의 하에서 개인의 욕망과 권리를 억압했던 역사가 야기한 부작용을 고려하면, 1인의 욕망을 독려하는 것이 자연스러운 반동일 수 있다. 이를 한국 사회에 부정적인 영향을 주는 것이라 말하기 어렵다. 그러나 역설적으로 우리를 강조하는 공동체 의식에 대한 요구와 반대 위치에 서게 되기도 한다. 이 지점에서 세계시민교육은 다양한 이슈를 중심으로 우리의 소중함을 함께 강조할 수 있다.

또한 미디어 리터러시 교육은 갈수록 그 필요와 중요성이 강조되고 있으나, 어떻게 단위학습에서 구현 가능할 것인가에 대한 논의가 부족한 실정이다. 이것도 저것도 미디어를 활용하니 미디어 리터러시 교육이라는 식으로 수렴되는 것에 대한 비판도 존재한다. 이는 단편적인 교육 콘텐츠 개발의 한계만을 뜻하는 것이 아니다. 그보다는 최근 국내에서 가짜 뉴스에 대한 분노와 우려로 미디어 리터러시 교육을 강조하는 분위기 속에서 다양한 관심과 지원으로 논의의 장이 펼쳐지고 있어도 어떠한 방법으로 어떻게 접근해야 할 것인가에는 아직 혼란한 상황인 점이 적절한 사례가 된다. 가짜 뉴스를 독극물이나 마약, 게임과 같은 것으로 간주하고 절대적으로 근절하고 예방해야 할 것으로 접근하는 것은 미디어 리터러시 교육의 의미를 오해하고 있는 것이다. 가짜 뉴스가 매개하고 있는 폭력주의와 혐오에 대한 관심보다 개개인의 악의적이고 비윤리적인 행동에 집중하고 있기 때문이다. 이러한 시선에서 벗어나지 않는 한 미디어 리터러시 교육에서 시민성 함양을 위한 교육 방향이 정리되기 어려울 것이다. 이러한 점에서 세계시민교육의 태생적 지향점은 미디어 리터러시 교육과의 융합에서 보다 선명한 방향성을 제시할 수 있다.

3) 융합 프로그램 기획을 위한 제언 몇 가지

세계시민교육과 미디어 리터러시 교육을 어떻게 융합할 것인가? 몇 가지 제언을 하고자 한다.

첫째, 기존에 이미 세계시민교육과 미디어 리터러시 교육의 특성이 교차하는 지점에서 수행된 사례들을 중심으로 수집하여 체계적으로 분석할 필요가 있다. 전체적으로 포괄하는 교육방향과 목표가 세계시민교육을 지향하는 현장에서 신문이나 인터넷 뉴스 등을 교구나 보조교재로 활용하면서 언론 보도에서의 정형화에 대한 비판적 사고와 전 지구적 문제를 연결하는 경우, 다문화 가족의 청소년들을 대상으로 하는 한국의 미디어 문화에 대한 교육을 실시하는 경우 등에서 다양한 사례를 만날 수 있다. 유네스코에서 발행해 온 미디어와 정보 리터러시 정책 및 전략과 지속가능한 개발을 위한 목표 수행과 관련한 세계시민교육 가이드 등에서도 각각 서로의 일부로 혹은 도구적으로 활용되는 유용한 예시를 찾을 수 있다(UNESCO, 2013b, 2014). 또한 국내외 미디어 교육 관련 논문들 중 사이버 불링, 다문화교육, 평화교육, 인권 보도, 환경 보도에 관한 문제를 글로벌 차원의 현상과 담론에 집중하여 다루고 있는 경우 등에서 통찰을 얻을 수 있다. 이들은 이론적 논의에서 직접적으로 세계시민교육이나 지속가능한 개발을 위한 목표에 대하여 언급하기도 하지만, 전혀 연결성을 보이지 않기도 한다. 특히 다문화와 관련된 미디어 리터러시 교육 프로그램들과 ICT 지원 프로그램 중 수혜국에서 미디어 개발 지원이 지속가능성 제고를 위한 교육개발협력 등에서도 실시되어 온 경험이 계속되고 있는 것이 우연한 조우라고는 할 수 없다. 이는 대체로 현장에서 먼저 수요가 형성된 경우이므로 각 사례가 유기적으로 연결되어 있지 않다. 이에 세계시민교육과 미디어 리터러시 교육이 실제로 수행된 유사한 경험을 바탕으로 사전 조사를 충분히 수행하여 효과적인 융복합 프로그램을 기획 및 발굴해야 할 것이다.

둘째, 사회변화를 위한 실천적 교육을 강조하며 지속가능한 개발을 위한 목표(Sustainable Development Growth, SDGs) 수행에 부합하는 프로그램을 기획해야 할 것이다. 국제사회에서도 2015년 이후 미디어와 정보 리터러시 정책과 교육 및 확산 전략의 수립에 있어서 SDGs에 부합하는 실천적 전략과 모델을 수립하는 이론적 작업과 프로그램 수행을 지원하고 있다. 세계시민교육에서 가르치는 내용에 치중하다 보면 학습과정이나 학습맥락이 소외되기 때문에(Shukla, 2009), 융합 프로그램을 기획하는 데 있어서 단순히 가르치는 교육적 행위를 넘어서 학습자에 대한 이해와 학습자가 속한 지역에 대한 이해를 포함하는 학습 환경, 학습내용, 그리고 다양한 학습기회의 제공은 소홀하게 치부해서는 안 된다. 특히 미디어가 매개하는 글로벌 차원의 커뮤니케이션에서 인권, 평화, 환경, 빈곤 등 인류 보편적 가치와 지구적 문제에 대한 세계 공동체의 인식과 공감, 행동을 교육 목적으로 하는 기획에서 다만 지식의 전달과 이해에서 그쳐서는 안 된다. 소속 국가와 세계의 연결된 구조 속에 '지역과 나', '국가와 나', '세계와 나'의 관계를 성찰하고 지역적 특수성을 기반으로 지역, 국가, 세계의 보다 나은 미래를 위한 지속가능한 실천으로서의 행동 수반이 필수적이다. 이에 세계시민교육과 미디어 리터러시 교육의 융합적 교육을 위한 기획에서는 사전 조사에서 평가에 이르기까지 전 과정에서 실천성을 고려해야 한다.

셋째, 교육 현장의 변화를 이끌 수 있는 교사·지도사 양성이 선행되어야 한다. 교육 현장에서 세계시민교육을 가르치고, 세계시민성과 관련된 콘텐츠를 교과 간 경계를 넘나들면서 유연하게 다룰 수 있으며, 미디어 리터러시 교육과의 융합적 기획에서 영향력 있는 주체가 될 수 있는 교사·지도사를 양성해야 한다. 물론 어쩌면 그렇게 학제 간 역량을 고루 갖춘 교사·지도사를 양성하는 것은 어렵다. 따라서 교사·지도사 간의 네트워크가 가능하고 협력하여 먼저 공동체에서의 실천을 경험할 수 있는 양성과정이 필수적이다. 또한 더 많은 선행 경험을 위하여 교육 현장에서 활용할 수 있는 교수학습자료와 연수과정이 다양하게 발굴되어야 할 것이다. 아직까지 세계시민교육도 미디어 리터러시 교육도 국내외를 막론하고 충분히 교수 학습자료의 콘텐츠를 축적했다고 하기 어려운 시점에서 아직까지 교사·지도사 개개인의 역량이 더욱 더 중요한 상황이다(경희령 외, 2015). 따라서 세계시민교육과 미디어 리터러시 교육이 교육 현장에서 다양하게 융합되고 학습될 수 있도록 하는 다양한 교육자원이 체계적으로 발굴되고 지원되어야 할 것이다.

무엇보다 교육 현장의 변화는 학습자들과 교사·지도사들의 연대에서 가능하다. 글로벌 교육 체제에서 교사·지도사 스스로 세계 시민적 정체성을 가지는 것이 중요함을 인식할 수 있는 양성과정이 먼저 지원되어야 할 것이다.

4. 나오며

국제사회의 파트너십과 협력을 통해 전 지구적 문제에 대한 의식을 가지는 세계시민성에 근거하여 인류의 지속가능한 개발에 대한 합의와 가치를 강화하는 세계시민교육에 주목하여, 미디어 리터러시 교육이 상호 공헌할 수 있는 바가 무엇인지 살펴보았다.

세계시민교육과 미디어 리터러시 교육은 모두 정치사회적 맥락에 따라 그 수요와 공급의 매칭에서 외재적 요소가 높은 영향을 미치는 영역이다. 또한 세계시민교육과 미디어 리터러시 교육 영역과의 통합이 학교에서든 일상에서든 한국의 교육 전경에서 더욱 혼란을 가중시키고, 전략적으로 둘 다 정규 교육과정에서 더욱더 모호한 위치를 가지게 될 수 있다는 우려도 가능하다. 그러나 세계시민교육과 미디어 리터러시 교육 영역은 다양성을 근간으로 하는 글로벌 시대에 부합하는 창의적이고 능동적인 민주시민을 키우는 교육이며, 모두 경험과 활동을 통해 학습자의 성찰과 실천을 중요시 하는 학습자 중심주의 교수법과 평등주의 교수법을 적용할 때 높은 학습 성과를 가져올 수 있다는 점, 그리고 학교교육을 넘어서 평생학습 차원에서 지속적으로 이루어져야 하는 교육 영역이라는 점에서 유사성을 가지고 있음을 파악했다.

이에 두 영역의 융합은 비판적 사고라는 글로벌 시민의 핵심 역량을 제고하는 교육의 강화를 이끌 수 있을 것이며, 세계시민교육이 강조하고 있는 긴급한 문제들과 이에 대한 해결을 모색하는 것에 전제된 철학적 가치가 미디어 리터러시 교육이 글로벌 차원, 국제 간 소통 차원에서 비판적 리터러시의 개념과 실천을 구현하는 데 있어서 의미 있는 방향을 모색할 수 있게 하고 서로의 약점과 공백을 채우는 대안이 될 수 있다는 점에서 의미가 있다. 두 교육 영역의 상호 보완을 통해서 융합적 기획으로 활성화되어, 여전히 질적인 삶의 의미를 추구하는 공부가 많이 아쉬운 한국의 교육 전경에도 보다 적극적인 개혁과 변혁을 촉구할 수 있기를 바란다.

참고문헌

경희령·석선영·황다경 (2015). 〈미디어센터 미디어 교육 교사양성과정 운영평가연구〉. 부산: 영화진흥위원회.
김상훈 (2018). 〈제4차 산업혁명이 개발도상국에 미치는 영향〉. 제39회 개발포럼.
김신일 외 (2001). 〈지구촌시대의 국제이해교육 프로그램〉. 한국국제이해교육학회.
김양은 (2016). 〈소셜 미디어 리터러시(커뮤니케이션 이해 총서)〉. 서울: 커뮤니케이션북스.
김영아·허미경 (2017). 〈유아세계시민교육(교육과정에 기초한)〉. 서울: 창지사.
김용호·정경순·남연주 (2012). 미디어교육 프로그램 참여의 차별적 효과 연구. 〈사회과학연구〉, 51권 2호, 95-127.
김진희 (2012). 호주사회의 국제난민을 둘러싼 다문화담론과 난민 이주민을 위한 교육. 〈Andragogy Today〉, 15권 3호, 209-237.
김진희 (2017). 〈글로벌시대의 세계시민교육 이론과 실제〉. 서울: 박영스토리.
김진희·임미은 (2014). 공정여행 수업활동에 나타난 세계시민교육의 의미 탐색, 〈한국교육〉, 41권 3호, 213-239.
김진희·허영식 (2013). 다문화교육과 세계시민교육의 담론과 함의 고찰. 〈한국교육〉, 40권 3호, 155-181.
김현덕 (2007). 다문화교육과 국제이해교육의 비교연구: 미국사례를 중심으로. 〈비교교육연구〉, 17권 4호, 1-23.
모경환·임정수 (2014). 사회과 글로벌 시티즌십 교육의 동향과 과제. 〈시민교육연구〉, 46권 2호, 73-108.
문지혜·이숙정 (2015). 뉴스 미디어 레퍼토리에 따른 후기 청소년의 정치적 시민성 차이에 관한 연구. 〈한국청소년연구〉, 26권 1호, 217-244.
박환보·조혜승 (2016). 한국의 세계시민교육 연구동향 분석. 〈교육학연구〉, 54권 2호, 197-227.
설규주 (2001). 탈국가적 시민성의 대두와 시민교육의 새로운 방향: 세계시민성과 지역시민성의 조화로운 함양을 위한 후천적 보편주의 시민교육. 〈시민교육연구〉, 32권 1호, 151-178.
손경원 (2013). 세계화의 양면성과 세계시민주의 전망. 〈윤리교육연구〉, 30집, 273-298.
심미경·정진은 (2018). 〈아동을 위한 세계시민교육: 평생교육 성인학습자를 위한 코칭북〉. 서울: 박영스토리.

아태국제이해교육원 (편). (2003). 〈세계시민을 위한 국제이해교육〉. 아태국제이해교육원.
윤유리 (2017). 제4차 산업혁명과 국제개발협력의 미래. 〈개발과 이슈〉. 29호, 1-24.
이대훈 (2014). 〈세계시민교육 최근 논의통향과 발전 방향(비판적 검토)〉. 월드비전 세계 교육포럼 자료집.
이동후 (2009). 사이버 대중으로서의 청년 세대에 대한 고찰: 사회적 소통과 관여를 중심으로. 〈한국방송학보〉, 23권 2호, 409-448.
이미나 (2011). 청소년 수용자들의 뉴스 리터러시 교육 효과 연구: 파당적 뉴스에 대한 프레이밍과 객관보도규범 교육효과를 중심으로. 〈시민교육연구〉, 43권 1호, 111-155.
이미나 (2013). NIE 텍스트로서의 전략적 vs 이슈적 뉴스가 청소년의 정치태도에 미치는 효과. 〈시민교육연구〉, 45권 4호, 167-201.
이상급 (2018). 〈KOICA 차원에서의 ODA 사업의 기술트랜드〉. 제39회 개발협력포럼 발표.
정현재 (2017). 〈세계시민교육 지도실무〉. 서울: 콘텐츠미디어.
최미란 (2017). 〈함께해서 즐거운 세계시민교육〉. 서울: 교육과학사.
최종덕 (2014). 글로벌 시민교육의 쟁점과 과제. 〈시민교육연구〉, 46권 4호, 208-228.
허승환·이보라 (2016). 〈교실 속 평화놀이(세계시민교육의 첫걸음)〉. 서울: 즐거운학교.
허영식 (2011). 〈다문화 세계화시대의 시민생활과 교육〉. 서울: 강현출판사.
허영식 (2012). 다문화·세계화시대를 위한 세계시민주의의 담론과 함의. 〈한·독사회과학논총〉, 22권 3호, 57-86.
허영식 (2017). 〈다양성과 세계시민교육〉. 서울: 박영스토리.
현은자 외 (2013). 〈세계시민교육(그림책을 활용한)〉. 서울: 학지사.

Alger, C. F., & Harf, J. E. (1986). Global education: Why? for whom? about what? In R. E. Freeman (Eds.), *Promising practices in global education: A aandbook with case studies* (pp. 1-13). NY: The National Council on Foreign Language and International Studies.
Anderson, C. C. (1990). Global education and the community. In Kenneth Tye (Eds.), *Global education: From thought to action* (pp. 125-141). Alexandria, VA: ASCD.
Banks, J. A., & Banks, C. A. (2010). Multicultural education: Issues and perspectives. Hoboken, NJ: John Wiley & Sons.
Becker, J. (1990). Curriculum considerations in global studies. In Kenneth Tye (Eds.), *Global education: From thought to action* (pp. 67-85). Alexandria, VA: ASCD. 〈비교교육연구〉, 17권 4호.

Bennett, C. (1992). Strengthening multicultural and globalperspectives in the curriculum. In Don Bragaw & Scott Thomson (Eds.), *Multicultural Education A Global Approach* (pp. 28-32). New York: The American Forum for Global Education.

Boulding, E. (1988). *Building a civic culture: Education for an interdependent world.* Syracuse, NY: Syracuse University Press.

Bragaw, D., & Thomson, S. (Eds.) (1992). *Multicultural education A global approach.* New York: The American Forum for Global Education. California State Department of Education. (1987). History-social science framework. Sacramento: California Department Education.

Buckingham, D. (2000). *After the death of childhood.* Cambridge, UK: Polity Press.

Buckingham, D. (2003). *Media education: Literacy, learning and contemporary culture.* Cambridge, UK: Polity Press.

Clayton, C. E. (1992). When the rainbow fades to grey: the dilemmas of inclusion and exclusion in a multicultural society. In Don Bragaw & Scott Thomson (Eds.), *Multicultural Education A Global Approach* (pp. 149-155). New York: The American Forum for Global Education.

Cogan, J. J., & Derricott, R. (1998). *Citizenship for the 21st century: An international perspective on education.* London: Kogan Page.

Davies, L. (2006). Global Citizenship: Abstraction or Framework for Action? *Educational Review, 58*(1), 5-25.

Davies, I., Evans, M., & Reid, A. (2005). "Globalising Citizenship Education? A Critique of 'Global Education' and 'Citizenship Education'", *British Journal of Educational Studies, 53*(1), 66-89.

Gay, G. (1992). Fabric of pluralism: common concerns and divergent directions of multicultural and global education. In Don Bragaw & Scott Thomson (Eds.), *Multicultural education a global approach* (pp. 15-17). New York: The American Forum for Global Education.

Heater, D. (1984). *Peace through education. The contribution of the Council for Education in World Citizenship.* London: Falmer Press.

Heater, D. (1990). *Citizenship. The civic ideal in world history, politics and education.* London: Longman.

Hébert, Y. (1997, 6). Citizenship education: Yes, but how? Towards a pedagogy of social participation and identity formation. Paper presented at the Canadian.

Hett, E. J. (1993). The development of an instrument to measure global-mindedness. Ph.D. Thesis, University of San Diego, San Diego (Cal.). Dissertations Abstracts International 54/10 3724. Society for the Study of Education conference, St. John's, Newfoundland, Canada.

Humes, W. (2008). *The discourse of global citizenship education*. Sense Publishers.

Johnston, R. (1999). Adult learning for Citizenship: towards a reconstruction of the social purpose tradition. *International Journal of lifelong education, 18*(3), 175-190.

Johnson, M. (2013). National to Global Citizenship Reflections on our Values, Loyalties, and Common Future. First Published.

Kirkwood, T. F. (2001). Our global age requires global education: Clarifying definitional ambiguities. *The Social Studies, 92*(1), 10-15.

Lynch, J. (1992). *Education for citizenship in a multicultural society*. London: Cassell.

McFadden, J., Merryfield, M., & Barron, K. (1997). *Multicultural global/international education: Guidelines for programs in teacher education*. Washington, DC: The American Association of Colleges for Teacher Education.

Merryfield, M. (2000). Why aren't teachers being prepared to teach for diversity, equity, and global interconnectedness? A study of lived experiences in the making of multicultural and global educators. *Teaching and Teacher Education, 16*, 429-443.

Merryfield, M. (Eds.) (1996). *Making connections between multicultural & global education*. Washington, D.C.: American Association of Colleges for Teacher Education.

Noddings, N. (Eds.) (2005). *Educating citizens for global awareness*. New York: Teachers College Press.

Nussbaum, M. C. (1996). Patriotism and cosmopolitanism. In M. C. Nussbaum & J. Cohen (Eds.), *For love of country: debating the limits of patriotism*. Boston: Beacon Press.

O'Sullivan, E. (1999). *Transformative learning: Educational vision for the 21st century*. New York: Zed Books.

O'Sullivan, M. (2008). You can't criticize what you don't understand. In M. O'Sullivan & K. Pashby (Eds.), Citizenship in the era of globalization: Canadian perspectives, pp. 113-126. Rotterdam: Sense Publishers.

Oxfam (2006). *Education for global citizenship: A guide for schools*. Oxford, GB.

Peters, M., Blee, H., & Britton, A. (2008). Global Citizenship Education: Philosophy, Theory and Pedagogy. Sense Publishers.

Randall, R., Nelson, P., & Aigner, J. (1992). Interface between global education and multicultural education. In Don Bragaw & Scott Thomson (Eds.), *Multicultural Education A Global Approach* (pp. 18-27). New York: The American Forum for Global Education.

Savolaine, K. (2013). Eliminating World Challenges through Global Citizenship Education, *Sang Saeng, 37*, 9-12, Seoul: APCEIU.

Selby, D. (2000). The signature of the whole: Radical Interconnectedness and its Implications for Global and Environmental Education. chapter 7. In E. O'Sullivan, A. Morrel & M. A. O'Connor (Eds.), *Expanding the boundaries of transformative learning*. New York, NY: Palgrave Macmillan.

Selby, D. (2002). The Signature of the Whole: Radical Interconnectedness and its Implications for Global and Environmental Education. In A. Morrell, M. A. O'Connor & E. O'Sullivan (Eds.), *Expanding the boundaries of transformative learning* (pp. 77-93). New York, NY: Palgrave Macmillan.

Shukla, N. (2009). Power, discourse, and learning global citizenship: A case study of international NGOs and a grassroots movement in the Narmada Valley, India. *Education, Citizenship and Social Justice, 4*(1), 133-147.

Singer, P. (2004). *One world: The ethics of globalization* (2nd eds.). New Haven, Conn; London: Yale University Press.

Tawil, S. (2013). *Education for global citizenship: A framework for discussion*. Paris: UNESCO.

Tye, K. (1999). *Global education: A worldwide movement*. CA: Interdependence Press. Ukpokodu, Nelly. (1999). Multiculturalism vs. globalism. *Social Education, 63*(5). 298-300.

UNESCO (2013a). *Education beyond 2015*. presented in General conference 37th Session. Paris: UNESCO.

UNESCO (2013b). *Media and Information Literacy: Policy and strategy guidelines*. Paris: UNESCO.

UNESCO (2014). *Global citizenship in digital world*. Paris: UNESCO.

Part 5

에필로그

/
에
필
로
그
/

미디어 생태학적 관점에서 본 미디어 리터러시 교육

원용진 (서강대학교 커뮤니케이션학부 교수)

미디어 생태계의 변화는 미디어를 교육시키는 일도 달라지길 강제한다. 미디어 생태계의 변화를 단순히 미디어 기술의 변화로만 국한시킬 일은 아니다. 미디어가 놓인 사회의 변화, 추구해야 할 가치의 변화, 그리고 교육 대상의 주체 변화, 미디어 지형 변화까지 포괄해야 한다. 생태라는 말이 '삶의 꼴'에 가깝다면 미디어 생태계의 변화는 미디어와 더불어 우리의 꼴이 바뀌고 있다는 말이 되겠다. 당연히 미디어 교육과 관련해서는 교육의 목표, 과정, 내용의 측면에서 과거 미디어교육과 달라야 한다. 이미 미디어 교육이라는 이름을 구식이라며 한 켠으로 밀쳐두고 미디어 리터러시라는 말을 등장시킨 것도 그런 변화와 무관하지 않다. 미디어 교육을 둘러싼 환경의 변화에 맞춘 미디어 교육의 변화는 새로운 미디어교육 철학을 요청한다. 왜 해야 하는지(목적론), 무엇을 어떻게 해야 하는지(인식론), 그것이 어떤 모습이어야 할지(존재론)를 적시하는 그림이 필요해졌다. 예전의 미디어 교육도 그런 얼개를 가지고 있었으니 비교를 통해서 그리고 논리적 생성 과정을 통해 그것을 도출할 수 있을 것이다. 그런 취지 하에 이 글은 1) 미디어 생태계의 변화, 2) 그 변화에 따른 미디어교육 철학의 변화, 3) 교육 철학에 따른 교육 과정과 내용에 관해 적고 있다.

미디어교육 정책 활성화를 위한 호조건
- 민주적 거버넌스 체계의 설계 -

허경 (전국미디어센터협의회 이사)

언론개혁을 위한 시민운동으로부터 시작한 비판적 미디어 읽기 교육, 시민 제작 영상의 방송참여를 위한 퍼블릭 액세스 운동의 일환인 통합적 미디어교육 등 국내 미디어교육은 시민사회 운동의 '활동 프로그램'으로 시작된 특성을 가지고 있다. 이는 주류 언론의 대안적·민주적 구조 재편을 추동하고 사회 기득권의 가치와 시스템에 대항하는 활동의 성격을 가지고 있다.

2000년 초반 통합방송법 제정과 함께 미디어 교육이 정부의 정책 영역으로 포함되어 제도화와 대중화의 초기 과정을 거치게 된다. 하지만 당시 행정부의 정책기조의 변화에 따라 미디어교육 '지원 정책' 역시 부침을 거듭하였으며, 특히 지난 10여 년 간 미디어교육 활동을 하는 특정 민간주체에 대해 지원을 배제하는 불합리한 시도가 이루어지기도 했다. 이와 같은 정책의 부침과 미디어교육 분야 민간단체의 배제는 보편적 사회정책으로서 미디어교육 정책의 위상 확립과 지평의 확장을 위한 민간 역량을 위축시켰고, 국내의 미디어 교육은 양적 확산을 통한 경험과 성과를 '확산과 수렴'하지 못하고 '위축과 단절'의 길을 걷게 하였다.

민간과의 충분한 소통 없이 장기간 지속되어 온 방송통신위원회, 문화체육관광부 등 중앙정부와 시청자미디어재단, 한국언론진흥재단, 영화진흥위원회 등 공공기관의 미디어교육 정책 및 사업은 미디어 교육을 수행할 다양한 분야와 층위의 민간주체를 성장시키지 못했다. 또한 분산되어 있는 부처가 상호 조율과 협업 없이 지원사업을 추진하면서 각 수직적 전달체계의 말단에 있는 민간주체 역시 다른 '파이프라인'에 있는 민간주체와 만나지 못하게 되는 결과를 초래하였다. 더불어 빠른 속도로 변화되어 온 디지털 미디어 기술 환경과 이 속에서 살아온 미디어교육 참여자로서 '시민'의 미디어 문화를 고려한 미디어교육 정책의 갱신은 기대할 수조차 없었다.

미디어 교육과 관련 시민단체, 학계, 지원시설, 방송 현업단체, 미디어교육 교·강사, 학교교사 등 25개 단체가 참여하여 민간주체 간 칸막이를 낮추고 공감대에 기반한 공동행동을 위해 2017년 2월 출범한 '디지털 민주주의를 위한 미디어교육지원법 추진위원회(이하 미디어교육법 추진위)'는 국내 미디어교육 활동의 새로운 전기를 마련하였다. 미디어교육법 추진위는 2017년 상반기 19대 대통령 선거 시기에 미디어교육 관련 정책공약 제시와 후보와의 정책협약을 통해, 문재인 정부의 국정과제에 '미디어교육 종합추진계획 수립'이 포함되는 데 기여하였고, 보편적인 국민의 권리로서 미디어교육의 위상과 더 민주적인 미디어교육 정책의 거버넌스 체계를 포함하고 있는 '미디어교육 활성화에 관한 법률안(대표 발의: 더불어민주당 국회의원 유은혜)'의 마련과 발의를 위해 국회와 협력하였다.

필자가 미디어교육법 추진위 활동 과정에서 다양한 분야의 사람들과 소통하고 학습하면서 절감한 것은 역시 '민간 중심의 민주적인 거버넌스 체계'를 만드는 것이다. 지원 대상의 역량을 강화시키기 위한 정책은 대상의 변화에 따라 지원내용을 부단히 갱신해야 하듯이 미디어교육 정책 역시 '소통 – 조정 – 갱신'을 위한 '의사결정 체계'가 무엇보다 중요하기 때문이다. 특히, 다양한 법률에 분산된 불명확한 내용들을 근거로 하여 정부 및 산하기관별로 파편적으로 추진되어 온 한국적 특성, 민간 중심의 활동으로 시작되고 확산되어 왔음에도 민간과의 소통을 통한 정책수립과 지원은커녕 정치적인 배제로 점철된 한국적 특성, 지역별·계층별·생애주기별 등 각 대상의 사회·

경제·문화·신체적 특성에 따라 심화·특화되어야 하는 미디어 교육의 특성, 디지털 미디어 기술의 변화를 반영하고 더 민주적인 미디어-커뮤니케이션 체계를 지향하며 갱신되어야 할 미디어 교육의 특성상 민주적 거버넌스 체계는 미디어교육 정책 활성화를 위한 중요한 '호조건' 중 하나이다.

이에 '민간 주도' 또는 '정부 주도', '미디어부처 주도' 또는 '문화부처 주도'라는 상호배제·양자택일이 아닌 민-민 간, 민-관 간 협치를 통해 미디어교육 정책이 '수립 - 집행 - 평가 - 갱신'되는 선순환 구조를 만들기 위한, '보완되고 갱신되어야 할 고민'을 이 글에 담았다.

4차 산업혁명 시대의 학교 미디어 리터러시 교육

박한철 (덕성여자고등학교 교사)

바야흐로 리터러시의 전성시대이다. 리터러시의 '아버지'격인 미디어 리터러시에서부터 컴퓨터 리터러시, 인터넷 리터러시, 디지털 리터러시, 게임 리터러시, 정보 리터러시, 소셜 리터러시, 뉴스 리터러시와 같은 '아들뻘'의 리터러시에 이르기까지 리터러시의 계보는 지금도 계속 이어지고 있다. 구글이나 네이버, 다음 등에서 검색한 리터러시의 '사촌들'까지 이 계보에 포함시키면 그 숫자는 100개를 훌쩍 넘는다.

원래는 글을 읽고 쓰는 능력이라는 의미로 쓰였던 리터러시라는 말은 의사소통, 정보 획득, 지식 생산과 문화 창조에 있어 미디어의 역할이 중요하게 부각됨에 따라 그 대상이 글과 책의 범위를 넘어서 다양한 형태의 미디어로 확대되었고 그래서 등장한 개념이 미디어 리터러시이다. 미디어 리터러시에 대한 개념정의나 설명은 나라별로, 기관별로, 학자별로 너무도 많아 책 한 권으로 정리해도 모자랄 정도의 양을 자랑한다. 이는 그동안 미디어 리터러시에 대한 수많은 논의가 이루어졌음을 알려줌과 동시에 아직까지 미디어 리터러시에 대한 교통정리가 제대로 이루어지지 않았음을 반증해준다.

같은 맥락에서 한국의 미디어 리터러시 지형을 비유해 본다면 설계도와 지도 없이 미디어 리터러시의 미로 속을 열심히 왔다갔다하는 '도로 정비차(road roller)'에 비유할 수 있다. 중요하다고 하기에, 꼭 필요하다고 하기에 너도나도 다양한 입구에서 급하게 뛰어들어 이런저런 곳에서 열심히 미디어 리터러시의 길을 닦고 있지만 어떤 큰 설계도 속에서 이 길을 닦고 있는지, 폭과 깊이가 적절한지, 이 길과 저 길은 어떻게 연결되고 있고 출구의 방향은 어느 쪽인지, 왜 이 길을 닦아야 하는지 교통정리가 안 된 상태에서 열심히 자신의 길만을 닦고 있는 형국이다.

따라서 4차 산업혁명 시대의 미디어 리터러시가 스마트해지기 위해서는 우선적으로 미디어 리터러시에 대한 체계적인 교통정리가 필요하다. 여기에서의 교통정리란 국가주도의 획일적인 구획정리가 아니라 미디어 리터러시의 본질에 대한 합의를 기반으로 기본적인 설계도와 청사진을 마련하는 절차를 의미한다. 현재 국회 계류 중인 미디어교육 관련 법의 제정을 통해서든, 국립 미디어 리터러시 센터 설립을 통해서든 지금의 혼란스런 지형들을 최대한 정리한 다음 각 주체들이 다시 자기의 자리로 돌아가 미디어 리터러시의 길을 닦는 모습을 하루속히 보기를 기원해 본다.

두 번째로 미디어 리터러시가 좀 더 고도화되고 스마트해지기 위해서는 최근 세계적으로 주목 받고 있는 핵심 역량(core competency)과 연결시켜 미디어 리터러시를 고찰하는 노력이 필요하다. 최근 OECD, EC, ATC21S, P21 등 다양한 국제기구 및 교육단체에서 미디어 리터러시와 관련된 의사소통, 비판적 사고, 지식정보 처리, 테크놀로지 활용 능력 등을 21세기 지식기반 사회를 살아가기 위해 필요한 '핵심 역량(core competency)'의 주요 범주로 상정하고 정책을 추진하고 있다. 또한 우리나라 교육부의 2015 개정 교육과정도 '의사소통 역량', '지식정보처리 역량' 등 미디어 리터러시와 직접적 관련된 내용을 핵심 역량으로 설정하고 각 교과의 성취기준을 정하고 있는 만큼 학교에서 핵심 역량으로서의 미디어 리터러시 능력을 제대로 길러주기만 한다면 4차 산업혁명 시대에 필요한 필수 역량이 자연스럽게 갖춰질 것이다.

우리가 살고 있는 지능정보 사회, 즉 4차 산업혁명 시대에는 다양한 미디어와 정보 기술을 통해 쏟아지는 방대한 양과 형태의 정보에 체계적으로 접근하여, 이를 비판적으로 분석하고 평가하여 활용할 수 있는 '미디어 리터러시'가 필수적이다. 어찌 보면 4차 산업혁명이라는 화두가 우리에게 미디어 교육을 깔끔하게 교통정리할 수 있는 기회와, 핵심 역량으로서의 미디어 리터러시에 대해 고찰할 수 있는 좋은 기회를 준 것인 만큼 이를 놓치지 말고 미디어 교육의 본질에 다가서기 위해 노력해야 할 것이다.

시민사회 미디어 리터러시 교육의 과거와 현재, 그리고 미래

김양은 (건국대학교 KU커뮤니케이션연구소 연구교수)

　국내 미디어교육의 태동과 발전에 미친 시민사회의 역할은 매우 중요하고, 의미가 있다. 미디어 교육과 관련된 사람이라면 모두가 인정하듯이, 국내 미디어교육은 국가 주도의 언론환경에서 시민들이 스스로 자신의 소리를 내고자 노력한 결실이기도 하다. 그래서 한국의 미디어 교육은 시민과 미디어 감시, 그리고 언론수용자운동과 함께 발전했다.

　언론수용자운동과 함께 발전한 미디어 교육은 미디어와 관련한 법, 제도, 산업 등의 변화에 따라 다양한 형태로 변화해왔다. 미디어 환경 변화를 이끌어낸 방송법, 민영방송, 종편의 등장, 그리고, 방송위원회에서 방송통신위원회로 변화하는 과정에서 미디어 교육은 직·간접적으로 영향을 받아온 것이 사실이다. 방송법 개정을 통해 시청자미디어단체에 대한 지원, 연구 등이 가능해져 1990년대 중후반부터 국내 미디어교육은 시민단체들의 미디어교육 활동을 지원했다. 이는 다양한 시청자미디어단체와 시민 영역에서의 미디어 교육을 발전시켰고, 퍼블릭 액서스의 제도와 지원을 통해 현재 미디어센터의 건립을 가져왔다. 국내 미디어교육은 언론수용자운동과 모니터링으로 시작하여, 미디어에 대한 비판적 시선을 만드는 것에서 점차 퍼블릭 액서스로서의 미디어 제작능력을 함양하는 과정으로 변화해왔다. 또한 인터넷이 등장하면서 '중독', '윤리' 등의 단편적 미디어 교육이 시작되고, 또한 디지털 격차해소를 위한 '접근성' 교육이 주를 이루게 되었다. 어찌 보면 미디어센터 중심의 제작 교육도 이런 접근성 교육이 영향을 미쳤다고 볼 수 있다. 현재의 상황을 보면, 제작 교육과 시민 영역의 결합은 '공동체 미디어'와 함께 '마을 미디어'로 발전해왔다. 교육부의 창의적 체험활동, 자유학기제 등의 학교교육이 활성화되는 것을 포함하여, 현재까지 국내의 미디어 교육은 지난 세월 미디어 교육의 발전과정을 함께한 퍼블릭 액서스와 시민 영역에서의 노력의 결과물이다.

이런 노력은 2017년 2월, 디지털민주주의 실현을 위한 미디어교육법 추진위원회의 설립을 통해 본격적으로 미디어 교육의 안정적 지원과 제도화를 위한 발판을 마련하는 발걸음을 시작했고, 2018년 5월, 미디어교육 활성화를 위한 법률 제정을 발의하는 과정을 거친다. 이런 움직임들 속에서 그간 미디어 교육에 함께해 온 시민단체들과 학자들은 한국의 미디어 교육의 방향은 무엇인가에 대한 진지한 고민을 거쳤다.

4차 산업혁명 시대의 미디어 교육에서 시민사회의 역할은 무엇일까? 4차 산업혁명 시대의 미디어 교육의 미래에 대한 생각들은 시민사회 영역에서의 미디어 교육의 지향점에 대한 고민에서부터 출발해야 한다고 생각한다. 4차 산업혁명, 혹은 지능정보 사회에 대한 전망들은 나날이 발전하는 미디어와 관련해서 기술개발자, 미디어 사업자의 또 다른 책무에 대한 고민을 낳고 있다. 알고리즘 리터러시, 빅데이터와 빅브라더, 그리고 증강현실과 정체성과 관련된 이슈들은 미디어에 대한 비판적이고, 성찰적인 태도의 필요성을 요구하고 있다. 기술이 사회와 인간의 정체성을 규정하고, 정보홍수, 알고리즘, 빅데이터 등을 통한 필터버블 속에서 오히려 인간의 다양성과 이에 기반한 소통체계에 대한 위협에 대한 대처방법으로서 타인에 대한 배려, 자기보호와 함께 다양성 확장을 위한 소통방식 등에 대한 고민들이 미디어 교육에서 중요해지고 있다. 미디어 교육은 사회와 미디어에 대한 비판적 인식과 성찰에서 시작되었다. 4차 산업혁명 시대는 다시금 시민사회에서의 미디어교육의 다양성, 비판적 인식과 성찰에 기반한 소비자이자 시민으로의 역할의 중요성을 요구하고 있다. 어느 때보다 시민 영역에서의 다양하고, 건강한 소통체계 구축을 위한 미디어 교육의 방향성 정립이 필요하다.

미디어 테크놀로지와 자본의 관점에서 본 미디어 리터러시 교육
– 테크놀로지 뒤에 숨겨진 자본, 그리고 공유 경제, 그 명암에 대하여 –

권장원 (대구가톨릭대학교 언론광고학부 교수)

미디어가 제공하는 유해 콘텐츠로부터 청소년을 비롯한 시민들을 보호해야 한다는 지향점에서 출발한 미디어 리터러시 교육 논의는 최근 새로운 국면을 맞이하고 있다. 미디어 콘텐츠를 소비하는 대상으로서의 역할을 넘어 직접 미디어 콘텐츠를 생산하고 이를 통해 정치, 경제 등 다양한 영역에 참여할 수 있는 가능성이 열렸기 때문이다. 이러한 변화의 이면에는 '초연결' 네트워크를 기반으로 지식과 정보의 생산에 참여할 수 있는 테크놀로지의 개발과 이들 테크놀로지를 활용, 다양한 수익 창출을 도모하기 위한 플랫폼 산업의 활성화가 주요한 원동력으로 작용하고 있다. 소위, 4차 산업혁명으로 일컬어지는 '초연결'과 '초지능' 테크놀로지가 자본과의 결합을 통해 미디어 콘텐츠의 소비자를 생산자로서의 영역으로까지 확장시키면서 수동적 차원에서의 보호에서 적극적 차원에서의 참여로 사회 구성원들의 역할 지향점을 변화시키고 있기 때문이다. 보호 차원에서의 미디어 리터러시 교육 지향점이 참여 차원으로 확대되어지는 계기가 마련된 셈이다.

특히, 최근 플랫폼 기업들의 자본 투자 경로는 크게 두 가지 차원에서 이루어지고 있다. 그 하나는 청소년들을 비롯한 시민들이 제공할 수 있는 미시적 정보 콘텐츠를 별도의 비용없이 보다 손쉽게 생산할 수 있도록 하는 기술 개발에 투자함으로써 공유 기반의 동료 생산 메커니즘을 더욱 가속화하고 있다는 점이다. 이와 함께, 플랫폼을 활용, 다양한 참여를 희망하는 소비자들이 자신이 제공한 콘텐츠에 대한 대중적 관심도에 따라 보상을 받을 수 있도록 하는 수익 공유 시스템도 함께 도입하고 있다. 이러한 투자 결과는 공유 경제의 환경을 더욱 가속화함으로써 기존의 전통적 미디어로부터 인터넷 기반의 디지털 모바일미디어로 소비자들을 유도할 수 있게 되고, 그 결과, 소비자들이 보다 많이 참여하는 플랫폼 환경에 전통적 미디어도 함께 참여할 수밖에 없는 환경을 조성할 수 있게 된다. 미디어 콘텐츠 소비자가 생산자로서, 또한 의사 결정의 중요한 한 주체로서 사회 각 영역에 참여할 수 있게 해줌으로써 시민참여 민주주의 및 시민참여 경제의 입지를 더욱 강화할 수 있게 해주고 있다는 점에서는 긍정적인 측면이 있지만, 플랫폼 기업 역시 이들 공유 경제 메커니즘을 토대로 더 많은 영향력과 자본을 확대 재생산해낼 수 있게 됨으로써 자본의 독점에 따른 폐해와 같은 부정적인 측면 또한 간과하기 어려운 현실로 부각되고 있는 셈이다.

문제는 알고리즘 개발을 중심으로 이루어지고 있는 공유 테크놀로지 투자를 통해 소비자의 참여를 유도, 표현의 자유라는 기본권을 확장시킬 수 있다는 긍정적인 측면 이면에 내재해 있는 자본의 독점 지향적 속성이다. 알고리즘 테크놀로지는 자유 시장경제 하에서 기업의 영업비밀과도 같은 성격을 지니고 있다는 점에서, 또한, 플랫폼 기업의 자본 창출 메커니즘이 표현의 자유라는 기본권과 밀접하게 연결되어 있다는 점에서 해당 테크놀로지 이면에 숨겨져 있는 자본의 독점적 속성을 제어하는 데 따른 적지 않은 어려움이 내재하고 있기 때문이다. 더 나아가, 최근 전 세계적으로 주요 이슈가 되고 있는 가짜 뉴스와 같은 사회 혼란 요소를 기존의 전통적 미디어에서 적용해왔던 규제 중심의 행위 경로 설정을 통해 제어하면 일반 시민들이 생산하고 참여하는 표현의 자유를 제한할 수 있다는 지적과 함께 적지 않은 논란의 여지가 존재한다. 미디어 리터러시 교육을 통해 생산과 참여의 주체로 부각된 시민들에게 새로운 테크놀로지와 자본 환경에서 비롯된 미디어 폐해에 대한 감시와 견제의 역할을 수행할 수 있도록 하는 방안이 적극적으로 검토될 수밖에 없는 것은 바로 그 때문이다.

하지만, 미디어 리터러시 교육의 제도화 과정에도 역시 적지 않은 문제점이 내재하고 있다. 과연 누가, 어떠한 지향점을 가지고 어떻게 교육할 것인가를 둘러싼 사회적 합의 창출이 쉽지 않기 때문이다. 교육에 방점을 둘 경우 현재의 교육 시스템과 연계하여 진행하는 것이 불가피하지만, 현행의 교육 시스템은 특정 학맥으로의 귀속을 목적으로 하는 입시와 자가실현에 집중하는 경향이 강하다는 점에서 미디어 리터러시 교육이 자칫 기존 학교 교육의 지향을 답습할 수밖에 없다는 문제점을 안게 된다. 미디어 리터러시 교육의 지향점을 제고하는 것은 물론, 그에 걸맞는 실천적 담론을 보다 다각도로 논의할 필요가 있으며, 단순히 미디어를 비판적으로 소비하고 생산, 참여하는 차원을 넘어 기존의 학교 교육에 내재한 문제점도 함께 해소할 수 있도록 하는 대안적 모색이 요구되는 것은 바로 그 때문이다. 이미 전 세계적인 미디어 기업은 콘텐츠 공유 경제를 통해 온라인과 오프라인 공간을 연계한 대안적인 교육 모델을 만들어가고 있을 뿐만 아니라 기존의 교육을 보완하는 차원을 넘어 대체하는 행위 경로 또한 모색하고 있는 실정이다. 계급재화로서의 사회적 자본을 강화시키는 데 주력하는 전통적인 교육 모델은 제로섬 기반의 신뢰 구조를 형성, 사회 갈등과 분열을 가속화하는 과정에서 온라인 공유 콘텐츠가 전략적 도구로 활용될 수 있는 가능성 또한 배제하기 어렵다. 가짜 뉴스 또한 동일한 맥락에서 이해될 수 있다. 미디어 리터러시 교육 담론이 소비자를 보호하고, 참여하도록 해야 한다는 당위론적 관점 하에서 입시 교과목의 포함 여부에 매몰되기보다는 미디어가 이미 교육 환경에 개입되어 있다는 현실을 토대로 미디어와 교육이 함께 상호작용함으로써 사회 공동체 구성원들의 사회적 신뢰를 구축할 수 있는 방안을 모색해야 하는 것은 바로 그 때문이다. 온라인 플랫폼을 통해 형성해 온 공유 경제의 지향이 자본 독점의 폐해로 연결되지 못하도록, 그리고 교육 분야는 물론이고 사회 전반에 걸친 상호작용의 성과가 특정 계급이나 계층이 아닌 사회 전반에 걸쳐 공유될 수 있도록, 교육 환경과 미디어 환경 간의 상호작용을 토대로 서로를 변화시켜 나갈 수 있도록 하는 '진정한' 공유 시스템을 구성하는 차원에서 미디어 리터러시 교육이 지금부터라도 시급히 논의되어야 할 필요가 있다.

4차 산업혁명 시대의 뉴스 리터러시 교육

금준경 (미디어오늘 기자)

'가짜 뉴스'라 불리는 허위정보가 화두이다. 정부여당이 규제 중심의 적극 대응 기조를 보이면서 사회적으로 더욱 부각되고 있다. 앞서 야당이 가짜 뉴스 문제에 적극 대응을 강조한 바 있다. 어찌 됐든 '가짜'를 잡는다고 하니 시민들도 호응하지 않을 이유가 없어 보인다.

앞으로는 어떻게 될까. 언론의 신뢰도가 낮은 한국에서 허위정보는 굳이 '기성언론의 뉴스'로 가장할 필요 없이 카카오톡 '받은 글'과 유튜브 영상 형식으로도 막강한 영향력을 갖고 있다. 이 같은 상황에서 4차 산업혁명의 도래는 위협적이다. '딥페이크'와 '음성합성'으로 사람의 얼굴과 목소리조차 조작할 수 있게 되는 사회, 인공지능 알고리즘이 뉴스를 추천하고 배열하면서 '필터버블'이 극대화된 사회가 현실이 된다면 지금의 규제론은 서막에 불과하지도 모른다.

허위정보에 대한 기사를 쓰면서 매일 대중들의 반응을 접한다. 쉬운 답과 어려운 답 가운데 규제는 쉬운 답이고, 많은 사람들은 이 답을 지지한다. 그러나 표현물 규제가 아무리 치밀하게 만들어져도 오남용을 피할 수 없고 무한한 인터넷 공간에 대한 완벽한 단속 자체가 불가능하다. 메시지에 접근해 비판적으로 사고하고, 이면을 보고, 맥락을 이해하도록 만드는 역량을 기르는 교육이 추상적이지만 가장 확실한 대안인 이유이다.

하지만 기존의 미디어 교육으로 변화에 대비할 수 있을까. 4차 산업혁명과 미디어 교육을 연관지어 고민하면서 언론학계와 언론사가 아닌 새로운 주체가 미디어교육 커뮤니티에 진입해야 한다고 판단했다. 바로 네이버와 카카오, 구글과 페이스북과 같은 '뉴스'를 서비스하는 기술 기업이다. 교육을 받는 이들이 비판적으로 읽어야 할 대상이 조선일보 1면과 KBS 톱 리포트가 아니라 네이버의 첫 화면과 유튜브의 알고리즘이 됐기 때문이다.

기술 기업은 중독과 폭력적 언행을 예방하는 것과 더불어 정보의 균형적 전달, 맥락 제공 등을 통해 미디어 리터러시 책무를 할 수 있다. 페이스북과 유튜브 모두 미국에서는 허위정보로 의심되는 글에는 사전이나 보충 기사 링크를 덧붙이는 등의 대책을 이미 시행했거나 발표한 상황이다. 해외에서는 언론사가 허위정보를 판단할 수 있는 가이드라인을 배포하거나 미디어에 대한 이해를 돕는 자료를 주기적으로 만드는데, 유튜브도 이런 일을 할 수 있다고 본다. 자신들의 알고리즘의 원칙과 영향을 충실히 설명하고 이용자들에게 이해시키는 것도 중요한 교육 과제이다.

기존의 교육 주체들인 미디어교육 기구, 언론, 시민사회 역시 변화를 모색할 때이다. 디지털 세대에게 신문 NIE나 방송 교육은 '미스매치'이다. 포털과 SNS 등 기술 플랫폼 기업, MCN 등 뉴미디어 중심의 환경을 전제하고 교육 시스템을 고민해야 한다. 특히, 알고리즘이 갖는 영향력과 의미를 제대로 이해하고 설명하는 교육을 위해 '기술'친화적 미디어교육 체계가 만들어질 필요가 있다.

4차 산업혁명 시대 공영방송 사용설명서

최용수 (KBS 시청자서비스부장)

한국의 지상파방송이 생존의 위기에 처해 있음을 알려주는 데이터들이 도처에서 쏟아져 나오고 있다. 그런데, 4차 산업혁명 시대를 목전에 두고 국내 지상파방송의 위기를 바라보는 시선은 복잡하다. 전파의 희소성에 근거한 지상파방송의 공공성은 그 근거가 희미해졌으므로, 다매체 다채널 환경에서 지상파방송의 공공성은 경쟁체제에서 존재가치를 입증해야 한다는 신자유주의적인 관점과 넷플릭스 같은 세계적 콘텐츠 강자들에 맞서 국내 방송 콘텐츠의 경쟁력 강화를 위해서 공영방송의 활용도를 재고해야 한다거나 가짜 뉴스의 범람에 맞서 공신력 있는 미디어로서 공영방송의 역할이 더 확대되어야 한다는 의견 등이 그것이다. 문제는 이런 다양한 의견들이 소통되고 담론화 되지 않는다는 점과 현재의 지상파방송 위기를 초래한 일차적인 책임이 있는 정부와 규제기구인 방송통신위원회가 여전히 사태의 심각성을 인식하지 못하고 있다는 점이다. 공영방송은 그 태생에서부터 국가주의적인 계몽의 도구, 정치권력의 권력 연장을 위한 우민정치의 도구라는 멍에를 지고 있었다. 1980년 언론통폐합과 함께 실시된 컬러 방송으로 방송의 영향력은 더욱 커졌지만, 정치권력에 의한 간섭과 통제는 더 교묘하게 이루어졌다. 그리고 1987년 6월 시민혁명을 거치고 나서야 비로소 그 영향력에 걸맞은 공공미디어로서의 책임과 의무를 시민사회와 공유하기 시작했다. 국내 미디어 리터러시 분야가 태동하고 점차 활동범위를 넓혀가던 때가 바로 이 시기였다. 그러나 시민혁명 이후 출범한 김영삼 문민정부는 노골적인 방송통제 정책 대신, '공공부문 민영화와 경쟁체제 도입'으로 대별되는 신자유주의적 규제이념을 방송 산업에 도입함으로써 공영방송의 공공·공익적 가치는 다시금 훼손되었다. 2000년에 시작된 '지상파방송의 디지털 전환' 과정은 그런 신자유주의적인 정책이념이 낳은 최악의 참사였다. 디지털 전환을 통해 담보되어야 할 이용자 편익과 시청자 복지는 전혀 고려되지 않았고, 디지털 전환에 따른 유·무료 방송시장의 균형적 성장은 검토조차 되지 않았다. 오직 가전 사업자들을 위한 '아날로그 방송 종료'만으로 디지털 전환사업은 '종료'되었다. 안타깝게도 미디어 리터러시 분야에서 이런 디지털 전환 이슈는 잘 다루어지지 않았다. 잘못된 디지털 전환 정책을 통해 지상파방송, 특히 공영방송의 위상과 역할이 심각히 훼손되고 있었음에도 이에 대한 시청자들의 관심은 전무했다. 결국 이런 시청자들의 무관심은 1980년대를 방불케 하는 이명박 정권의 방송장악 국면을 초래하고 말았다. 이 글은 지난 디지털 전환 과정에서 사라져 버렸던 지상파방송과 공영방송의 공공적 가치에 대한 논의를 되살려내는 데 초점을 맞추었다. 그리고 시론적으로 지난 2004년 BBC가 왕실칙허장 갱신을 앞두고 영국 국민과 사회를 위한 '공공가치'의 창출이라는 새로운 목표와 이 목표 측정을 위해 도입한 공공가치 테스트를 공영방송 KBS에 우선적으로 도입해 볼 것을 제안한다. 공영방송과 지상파방송의 가치에 대한 국민적 공감대를 얻기 위해 선제적으로 자신의 가치를 입증해보자는 뜻이다.

4차 산업혁명 시대의 스마트 미디어 리터러시 교육, 현황과 전망

김지연 (중앙대학교 미디어커뮤니케이션학부 강사)

가짜 뉴스(fake news)가 전 세계적으로 논란이 되고 있는 가운데 최근 국내에서도 유튜브를 통한 가짜 뉴스의 확산이 법적 규제의 이슈를 불러일으키고 있다. 표현의 자유와 만나는 지점에서 다양한 문제점 진단과 해결방안이 논의되고 있다. 가짜 뉴스의 확산은 소셜미디어의 개인화된 알고리즘에 기인하는데, 이는 이용자에게 편리성을 증대시켜 주기도 하지만, 가짜 뉴스와 결합하게 될 때 필터버블 현상을 극대화한다. 이로써 개인의 고정관념과 편견을 확대 재생산시켜 세대 간, 성별 간 갈등을 심화시키고, 소수자에 대한 혐오 담론을 생산하기도 한다. 기술적인 차단을 통해 대응하는 방법도 있지만, 무엇보다도 미디어 리터러시 교육을 통한 이용자의 인식과 실천이 절실히 요구된다. 1인 크리에이티브들의 창조적인 참여가 이루어지는 유튜브는 가짜 뉴스의 진원지가 되면서 스마트 미디어 이용의 양가적 측면을 다시 한 번 확인할 수 있다.

인공지능, 로봇, 알고리즘 같은 지능정보 기술과 네트워크는 4차 산업혁명의 핵심 동인이며 지능정보 사회를 견인한다. 이제 인간과 기술, 인간과 기계는 상호 네트워킹하며 살아가고 있다. 영화 〈Her〉에서처럼 인간이 운영체제 혹은 기계와 관계 맺기를 하는 것이 전혀 실현될 수 없는 가상의 일이 아니며, 우리는 인간과 미디어, 기술의 관계를 어떻게 규정하고 형성해 나가는가에 대해 다양하게 논의해야 한다. 즉, 4차 산업혁명을 이끄는 기술 자체는 우리에게 낙관적 결과와 비관적 결과를 모두 가져올 수 있다는 점에서, 자신이 미디어에 함몰되지 않고 기술(미디어)의 작동방식을 이해하고 창조적으로 이용하며 비판적으로 해독할 수 있도록 연구의 초점을 맞춰야 한다. 바로 이러한 측면에서 4차 산업혁명은 담론으로 접근할 필요가 있고, 스마트 미디어 환경에 대한 폭넓은 이해가 요구된다. 그러므로 4차 산업혁명은 기술의 발전보다는 기술의 활용 측면에 집중해야 하며, 이러한 관점은 인간과 기술 간의 관계 설정에 집중하는 포스트휴먼(posthuman) 담론과 맥을 같이한다.

이에 본 장에서는 4차 산업혁명의 다양한 현상과 담론 지형을 살펴보고, 변화된 스마트 미디어 환경에 따른 미디어 교육의 필요성과 스마트 미디어 리터러시 개발의 방향성을 살펴보았다. 4차 산업혁명 속 미디어 환경을 기술적·공간적·주체 구성적 차원에서 탐색하고 다양한 미디어 리터러시들을 살펴봄으로써 지능정보 사회에 맞는 스마트 미디어 리터러시의 재개념화가 필요함을 도출하였다. 또한 미디어교육 기관별, 소외계층 대상별로 스마트 미디어 리터러시 교육의 사례를 살펴봄으로써 현황과 문제점을 도출하였다. 스마트 미디어 리터러시는 미디어의 역기능을 해결하고, 4차 산업혁명에 따른 미래 핵심 역량을 포함시킴으로써 미디어능력에 대한 새로운 인식과 미래지향적 미디어 교육의 필요성을 더욱 확장 강화시킨다. 과거 유해 미디어로부터의 '보호' 차원에서 출발한 미디어 교육이 미디어 환경의 변화로 미디어의 능동적 이용·제작을 의미하는 '미디어능력'으로 발전되었고, 최근에는 소통과 정서, 감수성이 강조되며 미디어와 공진화하는 '미디어 정동 능력'이 강조되고 있다. 더 나아가 4차 산업혁명에 따라 현대인이 갖춰야 할 미래 핵심 역량을 미디어 리터러시의 구성요소로 범주화함으로써 초연결 시대 '디지털 역량'과 '디지털 언어에 대한 이해', 시몽동이 주장한 기술문화의 교육학적 기획으로서 '창조적 역량'이 요구된다. 미디어 이용 시 나타나기 쉬운 기술적 소외와 격차, 정보 소통의 문제를 해결하기 위해 기술적 대상에 대한 이해와 활용, 인간과 기술의 상호협력적 관계 맺기와 소통이 어느 때보다 중요하다 하겠다.

데이터경제 시대 스마트광고 리터러시

― 데이터혁명이 요구하는 스마트광고 리터러시 ―

박종구 (한국방송광고진흥공사/KOBACO 미디어광고연구소 연구위원)

4차 산업혁명은 데이터 활용으로 경제적 가치를 창출하는 데이터혁명이다. 우리의 일상이 데이터로 기록되고 있고 그렇게 모아진 커다란 데이터를 분석해서 맞춤형 서비스가 제공되고 있다. 빅데이터로부터 얻는 혜택이 크지만, 개인정보 유출이나 오·남용과 같은 위험도 존재한다. 시대가 요구하는 리터러시의 능력도 달리한다. 미디어 리터러시의 한 유형인 광고 리터러시의 개념도 역동적으로 변하고 있다. 광고는 미디어 기업의 핵심 재원이다. 광고기반 미디어의 경우, 광고는 콘텐츠를 이용하기 위해 지불해야 하는 금전적 대가를 대신해 줌으로써 소비자의 경제적 부담도 덜어준다. 광고의 정보제공 기능이 제대로 작동되기 위해서는 특정 상품에 관심을 갖고 있거나 가질 것이라고 예상되는 소비자에게만 해당 광고를 전달해야 한다. 다른 콘텐츠와 달리 광고는 개인 맞춤형 콘텐츠 추천 시스템으로 인해 개인의 고정관념과 편견이 강화되는 '필터버블(filter bubble)'이 문제가 되지 않는다. 오히려 자신과 관련 없는 광고는 쓰레기 정보(스팸)이다.

현재의 데이터 수집·분석기술은 집, 직장, 이동, 수면, 여가와 같은 일상적인 모든 개인데이터를 수집해서 소비자에게 동일한 미디어 이용환경을 제공해준다. 이러한 크로스 디바이스 데이터 수집은 특정 개인의 행태와 성향을 파악해서 소비자에게 맞춤화된 스마트 서비스를 제공해준다. 스마트광고란 온라인 행태 등을 포함한 개인데이터를 분석해서 특정 소비자의 취향과 관심에 부합하는 개인 맞춤형 온라인 광고이다. 스마트광고의 궁극적인 목적은 '소비자가 필요로 하는 광고 메시지를 시의적절하게 제공하는 것'이다. 소비자 입장에서는 자신에게 맞춤화된 스마트광고가 유용하다고 느끼기 때문에 선호도가 높다. 그러나 맞춤형 광고에 대한 연구들은 소비자가 자신의 프라이버시에 대한 통제권을 가지고 있다고 인식하는 정도가 높을수록 개인 맞춤형 광고가 더 효과적이라고 느낀다는 결과를 제시하고 있다. 진정한 스마트광고는 개인 맞춤형 광고가 가져다주는 편리함뿐만 아니라 소비자가 느낄 수 있는 프라이버시에 대한 걱정도 없애주는 광고일 것이다.

사생활을 간섭받지 않고 홀로 남겨질 수 있는 소극적 권리를 의미했던 프라이버시는 정보화 시대를 맞이하면서 개인정보를 관리하고 통제할 수 있는 권리를 포함하는 개념으로 확장되었다. 프라이버시 역설이란 소비자가 자신의 프라이버시 침해를 걱정하면서도 이를 보호하기 위한 어떤 행동도 하지 않는 현상이다. 개인 맞춤형 광고에서 얻는 혜택을 누리기 위해서는 개인데이터를 내어주어야 한다. 데이터혁명 시대에 소비자들은 개인화의 편리함과 개인데이터 보호라는 어찌 보면 상충되는 두 가지 가치 사이에서 혼란을 느끼고 있다. 데이터경제 시대에 소비자에게 요구되는 스마트광고 리터러시는 스마트광고의 편리함과 프라이버시 보호 사이의 균형을 잡는 능력이다.

소비자가 스마트광고 리터러시를 내재화하기 위해서는 관련된 교육뿐만 아니라, 소비자들이 안심하고 자신의 개인데이터를 제공하고 활용할 수 있도록 만들어주는 법·제도적 환경을 조성하는 것이 필요하다. 그동안 많은 논의를 통해 개인정보 보호와 활용의 균형점을 찾아야 한다는 필요성에 합의하였다면, 지금은 균형점을 찾기 위한 구체적인 방안을 제시하고 사회적 합의를 모색해야 할 시점이다.

유럽의 미디어교육법과 미디어 리터러시 교육 사례
– 독일, 프랑스, 핀란드를 중심으로 –

강진숙 (중앙대학교 미디어커뮤니케이션학부 교수)

이 글의 목적은 독일, 프랑스, 핀란드의 미디어교육 진흥법의 핵심 내용과 미디어교육 실행 사례들을 검토하여 향후 국내 미디어교육의 법제도적 정립과 활성화 방안을 도출하는 데 있다. 이를 위해 독일, 프랑스, 핀란드를 중심으로 유럽의 미디어교육 법조항과 실행 사례들을 분석하여 그 시사점과 한계점 등을 도출하였다.

독일, 프랑스, 그리고 핀란드 미디어교육의 시사점은 각 나라마다 미디어교육법 체계와 정책 활동의 사례들이 서로 상이하고 특수성을 지니지만, 공통적으로 유년기 시절부터 미디어 리터러시와 미디어 능력을 개발하기 위한 조기 미디어교육의 중요성을 법제도와 다양한 정책들의 시행을 통해 뒷받침하고 있다는 것이다. 또한 미디어 교육의 목표가 단지 미디어 제작이나 코딩 학습 등의 도구적 숙련성을 습득하는 것을 넘어선다. 즉 부정적이고 폭력적 환경에 공동 대처하기 위한 시민으로서의 권리와 연대 의식을 학습하고, 나아가 주체적인 사회 참여를 위해 어린이의 권리, 남녀평등의 인식, 그리고 디지털 리터러시 역량 획득을 통해 미래 사회의 민주적 참여 방법들을 주체적으로 획득할 수 있는 방향성을 제시하고 있다는 점에서 시사점을 준다.

이 중에서도 주목할 것은 교사-학생-학부모 삼각 협력체를 통해 미디어 교육을 학교 담장 밖으로 계속 통하도록 한다는 점이다. 이러한 미디어 교육의 흐름이 가능한 것은 세 나라의 선진적 미디어교육 체계와 정책 실행의 책임 기구들이 상호 협력체제를 유지하고 있기 때문이다. 기본적으로 독일의 사례에 나타난 연방정부와 주 미디어청, 그리고 교육부 사이의 협력 체계나 프랑스 국립미디어센터와 교육부의 연계 체계, 그리고 핀란드의 국가교육위원회와 지역 교육부 사이의 지원 정책과 자율성 보장 체계 등이 그것이다.

이 글이 국내 미디어교육 법체계와 정책기구의 정립과 실효성 있는 교육문화 정책의 실현을 위한 방안들을 정립하기 위한 법제도적 근거들을 제공하길 기대한다.

미국 미디어 리터러시 교육의 과거와 현재, 그리고 미래

김아미 (경기도교육연구원 부연구위원)

본 장에서는 미국 미디어 리터러시 교육 논의가 체계화되기 시작한 1990년대 후반부터 지금까지의 동향 및 논의를 중심으로 미국 미디어 리터러시 교육이 가지는 특장점이 무엇인지, 그리고 우리나라 교육에 시사하는 바가 무엇인지 살펴보고자 하였다.

미국의 미디어 리터러시 교육은 오랜 기간 동안 사회적 합의를 끌어내고자 노력하고 다양한 층위에서 교육이 이루어질 수 있도록 노력한 사례라는 점에서 지금 한국의 미디어 리터러시 교육 동향에 시사하는 바가 있다. 특히 4차 산업혁명 시대에 대응하여 미디어 리터러시 교육을 보편화하고 전 연령대 대상의 지속적으로 미디어 리터러시 지원을 가능하게 하는 모습으로 진행되고 있는 미국 미디어 리터러시 교육은 다음 세 가지 특장점을 지니고 있음을 알 수 있다.

첫째, 미디어 리터러시가 무엇을 의미하는 것인지, 그리고 미디어 리터러시 교육이 지향하는 바는 무엇인지에 대한 사회적 합의를 이끌어내기 위한 노력이 지속적으로 진행되어 왔다. 미국의 미디어 리터러시 교육은 학교 교과목으로 도입되어 안정적으로 진행되고 있는 유럽 여러 나라의 사례와 달리, 개별 교육자나 운동가들의 노력이 쌓여 체계화되는 모습을 보이고 있다. 이처럼 다양한 주체가 개별적인 실천을 이어간 것은 저변을 확장하고 있다는 강점을 가지나 체계화, 지속화가 어렵다는 단점도 나타내었다. 이를 극복하기 위하여 미디어 리터러시 교육 참여 주체들은 여러 모임을 통해 교육의 목표와 내용, 방법에 대한 합의를 이끌어내기 위해 노력하였고, 그 결실을 보고 있는 단계이다.

둘째, 미국의 미디어 리터러시 교육의 움직임은 교육자 연수를 통한 미디어 리터러시 실천 확산을 중요하게 다루고 있다. 연수 역시 교육자의 필요와 수준에 맞추어 다양화하고 있으며, 연수를 받은 교육자가 지역에 돌아가 지역 교·강사를 연수할 수 있도록 확산 가능한 모델을 실현하고 있다. 또한 연수나 교육자료 개발의 주체로 미디어 리터러시 교육의 주대상이자 적극적인 미디어 향유세대인 청소년들을 참여시키기 위한 시도도 진행되고 있다. 이는 미디어 환경 변화가 가속화되고 미디어가 점점 다양화, 개별화되는 환경에서 교사를 지식 전수자로 그리고 학습자를 지식을 전달받는 사람으로 위치시키던 논의가 더 이상 유효하지 않음을 시사한다.

셋째, 다양한 기관의 협업체계를 구축함으로써 미디어 리터러시 교육에 대한 전 사회적인 접근이 가능하게 하도록 사회적인 인프라를 구축하고 있다. 미디어 리터러시 교육을 학교에만 맡기는 것이 아니라, 학교 밖 공공도서관, 청소년센터, 미디어 산업체 등이 협업하여 미디어 리터러시 교육을 사회적으로 지원할 수 있는 인프라 구축을 위해 노력하고 있다.

이와 같은 세 가지 특성은 각기 따로 존재하는 것이 아니라 서로 밀접한 연관성을 가지며 미국 미디어 리터러시 교육의 저력을 형성하고 있다. 미국의 사례에서 볼 수 있듯이, 미디어 리터러시 교육을 실천함에 있어 하나의 통로나 주체로 일원화하기보다는 다양한 주체의 실천이 협업체제를 구성하고, 학습자와 교수자의 필요와 경험을 중심에 놓는 교육을 지원하는 것이 4차 산업혁명 시대의 변화에 대응할 수 있는 미디어 리터러시 교육의 방향성이라 할 수 있다. 이와 같은 미국 미디어 리터러시 교육의 동향은 빠르게 변화하고 있는 미디어 환경 안에서 미디어 리터러시 교육이 어떻게 지속성 및 체계성을 지니고 진행될 수 있는지 바람직한 진행 방안을 제시한다는 점에서 그 의미가 크다.

세계시민성과 미디어 리터러시 교육

최숙 (한국외국어대학교 학술연구교수)

4차 산업혁명이라는 기술 혁신 담론에 대한 열광 안에서 세계화에 대한 재고와 세계시민성 제고는 더 이상 주변에 머무르게 할 수 없는 논의이다. 지구의 특정 지역과 거주자들에 대한 타 지역의 편중된 시선을 진리처럼 만들고, 희화화하거나 부정적으로 정형화하고 폭력적 극단주의를 일상의 수준에서 수행하는 것을 합리화하도록 지지하는 미디어 텍스트들의 범람에 대해 균형 잡힌 시각을 가지고 비판적으로 수용할 수 있는 역량이 더욱 절실해지고 있는 시점이다.

국제사회의 파트너십과 협력을 통해 전 지구적 문제에 대한 의식을 가지며 지속가능한 개발에 대한 합의와 가치를 강화하고, 미디어 개발에서 선진국에서 개발도상국으로의 기술이전 등 일방향적 협력 구조를 넘어서 양방향적 협업 구조가 보다 효율적인 협력 체제로 부각되고 있으며, 디지털 기술 활용 능력의 강화가 전면화 되는 과정에서 일어날 수 있는 사회문화적 효과에 대해 선진국과 개발도상국을 막론하고 인류 보편의 가치를 실현하고 전 지구적 공동체의 일원으로서 초국가적인 소속감이나 연대감을 가지도록 강조하는 세계시민교육과 미디어 리터러시 교육과의 융합은 필연적이다.

비판적 사고라는 글로벌 시민의 핵심 역량을 제고하는 교육의 강화를 이끌 수 있을 것이며, 세계시민교육이 강조하고 있는 긴급한 문제들과 이에 대한 해결을 모색하는 것에 전제된 철학적 가치가 미디어 리터러시 교육이 글로벌 차원, 국제 간 소통 차원에서 비판적 리터러시의 개념과 실천을 구현하는 데 있어서 의미 있는 방향을 모색할 수 있게 하고 서로의 약점과 공백을 채우는 대안이 될 수 있다는 점에서 의미가 있다.

두 교육 영역의 상호 보완을 통해서 융합적 기획으로 활성화되어, 여전히 질적인 삶의 의미를 추구하는 공부가 많이 아쉬운 한국의 교육 전경에도 보다 적극적인 개혁과 변혁을 촉구할 수 있기를 바란다.

저자 소개 (목차순)

원용진
서강대학교 커뮤니케이션학부 교수
〈문화연대〉 공동대표
〈경기민주언론시민연합〉 공동대표
前, 한국언론정보학회장
한국영상문화학회장

허 경
전국미디어센터협의회 이사
디지털민주주의를 위한 미디어교육지원법 추진위원회 간사
시청자미디어재단 미디어교육위원
영화진흥위원회 지역영화문화진흥소위원
성북구 창조문화도시위원

박한철
덕성여자고등학교 교사
한국언론진흥재단 계간 미디어리터러시 편집위원
영화진흥위원회 청소년 영화교육 활성화 추진위원
前, 서강대학교 언론대학원 미디어교육전공 강사
방송통신위원회 인터넷문화정책위원회 자문위원

김양은
건국대학교 미디어커뮤니케이션학과 KU커뮤니케이션연구소 연구교수
한국교육방송공사 이사
시청자미디어재단 미디어교육위원회 위원
前, 게임물등급위원회 위원
영상물등급위원회 위원
교육부 학교폭력대책위원회 위원

권장원
대구가톨릭대학교 언론광고학부 교수
한국언론학회 미디어교육연구회장
前, 한국언론학회 연구이사
시청자미디어재단 장애인시청보장위원회 위원
KBS 뉴스 옴부즈맨 위원

금준경
미디어오늘 미디어부 기자
건국대학교 커뮤니케이션학과 졸업
前, 미디어오늘 뉴미디어팀장

최용수
KBS 시청자서비스부장
KBS 프로듀서
前. 전국언론노동조합 정책국장
한국프로듀서연합회 정책실장

김지연
중앙대학교 미디어커뮤니케이션학부 강사
중앙대학교 신문방송학과 석 · 박사
(주)도서출판 지금 대표이사

박종구
한국방송광고진흥공사/KOBACO 미디어광고연구소 연구위원
서강대학교 영어영문학과 학사, 동 대학원 신문방송학과 석 · 박사
前. 정보전략(ISP) 컨설턴트, 한국연구재단–서강대학교 학술연구교수

강진숙

중앙대학교 미디어커뮤니케이션학부 교수
독일 라이프치히대학교 미디어커뮤니케이션학과 박사
한국방송통신위원회 방송평가위원
한국여성커뮤니케이션학회 학술지 편집위원

김아미

경기도교육연구원 부연구위원
시청자미디어재단 미디어교육위원
前, 경인교육대학교, 서강대학교 언론대학원 강사
서울대학교 BK21Plus 미래교육디자인연구사업단 박사후연구원

최 숙

한국외국어대학교 언론정보연구소 학술연구교수
한국외국어대학교 미디어커뮤니케이션학부 강사
前, 한국언론학회 연구이사